As Constituições dos Estados de Língua Portuguesa

As Constituições dos Estados de Língua Portuguesa

2012 · 3ª Edição, atualizada

Jorge Bacelar Gouveia
Professor Catedrático da Faculdade de Direito da Universidade Nova de Lisboa
e da Universidade Autónoma de Lisboa
Professor Visitante da Faculdade de Direito da Universidade Agostinho Neto
e do Instituto Superior de Ciências e Tecnologia de Moçambique
Presidente do Instituto do Direito de Língua Portuguesa
Agregado, Doutor e Mestre em Direito

PREFÁCIO
Domingos Simões Pereira
Secretário-Executivo da Comunidade dos Países de Língua Portuguesa

ALMEDINA
IDILP
Instituto do Direito de Língua Portuguesa
CPLP
Faculdade de Direito
Universidade Nova de Lisboa

AS CONSTITUIÇÕES DOS ESTADOS DE LÍNGUA PORTUGUESA

AUTOR

Jorge Bacelar Gouveia (jbg@fd.unl.pt)

EDITOR

EDIÇÕES ALMEDINA, S.A.

Rua Fernandes Tomás, nºs 76, 78, 80

3000-174 Coimbra

Tel.: 239 851 904 · Fax: 239 851 901

www.almedina.net · editora@almedina.net

DESIGN DE CAPA

FBA.

PRÉ-IMPRESSÃO, IMPRESSÃO E ACABAMENTO

G.C. – GRÁFICA DE COIMBRA, LDA.

Palheira Assafarge, 3001-453 Coimbra

producao@graficadecoimbra.pt

Fevereiro, 2012

DEPÓSITO LEGAL

340234/12

ALMEDINA | GRUPOALMEDINA

BIBLIOTECA NACIONAL DE PORTUGAL – CATALOGAÇÃO NA PUBLICAÇÃO

GOUVEIA, Jorge Bacelar, 1966-

As constituições dos Estados de língua portuguesa. – 3ª ed., actual.

ISBN 978-972-40-4758-4

CDU 342

PREFÁCIO

Associo-me à distinção já anteriormente proferida pelo meu antecessor, aquando da segunda edição, para também felicitar e agradecer o interesse e empenho de tão distinto académico e constitucionalista, Professor Doutor Jorge Bacelar Gouveia, e que assim assegura a terceira edição das *Constituições dos Estados de Língua Portuguesa*.

No ano em que a Comunidade dos Países de Língua Portuguesa acaba de comemorar o décimo quinto aniversário, mantém perfeita atualidade o propósito anunciado na sua matriz constitutiva de perseguir o "Primado da Paz, da Democracia, do Estado de Direito, dos Direitos Humanos e da Justiça Social", sendo por isso esta obra, para além de pertinente, um inestimável contributo a esse exercício que tem de ser permanente, inspirado nas lições que as respetivas sociedades vão acumulando, tanto na convivência interna dos vários atores sociais como na sua relação com o mundo externo.

Se se considerar as recentes revisões constitucionais ocorridas em Angola e Cabo-Verde, o processo em curso na Guiné-Bissau, o profundo questionamento do edifício da União Europeia provocado pela crise económico-financeira e no qual Portugal se encontra inserido, e ainda as várias dinâmicas políticas e sociais que agitam ou talvez animam todos os Estados de Língua Portuguesa, fica reforçado o convencimento da importância da presente obra.

Torna-se evidente a enorme competência do autor para, sem se furtar à abordagem de assuntos tão delicados e sensíveis, manter distância e neutralidade académicas reservando aos espaços da soberania, a discussão das preferências pelos respetivos cidadãos. Aliás, como é apanágio na CPLP, a especificidade de cada um dos oito Estados retratados volta a oferecer a esta edição o potencial para representar uma importante obra de Ciência Política e de Direito Comparado.

Seguindo a orientação do Professor Bacelar Gouveia, também me abstenho de quaisquer análises de valor, mas não resisto em me identificar com o princípio defendido por Schumpeter que recomenda aos povos partirem sempre do que são na realidade e não tentar se reescrever para ficar melhor. Lembramo-nos então que os pais fundadores da Constituição americana se afirmaram abençoados pela providência que escolheu o país e o povo, pelo que o mais importante é ser-se capaz de manter os dois juntos como um só.

Tudo o que me é dado desejar é sermos, também nós, capazes de reconhecer os limites materiais das disposições legais e compreender que, enquanto homens, somos falíveis e que nunca iremos produzir um texto tão completo, tão atual e tão competente que nos dispense do diálogo e do compromisso, de forma a sabermos sempre acomodar a diferença e, assim, favorecermos a inclusão.

Lisboa, 13 de dezembro de 2011.

DOMINGOS SIMÕES PEREIRA

Secretário-Executivo da Comunidade dos Países de Língua Portuguesa

NOTA PRÉVIA À 3ª EDIÇÃO

É com enorme satisfação que se publica a 3ª edição d' *As Constituições dos Estados de Língua Portuguesa*, assim se dando continuidade editorial à divulgação dos textos constitucionais do Direito de Língua Portuguesa.

Cumpre naturalmente agradecer às entidades que financiaram, em parte, esta publicação, assim permitindo superar as sempre crónicas dificuldades de sustentabilidade comercial de uma iniciativa com estas características: a Comunidade dos Países de Língua Portuguesa, na pessoa do seu Secretário-Executivo, o Eng. Domingos Simões Pereira; a Faculdade de Direito da Universidade Nova de Lisboa, na pessoa da sua Subdiretora, a Profª Doutora Helena Pereira de Melo; o Instituto do Direito de Língua Portuguesa, associação de juristas lusófonos; e o Grupo Almedina.

Apesar das contrariedades e das turbulências do mundo e das regiões geográfico-económicas, há sempre um espaço de esperança: acreditar na importância da divulgação de trabalhos sobre o Direito de Língua Portuguesa, numa altura em que a aproximação jurídico-cultural dos Povos e dos Estados – fundada numa língua comum e não em critérios capitalistas de um mercado selvagem – ostenta as suas óbvias virtualidades.

Para além das diversas atualizações feitas nos textos das Constituições que têm sido publicadas em edições anteriores, bem como a inserção da nova Constituição de Angola de 2010, entendeu-se ainda acrescentar a Lei Básica da Região Administrativa Especial de Macau, em atenção ao facto de aí igualmente se encontrar uma lei constitucional de um ordenamento jurídico próprio que pode facilmente filiar-se no Direito de Língua Portuguesa.

Lisboa, 9 de novembro de 2011.

JORGE BACELAR GOUVEIA

NOTA PRÉVIA À 2ª EDIÇÃO

Esgotada a 1ª edição, publica-se agora a 2ª edição do livro *As Constituições dos Estados de Língua Portuguesa*, devidamente atualizada pela introdução das alterações ocorridas em alguns textos constitucionais, como foi o caso do português e do brasileiro, assim como pela substituição da anterior Constituição de Moçambique de 1990, tendo o presente texto constitucional deste país sido aprovado em novembro de 2004.

Mas esta nova iniciativa editorial acontece num momento particularmente feliz: o da comemoração do X Aniversário da Fundação da Comunidade dos Países de Língua Portuguesa, que em boa hora entendeu financiar esta publicação, a quem se agradece na pessoa do seu Secretário-Executivo, o Embaixador Luís Fonseca, assim como à Drª Leonor Herédia, que entusiasticamente acompanhou os respetivos trabalhos por parte desta organização internacional.

O propósito, tal como na publicação anterior, permanece igual: que é o de assim se fomentar o conhecimento e o estudo do Direito de Língua Portuguesa, começando pelo "tronco da árvore" até se chegar aos "ramos" e aos seus "frutos": primeiro, o Direito Constitucional, e depois, os demais setores do Direito.

Lisboa, 19 de maio de 2006.

JORGE CLÁUDIO DE BACELAR GOUVEIA

NOTA PRÉVIA À 1ª EDIÇÃO

A afirmação de uma comunidade de pessoas, intimamente ligadas na sua história, na sua língua, nas suas tradições e no seu modo de ser, passa também por uma permanente tarefa de conhecimento recíproco. Num plano institucional, o acesso fácil e global aos respetivos textos constitucionais é um instrumento fundamental, assim imediatamente se evidenciando esses mesmos fatores de aproximação.

É por isso com gosto que publicamos *As Constituições dos Estados de Língua Portuguesa*, num livro com um título novo em relação às duas edições anteriores, devidamente atualizado com as alterações constitucionais entretanto ocorridas nalguns textos e sobretudo aumentado pela inclusão da recentíssima Constituição do jovem Estado irmão de Timor-Leste.

Tal como nas edições anteriores, crê-se que esta oportunidade bibliográfica possa continuar a estreitar as relações entre os Estados de Língua Portuguesa e, no plano jurídico, decerto a estimular o aparecimento de trabalhos de Direito Constitucional Comparado, que confirmarão a existência de um sistema constitucional de matriz portuguesa.

Não podíamos ainda deixar de exprimir um forte obrigado à Srª Ministra da Justiça de Portugal, Drª Celeste Cardona, pelo apoio dado a esta iniciativa e também pela simpatia do *Prefácio* com que a enriqueceu, agradecimento que é extensível ao Instituto Nacional de Administração, na pessoa do seu Presidente, Professor Doutor Luís Valadares Tavares, pelo patrocínio que tornou editorialmente viável este trabalho.

Lisboa, 1 de julho de 2003.

JORGE CLÁUDIO DE BACELAR GOUVEIA

O Direito Constitucional de Língua Portuguesa

Prof. Doutor Jorge Bacelar Gouveia[1]

§ 1º – O sentido do Direito Constitucional Comparado de Língua Portuguesa

1. O Direito Constitucional Comparado de Língua Portuguesa como meso--comparação

I. O primeiro tópico fundamental a considerar no Direito Constitucional de Língua Portuguesa é o do seu *âmbito*, sendo certo que a atividade comparatística[2] se pode apresentar sob diferentes ângulos, cada um deles com as suas funcionalidades próprias[3].

---

[1] Professor Catedrático da Faculdade de Direito da Universidade Nova de Lisboa e da Universidade Autónoma de Lisboa. Doutor e Agregado em Direito. Presidente do Instituto do Direito de Língua Portuguesa. E-mail: jbg@fd.unl.pt; website: www.jorgebacelargouveia.com

[2] Sobre o Direito Constitucional Comparado, v. Jorge Miranda, *Notas para uma introdução ao Direito Constitucional Comparado*, Lisboa, 1970, pp. 5 e ss., *Sobre o Direito Constitucional Comparado*, in *Direito e Justiça*, II, 1981-1986, pp. 201 e ss., e *Manual de Direito Constitucional*, I, 7ª ed., Coimbra, 2003, p. 26; Marcelo Rebelo de Sousa, *Direito Constitucional*, Braga, 1979, p. 13; Armando M. Marques Guedes, *Ideologias e Sistemas Políticos*, Lisboa, 1984, pp. 316 e ss.; Giuseppe de Vergottini, *La comparazione nel Diritto Costituzionale*, in *Diritto e Società*, 1986, pp. 165 e ss., e *Diritto Costituzionale Comparato*, 3ª ed., Padova, 1991, pp. 1 e ss.; Marcello Caetano, *Direito Constitucional - Direito Comparado, Teoria Geral do Estado e da Constituição, As Constituições do Brasil*, I, 2ª ed., Rio de Janeiro, 1987, pp. 62 e 63; Paolo Biscaretti di Ruffìa, *Introduzione al Diritto Costituzionale Comparato*, 6ª ed., Milano, 1988, pp. 3 e ss.; Pablo Lucas Verdú, *Curso de Derecho Político*, I, 2ª ed., Madrid, 1992, pp. 405 e ss.; Jorge Bacelar Gouveia, *Os direitos fundamentais atípicos*, Lisboa, 1995, pp. 25 e 26, *Considerações sobre as Constituições Fiscais da União Europeia*, in *Ciência e Técnica Fiscal*, nº 381, Janeiro-Março de 1996, pp. 37 e ss., e *Manual de Direito Constitucional*, I, 4ª ed., Coimbra, 2011, pp. 253 e ss.

[3] Quanto ao Direito Comparado em geral, v. José Hermano Saraiva, *Lições de Introdução ao Direito*, Lisboa, 1962-1963, pp. 68 e ss.; Angel Latorre, *Introdução ao Direito*, Coimbra, 1978, pp. 254 e 255;

Essa é, pois, uma resposta que não é unívoca, na medida em que se deve frisar *os possíveis âmbitos da comparação*, já que esta tem assentado na radical dissociação entre[4]:

- a *macro-comparação*, quando se pretende comparar blocos ou ordenamentos jurídicos, num prisma estrutural; e
- a *micro-comparação*, quando se compara um instituto ou um problema mais específico, numa ótica funcional[5].

Qualquer uma delas se mostra muito útil no Direito Constitucional, que facilmente absorve as vantagens que ficaram assinaladas. Mas a tarefa comparativa a empreender pode ainda ficar a meio caminho entre a macro-comparação e a micro-comparação, podendo ser apelidada de *meso-comparação constitucional*[6], ao desejar-se a comparação, não de sistemas jurídicos globais, nem de institutos, mas de sistemas jurídico-constitucionais nos seus traços fundamentais.

II. No plano em que nos encontramos, *na tentativa de se conhecer o desenvolvimento do Direito Constitucional Comparado de Língua Portuguesa*, só parece interessar a *meso-comparação constitucional*.

Ruben Rodrigues Nogueira, *Curso de Introdução ao Estudo do Direito*, São Paulo, 1979, pp. 23 e ss.; João de Castro Mendes, *Direito Comparado*, Lisboa, 1982-1983, pp. 7 e ss., e pp. 48 e ss.; Léontin-Jean Constantinesco, *Traité de Droit Comparé*, III, Paris, 1983, pp. 19 e ss.; Paulo Dourado de Gusmão, *Introdução ao Estudo do Direito*, 14ª ed., Rio de Janeiro, 1990, pp. 29 e ss.; Konrad Zweigert e Hein Kötz, *An Introduction to Comparative Law*, 2ª ed., Oxford, 1992, pp. 2 e ss.; Marcelo Rebelo de Sousa e Sofia Galvão, *Introdução ao Estudo do Direito*, 2ª ed., Lisboa, 1993, pp. 239 e ss.; Carlos Ferreira de Almeida, *Introdução ao Direito Comparado*, 2ª ed., Coimbra, 1998, pp. 9 e ss., e *Direito Comparado – ensino e método*, Lisboa, 2000, pp. 61 e ss.; Inocêncio Galvão Telles, *Introdução ao Estudo do Direito*, II, 10ª ed., Lisboa, 2000, pp. 227 e ss.; Michel Fromont, *Grands systèmes de Droit étrangers*, 4ª ed., Paris, 2001, pp. 1 e ss.; René David e Camille Jauffret-Spinosi, *Les grands systèmes de Droit Contemporains*, 11ª ed., Paris, 2002, pp. 1 e ss.; Armindo Ribeiro Mendes, *Sistemas Jurídicos Comparados – sumários desenvolvidos*, Lisboa, 2004, pp. 2 e ss.; José de Oliveira Ascensão, *O Direito – Introdução e Teoria Geral*, 13ª ed., Coimbra, 2005, pp. 141 e ss.; Dário Moura Vicente, *Direito Comparado*, I, Coimbra, 2008, pp. 19 e ss.

[4] Cfr. Carlos Ferreira de Almeida, *Introdução...*, pp. 20 e ss.; Armindo Ribeiro Mendes, *Sistemas...*, pp. 47 e ss.

[5] Bom exemplo deste esforço é o *trust*, no Direito Anglo-Saxónico e no Direito Continental: Maria João Tomé e Diogo Leite de Campos, *A propriedade fiduciária (Trust) – estudo para a sua consagração no Direito Português*, Coimbra, 1999, pp. 13 e ss.

Nós próprios já ensaiámos uma comparação constitucional desta natureza em relação às Constituições Fiscais Europeias: Jorge Bacelar Gouveia, *Considerações...*, pp. 43 e ss.

[6] Cfr. Carlos Ferreira de Almeida, *Introdução...*, p. 12.

O que está em causa é a observação conjunta e organizada dos Direitos Constitucionais que determinaram influências recíprocas noutros Direitos Constitucionais.

Não se trata tanto de apreciar soluções específicas para certos institutos jurídicos, por mais importantes que sejam, antes dar atenção às grandes coordenadas que podem caraterizar o Direito Constitucional de Língua Portuguesa, apreciando como as diversas questões que se colocaram à respetiva regulação foram resolvidas, a partir da afirmação global e extensiva do Estado Constitucional Contemporâneo.

III. A explicitação do sentido do Direito Constitucional de Língua Portuguesa não ficaria completa se não pudéssemos alinhavar as diversas vantagens que a atividade comparativa no Direito Constitucional – como, de resto, no Direito em geral – pode proporcionar àqueles que se abalançam ao estudo deste apaixonante modo se ver o Direito[7]:

- *uma função pedagógica*, possibilitando melhor conhecer as soluções próprias;
- *uma função hermenêutica*, oferecendo contributos para a interpretação e a integração de lacunas;
- *uma função prospetiva*, dando pistas para alterações legislativas no futuro;
- *uma função formativa*, contribuindo para a elevação cultural dos juristas.

2. A grelha comparatística do Direito Constitucional Comparado de Língua Portuguesa

I. O *segundo tópico* determinante na contextualização da atividade comparatística no seio dos Direitos Constitucionais de Língua Portuguesa diz respeito ao *método* que se deve seguir.

Obviamente que seria estulto pensar que tal estudo se poderia fazer sem uma metodologia específica, que é a *metodologia comparatística*, com a qual se pretende evitar que a apresentação das diversas instituições constitucionais possa cair num destes condenáveis erros[8]:

- *numa amálgama e mistura sem nexo*, em que não se sabe o que procurar e o que apreciar;

---

[7] Realçando estas e outras funções do Direito Comparado, Konrad Zweigert e Hein Kötz, *An Introduction...*, pp. 13 e ss.; Carlos Ferreira de Almeida, *Introdução...*, pp. 15 e ss., e *Direito Comparado...*, pp. 66 e ss.; René David e Camille Jauffret-Spinosi, *Les grands systèmes...*, pp. 2 e ss.; Armindo Ribeiro Mendes, *Sistemas...*, pp. 33 e ss.; José de Oliveira Ascensão, *O Direito...*, pp. 141 e ss.

[8] A respeito da metodologia comparatística, v. João de Castro Mendes, *Direito Comparado*, pp. 24 e ss.; Jorge Bacelar Gouveia, *Os direitos fundamentais atípicos*, pp. 25 e 26, e *Considerações...*,

- *num conjunto de soluções apresentadas em razão de critérios desprovidos de relevância científica*, como os critérios cronológicos ou territoriais.

Bem pelo contrário: *a metodologia comparatística, hoje já bastante afinada, quer melhor observar os sistemas constitucionais, sem se perder com a ausência de critérios ou com a adoção de falsos critérios.*

II. No plano da comparação de Direito Constitucional que envolve o estudo dos sistemas constitucionais determinantes para a formação do Direito Constitucional Contemporâneo, tem sido prática a escolha daqueles sistemas constitucionais que são considerados pioneiros na evolução do Direito Constitucional nestes duzentos anos que tem de história.

A este propósito, é habitual a formação de *famílias constitucionais*, em que os diversos sistemas se encaixam em função da sua filiação e em função das influências recebidas, deles depois ressaltando os respetivos contributos originais.

Eis um modo de ver o Direito Constitucional Comparado que apresenta dificuldades, pois que o papel dos sistemas jurídico-constitucionais é variável e nem sempre pode ser calibrado ao nível macroscópico da importância de uma família a que tenham dado origem: pode haver um sistema constitucional profundamente original, mas que por si não pôde reproduzir-se na influência projetada sobre outros sistemas constitucionais.

III. Sem menoscabo para a importância das famílias constitucionais, se entendida a sua organização de um modo menos radical, quer parecer-nos que urge matizar esse critério puramente material com a adoção de outros critérios que permitem obter uma panorâmica mais real dos diversos sistemas constitucionais, sem que tal possa obliterar a preponderância de algumas das suas instituições, fazendo aplicar também uma grelha comparativa.

É assim que, ao lado de um critério puramente comparatístico, se devem adicionar outros critérios, como o geográfico-cultural ou o histórico-político, nos seguintes termos:

- *um critério normativo-sistemático*, pois que a apresentação dos resultados da comparação não se pode descarnar de cada sistema constitucional

pp. 41 e ss.; Konrad Zweigert e Hein Kötz, *An Introduction...*, pp. 29 e ss.; Carlos Ferreira de Almeida, *Introdução...*, pp. 19 e ss., e *Direito Comparado...*, pp. 113 e ss.; Armindo Ribeiro Mendes, *Sistemas...*, pp. 2 e ss.; José de Oliveira Ascensão, *O Direito...*, pp. 143 e ss.

como um ordenamento, em que muitas das soluções plasmadas podem não assumir qualquer relevância no plano das originalidades dos sistemas apreciados, mas cujo estudo é necessário para a compreensão daquelas;
- *um critério geográfico-cultural*, uma vez que os sistemas constitucionais não se podem apresentar desinseridos das suas circunstâncias espaciais e das ideias que estiveram na sua génese e que determinaram a sua evolução, que em grande medida explicam as realidades atuais;
- *um critério histórico-político*, dado que os sistemas constitucionais igualmente se singularizam nos acontecimentos políticos, económicos e sociais que impuseram um certo curso dos acontecimentos, numa óbvia interação com a configuração do poder político.

IV. No que ao Direito Constitucional Comparado de Língua Portuguesa tange diretamente, podemos propor a seguinte grelha das questões constitucionais a estudar:

- *o enquadramento histórico-geográfico dos sistemas constitucionais*, com particular relevo para os sistemas constitucionais da atualidade;
- *a configuração, conteúdo e função da Constituição* na formação do Direito Constitucional, assim como o seu desenvolvimento contínuo;
- *a consagração dos direitos fundamentais*, no seu papel limitador do poder político e em articulação com o poder judicial;
- *a modelação do sistema económico, designadamente o grau de liberdade das entidades privadas no funcionamento do mercado e a intensidade da intervenção pública na economia;*
- *a modelação das formas e dos regimes políticos*, frisando-se a repartição de atribuições e competências entre o Estado e outras entidades políticas, bem como *a formatação dos sistemas de governo dos órgãos de soberania.*

3. Os Nove Direitos Constitucionais de Língua Portuguesa como objeto da comparação

I. Definidos o âmbito e a grelha que devem orientar aquele referido estudo, até para que o mesmo se apresente minimamente útil, *cumpre ainda fazer a seleção dos sistemas constitucionais a incluir na comparação a empreender*, além de também sustentar a sua justificação científica.

A título preliminar, recorde-se que a aproximação entre sistemas constitucionais objeto desta tarefa de comparação se afigura como um ponto de partida, e não como um ponto de chegada: o facto de eles serem escolhidos para esta análise conjunta é apenas por serem versados numa mesma língua, o que por si só nada garante do ponto de vista da homologia das soluções jurídico-constitucionais que venham a ser encontradas.

II. Se o critério é de natureza linguística, é natural que surja a exigência comum de todos esses ordenamentos jurídico-constitucionais a comparar se exprimirem na língua portuguesa, a qual aparece sempre como a língua oficial correspondente.

Mas importa referir que essa circunstância não anula a possibilidade de nesses sistemas jurídico-constitucionais o português coexistir com outras línguas oficiais do mesmo modo obrigatórias, sendo até comum nalguns destes Estados o reconhecimento do pluralismo linguístico.

Por maioria de razão se dirá o mesmo do facto de em muitas destas sociedades o português coexistir com outras línguas nacionais, que são promovidas e defendidas junto dos cidadãos, sem que elas sejam línguas oficiais de expressão no plano do poder público, ainda que com relevância jurídico-constitucional.

III. Numa perspetiva de subjetividade política, a procura dos Direitos Constitucionais falantes do português não coincide necessariamente com as entidades jurídico-políticas de cunho estadual, as quais se apresentam como determinantes na própria conceção do Direito Constitucional enquanto setor jurídico por excelência do Estado[9].

É irrecusável que o Direito Constitucional, nos seus pressupostos teórico-políticos, em grande medida reflete a própria estadualidade, assim afirmada ao longo destes anos de Estado Constitucional Contemporâneo.

Simplesmente, é forçoso admitir, na atividade comparativa que parte do critério linguístico, a existência de outros Direitos Constitucionais, que o podem ser em sentido amplo, sem que estejam vinculados a uma realidade jurídico-política estadual.

Vem esse a ser o caso de Macau, que representa no universo do Direito de Língua Portuguesa uma realidade autónoma a muitos títulos e também no plano do Direito Constitucional, a despeito de esse território não ostentar as caraterísticas da estadualidade.

---

[9] Sobre o conceito e âmbito do Direito Constitucional, v., por todos, JORGE BACELAR GOUVEIA, *Manual de Direito Constitucional*, I, pp. 29 e ss.

4. Existe um modelo de Direito Constitucional de Língua Portuguesa?

I. Podiam ser várias as perguntas a formular no contexto de um esforço de Direito Constitucional Comparado de Língua Portuguesa, que se vai desenrolar numa tarefa de *meso-comparação*, mas a nossa atenção focaliza-se especificamente na seguinte: *existe um modelo de Direito Constitucional de Língua Portuguesa?*

Eis uma procura que nos tem acompanhado há já alguns anos a esta parte e para qual temos oscilado, às vezes em função da variedade dos métodos utilizados, às vezes em função das multiformes experiências que as sociedades políticas em causa proporcionam[10].

II. Para que não subsistam dificuldades acrescidas, é de densificar a ideia de *modelo*, em torno da qual girará o esforço de resposta à pergunta formulada.

Esta conceção de modelo deve ser ampla, nela se incluindo os conjuntos das identidades estruturadoras do Direito Constitucional de cada um daqueles Direitos Constitucionais analisados.

Significa isto que a partir daqueles traços dominantes se faculta um juízo comparativo entre eles, depois se finalizando com a comparação que se torne possível a partir da análise da Constituição de 1976 e o Direito Constitucional Democrático e Social que fundaria a mais recente evolução do Estado Português.

A procura de um modelo equivale bastante à procura de um *modelo comum*, depurado das suas particularidades, que tendo sido cunhado uma primeira vez se possa vir a replicar em cada um dos Direitos Constitucionais de Língua Portuguesa, não obstante as diferenças existenciais que se assinalam não apenas entre eles, mas sobretudo em relação ao Direito Constitucional Português.

Simplesmente, não é a identidade que se procura, mas as semelhanças fundamentais visíveis nesses sistemas jurídico-constitucionais, nalguns casos simetricamente comprovadas pela existência de diferenças profundas, que fazem o contraponto das semelhanças encontradas.

---

[10] Cfr., por todos, JORGE BACELAR GOUVEIA, *Sistemas constitucionais africanos de língua portuguesa: a caminho de um paradigma?*, in AAVV, *30 Anos da Constituição Portuguesa* (org. de JORGE BACELAR GOUVEIA *et alli*), Lisboa, 2006, pp. 119 e ss.

5. A Constituição Portuguesa de 1976 como ponto de partida

I. Não se afigura viável falar de um modelo de Direito Constitucional de Língua Portuguesa, apesar das necessárias reduções que foi necessário conceder, sem sabermos o que encontrar no texto constitucional português que nele se possa oferecer de paradigmático.

Ainda que pouco estudado, ou pelo menos não tão estudado quanto o mereceria, o certo é que se pode assentar na existência de alguns pontos centrais do Constitucionalismo Português Democrático e Social nascido a partir da Constituição de 1976 e que podem ser sintetizados em três aspetos centrais:

- *na aprovação do texto constitucional por um parlamento constituinte, em contexto pluripartidário e democrático*, após um período constitucional revolucionário e provisório;
- *na vigência contínua do texto constitucional por mais de 30 anos*, o qual não tem assistido a ruturas ou a quaisquer quebras materiais na sua identidade;
- *na consagração dos princípios constitucionais do Estado de Direito, Republicano, Unitário, Democrático e Social.*

II. O atual Direito Constitucional Português consubstancia-se na Constituição da República Portuguesa (CRP), aprovada em 2 de abril de 1976, e que entrou em vigor em 25 de Abril de 1976.

Esta lei constitucional suprema do Estado Português surgiu como corolário da Revolução de 25 de Abril de 1974 – a Revolução dos Cravos – que pôs termo a um regime autoritário de direita, de inspiração nacionalista, corporativa e fascizante, designado como "Estado Novo", fortemente influenciado pelo regime fascista italiano.

Até que a CRP tivesse sido aprovada, neste período intercalar de dois anos, para além do trabalho da Assembleia Constituinte, democraticamente eleita, viveu-se um regime constitucional provisório, colocando-se simultaneamente em ação um conjunto de medidas urgentes, segundo os três objetivos de (i) descolonizar, (ii) democratizar e (iii) desenvolver o país.

O texto da CRP atualmente contém 296 artigos, que se distribuem por quatro partes, algumas delas repartidas por capítulos, antecedida por uma parte introdutória e com uma parte final, nos seguintes termos:

- *Princípios gerais* (artigos 1º a 11º)
- Parte I – *Direitos e deveres fundamentais* (artigos 12º a 79º)
- Parte II – *Organização económica* (artigos 80º a 107º)
- Parte III – *Organização do poder político* (artigos 108º a 276º)

- Parte IV – *Garantia e revisão da Constituição* (artigos 277º a 289º)
- *Disposições finais e transitórias* (artigos 290º a 296º)

A aprovação do texto constitucional por um parlamento pluripartidário – a Assembleia Constituinte, eleita em 25 de abril de 1975 – representou uma específica escolha de legitimação do novo texto constitucional, arredando outros esquemas possíveis de formalização do poder constituinte.

III. Será com base na centralidade que o texto da CRP ocupa que se procederá à apresentação sumária dos diversos Direitos Constitucionais de Língua Portuguesa, sendo viável a sua organização em três sucessivas vagas:

- *a primeira vaga corresponde ao texto da Constituição brasileira*, o primeiro texto constitucional lusófono de Estado de Direito feito a seguir à aprovação da CRP que se mantém vigente;
- *a segunda vaga é representada pelo nascimento das Constituições dos Estados Africanos lusófonos no período da II República*, a qual surge depois da queda do Muro de Berlim, com as transições para regimes constitucionais de Estado de Direito; e
- *a terceira vaga é singularmente preenchida pela Constituição de Timor-Leste*, que também coincide com a formação desse novo Estado, após um longo período de ocupação indonésia.

O reconhecimento de cada uma destas três vagas é muito relevante não apenas para a comprovação daquela centralidade como para se aferir o tipo de influência, recebida ou rejeitada, em cada um dos outros Direitos Constitucionais de Língua Portuguesa, na certeza de que o seu aparecimento se prolongou no tempo e ao sabor das vicissitudes histórico-políticas próprias dos Estados Lusófonos.

§ 2º – A primeira vaga dos Direitos Constitucionais de Língua Portuguesa: o Brasil

6. A independência do Brasil e os diversos textos constitucionais

I. A evolução histórica do Brasil, desde que ganhou a independência até aos dias de hoje, mostra uma sucessão de acontecimentos e de textos constitucionais bem reveladora das grandes questões que ocuparam a Humanidade nestes dois séculos XIX e XX que já vivemos.

A História Político-Constitucional do Brasil costuma ser repartida, acima das várias Constituições, entre o período antigo e o período moderno, sendo a Revolução de 1930 o momento de viragem[11] da república velha para a república nova[12].

II. Já em matéria de regime institucional, o Brasil, desde cedo obtendo a independência política em 7 de setembro de 1822, subdivide-se em duas grandes eras:

- *a era monárquica*, desde a fundação até à revolução republicana de 15 de novembro de 1889; e
- *a era republicana*, desde esta revolução até aos nossos dias.

Não deixam de ser impressionantes as grandes diferenças que caracterizam cada uma destas eras de evolução político-constitucional: enquanto a primeira apenas se estruturou com uma única Carta Constitucional, a outra ficou marcada pela sucessão de seis textos constitucionais.

III. O Brasil, até ao momento, já viveu sete textos constitucionais, que sinteticamente assim se apresentam:

- *a Carta Constitucional de 1824*: foi a primeira Constituição Brasileira, outorgada pelo fundador e libertador do Estado, D. Pedro I (D. Pedro IV, em Portugal), consagrando uma monarquia constitucional e imperial;
- *a Constituição de 1891*: foi a primeira Constituição da era republicana, iniciada pela Revolução de 15 de novembro de 1889, importando várias instituições jurídico-constitucionais já experimentadas nos Estados Unidos da América, como o federalismo, o presidencialismo e a fiscalização judicial difusa da constitucionalidade;

---

[11] Quanto à evolução histórico-constitucional do Brasil, v. MARCELLO CAETANO, *Direito Constitucional...*, I, pp. 469 e ss., e *Direito Constitucional - Direito Constitucional Brasileiro*, II, 2ª ed., Rio de Janeiro, 1987, pp. 1 e ss.; MIGUEL GALVÃO TELES, *Constituição*, in *Verbo - Enciclopédia Luso-Brasileira de Cultura*, 5º vol., Lisboa, s. d., pp. 1501 e ss.; J. CRETELLA JÚNIOR, *Comentários à Constituição de 1988 - artigos 1º a 5º, LXVII*, Rio de Janeiro/São Paulo, 1989, pp. 3 e ss.; JORGE MIGUEL, *Curso de Direito Constitucional*, 2ª ed., São Paulo, 1995, pp. 35 e ss.; ANTÔNIO CARLOS POJO DO REGO e JOÃO PAULO MACHADO PEIXOTO, *A política das reformas econômicas no Brasil*, Rio de Janeiro, 1998, pp. 53 e ss.; CELSO RIBEIRO BASTOS, *Curso de Direito Constitucional*, 22ª ed., São Paulo, 2001, pp. 103 e ss.; JOSÉ AFONSO DA SILVA, *Curso de Direito Constitucional Positivo*, 20ª ed., São Paulo, 2002, pp. 69 e ss.; LUÍS CÉSAR AMAD COSTA e LEONEL ITAUSSU A. MELLO, *História do Brasil*, 11ª ed., São Paulo, 2002, pp. 137 e ss.

[12] Numa perspetiva histórica predominantemente internacional, v. LUIZ ALBERTO MONIZ BANDEIRA, *Brasil, Argentina e Estados Unidos - da Tríplice Aliança ao Mercosul (1870-2003)*, 2ª ed., Rio de Janeiro, 2003, pp. 43 e ss.

- *a Constituição de 1934*: foi um texto constitucional progressista, de cariz socializante, derrubando a chamada "República Velha", na sequência da Revolução de 1930, de que foi mentor Getúlio Vargas;
- *a Constituição de 1937*: foi um texto constitucional autoritário de direita, criando um Estado Novo, inspirado na Constituição Polaca, restringindo os direitos e as liberdades individuais;
- *a Constituição de 1946*: foi um texto constitucional democratizante, de suavização do regime do Estado Novo;
- *a Constituição de 1967-69*: foi um texto constitucional de cariz autoritário de direita, estabelecendo um regime de preponderância militar[13];
- *a Constituição de 1988*: é o texto constitucional em vigor, de pendor democrático e social.

7. A atual Constituição Brasileira de 1988

I. O atual texto constitucional do Brasil (CB) é a Constituição de 1988, aprovada em 5 de Outubro de 1988[14], inaugurando uma nova fase na História do Direito Constitucional Brasileiro, com a seguinte sistematização, num total de 250 artigos, mais os 94 artigos do Ato das Disposições Constitucionais Transitórias:

- Título I – *Dos princípios fundamentais*
- Título II – *Dos direitos e garantias fundamentais*
- Título III – *Da organização do Estado*
- Título IV – *Da organização dos poderes*
- Título V – *Da defesa do Estado e das instituições democráticas*

---

[13] Cfr. Marcello Caetano, *Direito Constitucional...*, II, pp. 499 e ss.; Elio Gaspari, *A ditadura escancarada*, São Paulo, 2002, pp. 17 e ss.

[14] Sobre o atual Direito Constitucional brasileiro, moldado a partir da CB, v. Celso Ribeiro Bastos, *Curso de Direito Constitucional*, 22ª ed., São Paulo, 2001, pp. 161 e ss.; Paulo Bonavides, *Curso de Direito Constitucional*, 8ª ed., São Paulo, 1999, pp. 327 e ss.; Manoel Gonçalves Ferreira Filho, *Curso de Direito Constitucional*, 28ª ed., São Paulo, 2002, pp. 56 e ss., e *Aspetos do Direito Constitucional Contemporâneo*, São Paulo, 2002, pp. 129 e ss.; José Afonso da Silva, *Curso...*, pp. 91 e ss.; AAVV, *Seminário dos 15 Anos da Constituição de 1988* (org. do Senado Federal – Instituto Legislativo Brasileiro), Brasília, 2004; Jorge Miranda, *Manual...*, I, pp. 223 e ss.; Alexandre de Moraes, *Direito Constitucional*, 16ª ed., São Paulo, 2004, pp. 52 e ss.; Zulmar Fachim, *Teoria Geral do Direito Constitucional*, 2ª ed., Londrina, 2006, pp. 1 e ss.; Luís Roberto Barroso, *Vinte Anos da Constituição Brasileira de 1988: o Estado a que chegámos*, in *Revista do Direito e do Estado*, Ano 3, nº 10, abril/junho de 2008, pp. 25 e ss.

- Título VI – *Da tributação e do orçamento*
- Título VII – *Da ordem económica e financeira*
- Título VIII – *Da ordem social*
- Título IX – *Das disposições constitucionais gerais*

A recente CB significou, assim, um marco importantíssimo na evolução constitucional do Brasil[15], assinalando, em definitivo, a transição para uma democracia representativa e sem tutela militar[16].

Na sua elaboração, foram visíveis algumas influências de textos constitucionais europeus, naturalmente nelas se evidenciando a relevância da CRP. Esses marcantes contributos – meramente de normas ou também de institutos – podem mesmo justificar para alguns, como se tem afirmado com maior ou menor ênfase, a construção, em termos mais vastos[17], de uma família lusófona de Direito Constitucional[18].

---

[15] As ligações entre o Direito Constitucional Português e o Direito Constitucional Brasileiro não são de hoje, bastando lembrar a circunstância de a nossa segunda Constituição (a C1826) e a primeira Constituição Brasileira (a Carta Constitucional de 1824) terem sido outorgadas pela mesma pessoa – D. Pedro IV em Portugal e D. Pedro I no Brasil – para cimentar uma ligação verdadeiramente umbilical que já vinha de longe.

Essa foi uma influência que não se perderia com o tempo, pois a Constituição de 1911, por exemplo, acolheria o instituto fundamental da fiscalização difusa da constitucionalidade, consagrado pela Constituição Brasileira de 1891.

Agora, com os dois últimos textos constitucionais democráticos em ambos os países, essa tradição reforçou-se e são vários os elementos da CRP que influenciaram a Constituição Brasileira de 1988.

[16] Quanto à influência da CRP sobre a CB, v. Manoel Gonçalves Ferreira Filho, *A Constituição Brasileira de 1988 – aspetos gerais*, in *Revista da Ordem dos Advogados*, ano 49, 1989, pp. 947 e ss., *Sobre a Constituição de 1988*, in *Revista da Faculdade de Direito da Universidade de Lisboa*, XXXI, 1990, pp. 71 e 72, e *Constitucionalismo português e constitucionalismo brasileiro*, in AAVV, *Perspetivas Constitucionais*, I, Coimbra, 1996, pp. 59 e ss.; Paulo Bonavides, *Constitucionalismo Luso-Brasileiro: influxos recíprocos*, in AAVV, *Perspetivas Constitucionais*, I, Coimbra, 1996, pp. 51 e ss.; Oscar Dias Corrêa, *Breves observações sobre a influência da Constituição Portuguesa na Constituição Brasileira de 1988*, in AAVV, *Perspetivas Constitucionais*, I, Coimbra, 1996, pp. 73 e ss.; Nailê Russomano, *Influências da Constituição da República Portuguesa de 1976 na Constituição Brasileira de 1988 – da defesa do consumidor*, in AAVV, *Perspetivas Constitucionais*, III, Coimbra, 1998, pp. 428 e ss.; Luís Roberto Barroso, *Influência da reconstitucionalização de Portugal sobre a experiência constitucional brasileira*, in AAVV, *30 Anos da Constituição Portuguesa* (org. de Jorge Bacelar Gouveia *et alli*), Lisboa, 2006, pp. 71 e ss.; José Júnior Florentino dos Santos Mendonça, *A abertura do Direito Constitucional Brasileiro ao Constitucionalismo Português*, in *Revista de Direito Público*, Ano I, nº 1, Lisboa, janeiro/junho de 2009, pp. 139 e ss.

[17] Sobre este ponto, sem contudo conclusões muito afirmativas, Jorge Miranda, *As novas Constituições de Cabo Verde, São Tomé e Príncipe e Moçambique – nota prévia*, Lisboa, 1991, pp. 5 e ss., e

II. No plano dos direitos fundamentais, verifica-se uma forte profusão de posições subjetivas, nas mais variadas áreas da atividade humana, sem mesmo esquecer a importância de novos direitos, como em matéria ambiental, social e informática[19].

É também de sublinhar a abertura a novos direitos fundamentais, com a grande importância atribuída aos direitos sociais, assim como o olhar dirigido aos mecanismos de efetividade[20] desses mesmos direitos[21].

Está neste caso a força que se atribuiu ao *habeas-data* como novo mecanismo de proteção do cidadão contra a utilização da informática[22].

Manual..., I, pp. 242 e 243 (= *Os sistemas constitucionais do Brasil e dos Países Africanos de Língua Portuguesa*, in *Revista Luso-Africana de Direito*, I, Lisboa, 1997, pp. 165 e 166); Jorge Bacelar Gouveia, *As Constituições dos Estados Lusófonos – introdução*, 1ª ed., Lisboa, 1993, pp. 7 e ss., e, mais difusamente, *Estudos de Direito Público de Língua Portuguesa*, Coimbra, 2004, ou *Sistemas constitucionais africanos de língua portuguesa: a caminho de um paradigma?*, pp. 121 e ss.; António de Sousa Franco, *Dinheiros públicos, julgamento de contas e controlo financeiro institucional*, in *Revista Luso-Africana de Direito*, I, Lisboa, 1997, p. 151; Paulo Ferreira da Cunha, *Em demanda dos fundamentos de uma comunidade constitucional lusófona*, in AAVV, *Perspetivas Constitucionais*, II, Coimbra, 1997, pp. 11 e ss.

18 Numa visão mais radicalmente cética, de teor mais político do que propriamente jurídico-constitucional, em que inclusivamente se duvida do caráter democrático de alguns Estados Africanos de Língua Portuguesa, ao afirmar-se que "Nos Estados africanos, com especial relevo para os que foram dilacerados por guerras civis, ainda não completamente saradas, não existem ainda condições materiais para uma democracia praticada» (p. 61)", Carlos Blanco de Morais, *Tópicos sobre a formação de uma comunidade constitucional lusófona*, in AAVV, *75 Anos da Coimbra Editora*, Coimbra, 1998, pp. 55 e ss.

19 Sobre os direitos fundamentais da CB, v. Odacir Soares, *A nova Constituição – comentários*, Brasília, 1988, pp. XII e ss.; J. Cretella Júnior, *Comentários à Constituição de 1988*, I, São Paulo, 1989, pp. 178 e ss.; Pinto Ferreira, *Comentários à Constituição Brasileira*, I, São Paulo, 1989, pp. 59 e ss.; Jorge Bacelar Gouveia, *Os direitos fundamentais atípicos*, pp. 245 e ss.; Celso Ribeiro Bastos, *Curso...*, pp. 173 e ss.; Manoel Gonçalves Ferreira Filho, *Curso...*, pp. 287 e ss.; José Afonso da Silva, *Curso...*, pp. 189 e ss.; Jorge Miranda, *Manual...*, I, pp. 235 e 236; Alexandre de Moraes, *Direito Constitucional*, pp. 60 e ss.; Ingo Wolfgang Sarlet, *A eficácia dos direitos fundamentais*, 9ª ed., Porto Alegre, 2007, pp. 73 e ss.; Gilmar Ferreira Mendes, Inocêncio Mártires Coelho e Paulo Gustavo Gonet Branco, *Curso de Direito Constitucional*, 3ª ed., São Paulo, 2008, pp. 231 e ss.

20 Como sucede com a regra da aplicabilidade imediata dos direitos e garantias fundamentais, nos termos do art. 5º, § 1º, da CB.

21 Cumpre, a este propósito, realçar a importância do Título II, que nos seus arts. 5º e ss. estabelece os diversos preceitos sobre a matéria.

22 O art. 5º, inciso LXXII, prescreve que "conceder-se-á *habeas-data*: a) para assegurar o conhecimento de informações relativas à pessoa do impetrante, constantes de registros ou bancos de dados de entidades governamentais ou de caráter público; b) para a retificação de dados, quando não se prefira fazê-lo por processo sigiloso, judicial ou administrativo".

III. Em matéria de organização do Estado, é mantido o modelo federal, adotado logo com o segundo texto constitucional republicano, estabelecendo-se quatro categorias de entidades[23] dotadas de poder político[24]:

- a *União* (Estado Federal ou Federação), que é a entidade política suprema, titular do poder constituinte máximo e federal;
- os *Estados* (federados), que são 26 e com as respetivas Constituições;
- o *Distrito Federal* (equiparado a Estado federado), que é uma entidade político-administrativa autónoma com vista a assegurar a neutralidade da sede dos órgãos federais;
- os *Municípios*, que são uma espécie de regiões, com amplos poderes administrativos, mas igualmente político-legislativos.

Há uma rigorosa separação entre as competências estaduais e as competências federais, ainda que com a proeminência da componente do poder federal, num federalismo que tem muito de centralista[25].

IV. No tocante à organização dos poderes do Estado, é seguida de perto a tripartição norte-americana, de tipo orgânico-funcional[26]:

- *o poder legislativo*: o Congresso Nacional, composto pela Câmara dos Deputados e pelo Senado Federal;
- *o poder executivo*: o Presidente, o Vice-Presidente e o Governo Federal;
- *o poder judiciário*: os diversos tribunais superiores, de entre eles se salientando o Supremo Tribunal Federal e o Superior Tribunal de Justiça.

---

[23] Ainda que a CB admita a existência de Territórios Federais, os quais, nos termos do art. 18º, § 2º, da CB, "...integram a União, e sua criação, transformação em Estado ou reintegração ao Estado de origem serão reguladas em lei complementar", tendo o respetivo regime constitucional fixado no art. 33º da CB.

[24] Dizendo-se no proémio do art. 18º da CB que "A organização político-administrativa da República Federativa do Brasil compreende a União, os Estados, o Distrito Federal e os Municípios, todos autónomos, nos termos desta Constituição".

[25] Discutindo a questão do federalismo, v. MARCELLO CAETANO, *Direito Constitucional...*, II, pp. 43 e ss.; MANOEL GONÇALVES FERREIRA FILHO, *Organização do Estado brasileiro e as tendências do federalismo: simetria e assimetria*, in *O Direito*, ano 136º, 2004, I, pp. 35 e ss.; JORGE MIRANDA, *Manual...*, I, p. 237; ALEXANDRE DE MORAES, *Direito Constitucional*, pp. 268 e ss.

[26] Sobre o sistema de governo na CB, sem esquecer o lastro histórico do presidencialismo brasileiro, v. MARCELLO CAETANO, *Direito Constitucional...*, II, pp. 154 e ss.; OMAR SEIXO KADRI, *O executivo legislativor: o caso brasileiro*, Coimbra, 2004, pp. 63 e ss.; JORGE MIRANDA, *Manual...*, I, pp. 237 e 238; ALEXANDRE DE MORAES, *Direito Constitucional*, pp. 382 e ss. GILMAR FERREIRA MENDES, INOCÊNCIO MÁRTIRES COELHO E PAULO GUSTAVO GONET BRANCO, *Curso...*, pp. 855 e ss.

O poder legislativo é atribuído ao *Congresso Nacional*, um Parlamento de cunho bicameral, com dois órgãos, com competências próprias, mas principalmente com competências conjuntas, sendo a legislatura de quatro anos: a *Câmara dos Deputados*, constituída por Deputados em número proporcional aos cidadãos eleitores de cada Estado federado e do Distrito Federal onde decorre a respetiva eleição, com um mandato de quatro anos e não podendo ser superior a 513; e o *Senado Federal*, constituído por três senadores por cada Estado e pelo Distrito Federal, com um mandato de oito anos, num total de 81 senadores[27].

O poder executivo é protagonizado pelo *Presidente da República*, auxiliado pelos Ministros de Estado[28]. O Presidente da República é eleito, juntamente com o Vice-Presidente, para um mandato de 4 anos, sem possibilidade de segunda reeleição. A CB prevê a existência de um Governo Federal, composto pelos Ministros, livremente escolhidos e demitidos pelo Presidente.

O poder judiciário, visto na lógica de uma estrutura federal, inclui as instâncias supremas do poder judiciário que se exerce acima do poder judiciário dos Estados federados, assim como outros tribunais que absorvem a totalidade da competência especializada que lhes é atribuída[29].

V. O sistema de governo brasileiro corresponde a um *presidencialismo imperfeito*, fortemente influenciado pelo texto constitucional norte-americano, mas sofrendo alguns desvios, que devem ser interpretados como suas relevantes atualizações.

Os traços fundamentais deste sistema de governo presidencial não são difíceis de identificar:

- a junção na mesma pessoa dos cargos de Chefe de Estado e de Chefe de Governo;
- a eleição por sufrágio universal e direto do Chefe de Estado;
- a subsistência independente dos poderes legislativo e executivo, não obstante os múltiplos pontos de contacto e de colaboração.

O caráter imperfeito do presidencialismo brasileiro cifra-se na figura, constitucionalmente autónoma, do Governo Federal, composto pelos Ministros de Estado, a quem o Presidente da República pode deferir competências executivas.

---

[27] Cfr. os arts. 44º e ss. da CB.

[28] Cfr. os arts. 76º e ss. da CB.

[29] Cfr. os arts. 92º e ss. da CB.

§ 3º – A segunda vaga dos Direitos Constitucionais de Língua Portuguesa: os Estados Africanos Lusófonos

8. A evolução político-constitucional: do Socialismo à Democracia

I. Um dos principais objetivos da III República Democrática, implantada em Portugal a partir da Revolução de 25 de Abril de 1974, foi o da descolonização dos povos e territórios de África, durante vários séculos e até então colónias de Portugal, assim ganhando a sua legítima independência política, nas seguintes datas históricas[30]:

- Angola: 11 de novembro de 1975;
- Cabo Verde: 5 de julho de 1975;
- Guiné-Bissau: 24 de setembro de 1973;
- Moçambique: 25 de junho de 1975;
- São Tomé e Príncipe: 12 de julho de 1975.

Essa é uma evolução político-constitucional que não permite surpreender uma única tendência, antes dois períodos bem distintos para a respetiva compreensão[31]:

- *uma primeira era constitucional de I República Socialista* (1975-1990); e
- *uma segunda era constitucional de II República Democrática* (1990-....).

II. O contexto da descolonização portuguesa, no terreno da luta de libertação nacional e nos anos que se seguiram à Revolução dos Cravos de Portu-

---

[30] Sobre a evolução e caraterização geral dos sistemas constitucionais africanos de língua portuguesa, v. JORGE MIRANDA, *Manual...*, I, pp. 239 e ss.; ANTÓNIO ALBERTO NETO, *Instituições políticas e sistemas constitucionais nos países africanos de expressão portuguesa*, Luanda, 2003; JORGE BACELAR GOUVEIA, *Os sistemas político-constitucionais dos Estados Africanos de Língua Portuguesa*, in *Estudos de Direito Público de Língua Portuguesa*, Coimbra, 2004, pp. 288 e ss., e *Sistemas constitucionais africanos de língua portuguesa: a caminho de um paradigma?*, pp. 123 e ss.; FILIPE FALCÃO OLIVEIRA, *Direito Público Guineense*, Coimbra, 2005, pp. 95 e ss.; NUNO PIÇARRA, *A evolução do sistema de garantia da Constituição em Cabo Verde*, in *Direito e Cidadania*, ano VII, nº 22, Praia, 2005, pp. 211 e ss.; CRISTINA NOGUEIRA DA SILVA, *«Missão civilizacional» e codificação de* usos e costumes *na doutrina colonial portuguesa (séculos XIX-XX)*, in *Quaderni Fiorentini per la Storia del Pensiero Giuridico Moderno*, 33-34 (2004-2005), Milano, 2005, pp. 899 e ss.; LUÍSA NETO, *Trajetos de independência e consolidação da estrutura estadual nos países africanos de língua oficial portuguesa*, in AAVV, *Estudos em Homenagem ao Prof. Doutor Joaquim Moreira da Silva Cunha*, Coimbra, 2005, pp. 563 e ss.; DÁRIO MOURA VICENTE, *Unidade e diversidade nos atuais sistema jurídicos africanos*, in AAVV, *Prof. Doutor Inocêncio Galvão Telles: 90 anos – Homenagem da Faculdade de Direito da Universidade de Lisboa*, Lisboa, 2007, pp. 317 e ss.

[31] Cfr. JORGE BACELAR GOUVEIA, *Os sistemas político-constitucionais...*, pp. 292 e ss.

gal[32], foi politicamente dominada pela emergência de formações partidárias e de ideologias marxistas, de direta inspiração soviética[33].

A esmagadora maioria dos movimentos de libertação nacional, que nas colónias combatiam as Forças Armadas Portuguesas que aguentavam, a custo, o domínio português na vigência da ditadura do Estado Novo, foi doutrinalmente influenciada pelos ideais comunistas, tal como eles foram desenvolvidos na antiga União Soviética (URSS), ainda que se assinalassem algumas originalidades ou outras proveniências, em qualquer caso com pesos sempre marginais.

Afora tudo o que essa motivação decerto representava de fé numa nova organização política e social, era verdade que, por detrás desses apoios, se encavalitava um escondido desejo de a URSS se expandir para os territórios que, em breve, deixariam de pertencer a Portugal.

No fervor dos acontecimentos revolucionários, em que dominava o Movimento das Forças Armadas, tendo sido a Revolução de Abril um golpe de Estado com a participação decisiva dos militares, até à legitimação dos novos órgãos de poder político por eleições democráticas, os ideais comunistas eram também prevalecentes, pelo que se facilitou uma conexão interna na concessão do poder, dentro dos novos Estados independentes, aos grupos de libertação que estavam afinados pelo mesmo diapasão do socialismo científico.

III. A análise comparada dos diversos sistemas constitucionais dos novos Estados Africanos de Língua Portuguesa revela traços comuns, dentro daquela

[32] Quanto à importância da formação das elites africanas que levariam as colónias à independência política, v. Brazão Mazula, *Educação, cultura e ideologia em Moçambique: 1975-1985*, Porto, 1995, pp. 65 e ss.; Dalila Cabrita Mateus, *A luta pela independência – a formação das elites fundadoras da FRELIMO, MPLA e PAIGC*, Mem Martins, 1999, pp. 43 e ss.; Kenneth Maxwell, *A construção da Democracia em Portugal*, Lisboa, 1999, pp. 115 e ss.; George Wright, *A destruição de um país – a política dos Estados Unidos para Angola desde 1945*, Lisboa, 2000, pp. 79 e ss.; Aristides Pereira, *Uma luta, um partido, dois países*, 2ª ed., Lisboa, 2002, pp. 73 e ss.; Carlos Veiga, *Cabral e a construção do Estado em Cabo Verde – uma apreciação crítica*, in *Direito e Cidadania*, ano VI, nº 19, janeiro a abril de 2004, pp. 67 e ss.; Filipe Falcão Oliveira, *Direito Público*..., pp. 82 e ss.; Pedro Borges Graça, *A construção da Nação em África*, Coimbra, 2005, pp. 175 e ss.

[33] Ainda que com a manutenção, até hoje, de importantes traves-mestras do Direito Privado, que se mantêm comuns a Portugal e aos Estados Africanos de Língua Portuguesa.

Cfr. o exemplo de Moçambique em relação aos Códigos Civil, Penal e Comercial, embora o segundo só até certo ponto: Jorge Bacelar Gouveia, Susana Brasil de Brito e Arão Feijão Massangai, *Código Civil e Legislação Complementar*, 2ª ed., Maputo, 2000; Jorge Bacelar Gouveia e Emídio Ricardo Nhamissitane, *Código Penal e Legislação Penal*, 2ª ed., Maputo, 2000; Jorge Bacelar Gouveia e Lúcia da Luz Ribeiro, *Código Comercial e Legislação Comercial*, 2ª ed., Maputo, 2000.

única fonte de inspiração, tanto político-ideológica como jurídico-constitucional:

- *o sistema social*: a prevalência dos direitos económicos e sociais, como instrumentos de "desalienação do homem", em detrimento dos direitos e liberdades políticos e civis, num forte monismo ideológico e partidário;
- *o sistema económico*: a apropriação dos meios de produção, com a coletivização da terra, que passou a ser propriedade do Estado, e a planificação imperativa da economia;
- *o sistema político*: a concentração de poderes no órgão parlamentar de cúpula, com a omnipresença do partido único e a sua localização paralela em todas as estruturas do Estado.

IV. A *primeira fase* na evolução político-constitucional dos Estados africanos de língua portuguesa durou cerca de uma década e meia, sendo ainda possível nela divisar períodos diferenciados[34]:

- *1º período*: o período inicial de implantação das estruturas dos Estados agora independentes, com o retorno de muitos portugueses e a sua reorganização interna;
- *2º período*: o período intermédio de organização política e social segundo o modelo de inspiração soviética, com a intensificação da cooperação com os países do bloco comunista, principalmente a URSS, Cuba e a República Democrática Alemã; e
- *3º período*: o período final de progressiva crise económica, com o recrudescimento dos conflitos políticos internos, nalguns casos – Angola e Moçambique – degenerando em sangrentas guerras civis.

V. Esta primeira onda de textos constitucionais de inspiração soviética, com base na doutrina do marxismo-leninismo, não resistiria à queda dos regimes comunistas, um pouco por toda a parte, simbolizado e iniciado pelo derrube do Muro de Berlim, em dezembro de 1989.

---

[34] Período que não ocorreu sem que se sentissem também inúmeras dificuldades de natureza jurídica, na transição do Direito Português, colonialmente aplicável, para o novo Direito dos Estados Independentes. V., a este propósito, o problema do regime jurídico aplicável ao casamento nestes novos Estados, tanto na sua aceção religiosa, como na sua aceção civil.

Para o caso moçambicano, cfr. Jorge Bacelar Gouveia, *A relevância civil do casamento católico*, in *Africana*, nº 14, Porto, 1994, pp. 155 e ss.

Naturalmente que esse fenómeno – de certa sorte há muito tempo larvar e apenas esperando um momento de rastilho político e social – se projetaria nos Estados africanos em questão, praticamente desde o seu início. É mesmo impressionante a facilidade com que os respetivos sistemas políticos se organizaram com vista à superação do paradigma soviético.

Também se pode dizer que a avaliação das economias e das sociedades desses Estados de Língua Portuguesa revelava já um elevado mal-estar com a aplicação do modelo soviético, que fracassaria, pelo menos, por duas razões fundamentais:

- *pelo caráter informal das sociedades africanas*, até certo ponto incompatível e avesso à rigidez e disciplina conaturais à antiga estruturação burocrática soviética;
- *pelo centralismo político-ideológico que decorria das doutrinas administrativas soviéticas*, abafando as comunidades locais e, na cúpula, combatendo as suas mais diversas expressões, como os Direitos consuetudinários locais.

VI. Do ponto de vista constitucional, a substituição dos antigos textos constitucionais fez-se através de *transições constitucionais*, que consistiram na criação de novos textos, mas aproveitando os procedimentos de revisão constitucional anteriormente estabelecidos. A passagem às novas ordens constitucionais em todos estes Estados fez-se sempre de uma forma pacífica, sem revoluções ou ruturas formais.

Por outra parte, igualmente sucedeu que na maioria dos Estados a aprovação de novos documentos constitucionais se ficou a dever aos parlamentos monopartidários que tinham sido escolhidos no tempo da I República totalitária, quase não tendo havido textos constitucionais fruto de uma discussão pluripartidária nos novos parlamentos eleitos.

A principal exceção que importa referir é a de Cabo Verde, que aprovaria uma nova Constituição, em 1992, já em sistema pluripartidário. Nos outros casos, as novas Constituições foram depois pontualmente revistas, para se adequarem aos processos de pacificação interna, em contexto pluripartidário.

VII. Em alguns dos Estados africanos de língua portuguesa registaram-se ainda conflitos armados internos, guerras civis já no período da independência, que opuseram os governos constituídos, bem como os respetivos partidos únicos, às oposições armadas, numa confrontação nítida do ponto de vista político-ideológico a respeito da opção constitucional adotada.

A situação de Angola foi a que se prolongaria mais tempo, continuando mesmo depois de implantada uma nova ordem constitucional democrática, só tendo terminado em 2002.

Em Moçambique, a situação de guerra civil duraria menos tempo e terminaria em 4 de outubro de 1992, data da assinatura, em Roma, do Acordo Geral de Paz entre o Governo/Frelimo e a Renamo.

9. Descrição breve dos Direitos Constitucionais Africanos de Língua Portuguesa

I. Mas interessa focar de perto as características que é possível encontrar em cada um dos Direito Constitucionais dos Estados Africanos de Língua Portuguesa, afigurando-se útil que possamos vislumbrar cada um deles, assinalando as suas particularidades.

São eles:

- Angola;
- Cabo Verde;
- Guiné-Bissau;
- Moçambique; e
- São Tomé e Príncipe.

II. De todos estes Estados, foi Angola o último a alcançar uma situação de paz, real desde 2002, aquando da cessação de hostilidades por parte do grupo rebelde UNITA, na sequência da morte do seu líder[35].

O certo é que o novo sistema constitucional angolano foi edificado há mais de uma década, na altura em que se conseguiu um outro cessar-fogo, depois dos Acordos de Bicesse, e foi possível realizar as primeiras eleições gerais no país, presidenciais e legislativas.

O advento desse período foi marcado pela aprovação de uma nova Lei Constitucional em 1992, precisamente destinada a acomodar o novo regime demo-

[35] Sobre o Direito Constitucional de Angola em geral, v. RUI FERREIRA, *A democratização dos poderes públicos nos países da África Austral*, Coimbra, 1995; RAUL ARAÚJO, *Os sistemas de governo de transição nos PALOP*, Coimbra, 1996, e *O Presidente da República no Sistema Político de Angola*, Luanda, 2009; ADÉRITO CORREIA e BORNITO DE SOUSA, *Angola – História Constitucional*, Coimbra, 1996, pp. 11 e ss.; CARLOS MARIA FEIJÓ, *Problemas atuais de Direito Público Angolano – contributo para a sua compreensão*, Lisboa, 2001, pp. 13 e ss., e *O Novo Direito da Economia de Angola – Legislação Básica*, Coimbra, 2005, pp. 7 e ss.; JORGE BACELAR GOUVEIA, *Introdução ao Direito Constitucional de Angola*, Luanda, 2002, pp. 48 e ss., e *Segredo de Estado e Lei Constitucional em Angola*, in *Estudos de Direito Público de Língua Portuguesa*, Coimbra, 2004, pp. 237 e ss.; AAVV, *A descentralização em Angola*, Luanda, 2002; WLADIMIR BRITO, *O presidencialismo como sistema de governo adequado para Angola*, in *Direito e Cidadania*, ano V, nº 18, setembro a dezembro de 2003, pp. 153 e ss.; FILIPE FALCÃO OLIVEIRA, *Direito Público...*, pp. 99 e ss.

crático emergente, bem como pela elaboração de numerosas leis ordinárias, destinadas a garantir um ambiente de pluripartidarismo.

Contudo, este clima político não vigoraria mais do que algumas semanas após a realização das eleições de setembro de 1992, pois que se reiniciaria a guerra civil, nunca a UNITA tendo aceitado os resultados eleitorais.

Em fevereiro de 2010, e depois de várias vicissitudes, seria finalmente aprovada a Constituição de Angola (CA), texto definitivo que veio substituir a Lei Constitucional de 1992.

III. Cabo Verde tem a singularidade de ter sido o Estado que mais rapidamente transitaria para a democracia e onde, no plano prático, mais se tem registado a alternância democrática, já tendo os seus dois grandes partidos formado maiorias parlamentares e governamentais.

A sua primeira Constituição, de cunho provisório, seria aprovada em 1975, com o nome de Lei da Organização Política do Estado, e, em 1980, adotar-se-ia um texto constitucional definitivo, numa inspiração no modelo soviético, que seria a Constituição de 5 de setembro de 1980[36].

A atual Constituição, de 25 de setembro de 1992 (CCV), só seria aprovada depois de um período de abertura política, no qual a respetiva redação se realizou em clima de efetivo pluripartidarismo, amplamente efetivada pela LC nº 2/III/90, de 28 de setembro.

Este documento não se conserva mais na sua versão original e já foi objeto de diversas alterações, as quais se destinaram a aperfeiçoar o parlamentarismo e a intervenção dos cidadãos nos referendos e nas iniciativas legislativas populares[37], assim como a melhorar o sistema de fiscalização judicial da constitucionalidade então introduzido[38].

IV. A Guiné-Bissau tem vivido, nos últimos anos, sucessivos momentos de agitação e de instabilidade, motivados por alguns golpes de Estado.

---

[36] Cfr. Mário Ramos Pereira da Silva, *O regime dos direitos sociais na Constituição Cabo-Verdiana de 1992*, Coimbra, 2002, pp. 71 e ss.; Nuno Piçarra, *A evolução do sistema...*, pp. 2 e ss.

[37] Sobre o Direito Constitucional de Cabo Verde em geral, v. Luís Mendonça, *O regime político de Cabo Verde*, in *Revista de Direito Público*, II, nº 3, janeiro de 1988, pp. 7 e ss.; Jorge Carlos Fonseca, *O sistema de governo na Constituição Cabo-Verdiana*, Lisboa, 1990, pp. 41 e ss.; Wladimir Brito, *A revisão da Constituição de 1992*, in *Direito e Cidadania*, nº 9, pp. 165 e ss.; Mário Ramos Pereira da Silva, *O regime dos direitos sociais...*, pp. 83 e ss.; Joel Hasse Ferreira, *Funcionamento e evolução do sistema político-constitucional de Cabo Verde*, in *Direito e Cidadania*, ano V, nº 18, setembro a dezembro de 2003, pp. 145 e ss.; Carlos Veiga, *Cabral e a construção...*, pp. 84 e ss.; Filipe Falcão Oliveira, *Direito Público...*, pp. 95 e ss.; Nuno Piçarra, *A evolução do sistema...*, pp. 212 e ss.

[38] Cfr. Nuno Piçarra, *A evolução do sistema...*, pp. 222 e ss.

A evolução político-institucional da Guiné-Bissau tem a particularidade de ter antecipado o resultado da Revolução Portuguesa de 25 de Abril de 1974, porquanto a sua independência chegou a ser proclamada em 24 de setembro de 1973, em Madina de Boé, texto constitucional que depois seria retomado com a concessão da independência formal[40].

O atual texto constitucional (CGB), alcançado depois de uma revisão profunda ocorrida entre 1991 e 1993, é o terceiro da história deste Estado porque em 1980 haveria um golpe de Estado e, após um interregno revolucionário de 4 anos, se elaboraria uma nova Constituição, em 1984[41], sem que a nova Constituição de 1980 tivesse chegado a vigorar[42].

A Constituição de 1993, apenas pontualmente revista em aspetos secundários, já contou com inúmeras tentativas de revisão geral, mas todas naufragaram, quer pela ausência de acordo parlamentar, quer pela ausência de vontade do Presidente da República[43] de promulgá-las[44].

V. Moçambique, sendo outro dos dois grandes Estados Africanos de Língua Portuguesa, tem sido referido como um caso de sucesso na efetivação de uma negociação internacional de paz.

A sua independência foi alcançada em 25 de junho de 1975 e é dessa altura a entrada em vigor da sua primeira Constituição, que vigoraria até 1990, apenas com pontuais alterações.

Nessa altura, um segundo texto constitucional viria a ser aprovado, a então Constituição de 1990[45], a qual sofreu algumas revisões constitucionais limitadas:

---

[40] Com importantes contributos sobre a evolução constitucional da Guiné-Bissau, desde esta fase dos primórdios da sua independência, v. ANTÓNIO E. DUARTE SILVA, *A independência da Guiné-Bissau e a descolonização portuguesa*, Porto, 1997, pp. 63 e ss.; FILIPE FALCÃO OLIVEIRA, *Direito Público...*, pp. 109 e ss.

[41] Ainda que esta mesma Constituição Guineense se autodeclare como sendo de 1984.

[42] Cfr. FILIPE FALCÃO OLIVEIRA, *Direito Público...*, pp. 116 e ss.

[43] Cfr. FILIPE FALCÃO OLIVEIRA, *Direito Público...*, pp. 122 e ss.

[44] Sobre o Direito Constitucional da Guiné-Bissau em geral, v. PAULO DE SOUSA MENDES, *Princípios constitucionais de organização judiciária*, in *Boletim da Faculdade de Direito de Bissau*, nº 1, novembro de 1992, pp. 23 e ss.; JORGE REIS NOVAIS, *Tópicos de Ciência Política e Direito Constitucional Guineense*, Lisboa, 1996, pp. 89 e ss.; ANTÓNIO E. DUARTE SILVA, *Formação e estrutura da Constituição de 1984*, in *Boletim da Faculdade de Direito de Bissau*, nº 4, março de 1997, pp. 153 e ss., e *A independência da Guiné-Bissau...*, pp. 139 e ss.; LUÍS BARBOSA RODRIGUES, *Constituição e legislação complementar*, Bissau, 1994, pp. 5 e ss., e *A transição constitucional guineense*, Lisboa, 1995, pp. 25 e ss., pp. 57 e ss., e pp. 103 e ss.; EMÍLIO KAFFT KOSTA, *O constitucionalismo guineense e os limites materiais de revisão*, Lisboa, 1997, pp. 187 e ss.; FILIPE FALCÃO OLIVEIRA, *Direito Público...*, pp. 105 e ss., e pp. 125 e ss.

[45] Cfr. o respetivo texto, bem como outra legislação constitucional complementar, em JORGE BACELAR GOUVEIA, *As Constituições dos Estados de Língua Portuguesa*, 1ª ed., Coimbra, 2003, pp. 305 e ss., e *Legislação de Direito Constitucional*, Maputo, 1994, pp. 54 e ss.

- em 1993, foram alterados os artigos atinentes aos partidos e ao regime de candidatura a Presidente da República, na sequência do Acordo Geral de Paz, assinado no ano anterior;
- em 1996, foi reformulado o capítulo atinente ao poder local, no sentido de evitar dúvidas de constitucionalidade em relação à nova legislação autárquica entretanto produzida;
- em 1998, foi alterada uma das competências do Conselho Constitucional, órgão judicial com funções de controlo da constitucionalidade[46].

Desde o início de 2005, coincidindo com a tomada de posse dos novos titulares dos órgãos eleitos – o Presidente da República e a Assembleia da República – está em vigor em Moçambique o seu terceiro texto constitucional, aprovado em 16 de novembro de 2004 (CM), não apresentando mudanças sensíveis em relação ao texto precedente, não sendo uma verdadeira e própria nova Constituição material, antes uma mera revisão da Constituição de 1990.

VI. São Tomé e Príncipe, o mais pequeno dos Estados de Língua Portuguesa, tem atravessado sucessivos períodos de crise económica e social, tendo tais períodos provocado situações de alguma agitação política.

A independência foi alcançada em 12 de julho de 1975, mas o respetivo texto constitucional só entraria em vigor algum tempo depois, tendo sido aprovado

---

[46] Sobre o Direito Constitucional de Moçambique em geral, v. José Óscar Monteiro, *Poder e Democracia*, in *Revista de Direito Público*, III, nº 6, Julho-Dezembro de 1989, pp. 29 e ss.; Marcus Guadagni, *Introdução ao Direito Moçambicano – 9 Direito Constitucional*, Maputo, 1990; Jorge Miranda, *Sobre o anteprojeto da Constituição de Moçambique*, in *O Direito*, ano 123º, I, Janeiro-Março de 1991, pp. 197 e ss.; José Norberto Carrilho e Emídio Ricardo Nhamissitane, *Alguns aspetos da Constituição*, Maputo, 1991; Fernando José Fidalgo da Cunha, *Democracia e divisão de poder – uma leitura da Constituição Moçambicana*, Maputo, s. d., pp. 58 e ss.; Gilles Cistac, *O Direito Eleitoral Moçambicano*, Maputo, 1994, pp. 11 e ss., *Poder legislativo e poder regulamentar na Constituição da República de Moçambique de 30 de novembro de 1990*, in *Revista Jurídica da Faculdade de Direito da Universidade Eduardo Mondlane*, 1996, I, pp. 8 e ss., e *O Tribunal Administrativo de Moçambique*, Maputo, 1997, pp. 80 e ss.; José Manuel Sérvulo Correia, *Contencioso administrativo e Estado de Direito*, in *Revista da Faculdade de Direito da Universidade de Lisboa*, XXXVI, nº 2 de 1995, pp. 450 e ss.; Jorge Bacelar Gouveia, *A relevância civil...*, pp. 175 e ss., *O princípio democrático no novo Direito Constitucional Moçambicano*, in *Revista da Faculdade de Direito da Universidade de Lisboa*, XXXVI, 1995, nº 2, pp. 459 e ss., *As autarquias locais e a respetiva legislação – um enquadramento geral*, in AAVV, *Autarquias Locais em Moçambique – antecedentes e regime jurídico*, Lisboa/Maputo, 1998, pp. 81 e ss., e *Reflexões sobre a próxima revisão da Constituição Moçambicana de 1990*, Maputo, 1999, pp. 5 e ss.; Vitalino Canas, *O sistema de governo moçambicano na Constituição de 1990*, in *Revista Luso-Africana de Direito*, I, Lisboa, 1997, pp. 167 e ss.; João André Ubisse Guenha, *Os sistemas eleitorais em Moçambique*, in *Revista Luso-Africana de Direito*, I, 1997, pp. 223 e ss.; Américo Simango, *Introdução à Constituição Moçambicana*, Lisboa, 1999, pp. 53 e ss.; Filipe Falcão Oliveira, *Direito Público...*, p. 100.

em 5 de novembro desse mesmo ano, na sua Assembleia Constituinte, texto que posteriormente seria objeto de pequenas revisões.

A atual Constituição foi aprovada em 1990 (CSTP) e foi a única, de todos os Estados Africanos de Língua Portuguesa, que se sujeitou a um procedimento de referendo popular.

Depois de muitas propostas e de outras tantas disputas, aquele texto constitucional foi finalmente alvo de uma apreciável revisão constitucional – até agora a única feita em 16 anos – e que teve o mérito de corrigir muitas das soluções iniciais, melhorando-o substancialmente, como sucedeu nas matérias da fiscalização da constitucionalidade e do regime de revisão constitucional[47].

§ 4º – A terceira vaga dos Direitos Constitucionais de Língua Portuguesa: Timor-Leste

10. O novo Estado de Timor-Leste

I. O Estado de Timor-Leste nasceu no dia 20 de maio de 2002, depois de muitas e complexas vicissitudes[48]. Mas com esse acontecimento se registou paralelamente um outro, da maior importância: o aparecimento de uma Constituição, a primeira da vida desse Estado (CTL)[49].

Eis uma das diversas possibilidades para a segregação do poder constituinte, que vem a ser um dos sinais específicos da realidade estadual: para que se possa falar de Constituição, é sempre forçoso estarmos perante a realidade estadual.

Daí que este não seja um momento qualquer, mas antes um momento duplamente constituinte:

- *constituinte de um Estado*, que agora vê a luz do dia e assim se apresenta na sociedade internacional; e

[47] Sobre o Direito Constitucional de São Tomé e Príncipe em geral, v. ARMANDO M. MARQUES GUEDES, N'GUNU TINY, RAVI AFONSO PEREIRA, MARGARIDA DAMIÃO FERREIRA e DIOGO GIRÃO, *Litígios e legitimação – Estado, Sociedade Civil e Direito em S. Tomé e Príncipe*, Coimbra, 2002, pp. 50 e ss., e pp. 121 e ss.

[48] Segundo o art. 170º da Constituição de Timor-Leste (CTL), "A Constituição da República Democrática de Timor-Leste entra em vigor no dia 20 de maio de 2002", embora o texto tenha sido aprovado em 22 de março desse mesmo ano pela Assembleia Constituinte.

[49] Sobre a situação político-constitucional de Timor-Leste em geral, nas suas diversas implicações, AAVV, *The East Timor Problem and the Role of Europe*, (ed. PEDRO PINTO LEITE), Lisboa, 1998, *passim*; JORGE MIRANDA, *Manual...*, I, p. 244; JORGE BACELAR GOUVEIA, *A primeira Constituição de Timor-Leste*, in *Estudos de Direito Público de Língua Portuguesa*, Coimbra, 2004, pp. 305 e ss.; FILIPE FALCÃO OLIVEIRA, *Direito Público...*, p. 102.

– *constituinte de uma Ordem Jurídica*, porque esse Estado se auto-adorna de um texto constitucional, que passará a reger os seus destinos fundamentais.

II. Claro que isso nem sempre assim sucedeu, pelo menos considerando a história dos Estados até ao Constitucionalismo: até ao século XVIII – e, portanto, antes do surgimento das Constituições contemporâneas – já havia Estados, alguns multisseculares, como Portugal, que não ostentavam qualquer estrutura constitucional moderna.

Naturalmente que, coincidindo o nascimento de um Estado com a aprovação do seu primeiro texto constitucional, o Estado permanece o mesmo perante a necessidade de mudar esse texto constitucional.

Só que os textos constitucionais não são tão perenes como as realidades estaduais e, diferentemente destas, destinam-se a traduzir um projeto de Direito que se julga apropriado para a situação histórico-cultural em que surge.

III. Se é verdade que a realidade político-estadual de Timor-Leste se consumou com a declaração da independência política, bem como com a concomitante aprovação de um texto constitucional fundacional, não é menos verdade que a realidade cultural e social de Timor-Leste já muito anteriormente lhe subjazia[50].

Desde que há memória do território, ele emergiu no seio dos Descobrimentos Portugueses do Oriente, tendo permanecido durante muito tempo como possessão ultramarina, muito para além da perda progressiva de outros territórios, ora em favor de Estados vizinhos, ora dando origem a novos Estados.

A última descolonização portuguesa, ocorrida na sequência da Revolução de 25 de Abril de 1974 em Portugal, foi um momento crucial na evolução política e social de Timor-Leste, pois que logo depois o território seria anexado pela Indonésia, a grande potência vizinha, e deixando de fazer parte do território português[51].

---

[50] Com um interessante percurso acerca desta vertente histórico-jurídica do território de Timor-Leste, v., por todos, MIGUEL GALVÃO TELES, *Timor-Leste*, in *Dicionário Jurídico da Administração Pública*, 2º suplemento, Lisboa, 2001, pp. 569 e ss.

Para uma visão mais atual, partindo da práxis política, v. MARI ALKATIRI, *Timor-Leste – o caminho do desenvolvimento*, 2ª ed., Lisboa/Porto/Coimbra, 2008, pp. 3 e ss.

[51] Como se dizia numa anterior versão da CRP, através do seu antigo art. 293º, nº 1, "Portugal continua vinculado às responsabilidades que lhe incumbem, de harmonia com o Direito Interna-

IV. Somente na década de noventa – e depois de diversos massacres perpetrados contra o povo maubere – se desenhariam os passos que conduziriam, em definitivo, à ereção de Timor-Leste a Estado independente, não obstante todo o esforço desde aquela primeira hora protagonizado por Portugal no sentido de lhe propiciar a autodeterminação[52].

Mercê de uma favorável conjugação de circunstâncias de política internacional, mas também graças a um porfiado esforço de resistência interna contra a ocupação indonésia, bem como ao empenhamento do Estado Português, foi possível estabelecer um procedimento de referendo internacional, dirigido pela Organização das Nações Unidas, que teve como resultado a opção pela independência política do território e, consequentemente, a proclamação de um novo Estado.

11. A Constituição de Timor-Leste de 2002

I. O texto constitucional timorense não é dos mais extensos no conjunto das Constituições de Língua Portuguesa, contando com 170 artigos, que se distribuem pelas seguintes sete partes, antecedidas por um preâmbulo:

- Parte I – *Princípios fundamentais*
- Parte II – *Direitos, deveres, liberdades e garantias fundamentais*
- Parte III – *Organização do poder político*
- Parte IV – *Organização económica e financeira*
- Parte V – *Defesa e segurança nacionais*
- Parte VI – *Garantia e revisão da Constituição*
- Parte VII – *Disposições finais e transitórias*

As opções sistemáticas do texto constitucional timorense, não contendo qualquer peculiar originalidade digna de registo, não deixam de se inscrever nas tendências mais recentes de se dar primazia aos aspetos materiais sobre os aspetos organizatórios na ordenação das matérias, bem como à inserção de importantes incisos a respeito de questões económicas e sociais que hoje nenhum texto constitucional pode lucidamente ignorar.

---

cional, de promover e garantir o direito à autodeterminação e independência de Timor-Leste", preceito que, porém, continha uma norma que entretanto caducou.

[52] O que bem se atesta pelas sucessivas resoluções que foram aprovadas pela Assembleia Geral das Nações Unidas sob a iniciativa de Portugal.

Para a consulta desses textos, v. Jorge Bacelar Gouveia, *Timor-Leste – textos jurídicos fundamentais*, 2ª ed., Lisboa, 1993, pp. 11 e ss.

Cumpre também assinalar o relevo dado, sendo assim erigida a parte própria, à matéria da defesa e segurança, no que não terá sido alheio o recente percurso histórico-político do povo e do território de Timor-Leste, o mesmo igualmente se dizendo dos princípios fundamentais, que se apresentam numa parte inicial, sistematicamente autonomizada.

Do ponto de vista da técnica legislativa, nota-se a conveniente opção pela colocação de epígrafes em todos os artigos, permitindo um compulsar mais fácil do articulado constitucional, para além da adoção da organização dos preceitos nos termos da tradição jurídica portuguesa e não seguindo outros esquemas estrangeiros, que foram assim – e, a nosso ver, bem – rejeitados.

II. A elaboração do texto da CTL foi levada a cabo, após a decisão referendária no sentido da independência, no âmbito de uma assembleia constituinte, especificamente eleita para o efeito em 30 de agosto de 2001, cujos trabalhos duraram vários meses.

Mas seria em 22 de março de 2002 que ocorreria o ato final de aprovação do texto final dessa Constituição, que entrou em vigor em 20 de maio de 2002.

O sistema selecionado assentou na legitimidade popular quanto à elaboração do texto da Constituição, embora de acordo com critérios que vieram depois a ser convalidados pelo novo Estado nascente.

O texto da CTL é ainda antecedido de um extenso preâmbulo, que pode decompor-se de vários conteúdos e que, por isso mesmo, se afigura de grande importância para uma primeira contextualização do novo Direito Constitucional Timorense.

Não fazendo formalmente parte do articulado do texto constitucional, sendo por isso desprovido de força dispositiva, o preâmbulo da CTL tem um inegável interesse histórico e hermenêutico:

- *histórico* porque apresenta uma visão oficial acerca dos acontecimentos que estiveram na génese do Estado, ainda que a verdade histórica não possa ser decretada, assim sendo um de entre outros possíveis contributos para a respetiva dilucidação;
- *hermenêutico* porque representa uma intervenção textual do legislador constituinte, com potencialidades explicativas que, em certos casos, vão sempre para além de um texto meramente articulado, como se tem reconhecido na técnica dos textos arrazoados.

III. Mesmo tendo sido aprovada tão recentemente, o texto da CTL – até para ganhar uma maior longevidade – não poderia deixar de equacionar os termos da sua própria revisão.

A opção fundamental tomada foi a de se adotar um texto constitucional *hiper-rígido*, com a consagração de diversos limites à segregação do poder de revisão constitucional[53]:

- *os limites orgânicos*: a revisão fica exclusivamente a cargo do Parlamento Nacional[54];
- *os limites procedimentais*: as alterações ao texto constitucional devem ser aprovadas por maioria de dois terços dos Deputados em efetividade de funções[55];
- *os limites temporais*: a revisão ordinária da Constituição só pode ser feita de seis em seis anos, embora se admita a revisão extraordinária, desde que o órgão competente assuma poderes constitucionais por votação de, pelo menos, quatro quintos dos Deputados em efetividade de funções[56];
- *os limites materiais*: há um conjunto bastante vasto de matérias que não podem ser objeto de revisão constitucional[57]; e
- *os limites circunstanciais*: a vigência do estado de exceção impede a prática de qualquer "...ato de revisão constitucional"[58].

É assim possível inserir este texto constitucional no elenco das Constituições hiper-rígidas: embora admitindo a sua revisão, apenas tal pode suceder em termos limitados, com respeito por um formalismo e por um conteúdo que se perpetua para além das revisões constitucionais.

IV. Não é possível neste momento efetuar uma pormenorizada análise do texto constitucional timorense, mas tão só realizar a sua apresentação, assim se procurando estimular o estudo posterior das diversas instituições jurídico-constitucionais timorenses.

Para esse efeito, importa refletir sobre três principais temas, a despeito de a CTL incidir sobre outros temas:

- *os princípios fundamentais e as fontes do Direito*;
- *os direitos fundamentais*; e
- *a organização do poder político*.

---

[53] Cfr. Jorge Bacelar Gouveia, *A primeira Constituição...*, p. 310.
[54] Cfr. o art. 154º da CTL.
[55] Cfr. o art. 155º, nº 1, da CTL.
[56] Cfr. o art. 154º, nºs 2 e 4, da CTL.
[57] Cfr. o art. 156º da CTL.
[58] Art. 157º da CTL.

12. Os princípios fundamentais e as fontes do Direito

I. A primeira parte do texto constitucional, como tem sido recentemente acentuado, destina-se a concentrar os aspetos que, na sua essencialidade, caracterizam a ideia de Direito de que aquele articulado é portador[59].

É por isso que podemos encontrar, nos primeiros preceitos do texto constitucional, um conjunto de opções a respeito das múltiplas dimensões que se colocam à vida coletiva dos timorenses, agora que se organizaram numa estrutura estadual.

Estas são algumas dessas principais orientações[60]:

- o princípio do Estado de Direito;
- o princípio unitário, da soberania popular e da descentralização administrativa;
- o princípio da independência política e da cooperação internacional;
- o princípio da constitucionalidade;
- o princípio da socialidade;
- o princípio da liberdade e do pluralismo político e partidário;
- o princípio da liberdade religiosa e da cooperação.

Na impossibilidade de apreciar todos estes princípios, que nem sequer se afastam muito da dogmática fundamental do moderno Direito Constitucional, observe-se de perto duas questões que, no texto constitucional, oferecem uma certa veemência:

- as relações entre a lei e o costume como fontes de Direito timorense; e
- as relações entre o Estado e as confissões religiosas.

II. Em matéria de fontes do Direito, como não podia deixar de ser, o Estado Timorense, ao fundar-se nesta Constituição, proclama o princípio da constitucionalidade, segundo o qual "As leis e os demais atos do Estado e do poder local só são válidos se forem conformes com a Constituição"[61].

Contudo, o texto constitucional não estabelece o monopólio da lei estadual como fonte do Direito timorense e aceita a relevância do Direito costumeiro nos seguintes termos: "O Estado reconhece e valoriza as normas e os usos costumeiros de Timor-Leste que não contrariem a Constituição e a legislação que trate especialmente do direito costumeiro"[62].

---

[59] Cfr. Jorge Bacelar Gouveia, *A primeira Constituição...*, pp. 311 e ss.

[60] Cfr. os arts. 1º e ss. da CTL.

[61] Art. 2º, nº 3, da CTL.

[62] Art. 2º, nº 4, da CTL.

É extremamente significativo que se assuma uma posição frontal em matéria de Direito consuetudinário, sendo certo que o desenvolvimento do Estado Constitucional, desde o Liberalismo, se foi fazendo segundo paradigmas positivistas legalistas, de repressão de qualquer informalidade normativa, espontaneamente criada pelas comunidades.

Por outra parte, importa referir que essa receção do Direito costumeiro não é ilimitada e, ao invés, se submete a condições que parecem razoáveis, num contexto em que ao Direito estadual deve competir uma força diretiva essencial, sobretudo numa altura em que se trata de fundar uma organização coletiva, que dá os seus primeiros passos, depois de tantos anos de luta pela independência política.

Podem sempre restar dúvidas acerca da legitimidade da limitação do costume através da lei, tratando-se de fontes que exatamente se definem pelo seu antagonismo.

Daí automaticamente não se segue, porém, a impossibilidade de a lei – neste caso, a lei constitucional – se pronunciar sobre a validade do costume, até porque o faz muito restritamente, não só apelando a um esquema de resolução de conflitos, não de ingerência direta, como unicamente vedando os costumes que mais grosseiramente ponham em perigo os valores fundamentais da comunidade, protegidos ao nível constitucional.

III. Domínio que igualmente suscita um enfoque peculiar no texto constitucional timorense é o da relação entre o Estado e o fenómeno religioso, não se esquecendo ainda o papel da Igreja Católica.

Esta Parte I da CTL afirma, sem qualquer dúvida, a não identificação do Estado com as religiões, mas aceita que as respetivas relações – que assim existem e que assim se confirmam sem quaisquer complexos – se estribem numa ideia de cooperação: "O Estado promove a cooperação com as diferentes confissões religiosas, que contribuem para o bem-estar do povo de Timor-Leste"[63].

Coloca-se de parte um modelo que, pura e simplesmente, pudesse proibir o estabelecimento de qualquer atividade conjunta do Estado com as confissões religiosas, como por vezes alguns autores dão a entender, ao defenderem uma conceção mais agressiva do princípio da laicidade do Estado, que não pode significar a impossibilidade do seu relacionamento com a realidade institucional do fenómeno religioso.

É de frisar que a concretização dessa cooperação, fazendo-se de acordo com a força sociológica das confissões religiosas que se encontram implantadas em

[63] Art. 12º, nº 2, da CTL.

Timor-Leste, deve levar em especial consideração a Igreja Católica, expressamente nomeada no texto constitucional, não só numa perspetiva política como numa dimensão social, o que pode ser interpretado como um mandato ao legislador ordinário no sentido do seu legítimo favorecimento em detrimento de outras confissões religiosas desprovidas desse papel, no passado e no presente:

- no preâmbulo, afirma-se que "Na sua vertente cultural e humana, a Igreja Católica em Timor-Leste sempre soube assumir com dignidade o sofrimento de todo o Povo, colocando-se ao seu lado na defesa dos seus mais elementares direitos"[64];
- no preceito destinado à defesa da resistência timorense, refere-se que "O Estado reconhece e valoriza a participação da Igreja Católica no processo de libertação nacional de Timor-Leste"[65].

13. O sistema de direitos fundamentais

I. Do ponto de vista dos direitos fundamentais, eles vêm a integrar-se na Parte II da CTL[66], englobando toda essa matéria, com a mais completa epígrafe de "Direitos, deveres, liberdades e garantias fundamentais"[67].

Trata-se de um importante setor do texto constitucional, que reflete vários equilíbrios e que se mostra, de um modo geral, nitidamente filiado na herança cultural ocidental em matéria de direitos fundamentais, com o apelo conjunto tanto à teoria liberal como à teoria social na respetiva configuração material[68].

São escassas as inovações que o texto constitucional timorense introduziu neste domínio, avultando os principais temas que têm caraterizado, no século XX, os textos constitucionais que se alinham, numa aceção mista, nas correntes do Estado Social de Direito.

II. Macroscopicamente pensando, o sistema constitucional de direitos fundamentais realizou uma boa opção pela sua intensa constitucionalização ao nível do texto constitucional, este reservando-lhe uma parte específica, ainda que não se contestando a hipotética presença de mais direitos fundamentais noutras áreas do articulado constitucional.

---

[64] § 8º do preâmbulo da CTL.

[65] Art. 11º, nº 2, da CTL.

[66] Cfr. Jorge Bacelar Gouveia, *A primeira Constituição...*, pp. 313 e ss.

[67] Do art. 16º ao art. 61º da CTL.

[68] Sobre as várias teorias acerca da fundamentação dos direitos fundamentais, v., por todos, Jorge Bacelar Gouveia, *Ensinar Direito Constitucional,* Coimbra, 2003, pp. 417 e ss.

Tal não significa que os direitos fundamentais admitidos se possam reconduzir àqueles que beneficiam de uma consagração no articulado constitucional documental porque outros direitos são admitidos, consagrados noutras fontes que, deste modo, se alcandoram num idêntico plano constitucional mais elevado, dada a presença de uma relevante cláusula de abertura a direitos fundamentais atípicos: "Os direitos fundamentais consagrados na Constituição não excluem quaisquer outros constantes da lei e devem ser interpretados em consonância com a Declaração Universal dos Direitos Humanos"[69].

Importa também sublinhar que se teve particularmente em atenção uma preocupação com o rigor da positivação dos direitos fundamentais, o que bem se atesta pela opção da respetiva consagração tipológica, que por aquela referida cláusula aberta vai para além dos direitos que se apresentam tipificados.

Em matéria de interpretação, regista-se finalmente que a DUDH serve de diapasão interpretativo comum[70], o que assume uma grande relevância na conformidade de tais direitos por alusão a um texto internacional – como é aquela Declaração Universal – simbolicamente muito representativo e que foi sobretudo precursor na consagração de novos direitos fundamentais, a partir de uma ótica internacionalista.

III. Dentro de uma perspetiva mais microscópica, ao nível da especialidade, opera-se a dissociação essencial entre os direitos, liberdades e garantias pessoais e os direitos e deveres económicos, sociais e culturais, numa clara menção da distinção clássica, nos direitos fundamentais, entre direitos de defesa e direitos a prestações.

Não tem sido tarefa fácil proceder à destrinça entre uns e os outros se tomarmos uma preocupação que se situe num horizonte que exceda a mera arrumação sistemática.

Em vão no texto constitucional se depara com esse critério. Estamos em crer que ele passará pelo tipo de eficácia – se imediata ou se mediata – do sentido dos direitos fundamentais que estejam em apreciação.

Quanto aos direitos fundamentais consagrados, para além dos direitos que são comuns – e ainda bem – a outros sistemas constitucionais, nota-se a presença de algumas particularidades:

- *uma mais intensa proteção do direito à vida*: a defesa da vida humana não acontece apenas nos termos habituais, ao dizer-se que a vida humana é invio-

[69] Art. 23º da CTL.

[70] Cfr. a parte final do art. 23º da CTL.

lável – igualmente se lembra que há uma dimensão prestadora, a cargo do Estado, no tocante a essa matéria, esclarecendo-se que "O Estado reconhece e garante o direito à vida"[71];

- *uma idade mais baixa para a titularidade de direitos políticos, que é admissível logo a partir dos 17 anos*: "Todo o cidadão maior de dezassete anos tem o direito de votar e de ser eleito"[72]; e
- *uma justa e moderna preocupação de promoção dos homens e das mulheres*, não apenas como tarefa geral do Estado, mas ainda no âmbito específico do quadro organizatório do poder público[73].

14. O sistema de organização política

I. No plano do *sistema político*, cuja matéria se unifica na Parte III do texto constitucional[74], há uma preocupação com uma pormenorizada definição do estatuto dos diversos órgãos de soberania, que são os seguintes: o Presidente da República, o Parlamento Nacional, o Governo e os Tribunais[75].

A organização do poder político, dentro do princípio da unidade do Estado, também conhece a descentralização administrativa, em dois distintos níveis[76]:

- ao *nível regional*, prevendo-se uma especial organização para o enclave Oe-cusse Ambeno e para a ilha de Ataúro;
- ao *nível local*, com a atribuição de poderes de natureza administrativa às instituições do poder local.

II. No plano da democracia representativa, o sistema de governo que resulta da leitura do articulado constitucional – conquanto não seja necessariamente este o que venha a resultar da prática constitucional – funda-se numa conceção próxima do semipresidencialismo, tal como ele vigora em Portugal.

Os órgãos políticos têm funções relevantes, não se vislumbrando que qualquer um deles esteja destinado a um papel apagado na dinâmica do exercício do poder, ainda que as relações entre o Presidente da República, o Parlamento Nacional e o Governo sejam de uma natureza distinta daquela que estes órgãos mantêm com os tribunais.

---

[71] Art. 29º, nº 2, da CTL.

[72] Art. 47º, nº 1, da CTL.

[73] Cfr. os arts. 6º, al. *j*), 17º e 63º da CTL.

[74] Cfr. Jorge Bacelar Gouveia, *A primeira Constituição*..., pp. 315 e ss.

[75] Cfr. a enumeração do art. 67º da CTL.

[76] Cfr. os arts. 71º e 72º da CTL.

No entanto, cumpre mencionar que se vai um pouco mais longe na conceção, formalmente proclamada, do princípio da interdependência de poderes, fazendo com que o Parlamento Nacional, por exemplo, intervenha na escolha de alguns dos titulares do poder judicial, não limitando tal competência ao Governo ou ao Chefe de Estado[77].

III. É também de mencionar o reconhecimento da democracia semidireta, que se torna clara na adoção do mecanismo do referendo nacional, até provavelmente com uma explicação histórica óbvia: o referendo internacional que permitiu a independência política de Timor-Leste.

Da leitura dos preceitos constitucionais que o consagram[78], sente-se um receio, talvez infundado, quanto ao uso desse mecanismo, que resulta de exercício árduo, pelo menos comparativamente a várias experiências estrangeiras, como parece ser óbvio se consultarmos o caso português:

- *quanto ao procedimento de decretação*, a necessidade de ser proposta por um terço dos Deputados e de a respetiva deliberação parlamentar ter de reunir a vontade de dois terços desses mesmos Deputados, o que é excessivo;
- *quanto às matérias suscetíveis de referendo*, o facto de os principais assuntos que se colocam à governação, porque incluídos nas competências parlamentares e governativas, a começar pela revisão constitucional, serem excluídos do alcance das perguntas referendárias, o que esvazia o alcance político do instituto.

IV. Com particular melindre, está sempre o sistema de fiscalização da constitucionalidade das leis, o qual, apesar de inserto na Parte VI, oferece uma óbvia conexão com a organização do poder público.

O texto constitucional timorense está longe de desconhecer o fenómeno e, pelo contrário, mostra-se muito atento à questão, dedicando-lhe relevantíssimas orientações, o que confirma, também neste tópico, o desejo da efetividade de um Estado de Direito.

Não se optou pela criação de uma jurisdição constitucional específica, o que não quer dizer que essa atividade não seja exercida – tal, de facto, sucede, sendo expressamente deferida ao Supremo Tribunal de Justiça.

---

[77] V., por exemplo, a competência que o art. 95º, nº 3, al. *a*), da CTL atribui ao Parlamento Nacional de "Ratificar a nomeação do Presidente do Supremo Tribunal de Justiça e a eleição do Presidente do Tribunal Superior Administrativo, Fiscal e de Contas".

[78] Cfr. principalmente o art. 66º da CTL.

Numa perspetiva processual, anota-se que a sua amplitude é extensa, mesmo incluindo a fiscalização da constitucionalidade por omissão, figura que suscita peculiares dificuldades.

§ 5º – A configuração geral do Constitucionalismo de Língua Portuguesa

15. Pontos de convergência da Constituição Portuguesa

I. Um primeiro conjunto de resultados permite detetar diversas *convergências com o Direito Constitucional Português*, em grande medida uma clara decorrência de um processo histórico-cultural tipicamente descolonizador.

As semelhanças que são assinaláveis evidenciam-se nestes quatro planos:

- *o procedimento constituinte;*
- *a hiper-rigidez do texto constitucional;*
- *a proteção dos direitos fundamentais;* e
- *o funcionamento da economia social de mercado.*

II. Em relação ao *procedimento constituinte*, em todos os países assinalados, verificou-se uma mesma preocupação de aprovar os textos constitucionais no contexto de um procedimento de tipo parlamentar, ocupando o órgão parlamentar um papel central.

Mas cada Estado Africano de Língua Portuguesa em especial depois adotou diversas soluções na consecução desse objetivo, uma vez que o procedimento constituinte oscilou entre um parlamento monopartidário, oriundo da I República, e um Parlamento pluripartidário, em contexto de II República, embora aquela opção tivesse sido claramente predominante.

De um modo geral, *pode dizer-se que prevaleceu uma conceção democrático-parlamentar na legitimação dos novos textos constitucionais*, ao arrepio da adoção de projetos pessoais de Constituição, numa importante valorização da instituição parlamentar, ao mesmo tempo se acreditando na força normativa de um código constitucional.

III. A revisão dos textos constitucionais corresponde a uma característica comum, que é a da *hiper-rigidez* dos textos constitucionais.

Na sua alteração, os textos constitucionais submetem-se a regras próprias, que afastam o respetivo procedimento dos esquemas gerais de aprovação da legislação ordinária:

- *os limites orgânicos*: concentrando a aprovação exclusivamente nos órgãos parlamentares, poder legislativo não partilhado com outros órgãos legislativos;

- *os limites procedimentais*: exigindo a aprovação das alterações constitucionais por maioria qualificada – de 2/3 dos Deputados em geral ou de 3/5 dos Deputados no caso da CB – e assim obrigando a um maior empenhamento democrático;
- *os limites temporais*: impondo que a revisão constitucional só possa ser feita de vez em quando, com exceção do texto da CB;
- *os limites materiais*: forçando a que a revisão constitucional não ponha em causa certas matérias, valores ou princípios, considerados como o "bilhete de identidade" dos textos constitucionais;
- *os limites circunstanciais*: proibindo a revisão constitucional durante a vigência do estado de exceção.

IV. Do ponto de vista da *proteção dos direitos fundamentais*, cumpre também observar que o caminho percorrido pelos Direitos Constitucionais de Língua Portuguesa revela uma generalizada aceitação de altos padrões de proteção desses mesmos direitos, o que se pode comprovar através da observação dos catálogos, mais ou menos generosos, da sua consagração.

O elenco dos direitos fundamentais consagrado é reforçado pela presença de importantes regras que orientam os termos da intervenção do legislador ordinário, subordinando os outros poderes públicos – o legislativo, o executivo e o judicial – aos respetivos comandos.

O sistema constitucional de direitos fundamentais nem sequer se pode considerar um sistema fechado, mas antes aberto: quer pelo apelo a direitos fundamentais atípicos legais e internacionais, quer pelo apelo à Declaração Universal dos Direitos do Homem, esclarece-se que a respetiva tipologia é unicamente exemplificativa, e não taxativa.

Não sendo este o lugar para uma demonstração direito a direito, basta lembrar a facilidade com que os novos textos constitucionais estabeleceram a inequívoca abolição da pena de morte, bem como a sua forte aceitação social.

V. Relativamente à *organização económica*, beneficiando de importantes normas constitucionais, acolhe-se um *sistema capitalista de mercado* e definitivamente se abandonou a planificação imperativa da economia, outrora presente nalguns sistemas constitucionais.

Simplesmente, a passagem à II República, no caso dos Estados Africanos de Língua Portuguesa, não se faria sem que algumas das instituições da I República se conservassem, num debate que está longe de terminar:

- *manteve-se a propriedade pública da terra*, globalmente nacionalizada aquando da independência, embora o Estado possa conceder o direito de uso da mesma;

- *limitou-se o investimento estrangeiro*, numa tendência que tem vindo a atenuar-se, à medida que a capacidade de intervenção e os interesses de grupos económicos estrangeiros tem vindo a aumentar.

Noutra perspetiva, ressalta com muita evidência acentuadas preocupações de Estado Social no caso da CB, que se apresenta como um dos mais relevantes exemplos do mundo da afirmação desse princípio constitucional, introduzindo preocupações sociais numa mera lógica capitalista de mercado.

16. Pontos de divergência da Constituição Portuguesa

I. Mas a comparação que se leva a cabo igualmente permite um resultado contrário, *que é o da verificação de opções constitucionais que se distanciaram da Constituição Portuguesa de 1976*, cumprindo mencionar dois temas centrais:

- *o controlo judicial da constitucionalidade dos atos do poder público; e*
- *a configuração e funcionamento do sistema de governo e, em especial, a posição do Chefe de Estado.*

II. Em relação ao *controlo judicial da constitucionalidade*, que é peça central do princípio do Estado de Direito, verifica-se uma realidade formal e material bastante multiforme e que, no essencial, se distancia dos resultados do Direito Constitucional Português.

É manifesto que nenhum dos textos constitucionais em causa desconhece o fenómeno e estabelece, com maior ou menor minúcia, um mecanismo de fiscalização da constitucionalidade dos atos do poder em desconformidade com a Constituição, além das sanções aplicáveis em resultado desse ilícito constitucional.

Só que não deixa de ser menos verdade que muitos dos resultados alcançados são escassos, sem esquecer a variedade das soluções constitucionais formais:

- *nem todos os Estados têm a opção pelo Tribunal Constitucional*, tal não sucedendo com o Brasil, a Guiné-Bissau, Moçambique ou Timor-Leste; ou
- *a prática da fiscalização da constitucionalidade é apenas uma realidade forte no Brasil e em Cabo Verde*, uma vez que nos restantes países são pouco numerosas as decisões tomadas no contexto da fiscalização da constitucionalidade das leis.

III. A observação destes textos e práticas constitucionais possibilita também intuir que o tema do sistema de governo tem sido objeto de diversos entendimentos divergentes com a tradição semipresidencial da CRP.

Na sua leitura formal, os sistemas políticos de língua portuguesa partem de uma visão dinâmica dos órgãos do poder público, com a intervenção efetiva do Chefe de Estado, do Parlamento e do Executivo.

No entanto, não só por ligeiras diferenças textuais quanto sobretudo por divergências interpretativas e aplicativas, a evolução desses sistemas tem apontado em direções muito distintas:

- *numa direção parlamentarizante*, sendo hoje já um parlamentarismo racionalizado, em Cabo Verde;
- *numa direção presidencializante*, em Angola até 2010, Guiné-Bissau e Moçambique, sendo o Presidente da República o chefe efetivo do Governo, apesar de existir, mas com escassa autonomia política, a figura do Primeiro-Ministro;
- *numa direção semipresidencial*, São Tomé e Príncipe, ainda que ironicamente aqui o Chefe de Estado detenha competências executivas em matéria de defesa e de relações externas.

A maior prova de quanto acaba de ser dito está na decisão de a nova Constituição de Angola de 2010 ter mudado definitivamente o sistema de governo, transitando para o presidencialismo, assim comprovando o mal-estar com um sistema semipresidencial que rapidamente se revelou inadequado à realidade constitucional de Angola.

17. Um modelo de Constitucionalismo de Língua Portuguesa

I. O percurso que pudemos efetuar através dos sistemas constitucionais de língua portuguesa, compaginando-o com o texto constitucional português, permite detetar a existência de elementos comuns, de alguma sorte dados originais do paradigma constitucional, e que são:

- *a existência de Constituições escritas, feitas a partir da produção de um ato legislativo formal, com esse nome e essencialmente codificado;*
- *a existência de Constituições hiper-rígidas, com diversos limites à revisão constitucional;*
- *a proteção razoável dos direitos fundamentais, mais na proclamação dos textos constitucionais do que na efetividade da prática administrativa ou judiciária;*
- *o funcionamento aceitável de uma economia de mercado, em que se assinala a importância da intervenção do Estado, nos termos constitucionalmente previstos.*

II. Paralelamente, importa assinalar *a existência de dados diferenciadores do paradigma constitucional, que diminuem a aproximação ao modelo português*, os quais têm que ver com a dificuldade na importação de instituições constitucionais que não funcionam bem em contextos diversos, dele se distanciando:

- *um edifício de fiscalização da constitucionalidade mais frágil* e em que por vezes não se opta pelo modelo de tribunal constitucional, *além de uma prática muito escassa em processos de controlo da constitucionalidade dos atos do poder público*;
- *a prática presidencial do sistema político em boa parte das experiências constitucionais*, nalguns casos mesmo com a opção da sua consagração formal.

III. Quer isto tudo dizer que são inequívocos os elementos de continuidade e de aproximação dos sistemas constitucionais de língua portuguesa em relação ao Direito Constitucional Português.

Mas também são notórios os elementos de distanciação e até de adulteração em relação a esse modelo, o que se compreende em razão de um contexto cultural com as suas características próprias.

A conclusão, por isso, deve ser cuidadosa, embora ainda assim se possa reconhecer a existência de um Constitucionalismo Língua Portuguesa, nos quais avultam traços de contínua e sólida aproximação (traços centrípetos), ao mesmo tempo que se registam caminhos de divergência (traços centrífugos).

I

Constituição da República Portuguesa de 1976[1]

PREÂMBULO

A 25 de Abril de 1974, o Movimento das Forças Armadas, coroando a longa resistência do povo português e interpretando os seus sentimentos profundos, derrubou o regime fascista.

Libertar Portugal da ditadura, da opressão e do colonialismo representou uma transformação revolucionária e o início de uma viragem histórica da sociedade portuguesa.

A Revolução restituiu aos Portugueses os direitos e liberdades fundamentais. No exercício destes direitos e liberdades, os legítimos representantes do povo reúnem-se para elaborar uma Constituição que corresponde às aspirações do país.

A Assembleia Constituinte afirma a decisão do povo português de defender a independência nacional, de garantir os direitos fundamentais dos cidadãos, de estabelecer os princípios basilares da democracia, de assegurar o primado do Estado de Direito Democrático e de abrir caminho para uma sociedade socialista, no respeito da vontade do povo português, tendo em vista a construção de um país mais livre, mais justo e mais fraterno.

A Assembleia Constituinte, reunida na sessão plenária de 2 de abril de 1976, aprova e decreta a seguinte Constituição da República Portuguesa:

---

[1] Texto oficial publicado no *Diário da República*, 1ª Série-A, nº 155, de 12 de agosto de 2005, pp. 4642 e ss. Com as alterações introduzidas pelos seguintes diplomas: Lei Constitucional nº 1/82, de 30 de setembro, Lei Constitucional nº 1/89, de 8 de julho, Lei Constitucional nº 1/92, de 25 de novembro, Lei Constitucional nº 1/97, de 20 de setembro, Lei Constitucional nº 1/2001, de 12 de dezembro, Lei Constitucional nº 1/2004, de 24 de julho, e Lei Constitucional nº 1/2005, de 12 de agosto.

PRINCÍPIOS FUNDAMENTAIS

Artigo 1º – (República Portuguesa)

Portugal é uma República soberana, baseada na dignidade da pessoa humana e na vontade popular e empenhada na construção de uma sociedade livre, justa e solidária.

Artigo 2º – (Estado de Direito Democrático)

A República Portuguesa é um Estado de Direito Democrático, baseado na soberania popular, no pluralismo de expressão e organização política democráticas, no respeito e na garantia de efetivação dos direitos e liberdades fundamentais e na separação e interdependência de poderes, visando a realização da democracia económica, social e cultural e o aprofundamento da democracia participativa.

Artigo 3º – (Soberania e legalidade)

1. A soberania, una e indivisível, reside no povo, que a exerce segundo as formas previstas na Constituição.
2. O Estado subordina-se à Constituição e funda-se na legalidade democrática.
3. A validade das leis e dos demais atos do Estado, das regiões autónomas, do poder local e de quaisquer outras entidades públicas depende da sua conformidade com a Constituição.

Artigo 4º – (Cidadania portuguesa)

São cidadãos portugueses todos aqueles que como tal sejam considerados pela lei ou por convenção internacional.

Artigo 5º – (Território)

1. Portugal abrange o território historicamente definido no continente europeu e os arquipélagos dos Açores e da Madeira.
2. A lei define a extensão e o limite das águas territoriais, a zona económica exclusiva e os direitos de Portugal aos fundos marinhos contíguos.
3. O Estado não aliena qualquer parte do território português ou dos direitos de soberania que sobre ele exerce, sem prejuízo da retificação de fronteiras.

Artigo 6º – (Estado unitário)

1. O Estado é unitário e respeita na sua organização e funcionamento o regime autonómico insular e os princípios da subsidiariedade, da autonomia das autarquias locais e da descentralização democrática da Administração Pública.

2. Os arquipélagos dos Açores e da Madeira constituem regiões autónomas dotadas de estatutos político-administrativos e de órgãos de governo próprio.

Artigo 7º – (Relações internacionais)

1. Portugal rege-se nas relações internacionais pelos princípios da independência nacional, do respeito dos direitos do homem, dos direitos dos povos, da igualdade entre os Estados, da solução pacífica dos conflitos internacionais, da não ingerência nos assuntos internos dos outros Estados e da cooperação com todos os outros povos para a emancipação e o progresso da Humanidade.

2. Portugal preconiza a abolição do imperialismo, do colonialismo e de quaisquer outras formas de agressão, domínio e exploração nas relações entre os povos, bem como o desarmamento geral, simultâneo e controlado, a dissolução dos blocos político-militares e o estabelecimento de um sistema de segurança coletiva, com vista à criação de uma ordem internacional capaz de assegurar a paz e a justiça nas relações entre os povos.

3. Portugal reconhece o direito dos povos à autodeterminação e independência e ao desenvolvimento, bem como o direito à insurreição contra todas as formas de opressão.

4. Portugal mantém laços privilegiados de amizade e cooperação com os países de língua portuguesa.

5. Portugal empenha-se no reforço da identidade europeia e no fortalecimento da ação dos Estados europeus a favor da democracia, da paz, do progresso económico e da justiça nas relações entre os povos.

6. Portugal pode, em condições de reciprocidade, com respeito pelos princípios fundamentais do Estado de Direito Democrático e pelo princípio da subsidiariedade e tendo em vista a realização da coesão económica, social e territorial, de um espaço de liberdade, segurança e justiça e a definição e execução de uma política externa, de segurança e de defesa comuns, convencionar o exercício, em comum, em cooperação ou pelas instituições da União, dos poderes necessários à construção e aprofundamento da União Europeia.

7. Portugal pode, tendo em vista a realização de uma justiça internacional que promova o respeito pelos direitos da pessoa humana e dos povos, aceitar a jurisdição do Tribunal Penal Internacional, nas condições de complementaridade e demais termos estabelecidos no Estatuto de Roma.

Artigo 8º – (Direito Internacional)

1. As normas e os princípios de Direito Internacional geral ou comum fazem parte integrante do Direito Português.

2. As normas constantes de convenções internacionais regularmente ratificadas ou aprovadas vigoram na ordem interna após a sua publicação oficial e enquanto vincularem internacionalmente o Estado Português.

3. As normas emanadas dos órgãos competentes das organizações internacionais de que Portugal seja parte vigoram diretamente na ordem interna, desde que tal se encontre estabelecido nos respetivos tratados constitutivos.

4. As disposições dos tratados que regem a União Europeia e as normas emanadas das suas instituições, no exercício das respetivas competências, são aplicáveis na ordem interna, nos termos definidos pelo Direito da União, com respeito pelos princípios fundamentais do Estado de Direito Democrático.

Artigo 9º – (Tarefas fundamentais do Estado)

São tarefas fundamentais do Estado:

a) Garantir a independência nacional e criar as condições políticas, económicas, sociais e culturais que a promovam;

b) Garantir os direitos e liberdades fundamentais e o respeito pelos princípios do Estado de Direito Democrático;

c) Defender a democracia política, assegurar e incentivar a participação democrática dos cidadãos na resolução dos problemas nacionais;

d) Promover o bem-estar e a qualidade de vida do povo e a igualdade real entre os portugueses, bem como a efetivação dos direitos económicos, sociais, culturais e ambientais, mediante a transformação e modernização das estruturas económicas e sociais;

e) Proteger e valorizar o património cultural do povo português, defender a natureza e o ambiente, preservar os recursos naturais e assegurar um correto ordenamento do território;

f) Assegurar o ensino e a valorização permanente, defender o uso e promover a difusão internacional da língua portuguesa;

g) Promover o desenvolvimento harmonioso de todo o território nacional, tendo em conta, designadamente, o caráter ultraperiférico dos arquipélagos dos Açores e da Madeira;

h) Promover a igualdade entre homens e mulheres.

Artigo 10º – (Sufrágio universal e partidos políticos)

1. O povo exerce o poder político através do sufrágio universal, igual, direto, secreto e periódico, do referendo e das demais formas previstas na Constituição.

2. Os partidos políticos concorrem para a organização e para a expressão da vontade popular, no respeito pelos princípios da independência nacional, da unidade do Estado e da democracia política.

Artigo 11º – (Símbolos nacionais e língua oficial)

1. A Bandeira Nacional, símbolo da soberania da República, da independência, unidade e integridade de Portugal, é a adotada pela República instaurada pela Revolução de 5 de Outubro de 1910.
2. O Hino Nacional é *A Portuguesa.*
3. A língua oficial é o Português.

PARTE I
DIREITOS E DEVERES FUNDAMENTAIS

TÍTULO I – Princípios gerais

Artigo 12º – (Princípio da universalidade)

1. Todos os cidadãos gozam dos direitos e estão sujeitos aos deveres consignados na Constituição.
2. As pessoas coletivas gozam dos direitos e estão sujeitas aos deveres compatíveis com a sua natureza.

Artigo 13º – (Princípio da igualdade)

1. Todos os cidadãos têm a mesma dignidade social e são iguais perante a lei.
2. Ninguém pode ser privilegiado, beneficiado, prejudicado, privado de qualquer direito ou isento de qualquer dever em razão de ascendência, sexo, raça, língua, território de origem, religião, convicções políticas ou ideológicas, instrução, situação económica, condição social ou orientação sexual.

Artigo 14º – (Portugueses no estrangeiro)

Os cidadãos portugueses que se encontrem ou residam no estrangeiro gozam da proteção do Estado para o exercício dos direitos e estão sujeitos aos deveres que não sejam incompatíveis com a ausência do país.

Artigo 15º – (Estrangeiros, apátridas, cidadãos europeus)

1. Os estrangeiros e os apátridas que se encontrem ou residam em Portugal gozam dos direitos e estão sujeitos aos deveres do cidadão português.
2. Excetuam-se do disposto no número anterior os direitos políticos, o exercício das funções públicas que não tenham caráter predominantemente técnico e os direitos e deveres reservados pela Constituição e pela lei exclusivamente aos cidadãos portugueses.
3. Aos cidadãos dos Estados de língua portuguesa com residência permanente em Portugal são reconhecidos, nos termos da lei e em condições de reci-

procidade, direitos não conferidos a estrangeiros, salvo o acesso aos cargos de Presidente da República, Presidente da Assembleia da República, Primeiro-Ministro, Presidentes dos tribunais supremos e o serviço nas Forças Armadas e na carreira diplomática.

4. A lei pode atribuir a estrangeiros residentes no território nacional, em condições de reciprocidade, capacidade eleitoral ativa e passiva para a eleição dos titulares de órgãos de autarquias locais.

5. A lei pode ainda atribuir, em condições de reciprocidade, aos cidadãos dos Estados membros da União Europeia residentes em Portugal o direito de elegerem e serem eleitos Deputados ao Parlamento Europeu.

Artigo 16º – (Âmbito e sentido dos direitos fundamentais)

1. Os direitos fundamentais consagrados na Constituição não excluem quaisquer outros constantes das leis e das regras aplicáveis de Direito Internacional.

2. Os preceitos constitucionais e legais relativos aos direitos fundamentais devem ser interpretados e integrados de harmonia com a Declaração Universal dos Direitos do Homem.

Artigo 17º – (Regime dos direitos, liberdades e garantias)

O regime dos direitos, liberdades e garantias aplica-se aos enunciados no título II e aos direitos fundamentais de natureza análoga.

Artigo 18º – (Força jurídica)

1. Os preceitos constitucionais respeitantes aos direitos, liberdades e garantias são diretamente aplicáveis e vinculam as entidades públicas e privadas.

2. A lei só pode restringir os direitos, liberdades e garantias nos casos expressamente previstos na Constituição, devendo as restrições limitar-se ao necessário para salvaguardar outros direitos ou interesses constitucionalmente protegidos.

3. As leis restritivas de direitos, liberdades e garantias têm de revestir caráter geral e abstrato e não podem ter efeito retroativo nem diminuir a extensão e o alcance do conteúdo essencial dos preceitos constitucionais.

Artigo 19º – (Suspensão do exercício de direitos)

1. Os órgãos de soberania não podem, conjunta ou separadamente, suspender o exercício dos direitos, liberdades e garantias, salvo em caso de estado de sítio ou de estado de emergência, declarados na forma prevista na Constituição.

2. O estado de sítio ou o estado de emergência só podem ser declarados, no todo ou em parte do território nacional, nos casos de agressão efetiva ou iminente por forças estrangeiras, de grave ameaça ou perturbação da ordem constitucional democrática ou de calamidade pública.

3. O estado de emergência é declarado quando os pressupostos referidos no número anterior se revistam de menor gravidade e apenas pode determinar a suspensão de alguns dos direitos, liberdades e garantias suscetíveis de serem suspensos.

4. A opção pelo estado de sítio ou pelo estado de emergência, bem como as respetivas declaração e execução, devem respeitar o princípio da proporcionalidade e limitar-se, nomeadamente quanto às suas extensão e duração e aos meios utilizados, ao estritamente necessário ao pronto restabelecimento da normalidade constitucional.

5. A declaração do estado de sítio ou do estado de emergência é adequadamente fundamentada e contém a especificação dos direitos, liberdades e garantias cujo exercício fica suspenso, não podendo o estado declarado ter duração superior a quinze dias, ou à duração fixada por lei quando em consequência de declaração de guerra, sem prejuízo de eventuais renovações, com salvaguarda dos mesmos limites.

6. A declaração do estado de sítio ou do estado de emergência em nenhum caso pode afetar os direitos à vida, à integridade pessoal, à identidade pessoal, à capacidade civil e à cidadania, a não retroatividade da lei criminal, o direito de defesa dos arguidos e a liberdade de consciência e de religião.

7. A declaração do estado de sítio ou do estado de emergência só pode alterar a normalidade constitucional nos termos previstos na Constituição e na lei, não podendo nomeadamente afetar a aplicação das regras constitucionais relativas à competência e ao funcionamento dos órgãos de soberania e de governo próprio das regiões autónomas ou os direitos e imunidades dos respetivos titulares.

8. A declaração do estado de sítio ou do estado de emergência confere às autoridades competência para tomarem as providências necessárias e adequadas ao pronto restabelecimento da normalidade constitucional.

Artigo 20º – (Acesso ao Direito e tutela jurisdicional efetiva)

1. A todos é assegurado o acesso ao Direito e aos tribunais para defesa dos seus direitos e interesses legalmente protegidos, não podendo a justiça ser denegada por insuficiência de meios económicos.

2. Todos têm direito, nos termos da lei, à informação e consulta jurídicas, ao patrocínio judiciário e a fazer-se acompanhar por advogado perante qualquer autoridade.

3. A lei define e assegura a adequada proteção do segredo de justiça.

4. Todos têm direito a que uma causa em que intervenham seja objeto de decisão em prazo razoável e mediante processo equitativo.

5. Para defesa dos direitos, liberdades e garantias pessoais, a lei assegura aos cidadãos procedimentos judiciais caracterizados pela celeridade e prioridade,

de modo a obter tutela efetiva e em tempo útil contra ameaças ou violações desses direitos.

Artigo 21º – (Direito de resistência)

Todos têm o direito de resistir a qualquer ordem que ofenda os seus direitos, liberdades e garantias e de repelir pela força qualquer agressão, quando não seja possível recorrer à autoridade pública.

Artigo 22º – (Responsabilidade das entidades públicas)

O Estado e as demais entidades públicas são civilmente responsáveis, em forma solidária com os titulares dos seus órgãos, funcionários ou agentes, por ações ou omissões praticadas no exercício das suas funções e por causa desse exercício, de que resulte violação dos direitos, liberdades e garantias ou prejuízo para outrem.

Artigo 23º – (Provedor de Justiça)

1. Os cidadãos podem apresentar queixas por ações ou omissões dos poderes públicos ao Provedor de Justiça, que as apreciará sem poder decisório, dirigindo aos órgãos competentes as recomendações necessárias para prevenir e reparar injustiças.
2. A atividade do Provedor de Justiça é independente dos meios graciosos e contenciosos previstos na Constituição e nas leis.
3. O Provedor de Justiça é um órgão independente, sendo o seu titular designado pela Assembleia da República pelo tempo que a lei determinar.
4. Os órgãos e agentes da Administração Pública cooperam com o Provedor de Justiça na realização da sua missão.

TÍTULO II – Direitos, liberdades e garantias

CAPÍTULO I – Direitos, liberdades e garantias pessoais

Artigo 24º – (Direito à vida)

1. A vida humana é inviolável.
2. Em caso algum haverá pena de morte.

Artigo 25º – (Direito à integridade pessoal)

1. A integridade moral e física das pessoas é inviolável.
2. Ninguém pode ser submetido a tortura, nem a tratos ou penas cruéis, degradantes ou desumanos.

Artigo 26º – (Outros direitos pessoais)

1. A todos são reconhecidos os direitos à identidade pessoal, ao desenvolvimento da personalidade, à capacidade civil, à cidadania, ao bom nome e reputação, à imagem, à palavra, à reserva da intimidade da vida privada e familiar e à proteção legal contra quaisquer formas de discriminação.

2. A lei estabelecerá garantias efetivas contra a obtenção e utilização abusivas, ou contrárias à dignidade humana, de informações relativas às pessoas e famílias.

3. A lei garantirá a dignidade pessoal e a identidade genética do ser humano, nomeadamente na criação, desenvolvimento e utilização das tecnologias e na experimentação científica.

4. A privação da cidadania e as restrições à capacidade civil só podem efetuar-se nos casos e termos previstos na lei, não podendo ter como fundamento motivos políticos.

Artigo 27º – (Direito à liberdade e à segurança)

1. Todos têm direito à liberdade e à segurança.

2. Ninguém pode ser total ou parcialmente privado da liberdade, a não ser em consequência de sentença judicial condenatória pela prática de ato punido por lei com pena de prisão ou de aplicação judicial de medida de segurança.

3. Excetua-se deste princípio a privação da liberdade, pelo tempo e nas condições que a lei determinar, nos casos seguintes:

a) Detenção em flagrante delito;

b) Detenção ou prisão preventiva por fortes indícios de prática de crime doloso a que corresponda pena de prisão cujo limite máximo seja superior a três anos;

c) Prisão, detenção ou outra medida coativa sujeita a controlo judicial de pessoa que tenha penetrado ou permaneça irregularmente no território nacional ou contra a qual esteja em curso processo de extradição ou de expulsão;

d) Prisão disciplinar imposta a militares, com garantia de recurso para o tribunal competente;

e) Sujeição de um menor a medidas de proteção, assistência ou educação em estabelecimento adequado, decretadas pelo tribunal judicial competente;

f) Detenção por decisão judicial em virtude de desobediência a decisão tomada por um tribunal ou para assegurar a comparência perante autoridade judiciária competente;

g) Detenção de suspeitos, para efeitos de identificação, nos casos e pelo tempo estritamente necessários;

h) Internamento de portador de anomalia psíquica em estabelecimento terapêutico adequado, decretado ou confirmado por autoridade judicial competente.

4. Toda a pessoa privada da liberdade deve ser informada imediatamente e de forma compreensível das razões da sua prisão ou detenção e dos seus direitos.

5. A privação da liberdade contra o disposto na Constituição e na lei constitui o Estado no dever de indemnizar o lesado nos termos que a lei estabelecer.

Artigo 28º – (Prisão preventiva)

1. A detenção será submetida, no prazo máximo de quarenta e oito horas, a apreciação judicial, para restituição à liberdade ou imposição de medida de coação adequada, devendo o juiz conhecer das causas que a determinaram e comunicá-las ao detido, interrogá-lo e dar-lhe oportunidade de defesa.
2. A prisão preventiva tem natureza excecional, não sendo decretada nem mantida sempre que possa ser aplicada caução ou outra medida mais favorável prevista na lei.
3. A decisão judicial que ordene ou mantenha uma medida de privação da liberdade deve ser logo comunicada a parente ou pessoa da confiança do detido, por este indicados.
4. A prisão preventiva está sujeita aos prazos estabelecidos na lei.

Artigo 29º – (Aplicação da lei criminal)

1. Ninguém pode ser sentenciado criminalmente senão em virtude de lei anterior que declare punível a ação ou a omissão, nem sofrer medida de segurança cujos pressupostos não estejam fixados em lei anterior.
2. O disposto no número anterior não impede a punição, nos limites da lei interna, por ação ou omissão que no momento da sua prática seja considerada criminosa segundo os princípios gerais de Direito Internacional comummente reconhecidos.
3. Não podem ser aplicadas penas ou medidas de segurança que não estejam expressamente cominadas em lei anterior.
4. Ninguém pode sofrer pena ou medida de segurança mais graves do que as previstas no momento da correspondente conduta ou da verificação dos respetivos pressupostos, aplicando-se retroactivamente as leis penais de conteúdo mais favorável ao arguido.
5. Ninguém pode ser julgado mais do que uma vez pela prática do mesmo crime.
6. Os cidadãos injustamente condenados têm direito, nas condições que a lei prescrever, à revisão da sentença e à indemnização pelos danos sofridos.

Artigo 30º – (Limites das penas e das medidas de segurança)

1. Não pode haver penas nem medidas de segurança privativas ou restritivas da liberdade com caráter perpétuo ou de duração ilimitada ou indefinida.
2. Em caso de perigosidade baseada em grave anomalia psíquica, e na impossibilidade de terapêutica em meio aberto, poderão as medidas de segurança pri-

vativas ou restritivas da liberdade ser prorrogadas sucessivamente enquanto tal estado se mantiver, mas sempre mediante decisão judicial.

3. A responsabilidade penal é insuscetível de transmissão.

4. Nenhuma pena envolve como efeito necessário a perda de quaisquer direitos civis, profissionais ou políticos.

5. Os condenados a quem sejam aplicadas pena ou medida de segurança privativas da liberdade mantêm a titularidade dos direitos fundamentais, salvas as limitações inerentes ao sentido da condenação e às exigências próprias da respetiva execução.

Artigo 31º – (*Habeas corpus*)

1. Haverá *habeas corpus* contra o abuso de poder, por virtude de prisão ou detenção ilegal, a requerer perante o tribunal competente.

2. A providência de *habeas corpus* pode ser requerida pelo próprio ou por qualquer cidadão no gozo dos seus direitos políticos.

3. O juiz decidirá no prazo de oito dias o pedido de *habeas corpus* em audiência contraditória.

Artigo 32º – (Garantias de processo criminal)

1. O processo criminal assegura todas as garantias de defesa, incluindo o recurso.

2. Todo o arguido se presume inocente até ao trânsito em julgado da sentença de condenação, devendo ser julgado no mais curto prazo compatível com as garantias de defesa.

3. O arguido tem direito a escolher defensor e a ser por ele assistido em todos os atos do processo, especificando a lei os casos e as fases em que a assistência por advogado é obrigatória.

4. Toda a instrução é da competência de um juiz, o qual pode, nos termos da lei, delegar noutras entidades a prática dos atos instrutórios que se não prendam diretamente com os direitos fundamentais.

5. O processo criminal tem estrutura acusatória, estando a audiência de julgamento e os atos instrutórios que a lei determinar subordinados ao princípio do contraditório.

6. A lei define os casos em que, assegurados os direitos de defesa, pode ser dispensada a presença do arguido ou acusado em atos processuais, incluindo a audiência de julgamento.

7. O ofendido tem o direito de intervir no processo, nos termos da lei.

8. São nulas todas as provas obtidas mediante tortura, coação, ofensa da integridade física ou moral da pessoa, abusiva intromissão na vida privada, no domicílio, na correspondência ou nas telecomunicações.

9. Nenhuma causa pode ser subtraída ao tribunal cuja competência esteja fixada em lei anterior.

10. Nos processos de contraordenação, bem como em quaisquer processos sancionatórios, são assegurados ao arguido os direitos de audiência e defesa.

Artigo 33º – (Expulsão, extradição e direito de asilo)

1. Não é admitida a expulsão de cidadãos portugueses do território nacional.

2. A expulsão de quem tenha entrado ou permaneça regularmente no território nacional, de quem tenha obtido autorização de residência, ou de quem tenha apresentado pedido de asilo não recusado só pode ser determinada por autoridade judicial, assegurando a lei formas expeditas de decisão.

3. A extradição de cidadãos portugueses do território nacional só é admitida, em condições de reciprocidade estabelecidas em convenção internacional, nos casos de terrorismo e de criminalidade internacional organizada, e desde que a ordem jurídica do Estado requisitante consagre garantias de um processo justo e equitativo.

4. Só é admitida a extradição por crimes a que corresponda, segundo o Direito do Estado requisitante, pena ou medida de segurança privativa ou restritiva da liberdade com caráter perpétuo ou de duração indefinida, se, nesse domínio, o Estado requisitante for parte de convenção internacional a que Portugal esteja vinculado e oferecer garantias de que tal pena ou medida de segurança não será aplicada ou executada.

5. O disposto nos números anteriores não prejudica a aplicação das normas de cooperação judiciária penal estabelecidas no âmbito da União Europeia.

6. Não é admitida a extradição, nem a entrega a qualquer título, por motivos políticos ou por crimes a que corresponda, segundo o Direito do Estado requisitante, pena de morte ou outra de que resulte lesão irreversível da integridade física.

7. A extradição só pode ser determinada por autoridade judicial.

8. É garantido o direito de asilo aos estrangeiros e aos apátridas perseguidos ou gravemente ameaçados de perseguição, em consequência da sua atividade em favor da democracia, da libertação social e nacional, da paz entre os povos, da liberdade e dos direitos da pessoa humana.

9. A lei define o estatuto do refugiado político.

Artigo 34º – (Inviolabilidade do domicílio e da correspondência)

1. O domicílio e o sigilo da correspondência e dos outros meios de comunicação privada são invioláveis.

2. A entrada no domicílio dos cidadãos contra a sua vontade só pode ser ordenada pela autoridade judicial competente, nos casos e segundo as formas previstos na lei.

3. Ninguém pode entrar durante a noite no domicílio de qualquer pessoa sem o seu consentimento, salvo em situação de flagrante delito ou mediante autorização judicial em casos de criminalidade especialmente violenta ou altamente organizada, incluindo o terrorismo e o tráfico de pessoas, de armas e de estupefacientes, nos termos previstos na lei.

4. É proibida toda a ingerência das autoridades públicas na correspondência, nas telecomunicações e nos demais meios de comunicação, salvos os casos previstos na lei em matéria de processo criminal.

Artigo 35º – (Utilização da informática)

1. Todos os cidadãos têm o direito de acesso aos dados informatizados que lhes digam respeito, podendo exigir a sua retificação e atualização, e o direito de conhecer a finalidade a que se destinam, nos termos da lei.

2. A lei define o conceito de dados pessoais, bem como as condições aplicáveis ao seu tratamento automatizado, conexão, transmissão e utilização, e garante a sua proteção, designadamente através de entidade administrativa independente.

3. A informática não pode ser utilizada para tratamento de dados referentes a convicções filosóficas ou políticas, filiação partidária ou sindical, fé religiosa, vida privada e origem étnica, salvo mediante consentimento expresso do titular, autorização prevista por lei com garantias de não discriminação ou para processamento de dados estatísticos não individualmente identificáveis.

4. É proibido o acesso a dados pessoais de terceiros, salvo em casos excecionais previstos na lei.

5. É proibida a atribuição de um número nacional único aos cidadãos.

6. A todos é garantido livre acesso às redes informáticas de uso público, definindo a lei o regime aplicável aos fluxos de dados transfronteiras e as formas adequadas de proteção de dados pessoais e de outros cuja salvaguarda se justifique por razões de interesse nacional.

7. Os dados pessoais constantes de ficheiros manuais gozam de proteção idêntica à prevista nos números anteriores, nos termos da lei.

Artigo 36º – (Família, casamento e filiação)

1. Todos têm o direito de constituir família e de contrair casamento em condições de plena igualdade.

2. A lei regula os requisitos e os efeitos do casamento e da sua dissolução, por morte ou divórcio, independentemente da forma de celebração.

3. Os cônjuges têm iguais direitos e deveres quanto à capacidade civil e política e à manutenção e educação dos filhos.

4. Os filhos nascidos fora do casamento não podem, por esse motivo, ser objeto de qualquer discriminação e a lei ou as repartições oficiais não podem usar designações discriminatórias relativas à filiação.

5. Os pais têm o direito e o dever de educação e manutenção dos filhos.

6. Os filhos não podem ser separados dos pais, salvo quando estes não cumpram os seus deveres fundamentais para com eles e sempre mediante decisão judicial.

7. A adoção é regulada e protegida nos termos da lei, a qual deve estabelecer formas céleres para a respetiva tramitação.

Artigo 37º – (Liberdade de expressão e informação)

1. Todos têm o direito de exprimir e divulgar livremente o seu pensamento pela palavra, pela imagem ou por qualquer outro meio, bem como o direito de informar, de se informar e de ser informados, sem impedimentos nem discriminações.

2. O exercício destes direitos não pode ser impedido ou limitado por qualquer tipo ou forma de censura.

3. As infrações cometidas no exercício destes direitos ficam submetidas aos princípios gerais de Direito Criminal ou do ilícito de mera ordenação social, sendo a sua apreciação respetivamente da competência dos tribunais judiciais ou de entidade administrativa independente, nos termos da lei.

4. A todas as pessoas, singulares ou coletivas, é assegurado, em condições de igualdade e eficácia, o direito de resposta e de retificação, bem como o direito a indemnização pelos danos sofridos.

Artigo 38º – (Liberdade de imprensa e meios de comunicação social)

1. É garantida a liberdade de imprensa.

2. A liberdade de imprensa implica:

a) A liberdade de expressão e criação dos jornalistas e colaboradores, bem como a intervenção dos primeiros na orientação editorial dos respetivos órgãos de comunicação social, salvo quando tiverem natureza doutrinária ou confessional;

b) O direito dos jornalistas, nos termos da lei, ao acesso às fontes de informação e à proteção da independência e do sigilo profissionais, bem como o direito de elegerem conselhos de redação;

c) O direito de fundação de jornais e de quaisquer outras publicações, independentemente de autorização administrativa, caução ou habilitação prévias.

3. A lei assegura, com caráter genérico, a divulgação da titularidade e dos meios de financiamento dos órgãos de comunicação social.

4. O Estado assegura a liberdade e a independência dos órgãos de comunicação social perante o poder político e o poder económico, impondo o princí-

pio da especialidade das empresas titulares de órgãos de informação geral, tratando-as e apoiando-as de forma não discriminatória e impedindo a sua concentração, designadamente através de participações múltiplas ou cruzadas.

5. O Estado assegura a existência e o funcionamento de um serviço público de rádio e de televisão.

6. A estrutura e o funcionamento dos meios de comunicação social do setor público devem salvaguardar a sua independência perante o Governo, a Administração e os demais poderes públicos, bem como assegurar a possibilidade de expressão e confronto das diversas correntes de opinião.

7. As estações emissoras de radiodifusão e de radiotelevisão só podem funcionar mediante licença, a conferir por concurso público, nos termos da lei.

Artigo 39º – (Regulação da comunicação social)

1. Cabe a uma entidade administrativa independente assegurar nos meios de comunicação social:

a) O direito à informação e a liberdade de imprensa;

b) A não concentração da titularidade dos meios de comunicação social;

c) A independência perante o poder político e o poder económico;

d) O respeito pelos direitos, liberdades e garantias pessoais;

e) O respeito pelas normas reguladoras das atividades de comunicação social;

f) A possibilidade de expressão e confronto das diversas correntes de opinião;

g) O exercício dos direitos de antena, de resposta e de réplica política.

2. A lei define a composição, as competências, a organização e o funcionamento da entidade referida no número anterior, bem como o estatuto dos respetivos membros, designados pela Assembleia da República e por cooptação destes.

Artigo 40º – (Direitos de antena, de resposta e de réplica política)

1. Os partidos políticos e as organizações sindicais, profissionais e representativas das atividades económicas, bem como outras organizações sociais de âmbito nacional, têm direito, de acordo com a sua relevância e representatividade e segundo critérios objetivos a definir por lei, a tempos de antena no serviço público de rádio e de televisão.

2. Os partidos políticos representados na Assembleia da República, e que não façam parte do Governo, têm direito, nos termos da lei, a tempos de antena no serviço público de rádio e televisão, a ratear de acordo com a sua representatividade, bem como o direito de resposta ou de réplica política às declarações políticas do Governo, de duração e relevo iguais aos dos tempos de antena e das declarações do Governo, de iguais direitos gozando, no âmbito da respetiva região, os partidos representados nas Assembleias Legislativas das regiões autónomas.

3. Nos períodos eleitorais os concorrentes têm direito a tempos de antena, regulares e equitativos, nas estações emissoras de rádio e de televisão de âmbito nacional e regional, nos termos da lei.

Artigo 41º – (Liberdade de consciência, de religião e de culto)

1. A liberdade de consciência, de religião e de culto é inviolável.
2. Ninguém pode ser perseguido, privado de direitos ou isento de obrigações ou deveres cívicos por causa das suas convicções ou prática religiosa.
3. Ninguém pode ser perguntado por qualquer autoridade acerca das suas convicções ou prática religiosa, salvo para recolha de dados estatísticos não individualmente identificáveis, nem ser prejudicado por se recusar a responder.
4. As igrejas e outras comunidades religiosas estão separadas do Estado e são livres na sua organização e no exercício das suas funções e do culto.
5. É garantida a liberdade de ensino de qualquer religião praticado no âmbito da respetiva confissão, bem como a utilização de meios de comunicação social próprios para o prosseguimento das suas atividades.
6. É garantido o direito à objeção de consciência, nos termos da lei.

Artigo 42º – (Liberdade de criação cultural)

1. É livre a criação intelectual, artística e científica.
2. Esta liberdade compreende o direito à invenção, produção e divulgação da obra científica, literária ou artística, incluindo a proteção legal dos direitos de autor.

Artigo 43º – (Liberdade de aprender e ensinar)

1. É garantida a liberdade de aprender e ensinar.
2. O Estado não pode programar a educação e a cultura segundo quaisquer diretrizes filosóficas, estéticas, políticas, ideológicas ou religiosas.
3. O ensino público não será confessional.
4. É garantido o direito de criação de escolas particulares e cooperativas.

Artigo 44º – (Direito de deslocação e de emigração)

1. A todos os cidadãos é garantido o direito de se deslocarem e fixarem livremente em qualquer parte do território nacional.
2. A todos é garantido o direito de emigrar ou de sair do território nacional e o direito de regressar.

Artigo 45º – (Direito de reunião e de manifestação)

1. Os cidadãos têm o direito de se reunir, pacificamente e sem armas, mesmo em lugares abertos ao público, sem necessidade de qualquer autorização.
2. A todos os cidadãos é reconhecido o direito de manifestação.

Artigo 46º – (Liberdade de associação)

1. Os cidadãos têm o direito de, livremente e sem dependência de qualquer autorização, constituir associações, desde que estas não se destinem a promover a violência e os respetivos fins não sejam contrários à lei penal.

2. As associações prosseguem livremente os seus fins sem interferência das autoridades públicas e não podem ser dissolvidas pelo Estado ou suspensas as suas atividades senão nos casos previstos na lei e mediante decisão judicial.

3. Ninguém pode ser obrigado a fazer parte de uma associação nem coagido por qualquer meio a permanecer nela.

4. Não são consentidas associações armadas nem de tipo militar, militarizadas ou paramilitares, nem organizações racistas ou que perfilhem a ideologia fascista.

Artigo 47º – (Liberdade de escolha de profissão e acesso à função pública)

1. Todos têm o direito de escolher livremente a profissão ou o género de trabalho, salvas as restrições legais impostas pelo interesse coletivo ou inerentes à sua própria capacidade.

2. Todos os cidadãos têm o direito de acesso à função pública, em condições de igualdade e liberdade, em regra por via de concurso.

CAPÍTULO II – Direitos, liberdades e garantias de participação política

Artigo 48º – (Participação na vida pública)

1. Todos os cidadãos têm o direito de tomar parte na vida política e na direção dos assuntos públicos do país, diretamente ou por intermédio de representantes livremente eleitos.

2. Todos os cidadãos têm o direito de ser esclarecidos objetivamente sobre atos do Estado e demais entidades públicas e de ser informados pelo Governo e outras autoridades acerca da gestão dos assuntos públicos.

Artigo 49º – (Direito de sufrágio)

1. Têm direito de sufrágio todos os cidadãos maiores de dezoito anos, ressalvadas as incapacidades previstas na lei geral.

2. O exercício do direito de sufrágio é pessoal e constitui um dever cívico.

Artigo 50º – (Direito de acesso a cargos públicos)

1. Todos os cidadãos têm o direito de acesso, em condições de igualdade e liberdade, aos cargos públicos.

2. Ninguém pode ser prejudicado na sua colocação, no seu emprego, na sua carreira profissional ou nos benefícios sociais a que tenha direito, em virtude do exercício de direitos políticos ou do desempenho de cargos públicos.

3. No acesso a cargos eletivos a lei só pode estabelecer as inelegibilidades necessárias para garantir a liberdade de escolha dos eleitores e a isenção e independência do exercício dos respetivos cargos.

Artigo 51º – (Associações e partidos políticos)

1. A liberdade de associação compreende o direito de constituir ou participar em associações e partidos políticos e de através deles concorrer democraticamente para a formação da vontade popular e a organização do poder político.

2. Ninguém pode estar inscrito simultaneamente em mais de um partido político nem ser privado do exercício de qualquer direito por estar ou deixar de estar inscrito em algum partido legalmente constituído.

3. Os partidos políticos não podem, sem prejuízo da filosofia ou ideologia inspiradora do seu programa, usar denominação que contenha expressões diretamente relacionadas com quaisquer religiões ou igrejas, bem como emblemas confundíveis com símbolos nacionais ou religiosos.

4. Não podem constituir-se partidos que, pela sua designação ou pelos seus objetivos programáticos, tenham índole ou âmbito regional.

5. Os partidos políticos devem reger-se pelos princípios da transparência, da organização e da gestão democráticas e da participação de todos os seus membros.

6. A lei estabelece as regras de financiamento dos partidos políticos, nomeadamente quanto aos requisitos e limites do financiamento público, bem como às exigências de publicidade do seu património e das suas contas.

Artigo 52º – (Direito de petição e direito de ação popular)

1. Todos os cidadãos têm o direito de apresentar, individual ou coletivamente, aos órgãos de soberania, aos órgãos de governo próprio das regiões autónomas ou a quaisquer autoridades petições, representações, reclamações ou queixas para defesa dos seus direitos, da Constituição, das leis ou do interesse geral e, bem assim, o direito de serem informados, em prazo razoável, sobre o resultado da respetiva apreciação.

2. A lei fixa as condições em que as petições apresentadas coletivamente à Assembleia da República e às Assembleias Legislativas das regiões autónomas são apreciadas em reunião plenária.

3. É conferido a todos, pessoalmente ou através de associações de defesa dos interesses em causa, o direito de ação popular nos casos e termos previstos na lei,

incluindo o direito de requerer para o lesado ou lesados a correspondente indemnização, nomeadamente para:

a) Promover a prevenção, a cessação ou a perseguição judicial das infrações contra a saúde pública, os direitos dos consumidores, a qualidade de vida e a preservação do ambiente e do património cultural;

b) Assegurar a defesa dos bens do Estado, das regiões autónomas e das autarquias locais.

CAPÍTULO III – Direitos, liberdades e garantias dos trabalhadores

Artigo 53º – (Segurança no emprego)

É garantida aos trabalhadores a segurança no emprego, sendo proibidos os despedimentos sem justa causa ou por motivos políticos ou ideológicos.

Artigo 54º – (Comissões de trabalhadores)

1. É direito dos trabalhadores criarem comissões de trabalhadores para defesa dos seus interesses e intervenção democrática na vida da empresa.

2. Os trabalhadores deliberam a constituição, aprovam os estatutos e elegem, por voto direto e secreto, os membros das comissões de trabalhadores.

3. Podem ser criadas comissões coordenadoras para melhor intervenção na reestruturação económica e por forma a garantir os interesses dos trabalhadores.

4. Os membros das comissões gozam da proteção legal reconhecida aos delegados sindicais.

5. Constituem direitos das comissões de trabalhadores:

a) Receber todas as informações necessárias ao exercício da sua atividade;

b) Exercer o controlo de gestão nas empresas;

c) Participar nos processos de reestruturação da empresa, especialmente no tocante a ações de formação ou quando ocorra alteração das condições de trabalho;

d) Participar na elaboração da legislação do trabalho e dos planos económico-sociais que contemplem o respetivo setor;

e) Gerir ou participar na gestão das obras sociais da empresa;

f) Promover a eleição de representantes dos trabalhadores para os órgãos sociais de empresas pertencentes ao Estado ou a outras entidades públicas, nos termos da lei.

Artigo 55º – (Liberdade sindical)

1. É reconhecida aos trabalhadores a liberdade sindical, condição e garantia da construção da sua unidade para defesa dos seus direitos e interesses.

2. No exercício da liberdade sindical é garantido aos trabalhadores, sem qualquer discriminação, designadamente:

a) A liberdade de constituição de associações sindicais a todos os níveis;

b) A liberdade de inscrição, não podendo nenhum trabalhador ser obrigado a pagar quotizações para sindicato em que não esteja inscrito;

c) A liberdade de organização e regulamentação interna das associações sindicais;

d) O direito de exercício de atividade sindical na empresa;

e) O direito de tendência, nas formas que os respetivos estatutos determinarem.

3. As associações sindicais devem reger-se pelos princípios da organização e da gestão democráticas, baseados na eleição periódica e por escrutínio secreto dos órgãos dirigentes, sem sujeição a qualquer autorização ou homologação, e assentes na participação ativa dos trabalhadores em todos os aspetos da atividade sindical.

4. As associações sindicais são independentes do patronato, do Estado, das confissões religiosas, dos partidos e outras associações políticas, devendo a lei estabelecer as garantias adequadas dessa independência, fundamento da unidade das classes trabalhadoras.

5. As associações sindicais têm o direito de estabelecer relações ou filiar-se em organizações sindicais internacionais.

6. Os representantes eleitos dos trabalhadores gozam do direito à informação e consulta, bem como à proteção legal adequada contra quaisquer formas de condicionamento, constrangimento ou limitação do exercício legítimo das suas funções.

Artigo 56º – (Direitos das associações sindicais e contratação coletiva)

1. Compete às associações sindicais defender e promover a defesa dos direitos e interesses dos trabalhadores que representem.

2. Constituem direitos das associações sindicais:

a) Participar na elaboração da legislação do trabalho;

b) Participar na gestão das instituições de segurança social e outras organizações que visem satisfazer os interesses dos trabalhadores;

c) Pronunciar-se sobre os planos económico-sociais e acompanhar a sua execução;

d) Fazer-se representar nos organismos de concertação social, nos termos da lei;

e) Participar nos processos de reestruturação da empresa, especialmente no tocante a ações de formação ou quando ocorra alteração das condições de trabalho.

3. Compete às associações sindicais exercer o direito de contratação coletiva, o qual é garantido nos termos da lei.

4. A lei estabelece as regras respeitantes à legitimidade para a celebração das convenções coletivas de trabalho, bem como à eficácia das respetivas normas.

Artigo 57º – (Direito à greve e proibição do *lock-out*)

1. É garantido o direito à greve.

2. Compete aos trabalhadores definir o âmbito de interesses a defender através da greve, não podendo a lei limitar esse âmbito.

3. A lei define as condições de prestação, durante a greve, de serviços necessários à segurança e manutenção de equipamentos e instalações, bem como de serviços mínimos indispensáveis para acorrer à satisfação de necessidades sociais impreteríveis.

4. É proibido o *lock-out*.

TÍTULO III – Direitos e deveres económicos, sociais e culturais

CAPÍTULO I – Direitos e deveres económicos

Artigo 58º – (Direito ao trabalho)

1. Todos têm direito ao trabalho.

2. Para assegurar o direito ao trabalho, incumbe ao Estado promover:

a) A execução de políticas de pleno emprego;

b) A igualdade de oportunidades na escolha da profissão ou género de trabalho e condições para que não seja vedado ou limitado, em função do sexo, o acesso a quaisquer cargos, trabalho ou categorias profissionais;

c) A formação cultural e técnica e a valorização profissional dos trabalhadores.

Artigo 59º – (Direitos dos trabalhadores)

1. Todos os trabalhadores, sem distinção de idade, sexo, raça, cidadania, território de origem, religião, convicções políticas ou ideológicas, têm direito:

a) À retribuição do trabalho, segundo a quantidade, natureza e qualidade, observando-se o princípio de que para trabalho igual salário igual, de forma a garantir uma existência condigna;

b) À organização do trabalho em condições socialmente dignificantes, de forma a facultar a realização pessoal e a permitir a conciliação da atividade profissional com a vida familiar;

c) À prestação do trabalho em condições de higiene, segurança e saúde;

d) Ao repouso e aos lazeres, a um limite máximo da jornada de trabalho, ao descanso semanal e a férias periódicas pagas;

e) À assistência material, quando involuntariamente se encontrem em situação de desemprego;

f) À assistência e justa reparação, quando vítimas de acidente de trabalho ou de doença profissional.

2. Incumbe ao Estado assegurar as condições de trabalho, retribuição e repouso a que os trabalhadores têm direito, nomeadamente:

a) O estabelecimento e a atualização do salário mínimo nacional, tendo em conta, entre outros fatores, as necessidades dos trabalhadores, o aumento do custo de vida, o nível de desenvolvimento das forças produtivas, as exigências da estabilidade económica e financeira e a acumulação para o desenvolvimento;

b) A fixação, a nível nacional, dos limites da duração do trabalho;

c) A especial proteção do trabalho das mulheres durante a gravidez e após o parto, bem como do trabalho dos menores, dos diminuídos e dos que desempenhem atividades particularmente violentas ou em condições insalubres, tóxicas ou perigosas;

d) O desenvolvimento sistemático de uma rede de centros de repouso e de férias, em cooperação com organizações sociais;

e) A proteção das condições de trabalho e a garantia dos benefícios sociais dos trabalhadores emigrantes;

f) A proteção das condições de trabalho dos trabalhadores estudantes.

3. Os salários gozam de garantias especiais, nos termos da lei.

Artigo 60º – (Direitos dos consumidores)

1. Os consumidores têm direito à qualidade dos bens e serviços consumidos, à formação e à informação, à proteção da saúde, da segurança e dos seus interesses económicos, bem como à reparação de danos.

2. A publicidade é disciplinada por lei, sendo proibidas todas as formas de publicidade oculta, indireta ou dolosa.

3. As associações de consumidores e as cooperativas de consumo têm direito, nos termos da lei, ao apoio do Estado e a ser ouvidas sobre as questões que digam respeito à defesa dos consumidores, sendo-lhes reconhecida legitimidade processual para defesa dos seus associados ou de interesses coletivos ou difusos.

Artigo 61º – (Iniciativa privada, cooperativa e autogestionária)

1. A iniciativa económica privada exerce-se livremente nos quadros definidos pela Constituição e pela lei e tendo em conta o interesse geral.

2. A todos é reconhecido o direito à livre constituição de cooperativas, desde que observados os princípios cooperativos.

3. As cooperativas desenvolvem livremente as suas atividades no quadro da lei e podem agrupar-se em uniões, federações e confederações e em outras formas de organização legalmente previstas.

4. A lei estabelece as especificidades organizativas das cooperativas com participação pública.

5. É reconhecido o direito de autogestão, nos termos da lei.

Artigo 62º – (Direito de propriedade privada)

1. A todos é garantido o direito à propriedade privada e à sua transmissão em vida ou por morte, nos termos da Constituição.

2. A requisição e a expropriação por utilidade pública só podem ser efetuadas com base na lei e mediante o pagamento de justa indemnização.

CAPÍTULO II – Direitos e deveres sociais

Artigo 63º – (Segurança social e solidariedade)

1. Todos têm direito à segurança social.

2. Incumbe ao Estado organizar, coordenar e subsidiar um sistema de segurança social unificado e descentralizado, com a participação das associações sindicais, de outras organizações representativas dos trabalhadores e de associações representativas dos demais beneficiários.

3. O sistema de segurança social protege os cidadãos na doença, velhice, invalidez, viuvez e orfandade, bem como no desemprego e em todas as outras situações de falta ou diminuição de meios de subsistência ou de capacidade para o trabalho.

4. Todo o tempo de trabalho contribui, nos termos da lei, para o cálculo das pensões de velhice e invalidez, independentemente do setor de atividade em que tiver sido prestado.

5. O Estado apoia e fiscaliza, nos termos da lei, a atividade e o funcionamento das instituições particulares de solidariedade social e de outras de reconhecido interesse público sem caráter lucrativo, com vista à prossecução de objetivos de solidariedade social consignados, nomeadamente, neste artigo, na alínea *b*) do nº 2 do artigo 67º, no artigo 69º, na alínea *e*) do nº 1 do artigo 70º e nos artigos 71º e 72º.

Artigo 64º – (Saúde)

1. Todos têm direito à proteção da saúde e o dever de a defender e promover.

2. O direito à proteção da saúde é realizado:

a) Através de um serviço nacional de saúde universal e geral e, tendo em conta as condições económicas e sociais dos cidadãos, tendencialmente gratuito;

b) Pela criação de condições económicas, sociais, culturais e ambientais que garantam, designadamente, a proteção da infância, da juventude e da velhice, e pela melhoria sistemática das condições de vida e de trabalho, bem como pela promoção da cultura física e desportiva, escolar e popular, e ainda pelo desenvolvimento da educação sanitária do povo e de práticas de vida saudável.

3. Para assegurar o direito à proteção da saúde, incumbe prioritariamente ao Estado:

a) Garantir o acesso de todos os cidadãos, independentemente da sua condição económica, aos cuidados da medicina preventiva, curativa e de reabilitação;

b) Garantir uma racional e eficiente cobertura de todo o país em recursos humanos e unidades de saúde;

c) Orientar a sua ação para a socialização dos custos dos cuidados médicos e medicamentosos;

d) Disciplinar e fiscalizar as formas empresariais e privadas da medicina, articulando-as com o serviço nacional de saúde, por forma a assegurar, nas instituições de saúde públicas e privadas, adequados padrões de eficiência e de qualidade;

e) Disciplinar e controlar a produção, a distribuição, a comercialização e o uso dos produtos químicos, biológicos e farmacêuticos e outros meios de tratamento e diagnóstico;

f) Estabelecer políticas de prevenção e tratamento da toxicodependência.

4. O serviço nacional de saúde tem gestão descentralizada e participada.

Artigo 65º – (Habitação e urbanismo)

1. Todos têm direito, para si e para a sua família, a uma habitação de dimensão adequada, em condições de higiene e conforto e que preserve a intimidade pessoal e a privacidade familiar.

2. Para assegurar o direito à habitação, incumbe ao Estado:

a) Programar e executar uma política de habitação inserida em planos de ordenamento geral do território e apoiada em planos de urbanização que garantam a existência de uma rede adequada de transportes e de equipamento social;

b) Promover, em colaboração com as regiões autónomas e com as autarquias locais, a construção de habitações económicas e sociais;

c) Estimular a construção privada, com subordinação ao interesse geral, e o acesso à habitação própria ou arrendada;

d) Incentivar e apoiar as iniciativas das comunidades locais e das populações, tendentes a resolver os respetivos problemas habitacionais e a fomentar a criação de cooperativas de habitação e a autoconstrução.

3. O Estado adotará uma política tendente a estabelecer um sistema de renda compatível com o rendimento familiar e de acesso à habitação própria.

4. O Estado, as regiões autónomas e as autarquias locais definem as regras de ocupação, uso e transformação dos solos urbanos, designadamente através de instrumentos de planeamento, no quadro das leis respeitantes ao ordenamento do território e ao urbanismo, e procedem às expropriações dos solos que se revelem necessárias à satisfação de fins de utilidade pública urbanística.

5. É garantida a participação dos interessados na elaboração dos instrumentos de planeamento urbanístico e de quaisquer outros instrumentos de planeamento físico do território.

Artigo 66º – (Ambiente e qualidade de vida)

1. Todos têm direito a um ambiente de vida humano, sadio e ecologicamente equilibrado e o dever de o defender.

2. Para assegurar o direito ao ambiente, no quadro de um desenvolvimento sustentável, incumbe ao Estado, por meio de organismos próprios e com o envolvimento e a participação dos cidadãos:

a) Prevenir e controlar a poluição e os seus efeitos e as formas prejudiciais de erosão;

b) Ordenar e promover o ordenamento do território, tendo em vista uma correta localização das atividades, um equilibrado desenvolvimento sócio-económico e a valorização da paisagem;

c) Criar e desenvolver reservas e parques naturais e de recreio, bem como classificar e proteger paisagens e sítios, de modo a garantir a conservação da natureza e a preservação de valores culturais de interesse histórico ou artístico;

d) Promover o aproveitamento racional dos recursos naturais, salvaguardando a sua capacidade de renovação e a estabilidade ecológica, com respeito pelo princípio da solidariedade entre gerações;

e) Promover, em colaboração com as autarquias locais, a qualidade ambiental das povoações e da vida urbana, designadamente no plano arquitetónico e da proteção das zonas históricas;

f) Promover a integração de objetivos ambientais nas várias políticas de âmbito sectorial;

g) Promover a educação ambiental e o respeito pelos valores do ambiente;

h) Assegurar que a política fiscal compatibilize desenvolvimento com proteção do ambiente e qualidade de vida.

Artigo 67º – (Família)

1. A família, como elemento fundamental da sociedade, tem direito à proteção da sociedade e do Estado e à efetivação de todas as condições que permitam a realização pessoal dos seus membros.

2. Incumbe, designadamente, ao Estado para proteção da família:

a) Promover a independência social e económica dos agregados familiares;

b) Promover a criação e garantir o acesso a uma rede nacional de creches e de outros equipamentos sociais de apoio à família, bem como uma política de terceira idade;

c) Cooperar com os pais na educação dos filhos;

d) Garantir, no respeito da liberdade individual, o direito ao planeamento familiar, promovendo a informação e o acesso aos métodos e aos meios que o assegurem, e organizar as estruturas jurídicas e técnicas que permitam o exercício de uma maternidade e paternidade conscientes;

e) Regulamentar a procriação assistida, em termos que salvaguardem a dignidade da pessoa humana;

f) Regular os impostos e os benefícios sociais, de harmonia com os encargos familiares;

g) Definir, ouvidas as associações representativas das famílias, e executar uma política de família com caráter global e integrado;

h) Promover, através da concertação das várias políticas sectoriais, a conciliação da atividade profissional com a vida familiar.

Artigo 68º – (Paternidade e maternidade)

1. Os pais e as mães têm direito à proteção da sociedade e do Estado na realização da sua insubstituível ação em relação aos filhos, nomeadamente quanto à sua educação, com garantia de realização profissional e de participação na vida cívica do país.

2. A maternidade e a paternidade constituem valores sociais eminentes.

3. As mulheres têm direito a especial proteção durante a gravidez e após o parto, tendo as mulheres trabalhadoras ainda direito a dispensa do trabalho por período adequado, sem perda da retribuição ou de quaisquer regalias.

4. A lei regula a atribuição às mães e aos pais de direitos de dispensa de trabalho por período adequado, de acordo com os interesses da criança e as necessidades do agregado familiar.

Artigo 69º – (Infância)

1. As crianças têm direito à proteção da sociedade e do Estado, com vista ao seu desenvolvimento integral, especialmente contra todas as formas de abandono, de discriminação e de opressão e contra o exercício abusivo da autoridade na família e nas demais instituições.

2. O Estado assegura especial proteção às crianças órfãs, abandonadas ou por qualquer forma privadas de um ambiente familiar normal.

3. É proibido, nos termos da lei, o trabalho de menores em idade escolar.

Artigo 70º – (Juventude)

1. Os jovens gozam de proteção especial para efetivação dos seus direitos económicos, sociais e culturais, nomeadamente:

a) No ensino, na formação profissional e na cultura;

b) No acesso ao primeiro emprego, no trabalho e na segurança social;

c) No acesso à habitação;

d) Na educação física e no desporto;

e) No aproveitamento dos tempos livres.

2. A política de juventude deverá ter como objetivos prioritários o desenvolvimento da personalidade dos jovens, a criação de condições para a sua efetiva integração na vida ativa, o gosto pela criação livre e o sentido de serviço à comunidade.

3. O Estado, em colaboração com as famílias, as escolas, as empresas, as organizações de moradores, as associações e fundações de fins culturais e as coletividades de cultura e recreio, fomenta e apoia as organizações juvenis na prossecução daqueles objetivos, bem como o intercâmbio internacional da juventude.

Artigo 71º – (Cidadãos portadores de deficiência)

1. Os cidadãos portadores de deficiência física ou mental gozam plenamente dos direitos e estão sujeitos aos deveres consignados na Constituição, com ressalva do exercício ou do cumprimento daqueles para os quais se encontrem incapacitados.

2. O Estado obriga-se a realizar uma política nacional de prevenção e de tratamento, reabilitação e integração dos cidadãos portadores de deficiência e de apoio às suas famílias, a desenvolver uma pedagogia que sensibilize a sociedade quanto aos deveres de respeito e solidariedade para com eles e a assumir o encargo da efetiva realização dos seus direitos, sem prejuízo dos direitos e deveres dos pais ou tutores.

3. O Estado apoia as organizações de cidadãos portadores de deficiência.

Artigo 72º – (Terceira idade)

1. As pessoas idosas têm direito à segurança económica e a condições de habitação e convívio familiar e comunitário que respeitem a sua autonomia pessoal e evitem e superem o isolamento ou a marginalização social.

2. A política de terceira idade engloba medidas de caráter económico, social e cultural tendentes a proporcionar às pessoas idosas oportunidades de realização pessoal, através de uma participação ativa na vida da comunidade.

CAPÍTULO III – Direitos e deveres culturais

Artigo 73º – (Educação, cultura e ciência)

1. Todos têm direito à educação e à cultura.

2. O Estado promove a democratização da educação e as demais condições para que a educação, realizada através da escola e de outros meios formativos, contribua para a igualdade de oportunidades, a superação das desigualdades económicas, sociais e culturais, o desenvolvimento da personalidade e do espírito de tolerância, de compreensão mútua, de solidariedade e de responsabilidade, para o progresso social e para a participação democrática na vida coletiva.

3. O Estado promove a democratização da cultura, incentivando e assegurando o acesso de todos os cidadãos à fruição e criação cultural, em colaboração com os órgãos de comunicação social, as associações e fundações de fins culturais, as coletividades de cultura e recreio, as associações de defesa do património cultural, as organizações de moradores e outros agentes culturais.

4. A criação e a investigação científicas, bem como a inovação tecnológica, são incentivadas e apoiadas pelo Estado, por forma a assegurar a respetiva liberdade e autonomia, o reforço da competitividade e a articulação entre as instituições científicas e as empresas.

Artigo 74º – (Ensino)

1. Todos têm direito ao ensino com garantia do direito à igualdade de oportunidades de acesso e êxito escolar.

2. Na realização da política de ensino incumbe ao Estado:

a) Assegurar o ensino básico universal, obrigatório e gratuito;

b) Criar um sistema público e desenvolver o sistema geral de educação pré-escolar;

c) Garantir a educação permanente e eliminar o analfabetismo;

d) Garantir a todos os cidadãos, segundo as suas capacidades, o acesso aos graus mais elevados do ensino, da investigação científica e da criação artística;

e) Estabelecer progressivamente a gratuitidade de todos os graus de ensino;

f) Inserir as escolas nas comunidades que servem e estabelecer a interligação do ensino e das atividades económicas, sociais e culturais;

g) Promover e apoiar o acesso dos cidadãos portadores de deficiência ao ensino e apoiar o ensino especial, quando necessário;

h) Proteger e valorizar a língua gestual portuguesa, enquanto expressão cultural e instrumento de acesso à educação e da igualdade de oportunidades;

i) Assegurar aos filhos dos emigrantes o ensino da língua portuguesa e o acesso à cultura portuguesa;

j) Assegurar aos filhos dos imigrantes apoio adequado para efetivação do direito ao ensino.

Artigo 75º – (Ensino público, particular e cooperativo)

1. O Estado criará uma rede de estabelecimentos públicos de ensino que cubra as necessidades de toda a população.

2. O Estado reconhece e fiscaliza o ensino particular e cooperativo, nos termos da lei.

Artigo 76º – (Universidade e acesso ao ensino superior)

1. O regime de acesso à Universidade e às demais instituições do ensino superior garante a igualdade de oportunidades e a democratização do sistema de ensino, devendo ter em conta as necessidades em quadros qualificados e a elevação do nível educativo, cultural e científico do país.

2. As universidades gozam, nos termos da lei, de autonomia estatutária, científica, pedagógica, administrativa e financeira, sem prejuízo de adequada avaliação da qualidade do ensino.

Artigo 77º – (Participação democrática no ensino)

1. Os professores e alunos têm o direito de participar na gestão democrática das escolas, nos termos da lei.

2. A lei regula as formas de participação das associações de professores, de alunos, de pais, das comunidades e das instituições de caráter científico na definição da política de ensino.

Artigo 78º – (Fruição e criação cultural)

1. Todos têm direito à fruição e criação cultural, bem como o dever de preservar, defender e valorizar o património cultural.

2. Incumbe ao Estado, em colaboração com todos os agentes culturais:

a) Incentivar e assegurar o acesso de todos os cidadãos aos meios e instrumentos de ação cultural, bem como corrigir as assimetrias existentes no país em tal domínio;

b) Apoiar as iniciativas que estimulem a criação individual e coletiva, nas suas múltiplas formas e expressões, e uma maior circulação das obras e dos bens culturais de qualidade;

c) Promover a salvaguarda e a valorização do património cultural, tornando-o elemento vivificador da identidade cultural comum;

d) Desenvolver as relações culturais com todos os povos, especialmente os de língua portuguesa, e assegurar a defesa e a promoção da cultura portuguesa no estrangeiro;

e) Articular a política cultural e as demais políticas sectoriais.

Artigo 79º – (Cultura física e desporto)

1. Todos têm direito à cultura física e ao desporto.

2. Incumbe ao Estado, em colaboração com as escolas e as associações e coletividades desportivas, promover, estimular, orientar e apoiar a prática e a difusão da cultura física e do desporto, bem como prevenir a violência no desporto.

PARTE II
ORGANIZAÇÃO ECONÓMICA

TÍTULO I – Princípios gerais

Artigo 80º – (Princípios fundamentais)

A organização económico-social assenta nos seguintes princípios:

a) Subordinação do poder económico ao poder político democrático;

b) Coexistência do setor público, do setor privado e do setor cooperativo e social de propriedade dos meios de produção;

c) Liberdade de iniciativa e de organização empresarial no âmbito de uma economia mista;

d) Propriedade pública dos recursos naturais e de meios de produção, de acordo com o interesse coletivo;

e) Planeamento democrático do desenvolvimento económico e social;

f) Proteção do setor cooperativo e social de propriedade dos meios de produção;

g) Participação das organizações representativas dos trabalhadores e das organizações representativas das atividades económicas na definição das principais medidas económicas e sociais.

Artigo 81º – (Incumbências prioritárias do Estado)

Incumbe prioritariamente ao Estado no âmbito económico e social:

a) Promover o aumento do bem-estar social e económico e da qualidade de vida das pessoas, em especial das mais desfavorecidas, no quadro de uma estratégia de desenvolvimento sustentável;

b) Promover a justiça social, assegurar a igualdade de oportunidades e operar as necessárias correções das desigualdades na distribuição da riqueza e do rendimento, nomeadamente através da política fiscal;

c) Assegurar a plena utilização das forças produtivas, designadamente zelando pela eficiência do setor público;

d) Promover a coesão económica e social de todo o território nacional, orientando o desenvolvimento no sentido de um crescimento equilibrado de todos os setores e regiões e eliminando progressivamente as diferenças económicas e sociais entre a cidade e o campo e entre o litoral e o interior;

e) Promover a correção das desigualdades derivadas da insularidade das regiões autónomas e incentivar a sua progressiva integração em espaços económicos mais vastos, no âmbito nacional ou internacional;

f) Assegurar o funcionamento eficiente dos mercados, de modo a garantir a equilibrada concorrência entre as empresas, a contrariar as formas de organização monopolistas e a reprimir os abusos de posição dominante e outras práticas lesivas do interesse geral;

g) Desenvolver as relações económicas com todos os povos, salvaguardando sempre a independência nacional e os interesses dos portugueses e da economia do país;

h) Eliminar os latifúndios e reordenar o minifúndio;

i) Garantir a defesa dos interesses e os direitos dos consumidores;

j) Criar os instrumentos jurídicos e técnicos necessários ao planeamento democrático do desenvolvimento económico e social;

l) Assegurar uma política científica e tecnológica favorável ao desenvolvimento do país;

m) Adotar uma política nacional de energia, com preservação dos recursos naturais e do equilíbrio ecológico, promovendo, neste domínio, a cooperação internacional;

n) Adotar uma política nacional da água, com aproveitamento, planeamento e gestão racional dos recursos hídricos.

Artigo 82º – (Setores de propriedade dos meios de produção)

1. É garantida a coexistência de três setores de propriedade dos meios de produção.

2. O setor público é constituído pelos meios de produção cujas propriedade e gestão pertencem ao Estado ou a outras entidades públicas.

3. O setor privado é constituído pelos meios de produção cuja propriedade ou gestão pertence a pessoas singulares ou coletivas privadas, sem prejuízo do disposto no número seguinte.

4. O setor cooperativo e social compreende especificamente:

a) Os meios de produção possuídos e geridos por cooperativas, em obediência aos princípios cooperativos, sem prejuízo das especificidades estabelecidas na lei para as cooperativas com participação pública, justificadas pela sua especial natureza;

b) Os meios de produção comunitários, possuídos e geridos por comunidades locais;

c) Os meios de produção objeto de exploração coletiva por trabalhadores;

d) Os meios de produção possuídos e geridos por pessoas coletivas, sem caráter lucrativo, que tenham como principal objetivo a solidariedade social, designadamente entidades de natureza mutualista.

Artigo 83º – (Requisitos de apropriação pública)

A lei determina os meios e as formas de intervenção e de apropriação pública dos meios de produção, bem como os critérios de fixação da correspondente indemnização.

Artigo 84º – (Domínio público)

1. Pertencem ao domínio público:

a) As águas territoriais com os seus leitos e os fundos marinhos contíguos, bem como os lagos, lagoas e cursos de água navegáveis ou flutuáveis, com os respetivos leitos;

b) As camadas aéreas superiores ao território acima do limite reconhecido ao proprietário ou superficiário;

c) Os jazigos minerais, as nascentes de águas mineromedicinais, as cavidades naturais subterrâneas existentes no subsolo, com exceção das rochas, terras comuns e outros materiais habitualmente usados na construção;

d) As estradas;

e) As linhas férreas nacionais;

f) Outros bens como tal classificados por lei.

2. A lei define quais os bens que integram o domínio público do Estado, o domínio público das regiões autónomas e o domínio público das autarquias locais, bem como o seu regime, condições de utilização e limites.

Artigo 85º – (Cooperativas e experiências de autogestão)

1. O Estado estimula e apoia a criação e a atividade de cooperativas.

2. A lei definirá os benefícios fiscais e financeiros das cooperativas, bem como condições mais favoráveis à obtenção de crédito e auxílio técnico.

3. São apoiadas pelo Estado as experiências viáveis de autogestão.

Artigo 86º – (Empresas privadas)

1. O Estado incentiva a atividade empresarial, em particular das pequenas e médias empresas, e fiscaliza o cumprimento das respetivas obrigações legais, em especial por parte das empresas que prossigam atividades de interesse económico geral.

2. O Estado só pode intervir na gestão de empresas privadas a título transitório, nos casos expressamente previstos na lei e, em regra, mediante prévia decisão judicial.

3. A lei pode definir setores básicos nos quais seja vedada a atividade às empresas privadas e a outras entidades da mesma natureza.

Artigo 87º – (Atividade económica e investimentos estrangeiros)

A lei disciplinará a atividade económica e os investimentos por parte de pessoas singulares ou coletivas estrangeiras, a fim de garantir a sua contribuição para o desenvolvimento do país e defender a independência nacional e os interesses dos trabalhadores.

Artigo 88º – (Meios de produção em abandono)

1. Os meios de produção em abandono podem ser expropriados em condições a fixar pela lei, que terá em devida conta a situação específica da propriedade dos trabalhadores emigrantes.
2. Os meios de produção em abandono injustificado podem ainda ser objeto de arrendamento ou de concessão de exploração compulsivos, em condições a fixar por lei.

Artigo 89º – Participação dos trabalhadores na gestão

Nas unidades de produção do setor público é assegurada uma participação efetiva dos trabalhadores na respetiva gestão.

TÍTULO II – Planos

Artigo 90º – (Objetivos dos planos)

Os planos de desenvolvimento económico e social têm por objetivo promover o crescimento económico, o desenvolvimento harmonioso e integrado de setores e regiões, a justa repartição individual e regional do produto nacional, a coordenação da política económica com as políticas social, educativa e cultural, a defesa do mundo rural, a preservação do equilíbrio ecológico, a defesa do ambiente e a qualidade de vida do povo português.

Artigo 91º – (Elaboração e execução dos planos)

1. Os planos nacionais são elaborados de harmonia com as respetivas leis das grandes opções, podendo integrar programas específicos de âmbito territorial e de natureza sectorial.
2. As propostas de lei das grandes opções são acompanhadas de relatórios que as fundamentem.
3. A execução dos planos nacionais é descentralizada, regional e sectorialmente.

Artigo 92º – (Conselho Económico e Social)

1. O Conselho Económico e Social é o órgão de consulta e concertação no domínio das políticas económica e social, participa na elaboração das propostas das grandes opções e dos planos de desenvolvimento económico e social e exerce as demais funções que lhe sejam atribuídas por lei.

2. A lei define a composição do Conselho Económico e Social, do qual farão parte, designadamente, representantes do Governo, das organizações representativas dos trabalhadores, das atividades económicas e das famílias, das regiões autónomas e das autarquias locais.

3. A lei define ainda a organização e o funcionamento do Conselho Económico e Social, bem como o estatuto dos seus membros.

TÍTULO III – Políticas agrícola, comercial e industrial

Artigo 93º – (Objetivos da política agrícola)

1. São objetivos da política agrícola:

a) Aumentar a produção e a produtividade da agricultura, dotando-a das infraestruturas e dos meios humanos, técnicos e financeiros adequados, tendentes ao reforço da competitividade e a assegurar a qualidade dos produtos, a sua eficaz comercialização, o melhor abastecimento do país e o incremento da exportação;

b) Promover a melhoria da situação económica, social e cultural dos trabalhadores rurais e dos agricultores, o desenvolvimento do mundo rural, a racionalização das estruturas fundiárias, a modernização do tecido empresarial e o acesso à propriedade ou à posse da terra e demais meios de produção diretamente utilizados na sua exploração por parte daqueles que a trabalham;

c) Criar as condições necessárias para atingir a igualdade efetiva dos que trabalham na agricultura com os demais trabalhadores e evitar que o setor agrícola seja desfavorecido nas relações de troca com os outros setores;

d) Assegurar o uso e a gestão racionais dos solos e dos restantes recursos naturais, bem como a manutenção da sua capacidade de regeneração;

e) Incentivar o associativismo dos agricultores e a exploração direta da terra.

2. O Estado promoverá uma política de ordenamento e reconversão agrária e de desenvolvimento florestal, de acordo com os condicionalismos ecológicos e sociais do país.

Artigo 94º – (Eliminação dos latifúndios)

1. O redimensionamento das unidades de exploração agrícola que tenham dimensão excessiva do ponto de vista dos objetivos da política agrícola será regulado por lei, que deverá prever, em caso de expropriação, o direito do proprie-

tário à correspondente indemnização e à reserva de área suficiente para a viabilidade e a racionalidade da sua própria exploração.

2. As terras expropriadas serão entregues a título de propriedade ou de posse, nos termos da lei, a pequenos agricultores, de preferência integrados em unidades de exploração familiar, a cooperativas de trabalhadores rurais ou de pequenos agricultores ou a outras formas de exploração por trabalhadores, sem prejuízo da estipulação de um período probatório da efetividade e da racionalidade da respetiva exploração antes da outorga da propriedade plena.

Artigo 95º – (Redimensionamento do minifúndio)

Sem prejuízo do direito de propriedade, o Estado promoverá, nos termos da lei, o redimensionamento das unidades de exploração agrícola com dimensão inferior à adequada do ponto de vista dos objetivos da política agrícola, nomeadamente através de incentivos jurídicos, fiscais e creditícios à sua integração estrutural ou meramente económica, designadamente cooperativa, ou por recurso a medidas de emparcelamento.

Artigo 96º – (Formas de exploração de terra alheia)

1. Os regimes de arrendamento e de outras formas de exploração de terra alheia serão regulados por lei de modo a garantir a estabilidade e os legítimos interesses do cultivador.

2. São proibidos os regimes de aforamento e colonia e serão criadas condições aos cultivadores para a efetiva abolição do regime de parceria agrícola.

Artigo 97º – (Auxílio do Estado)

1. Na prossecução dos objetivos da política agrícola, o Estado apoiará preferencialmente os pequenos e médios agricultores, nomeadamente quando integrados em unidades de exploração familiar, individualmente ou associados em cooperativas, bem como as cooperativas de trabalhadores agrícolas e outras formas de exploração por trabalhadores.

2. O apoio do Estado compreende, designadamente:

a) Concessão de assistência técnica;

b) Criação de formas de apoio à comercialização a montante e a jusante da produção;

c) Apoio à cobertura de riscos resultantes dos acidentes climatéricos e fitopatológicos imprevisíveis ou incontroláveis;

d) Estímulos ao associativismo dos trabalhadores rurais e dos agricultores, nomeadamente à constituição por eles de cooperativas de produção, de compra, de venda, de transformação e de serviços e ainda de outras formas de exploração por trabalhadores.

Artigo 98º – (Participação na definição da política agrícola)

Na definição da política agrícola, é assegurada a participação dos trabalhadores rurais e dos agricultores através das suas organizações representativas.

Artigo 99º – (Objetivos da política comercial)

São objetivos da política comercial:

a) A concorrência salutar dos agentes mercantis;

b) A racionalização dos circuitos de distribuição;

c) O combate às atividades especulativas e às práticas comerciais restritivas;

d) O desenvolvimento e a diversificação das relações económicas externas;

e) A proteção dos consumidores.

Artigo 100º – (Objetivos da política industrial)

São objetivos da política industrial:

a) O aumento da produção industrial num quadro de modernização e ajustamento de interesses sociais e económicos e de integração internacional da economia portuguesa;

b) O reforço da inovação industrial e tecnológica;

c) O aumento da competitividade e da produtividade das empresas industriais;

d) O apoio às pequenas e médias empresas e, em geral, às iniciativas e empresas geradoras de emprego e fomentadoras de exportação ou de substituição de importações;

e) O apoio à projeção internacional das empresas portuguesas.

TÍTULO IV – Sistema financeiro e fiscal

Artigo 101º – (Sistema financeiro)

O sistema financeiro é estruturado por lei, de modo a garantir a formação, a captação e a segurança das poupanças, bem como a aplicação dos meios financeiros necessários ao desenvolvimento económico e social.

Artigo 102º – (Banco de Portugal)

O Banco de Portugal é o banco central nacional e exerce as suas funções nos termos da lei e das normas internacionais a que o Estado Português se vincule.

Artigo 103º – (Sistema fiscal)

1. O sistema fiscal visa a satisfação das necessidades financeiras do Estado e outras entidades públicas e uma repartição justa dos rendimentos e da riqueza.

2. Os impostos são criados por lei, que determina a incidência, a taxa, os benefícios fiscais e as garantias dos contribuintes.

3. Ninguém pode ser obrigado a pagar impostos que não hajam sido criados nos termos da Constituição, que tenham natureza retroativa ou cuja liquidação e cobrança se não façam nos termos da lei.

Artigo 104º – (Impostos)

1. O imposto sobre o rendimento pessoal visa a diminuição das desigualdades e será único e progressivo, tendo em conta as necessidades e os rendimentos do agregado familiar.

2. A tributação das empresas incide fundamentalmente sobre o seu rendimento real.

3. A tributação do património deve contribuir para a igualdade entre os cidadãos.

4. A tributação do consumo visa adaptar a estrutura do consumo à evolução das necessidades do desenvolvimento económico e da justiça social, devendo onerar os consumos de luxo.

Artigo 105º – (Orçamento)

1. O Orçamento do Estado contém:

a) A discriminação das receitas e despesas do Estado, incluindo as dos fundos e serviços autónomos;

b) O orçamento da segurança social.

2. O Orçamento é elaborado de harmonia com as grandes opções em matéria de planeamento e tendo em conta as obrigações decorrentes de lei ou de contrato.

3. O Orçamento é unitário e especifica as despesas segundo a respetiva classificação orgânica e funcional, de modo a impedir a existência de dotações e fundos secretos, podendo ainda ser estruturado por programas.

4. O Orçamento prevê as receitas necessárias para cobrir as despesas, definindo a lei as regras da sua execução, as condições a que deverá obedecer o recurso ao crédito público e os critérios que deverão presidir às alterações que, durante a execução, poderão ser introduzidas pelo Governo nas rubricas de classificação orgânica no âmbito de cada programa orçamental aprovado pela Assembleia da República, tendo em vista a sua plena realização.

Artigo 106º – (Elaboração do Orçamento)

1. A lei do Orçamento é elaborada, organizada, votada e executada, anualmente, de acordo com a respetiva lei de enquadramento, que incluirá o regime atinente à elaboração e execução dos orçamentos dos fundos e serviços autónomos.

2. A proposta de Orçamento é apresentada e votada nos prazos fixados na lei, a qual prevê os procedimentos a adotar quando aqueles não puderem ser cumpridos.

3. A proposta de Orçamento é acompanhada de relatórios sobre:

a) A previsão da evolução dos principais agregados macroeconómicos com influência no Orçamento, bem como da evolução da massa monetária e suas contrapartidas;

b) A justificação das variações de previsões das receitas e despesas relativamente ao Orçamento anterior;

c) A dívida pública, as operações de tesouraria e as contas do Tesouro;

d) A situação dos fundos e serviços autónomos;

e) As transferências de verbas para as regiões autónomas e as autarquias locais;

f) As transferências financeiras entre Portugal e o exterior com incidência na proposta do Orçamento;

g) Os benefícios fiscais e a estimativa da receita cessante.

Artigo 107º – (Fiscalização)

A execução do Orçamento será fiscalizada pelo Tribunal de Contas e pela Assembleia da República, que, precedendo parecer daquele tribunal, apreciará e aprovará a Conta Geral do Estado, incluindo a da segurança social.

PARTE III
ORGANIZAÇÃO DO PODER POLÍTICO

TÍTULO I – Princípios gerais

Artigo 108º – (Titularidade e exercício do poder)

O poder político pertence ao povo e é exercido nos termos da Constituição.

Artigo 109º – (Participação política dos cidadãos)

A participação direta e ativa de homens e mulheres na vida política constitui condição e instrumento fundamental de consolidação do sistema democrático, devendo a lei promover a igualdade no exercício dos direitos cívicos e políticos e a não discriminação em função do sexo no acesso a cargos políticos.

Artigo 110º – (Órgãos de soberania)

1. São órgãos de soberania o Presidente da República, a Assembleia da República, o Governo e os Tribunais.

2. A formação, a composição, a competência e o funcionamento dos órgãos de soberania são os definidos na Constituição.

Artigo 111º – (Separação e interdependência)

1. Os órgãos de soberania devem observar a separação e a interdependência estabelecidas na Constituição.

2. Nenhum órgão de soberania, de região autónoma ou de poder local pode delegar os seus poderes noutros órgãos, a não ser nos casos e nos termos expressamente previstos na Constituição e na lei.

Artigo 112º – (Atos normativos)

1. São atos legislativos as leis, os decretos-leis e os decretos legislativos regionais.

2. As leis e os decretos-leis têm igual valor, sem prejuízo da subordinação às correspondentes leis dos decretos-leis publicados no uso de autorização legislativa e dos que desenvolvam as bases gerais dos regimes jurídicos.

3. Têm valor reforçado, além das leis orgânicas, as leis que carecem de aprovação por maioria de dois terços, bem como aquelas que, por força da Constituição, sejam pressuposto normativo necessário de outras leis ou que por outras devam ser respeitadas.

4. Os decretos legislativos têm âmbito regional e versam sobre matérias enunciadas no estatuto político-administrativo da respetiva região autónoma que não estejam reservadas aos órgãos de soberania, sem prejuízo do disposto nas alíneas *b)* e *c)* do nº 1 do artigo 227º.

5. Nenhuma lei pode criar outras categorias de atos legislativos ou conferir a atos de outra natureza o poder de, com eficácia externa, interpretar, integrar, modificar, suspender ou revogar qualquer dos seus preceitos.

6. Os regulamentos do Governo revestem a forma de decreto regulamentar quando tal seja determinado pela lei que regulamentam, bem como no caso de regulamentos independentes.

7. Os regulamentos devem indicar expressamente as leis que visam regulamentar ou que definem a competência subjetiva e objetiva para a sua emissão.

8. A transposição de atos jurídicos da União Europeia para a ordem jurídica interna assume a forma de lei, decreto-lei ou, nos termos do disposto no nº 4, decreto legislativo regional.

Artigo 113º – (Princípios gerais de Direito Eleitoral)

1. O sufrágio direto, secreto e periódico constitui a regra geral de designação dos titulares dos órgãos eletivos da soberania, das regiões autónomas e do poder local.

2. O recenseamento eleitoral é oficioso, obrigatório, permanente e único para todas as eleições por sufrágio direto e universal, sem prejuízo do disposto nos nºs 4 e 5 do artigo 15º e no nº 2 do artigo 121º.

3. As campanhas eleitorais regem-se pelos seguintes princípios:

a) Liberdade de propaganda;

b) Igualdade de oportunidades e de tratamento das diversas candidaturas;

c) Imparcialidade das entidades públicas perante as candidaturas;

d) Transparência e fiscalização das contas eleitorais.

4. Os cidadãos têm o dever de colaborar com a administração eleitoral, nas formas previstas na lei.

5. A conversão dos votos em mandatos far-se-á de harmonia com o princípio da representação proporcional.

6. No ato de dissolução de órgãos colegiais baseados no sufrágio direto tem de ser marcada a data das novas eleições, que se realizarão nos sessenta dias seguintes e pela lei eleitoral vigente ao tempo da dissolução, sob pena de inexistência jurídica daquele ato.

7. O julgamento da regularidade e da validade dos atos de processo eleitoral compete aos tribunais.

Artigo 114º – (Partidos políticos e direito de oposição)

1. Os partidos políticos participam nos órgãos baseados no sufrágio universal e direto, de acordo com a sua representatividade eleitoral.

2. É reconhecido às minorias o direito de oposição democrática, nos termos da Constituição e da lei.

3. Os partidos políticos representados na Assembleia da República e que não façam parte do Governo gozam, designadamente, do direito de serem informados regular e diretamente pelo Governo sobre o andamento dos principais assuntos de interesse público, de igual direito gozando os partidos políticos representados nas Assembleias Legislativas das regiões autónomas e em quaisquer outras assembleias designadas por eleição direta relativamente aos correspondentes executivos de que não façam parte.

Artigo 115º – (Referendo)

1. Os cidadãos eleitores recenseados no território nacional podem ser chamados a pronunciar-se diretamente, a título vinculativo, através de referendo, por decisão do Presidente da República, mediante proposta da Assembleia da República ou do Governo, em matérias das respetivas competências, nos casos e nos termos previstos na Constituição e na lei.

2. O referendo pode ainda resultar da iniciativa de cidadãos dirigida à Assembleia da República, que será apresentada e apreciada nos termos e nos prazos fixados por lei.

3. O referendo só pode ter por objeto questões de relevante interesse nacional que devam ser decididas pela Assembleia da República ou pelo Governo através da aprovação de convenção internacional ou de ato legislativo.

4. São excluídas do âmbito do referendo:

a) As alterações à Constituição;

b) As questões e os atos de conteúdo orçamental, tributário ou financeiro;

c) As matérias previstas no artigo 161º da Constituição, sem prejuízo do disposto no número seguinte;

d) As matérias previstas no artigo 164º da Constituição, com exceção do disposto na alínea *i*).

5. O disposto no número anterior não prejudica a submissão a referendo das questões de relevante interesse nacional que devam ser objeto de convenção internacional, nos termos da alínea *i*) do artigo 161º da Constituição, exceto quando relativas à paz e à retificação de fronteiras.

6. Cada referendo recairá sobre uma só matéria, devendo as questões ser formuladas com objetividade, clareza e precisão e para respostas de sim ou não, num número máximo de perguntas a fixar por lei, a qual determinará igualmente as demais condições de formulação e efetivação de referendos.

7. São excluídas a convocação e a efetivação de referendos entre a data da convocação e a da realização de eleições gerais para os órgãos de soberania, de governo próprio das regiões autónomas e do poder local, bem como de Deputados ao Parlamento Europeu.

8. O Presidente da República submete a fiscalização preventiva obrigatória da constitucionalidade e da legalidade as propostas de referendo que lhe tenham sido remetidas pela Assembleia da República ou pelo Governo.

9. São aplicáveis ao referendo, com as necessárias adaptações, as normas constantes dos nºs 1, 2, 3, 4 e 7 do artigo 113º.

10. As propostas de referendo recusadas pelo Presidente da República ou objeto de resposta negativa do eleitorado não podem ser renovadas na mesma sessão legislativa, salvo nova eleição da Assembleia da República, ou até à demissão do Governo.

11. O referendo só tem efeito vinculativo quando o número de votantes for superior a metade dos eleitores inscritos no recenseamento.

12. Nos referendos são chamados a participar cidadãos residentes no estrangeiro, regularmente recenseados ao abrigo do disposto no nº 2 do artigo 121º, quando recaiam sobre matéria que lhes diga também especificamente respeito.

13. Os referendos podem ter âmbito regional, nos termos previstos no nº 2 do artigo 232º.

Artigo 116º – (Órgãos colegiais)

1. As reuniões das assembleias que funcionem como órgãos de soberania, das regiões autónomas ou do poder local são públicas, exceto nos casos previstos na lei.

2. As deliberações dos órgãos colegiais são tomadas com a presença da maioria do número legal dos seus membros.

3. Salvo nos casos previstos na Constituição, na lei e nos respetivos regimentos, as deliberações dos órgãos colegiais são tomadas à pluralidade de votos, não contando as abstenções para o apuramento da maioria.

Artigo 117º – (Estatuto dos titulares de cargos políticos)

1. Os titulares de cargos políticos respondem política, civil e criminalmente pelas ações e omissões que pratiquem no exercício das suas funções.

2. A lei dispõe sobre os deveres, responsabilidades e incompatibilidades dos titulares de cargos políticos, as consequências do respetivo incumprimento, bem como sobre os respetivos direitos, regalias e imunidades.

3. A lei determina os crimes de responsabilidade dos titulares de cargos políticos, bem como as sanções aplicáveis e os respetivos efeitos, que podem incluir a destituição do cargo ou a perda do mandato.

Artigo 118º – (Princípio da renovação)

1. Ninguém pode exercer a título vitalício qualquer cargo político de âmbito nacional, regional ou local.

2. A lei pode determinar limites à renovação sucessiva de mandatos dos titulares de cargos políticos executivos.

Artigo 119º – (Publicidade dos atos)

1. São publicados no jornal oficial, *Diário da República*:

a) As leis constitucionais;

b) As convenções internacionais e os respetivos avisos de ratificação, bem como os restantes avisos a elas respeitantes;

c) As leis, os decretos-leis e os decretos legislativos regionais;

d) Os decretos do Presidente da República;

e) As resoluções da Assembleia da República e das Assembleias Legislativas das regiões autónomas;

f) Os regimentos da Assembleia da República, do Conselho de Estado e das Assembleias Legislativas das regiões autónomas;

g) As decisões do Tribunal Constitucional, bem como as dos outros tribunais a que a lei confira força obrigatória geral;

h) Os decretos regulamentares e os demais decretos e regulamentos do Governo, bem como os decretos dos Representantes da República para as regiões autónomas e os decretos regulamentares regionais;

i) Os resultados de eleições para os órgãos de soberania, das regiões autónomas e do poder local, bem como para o Parlamento Europeu e ainda os resultados de referendos de âmbito nacional e regional.

2. A falta de publicidade dos atos previstos nas alíneas *a*) a *h*) do número anterior e de qualquer ato de conteúdo genérico dos órgãos de soberania, das regiões autónomas e do poder local implica a sua ineficácia jurídica.

3. A lei determina as formas de publicidade dos demais atos e as consequências da sua falta.

TÍTULO II - Presidente da República

CAPÍTULO I - Estatuto e eleição

Artigo 120º - (Definição)

O Presidente da República representa a República Portuguesa, garante a independência nacional, a unidade do Estado e o regular funcionamento das instituições democráticas e é, por inerência, Comandante Supremo das Forças Armadas.

Artigo 121º - (Eleição)

1. O Presidente da República é eleito por sufrágio universal, direto e secreto dos cidadãos portugueses eleitores recenseados no território nacional, bem como dos cidadãos portugueses residentes no estrangeiro nos termos do número seguinte.

2. A lei regula o exercício do direito de voto dos cidadãos portugueses residentes no estrangeiro, devendo ter em conta a existência de laços de efetiva ligação à comunidade nacional.

3. O direito de voto no território nacional é exercido presencialmente.

Artigo 122º - (Elegibilidade)

São elegíveis os cidadãos eleitores, portugueses de origem, maiores de 35 anos.

Artigo 123º - (Reelegibilidade)

1. Não é admitida a reeleição para um terceiro mandato consecutivo, nem durante o quinquénio imediatamente subsequente ao termo do segundo mandato consecutivo.

2. Se o Presidente da República renunciar ao cargo, não poderá candidatar-se nas eleições imediatas nem nas que se realizem no quinquénio imediatamente subsequente à renúncia.

Artigo 124º - (Candidaturas)

1. As candidaturas para Presidente da República são propostas por um mínimo de 7 500 e um máximo de 15 000 cidadãos eleitores.

2. As candidaturas devem ser apresentadas até trinta dias antes da data marcada para a eleição, perante o Tribunal Constitucional.

3. Em caso de morte de qualquer candidato ou de qualquer outro facto que o incapacite para o exercício da função presidencial, será reaberto o processo eleitoral, nos termos a definir por lei.

Artigo 125º – (Data da eleição)

1. O Presidente da República será eleito nos sessenta dias anteriores ao termo do mandato do seu antecessor ou nos sessenta dias posteriores à vagatura do cargo.

2. A eleição não poderá efetuar-se nos noventa dias anteriores ou posteriores à data de eleições para a Assembleia da República.

3. No caso previsto no número anterior, a eleição efetuar-se-á nos dez dias posteriores ao final do período aí estabelecido, sendo o mandato do Presidente cessante automaticamente prolongado pelo período necessário.

Artigo 126º – (Sistema eleitoral)

1. Será eleito Presidente da República o candidato que obtiver mais de metade dos votos validamente expressos, não se considerando como tal os votos em branco.

2. Se nenhum dos candidatos obtiver esse número de votos, proceder-se-á a segundo sufrágio até ao vigésimo primeiro dia subsequente à primeira votação.

3. A este sufrágio concorrerão apenas os dois candidatos mais votados que não tenham retirado a candidatura.

Artigo 127º – (Posse e juramento)

1. O Presidente eleito toma posse perante a Assembleia da República.

2. A posse efetua-se no último dia do mandato do Presidente cessante ou, no caso de eleição por vagatura, no oitavo dia subsequente ao dia da publicação dos resultados eleitorais.

3. No ato de posse, o Presidente da República eleito prestará a seguinte declaração de compromisso:

Juro por minha honra desempenhar fielmente as funções em que fico investido e defender, cumprir e fazer cumprir a Constituição da República Portuguesa.

Artigo 128º – (Mandato)

1. O mandato do Presidente da República tem a duração de cinco anos e termina com a posse do novo Presidente eleito.

2. Em caso de vagatura, o Presidente da República a eleger inicia um novo mandato.

Artigo 129º – (Ausência do território nacional)

1. O Presidente da República não pode ausentar-se do território nacional sem o assentimento da Assembleia da República ou da sua Comissão Permanente, se aquela não estiver em funcionamento.

2. O assentimento é dispensado nos casos de passagem em trânsito ou de viagem sem caráter oficial de duração não superior a cinco dias, devendo, porém, o Presidente da República dar prévio conhecimento delas à Assembleia da República.

3. A inobservância do disposto no nº 1 envolve, de pleno direito, a perda do cargo.

Artigo 130º – (Responsabilidade criminal)

1. Por crimes praticados no exercício das suas funções, o Presidente da República responde perante o Supremo Tribunal de Justiça.

2. A iniciativa do processo cabe à Assembleia da República, mediante proposta de um quinto e deliberação aprovada por maioria de dois terços dos Deputados em efetividade de funções.

3. A condenação implica a destituição do cargo e a impossibilidade de reeleição.

4. Por crimes estranhos ao exercício das suas funções o Presidente da República responde depois de findo o mandato perante os tribunais comuns.

Artigo 131º – (Renúncia ao mandato)

1. O Presidente da República pode renunciar ao mandato em mensagem dirigida à Assembleia da República.

2. A renúncia torna-se efetiva com o conhecimento da mensagem pela Assembleia da República, sem prejuízo da sua ulterior publicação no *Diário da República*.

Artigo 132º – (Substituição interina)

1. Durante o impedimento temporário do Presidente da República, bem como durante a vagatura do cargo até tomar posse o novo Presidente eleito, assumirá as funções o Presidente da Assembleia da República ou, no impedimento deste, o seu substituto.

2. Enquanto exercer interinamente as funções de Presidente da República, o mandato de Deputado do Presidente da Assembleia da República ou do seu substituto suspende-se automaticamente.

3. O Presidente da República, durante o impedimento temporário, mantém os direitos e regalias inerentes à sua função.

4. O Presidente da República interino goza de todas as honras e prerrogativas da função, mas os direitos que lhe assistem são os do cargo para que foi eleito.

CAPÍTULO II – Competência

Artigo 133º – (Competência quanto a outros órgãos)

Compete ao Presidente da República, relativamente a outros órgãos:

a) Presidir ao Conselho de Estado;

b) Marcar, de harmonia com a lei eleitoral, o dia das eleições do Presidente da República, dos Deputados à Assembleia da República, dos Deputados ao Parlamento Europeu e dos deputados às Assembleias Legislativas das regiões autónomas;

c) Convocar extraordinariamente a Assembleia da República;

d) Dirigir mensagens à Assembleia da República e às Assembleias Legislativas das regiões autónomas;

e) Dissolver a Assembleia da República, observado o disposto no artigo 172º, ouvidos os partidos nela representados e o Conselho de Estado;

f) Nomear o Primeiro-Ministro, nos termos do nº 1 do artigo 187º;

g) Demitir o Governo, nos termos do nº 2 do artigo 195º, e exonerar o Primeiro-Ministro, nos termos do nº 4 do artigo 186º;

h) Nomear e exonerar os membros do Governo, sob proposta do Primeiro-Ministro;

i) Presidir ao Conselho de Ministros, quando o Primeiro-Ministro lho solicitar;

j) Dissolver as Assembleias Legislativas das regiões autónomas, ouvidos o Conselho de Estado e os partidos nelas representados, observado o disposto no artigo 172º, com as necessárias adaptações;

l) Nomear e exonerar, ouvido o Governo, os Representantes da República para as regiões autónomas;

m) Nomear e exonerar, sob proposta do Governo, o presidente do Tribunal de Contas e o Procurador-Geral da República;

n) Nomear cinco membros do Conselho de Estado e dois vogais do Conselho Superior da Magistratura;

o) Presidir ao Conselho Superior de Defesa Nacional;

p) Nomear e exonerar, sob proposta do Governo, o Chefe do Estado-Maior-General das Forças Armadas, o Vice-Chefe do Estado-Maior-General das Forças Armadas, quando exista, e os Chefes de Estado-Maior dos três ramos das Forças Armadas, ouvido, nestes dois últimos casos, o Chefe do Estado-Maior-General das Forças Armadas.

Artigo 134º – (Competência para prática de atos próprios)

Compete ao Presidente da República, na prática de atos próprios:

a) Exercer as funções de Comandante Supremo das Forças Armadas;

b) Promulgar e mandar publicar as leis, os decretos-leis e os decretos regulamentares, assinar as resoluções da Assembleia da República que aprovem acordos internacionais e os restantes decretos do Governo;

c) Submeter a referendo questões de relevante interesse nacional, nos termos do artigo 115º, e as referidas no nº 2 do artigo 232º e no nº 3 do artigo 256º;

d) Declarar o estado de sítio ou o estado de emergência, observado o disposto nos artigos 19º e 138º;

e) Pronunciar-se sobre todas as emergências graves para a vida da República;

f) Indultar e comutar penas, ouvido o Governo;

g) Requerer ao Tribunal Constitucional a apreciação preventiva da constitucionalidade de normas constantes de leis, decretos-leis e convenções internacionais;

h) Requerer ao Tribunal Constitucional a declaração de inconstitucionalidade de normas jurídicas, bem como a verificação de inconstitucionalidade por omissão;

i) Conferir condecorações, nos termos da lei, e exercer a função de grão-mestre das ordens honoríficas portuguesas.

Artigo 135º – (Competência nas relações internacionais)

Compete ao Presidente da República, nas relações internacionais:

a) Nomear os embaixadores e os enviados extraordinários, sob proposta do Governo, e acreditar os representantes diplomáticos estrangeiros;

b) Ratificar os tratados internacionais, depois de devidamente aprovados;

c) Declarar a guerra em caso de agressão efetiva ou iminente e fazer a paz, sob proposta do Governo, ouvido o Conselho de Estado e mediante autorização da Assembleia da República, ou, quando esta não estiver reunida nem for possível a sua reunião imediata, da sua Comissão Permanente.

Artigo 136º – (Promulgação e veto)

1. No prazo de vinte dias contados da receção de qualquer decreto da Assembleia da República para ser promulgado como lei, ou da publicação da decisão do Tribunal Constitucional que não se pronuncie pela inconstitucionalidade de norma dele constante, deve o Presidente da República promulgá-lo ou exercer o direito de veto, solicitando nova apreciação do diploma em mensagem fundamentada.

2. Se a Assembleia da República confirmar o voto por maioria absoluta dos Deputados em efetividade de funções, o Presidente da República deverá promulgar o diploma no prazo de oito dias a contar da sua receção.

3. Será, porém, exigida a maioria de dois terços dos Deputados presentes, desde que superior à maioria absoluta dos Deputados em efetividade de fun-

ções, para a confirmação dos decretos que revistam a forma de lei orgânica, bem como dos que respeitem às seguintes matérias:

a) Relações externas;

b) Limites entre o setor público, o setor privado e o setor cooperativo e social de propriedade dos meios de produção;

c) Regulamentação dos atos eleitorais previstos na Constituição, que não revista a forma de lei orgânica.

4. No prazo de quarenta dias contados da receção de qualquer decreto do Governo para ser promulgado, ou da publicação da decisão do Tribunal Constitucional que não se pronuncie pela inconstitucionalidade de norma dele constante, deve o Presidente da República promulgá-lo ou exercer o direito de veto, comunicando por escrito ao Governo o sentido do veto.

5. O Presidente da República exerce ainda o direito de veto nos termos dos artigos 278º e 279º.

Artigo 137º – (Falta de promulgação ou de assinatura)

A falta de promulgação ou de assinatura pelo Presidente da República de qualquer dos atos previstos na alínea *b*) do artigo 134º implica a sua inexistência jurídica.

Artigo 138º – (Declaração do estado de sítio ou do estado de emergência)

1. A declaração do estado de sítio ou do estado de emergência depende de audição do Governo e de autorização da Assembleia da República ou, quando esta não estiver reunida nem for possível a sua reunião imediata, da respetiva Comissão Permanente.

2. A declaração do estado de sítio ou do estado de emergência, quando autorizada pela Comissão Permanente da Assembleia da República, terá de ser confirmada pelo Plenário logo que seja possível reuni-lo.

Artigo 139º – (Atos do Presidente da República interino)

1. O Presidente da República interino não pode praticar qualquer dos atos previstos nas alíneas *e*) e *n*) do artigo 133º e na alínea *c*) do artigo 134º.

2. O Presidente da República interino só pode praticar qualquer dos atos previstos nas alíneas *b*), *c*), *f*), *m*) e *p*) do artigo 133º, na alínea *a*) do artigo 134º e na alínea *a*) do artigo 135º, após audição do Conselho de Estado.

Artigo 140º – (Referenda ministerial)

1. Carecem de referenda do Governo os atos do Presidente da República praticados ao abrigo das alíneas *h*), *j*), *l*), *m*) e *p*) do artigo 133º, das alíneas *b*), *d*) e *f*) do artigo 134º e das alíneas *a*), *b*) e *c*) do artigo 135º.

2. A falta de referenda determina a inexistência jurídica do ato.

CAPÍTULO III – Conselho de Estado

Artigo 141º – (Definição)

O Conselho de Estado é o órgão político de consulta do Presidente da República.

Artigo 142º – (Composição)

O Conselho de Estado é presidido pelo Presidente da República e composto pelos seguintes membros:

a) O Presidente da Assembleia da República;

b) O Primeiro-Ministro;

c) O Presidente do Tribunal Constitucional;

d) O Provedor de Justiça;

e) Os presidentes dos Governos Regionais;

f) Os antigos presidentes da República eleitos na vigência da Constituição que não hajam sido destituídos do cargo;

g) Cinco cidadãos designados pelo Presidente da República pelo período correspondente à duração do seu mandato;

h) Cinco cidadãos eleitos pela Assembleia da República, de harmonia com o princípio da representação proporcional, pelo período correspondente à duração da legislatura.

Artigo 143º – (Posse e mandato)

1. Os membros do Conselho de Estado são empossados pelo Presidente da República.

2. Os membros do Conselho de Estado previstos nas alíneas *a*) a *e*) do artigo 142º mantêm-se em funções enquanto exercerem os respetivos cargos.

3. Os membros do Conselho de Estado previstos nas alíneas *g*) e *h*) do artigo 142º mantêm-se em funções até à posse dos que os substituírem no exercício dos respetivos cargos.

Artigo 144º – (Organização e funcionamento)

1. Compete ao Conselho de Estado elaborar o seu regimento.

2. As reuniões do Conselho de Estado não são públicas.

Artigo 145º – (Competência)

Compete ao Conselho de Estado:

a) Pronunciar-se sobre a dissolução da Assembleia da República e das Assembleias Legislativas das regiões autónomas;

b) Pronunciar-se sobre a demissão do Governo, no caso previsto no nº 2 do artigo 195º;

c) Pronunciar-se sobre a declaração da guerra e a feitura da paz;

d) Pronunciar-se sobre os atos do Presidente da República interino referidos no artigo 139º;

e) Pronunciar-se nos demais casos previstos na Constituição e, em geral, aconselhar o Presidente da República no exercício das suas funções, quando este lho solicitar.

Artigo 146º – (Emissão dos pareceres)

Os pareceres do Conselho de Estado previstos nas alíneas *a*) a *e*) do artigo 145º são emitidos na reunião que para o efeito for convocada pelo Presidente da República e tornados públicos quando da prática do ato a que se referem.

TÍTULO III – Assembleia da República

CAPÍTULO I – Estatuto e eleição

Artigo 147º – (Definição)

A Assembleia da República é a assembleia representativa de todos os cidadãos portugueses.

Artigo 148º – (Composição)

A Assembleia da República tem o mínimo de cento e oitenta e o máximo de duzentos e trinta Deputados, nos termos da lei eleitoral.

Artigo 149º – (Círculos eleitorais)

1. Os Deputados são eleitos por círculos eleitorais geograficamente definidos na lei, a qual pode determinar a existência de círculos plurinominais e uninominais, bem como a respetiva natureza e complementaridade, por forma a assegurar o sistema de representação proporcional e o método da média mais alta de *Hondt* na conversão dos votos em número de mandatos.

2. O número de Deputados por cada círculo plurinominal do território nacional, excetuando o círculo nacional, quando exista, é proporcional ao número de cidadãos eleitores nele inscritos.

Artigo 150º – (Condições de elegibilidade)

São elegíveis os cidadãos portugueses eleitores, salvas as restrições que a lei eleitoral estabelecer por virtude de incompatibilidades locais ou de exercício de certos cargos.

Artigo 151º – (Candidaturas)

1. As candidaturas são apresentadas, nos termos da lei, pelos partidos políticos, isoladamente ou em coligação, podendo as listas integrar cidadãos não inscritos nos respetivos partidos.

2. Ninguém pode ser candidato por mais de um círculo eleitoral da mesma natureza, excetuando o círculo nacional quando exista, ou figurar em mais de uma lista.

Artigo 152º – (Representação política)

1. A lei não pode estabelecer limites à conversão dos votos em mandatos por exigência de uma percentagem de votos nacional mínima.

2. Os Deputados representam todo o país e não os círculos por que são eleitos.

Artigo 153º – (Início e termo do mandato)

1. O mandato dos Deputados inicia-se com a primeira reunião da Assembleia da República após eleições e cessa com a primeira reunião após as eleições subsequentes, sem prejuízo da suspensão ou da cessação individual do mandato.

2. O preenchimento das vagas que ocorrerem na Assembleia, bem como a substituição temporária de Deputados por motivo relevante, são regulados pela lei eleitoral.

Artigo 154º – (Incompatibilidades e impedimentos)

1. Os Deputados que forem nomeados membros do Governo não podem exercer o mandato até à cessação destas funções, sendo substituídos nos termos do artigo anterior.

2. A lei determina as demais incompatibilidades.

3. A lei regula os casos e as condições em que os Deputados carecem de autorização da Assembleia da República para serem jurados, árbitros, peritos ou testemunhas.

Artigo 155º – (Exercício da função de Deputado)

1. Os Deputados exercem livremente o seu mandato, sendo-lhes garantidas condições adequadas ao eficaz exercício das suas funções, designadamente ao indispensável contacto com os cidadãos eleitores e à sua informação regular.

2. A lei regula as condições em que a falta dos Deputados, por causa de reuniões ou missões da Assembleia, a atos ou diligências oficiais a ela estranhos constitui motivo justificado de adiamento destes.

3. As entidades públicas têm, nos termos da lei, o dever de cooperar com os Deputados no exercício das suas funções.

Artigo 156º – (Poderes dos Deputados)

Constituem poderes dos Deputados:

a) Apresentar projetos de revisão constitucional;

b) Apresentar projetos de lei, de Regimento ou de resolução, designadamente de referendo, e propostas de deliberação e requerer o respetivo agendamento;

c) Participar e intervir nos debates parlamentares, nos termos do Regimento;

d) Fazer perguntas ao Governo sobre quaisquer atos deste ou da Administração Pública e obter resposta em prazo razoável, salvo o disposto na lei em matéria de segredo de Estado;

e) Requerer e obter do Governo ou dos órgãos de qualquer entidade pública os elementos, informações e publicações oficiais que considerem úteis para o exercício do seu mandato;

f) Requerer a constituição de comissões parlamentares de inquérito;

g) Os consignados no Regimento.

Artigo 157º – (Imunidades)

1. Os Deputados não respondem civil, criminal ou disciplinarmente pelos votos e opiniões que emitirem no exercício das suas funções.

2. Os Deputados não podem ser ouvidos como declarantes nem como arguidos sem autorização da Assembleia, sendo obrigatória a decisão de autorização, no segundo caso, quando houver fortes indícios de prática de crime doloso a que corresponda pena de prisão cujo limite máximo seja superior a três anos.

3. Nenhum Deputado pode ser detido ou preso sem autorização da Assembleia, salvo por crime doloso a que corresponda a pena de prisão referida no número anterior e em flagrante delito.

4. Movido procedimento criminal contra algum Deputado, e acusado este definitivamente, a Assembleia decidirá se o Deputado deve ou não ser suspenso para efeito de seguimento do processo, sendo obrigatória a decisão de suspensão quando se trate de crime do tipo referido nos números anteriores.

Artigo 158º – (Direitos e regalias)

Os Deputados gozam dos seguintes direitos e regalias:

a) Adiamento do serviço militar, do serviço cívico ou da mobilização civil;

b) Livre-trânsito e direito a passaporte especial nas suas deslocações oficiais ao estrangeiro;

c) Cartão especial de identificação;

d) Subsídios que a lei prescrever.

Artigo 159º - (Deveres)

Constituem deveres dos Deputados:

a) Comparecer às reuniões do Plenário e às das comissões a que pertençam;

b) Desempenhar os cargos na Assembleia e as funções para que sejam designados, sob proposta dos respetivos grupos parlamentares;

c) Participar nas votações.

Artigo 160º - (Perda e renúncia do mandato)

1. Perdem o mandato os Deputados que:

a) Venham a ser feridos por alguma das incapacidades ou incompatibilidades previstas na lei;

b) Não tomem assento na Assembleia ou excedam o número de faltas estabelecido no Regimento;

c) Se inscrevam em partido diverso daquele pelo qual foram apresentados a sufrágio;

d) Sejam judicialmente condenados por crime de responsabilidade no exercício da sua função em tal pena ou por participação em organizações racistas ou que perfilhem a ideologia fascista.

2. Os Deputados podem renunciar ao mandato, mediante declaração escrita.

CAPÍTULO II - Competência

Artigo 161º - (Competência política e legislativa)

Compete à Assembleia da República:

a) Aprovar alterações à Constituição, nos termos dos artigos 284º a 289º;

b) Aprovar os estatutos político-administrativos e as leis relativas à eleição dos deputados às Assembleias Legislativas das regiões autónomas;

c) Fazer leis sobre todas as matérias, salvo as reservadas pela Constituição ao Governo;

d) Conferir ao Governo autorizações legislativas;

e) Conferir às Assembleias Legislativas das regiões autónomas as autorizações previstas na alínea *b*) do nº 1 do artigo 227º da Constituição;

f) Conceder amnistias e perdões genéricos;

g) Aprovar as leis das grandes opções dos planos nacionais e o Orçamento do Estado, sob proposta do Governo;

h) Autorizar o Governo a contrair e a conceder empréstimos e a realizar outras operações de crédito que não sejam de dívida flutuante, definindo as respetivas condições gerais, e estabelecer o limite máximo dos avales a conceder em cada ano pelo Governo;

i) Aprovar os tratados, designadamente os tratados de participação de Portugal em organizações internacionais, os tratados de amizade, de paz, de defesa, de retificação de fronteiras e os respeitantes a assuntos militares, bem como os acordos internacionais que versem matérias da sua competência reservada ou que o Governo entenda submeter à sua apreciação;

j) Propor ao Presidente da República a sujeição a referendo de questões de relevante interesse nacional;

l) Autorizar e confirmar a declaração do estado de sítio e do estado de emergência;

m) Autorizar o Presidente da República a declarar a guerra e a fazer paz;

n) Pronunciar-se, nos termos da lei, sobre as matérias pendentes de decisão em órgãos no âmbito da União Europeia que incidam na esfera da sua competência legislativa reservada;

o) Desempenhar as demais funções que lhe sejam atribuídas pela Constituição e pela lei.

Artigo 162º – (Competência de fiscalização)

Compete à Assembleia da República, no exercício de funções de fiscalização:

a) Vigiar pelo cumprimento da Constituição e das leis e apreciar os atos do Governo e da Administração;

b) Apreciar a aplicação da declaração do estado de sítio ou do estado de emergência;

c) Apreciar, para efeito de cessação de vigência ou de alteração, os decretos-leis, salvo os feitos no exercício da competência legislativa exclusiva do Governo, e os decretos legislativos regionais previstos na alínea *b*) do nº 1 do artigo 227º;

d) Tomar as contas do Estado e das demais entidades públicas que a lei determinar, as quais serão apresentadas até 31 de dezembro do ano subsequente, com o parecer do Tribunal de Contas e os demais elementos necessários à sua apreciação;

e) Apreciar os relatórios de execução dos planos nacionais.

Artigo 163º – (Competência quanto a outros órgãos)

Compete à Assembleia da República, relativamente a outros órgãos:

a) Testemunhar a tomada de posse do Presidente da República;

b) Dar assentimento à ausência do Presidente da República do território nacional;

c) Promover o processo de acusação contra o Presidente da República por crimes praticados no exercício das suas funções e decidir sobre a suspensão de membros do Governo, no caso previsto no artigo 196º;

d) Apreciar o programa do Governo;

e) Votar moções de confiança e de censura ao Governo;

f) Acompanhar e apreciar, nos termos da lei, a participação de Portugal no processo de construção da União Europeia;

g) Eleger, segundo o sistema de representação proporcional, cinco membros do Conselho de Estado e os membros do Conselho Superior do Ministério Público que lhe competir designar;

h) Eleger, por maioria de dois terços dos Deputados presentes, desde que superior à maioria absoluta dos Deputados em efetividade de funções, dez juízes do Tribunal Constitucional, o Provedor de Justiça, o Presidente do Conselho Económico e Social, sete vogais do Conselho Superior da Magistratura, os membros da entidade de regulação da comunicação social, e de outros órgãos constitucionais cuja designação, nos termos da lei, seja cometida à Assembleia da República;

i) Acompanhar, nos termos da lei, o envolvimento de contingentes militares e de forças de segurança no estrangeiro.

Artigo 164º – (Reserva absoluta de competência legislativa)

É da exclusiva competência da Assembleia da República legislar sobre as seguintes matérias:

a) Eleições dos titulares dos órgãos de soberania;

b) Regimes dos referendos;

c) Organização, funcionamento e processo do Tribunal Constitucional;

d) Organização da defesa nacional, definição dos deveres dela decorrentes e bases gerais da organização, do funcionamento, do reequipamento e da disciplina das Forças Armadas;

e) Regimes do estado de sítio e do estado de emergência;

f) Aquisição, perda e reaquisição da cidadania portuguesa;

g) Definição dos limites das águas territoriais, da zona económica exclusiva e dos direitos de Portugal aos fundos marinhos contíguos;

h) Associações e partidos políticos;

i) Bases do sistema de ensino;

j) Eleições dos deputados às Assembleias Legislativas das regiões autónomas;

l) Eleições dos titulares dos órgãos do poder local ou outras realizadas por sufrágio direto e universal, bem como dos restantes órgãos constitucionais;

m) Estatuto dos titulares dos órgãos de soberania e do poder local, bem como dos restantes órgãos constitucionais ou eleitos por sufrágio direto e universal;

n) Criação, extinção e modificação de autarquias locais e respetivo regime, sem prejuízo dos poderes das regiões autónomas;

o) Restrições ao exercício de direitos por militares e agentes militarizados dos quadros permanentes em serviço efetivo, bem como por agentes dos serviços e forças de segurança;

p) Regime de designação dos membros de órgãos da União Europeia, com exceção da Comissão;

q) Regime do sistema de informações da República e do segredo de Estado;

r) Regime geral de elaboração e organização dos orçamentos do Estado, das regiões autónomas e das autarquias locais;

s) Regime dos símbolos nacionais;

t) Regime de finanças das regiões autónomas;

u) Regime das forças de segurança;

v) Regime da autonomia organizativa, administrativa e financeira dos serviços de apoio do Presidente da República.

Artigo 165º – (Reserva relativa de competência legislativa)

1. É da exclusiva competência da Assembleia da República legislar sobre as seguintes matérias, salvo autorização ao Governo:

a) Estado e capacidade das pessoas;

b) Direitos, liberdades e garantias;

c) Definição dos crimes, penas, medidas de segurança e respetivos pressupostos, bem como processo criminal;

d) Regime geral de punição das infrações disciplinares, bem como dos atos ilícitos de mera ordenação social e do respetivo processo;

e) Regime geral da requisição e da expropriação por utilidade pública;

f) Bases do sistema de segurança social e do serviço nacional de saúde;

g) Bases do sistema de proteção da natureza, do equilíbrio ecológico e do património cultural;

h) Regime geral do arrendamento rural e urbano;

i) Criação de impostos e sistema fiscal e regime geral das taxas e demais contribuições financeiras a favor das entidades públicas;

j) Definição dos setores de propriedade dos meios de produção, incluindo a dos setores básicos nos quais seja vedada a atividade às empresas privadas e a outras entidades da mesma natureza;

l) Meios e formas de intervenção, expropriação, nacionalização e privatização dos meios de produção e solos por motivo de interesse público, bem como critérios de fixação, naqueles casos, de indemnizações;

m) Regime dos planos de desenvolvimento económico e social e composição do Conselho Económico e Social;

n) Bases da política agrícola, incluindo a fixação dos limites máximos e mínimos das unidades de exploração agrícola;

o) Sistema monetário e padrão de pesos e medidas;

p) Organização e competência dos tribunais e do Ministério Público e estatuto dos respetivos magistrados, bem como das entidades não jurisdicionais de composição de conflitos;

q) Estatuto das autarquias locais, incluindo o regime das finanças locais;

r) Participação das organizações de moradores no exercício do poder local;

s) Associações públicas, garantias dos administrados e responsabilidade civil da Administração;

t) Bases do regime e âmbito da função pública;

u) Bases gerais do estatuto das empresas públicas e das fundações públicas;

v) Definição e regime dos bens do domínio público;

x) Regime dos meios de produção integrados no setor cooperativo e social de propriedade;

z) Bases do ordenamento do território e do urbanismo;

aa) Regime e forma de criação das polícias municipais.

2. As leis de autorização legislativa devem definir o objeto, o sentido, a extensão e a duração da autorização, a qual pode ser prorrogada.

3. As autorizações legislativas não podem ser utilizadas mais de uma vez, sem prejuízo da sua execução parcelada.

4. As autorizações caducam com a demissão do Governo a que tiverem sido concedidas, com o termo da legislatura ou com a dissolução da Assembleia da República.

5. As autorizações concedidas ao Governo na lei do Orçamento observam o disposto no presente artigo e, quando incidam sobre matéria fiscal, só caducam no termo do ano económico a que respeitam.

Artigo 166º – (Forma dos atos)

1. Revestem a forma de lei constitucional os atos previstos na alínea *a*) do artigo 161º.

2. Revestem a forma de lei orgânica os atos previstos nas alíneas *a*) a *f*), *h*), *j*), primeira parte da alínea *l*), *q*) e *t*) do artigo 164º e no artigo 255º.

3. Revestem a forma de lei os atos previstos nas alíneas *b*) a *h*) do artigo 161º.

4. Revestem a forma de moção os atos previstos nas alíneas *d*) e *e*) do artigo 163º.

5. Revestem a forma de resolução os demais atos da Assembleia da República, bem como os atos da Comissão Permanente previstos nas alíneas *e*) e *f*) do nº 3 do artigo 179º.

6. As resoluções são publicadas independentemente de promulgação.

Artigo 167º – (Iniciativa da lei e do referendo)

1. A iniciativa da lei e do referendo compete aos Deputados, aos grupos parlamentares e ao Governo, e ainda, nos termos e condições estabelecidos na lei, a grupos de cidadãos eleitores, competindo a iniciativa da lei, no respeitante às regiões autónomas, às respetivas Assembleias Legislativas.

2. Os Deputados, os grupos parlamentares, as Assembleias Legislativas das regiões autónomas e os grupos de cidadãos eleitores não podem apresentar projetos de lei, propostas de lei ou propostas de alteração que envolvam, no ano económico em curso, aumento das despesas ou diminuição das receitas do Estado previstas no Orçamento.

3. Os Deputados, os grupos parlamentares e os grupos de cidadãos eleitores não podem apresentar projetos de referendo que envolvam, no ano económico em curso, aumento das despesas ou diminuição das receitas do Estado previstas no Orçamento.

4. Os projetos e as propostas de lei e de referendo definitivamente rejeitados não podem ser renovados na mesma sessão legislativa, salvo nova eleição da Assembleia da República.

5. Os projetos de lei, as propostas de lei do Governo e os projetos e propostas de referendo não votados na sessão legislativa em que tiverem sido apresentados não carecem de ser renovados na sessão legislativa seguinte, salvo termo da legislatura.

6. As propostas de lei e de referendo caducam com a demissão do Governo.

7. As propostas de lei da iniciativa das Assembleias Legislativas das regiões autónomas caducam com o termo da respetiva legislatura, caducando apenas com o termo da legislatura da Assembleia da República as que já tenham sido objeto de aprovação na generalidade.

8. As comissões parlamentares podem apresentar textos de substituição, sem prejuízo dos projetos e das propostas de lei e de referendo a que se referem, quando não retirados.

Artigo 168º – (Discussão e votação)

1. A discussão dos projetos e propostas de lei compreende um debate na generalidade e outro na especialidade.

2. A votação compreende uma votação na generalidade, uma votação na especialidade e uma votação final global.

3. Se a Assembleia assim o deliberar, os textos aprovados na generalidade serão votados na especialidade pelas comissões, sem prejuízo do poder de avocação pela Assembleia e do voto final desta para aprovação global.

4. São obrigatoriamente votadas na especialidade pelo Plenário as leis sobre as matérias previstas nas alíneas *a*) a *f*), *h*), *n*) e *o*) do artigo 164º, bem como na alínea *q*) do nº 1 do artigo 165º.

5. As leis orgânicas carecem de aprovação, na votação final global, por maioria absoluta dos Deputados em efetividade de funções, devendo as disposições relativas à delimitação territorial das regiões, previstas no artigo 255º, ser aprovadas, na especialidade, em Plenário, por idêntica maioria.

6. Carecem de aprovação por maioria de dois terços dos Deputados presentes, desde que superior à maioria absoluta dos Deputados em efetividade de funções:

a) A lei respeitante à entidade de regulação da comunicação social;

b) As normas que disciplinam o disposto no nº 2 do artigo 118º;

c) A lei que regula o exercício do direito previsto no nº 2 do artigo 121º;

d) As disposições das leis que regulam as matérias referidas nos artigos 148º e 149º e as relativas ao sistema e método de eleição dos órgãos previstos no nº 3 do artigo 239º;

e) As disposições que regulam a matéria da alínea *o*) do artigo 164º;

f) As disposições dos estatutos político-administrativos das regiões autónomas que enunciem as matérias que integram o respetivo poder legislativo.

Artigo 169º – (Apreciação parlamentar de atos legislativos)

1. Os decretos-leis, salvo os aprovados no exercício da competência legislativa exclusiva do Governo, podem ser submetidos a apreciação da Assembleia da República, para efeitos de cessação de vigência ou de alteração, a requerimento de dez Deputados, nos trinta dias subsequentes à publicação, descontados os períodos de suspensão do funcionamento da Assembleia da República.

2. Requerida a apreciação de um decreto-lei elaborado no uso de autorização legislativa, e no caso de serem apresentadas propostas de alteração, a Assembleia poderá suspender, no todo ou em parte, a vigência do decreto-lei até à publicação da lei que o vier a alterar ou até à rejeição de todas aquelas propostas.

3. A suspensão caduca decorridas dez reuniões plenárias sem que a Assembleia se tenha pronunciado a final.

4. Se for aprovada a cessação da sua vigência, o diploma deixará de vigorar desde o dia em que a resolução for publicada no *Diário da República* e não poderá voltar a ser publicado no decurso da mesma sessão legislativa.

5. Se, requerida a apreciação, a Assembleia não se tiver sobre ela pronunciado ou, havendo deliberado introduzir emendas, não tiver votado a respetiva lei até ao termo da sessão legislativa em curso, desde que decorridas quinze reuniões plenárias, considerar-se-á caduco o processo.

6. Os processos de apreciação parlamentar de decretos-leis gozam de prioridade, nos termos do Regimento.

Artigo 170º – (Processo de urgência)

1. A Assembleia da República pode, por iniciativa de qualquer Deputado ou grupo parlamentar, ou do Governo, declarar a urgência do processamento de qualquer projeto ou proposta de lei ou de resolução.

2. A Assembleia pode ainda, por iniciativa das Assembleias Legislativas das regiões autónomas, declarar a urgência do processamento de qualquer proposta de lei por estas apresentada.

CAPÍTULO III – Organização e funcionamento

Artigo 171º – (Legislatura)

1. A legislatura tem a duração de quatro sessões legislativas.

2. No caso de dissolução, a Assembleia então eleita inicia nova legislatura cuja duração será inicialmente acrescida do tempo necessário para se completar o período correspondente à sessão legislativa em curso à data da eleição.

Artigo 172º – (Dissolução)

1. A Assembleia da República não pode ser dissolvida nos seis meses posteriores à sua eleição, no último semestre do mandato do Presidente da República ou durante a vigência do estado de sítio ou do estado de emergência.

2. A inobservância do disposto no número anterior determina a inexistência jurídica do decreto de dissolução.

3. A dissolução da Assembleia não prejudica a subsistência do mandato dos Deputados, nem da competência da Comissão Permanente, até à primeira reunião da Assembleia após as subsequentes eleições.

Artigo 173º – (Reunião após eleições)

1. A Assembleia da República reúne por direito próprio no terceiro dia posterior ao apuramento dos resultados gerais das eleições ou, tratando-se de eleições por termo de legislatura, se aquele dia recair antes do termo desta, no primeiro dia da legislatura subsequente.

2. Recaindo aquela data fora do período de funcionamento efetivo da Assembleia, esta reunir-se-á para efeito do disposto no artigo 175º.

Artigo 174º – (Sessão legislativa, período de funcionamento e convocação)

1. A sessão legislativa tem a duração de um ano e inicia-se a 15 de setembro.

2. O período normal de funcionamento da Assembleia da República decorre de 15 de setembro a 15 de junho, sem prejuízo das suspensões que a Assembleia deliberar por maioria de dois terços dos Deputados presentes.

3. Fora do período indicado no número anterior, a Assembleia da República pode funcionar por deliberação do Plenário, prorrogando o período normal de funcionamento, por iniciativa da Comissão Permanente ou, na impossibilidade desta e em caso de grave emergência, por iniciativa de mais de metade dos Deputados.

4. A Assembleia pode ainda ser convocada extraordinariamente pelo Presidente da República para se ocupar de assuntos específicos.

5. As comissões podem funcionar independentemente do funcionamento do Plenário da Assembleia, mediante deliberação desta, nos termos do nº 2.

Artigo 175º – (Competência interna da Assembleia)

Compete à Assembleia da República:

a) Elaborar e aprovar o seu Regimento, nos termos da Constituição;

b) Eleger por maioria absoluta dos Deputados em efetividade de funções o seu Presidente e os demais membros da Mesa, sendo os quatro Vice-Presidentes eleitos sob proposta dos quatro maiores grupos parlamentares;

c) Constituir a Comissão Permanente e as restantes comissões.

Artigo 176º – (Ordem do dia das reuniões plenárias)

1. A ordem do dia é fixada pelo Presidente da Assembleia da República, segundo a prioridade das matérias definidas no Regimento, e sem prejuízo do direito de recurso para o Plenário da Assembleia e da competência do Presidente da República prevista no nº 4 do artigo 174º.

2. O Governo e os grupos parlamentares podem solicitar prioridade para assuntos de interesse nacional de resolução urgente.

3. Todos os grupos parlamentares têm direito à determinação da ordem do dia de um certo número de reuniões, segundo critério a estabelecer no Regimento, ressalvando-se sempre a posição dos partidos minoritários ou não representados no Governo.

4. As Assembleias Legislativas das regiões autónomas podem solicitar prioridade para assuntos de interesse regional de resolução urgente.

Artigo 177º – (Participação dos membros do Governo)

1. Os Ministros têm o direito de comparecer às reuniões plenárias da Assembleia da República, podendo ser coadjuvados ou substituídos pelos Secretários de Estado, e uns e outros usar da palavra, nos termos do Regimento.

2. Serão marcadas reuniões em que os membros do Governo estarão presentes para responder a perguntas e pedidos de esclarecimento dos Deputados, as quais se realizarão com a periodicidade mínima fixada no Regimento e em datas a estabelecer por acordo com o Governo.

3. Os membros do Governo podem solicitar a sua participação nos trabalhos das comissões e devem comparecer perante as mesmas quando tal seja requerido.

Artigo 178º – (Comissões)

1. A Assembleia da República tem as comissões previstas no Regimento e pode constituir comissões eventuais de inquérito ou para qualquer outro fim determinado.
2. A composição das comissões corresponde à representatividade dos partidos na Assembleia da República.
3. As petições dirigidas à Assembleia são apreciadas pelas comissões ou por comissão especialmente constituída para o efeito, que poderá ouvir as demais comissões competentes em razão da matéria, em todos os casos podendo ser solicitado o depoimento de quaisquer cidadãos.
4. Sem prejuízo da sua constituição nos termos gerais, as comissões parlamentares de inquérito são obrigatoriamente constituídas sempre que tal seja requerido por um quinto dos Deputados em efetividade de funções, até ao limite de uma por Deputado e por sessão legislativa.
5. As comissões parlamentares de inquérito gozam de poderes de investigação próprios das autoridades judiciais.
6. As presidências das comissões são no conjunto repartidas pelos grupos parlamentares em proporção com o número dos seus Deputados.
7. Nas reuniões das comissões em que se discutam propostas legislativas regionais, podem participar representantes da Assembleia Legislativa da região autónoma proponente, nos termos do Regimento.

Artigo 179º – (Comissão Permanente)

1. Fora do período de funcionamento efetivo da Assembleia da República, durante o período em que ela se encontrar dissolvida, e nos restantes casos previstos na Constituição, funciona a Comissão Permanente da Assembleia da República.
2. A Comissão Permanente é presidida pelo Presidente da Assembleia da República e composta pelos Vice-Presidentes e por Deputados indicados por todos os partidos, de acordo com a respetiva representatividade na Assembleia.
3. Compete à Comissão Permanente:

a) Vigiar pelo cumprimento da Constituição e das leis e acompanhar a atividade do Governo e da Administração;

b) Exercer os poderes da Assembleia relativamente ao mandato dos Deputados;

c) Promover a convocação da Assembleia sempre que tal seja necessário;

d) Preparar a abertura da sessão legislativa;

e) Dar assentimento à ausência do Presidente da República do território nacional;

f) Autorizar o Presidente da República a declarar o estado de sítio ou o estado de emergência, a declarar guerra e a fazer a paz.

4. No caso da alínea *f*) do número anterior, a Comissão Permanente promoverá a convocação da Assembleia no prazo mais curto possível.

Artigo 180º – (Grupos parlamentares)

1. Os Deputados eleitos por cada partido ou coligação de partidos podem constituir-se em grupo parlamentar.

2. Constituem direitos de cada grupo parlamentar:

a) Participar nas comissões da Assembleia em função do número dos seus membros, indicando os seus representantes nelas;

b) Ser ouvido na fixação da ordem do dia e interpor recurso para o Plenário da ordem do dia fixada;

c) Provocar, com a presença do Governo, o debate de questões de interesse público atual e urgente;

d) Provocar, por meio de interpelação ao Governo, a abertura de dois debates em cada sessão legislativa sobre assunto de política geral ou sectorial;

e) Solicitar à Comissão Permanente que promova a convocação da Assembleia;

f) Requerer a constituição de comissões parlamentares de inquérito;

g) Exercer iniciativa legislativa;

h) Apresentar moções de rejeição do programa do Governo;

i) Apresentar moções de censura ao Governo;

j) Ser informado, regular e diretamente, pelo Governo, sobre o andamento dos principais assuntos de interesse público.

3. Cada grupo parlamentar tem direito a dispor de locais de trabalho na sede da Assembleia, bem como de pessoal técnico e administrativo da sua confiança, nos termos que a lei determinar.

4. Aos Deputados não integrados em grupos parlamentares são assegurados direitos e garantias mínimos, nos termos do Regimento.

Artigo 181º – (Funcionários e especialistas ao serviço da Assembleia)

Os trabalhos da Assembleia e os das comissões serão coadjuvados por um corpo permanente de funcionários técnicos e administrativos e por especialistas requisitados ou temporariamente contratados, no número que o Presidente considerar necessário.

TÍTULO IV – Governo

CAPÍTULO I – Função e estrutura

Artigo 182º – (Definição)

O Governo é o órgão de condução da política geral do país e o órgão superior da Administração Pública.

Artigo 183º – (Composição)

1. O Governo é constituído pelo Primeiro-Ministro, pelos Ministros e pelos Secretários e Subsecretários de Estado.
2. O Governo pode incluir um ou mais Vice-Primeiros-Ministros.
3. O número, a designação e as atribuições dos ministérios e secretarias de Estado, bem como as formas de coordenação entre eles, serão determinados, consoante os casos, pelos decretos de nomeação dos respetivos titulares ou por decreto-lei.

Artigo 184º – (Conselho de Ministros)

1. O Conselho de Ministros é constituído pelo Primeiro-Ministro, pelos Vice-Primeiros-Ministros, se os houver, e pelos Ministros.
2. A lei pode criar Conselhos de Ministros especializados em razão da matéria.
3. Podem ser convocados para participar nas reuniões do Conselho de Ministros os Secretários e Subsecretários de Estado.

Artigo 185º – (Substituição de membros do Governo)

1. Não havendo Vice-Primeiro-Ministro, o Primeiro-Ministro é substituído na sua ausência ou no seu impedimento pelo Ministro que indicar ao Presidente da República ou, na falta de tal indicação, pelo Ministro que for designado pelo Presidente da República.
2. Cada Ministro será substituído na sua ausência ou impedimento pelo Secretário de Estado que indicar ao Primeiro-Ministro ou, na falta de tal indicação, pelo membro do Governo que o Primeiro-Ministro designar.

Artigo 186º – (Início e cessação de funções)

1. As funções do Primeiro-Ministro iniciam-se com a sua posse e cessam com a sua exoneração pelo Presidente da República.
2. As funções dos restantes membros do Governo iniciam-se com a sua posse e cessam com a sua exoneração ou com a exoneração do Primeiro-Ministro.
3. As funções dos Secretários e Subsecretários de Estado cessam ainda com a exoneração do respetivo Ministro.

4. Em caso de demissão do Governo, o Primeiro-Ministro do Governo cessante é exonerado na data da nomeação e posse do novo Primeiro-Ministro.

5. Antes da apreciação do seu programa pela Assembleia da República, ou após a sua demissão, o Governo limitar-se-á à prática dos atos estritamente necessários para assegurar a gestão dos negócios públicos.

CAPÍTULO II - Formação e responsabilidade

Artigo 187º - (Formação)

1. O Primeiro-Ministro é nomeado pelo Presidente da República, ouvidos os partidos representados na Assembleia da República e tendo em conta os resultados eleitorais.

2. Os restantes membros do Governo são nomeados pelo Presidente da República, sob proposta do Primeiro-Ministro.

Artigo 188º - (Programa do Governo)

Do programa do Governo constarão as principais orientações políticas e medidas a adotar ou a propor nos diversos domínios da atividade governamental.

Artigo 189º - (Solidariedade governamental)

Os membros do Governo estão vinculados ao programa do Governo e às deliberações tomadas em Conselho de Ministros.

Artigo 190º - (Responsabilidade do Governo)

O Governo é responsável perante o Presidente da República e a Assembleia da República.

Artigo 191º - (Responsabilidade dos membros do Governo)

1. O Primeiro-Ministro é responsável perante o Presidente da República e, no âmbito da responsabilidade política do Governo, perante a Assembleia da República.

2. Os Vice-Primeiros-Ministros e os Ministros são responsáveis perante o Primeiro-Ministro e, no âmbito da responsabilidade política do Governo, perante a Assembleia da República.

3. Os Secretários e Subsecretários de Estado são responsáveis perante o Primeiro-Ministro e o respetivo Ministro.

Artigo 192º – (Apreciação do programa do Governo)

1. O programa do Governo é submetido à apreciação da Assembleia da República, através de uma declaração do Primeiro-Ministro, no prazo máximo de dez dias após a sua nomeação.

2. Se a Assembleia da República não se encontrar em funcionamento efetivo, será obrigatoriamente convocada para o efeito pelo seu Presidente.

3. O debate não pode exceder três dias e até ao seu encerramento pode qualquer grupo parlamentar propor a rejeição do programa ou o Governo solicitar a aprovação de um voto de confiança.

4. A rejeição do programa do Governo exige maioria absoluta dos Deputados em efetividade de funções.

Artigo 193º – (Solicitação de voto de confiança)

O Governo pode solicitar à Assembleia da República a aprovação de um voto de confiança sobre uma declaração de política geral ou sobre qualquer assunto relevante de interesse nacional.

Artigo 194º – (Moções de censura)

1. A Assembleia da República pode votar moções de censura ao Governo sobre a execução do seu programa ou assunto relevante de interesse nacional, por iniciativa de um quarto dos Deputados em efetividade de funções ou de qualquer grupo parlamentar.

2. As moções de censura só podem ser apreciadas quarenta e oito horas após a sua apresentação, em debate de duração não superior a três dias.

3. Se a moção de censura não for aprovada, os seus signatários não podem apresentar outra durante a mesma sessão legislativa.

Artigo 195º – (Demissão do Governo)

1. Implicam a demissão do Governo:

a) O início de nova legislatura;

b) A aceitação pelo Presidente da República do pedido de demissão apresentado pelo Primeiro-Ministro;

c) A morte ou a impossibilidade física duradoura do Primeiro-Ministro;

d) A rejeição do programa do Governo;

e) A não aprovação de uma moção de confiança;

f) A aprovação de uma moção de censura por maioria absoluta dos Deputados em efetividade de funções.

2. O Presidente da República só pode demitir o Governo quando tal se torne necessário para assegurar o regular funcionamento das instituições democráticas, ouvido o Conselho de Estado.

Artigo 196º – (Efetivação da responsabilidade criminal dos membros do Governo)

1. Nenhum membro do Governo pode ser detido ou preso sem autorização da Assembleia da República, salvo por crime doloso a que corresponda pena de prisão cujo limite máximo seja superior a três anos e em flagrante delito.

2. Movido procedimento criminal contra algum membro do Governo, e acusado este definitivamente, a Assembleia da República decidirá se o membro do Governo deve ou não ser suspenso para efeito de seguimento do processo, sendo obrigatória a decisão de suspensão quando se trate de crime do tipo referido no número anterior.

CAPÍTULO III – Competência

Artigo 197º – (Competência política)

1. Compete ao Governo, no exercício de funções políticas:

a) Referendar os atos do Presidente da República, nos termos do artigo 140º;

b) Negociar e ajustar convenções internacionais;

c) Aprovar os acordos internacionais cuja aprovação não seja da competência da Assembleia da República ou que a esta não tenham sido submetidos;

d) Apresentar propostas de lei e de resolução à Assembleia da República;

e) Propor ao Presidente da República a sujeição a referendo de questões de relevante interesse nacional, nos termos do artigo 115º;

f) Pronunciar-se sobre a declaração do estado de sítio ou do estado de emergência;

g) Propor ao Presidente da República a declaração da guerra ou a feitura da paz;

h) Apresentar à Assembleia da República, nos termos da alínea *d*) do artigo 162º, as contas do Estado e das demais entidades públicas que a lei determinar;

i) Apresentar, em tempo útil, à Assembleia da República, para efeitos do disposto na alínea *n*) do artigo 161º e na alínea *f*) do artigo 163º, informação referente ao processo de construção da União Europeia;

j) Praticar os demais atos que lhe sejam cometidos pela Constituição ou pela lei.

2. A aprovação pelo Governo de acordos internacionais reveste a forma de decreto.

Artigo 198º – (Competência legislativa)

1. Compete ao Governo, no exercício de funções legislativas:

a) Fazer decretos-leis em matérias não reservadas à Assembleia da República;

b) Fazer decretos-leis em matérias de reserva relativa da Assembleia da República, mediante autorização desta;

c) Fazer decretos-leis de desenvolvimento dos princípios ou das bases gerais dos regimes jurídicos contidos em leis que a eles se circunscrevam.

2. É da exclusiva competência legislativa do Governo a matéria respeitante à sua própria organização e funcionamento.

3. Os decretos-leis previstos nas alíneas *b*) e *c*) do nº 1 devem invocar expressamente a lei de autorização legislativa ou a lei de bases ao abrigo da qual são aprovados.

Artigo 199º – (Competência administrativa)

Compete ao Governo, no exercício de funções administrativas:

a) Elaborar os planos, com base nas leis das respetivas grandes opções, e fazê-los executar;

b) Fazer executar o Orçamento do Estado;

c) Fazer os regulamentos necessários à boa execução das leis;

d) Dirigir os serviços e a atividade da administração direta do Estado, civil e militar, superintender na administração indireta e exercer a tutela sobre esta e sobre a administração autónoma;

e) Praticar todos os atos exigidos pela lei respeitantes aos funcionários e agentes do Estado e de outras pessoas coletivas públicas;

f) Defender a legalidade democrática;

g) Praticar todos os atos e tomar todas as providências necessárias à promoção do desenvolvimento económico-social e à satisfação das necessidades coletivas.

Artigo 200º – (Competência do Conselho de Ministros)

1. Compete ao Conselho de Ministros:

a) Definir as linhas gerais da política governamental, bem como as da sua execução;

b) Deliberar sobre o pedido de confiança à Assembleia da República;

c) Aprovar as propostas de lei e de resolução;

d) Aprovar os decretos-leis, bem como os acordos internacionais não submetidos à Assembleia da República;

e) Aprovar os planos;

f) Aprovar os atos do Governo que envolvam aumento ou diminuição das receitas ou despesas públicas;

g) Deliberar sobre outros assuntos da competência do Governo que lhe sejam atribuídos por lei ou apresentados pelo Primeiro-Ministro ou por qualquer Ministro.

2. Os Conselhos de Ministros especializados exercem a competência que lhes for atribuída por lei ou delegada pelo Conselho de Ministros.

Artigo 201º – (Competência dos membros do Governo)

1. Compete ao Primeiro-Ministro:

a) Dirigir a política geral do Governo, coordenando e orientando a ação de todos os Ministros;

b) Dirigir o funcionamento do Governo e as suas relações de caráter geral com os demais órgãos do Estado;

c) Informar o Presidente da República acerca dos assuntos respeitantes à condução da política interna e externa do país;

d) Exercer as demais funções que lhe sejam atribuídas pela Constituição e pela lei.

2. Compete aos Ministros:

a) Executar a política definida para os seus Ministérios;

b) Assegurar as relações de caráter geral entre o Governo e os demais órgãos do Estado, no âmbito dos respetivos Ministérios.

3. Os decretos-leis e os demais decretos do Governo são assinados pelo Primeiro-Ministro e pelos Ministros competentes em razão da matéria.

TÍTULO V – Tribunais

CAPÍTULO I – Princípios gerais

Artigo 202º – (Função jurisdicional)

1. Os tribunais são os órgãos de soberania com competência para administrar a justiça em nome do povo.

2. Na administração da justiça incumbe aos tribunais assegurar a defesa dos direitos e interesses legalmente protegidos dos cidadãos, reprimir a violação da legalidade democrática e dirimir os conflitos de interesses públicos e privados.

3. No exercício das suas funções os tribunais têm direito à coadjuvação das outras autoridades.

4. A lei poderá institucionalizar instrumentos e formas de composição não jurisdicional de conflitos.

Artigo 203º – (Independência)

Os tribunais são independentes e apenas estão sujeitos à lei.

Artigo 204º – (Apreciação da inconstitucionalidade)

Nos feitos submetidos a julgamento não podem os tribunais aplicar normas que infrinjam o disposto na Constituição ou os princípios nela consignados.

Artigo 205º – (Decisões dos tribunais)

1. As decisões dos tribunais que não sejam de mero expediente são fundamentadas na forma prevista na lei.
2. As decisões dos tribunais são obrigatórias para todas as entidades públicas e privadas e prevalecem sobre as de quaisquer outras autoridades.
3. A lei regula os termos da execução das decisões dos tribunais relativamente a qualquer autoridade e determina as sanções a aplicar aos responsáveis pela sua inexecução.

Artigo 206º – (Audiências dos tribunais)

As audiências dos tribunais são públicas, salvo quando o próprio tribunal decidir o contrário, em despacho fundamentado, para salvaguarda da dignidade das pessoas e da moral pública ou para garantir o seu normal funcionamento.

Artigo 207º – (Júri, participação popular e assessoria técnica)

1. O júri, nos casos e com a composição que a lei fixar, intervém no julgamento dos crimes graves, salvo os de terrorismo e os de criminalidade altamente organizada, designadamente quando a acusação ou a defesa o requeiram.
2. A lei poderá estabelecer a intervenção de juízes sociais no julgamento de questões de trabalho, de infrações contra a saúde pública, de pequenos delitos, de execução de penas ou outras em que se justifique uma especial ponderação dos valores sociais ofendidos.
3. A lei poderá estabelecer ainda a participação de assessores tecnicamente qualificados para o julgamento de determinadas matérias.

Artigo 208º – (Patrocínio forense)

A lei assegura aos advogados as imunidades necessárias ao exercício do mandato e regula o patrocínio forense como elemento essencial à administração da justiça.

CAPÍTULO II – Organização dos tribunais

Artigo 209º – (Categorias de tribunais)

1. Além do Tribunal Constitucional, existem as seguintes categorias de tribunais:

a) O Supremo Tribunal de Justiça e os tribunais judiciais de primeira e de segunda instância;

b) O Supremo Tribunal Administrativo e os demais tribunais administrativos e fiscais;

c) O Tribunal de Contas.

2. Podem existir tribunais marítimos, tribunais arbitrais e julgados de paz.

3. A lei determina os casos e as formas em que os tribunais previstos nos números anteriores se podem constituir, separada ou conjuntamente, em tribunais de conflitos.

4. Sem prejuízo do disposto quanto aos tribunais militares, é proibida a existência de tribunais com competência exclusiva para o julgamento de certas categorias de crimes.

Artigo 210º – (Supremo Tribunal de Justiça e instâncias)

1. O Supremo Tribunal de Justiça é o órgão superior da hierarquia dos tribunais judiciais, sem prejuízo da competência própria do Tribunal Constitucional.

2. O Presidente do Supremo Tribunal de Justiça é eleito pelos respetivos juízes.

3. Os tribunais de primeira instância são, em regra, os tribunais de comarca, aos quais se equiparam os referidos no nº 2 do artigo seguinte.

4. Os tribunais de segunda instância são, em regra, os tribunais da Relação.

5. O Supremo Tribunal de Justiça funcionará como tribunal de instância nos casos que a lei determinar.

Artigo 211º – (Competência e especialização dos tribunais judiciais)

1. Os tribunais judiciais são os tribunais comuns em matéria cível e criminal e exercem jurisdição em todas as áreas não atribuídas a outras ordens judiciais.

2. Na primeira instância pode haver tribunais com competência específica e tribunais especializados para o julgamento de matérias determinadas.

3. Da composição dos tribunais de qualquer instância que julguem crimes de natureza estritamente militar fazem parte um ou mais juízes militares, nos termos da lei.

4. Os tribunais da Relação e o Supremo Tribunal de Justiça podem funcionar em secções especializadas.

Artigo 212º – (Tribunais administrativos e fiscais)

1. O Supremo Tribunal Administrativo é o órgão superior da hierarquia dos tribunais administrativos e fiscais, sem prejuízo da competência própria do Tribunal Constitucional.

2. O Presidente do Supremo Tribunal Administrativo é eleito de entre e pelos respetivos juízes.

3. Compete aos tribunais administrativos e fiscais o julgamento das ações e recursos contenciosos que tenham por objeto dirimir os litígios emergentes das relações jurídicas administrativas e fiscais.

Artigo 213º – (Tribunais militares)

Durante a vigência do estado de guerra serão constituídos tribunais militares com competência para o julgamento de crimes de natureza estritamente militar.

Artigo 214º – (Tribunal de Contas)

1. O Tribunal de Contas é o órgão supremo de fiscalização da legalidade das despesas públicas e de julgamento das contas que a lei mandar submeter-lhe, competindo-lhe, nomeadamente:

a) Dar parecer sobre a Conta Geral do Estado, incluindo a da segurança social;

b) Dar parecer sobre as contas das Regiões Autónomas dos Açores e da Madeira;

c) Efetivar a responsabilidade por infrações financeiras, nos termos da lei;

d) Exercer as demais competências que lhe forem atribuídas por lei.

2. O mandato do Presidente do Tribunal de Contas tem a duração de quatro anos, sem prejuízo do disposto na alínea *m*) do artigo 133º.

3. O Tribunal de Contas pode funcionar descentralizadamente, por secções regionais, nos termos da lei.

4. Nas Regiões Autónomas dos Açores e da Madeira há secções do Tribunal de Contas com competência plena em razão da matéria na respetiva região, nos termos da lei.

CAPÍTULO III – Estatuto dos juízes

Artigo 215º – (Magistratura dos tribunais judiciais)

1. Os juízes dos tribunais judiciais formam um corpo único e regem-se por um só estatuto.

2. A lei determina os requisitos e as regras de recrutamento dos juízes dos tribunais judiciais de primeira instância.

3. O recrutamento dos juízes dos tribunais judiciais de segunda instância faz-se com prevalência do critério do mérito, por concurso curricular entre juízes da primeira instância.

4. O acesso ao Supremo Tribunal de Justiça faz-se por concurso curricular aberto aos magistrados judiciais e do Ministério Público e a outros juristas de mérito, nos termos que a lei determinar.

Artigo 216º – (Garantias e incompatibilidades)

1. Os juízes são inamovíveis, não podendo ser transferidos, suspensos, aposentados ou demitidos senão nos casos previstos na lei.

2. Os juízes não podem ser responsabilizados pelas suas decisões, salvas as exceções consignadas na lei.

3. Os juízes em exercício não podem desempenhar qualquer outra função pública ou privada, salvo as funções docentes ou de investigação científica de natureza jurídica, não remuneradas, nos termos da lei.

4. Os juízes em exercício não podem ser nomeados para comissões de serviço estranhas à atividade dos tribunais sem autorização do conselho superior competente.

5. A lei pode estabelecer outras incompatibilidades com o exercício da função de juiz.

Artigo 217º – (Nomeação, colocação, transferência e promoção de juízes)

1. A nomeação, a colocação, a transferência e a promoção dos juízes dos tribunais judiciais e o exercício da ação disciplinar competem ao Conselho Superior da Magistratura, nos termos da lei.

2. A nomeação, a colocação, a transferência e a promoção dos juízes dos tribunais administrativos e fiscais, bem como o exercício da ação disciplinar, competem ao respetivo conselho superior, nos termos da lei.

3. A lei define as regras e determina a competência para a colocação, transferência e promoção, bem como para o exercício da ação disciplinar em relação aos juízes dos restantes tribunais, com salvaguarda das garantias previstas na Constituição.

Artigo 218º – (Conselho Superior da Magistratura)

1. O Conselho Superior da Magistratura é presidido pelo Presidente do Supremo Tribunal de Justiça e composto pelos seguintes vogais:

a) Dois designados pelo Presidente da República;

b) Sete eleitos pela Assembleia da República;

c) Sete juízes eleitos pelos seus pares, de harmonia com o princípio da representação proporcional.

2. As regras sobre garantias dos juízes são aplicáveis a todos os vogais do Conselho Superior da Magistratura.

3. A lei poderá prever que do Conselho Superior da Magistratura façam parte funcionários de justiça, eleitos pelos seus pares, com intervenção restrita à discussão e votação das matérias relativas à apreciação do mérito profissional e ao exercício da função disciplinar sobre os funcionários de justiça.

CAPÍTULO IV – Ministério Público

Artigo 219º – (Funções e estatuto)

1. Ao Ministério Público compete representar o Estado e defender os interesses que a lei determinar, bem como, com observância do disposto no número seguinte e nos termos da lei, participar na execução da política criminal definida pelos órgãos de soberania, exercer a ação penal orientada pelo princípio da legalidade e defender a legalidade democrática.

2. O Ministério Público goza de estatuto próprio e de autonomia, nos termos da lei.

3. A lei estabelece formas especiais de assessoria junto do Ministério Público nos casos dos crimes estritamente militares.

4. Os agentes do Ministério Público são magistrados responsáveis, hierarquicamente subordinados, e não podem ser transferidos, suspensos, aposentados ou demitidos senão nos casos previstos na lei.

5. A nomeação, colocação, transferência e promoção dos agentes do Ministério Público e o exercício da ação disciplinar competem à Procuradoria-Geral da República.

Artigo 220º – (Procuradoria-Geral da República)

1. A Procuradoria-Geral da República é o órgão superior do Ministério Público, com a composição e a competência definidas na lei.

2. A Procuradoria-Geral da República é presidida pelo Procurador-Geral da República e compreende o Conselho Superior do Ministério Público, que inclui membros eleitos pela Assembleia da República e membros de entre si eleitos pelos magistrados do Ministério Público.

3. O mandato do Procurador-Geral da República tem a duração de seis anos, sem prejuízo do disposto na alínea *m*) do artigo 133º.

TÍTULO VI – Tribunal Constitucional

Artigo 221º – (Definição)

O Tribunal Constitucional é o tribunal ao qual compete especificamente administrar a justiça em matérias de natureza jurídico-constitucional.

Artigo 222º – (Composição e estatuto dos juízes)

1. O Tribunal Constitucional é composto por treze juízes, sendo dez designados pela Assembleia da República e três cooptados por estes.

2. Seis de entre os juízes designados pela Assembleia da República ou cooptados são obrigatoriamente escolhidos de entre juízes dos restantes tribunais e os demais de entre juristas.

3. O mandato dos juízes do Tribunal Constitucional tem a duração de nove anos e não é renovável.

4. O Presidente do Tribunal Constitucional é eleito pelos respetivos juízes.

5. Os juízes do Tribunal Constitucional gozam das garantias de independência, inamovibilidade, imparcialidade e irresponsabilidade e estão sujeitos às incompatibilidades dos juízes dos restantes tribunais.

6. A lei estabelece as imunidades e as demais regras relativas ao estatuto dos juízes do Tribunal Constitucional.

Artigo 223º – (Competência)

1. Compete ao Tribunal Constitucional apreciar a inconstitucionalidade e a ilegalidade, nos termos dos artigos 277º e seguintes.

2. Compete também ao Tribunal Constitucional:

a) Verificar a morte e declarar a impossibilidade física permanente do Presidente da República, bem como verificar os impedimentos temporários do exercício das suas funções;

b) Verificar a perda do cargo de Presidente da República, nos casos previstos no nº 3 do artigo 129º e no nº 3 do artigo 130º;

c) Julgar em última instância a regularidade e a validade dos atos de processo eleitoral, nos termos da lei;

d) Verificar a morte e declarar a incapacidade para o exercício da função presidencial de qualquer candidato a Presidente da República, para efeitos do disposto no nº 3 do artigo 124º;

e) Verificar a legalidade da constituição de partidos políticos e suas coligações, bem como apreciar a legalidade das suas denominações, siglas e símbolos, e ordenar a respetiva extinção, nos termos da Constituição e da lei;

f) Verificar previamente a constitucionalidade e a legalidade dos referendos nacionais, regionais e locais, incluindo a apreciação dos requisitos relativos ao respetivo universo eleitoral;

g) Julgar, a requerimento dos Deputados, nos termos da lei, os recursos relativos à perda do mandato e às eleições realizadas na Assembleia da República e nas Assembleias Legislativas das Regiões Autónomas;

h) Julgar as ações de impugnação de eleições e deliberações de órgãos de partidos políticos que, nos termos da lei, sejam recorríveis.

3. Compete ainda ao Tribunal Constitucional exercer as demais funções que lhe sejam atribuídas pela Constituição e pela lei.

Artigo 224º – (Organização e funcionamento)

1. A lei estabelece as regras relativas à sede, à organização e ao funcionamento do Tribunal Constitucional.

2. A lei pode determinar o funcionamento do Tribunal Constitucional por secções, salvo para efeito da fiscalização abstrata da constitucionalidade e da legalidade.

3. A lei regula o recurso para o pleno do Tribunal Constitucional das decisões contraditórias das secções no domínio de aplicação da mesma norma.

TÍTULO VII – Regiões Autónomas

Artigo 225º – (Regime político-administrativo dos Açores e da Madeira)

1. O regime político-administrativo próprio dos arquipélagos dos Açores e da Madeira fundamenta-se nas suas características geográficas, económicas, sociais e culturais e nas históricas aspirações autonomistas das populações insulares.

2. A autonomia das regiões visa a participação democrática dos cidadãos, o desenvolvimento económico-social e a promoção e defesa dos interesses regionais, bem como o reforço da unidade nacional e dos laços de solidariedade entre todos os portugueses.

3. A autonomia político-administrativa regional não afeta a integridade da soberania do Estado e exerce-se no quadro da Constituição.

Artigo 226º – (Estatutos e leis eleitorais)

1. Os projetos de estatutos político-administrativos e de leis relativas à eleição dos deputados às Assembleias Legislativas das Regiões Autónomas são elaborados por estas e enviados para discussão e aprovação à Assembleia da República.

2. Se a Assembleia da República rejeitar o projeto ou lhe introduzir alterações, remetê-lo-á à respetiva Assembleia Legislativa para apreciação e emissão de parecer.

3. Elaborado o parecer, a Assembleia da República procede à discussão e deliberação final.

4. O regime previsto nos números anteriores é aplicável às alterações dos estatutos político-administrativos e das leis relativas à eleição dos deputados às Assembleias Legislativas das Regiões Autónomas.

Artigo 227º – (Poderes das regiões autónomas)

1. As Regiões Autónomas são pessoas coletivas territoriais e têm os seguintes poderes, a definir nos respetivos estatutos:

a) Legislar no âmbito regional em matérias enunciadas no respetivo estatuto político-administrativo e que não estejam reservadas aos órgãos de soberania;

b) Legislar em matérias de reserva relativa da Assembleia da República, mediante autorização desta, com exceção das previstas nas alíneas *a*) a *c*), na primeira parte da alínea *d*), nas alíneas *f*) e *i*), na segunda parte da alínea *m*) e nas alíneas *o*), *p*), *q*), *s*), *t*), *v*), *x*) e *aa*) do nº 1 do artigo 165º;

c) Desenvolver para o âmbito regional os princípios ou as bases gerais dos regimes jurídicos contidos em lei que a eles se circunscrevam;

d) Regulamentar a legislação regional e as leis emanadas dos órgãos de soberania que não reservem para estes o respetivo poder regulamentar;

e) Exercer a iniciativa estatutária, bem como a iniciativa legislativa em matéria relativa à eleição dos deputados às respetivas Assembleias Legislativas, nos termos do artigo 226º;

f) Exercer a iniciativa legislativa, nos termos do nº 1 do artigo 167º, mediante a apresentação à Assembleia da República de propostas de lei e respetivas propostas de alteração;

g) Exercer poder executivo próprio;

h) Administrar e dispor do seu património e celebrar os atos e contratos em que tenham interesse;

i) Exercer poder tributário próprio, nos termos da lei, bem como adaptar o sistema fiscal nacional às especificidades regionais, nos termos de lei-quadro da Assembleia da República;

j) Dispor, nos termos dos estatutos e da lei de finanças das Regiões Autónomas, das receitas fiscais nelas cobradas ou geradas, bem como de uma participação nas receitas tributárias do Estado, estabelecida de acordo com um princípio que assegure a efetiva solidariedade nacional, e de outras receitas que lhes sejam atribuídas e afetá-las às suas despesas;

l) Criar e extinguir autarquias locais, bem como modificar a respetiva área, nos termos da lei;

m) Exercer poder de tutela sobre as autarquias locais;

n) Elevar povoações à categoria de vilas ou cidades;

o) Superintender nos serviços, institutos públicos e empresas públicas e nacionalizadas que exerçam a sua atividade exclusiva ou predominantemente na Região, e noutros casos em que o interesse regional o justifique;

p) Aprovar o plano de desenvolvimento económico e social, o orçamento regional e as contas da Região e participar na elaboração dos planos nacionais;

q) Definir atos ilícitos de mera ordenação social e respetivas sanções, sem prejuízo do disposto na alínea *d*) do nº 1 do artigo 165º;

r) Participar na definição e execução das políticas fiscal, monetária, financeira e cambial, de modo a assegurar o controlo regional dos meios de pagamento em circulação e o financiamento dos investimentos necessários ao seu desenvolvimento económico-social;

s) Participar na definição das políticas respeitantes às águas territoriais, à zona económica exclusiva e aos fundos marinhos contíguos;

t) Participar nas negociações de tratados e acordos internacionais que diretamente lhes digam respeito, bem como nos benefícios deles decorrentes;

u) Estabelecer cooperação com outras entidades regionais estrangeiras e participar em organizações que tenham por objeto fomentar o diálogo e a cooperação inter-regional, de acordo com as orientações definidas pelos órgãos de soberania com competência em matéria de política externa;

v) Pronunciar-se, por sua iniciativa ou sob consulta dos órgãos de soberania, sobre as questões da competência destes que lhes digam respeito, bem como, em matérias do seu interesse específico, na definição das posições do Estado Português no âmbito do processo de construção europeia;

x) Participar no processo de construção europeia, mediante representação nas respetivas instituições regionais e nas delegações envolvidas em processos de decisão da União Europeia, quando estejam em causa matérias que lhes digam respeito, bem como transpor atos jurídicos da União, nos termos do artigo 112º.

2. As propostas de lei de autorização devem ser acompanhadas do anteprojeto do decreto legislativo regional a autorizar, aplicando-se às correspondentes leis de autorização o disposto nos nºs 2 e 3 do artigo 165º.

3. As autorizações referidas no número anterior caducam com o termo da legislatura ou a dissolução, quer da Assembleia da República, quer da Assembleia Legislativa a que tiverem sido concedidas.

4. Os decretos legislativos regionais previstos nas alíneas *b*) e *c*) do nº 1 devem invocar expressamente as respetivas leis de autorização ou leis de bases, sendo aplicável aos primeiros o disposto no artigo 169º, com as necessárias adaptações.

Artigo 228º – (Autonomia legislativa)

1. A autonomia legislativa das Regiões Autónomas incide sobre as matérias enunciadas no respetivo estatuto político-administrativo que não estejam reservadas aos órgãos de soberania.

2. Na falta de legislação regional própria sobre matéria não reservada à competência dos órgãos de soberania, aplicam-se nas Regiões Autónomas as normas legais em vigor.

Artigo 229º – (Cooperação dos órgãos de soberania e dos órgãos regionais)

1. Os órgãos de soberania asseguram, em cooperação com os órgãos de governo próprio, o desenvolvimento económico e social das Regiões Autó-

nomas, visando, em especial, a correção das desigualdades derivadas da insularidade.

2. Os órgãos de soberania ouvirão sempre, relativamente às questões da sua competência respeitantes às Regiões Autónomas, os órgãos de governo regional.

3. As relações financeiras entre a República e as Regiões Autónomas são reguladas através da lei prevista na alínea *t*) do artigo 164º.

4. O Governo da República e os Governos Regionais podem acordar outras formas de cooperação envolvendo, nomeadamente, atos de delegação de competências, estabelecendo-se em cada caso a correspondente transferência de meios financeiros e os mecanismos de fiscalização aplicáveis.

Artigo 230º – (Representante da República)

1. Para cada uma das regiões autónomas há um Representante da República, nomeado e exonerado pelo Presidente da República, ouvido o Governo.

2. Salvo o caso de exoneração, o mandato do Representante da República tem a duração do mandato do Presidente da República e termina com a posse do novo Representante da República.

3. Em caso de vagatura do cargo, bem como nas suas ausências e impedimentos, o Representante da República é substituído pelo presidente da Assembleia Legislativa.

Artigo 231º – (Órgãos de governo próprio das Regiões Autónomas)

1. São órgãos de governo próprio de cada Região Autónoma a Assembleia Legislativa e o Governo Regional.

2. A Assembleia Legislativa é eleita por sufrágio universal, direto e secreto, de harmonia com o princípio da representação proporcional.

3. O Governo Regional é politicamente responsável perante a Assembleia Legislativa da Região Autónoma e o seu presidente é nomeado pelo Representante da República, tendo em conta os resultados eleitorais.

4. O Representante da República nomeia e exonera os restantes membros do Governo Regional, sob proposta do respetivo presidente.

5. O Governo Regional toma posse perante a Assembleia Legislativa da Região Autónoma.

6. É da exclusiva competência do Governo Regional a matéria respeitante à sua própria organização e funcionamento.

7. O estatuto dos titulares dos órgãos de governo próprio das Regiões Autónomas é definido nos respetivos estatutos político-administrativos.

Artigo 232º – (Competência da Assembleia Legislativa da Região Autónoma)

1. É da exclusiva competência da Assembleia Legislativa da Região Autónoma o exercício das atribuições referidas nas alíneas *a*), *b*) e *c*), na segunda parte

da alínea *d*), na alínea *f*), na primeira parte da alínea *i*) e nas alíneas *l*), *n*) e *q*) do nº 1 do artigo 227º, bem como a aprovação do orçamento regional, do plano de desenvolvimento económico e social e das contas da região e ainda a adaptação do sistema fiscal nacional às especificidades da Região.

2. Compete à Assembleia Legislativa da Região Autónoma apresentar propostas de referendo regional, através do qual os cidadãos eleitores recenseados no respetivo território possam, por decisão do Presidente da República, ser chamados a pronunciar-se diretamente, a título vinculativo, acerca de questões de relevante interesse específico regional, aplicando-se, com as necessárias adaptações, o disposto no artigo 115º.

3. Compete à Assembleia Legislativa da Região Autónoma elaborar e aprovar o seu regimento, nos termos da Constituição e do respetivo estatuto político-administrativo.

4. Aplica-se à Assembleia Legislativa da Região Autónoma e respetivos grupos parlamentares, com as necessárias adaptações, o disposto na alínea *c*) do artigo 175º, nos nºs 1 a 6 do artigo 178º e no artigo 179º, com exceção do disposto nas alíneas *e*) e *f*) do nº 3 e no nº 4, bem como no artigo 180º.

Artigo 233º – (Assinatura e veto do Representante da República)

1. Compete ao Representante da República assinar e mandar publicar os decretos legislativos regionais e os decretos regulamentares regionais.

2. No prazo de quinze dias, contados da receção de qualquer decreto da Assembleia Legislativa da Região Autónoma que lhe haja sido enviado para assinatura, ou da publicação da decisão do Tribunal Constitucional que não se pronuncie pela inconstitucionalidade de norma dele constante, deve o Representante da República assiná-lo ou exercer o direito de veto, solicitando nova apreciação do diploma em mensagem fundamentada.

3. Se a Assembleia Legislativa da Região Autónoma confirmar o voto por maioria absoluta dos seus membros em efetividade de funções, o Representante da República deverá assinar o diploma no prazo de oito dias a contar da sua receção.

4. No prazo de vinte dias, contados da receção de qualquer decreto do Governo Regional que lhe tenha sido enviado para assinatura, deve o Representante da República assiná-lo ou recusar a assinatura, comunicando por escrito o sentido dessa recusa ao Governo Regional, o qual poderá converter o decreto em proposta a apresentar à Assembleia Legislativa da Região Autónoma.

5. O Representante da República exerce ainda o direito de veto, nos termos dos artigos 278º e 279º.

Artigo 234º – (Dissolução e demissão dos órgãos de governo próprio)

1. As Assembleias Legislativas das Regiões Autónomas podem ser dissolvidas pelo Presidente da República, ouvidos o Conselho de Estado e os partidos nelas representados.
2. A dissolução da Assembleia Legislativa da Região Autónoma acarreta a demissão do Governo Regional, que fica limitado à prática dos atos estritamente necessários para assegurar a gestão dos negócios públicos, até à tomada de posse do novo Governo após a realização de eleições.
3. A dissolução da Assembleia Legislativa da Região Autónoma não prejudica a subsistência do mandato dos deputados, nem da competência da Comissão Permanente, até à primeira reunião da Assembleia após as subsequentes eleições.

TÍTULO VIII – Poder Local

CAPÍTULO I – Princípios gerais

Artigo 235º – (Autarquias locais)

1. A organização democrática do Estado compreende a existência de autarquias locais.
2. As autarquias locais são pessoas coletivas territoriais dotadas de órgãos representativos, que visam a prossecução de interesses próprios das populações respetivas.

Artigo 236º – (Categorias de autarquias locais e divisão administrativa)

1. No continente, as autarquias locais são as freguesias, os municípios e as regiões administrativas.
2. As Regiões Autónomas dos Açores e da Madeira compreendem freguesias e municípios.
3. Nas grandes áreas urbanas e nas ilhas, a lei poderá estabelecer, de acordo com as suas condições específicas, outras formas de organização territorial autárquica.
4. A divisão administrativa do território será estabelecida por lei.

Artigo 237º – (Descentralização administrativa)

1. As atribuições e a organização das autarquias locais, bem como a competência dos seus órgãos, serão reguladas por lei, de harmonia com o princípio da descentralização administrativa.
2. Compete à assembleia da autarquia local o exercício dos poderes atribuídos pela lei, incluindo aprovar as opções do plano e o orçamento.

3. As polícias municipais cooperam na manutenção da tranquilidade pública e na proteção das comunidades locais.

Artigo 238º – (Património e finanças locais)

1. As autarquias locais têm património e finanças próprios.

2. O regime das finanças locais será estabelecido por lei e visará a justa repartição dos recursos públicos pelo Estado e pelas autarquias e a necessária correção de desigualdades entre autarquias do mesmo grau.

3. As receitas próprias das autarquias locais incluem obrigatoriamente as provenientes da gestão do seu património e as cobradas pela utilização dos seus serviços.

4. As autarquias locais podem dispor de poderes tributários, nos casos e nos termos previstos na lei.

Artigo 239º – (Órgãos deliberativos e executivos)

1. A organização das autarquias locais compreende uma assembleia eleita dotada de poderes deliberativos e um órgão executivo colegial perante ela responsável.

2. A assembleia é eleita por sufrágio universal, direto e secreto dos cidadãos recenseados na área da respetiva autarquia, segundo o sistema da representação proporcional.

3. O órgão executivo colegial é constituído por um número adequado de membros, sendo designado presidente o primeiro candidato da lista mais votada para a assembleia ou para o executivo, de acordo com a solução adotada na lei, a qual regulará também o processo eleitoral, os requisitos da sua constituição e destituição e o seu funcionamento.

4. As candidaturas para as eleições dos órgãos das autarquias locais podem ser apresentadas por partidos políticos, isoladamente ou em coligação, ou por grupos de cidadãos eleitores, nos termos da lei.

Artigo 240º – (Referendo local)

1. As autarquias locais podem submeter a referendo dos respetivos cidadãos eleitores matérias incluídas nas competências dos seus órgãos, nos casos, nos termos e com a eficácia que a lei estabelecer.

2. A lei pode atribuir a cidadãos eleitores o direito de iniciativa de referendo.

Artigo 241º – (Poder regulamentar)

As autarquias locais dispõem de poder regulamentar próprio nos limites da Constituição, das leis e dos regulamentos emanados das autarquias de grau superior ou das autoridades com poder tutelar.

Artigo 242º - (Tutela administrativa)

1. A tutela administrativa sobre as autarquias locais consiste na verificação do cumprimento da lei por parte dos órgãos autárquicos e é exercida nos casos e segundo as formas previstas na lei.

2. As medidas tutelares restritivas da autonomia local são precedidas de parecer de um órgão autárquico, nos termos a definir por lei.

3. A dissolução de órgãos autárquicos só pode ter por causa ações ou omissões ilegais graves.

Artigo 243º - (Pessoal das autarquias locais)

1. As autarquias locais possuem quadros de pessoal próprio, nos termos da lei.

2. É aplicável aos funcionários e agentes da administração local o regime dos funcionários e agentes do Estado, com as adaptações necessárias, nos termos da lei.

3. A lei define as formas de apoio técnico e em meios humanos do Estado às autarquias locais, sem prejuízo da sua autonomia.

CAPÍTULO II - Freguesia

Artigo 244º - (Órgãos da freguesia)

Os órgãos representativos da freguesia são a assembleia de freguesia e a junta de freguesia.

Artigo 245º - (Assembleia de freguesia)

1. A assembleia de freguesia é o órgão deliberativo da freguesia.

2. A lei pode determinar que nas freguesias de população diminuta a assembleia de freguesia seja substituída pelo plenário dos cidadãos eleitores.

Artigo 246º - (Junta de freguesia)

A junta de freguesia é o órgão executivo colegial da freguesia.

Artigo 247º - (Associação)

As freguesias podem constituir, nos termos da lei, associações para administração de interesses comuns.

Artigo 248º - (Delegação de tarefas)

A assembleia de freguesia pode delegar nas organizações de moradores tarefas administrativas que não envolvam o exercício de poderes de autoridade.

CAPÍTULO III - Município

Artigo 249º - (Modificação dos municípios)

A criação ou a extinção de municípios, bem como a alteração da respetiva área, é efetuada por lei, precedendo consulta dos órgãos das autarquias abrangidas.

Artigo 250º - (Órgãos do município)

Os órgãos representativos do município são a assembleia municipal e a câmara municipal.

Artigo 251º - (Assembleia municipal)

A assembleia municipal é o órgão deliberativo do município e é constituída por membros eleitos diretamente em número superior ao dos presidentes de junta de freguesia, que a integram.

Artigo 252º - (Câmara municipal)

A câmara municipal é o órgão executivo colegial do município.

Artigo 253º - (Associação e federação)

Os municípios podem constituir associações e federações para a administração de interesses comuns, às quais a lei pode conferir atribuições e competências próprias.

Artigo 254º - (Participação nas receitas dos impostos diretos)

1. Os municípios participam, por direito próprio e nos termos definidos pela lei, nas receitas provenientes dos impostos diretos.
2. Os municípios dispõem de receitas tributárias próprias, nos termos da lei.

CAPÍTULO IV - Região Administrativa

Artigo 255º - (Criação legal)

As regiões administrativas são criadas simultaneamente, por lei, a qual define os respetivos poderes, a composição, a competência e o funcionamento dos seus órgãos, podendo estabelecer diferenciações quanto ao regime aplicável a cada uma.

Artigo 256º - (Instituição em concreto)

1. A instituição em concreto das regiões administrativas, com aprovação da lei de instituição de cada uma delas, depende da lei prevista no artigo ante-

rior e do voto favorável expresso pela maioria dos cidadãos eleitores que se tenham pronunciado em consulta direta, de alcance nacional e relativa a cada área regional.

2. Quando a maioria dos cidadãos eleitores participantes não se pronunciar favoravelmente em relação a pergunta de alcance nacional sobre a instituição em concreto das regiões administrativas, as respostas a perguntas que tenham tido lugar relativas a cada região criada na lei não produzirão efeitos.

3. As consultas aos cidadãos eleitores previstas nos números anteriores terão lugar nas condições e nos termos estabelecidos em lei orgânica, por decisão do Presidente da República, mediante proposta da Assembleia da República, aplicando-se, com as devidas adaptações, o regime decorrente do artigo 115º.

Artigo 257º - (Atribuições)

Às regiões administrativas são conferidas, designadamente, a direção de serviços públicos e tarefas de coordenação e apoio à ação dos municípios no respeito da autonomia destes e sem limitação dos respetivos poderes.

Artigo 258º - (Planeamento)

As regiões administrativas elaboram planos regionais e participam na elaboração dos planos nacionais.

Artigo 259º - (Órgãos da região)

Os órgãos representativos da região administrativa são a assembleia regional e a junta regional.

Artigo 260º - (Assembleia regional)

A assembleia regional é o órgão deliberativo da região e é constituída por membros eleitos diretamente e por membros, em número inferior ao daqueles, eleitos pelo sistema da representação proporcional e o método da média mais alta de *Hondt*, pelo colégio eleitoral formado pelos membros das assembleias municipais da mesma área designados por eleição direta.

Artigo 261º - (Junta regional)

A junta regional é o órgão executivo colegial da região.

Artigo 262º - (Representante do Governo)

Junto de cada região pode haver um representante do Governo, nomeado em Conselho de Ministros, cuja competência se exerce igualmente junto das autarquias existentes na área respetiva.

CAPÍTULO V – Organizações de moradores

Artigo 263º – (Constituição e área)

1. A fim de intensificar a participação das populações na vida administrativa local, podem ser constituídas organizações de moradores residentes em área inferior à da respetiva freguesia.

2. A assembleia de freguesia, por sua iniciativa ou a requerimento de comissões de moradores ou de um número significativo de moradores, demarcará as áreas territoriais das organizações referidas no número anterior, solucionando os eventuais conflitos daí resultantes.

Artigo 264º – (Estrutura)

1. A estrutura das organizações de moradores é fixada por lei e compreende a assembleia de moradores e a comissão de moradores.

2. A assembleia de moradores é composta pelos residentes inscritos no recenseamento da freguesia.

3. A comissão de moradores é eleita, por escrutínio secreto, pela assembleia de moradores e por ela livremente destituída.

Artigo 265º – (Direitos e competência)

1. As organizações de moradores têm direito:

a) De petição perante as autarquias locais relativamente a assuntos administrativos de interesse dos moradores;

b) De participação, sem voto, através de representantes seus, na assembleia de freguesia.

2. Às organizações de moradores compete realizar as tarefas que a lei lhes confiar ou os órgãos da respetiva freguesia nelas delegarem.

TÍTULO IX – Administração Pública

Artigo 266º – (Princípios fundamentais)

1. A Administração Pública visa a prossecução do interesse público, no respeito pelos direitos e interesses legalmente protegidos dos cidadãos.

2. Os órgãos e agentes administrativos estão subordinados à Constituição e à lei e devem atuar, no exercício das suas funções, com respeito pelos princípios da igualdade, da proporcionalidade, da justiça, da imparcialidade e da boa-fé.

Artigo 267º - (Estrutura da Administração)

1. A Administração Pública será estruturada de modo a evitar a burocratização, a aproximar os serviços das populações e a assegurar a participação dos interessados na sua gestão efetiva, designadamente por intermédio de associações públicas, organizações de moradores e outras formas de representação democrática.

2. Para efeito do disposto no número anterior, a lei estabelecerá adequadas formas de descentralização e desconcentração administrativas, sem prejuízo da necessária eficácia e unidade de ação da Administração e dos poderes de direção, superintendência e tutela dos órgãos competentes.

3. A lei pode criar entidades administrativas independentes.

4. As associações públicas só podem ser constituídas para a satisfação de necessidades específicas, não podem exercer funções próprias das associações sindicais e têm organização interna baseada no respeito dos direitos dos seus membros e na formação democrática dos seus órgãos.

5. O processamento da atividade administrativa será objeto de lei especial, que assegurará a racionalização dos meios a utilizar pelos serviços e a participação dos cidadãos na formação das decisões ou deliberações que lhes disserem respeito.

6. As entidades privadas que exerçam poderes públicos podem ser sujeitas, nos termos da lei, a fiscalização administrativa.

Artigo 268º - (Direitos e garantias dos administrados)

1. Os cidadãos têm o direito de ser informados pela Administração, sempre que o requeiram, sobre o andamento dos processos em que sejam diretamente interessados, bem como o de conhecer as resoluções definitivas que sobre eles forem tomadas.

2. Os cidadãos têm também o direito de acesso aos arquivos e registos administrativos, sem prejuízo do disposto na lei em matérias relativas à segurança interna e externa, à investigação criminal e à intimidade das pessoas.

3. Os atos administrativos estão sujeitos a notificação aos interessados, na forma prevista na lei, e carecem de fundamentação expressa e acessível quando afetem direitos ou interesses legalmente protegidos.

4. É garantido aos administrados tutela jurisdicional efetiva dos seus direitos ou interesses legalmente protegidos, incluindo, nomeadamente, o reconhecimento desses direitos ou interesses, a impugnação de quaisquer atos administrativos que os lesem, independentemente da sua forma, a determinação da prática de atos administrativos legalmente devidos e a adoção de medidas cautelares adequadas.

5. Os cidadãos têm igualmente direito de impugnar as normas administrativas com eficácia externa lesivas dos seus direitos ou interesses legalmente protegidos.

6. Para efeitos dos nºs 1 e 2, a lei fixará um prazo máximo de resposta por parte da Administração.

Artigo 269º - (Regime da função pública)

1. No exercício das suas funções, os trabalhadores da Administração Pública e demais agentes do Estado e outras entidades públicas estão exclusivamente ao serviço do interesse público, tal como é definido, nos termos da lei, pelos órgãos competentes da Administração.

2. Os trabalhadores da Administração Pública e demais agentes do Estado e outras entidades públicas não podem ser prejudicados ou beneficiados em virtude do exercício de quaisquer direitos políticos previstos na Constituição, nomeadamente por opção partidária.

3. Em processo disciplinar são garantidas ao arguido a sua audiência e defesa.

4. Não é permitida a acumulação de empregos ou cargos públicos, salvo nos casos expressamente admitidos por lei.

5. A lei determina as incompatibilidades entre o exercício de empregos ou cargos públicos e o de outras atividades.

Artigo 270º - (Restrições ao exercício de direitos)

A lei pode estabelecer, na estrita medida das exigências próprias das respetivas funções, restrições ao exercício dos direitos de expressão, reunião, manifestação, associação e petição coletiva e à capacidade eleitoral passiva por militares e agentes militarizados dos quadros permanentes em serviço efetivo, bem como por agentes dos serviços e das forças de segurança e, no caso destas, a não admissão do direito à greve, mesmo quando reconhecido o direito de associação sindical.

Artigo 271º - (Responsabilidade dos funcionários e agentes)

1. Os funcionários e agentes do Estado e das demais entidades públicas são responsáveis civil, criminal e disciplinarmente pelas ações ou omissões praticadas no exercício das suas funções e por causa desse exercício de que resulte violação dos direitos ou interesses legalmente protegidos dos cidadãos, não dependendo a ação ou procedimento, em qualquer fase, de autorização hierárquica.

2. É excluída a responsabilidade do funcionário ou agente que atue no cumprimento de ordens ou instruções emanadas de legítimo superior hierárquico e em matéria de serviço, se previamente delas tiver reclamado ou tiver exigido a sua transmissão ou confirmação por escrito.

3. Cessa o dever de obediência sempre que o cumprimento das ordens ou instruções implique a prática de qualquer crime.

4. A lei regula os termos em que o Estado e as demais entidades públicas têm direito de regresso contra os titulares dos seus órgãos, funcionários e agentes.

Artigo 272º – (Polícia)

1. A polícia tem por funções defender a legalidade democrática e garantir a segurança interna e os direitos dos cidadãos.

2. As medidas de polícia são as previstas na lei, não devendo ser utilizadas para além do estritamente necessário.

3. A prevenção dos crimes, incluindo a dos crimes contra a segurança do Estado, só pode fazer-se com observância das regras gerais sobre polícia e com respeito pelos direitos, liberdades e garantias dos cidadãos.

4. A lei fixa o regime das forças de segurança, sendo a organização de cada uma delas única para todo o território nacional.

TÍTULO X – Defesa Nacional

Artigo 273º – (Defesa nacional)

1. É obrigação do Estado assegurar a defesa nacional.

2. A defesa nacional tem por objetivos garantir, no respeito da ordem constitucional, das instituições democráticas e das convenções internacionais, a independência nacional, a integridade do território e a liberdade e a segurança das populações contra qualquer agressão ou ameaça externas.

Artigo 274º – (Conselho Superior de Defesa Nacional)

1. O Conselho Superior de Defesa Nacional é presidido pelo Presidente da República e tem a composição que a lei determinar, a qual incluirá membros eleitos pela Assembleia da República.

2. O Conselho Superior de Defesa Nacional é o órgão específico de consulta para os assuntos relativos à defesa nacional e à organização, funcionamento e disciplina das Forças Armadas, podendo dispor da competência administrativa que lhe for atribuída por lei.

Artigo 275º – (Forças Armadas)

1. Às Forças Armadas incumbe a defesa militar da República.

2. As Forças Armadas compõem-se exclusivamente de cidadãos portugueses e a sua organização é única para todo o território nacional.

3. As Forças Armadas obedecem aos órgãos de soberania competentes, nos termos da Constituição e da lei.

4. As Forças Armadas estão ao serviço do povo português, são rigorosamente apartidárias e os seus elementos não podem aproveitar-se da sua arma, do seu posto ou da sua função para qualquer intervenção política.

5. Incumbe às Forças Armadas, nos termos da lei, satisfazer os compromissos internacionais do Estado Português no âmbito militar e participar em missões humanitárias e de paz assumidas pelas organizações internacionais de que Portugal faça parte.

6. As Forças Armadas podem ser incumbidas, nos termos da lei, de colaborar em missões de proteção civil, em tarefas relacionadas com a satisfação de necessidades básicas e a melhoria da qualidade de vida das populações, e em ações de cooperação técnico-militar no âmbito da política nacional de cooperação.

7. As leis que regulam o estado de sítio e o estado de emergência fixam as condições do emprego das Forças Armadas quando se verifiquem essas situações.

Artigo 276º – (Defesa da Pátria, serviço militar e serviço cívico)

1. A defesa da Pátria é direito e dever fundamental de todos os portugueses.

2. O serviço militar é regulado por lei, que fixa as formas, a natureza voluntária ou obrigatória, a duração e o conteúdo da respetiva prestação.

3. Os cidadãos sujeitos por lei à prestação do serviço militar e que forem considerados inaptos para o serviço militar armado prestarão serviço militar não armado ou serviço cívico adequado à sua situação.

4. Os objetores de consciência ao serviço militar a que legalmente estejam sujeitos prestarão serviço cívico de duração e penosidade equivalentes à do serviço militar armado.

5. O serviço cívico pode ser estabelecido em substituição ou complemento do serviço militar e tornado obrigatório por lei para os cidadãos não sujeitos a deveres militares.

6. Nenhum cidadão poderá conservar nem obter emprego do Estado ou de outra entidade pública se deixar de cumprir os seus deveres militares ou de serviço cívico quando obrigatório.

7. Nenhum cidadão pode ser prejudicado na sua colocação, nos seus benefícios sociais ou no seu emprego permanente por virtude do cumprimento do serviço militar ou do serviço cívico obrigatório.

PARTE IV
GARANTIA E REVISÃO DA CONSTITUIÇÃO

TÍTULO I – Fiscalização da constitucionalidade

Artigo 277º – (Inconstitucionalidade por ação)

1. São inconstitucionais as normas que infrinjam o disposto na Constituição ou os princípios nela consignados.

2. A inconstitucionalidade orgânica ou formal de tratados internacionais regularmente ratificados não impede a aplicação das suas normas na ordem jurídica portuguesa, desde que tais normas sejam aplicadas na ordem jurídica da outra parte, salvo se tal inconstitucionalidade resultar de violação de uma disposição fundamental.

Artigo 278º – (Fiscalização preventiva da constitucionalidade)

1. O Presidente da República pode requerer ao Tribunal Constitucional a apreciação preventiva da constitucionalidade de qualquer norma constante de tratado internacional que lhe tenha sido submetido para ratificação, de decreto que lhe tenha sido enviado para promulgação como lei ou como decreto-lei ou de acordo internacional cujo decreto de aprovação lhe tenha sido remetido para assinatura.

2. Os Representantes da República podem igualmente requerer ao Tribunal Constitucional a apreciação preventiva da constitucionalidade de qualquer norma constante de decreto legislativo regional que lhes tenha sido enviado para assinatura.

3. A apreciação preventiva da constitucionalidade deve ser requerida no prazo de oito dias a contar da data da receção do diploma.

4. Podem requerer ao Tribunal Constitucional a apreciação preventiva da constitucionalidade de qualquer norma constante de decreto que tenha sido enviado ao Presidente da República para promulgação como lei orgânica, além deste, o Primeiro-Ministro ou um quinto dos Deputados à Assembleia da República em efetividade de funções.

5. O Presidente da Assembleia da República, na data em que enviar ao Presidente da República decreto que deva ser promulgado como lei orgânica, dará disso conhecimento ao Primeiro-Ministro e aos grupos parlamentares da Assembleia da República.

6. A apreciação preventiva da constitucionalidade prevista no nº 4 deve ser requerida no prazo de oito dias a contar da data prevista no número anterior.

7. Sem prejuízo do disposto no nº 1, o Presidente da República não pode promulgar os decretos a que se refere o nº 4 sem que decorram oito dias após a res-

petiva receção ou antes de o Tribunal Constitucional sobre eles se ter pronunciado, quando a intervenção deste tiver sido requerida.

8. O Tribunal Constitucional deve pronunciar-se no prazo de vinte e cinco dias, o qual, no caso do nº 1, pode ser encurtado pelo Presidente da República, por motivo de urgência.

Artigo 279º – (Efeitos da decisão)

1. Se o Tribunal Constitucional se pronunciar pela inconstitucionalidade de norma constante de qualquer decreto ou acordo internacional, deverá o diploma ser vetado pelo Presidente da República ou pelo Representante da República, conforme os casos, e devolvido ao órgão que o tiver aprovado.

2. No caso previsto no nº 1, o decreto não poderá ser promulgado ou assinado sem que o órgão que o tiver aprovado expurgue a norma julgada inconstitucional ou, quando for caso disso, o confirme por maioria de dois terços dos Deputados presentes, desde que superior à maioria absoluta dos Deputados em efetividade de funções.

3. Se o diploma vier a ser reformulado, poderá o Presidente da República ou o Representante da República, conforme os casos, requerer a apreciação preventiva da constitucionalidade de qualquer das suas normas.

4. Se o Tribunal Constitucional se pronunciar pela inconstitucionalidade de norma constante de tratado, este só poderá ser ratificado se a Assembleia da República o vier a aprovar por maioria de dois terços dos Deputados presentes, desde que superior à maioria absoluta dos Deputados em efetividade de funções.

Artigo 280º – (Fiscalização concreta da constitucionalidade e da legalidade)

1. Cabe recurso para o Tribunal Constitucional das decisões dos tribunais:

a) Que recusem a aplicação de qualquer norma com fundamento na sua inconstitucionalidade;

b) Que apliquem norma cuja inconstitucionalidade haja sido suscitada durante o processo.

2. Cabe igualmente recurso para o Tribunal Constitucional das decisões dos tribunais:

a) Que recusem a aplicação de norma constante de ato legislativo com fundamento na sua ilegalidade por violação da lei com valor reforçado;

b) Que recusem a aplicação de norma constante de diploma regional com fundamento na sua ilegalidade por violação do estatuto da Região Autónoma;

c) Que recusem a aplicação de norma constante de diploma emanado de um órgão de soberania com fundamento na sua ilegalidade por violação do estatuto de uma Região Autónoma;

d) Que apliquem norma cuja ilegalidade haja sido suscitada durante o processo com qualquer dos fundamentos referidos nas alíneas *a*), *b*) e *c*).

3. Quando a norma cuja aplicação tiver sido recusada constar de convenção internacional, de ato legislativo ou de decreto regulamentar, os recursos previstos na alínea *a*) do nº 1 e na alínea *a*) do nº 2 são obrigatórios para o Ministério Público.

4. Os recursos previstos na alínea *b*) do nº 1 e na alínea *d*) do nº 2 só podem ser interpostos pela parte que haja suscitado a questão da inconstitucionalidade ou da ilegalidade, devendo a lei regular o regime de admissão desses recursos.

5. Cabe ainda recurso para o Tribunal Constitucional, obrigatório para o Ministério Público, das decisões dos tribunais que apliquem norma anteriormente julgada inconstitucional ou ilegal pelo próprio Tribunal Constitucional.

6. Os recursos para o Tribunal Constitucional são restritos à questão da inconstitucionalidade ou da ilegalidade, conforme os casos.

Artigo 281º – (Fiscalização abstrata da constitucionalidade e da legalidade)

1. O Tribunal Constitucional aprecia e declara, com força obrigatória geral:

a) A inconstitucionalidade de quaisquer normas;

b) A ilegalidade de quaisquer normas constantes de ato legislativo com fundamento em violação de lei com valor reforçado;

c) A ilegalidade de quaisquer normas constantes de diploma regional, com fundamento em violação do estatuto da Região Autónoma;

d) A ilegalidade de quaisquer normas constantes de diploma emanado dos órgãos de soberania com fundamento em violação dos direitos de uma Região consagrados no seu estatuto.

2. Podem requerer ao Tribunal Constitucional a declaração de inconstitucionalidade ou de ilegalidade, com força obrigatória geral:

a) O Presidente da República;

b) O Presidente da Assembleia da República;

c) O Primeiro-Ministro;

d) O Provedor de Justiça;

e) O Procurador-Geral da República;

f) Um décimo dos Deputados à Assembleia da República;

g) Os Representantes da República, as Assembleias Legislativas das Regiões Autónomas, os presidentes das Assembleias Legislativas das Regiões Autónomas, os presidentes dos Governos Regionais ou um décimo dos deputados à respetiva Assembleia Legislativa, quando o pedido de declaração de inconstitucionalidade se fundar em violação dos direitos das Regiões Autónomas ou o pedido de declaração de ilegalidade se fundar em violação do respetivo estatuto.

3. O Tribunal Constitucional aprecia e declara ainda, com força obrigatória geral, a inconstitucionalidade ou a ilegalidade de qualquer norma, desde que tenha sido por ele julgada inconstitucional ou ilegal em três casos concretos.

Artigo 282º – (Efeitos da declaração de inconstitucionalidade ou de ilegalidade)

1. A declaração de inconstitucionalidade ou de ilegalidade com força obrigatória geral produz efeitos desde a entrada em vigor da norma declarada inconstitucional ou ilegal e determina a repristinação das normas que ela, eventualmente, haja revogado.
2. Tratando-se, porém, de inconstitucionalidade ou de ilegalidade por infração de norma constitucional ou legal posterior, a declaração só produz efeitos desde a entrada em vigor desta última.
3. Ficam ressalvados os casos julgados, salvo decisão em contrário do Tribunal Constitucional quando a norma respeitar a matéria penal, disciplinar ou de ilícito de mera ordenação social e for de conteúdo menos favorável ao arguido.
4. Quando a segurança jurídica, razões de equidade ou interesse público de excecional relevo, que deverá ser fundamentado, o exigirem, poderá o Tribunal Constitucional fixar os efeitos da inconstitucionalidade ou da ilegalidade com alcance mais restrito do que o previsto nos nºs 1 e 2.

Artigo 283º – (Inconstitucionalidade por omissão)

1. A requerimento do Presidente da República, do Provedor de Justiça ou, com fundamento em violação de direitos das Regiões Autónomas, dos presidentes das Assembleias Legislativas das Regiões Autónomas, o Tribunal Constitucional aprecia e verifica o não cumprimento da Constituição por omissão das medidas legislativas necessárias para tornar exequíveis as normas constitucionais.
2. Quando o Tribunal Constitucional verificar a existência de inconstitucionalidade por omissão, dará disso conhecimento ao órgão legislativo competente.

TÍTULO II – Revisão constitucional

Artigo 284º – (Competência e tempo de revisão)

1. A Assembleia da República pode rever a Constituição decorridos cinco anos sobre a data da publicação da última lei de revisão ordinária.
2. A Assembleia da República pode, contudo, assumir em qualquer momento poderes de revisão extraordinária por maioria de quatro quintos dos Deputados em efetividade de funções.

Artigo 285º – (Iniciativa da revisão)

1. A iniciativa da revisão compete aos Deputados.
2. Apresentado um projeto de revisão constitucional, quaisquer outros terão de ser apresentados no prazo de trinta dias.

Artigo 286º – (Aprovação e promulgação)

1. As alterações da Constituição são aprovadas por maioria de dois terços dos Deputados em efetividade de funções.

2. As alterações da Constituição que forem aprovadas serão reunidas numa única lei de revisão.

3. O Presidente da República não pode recusar a promulgação da lei de revisão.

Artigo 287º – (Novo texto da Constituição)

1. As alterações da Constituição serão inseridas no lugar próprio, mediante as substituições, as supressões e os aditamentos necessários.

2. A Constituição, no seu novo texto, será publicada conjuntamente com a lei de revisão.

Artigo 288º – (Limites materiais da revisão)

As leis de revisão constitucional terão de respeitar:

a) A independência nacional e a unidade do Estado;

b) A forma republicana de governo;

c) A separação das Igrejas do Estado;

d) Os direitos, liberdades e garantias dos cidadãos;

e) Os direitos dos trabalhadores, das comissões de trabalhadores e das associações sindicais;

f) A coexistência do setor público, do setor privado e do setor cooperativo e social de propriedade dos meios de produção;

g) A existência de planos económicos no âmbito de uma economia mista;

h) O sufrágio universal, direto, secreto e periódico na designação dos titulares eletivos dos órgãos de soberania, das Regiões Autónomas e do poder local, bem como o sistema de representação proporcional;

i) O pluralismo de expressão e organização política, incluindo partidos políticos, e o direito de oposição democrática;

j) A separação e a interdependência dos órgãos de soberania;

l) A fiscalização da constitucionalidade por ação ou por omissão de normas jurídicas;

m) A independência dos tribunais;

n) A autonomia das autarquias locais;

o) A autonomia político-administrativa dos arquipélagos dos Açores e da Madeira.

Artigo 289º – (Limites circunstanciais da revisão)

Não pode ser praticado nenhum ato de revisão constitucional na vigência de estado de sítio ou de estado de emergência.

DISPOSIÇÕES FINAIS E TRANSITÓRIAS

Artigo 290º - (Direito anterior)

1. As leis constitucionais posteriores a 25 de Abril de 1974 não ressalvadas neste capítulo são consideradas leis ordinárias, sem prejuízo do disposto no número seguinte.

2. O Direito ordinário anterior à entrada em vigor da Constituição mantém-se, desde que não seja contrário à Constituição ou aos princípios nela consignados.

Artigo 291º - (Distritos)

1. Enquanto as regiões administrativas não estiverem concretamente instituídas, subsistirá a divisão distrital no espaço por elas não abrangido.

2. Haverá em cada distrito, em termos a definir por lei, uma assembleia deliberativa, composta por representantes dos municípios.

3. Compete ao governador civil, assistido por um conselho, representar o Governo e exercer os poderes de tutela na área do distrito.

Artigo 292º - (Incriminação e julgamento dos agentes e responsáveis da PIDE/DGS)

1. Mantém-se em vigor a Lei nº 8/75, de 25 de julho, com as alterações introduzidas pela Lei nº 16/75, de 23 de dezembro, e pela Lei nº 18/75, de 26 de dezembro.

2. A lei poderá precisar as tipificações criminais constantes do nº 2 do artigo 2º, do artigo 3º, da alínea *b*) do artigo 4º e do artigo 5º do diploma referido no número anterior.

3. A lei poderá regular especialmente a atenuação extraordinária prevista no artigo 7º do mesmo diploma.

Artigo 293º - (Reprivatização de bens nacionalizados depois de 25 de Abril de 1974)

1. Lei-quadro, aprovada por maioria absoluta dos Deputados em efetividade de funções, regula a reprivatização da titularidade ou do direito de exploração de meios de produção e outros bens nacionalizados depois de 25 de Abril de 1974, observando os seguintes princípios fundamentais:

a) A reprivatização da titularidade ou do direito de exploração de meios de produção e outros bens nacionalizados depois de 25 de Abril de 1974 realizar-se-á, em regra e preferencialmente, através de concurso público, oferta na bolsa de valores ou subscrição pública;

b) As receitas obtidas com as reprivatizações serão utilizadas apenas para amortização da dívida pública e do setor empresarial do Estado, para o serviço da dívida resultante de nacionalizações ou para novas aplicações de capital no setor produtivo;

c) Os trabalhadores das empresas objeto de reprivatização manterão no processo de reprivatização da respetiva empresa todos os direitos e obrigações de que forem titulares;

d) Os trabalhadores das empresas objeto de reprivatização adquirirão o direito à subscrição preferencial de uma percentagem do respetivo capital social;

e) Proceder-se-á à avaliação prévia dos meios de produção e outros bens a reprivatizar, por intermédio de mais de uma entidade independente.

2. As pequenas e médias empresas indiretamente nacionalizadas situadas fora dos setores básicos da economia poderão ser reprivatizadas nos termos da lei.

Artigo 294º – (Regime aplicável aos órgãos das autarquias locais)

Até à entrada em vigor da lei prevista no nº 3 do artigo 239º, os órgãos das autarquias locais são constituídos e funcionam nos termos de legislação correspondente ao texto da Constituição na redação que lhe foi dada pela Lei Constitucional nº 1/92, de 25 de novembro.

Artigo 295º – (Referendo sobre tratado europeu)

O disposto no nº 3 do artigo 115º não prejudica a possibilidade de convocação e de efetivação de referendo sobre a aprovação de tratado que vise a construção e aprofundamento da União Europeia.

Artigo 296º – (Data e entrada em vigor da Constituição)

1. A Constituição da República Portuguesa tem a data da sua aprovação pela Assembleia Constituinte, 2 de abril de 1976.

2. A Constituição da República Portuguesa entra em vigor no dia 25 de Abril de 1976.

Aprovada em 2 de abril de 1976.

O Presidente da Assembleia Constituinte, *Henrique Teixeira Queiroz de Barros.*

Promulgado em 2 de abril de 1976.

Publique-se.

O Presidente da República, FRANCISCO DA COSTA GOMES.

II

Constituição da República Federativa do Brasil de 1988[1]

PREÂMBULO

Nós, representantes do povo brasileiro, reunidos em Assembleia Nacional Constituinte para instituir um Estado Democrático, destinado a assegurar o exercício dos direitos sociais e individuais, a liberdade, a segurança, o bem-estar, o desenvolvimento, a igualdade e a justiça como valores supremos de uma sociedade fraterna, pluralista e sem preconceitos, fundada na harmonia social e comprometida, na ordem interna e internacional, com a solução pacífica das controvérsias, promulgamos, sob a proteção de Deus, a seguinte CONSTITUIÇÃO DA REPÚBLICA FEDERATIVA DO BRASIL

TÍTULO I – Dos Princípios Fundamentais

Art. 1º

A República Federativa do Brasil, formada pela união indissolúvel dos Estados e Municípios e do Distrito Federal, constitui-se em Estado Democrático de Direito e tem como fundamentos:

I – a soberania;

II – a cidadania;

III – a dignidade da pessoa humana;

IV – os valores sociais do trabalho e da livre iniciativa;

V – o pluralismo político.

---

[1] Texto oficial integral, publicado no *Diário Oficial da União*, 1ª secção, nº 191-A, de 5 de outubro de 1988, e posteriormente alterado por 6 emendas constitucionais de revisão e por 66 emendas constitucionais.

Parágrafo único. Todo o poder emana do povo, que o exerce por meio de representantes eleitos ou diretamente, nos termos desta Constituição.

Art. 2º

São Poderes da União, independentes e harmônicos entre si, o Legislativo, o Executivo e o Judiciário.

Art. 3º

Constituem objetivos fundamentais da República Federativa do Brasil:

I – construir uma sociedade livre, justa e solidária;

II – garantir o desenvolvimento nacional;

III – erradicar a pobreza e a marginalização e reduzir as desigualdades sociais e regionais;

IV – promover o bem de todos, sem preconceitos de origem, raça, sexo, cor, idade e quaisquer outras formas de discriminação.

Art. 4º

A República Federativa do Brasil rege-se nas suas relações internacionais pelos seguintes princípios:

I – independência nacional;

II – prevalência dos direitos humanos;

III – autodeterminação dos povos;

IV – não-intervenção;

V – igualdade entre os Estados;

VI – defesa da paz;

VII – solução pacífica dos conflitos;

VIII – repúdio ao terrorismo e ao racismo;

IX – cooperação entre os povos para o progresso da humanidade;

X – concessão de asilo político.

Parágrafo único. A República Federativa do Brasil buscará a integração econômica, política, social e cultural dos povos da América Latina, visando à formação de uma comunidade latino-americana de nações.

TÍTULO II – Dos Direitos e Garantias Fundamentais

CAPÍTULO I – Dos Direitos e Deveres Individuais e Coletivos

Art. 5º

Todos são iguais perante a lei, sem distinção de qualquer natureza, garantindo-se aos brasileiros e aos estrangeiros residentes no País a inviolabilidade do direito à vida, à liberdade, à igualdade, à segurança e à propriedade, nos termos seguintes:

I – homens e mulheres são iguais em direitos e obrigações, nos termos desta Constituição;

II – ninguém será obrigado a fazer ou deixar de fazer alguma coisa senão em virtude de lei;

III – ninguém será submetido a tortura nem a tratamento desumano ou degradante;

IV – é livre a manifestação do pensamento, sendo vedado o anonimato;

V – é assegurado o direito de resposta, proporcional ao agravo, além da indenização por dano material, moral ou à imagem;

VI – é inviolável a liberdade de consciência e de crença, sendo assegurado o livre exercício dos cultos religiosos e garantida, na forma da lei, a proteção aos locais de culto e a suas liturgias;

VII – é assegurada, nos termos da lei, a prestação de assistência religiosa nas entidades civis e militares de internação coletiva;

VIII – ninguém será privado de direitos por motivo de crença religiosa ou de convicção filosófica ou política, salvo se as invocar para eximir-se de obrigação legal a todos imposta e recusar-se a cumprir prestação alternativa, fixada em lei;

IX – é livre a expressão da atividade intelectual, artística, científica e de comunicação, independentemente de censura ou licença;

X – são invioláveis a intimidade, a vida privada, a honra e a imagem das pessoas, assegurado o direito a indenização pelo dano material ou moral decorrente de sua violação;

XI – a casa é asilo inviolável do indivíduo, ninguém nela podendo penetrar sem consentimento do morador, salvo em caso de flagrante delito ou desastre, ou para prestar socorro, ou, durante o dia, por determinação judicial;

XII – é inviolável o sigilo da correspondência e das comunicações telegráficas, de dados e das comunicações telefônicas, salvo, no último caso, por ordem judicial, nas hipóteses e na forma que a lei estabelecer para fins de investigação criminal ou instrução processual penal;

XIII – é livre o exercício de qualquer trabalho, ofício ou profissão, atendidas as qualificações profissionais que a lei estabelecer;

XIV – é assegurado a todos o acesso à informação e resguardado o sigilo da fonte, quando necessário ao exercício profissional;

XV – é livre a locomoção no território nacional em tempo de paz, podendo qualquer pessoa, nos termos da lei, nele entrar, permanecer ou dele sair com seus bens;

XVI – todos podem reunir-se pacificamente, sem armas, em locais abertos ao público, independentemente de autorização, desde que não frustrem outra reunião anteriormente convocada para o mesmo local, sendo apenas exigido prévio aviso à autoridade competente;

XVII – é plena a liberdade de associação para fins lícitos, vedada a de caráter paramilitar;

XVIII – a criação de associações e, na forma da lei, a de cooperativas independem de autorização, sendo vedada a interferência estatal em seu funcionamento;

XIX – as associações só poderão ser compulsoriamente dissolvidas ou ter suas atividades suspensas por decisão judicial, exigindo-se, no primeiro caso, o trânsito em julgado;

XX – ninguém poderá ser compelido a associar-se ou a permanecer associado;

XXI – as entidades associativas, quando expressamente autorizadas, têm legitimidade para representar seus filiados judicial ou extrajudicialmente;

XXII – é garantido o direito de propriedade;

XXIII – a propriedade atenderá a sua função social;

XXIV – a lei estabelecerá o procedimento para desapropriação por necessidade ou utilidade pública, ou por interesse social, mediante justa e prévia indenização em dinheiro, ressalvados os casos previstos nesta Constituição;

XXV – no caso de iminente perigo público, a autoridade competente poderá usar de propriedade particular, assegurada ao proprietário indenização ulterior, se houver dano;

XXVI – a pequena propriedade rural, assim definida em lei, desde que trabalhada pela família, não será objeto de penhora para pagamento de débitos decorrentes de sua atividade produtiva, dispondo a lei sobre os meios de financiar o seu desenvolvimento;

XXVII – aos autores pertence o direito exclusivo de utilização, publicação ou reprodução de suas obras, transmissível aos herdeiros pelo tempo que a lei fixar;

XXVIII – são assegurados, nos termos da lei:

a) a proteção às participações individuais em obras coletivas e à reprodução da imagem e voz humanas, inclusive nas atividades desportivas;

b) o direito de fiscalização do aproveitamento econômico das obras que criarem ou de que participarem aos criadores, aos intérpretes e às respetivas representações sindicais e associativas;

XXIX – a lei assegurará aos autores de inventos industriais privilégio temporário para sua utilização, bem como proteção às criações industriais, à propriedade das marcas, aos nomes de empresas e a outros signos distintivos, tendo em vista o interesse social e o desenvolvimento tecnológico e econômico do País;

XXX – é garantido o direito de herança;

XXXI – a sucessão de bens de estrangeiros situados no País será regulada pela lei brasileira em benefício do cônjuge ou dos filhos brasileiros, sempre que não lhes seja mais favorável a lei pessoal do *de cujus*;

XXXII – o Estado promoverá, na forma da lei, a defesa do consumidor;

XXXIII – todos têm direito a receber dos órgãos públicos informações de seu interesse particular, ou de interesse coletivo ou geral, que serão prestadas no prazo da lei, sob pena de responsabilidade, ressalvadas aquelas cujo sigilo seja imprescindível à segurança da sociedade e do Estado;

XXXIV – são a todos assegurados, independentemente do pagamento de taxas:

a) o direito de petição aos poderes públicos em defesa de direitos ou contra ilegalidade ou abuso de poder;

b) a obtenção de certidões em repartições públicas, para defesa de direitos e esclarecimento de situações de interesse pessoal;

XXXV – a lei não excluirá da apreciação do Poder Judiciário lesão ou ameaça a direito;

XXXVI – a lei não prejudicará o direito adquirido, o ato jurídico perfeito e a coisa julgada;

XXXVII – não haverá juízo ou tribunal de exceção;

XXXVIII – é reconhecida a instituição do júri, com a organização que lhe der a lei, assegurados:

a) a plenitude de defesa;

b) o sigilo das votações;

c) a soberania dos veredictos;

d) a competência para o julgamento dos crimes dolosos contra a vida;

XXXIX – não há crime sem lei anterior que o defina, nem pena sem prévia cominação legal;

XL – a lei penal não retroagirá, salvo para beneficiar o réu;

XLI – a lei punirá qualquer discriminação atentatória dos direitos e liberdades fundamentais;

XLII – a prática do racismo constitui crime inafiançável e imprescritível, sujeito à pena de reclusão, nos termos da lei;

XLIII – a lei considerará crimes inafiançáveis e insuscetíveis de graça ou anistia a prática da tortura, o tráfico ilícito de entorpecentes e drogas afins, o terrorismo e os definidos como crimes hediondos, por eles respondendo os mandantes, os executores e os que, podendo evitá-los, se omitirem;

XLIV – constitui crime inafiançável e imprescritível a ação de grupos armados, civis ou militares, contra a ordem constitucional e o Estado democrático;

XLV – nenhuma pena passará da pessoa do condenado, podendo a obrigação de reparar o dano e a decretação do perdimento de bens ser, nos termos da lei, estendidas aos sucessores e contra eles executadas, até o limite do valor do patrimônio transferido;

XLVI – a lei regulará a individualização da pena e adotará, entre outras, as seguintes:

a) privação ou restrição da liberdade;

b) perda de bens;

c) multa;

d) prestação social alternativa;

e) suspensão ou interdição de direitos;

XLVII – não haverá penas:

a) de morte, salvo em caso de guerra declarada, nos termos do art. 84, XIX;

b) de caráter perpétuo;

c) de trabalhos forçados;

d) de banimento;

e) cruéis;

XLVIII – a pena será cumprida em estabelecimentos distintos, de acordo com a natureza do delito, a idade e o sexo do apenado;

XLIX – é assegurado aos presos o respeito à integridade física e moral;

L – às presidiárias serão asseguradas condições para que possam permanecer com seus filhos durante o período de amamentação;

LI – nenhum brasileiro será extraditado, salvo o naturalizado, em caso de crime comum, praticado antes da naturalização, ou de comprovado envolvimento em tráfico ilícito de entorpecentes e drogas afins, na forma da lei;

LII – não será concedida extradição de estrangeiro por crime político ou de opinião;

LIII – ninguém será processado nem sentenciado senão pela autoridade competente;

LIV – ninguém será privado da liberdade ou de seus bens sem o devido processo legal;

LV – aos litigantes, em processo judicial ou administrativo, e aos acusados em geral são assegurados o contraditório e a ampla defesa, com os meios e recursos a ela inerentes;

LVI – são inadmissíveis, no processo, as provas obtidas por meios ilícitos;

LVII – ninguém será considerado culpado até o trânsito em julgado de sentença penal condenatória;

LVIII – o civilmente identificado não será submetido a identificação criminal, salvo nas hipóteses previstas em lei;

LIX – será admitida ação privada nos crimes de ação pública, se esta não for intentada no prazo legal;

LX – a lei só poderá restringir a publicidade dos atos processuais quando a defesa da intimidade ou o interesse social o exigirem;

LXI – ninguém será preso senão em flagrante delito ou por ordem escrita e fundamentada de autoridade judiciária competente, salvo nos casos de transgressão militar ou crime propriamente militar, definidos em lei;

LXII – a prisão de qualquer pessoa e o local onde se encontre serão comunicados imediatamente ao juiz competente e à família do preso ou à pessoa por ele indicada;

LXIII – o preso será informado de seus direitos, entre os quais o de permanecer calado, sendo-lhe assegurada a assistência da família e de advogado;

LXIV – o preso tem direito à identificação dos responsáveis por sua prisão ou por seu interrogatório policial;

LXV – a prisão ilegal será imediatamente relaxada pela autoridade judiciária;

LXVI – ninguém será levado à prisão ou nela mantido quando a lei admitir a liberdade provisória, com ou sem fiança;

LXVII – não haverá prisão civil por dívida, salvo a do responsável pelo inadimplemento voluntário e inescusável de obrigação alimentícia e a do depositário infiel;

LXVIII – conceder-se-á *habeas corpus* sempre que alguém sofrer ou se achar ameaçado de sofrer violência ou coação em sua liberdade de locomoção, por ilegalidade ou abuso de poder;

LXIX – conceder-se-á mandado de segurança para proteger direito líquido e certo, não amparado por *habeas corpus* ou *habeas data*, quando o responsável pela ilegalidade ou abuso de poder for autoridade pública ou agente de pessoa jurídica no exercício de atribuições do poder público;

LXX – o mandado de segurança coletivo pode ser impetrado por:

a) partido político com representação no Congresso Nacional;

b) organização sindical, entidade de classe ou associação legalmente constituída e em funcionamento há pelo menos um ano, em defesa dos interesses de seus membros ou associados;

LXXI – conceder-se-á mandado de injunção sempre que a falta de norma regulamentadora torne inviável o exercício dos direitos e liberdades constitucionais e das prerrogativas inerentes à nacionalidade, à soberania e à cidadania;

LXXII – conceder-se-á *habeas data*:

a) para assegurar o conhecimento de informações relativas à pessoa do impetrante, constantes de registros ou bancos de dados de entidades governamentais ou de caráter público;

b) para a retificação de dados, quando não se prefira fazê-lo por processo sigiloso, judicial ou administrativo;

LXXIII – qualquer cidadão é parte legítima para propor ação popular que vise a anular ato lesivo ao patrimônio público ou de entidade de que o Estado participe, à moralidade administrativa, ao meio ambiente e ao patrimônio histórico e cultural, ficando o autor, salvo comprovada má-fé, isento de custas judiciais e do ônus da sucumbência;

LXXIV – o Estado prestará assistência jurídica integral e gratuita aos que comprovarem insuficiência de recursos;

LXXV – o Estado indenizará o condenado por erro judiciário, assim como o que ficar preso além do tempo fixado na sentença;

LXXVI – são gratuitos para os reconhecidamente pobres, na forma da lei:

a) o registro civil de nascimento;

b) a certidão de óbito;

LXXVII – são gratuitas as ações de *habeas corpus* e *habeas data*, e, na forma da lei, os atos necessários ao exercício da cidadania.

LXXVIII – a todos, no âmbito judicial e administrativo, são assegurados a razoável duração do processo e os meios que garantam a celeridade de sua tramitação.

§ 1º As normas definidoras dos direitos e garantias fundamentais têm aplicação imediata.

§ 2º Os direitos e garantias expressos nesta Constituição não excluem outros decorrentes do regime e dos princípios por ela adotados, ou dos tratados internacionais em que a República Federativa do Brasil seja parte.

§ 3º Os tratados e convenções internacionais sobre direitos humanos que forem aprovados, em cada Casa do Congresso Nacional, em dois turnos, por três quintos dos votos dos respetivos membros, serão equivalentes às emendas constitucionais.

§ 4º O Brasil se submete à jurisdição de Tribunal Penal Internacional a cuja criação tenha manifestado adesão.

CAPÍTULO II – Dos Direitos Sociais

Art. 6º

São direitos sociais a educação, a saúde, a alimentação, o trabalho, a moradia, o lazer, a segurança, a previdência social, a proteção à maternidade e à infância, a assistência aos desamparados, na forma desta Constituição.

Art. 7º

São direitos dos trabalhadores urbanos e rurais, além de outros que visem à melhoria de sua condição social:

I – relação de emprego protegida contra despedida arbitrária ou sem justa causa, nos termos de lei complementar, que preverá indenização compensatória, dentre outros direitos;

II – seguro-desemprego, em caso de desemprego involuntário;

III – fundo de garantia do tempo de serviço;

IV – salário mínimo, fixado em lei, nacionalmente unificado, capaz de atender às suas necessidades vitais básicas e às de sua família com moradia, alimentação, educação, saúde, lazer, vestuário, higiene, transporte e previdência social, com reajustes periódicos que lhe preservem o poder aquisitivo, sendo vedada sua vinculação para qualquer fim;

V – piso salarial proporcional à extensão e à complexidade do trabalho;

VI – irredutibilidade do salário, salvo o disposto em convenção ou acordo coletivo;

VII – garantia de salário, nunca inferior ao mínimo, para os que percebem remuneração variável;

VIII – décimo terceiro salário com base na remuneração integral ou no valor da aposentadoria;

IX – remuneração do trabalho noturno superior à do diurno;

X – proteção do salário na forma da lei, constituindo crime sua retenção dolosa;

XI – participação nos lucros, ou resultados, desvinculada da remuneração, e, excecionalmente, participação na gestão da empresa, conforme definido em lei;

XII – salário-família pago em razão do dependente do trabalhador de baixa renda nos termos da lei;

XIII – duração do trabalho normal não superior a oito horas diárias e quarenta e quatro semanais, facultada a compensação de horários e a redução da jornada, mediante acordo ou convenção coletiva de trabalho;

XIV – jornada de seis horas para o trabalho realizado em turnos ininterruptos de revezamento, salvo negociação coletiva;

XV – repouso semanal remunerado, preferencialmente aos domingos;

XVI – remuneração do serviço extraordinário superior, no mínimo, em cinquenta por cento à do normal;

XVII – gozo de férias anuais remuneradas com, pelo menos, um terço a mais do que o salário normal;

XVIII – licença à gestante, sem prejuízo do emprego e do salário, com a duração de cento e vinte dias;

XIX – licença-paternidade, nos termos fixados em lei;

XX – proteção do mercado de trabalho da mulher, mediante incentivos específicos, nos termos da lei;

XXI – aviso prévio proporcional ao tempo de serviço, sendo no mínimo de trinta dias, nos termos da lei;

XXII – redução dos riscos inerentes ao trabalho, por meio de normas de saúde, higiene e segurança;

XXIII – adicional de remuneração para as atividades penosas, insalubres ou perigosas, na forma da lei;

XXIV – aposentadoria;

XXV – assistência gratuita aos filhos e dependentes desde o nascimento até 5 (cinco) anos de idade em creches e pré-escolas;

XXVI – reconhecimento das convenções e acordos coletivos de trabalho;

XXVII – proteção em face da automação, na forma da lei;

XXVIII – seguro contra acidentes de trabalho, a cargo do empregador, sem excluir a indenização a que este está obrigado, quando incorrer em dolo ou culpa;

XXIX – ação, quanto aos créditos resultantes das relações de trabalho, com prazo prescricional de cinco anos para os trabalhadores urbanos e rurais, até o limite de dois anos após a extinção do contrato de trabalho;

a) (Revogada).

b) (Revogada).

XXX – proibição de diferença de salários, de exercício de funções e de critério de admissão por motivo de sexo, idade, cor ou estado civil;

XXXI – proibição de qualquer discriminação no tocante a salário e critérios de admissão do trabalhador portador de deficiência;

XXXII – proibição de distinção entre trabalho manual, técnico e intelectual ou entre os profissionais respetivos;

XXXIII – proibição de trabalho noturno, perigoso ou insalubre a menores de dezoito e de qualquer trabalho a menores de dezesseis anos, salvo na condição de aprendiz, a partir de quatorze anos;

XXXIV – igualdade de direitos entre o trabalhador com vínculo empregatício permanente e o trabalhador avulso.

Parágrafo único. São assegurados à categoria dos trabalhadores domésticos os direitos previstos nos incisos IV, VI, VIII, XV, XVII, XVIII, XIX, XXI e XXIV, bem como a sua integração à previdência social.

Art. 8º

É livre a associação profissional ou sindical, observado o seguinte:

I – a lei não poderá exigir autorização do Estado para a fundação de sindicato, ressalvado o registro no órgão competente, vedadas ao poder público a interferência e a intervenção na organização sindical;

II – é vedada a criação de mais de uma organização sindical, em qualquer grau, representativa de categoria profissional ou econômica, na mesma base territorial, que será definida pelos trabalhadores ou empregadores interessados, não podendo ser inferior à área de um Município;

III – ao sindicato cabe a defesa dos direitos e interesses coletivos ou individuais da categoria, inclusive em questões judiciais ou administrativas;

IV – a assembleia geral fixará a contribuição que, em se tratando de categoria profissional, será descontada em folha, para custeio do sistema confederativo da representação sindical respetiva, independentemente da contribuição prevista em lei;

V – ninguém será obrigado a filiar-se ou a manter-se filiado a sindicato;

VI – é obrigatória a participação dos sindicatos nas negociações coletivas de trabalho;

VII – o aposentado filiado tem direito a votar e ser votado nas organizações sindicais;

VIII – é vedada a dispensa do empregado sindicalizado a partir do registro da candidatura a cargo de direção ou representação sindical e, se eleito, ainda que suplente, até um ano após o final do mandato, salvo se cometer falta grave nos termos da lei.

Parágrafo único. As disposições deste artigo aplicam-se à organização de sindicatos rurais e de colônias de pescadores, atendidas as condições que a lei estabelecer.

Art. 9º

É assegurado o direito de greve, competindo aos trabalhadores decidir sobre a oportunidade de exercê-lo e sobre os interesses que devam por meio dele defender.

§ 1º A lei definirá os serviços ou atividades essenciais e disporá sobre o atendimento das necessidades inadiáveis da comunidade.

§ 2º Os abusos cometidos sujeitam os responsáveis às penas da lei.

Art. 10.

É assegurada a participação dos trabalhadores e empregadores nos colegiados dos órgãos públicos em que seus interesses profissionais ou previdenciários sejam objeto de discussão e deliberação.

Art. 11.

Nas empresas de mais de duzentos empregados, é assegurada a eleição de um representante destes com a finalidade exclusiva de promover-lhes o entendimento direto com os empregadores.

CAPÍTULO III – Da Nacionalidade

Art. 12.

São brasileiros:

I – natos:

a) os nascidos na República Federativa do Brasil, ainda que de pais estrangeiros, desde que estes não estejam a serviço de seu país;

b) os nascidos no estrangeiro, de pai brasileiro ou de mãe brasileira, desde que qualquer deles esteja a serviço da República Federativa do Brasil;

c) os nascidos no estrangeiro de pai brasileiro ou de mãe brasileira, desde que sejam registrados em repartição brasileira competente ou venham a residir na República Federativa do Brasil e optem, em qualquer tempo, depois de atingida a maioridade, pela nacionalidade brasileira;

II – naturalizados:

a) os que, na forma da lei, adquiram a nacionalidade brasileira, exigidas aos originários de países de língua portuguesa apenas residência por um ano ininterrupto e idoneidade moral;

b) os estrangeiros de qualquer nacionalidade residentes na República Federativa do Brasil há mais de quinze anos ininterruptos e sem condenação penal, desde que requeiram a nacionalidade brasileira.

§ 1º Aos portugueses com residência permanente no País, se houver reciprocidade em favor de brasileiros, serão atribuídos os direitos inerentes ao brasileiro, salvo os casos previstos nesta Constituição.

§ 2º A lei não poderá estabelecer distinção entre brasileiros natos e naturalizados, salvo nos casos previstos nesta Constituição.

§ 3º São privativos de brasileiro nato os cargos:

I – de Presidente e Vice-Presidente da República;

II – de Presidente da Câmara dos Deputados;

III – de Presidente do Senado Federal;

IV – de Ministro do Supremo Tribunal Federal;

V – da carreira diplomática;

VI – de oficial das Forças Armadas;

VII – de Ministro de Estado da Defesa.

§ 4º Será declarada a perda da nacionalidade do brasileiro que:

I – tiver cancelada sua naturalização, por sentença judicial, em virtude de atividade nociva ao interesse nacional;

II – adquirir outra nacionalidade, salvo nos casos:

a) de reconhecimento de nacionalidade originária pela lei estrangeira;

b) de imposição de naturalização, pela norma estrangeira, ao brasileiro residente em Estado estrangeiro, como condição para permanência em seu território ou para o exercício de direitos civis.

Art. 13.

A língua portuguesa é o idioma oficial da República Federativa do Brasil.

§ 1º São símbolos da República Federativa do Brasil a bandeira, o hino, as armas e o selo nacionais.

§ 2º Os Estados, o Distrito Federal e os Municípios poderão ter símbolos próprios.

CAPÍTULO IV – Dos Direitos Políticos

Art. 14.

A soberania popular será exercida pelo sufrágio universal e pelo voto direto e secreto, com valor igual para todos, e, nos termos da lei, mediante:

I – plebiscito;

II – referendo;

III – iniciativa popular.

§ 1º O alistamento eleitoral e o voto são:

I – obrigatórios para os maiores de dezoito anos;

II – facultativos para:

a) os analfabetos;

b) os maiores de setenta anos;

c) os maiores de dezesseis e menores de dezoito anos.

§ 2º Não podem alistar-se como eleitores os estrangeiros e, durante o período do serviço militar obrigatório, os conscritos.

§ 3º São condições de elegibilidade, na forma da lei:

I – a nacionalidade brasileira;

II – o pleno exercício dos direitos políticos;

III – o alistamento eleitoral;

IV – o domicílio eleitoral na circunscrição;

V – a filiação partidária;

VI – a idade mínima de:

a) trinta e cinco anos para Presidente e Vice-Presidente da República e Senador;

b) trinta anos para Governador e Vice-Governador de Estado e do Distrito Federal;

c) vinte e um anos para Deputado Federal, Deputado Estadual ou Distrital, Prefeito, Vice-Prefeito e juiz de paz;

d) dezoito anos para Vereador.

§ 4º São inelegíveis os inalistáveis e os analfabetos.

§ 5º O Presidente da República, os Governadores de Estado e do Distrito Federal, os Prefeitos e quem os houver sucedido ou substituído no curso dos mandatos poderão ser reeleitos para um único período subsequente.

§ 6º Para concorrerem a outros cargos, o Presidente da República, os Governadores de Estado e do Distrito Federal e os Prefeitos devem renunciar aos respetivos mandatos até seis meses antes do pleito.

§ 7º São inelegíveis, no território de jurisdição do titular, o cônjuge e os parentes consangüíneos ou afins, até o segundo grau ou por adoção, do Presidente da República, de Governador de Estado ou Território, do Distrito Federal, de Prefeito ou de quem os haja substituído dentro dos seis meses anteriores ao pleito, salvo se já titular de mandato eletivo e candidato à reeleição.

§ 8º O militar alistável é elegível, atendidas as seguintes condições:

I – se contar menos de dez anos de serviço, deverá afastar-se da atividade;

II – se contar mais de dez anos de serviço, será agregado pela autoridade superior e, se eleito, passará automaticamente, no ato da diplomação, para a inatividade.

§ 9º Lei complementar estabelecerá outros casos de inelegibilidade e os prazos de sua cessação, a fim de proteger a probidade administrativa, a moralidade para o exercício do mandato, considerada a vida pregressa do candidato, e a normalidade e legitimidade das eleições contra a influência do poder econômico ou o abuso do exercício de função, cargo ou emprego na administração direta ou indireta.

§ 10. O mandato eletivo poderá ser impugnado ante a Justiça Eleitoral no prazo de quinze dias contados da diplomação, instruída a ação com provas de abuso do poder econômico, corrupção ou fraude.

§ 11. A ação de impugnação de mandato tramitará em segredo de justiça, respondendo o autor, na forma da lei, se temerária ou de manifesta má-fé.

Art. 15.

É vedada a cassação de direitos políticos, cuja perda ou suspensão só se dará nos casos de:

I – cancelamento da naturalização por sentença transitada em julgado;

II – incapacidade civil absoluta;

III – condenação criminal transitada em julgado, enquanto durarem seus efeitos;

IV – recusa de cumprir obrigação a todos imposta ou prestação alternativa, nos termos do art. 5º, VIII;

V – improbidade administrativa, nos termos do art. 37, § 4º.

Art. 16.

A lei que alterar o processo eleitoral entrará em vigor na data de sua publicação, não se aplicando à eleição que ocorra até um ano da data de sua vigência.

CAPÍTULO V – Dos Partidos Políticos

Art. 17. É livre a criação, fusão, incorporação e extinção de partidos políticos, resguardados a soberania nacional, o regime democrático, o pluripartidarismo, os direitos fundamentais da pessoa humana e observados os seguintes preceitos:

I – caráter nacional;

II – proibição de recebimento de recursos financeiros de entidade ou governo estrangeiros ou de subordinação a estes;

III – prestação de contas à Justiça Eleitoral;

IV – funcionamento parlamentar de acordo com a lei.

§ 1º É assegurada aos partidos políticos autonomia para definir sua estrutura interna, organização e funcionamento e para adotar os critérios de escolha e o regime de suas coligações eleitorais, sem obrigatoriedade de vinculação entre as candidaturas em âmbito nacional, estadual, distrital ou municipal, devendo seus estatutos estabelecer normas de disciplina e fidelidade partidária.

§ 2º Os partidos políticos, após adquirirem personalidade jurídica, na forma da lei civil, registrarão seus estatutos no Tribunal Superior Eleitoral.

§ 3º Os partidos políticos têm direito a recursos do fundo partidário e acesso gratuito ao rádio e à televisão, na forma da lei.

§ 4º É vedada a utilização pelos partidos políticos de organização paramilitar.

TÍTULO III – Da Organização do Estado

CAPÍTULO I – Da Organização Político-Administrativa

Art. 18.

A organização político-administrativa da República Federativa do Brasil compreende a União, os Estados, o Distrito Federal e os Municípios, todos autônomos, nos termos desta Constituição.

§ 1º Brasília é a Capital Federal.

§ 2º Os Territórios Federais integram a União, e sua criação, transformação em Estado ou reintegração ao Estado de origem serão reguladas em lei complementar.

§ 3º Os Estados podem incorporar-se entre si, subdividir-se ou desmembrar-se para se anexarem a outros, ou formarem novos Estados ou Territórios Federais, mediante aprovação da população diretamente interessada, através de plebiscito, e do Congresso Nacional, por lei complementar.

§ 4º A criação, a incorporação, a fusão e o desmembramento de Municípios, far-se-ão por lei estadual, dentro do período determinado por lei complementar federal, e dependerão de consulta prévia, mediante plebiscito, às populações dos Municípios envolvidos, após divulgação dos Estudos de Viabilidade Municipal, apresentados e publicados na forma da lei.

Art. 19.

É vedado à União, aos Estados, ao Distrito Federal e aos Municípios:

I – estabelecer cultos religiosos ou igrejas, subvencioná-los, embaraçar-lhes o funcionamento ou manter com eles ou seus representantes relações de dependência ou aliança, ressalvada, na forma da lei, a colaboração de interesse público;

II – recusar fé aos documentos públicos;

III – criar distinções entre brasileiros ou preferências entre si.

CAPÍTULO II – Da União

Art. 20.

São bens da União:

I – os que atualmente lhe pertencem e os que lhe vierem a ser atribuídos;

II – as terras devolutas indispensáveis à defesa das fronteiras, das fortificações e construções militares, das vias federais de comunicação e à preservação ambiental, definidas em lei;

III – os lagos, rios e quaisquer correntes de água em terrenos de seu domínio, ou que banhem mais de um Estado, sirvam de limites com outros países, ou se estendam a território estrangeiro ou dele provenham, bem como os terrenos marginais e as praias fluviais;

IV – as ilhas fluviais e lacustres nas zonas limítrofes com outros países; as praias marítimas; as ilhas oceânicas e as costeiras, excluídas, destas, as que contenham a sede de Municípios, exceto aquelas áreas afetadas ao serviço público e a unidade ambiental federal, e as referidas no art. 26, II;

V – os recursos naturais da plataforma continental e da zona econômica exclusiva;

VI – o mar territorial;

VII – os terrenos de marinha e seus acrescidos;

VIII – os potenciais de energia hidráulica;

IX – os recursos minerais, inclusive os do subsolo;

X – as cavidades naturais subterrâneas e os sítios arqueológicos e pré-históricos;

XI – as terras tradicionalmente ocupadas pelos índios.

§ 1º É assegurada, nos termos da lei, aos Estados, ao Distrito Federal e aos Municípios, bem como a órgãos da administração direta da União, participação no resultado da exploração de petróleo ou gás natural, de recursos hídricos para fins de geração de energia elétrica e de outros recursos minerais no respetivo território, plataforma continental, mar territorial ou zona econômica exclusiva, ou compensação financeira por essa exploração.

§ 2º A faixa de até cento e cinquenta quilômetros de largura, ao longo das fronteiras terrestres, designada como faixa de fronteira, é considerada fundamental para defesa do território nacional, e sua ocupação e utilização serão reguladas em lei.

Art. 21.

Compete à União:

I – manter relações com Estados estrangeiros e participar de organizações internacionais;

II – declarar a guerra e celebrar a paz;

III – assegurar a defesa nacional;

IV – permitir, nos casos previstos em lei complementar, que forças estrangeiras transitem pelo território nacional ou nele permaneçam temporariamente;

V – decretar o estado de sítio, o estado de defesa e a intervenção federal;

VI – autorizar e fiscalizar a produção e o comércio de material bélico;

VII – emitir moeda;

VIII – administrar as reservas cambiais do País e fiscalizar as operações de natureza financeira, especialmente as de crédito, câmbio e capitalização, bem como as de seguros e de previdência privada;

IX – elaborar e executar planos nacionais e regionais de ordenação do território e de desenvolvimento econômico e social;

X – manter o serviço postal e o correio aéreo nacional;

XI – explorar, diretamente ou mediante autorização, concessão ou permissão, os serviços de telecomunicações, nos termos da lei, que disporá sobre a organização dos serviços, a criação de um órgão regulador e outros aspetos institucionais;

XII – explorar, diretamente ou mediante autorização, concessão ou permissão:

a) os serviços de radiodifusão sonora e de sons e imagens;

b) os serviços e instalações de energia elétrica e o aproveitamento energético dos cursos de água, em articulação com os Estados onde se situam os potenciais hidroenergéticos;

c) a navegação aérea, aeroespacial e a infraestrutura aeroportuária;

d) os serviços de transporte ferroviário e aquaviário entre portos brasileiros e fronteiras nacionais, ou que transponham os limites de Estado ou Território;

e) os serviços de transporte rodoviário interestadual e internacional de passageiros;

f) os portos marítimos, fluviais e lacustres;

XIII – organizar e manter o Poder Judiciário, o Ministério Público e a Defensoria Pública do Distrito Federal e dos Territórios;

XIV – organizar e manter a polícia civil, a polícia militar e o corpo de bombeiros militar do Distrito Federal, bem como prestar assistência financeira ao Distrito Federal para a execução de serviços públicos, por meio de fundo próprio;

XV – organizar e manter os serviços oficiais de estatística, geografia, geologia e cartografia de âmbito nacional;

XVI – exercer a classificação, para efeito indicativo, de diversões públicas e de programas de rádio e televisão;

XVII – conceder anistia;

XVIII – planejar e promover a defesa permanente contra as calamidades públicas, especialmente as secas e as inundações;

XIX – instituir sistema nacional de gerenciamento de recursos hídricos e definir critérios de outorga de direitos de seu uso;

XX – instituir diretrizes para o desenvolvimento urbano, inclusive habitação, saneamento básico e transportes urbanos;

XXI – estabelecer princípios e diretrizes para o sistema nacional de viação;

XXII – executar os serviços de polícia marítima, aeroportuária e de fronteiras;

XXIII – explorar os serviços e instalações nucleares de qualquer natureza e exercer monopólio estatal sobre a pesquisa, a lavra, o enriquecimento e reprocessamento, a industrialização e o comércio de minérios nucleares e seus derivados, atendidos os seguintes princípios e condições:

a) toda atividade nuclear em território nacional somente será admitida para fins pacíficos e mediante aprovação do Congresso Nacional;

b) sob regime de permissão, são autorizadas a comercialização e a utilização de radioisótopos para a pesquisa e usos médicos, agrícolas e industriais;

c) sob regime de permissão, são autorizadas a produção, comercialização e utilização de radioisótopos de meia-vida igual ou inferior a duas horas;

d) a responsabilidade civil por danos nucleares independe da existência de culpa;

XXIV – organizar, manter e executar a inspeção do trabalho;

XXV – estabelecer as áreas e as condições para o exercício da atividade de garimpagem, em forma associativa.

Art. 22.

Compete privativamente à União legislar sobre:

I – Direito civil, comercial, penal, processual, eleitoral, agrário, marítimo, aeronáutico, espacial e do trabalho;

II – desapropriação;

III – requisições civis e militares, em caso de iminente perigo e em tempo de guerra;

IV – águas, energia, informática, telecomunicações e radiodifusão;

V – serviço postal;

VI – sistema monetário e de medidas, títulos e garantias dos metais;

VII – política de crédito, câmbio, seguros e transferência de valores;

VIII – comércio exterior e interestadual;

IX – diretrizes da política nacional de transportes;

X – regime dos portos, navegação lacustre, fluvial, marítima, aérea e aeroespacial;

XI – trânsito e transporte;

XII – jazidas, minas, outros recursos minerais e metalurgia;

XIII – nacionalidade, cidadania e naturalização;

XIV – populações indígenas;

XV – emigração e imigração, entrada, extradição e expulsão de estrangeiros;

XVI – organização do sistema nacional de emprego e condições para o exercício de profissões;

XVII – organização judiciária, do Ministério Público e da Defensoria Pública do Distrito Federal e dos Territórios, bem como organização administrativa destes;

XVIII – sistema estatístico, sistema cartográfico e de geologia nacionais;

XIX – sistemas de poupança, captação e garantia da poupança popular;

XX – sistemas de consórcios e sorteios;

XXI – normas gerais de organização, efetivos, material bélico, garantias, convocação e mobilização das polícias militares e corpos de bombeiros militares;

XXII – competência da polícia federal e das polícias rodoviária e ferroviária federais;

XXIII – seguridade social;

XXIV – diretrizes e bases da educação nacional;

XXV – registros públicos;

XXVI – atividades nucleares de qualquer natureza;

XXVII – normas gerais de licitação e contratação, em todas as modalidades, para as administrações públicas diretas, autárquicas e fundacionais da União, Estados, Distrito Federal e Municípios, obedecido o disposto no art. 37, XXI, e para as empresas públicas e sociedades de economia mista, nos termos do art. 173, § 1º, III;

XXVIII – defesa territorial, defesa aeroespacial, defesa marítima, defesa civil e mobilização nacional;

XXIX – propaganda comercial.

Parágrafo único. Lei complementar poderá autorizar os Estados a legislar sobre questões específicas das matérias relacionadas neste artigo.

Art. 23.

É competência comum da União, dos Estados, do Distrito Federal e dos Municípios:

I – zelar pela guarda da Constituição, das leis e das instituições democráticas e conservar o patrimônio público;

II – cuidar da saúde e assistência pública, da proteção e garantia das pessoas portadoras de deficiência;

III – proteger os documentos, as obras e outros bens de valor histórico, artístico e cultural, os monumentos, as paisagens naturais notáveis e os sítios arqueológicos;

IV – impedir a evasão, a destruição e a descaracterização de obras de arte e de outros bens de valor histórico, artístico ou cultural;

V – proporcionar os meios de acesso à cultura, à educação e à ciência;

VI – proteger o meio ambiente e combater a poluição em qualquer de suas formas;

VII – preservar as florestas, a fauna e a flora;

VIII – fomentar a produção agropecuária e organizar o abastecimento alimentar;

IX – promover programas de construção de moradias e a melhoria das condições habitacionais e de saneamento básico;

X – combater as causas da pobreza e os fatores de marginalização, promovendo a integração social dos setores desfavorecidos;

XI – registrar, acompanhar e fiscalizar as concessões de direitos de pesquisa e exploração de recursos hídricos e minerais em seus territórios;

XII – estabelecer e implantar política de educação para a segurança do trânsito.

Parágrafo único. Leis complementares fixarão normas para a cooperação entre a União e os Estados, o Distrito Federal e os Municípios, tendo em vista o equilíbrio do desenvolvimento e do bem-estar em âmbito nacional.

Art. 24.

Compete à União, aos Estados e ao Distrito Federal legislar concorrentemente sobre:

I – Direito tributário, financeiro, penitenciário, econômico e urbanístico;

II – orçamento;

III – juntas comerciais;

IV – custas dos serviços forenses;

V – produção e consumo;

VI – florestas, caça, pesca, fauna, conservação da natureza, defesa do solo e dos recursos naturais, proteção do meio ambiente e controle da poluição;

VII – proteção ao patrimônio histórico, cultural, artístico, turístico e paisagístico;

VIII – responsabilidade por dano ao meio ambiente, ao consumidor, a bens e direitos de valor artístico, estético, histórico, turístico e paisagístico;

IX – educação, cultura, ensino e desporto;

X – criação, funcionamento e processo do juizado de pequenas causas;
XI – procedimentos em matéria processual;
XII – previdência social, proteção e defesa da saúde;
XIII – assistência jurídica e defensoria pública;
XIV – proteção e integração social das pessoas portadoras de deficiência;
XV – proteção à infância e à juventude;
XVI – organização, garantias, direitos e deveres das polícias civis.

§ 1º No âmbito da legislação concorrente, a competência da União limitar-se-á a estabelecer normas gerais.

§ 2º A competência da União para legislar sobre normas gerais não exclui a competência suplementar dos Estados.

§ 3º Inexistindo lei federal sobre normas gerais, os Estados exercerão a competência legislativa plena, para atender a suas peculiaridades.

§ 4º A superveniência de lei federal sobre normas gerais suspende a eficácia da lei estadual, no que lhe for contrário.

CAPÍTULO III – Dos Estados Federados

Art. 25.

Os Estados organizam-se e regem-se pelas Constituições e leis que adotarem, observados os princípios desta Constituição.

§ 1º São reservadas aos Estados as competências que não lhes sejam vedadas por esta Constituição.

§ 2º Cabe aos Estados explorar diretamente, ou mediante concessão, os serviços locais de gás canalizado, na forma da lei, vedada a edição de medida provisória para a sua regulamentação.

§ 3º Os Estados poderão, mediante lei complementar, instituir regiões metropolitanas, aglomerações urbanas e microrregiões, constituídas por agrupamentos de Municípios limítrofes, para integrar a organização, o planejamento e a execução de funções públicas de interesse comum.

Art. 26.

Incluem-se entre os bens dos Estados:

I – as águas superficiais ou subterrâneas, fluentes, emergentes e em depósito, ressalvadas, neste caso, na forma da lei, as decorrentes de obras da União;

II – as áreas, nas ilhas oceânicas e costeiras, que estiverem no seu domínio, excluídas aquelas sob domínio da União, Municípios ou terceiros;

III – as ilhas fluviais e lacustres não pertencentes à União;

IV – as terras devolutas não compreendidas entre as da União.

Art. 27.

O número de Deputados à Assembleia Legislativa corresponderá ao triplo da representação do Estado na Câmara dos Deputados e, atingido o número de trinta e seis, será acrescido de tantos quantos forem os Deputados Federais acima de doze.

§ 1º Será de quatro anos o mandato dos Deputados Estaduais, aplicando-se-lhes as regras desta Constituição sobre sistema eleitoral, inviolabilidade, imunidades, remuneração, perda de mandato, licença, impedimentos e incorporação às Forças Armadas.

§ 2º O subsídio dos Deputados Estaduais será fixado por lei de iniciativa da Assembleia Legislativa, na razão de, no máximo, setenta e cinco por cento daquele estabelecido, em espécie, para os Deputados Federais, observado o que dispõem os arts. 39, § 4º, 57, § 7º, 150, II, 153, III, e 153, § 2º, I.

§ 3º Compete às Assembleias Legislativas dispor sobre seu regimento interno, polícia e serviços administrativos de sua secretaria, e prover os respetivos cargos.

§ 4º A lei disporá sobre a iniciativa popular no processo legislativo estadual.

Art. 28.

A eleição do Governador e do Vice-Governador de Estado, para mandato de quatro anos, realizar-se-á no primeiro domingo de outubro, em primeiro turno, e no último domingo de outubro, em segundo turno, se houver, do ano anterior ao do término do mandato de seus antecessores, e a posse ocorrerá em primeiro de janeiro do ano subsequente, observado, quanto ao mais, o disposto no art. 77.

§ 1º Perderá o mandato o Governador que assumir outro cargo ou função na administração pública direta ou indireta, ressalvada a posse em virtude de concurso público e observado o disposto no art. 38, I, IV e V.

§ 2º Os subsídios do Governador, do Vice-Governador e dos Secretários de Estado serão fixados por lei de iniciativa da Assembleia Legislativa, observado o que dispõem os arts. 37, XI, 39, § 4º, 150, II, 153, III, e 153, § 2º, I.

CAPÍTULO IV – Dos Municípios

Art. 29.

O Município reger-se-á por lei orgânica, votada em dois turnos, com o interstício mínimo de dez dias, e aprovada por dois terços dos membros da Câmara Municipal, que a promulgará, atendidos os princípios estabelecidos nesta Constituição, na Constituição do respetivo Estado e os seguintes preceitos:

I – eleição do Prefeito, do Vice-Prefeito e dos Vereadores, para mandato de quatro anos, mediante pleito direto e simultâneo realizado em todo o País;

II – eleição do Prefeito e do Vice-Prefeito realizada no primeiro domingo de outubro do ano anterior ao término do mandato dos que devam suceder, aplicadas as regras do art. 77 no caso de Municípios com mais de duzentos mil eleitores;

III – posse do Prefeito e do Vice-Prefeito no dia 1º de janeiro do ano subsequente ao da eleição;

IV – para a composição das Câmaras Municipais, será observado o limite máximo de:

a) 9 (nove) Vereadores, nos Municípios de até 15.000 (quinze mil) habitantes;

b) 11 (onze) Vereadores, nos Municípios de mais de 15.000 (quinze mil) habitantes e de até 30.000 (trinta mil) habitantes;

c) 13 (treze) Vereadores, nos Municípios com mais de 30.000 (trinta mil) habitantes e de até 50.000 (cinquenta mil) habitantes;

d) 15 (quinze) Vereadores, nos Municípios de mais de 50.000 (cinquenta mil) habitantes e de até 80.000 (oitenta mil) habitantes;

e) 17 (dezessete) Vereadores, nos Municípios de mais de 80.000 (oitenta mil) habitantes e de até 120.000 (cento e vinte mil) habitantes;

f) 19 (dezenove) Vereadores, nos Municípios de mais de 120.000 (cento e vinte mil) habitantes e de até 160.000 (cento sessenta mil) habitantes;

g) 21 (vinte e um) Vereadores, nos Municípios de mais de 160.000 (cento e sessenta mil) habitantes e de até 300.000 (trezentos mil) habitantes;

h) 23 (vinte e três) Vereadores, nos Municípios de mais de 300.000 (trezentos mil) habitantes e de até 450.000 (quatrocentos e cinquenta mil) habitantes;

i) 25 (vinte e cinco) Vereadores, nos Municípios de mais de 450.000 (quatrocentos e cinquenta mil) habitantes e de até 600.000 (seiscentos mil) habitantes;

j) 27 (vinte e sete) Vereadores, nos Municípios de mais de 600.000 (seiscentos mil) habitantes e de até 750.000 (setecentos cinquenta mil) habitantes;

k) 29 (vinte e nove) Vereadores, nos Municípios de mais de 750.000 (setecentos e cinquenta mil) habitantes e de até 900.000 (novecentos mil) habitantes;

l) 31 (trinta e um) Vereadores, nos Municípios de mais de 900.000 (novecentos mil) habitantes e de até 1.050.000 (um milhão e cinquenta mil) habitantes;

m) 33 (trinta e três) Vereadores, nos Municípios de mais de 1.050.000 (um milhão e cinquenta mil) habitantes e de até 1.200.000 (um milhão e duzentos mil) habitantes;

n) 35 (trinta e cinco) Vereadores, nos Municípios de mais de 1.200.000 (um milhão e duzentos mil) habitantes e de até 1.350.000 (um milhão e trezentos e cinquenta mil) habitantes;

o) 37 (trinta e sete) Vereadores, nos Municípios de 1.350.000 (um milhão e trezentos e cinquenta mil) habitantes e de até 1.500.000 (um milhão e quinhentos mil) habitantes;

p) 39 (trinta e nove) Vereadores, nos Municípios de mais de 1.500.000 (um milhão e quinhentos mil) habitantes e de até 1.800.000 (um milhão e oitocentos mil) habitantes;

q) 41 (quarenta e um) Vereadores, nos Municípios de mais de 1.800.000 (um milhão e oitocentos mil) habitantes e de até 2.400.000 (dois milhões e quatrocentos mil) habitantes;

r) 43 (quarenta e três) Vereadores, nos Municípios de mais de 2.400.000 (dois milhões e quatrocentos mil) habitantes e de até 3.000.000 (três milhões) de habitantes;

s) 45 (quarenta e cinco) Vereadores, nos Municípios de mais de 3.000.000 (três milhões) de habitantes e de até 4.000.000 (quatro milhões) de habitantes;

t) 47 (quarenta e sete) Vereadores, nos Municípios de mais de 4.000.000 (quatro milhões) de habitantes e de até 5.000.000 (cinco milhões) de habitantes;

u) 49 (quarenta e nove) Vereadores, nos Municípios de mais de 5.000.000 (cinco milhões) de habitantes e de até 6.000.000 (seis milhões) de habitantes;

v) 51 (cinquenta e um) Vereadores, nos Municípios de mais de 6.000.000 (seis milhões) de habitantes e de até 7.000.000 (sete milhões) de habitantes;

w) 53 (cinquenta e três) Vereadores, nos Municípios de mais de 7.000.000 (sete milhões) de habitantes e de até 8.000.000 (oito milhões) de habitantes; e

x) 55 (cinquenta e cinco) Vereadores, nos Municípios de mais de 8.000.000 (oito milhões) de habitantes;

V – subsídios do Prefeito, do Vice-Prefeito e dos Secretários Municipais fixados por lei de iniciativa da Câmara Municipal, observado o que dispõem os arts. 37, XI, 39, § 4º, 150, II, 153, III, e 153, § 2º, I;

VI – o subsídio dos Vereadores será fixado pelas respetivas Câmaras Municipais em cada legislatura para a subsequente, observado o que dispõe esta Constituição, observados os critérios estabelecidos na respetiva Lei Orgânica e os seguintes limites máximos:

a) em Municípios de até dez mil habitantes, o subsídio máximo dos Vereadores corresponderá a vinte por cento do subsídio dos Deputados Estaduais;

b) em Municípios de dez mil e um a cinquenta mil habitantes, o subsídio máximo dos Vereadores corresponderá a trinta por cento do subsídio dos Deputados Estaduais;

c) em Municípios de cinquenta mil e um a cem mil habitantes, o subsídio máximo dos Vereadores corresponderá a quarenta por cento do subsídio dos Deputados Estaduais;

d) em Municípios de cem mil e um a trezentos mil habitantes, o subsídio máximo dos Vereadores corresponderá a cinquenta por cento do subsídio dos Deputados Estaduais;

e) em Municípios de trezentos mil e um a quinhentos mil habitantes, o subsídio máximo dos Vereadores corresponderá a sessenta por cento do subsídio dos Deputados Estaduais;

f) em Municípios de mais de quinhentos mil habitantes, o subsídio máximo dos Vereadores corresponderá a setenta e cinco por cento do subsídio dos Deputados Estaduais;

VII – o total da despesa com a remuneração dos Vereadores não poderá ultrapassar o montante de cinco por cento da receita do Município;

VIII – inviolabilidade dos Vereadores por suas opiniões, palavras e votos no exercício do mandato e na circunscrição do Município;

IX – proibições e incompatibilidades, no exercício da vereança, similares, no que couber, ao disposto nesta Constituição para os membros do Congresso Nacional e na Constituição do respetivo Estado para os membros da Assembleia Legislativa;

X – julgamento do Prefeito perante o Tribunal de Justiça;

XI – organização das funções legislativas e fiscalizadoras da Câmara Municipal;

XII – cooperação das associações representativas no planejamento municipal;

XIII – iniciativa popular de projetos de lei de interesse específico do Município, da cidade ou de bairros, através de manifestação de, pelo menos, cinco por cento do eleitorado;

XIV – perda do mandato do Prefeito, nos termos do art. 28, parágrafo único.

Art. 29-A.

O total da despesa do Poder Legislativo Municipal, incluídos os subsídios dos Vereadores e excluídos os gastos com inativos, não poderá ultrapassar os seguintes percentuais, relativos ao somatório da receita tributária e das transferências previstas no § 5º do art. 153 e nos arts. 158 e 159, efetivamente realizado no exercício anterior:

I – 7% (sete por cento) para Municípios com população de até 100.000 (cem mil) habitantes;

II – 6% (seis por cento) para Municípios com população entre 100.000 (cem mil) e 300.000 (trezentos mil) habitantes;

III – 5% (cinco por cento) para Municípios com população entre 300.001 (trezentos mil e um) e 500.000 (quinhentos mil) habitantes;

IV – 4,5% (quatro inteiros e cinco décimos por cento) para Municípios com população entre 500.001 (quinhentos mil e um) e 3.000.000 (três milhões) de habitantes;

V – 4% (quatro por cento) para Municípios com população entre 3.000.001 (três milhões e um) e 8.000.000 (oito milhões) de habitantes;

VI – 3,5% (três inteiros e cinco décimos por cento) para Municípios com população acima de 8.000.001 (oito milhões e um) habitantes.

§ 1º A Câmara Municipal não gastará mais de setenta por cento de sua receita com folha de pagamento, incluído o gasto com o subsídio de seus Vereadores.

§ 2º Constitui crime de responsabilidade do Prefeito Municipal:

I – efetuar repasse que supere os limites definidos neste artigo;

II – não enviar o repasse até o dia vinte de cada mês; ou

III – enviá-lo a menor em relação à proporção fixada na Lei Orçamentária.

§ 3º Constitui crime de responsabilidade do Presidente da Câmara Municipal o desrespeito ao § 1º deste artigo.

Art. 30.

Compete aos Municípios:

I – legislar sobre assuntos de interesse local;

II – suplementar a legislação federal e a estadual no que couber;

III – instituir e arrecadar os tributos de sua competência, bem como aplicar suas rendas, sem prejuízo da obrigatoriedade de prestar contas e publicar balancetes nos prazos fixados em lei;

IV – criar, organizar e suprimir Distritos, observada a legislação estadual;

V – organizar e prestar, diretamente ou sob regime de concessão ou permissão, os serviços públicos de interesse local, incluído o de transporte coletivo, que tem caráter essencial;

VI – manter, com a cooperação técnica e financeira da União e do Estado, programas de educação infantil e de ensino fundamental;

VII – prestar, com a cooperação técnica e financeira da União e do Estado, serviços de atendimento à saúde da população;

VIII – promover, no que couber, adequado ordenamento territorial, mediante planejamento e controle do uso, do parcelamento e da ocupação do solo urbano;

IX – promover a proteção do patrimônio histórico-cultural local, observada a legislação e a ação fiscalizadora federal e estadual.

Art. 31.

A fiscalização do Município será exercida pelo Poder Legislativo municipal, mediante controle externo, e pelos sistemas de controle interno do Poder Executivo municipal, na forma da lei.

§ 1º O controle externo da Câmara Municipal será exercido com o auxílio dos Tribunais de Contas dos Estados ou do Município ou dos Conselhos ou Tribunais de Contas dos Municípios, onde houver.

§ 2º O parecer prévio, emitido pelo órgão competente, sobre as contas que o Prefeito deve anualmente prestar, só deixará de prevalecer por decisão de dois terços dos membros da Câmara Municipal.

§ 3º As contas dos Municípios ficarão, durante sessenta dias, anualmente, à disposição de qualquer contribuinte, para exame e apreciação, o qual poderá questionar-lhes a legitimidade, nos termos da lei.

§ 4º É vedada a criação de tribunais, Conselhos ou órgãos de contas municipais.

CAPÍTULO V – Do Distrito Federal e dos Territórios

SEÇÃO I – Do Distrito Federal

Art. 32.

O Distrito Federal, vedada sua divisão em Municípios, reger-se-á por lei orgânica, votada em dois turnos com interstício mínimo de dez dias, e aprovada por dois terços da Câmara Legislativa, que a promulgará, atendidos os princípios estabelecidos nesta Constituição.

§ 1º Ao Distrito Federal são atribuídas as competências legislativas reservadas aos Estados e Municípios.

§ 2º A eleição do Governador e do Vice-Governador, observadas as regras do art. 77, e dos Deputados Distritais coincidirá com a dos Governadores e Deputados Estaduais, para mandato de igual duração.

§ 3º Aos Deputados Distritais e à Câmara Legislativa aplica-se o disposto no art. 27.

§ 4º Lei federal disporá sobre a utilização, pelo Governo do Distrito Federal, das polícias civil e militar e do corpo de bombeiros militar.

SEÇÃO II – Dos Territórios

Art. 33.

A lei disporá sobre a organização administrativa e judiciária dos Territórios.

§ 1º Os Territórios poderão ser divididos em Municípios, aos quais se aplicará, no que couber, o disposto no Capítulo IV deste Título.

§ 2º As contas do Governo do Território serão submetidas ao Congresso Nacional, com parecer prévio do Tribunal de Contas da União.

§ 3º Nos Territórios Federais com mais de cem mil habitantes, além do Governador, nomeado na forma desta Constituição, haverá órgãos judiciários de primeira e segunda instâncias, membros do Ministério Público e defensores públicos federais; a lei disporá sobre as eleições para a Câmara Territorial e sua competência deliberativa.

CAPÍTULO VI – Da Intervenção

Art. 34.

A União não intervirá nos Estados nem no Distrito Federal, exceto para:

I – manter a integridade nacional;

II – repelir invasão estrangeira ou de uma unidade da Federação em outra;

III – pôr termo a grave comprometimento da ordem pública;

IV – garantir o livre exercício de qualquer dos Poderes nas unidades da Federação;

V – reorganizar as finanças da unidade da Federação que:

a) suspender o pagamento da dívida fundada por mais de dois anos consecutivos, salvo motivo de força maior;

b) deixar de entregar aos Municípios receitas tributárias fixadas nesta Constituição dentro dos prazos estabelecidos em lei;

VI – prover a execução de lei federal, ordem ou decisão judicial;

VII – assegurar a observância dos seguintes princípios constitucionais:

a) forma republicana, sistema representativo e regime democrático;

b) direitos da pessoa humana;

c) autonomia municipal;

d) prestação de contas da administração pública, direta e indireta;

e) aplicação do mínimo exigido da receita resultante de impostos estaduais, compreendida a proveniente de transferências, na manutenção e desenvolvimento do ensino e nas ações e serviços públicos de saúde.

Art. 35.

O Estado não intervirá em seus Municípios, nem a União nos Municípios localizados em Território Federal, exceto quando:

I – deixar de ser paga, sem motivo de força maior, por dois anos consecutivos, a dívida fundada;

II – não forem prestadas contas devidas, na forma da lei;

III – não tiver sido aplicado o mínimo exigido da receita municipal na manutenção e desenvolvimento do ensino e nas ações e serviços públicos de saúde;

IV – o Tribunal de Justiça der provimento a representação para assegurar a observância de princípios indicados na Constituição estadual, ou para prover a execução de lei, de ordem ou de decisão judicial.

Art. 36.

A decretação da intervenção dependerá:

I – no caso do art. 34, IV, de solicitação do Poder Legislativo ou do Poder Executivo coato ou impedido, ou de requisição do Supremo Tribunal Federal, se a coação for exercida contra o Poder Judiciário;

II – no caso de desobediência a ordem ou decisão judiciária, de requisição do Supremo Tribunal Federal, do Superior Tribunal de Justiça ou do Tribunal Superior Eleitoral;

III – de provimento, pelo Supremo Tribunal Federal, de representação do Procurador-Geral da República, na hipótese do art. 34, VII, e no caso de recusa à execução de lei federal.

IV – (Revogado).

§ 1º O decreto de intervenção, que especificará a amplitude, o prazo e as condições de execução e que, se couber, nomeará o interventor, será submetido à apreciação do Congresso Nacional ou da Assembleia Legislativa do Estado, no prazo de vinte e quatro horas.

§ 2º Se não estiver funcionando o Congresso Nacional ou a Assembleia Legislativa, far-se-á convocação extraordinária, no mesmo prazo de vinte e quatro horas.

§ 3º Nos casos do art. 34, VI e VII, ou do art. 35, IV, dispensada a apreciação pelo Congresso Nacional ou pela Assembleia Legislativa, o decreto limitar-se-á a suspender a execução do ato impugnado, se essa medida bastar ao restabelecimento da normalidade.

§ 4º Cessados os motivos da intervenção, as autoridades afastadas de seus cargos a estes voltarão, salvo impedimento legal.

CAPÍTULO VII – Da Administração Pública

SEÇÃO I – Disposições Gerais

Art. 37.

A administração pública direta e indireta de qualquer dos Poderes da União, dos Estados, do Distrito Federal e dos Municípios obedecerá aos princípios de legalidade, impessoalidade, moralidade, publicidade e eficiência e, também, ao seguinte:

I – os cargos, empregos e funções públicas são acessíveis aos brasileiros que preencham os requisitos estabelecidos em lei, assim como aos estrangeiros, na forma da lei;

II – a investidura em cargo ou emprego público depende de aprovação prévia em concurso público de provas ou de provas e títulos, de acordo com a natureza e a complexidade do cargo ou emprego, na forma prevista em lei, ressalvadas as nomeações para cargo em comissão declarado em lei de livre nomeação e exoneração;

III – o prazo de validade do concurso público será de até dois anos, prorrogável uma vez, por igual período;

IV – durante o prazo improrrogável previsto no edital de convocação, aquele aprovado em concurso público de provas ou de provas e títulos será convocado com prioridade sobre novos concursados para assumir cargo ou emprego, na carreira;

V – as funções de confiança, exercidas exclusivamente por servidores ocupantes de cargo efetivo, e os cargos em comissão, a serem preenchidos por servidores de carreira nos casos, condições e percentuais mínimos previstos em lei, destinam-se apenas às atribuições de direção, chefia e assessoramento;

VI – é garantido ao servidor público civil o direito à livre associação sindical;

VII – o direito de greve será exercido nos termos e nos limites definidos em lei específica;

VIII – a lei reservará percentual dos cargos e empregos públicos para as pessoas portadoras de deficiência e definirá os critérios de sua admissão;

IX – a lei estabelecerá os casos de contratação por tempo determinado para atender a necessidade temporária de excecional interesse público;

X – a remuneração dos servidores públicos e o subsídio de que trata o § 4º do art. 39 somente poderão ser fixados ou alterados por lei específica, observada a iniciativa privativa em cada caso, assegurada revisão geral anual, sempre na mesma data e sem distinção de índices;

XI – a remuneração e o subsídio dos ocupantes de cargos, funções e empregos públicos da administração direta, autárquica e fundacional, dos membros de qualquer dos Poderes da União, dos Estados, do Distrito Federal e dos Municípios, dos detentores de mandato eletivo e dos demais agentes políticos e os proventos, pensões ou outra espécie remuneratória, percebidos cumulativamente ou não, incluídas as vantagens pessoais ou de qualquer outra natureza, não poderão exceder o subsídio mensal, em espécie, dos Ministros do Supremo Tribunal Federal, aplicando-se como limite, nos Municípios, o subsídio do Prefeito, e nos Estados e no Distrito Federal, o subsídio mensal do Governador no âmbito do Poder Executivo, o subsídio dos Deputados Estaduais e Distritais no âmbito do Poder Legislativo e o subsídio dos Desembargadores do Tribunal de Justiça, limitado a noventa inteiros e vinte e cinco centésimos por cento do subsídio mensal, em espécie, dos Ministros do Supremo Tribunal Federal, no âmbito do Poder Judiciário, aplicável este limite aos membros do Ministério Público, aos Procuradores e aos Defensores Públicos;

XII – os vencimentos dos cargos do Poder Legislativo e do Poder Judiciário não poderão ser superiores aos pagos pelo Poder Executivo;

XIII – é vedada a vinculação ou equiparação de quaisquer espécies remuneratórias para o efeito de remuneração de pessoal do serviço público;

XIV – os acréscimos pecuniários percebidos por servidor público não serão computados nem acumulados para fins de concessão de acréscimos ulteriores;

XV – o subsídio e os vencimentos dos ocupantes de cargos e empregos públicos são irredutíveis, ressalvado o disposto nos incisos XI e XIV deste artigo e nos arts. 39, § 4º, 150, II, 153, III, e 153, § 2º, I;

XVI – é vedada a acumulação remunerada de cargos públicos, exceto, quando houver compatibilidade de horários, observado em qualquer caso o disposto no inciso XI:

a) a de dois cargos de professor;

b) a de um cargo de professor com outro, técnico ou científico;

c) a de dois cargos ou empregos privativos de profissionais de saúde, com profissões regulamentadas;

XVII – a proibição de acumular estende-se a empregos e funções e abrange autarquias, fundações, empresas públicas, sociedades de economia mista, suas subsidiárias, e sociedades controladas, direta ou indiretamente, pelo poder público;

XVIII – a administração fazendária e seus servidores fiscais terão, dentro de suas áreas de competência e jurisdição, precedência sobre os demais setores administrativos, na forma da lei;

XIX – somente por lei específica poderá ser criada autarquia e autorizada a instituição de empresa pública, de sociedade de economia mista e de fundação, cabendo à lei complementar, neste último caso, definir as áreas de sua atuação;

XX – depende de autorização legislativa, em cada caso, a criação de subsidiárias das entidades mencionadas no inciso anterior, assim como a participação de qualquer delas em empresa privada;

XXI – ressalvados os casos especificados na legislação, as obras, serviços, compras e alienações serão contratados mediante processo de licitação pública que assegure igualdade de condições a todos os concorrentes, com cláusulas que estabeleçam obrigações de pagamento, mantidas as condições efetivas da proposta, nos termos da lei, o qual somente permitirá as exigências de qualificação técnica e econômica indispensáveis à garantia do cumprimento das obrigações.

XXII – as administrações tributárias da União, dos Estados, do Distrito Federal e dos Municípios, atividades essenciais ao funcionamento do Estado, exercidas por servidores de carreiras específicas, terão recursos prioritários para a realização de suas atividades e atuarão de forma integrada, inclusive com o compartilhamento de cadastros e de informações fiscais, na forma da lei ou convênio.

§ 1º A publicidade dos atos, programas, obras, serviços e campanhas dos órgãos públicos deverá ter caráter educativo, informativo ou de orientação social, dela não podendo constar nomes, símbolos ou imagens que caracterizem promoção pessoal de autoridades ou servidores públicos.

§ 2º A não-observância do disposto nos incisos II e III implicará a nulidade do ato e a punição da autoridade responsável, nos termos da lei.

§ 3º A lei disciplinará as formas de participação do usuário na administração pública direta e indireta, regulando especialmente:

I – as reclamações relativas à prestação dos serviços públicos em geral, asseguradas a manutenção de serviços de atendimento ao usuário e a avaliação periódica, externa e interna, da qualidade dos serviços;

II – o acesso dos usuários a registros administrativos e a informações sobre atos de governo, observado o disposto no art. 5º, X e XXXIII;

III – a disciplina da representação contra o exercício negligente ou abusivo de cargo, emprego ou função na administração pública.

§ 4º Os atos de improbidade administrativa importarão a suspensão dos direitos políticos, a perda da função pública, a indisponibilidade dos bens e o ressarcimento ao erário, na forma e gradação previstas em lei, sem prejuízo da ação penal cabível.

§ 5º A lei estabelecerá os prazos de prescrição para ilícitos praticados por qualquer agente, servidor ou não, que causem prejuízos ao erário, ressalvadas as respetivas ações de ressarcimento.

§ 6º As pessoas jurídicas de Direito Público e as de Direito Privado prestadoras de serviços públicos responderão pelos danos que seus agentes, nessa qualidade, causarem a terceiros, assegurado o direito de regresso contra o responsável nos casos de dolo ou culpa.

§ 7º A lei disporá sobre os requisitos e as restrições ao ocupante de cargo ou emprego da administração direta e indireta que possibilite o acesso a informações privilegiadas.

§ 8º A autonomia gerencial, orçamentária e financeira dos órgãos e entidades da administração direta e indireta poderá ser ampliada mediante contrato, a ser firmado entre seus administradores e o poder público, que tenha por objeto a fixação de metas de desempenho para o órgão ou entidade, cabendo à lei dispor sobre:

I – o prazo de duração do contrato;

II – os controles e critérios de avaliação de desempenho, direitos, obrigações e responsabilidade dos dirigentes;

III – a remuneração do pessoal.

§ 9º O disposto no inciso XI aplica-se às empresas públicas e às sociedades de economia mista e suas subsidiárias, que receberem recursos da União, dos Estados, do Distrito Federal ou dos Municípios para pagamento de despesas de pessoal ou de custeio em geral.

§ 10. É vedada a perceção simultânea de proventos de aposentadoria decorrentes do art. 40 ou dos arts. 42 e 142 com a remuneração de cargo, emprego ou função pública, ressalvados os cargos acumuláveis na forma desta Constituição, os cargos eletivos e os cargos em comissão declarados em lei de livre nomeação e exoneração.

§ 11. Não serão computadas, para efeito dos limites remuneratórios de que trata o inciso XI do caput deste artigo, as parcelas de caráter indenizatório previstas em lei.

§ 12. Para os fins do disposto no inciso XI do caput deste artigo, fica facultado aos Estados e ao Distrito Federal fixar, em seu âmbito, mediante emenda às respetivas Constituições e Lei Orgânica, como limite único, o subsídio mensal dos Desembargadores do respetivo Tribunal de Justiça, limitado a noventa inteiros e vinte e cinco centésimos por cento do subsídio mensal dos Ministros do Supremo Tribunal Federal, não se aplicando o disposto neste parágrafo aos subsídios dos Deputados Estaduais e Distritais e dos Vereadores.

Art. 38.

Ao servidor público da administração direta, autárquica e fundacional, no exercício de mandato eletivo, aplicam-se as seguintes disposições:

I – tratando-se de mandato eletivo federal, estadual ou distrital, ficará afastado de seu cargo, emprego ou função;

II – investido no mandato de Prefeito, será afastado do cargo, emprego ou função, sendo-lhe facultado optar pela sua remuneração;

III – investido no mandato de Vereador, havendo compatibilidade de horários, perceberá as vantagens de seu cargo, emprego ou função, sem prejuízo da remuneração do cargo eletivo, e, não havendo compatibilidade, será aplicada a norma do inciso anterior;

IV – em qualquer caso que exija o afastamento para o exercício de mandato eletivo, seu tempo de serviço será contado para todos os efeitos legais, exceto para promoção por merecimento;

V – para efeito de benefício previdenciário, no caso de afastamento, os valores serão determinados como se no exercício estivesse.

SEÇÃO II – Dos Servidores Públicos

Art. 39.

A União, os Estados, o Distrito Federal e os Municípios instituirão conselho de política de administração e remuneração de pessoal, integrado por servidores designados pelos respetivos Poderes.

§ 1º A fixação dos padrões de vencimento e dos demais componentes do sistema remuneratório observará:

I – a natureza, o grau de responsabilidade e a complexidade dos cargos componentes de cada carreira;

II – os requisitos para a investidura;

III – as peculiaridades dos cargos.

§ 2º A União, os Estados e o Distrito Federal manterão escolas de governo para a formação e o aperfeiçoamento dos servidores públicos, constituindo-se a participação nos cursos um dos requisitos para a promoção na carreira, facultada, para isso, a celebração de convênios ou contratos entre os entes federados.

§ 3º Aplica-se aos servidores ocupantes de cargo público o disposto no art. 7º, IV, VII, VIII, IX, XII, XIII, XV, XVI, XVII, XVIII, XIX, XX, XXII e XXX, podendo a lei estabelecer requisitos diferenciados de admissão quando a natureza do cargo o exigir.

§ 4º O membro de Poder, o detentor de mandato eletivo, os Ministros de Estado e os Secretários Estaduais e Municipais serão remunerados exclusivamente por subsídio fixado em parcela única, vedado o acréscimo de qualquer gratificação, adicional, abono, prêmio, verba de representação ou outra espécie remuneratória, obedecido, em qualquer caso, o disposto no art. 37, X e XI.

§ 5º Lei da União, dos Estados, do Distrito Federal e dos Municípios poderá estabelecer a relação entre a maior e a menor remuneração dos servidores públicos, obedecido, em qualquer caso, o disposto no art. 37, XI.

§ 6º Os Poderes Executivo, Legislativo e Judiciário publicarão anualmente os valores do subsídio e da remuneração dos cargos e empregos públicos.

§ 7º Lei da União, dos Estados, do Distrito Federal e dos Municípios disciplinará a aplicação de recursos orçamentários provenientes da economia com despesas correntes em cada órgão, autarquia e fundação, para aplicação no desenvolvimento de programas de qualidade e produtividade, treinamento e desenvolvimento, modernização, reaparelhamento e racionalização do serviço público, inclusive sob a forma de adicional ou prêmio de produtividade.

§ 8º A remuneração dos servidores públicos organizados em carreira poderá ser fixada nos termos do § 4º.

Art. 40.

Aos servidores titulares de cargos efetivos da União, dos Estados, do Distrito Federal e dos Municípios, incluídas suas autarquias e fundações, é assegurado regime de previdência de caráter contributivo e solidário, mediante contribuição do respetivo ente público, dos servidores ativos e inativos e dos pensionistas, observados critérios que preservem o equilíbrio financeiro e atuarial e o disposto neste artigo.

§ 1º Os servidores abrangidos pelo regime de previdência de que trata este artigo serão aposentados, calculados os seus proventos a partir dos valores fixados na forma dos §§ 3º e 17:

I – por invalidez permanente, sendo os proventos proporcionais ao tempo de contribuição, exceto se decorrente de acidente em serviço, moléstia profissional ou doença grave, contagiosa ou incurável, na forma da lei;

II – compulsoriamente, aos setenta anos de idade, com proventos proporcionais ao tempo de contribuição;

III – voluntariamente, desde que cumprido tempo mínimo de dez anos de efetivo exercício no serviço público e cinco anos no cargo efetivo em que se dará a aposentadoria, observadas as seguintes condições:

a) sessenta anos de idade e trinta e cinco de contribuição, se homem, e cinquenta e cinco anos de idade e trinta de contribuição, se mulher;

b) sessenta e cinco anos de idade, se homem, e sessenta anos de idade, se mulher, com proventos proporcionais ao tempo de contribuição.

§ 2º Os proventos de aposentadoria e as pensões, por ocasião de sua concessão, não poderão exceder a remuneração do respetivo servidor, no cargo efetivo em que se deu a aposentadoria ou que serviu de referência para a concessão da pensão.

§ 3º Para o cálculo dos proventos de aposentadoria, por ocasião da sua concessão, serão consideradas as remunerações utilizadas como base para as contribuições do servidor aos regimes de previdência de que tratam este artigo e o art. 201, na forma da lei.

§ 4º É vedada a adoção de requisitos e critérios diferenciados para a concessão de aposentadoria aos abrangidos pelo regime de que trata este artigo, ressalvados, nos termos definidos em leis complementares, os casos de servidores:

I – portadores de deficiência;

II – que exerçam atividades de risco;

III – cujas atividades sejam exercidas sob condições especiais que prejudiquem a saúde ou a integridade física.

§ 5º Os requisitos de idade e de tempo de contribuição serão reduzidos em cinco anos, em relação ao disposto no § 1º, III, a, para o professor que comprove exclusivamente tempo de efetivo exercício das funções de magistério na educação infantil e no ensino fundamental e médio.

§ 6º Ressalvadas as aposentadorias decorrentes dos cargos acumuláveis na forma desta Constituição, é vedada a perceção de mais de uma aposentadoria à conta do regime de previdência previsto neste artigo.

§ 7º Lei disporá sobre a concessão do benefício de pensão por morte, que será igual:

I – ao valor da totalidade dos proventos do servidor falecido, até o limite máximo estabelecido para os benefícios do regime geral de previdência social de que trata o art. 201, acrescido de setenta por cento da parcela excedente a este limite, caso aposentado à data do óbito; ou

II – ao valor da totalidade da remuneração do servidor no cargo efetivo em que se deu o falecimento, até o limite máximo estabelecido para os benefícios do regime geral de previdência social de que trata o art. 201, acrescido de setenta por cento da parcela excedente a este limite, caso em atividade na data do óbito.

§ 8º É assegurado o reajustamento dos benefícios para preservar-lhes, em caráter permanente, o valor real, conforme critérios estabelecidos em lei.

§ 9º O tempo de contribuição federal, estadual ou municipal será contado para efeito de aposentadoria e o tempo de serviço correspondente para efeito de disponibilidade.

§ 10. A lei não poderá estabelecer qualquer forma de contagem de tempo de contribuição fictício.

§ 11. Aplica-se o limite fixado no art. 37, XI, à soma total dos proventos de inatividade, inclusive quando decorrentes da acumulação de cargos ou empregos públicos, bem como de outras atividades sujeitas a contribuição para o regime geral de previdência social, e ao montante resultante da adição de proventos de inatividade com remuneração de cargo acumulável na forma desta Constituição, cargo em comissão declarado em lei de livre nomeação e exoneração, e de cargo eletivo.

§ 12. Além do disposto neste artigo, o regime de previdência dos servidores públicos titulares de cargo efetivo observará, no que couber, os requisitos e critérios fixados para o regime geral de previdência social.

§ 13. Ao servidor ocupante, exclusivamente, de cargo em comissão declarado em lei de livre nomeação e exoneração bem como de outro cargo temporário ou de emprego público, aplica-se o regime geral de previdência social.

§ 14. A União, os Estados, o Distrito Federal e os Municípios, desde que instituam regime de previdência complementar para os seus respetivos servidores titulares de cargo efetivo, poderão fixar, para o valor das aposentadorias e pensões a serem concedidas pelo regime de que trata este artigo, o limite máximo estabelecido para os benefícios do regime geral de previdência social de que trata o art. 201.

§ 15. O regime de previdência complementar de que trata o § 14 será instituído por lei de iniciativa do respetivo Poder Executivo, observado o disposto no art. 202 e seus parágrafos, no que couber, por intermédio de entidades fechadas de previdência complementar, de natureza pública, que oferecerão aos respetivos participantes planos de benefícios somente na modalidade de contribuição definida.

§ 16. Somente mediante sua prévia e expressa opção, o disposto nos §§ 14 e 15 poderá ser aplicado ao servidor que tiver ingressado no serviço público até a data da publicação do ato de instituição do correspondente regime de previdência complementar.

§ 17. Todos os valores de remuneração considerados para o cálculo do benefício previsto no § 3° serão devidamente atualizados, na forma da lei.

§ 18. Incidirá contribuição sobre os proventos de aposentadorias e pensões concedidas pelo regime de que trata este artigo que superem o limite máximo estabelecido para os benefícios do regime geral de previdência social de que trata o art. 201, com percentual igual ao estabelecido para os servidores titulares de cargos efetivos.

§ 19. O servidor de que trata este artigo que tenha completado as exigências para aposentadoria voluntária estabelecidas no § 1º, III, a, e que opte por permanecer em atividade fará jus a um abono de permanência equivalente ao valor da sua contribuição previdenciária até completar as exigências para aposentadoria compulsória contidas no § 1º, II.

§ 20. Fica vedada a existência de mais de um regime próprio de previdência social para os servidores titulares de cargos efetivos, e de mais de uma unidade gestora do respetivo regime em cada ente estatal, ressalvado o disposto no art. 142, § 3º, X.

§ 21. A contribuição prevista no § 18 deste artigo incidirá apenas sobre as parcelas de proventos de aposentadoria e de pensão que superem o dobro do limite máximo estabelecido para os benefícios do regime geral de previdência social de que trata o art. 201 desta Constituição, quando o beneficiário, na forma da lei, for portador de doença incapacitante.

Art. 41.

São estáveis após três anos de efetivo exercício os servidores nomeados para cargo de provimento efetivo em virtude de concurso público.

§ 1º O servidor público estável só perderá o cargo:

I – em virtude de sentença judicial transitada em julgado;

II – mediante processo administrativo em que lhe seja assegurada ampla defesa;

III – mediante procedimento de avaliação periódica de desempenho, na forma de lei complementar, assegurada ampla defesa.

§ 2º Invalidada por sentença judicial a demissão do servidor estável, será ele reintegrado, e o eventual ocupante da vaga, se estável, reconduzido ao cargo de origem, sem direito a indenização, aproveitado em outro cargo ou posto em disponibilidade com remuneração proporcional ao tempo de serviço.

§ 3º Extinto o cargo ou declarada a sua desnecessidade, o servidor estável ficará em disponibilidade, com remuneração proporcional ao tempo de serviço, até seu adequado aproveitamento em outro cargo.

§ 4º Como condição para a aquisição da estabilidade, é obrigatória a avaliação especial de desempenho por comissão instituída para essa finalidade.

SEÇÃO III – Dos Militares dos Estados, do Distrito Federal e dos Territórios

Art. 42.

Os membros das Polícias Militares e Corpos de Bombeiros Militares, instituições organizadas com base na hierarquia e disciplina, são militares dos Estados, do Distrito Federal e dos Territórios.

§ 1º Aplicam-se aos militares dos Estados, do Distrito Federal e dos Territórios, além do que vier a ser fixado em lei, as disposições do art. 14, § 8º; do art. 40, § 9º; e do art. 142, §§ 2º e 3º, cabendo a lei estadual específica dispor sobre as matérias do art. 142, § 3º, inciso X, sendo as patentes dos oficiais conferidas pelos respetivos governadores.

§ 2º Aos pensionistas dos militares dos Estados, do Distrito Federal e dos Territórios aplica-se o que for fixado em lei específica do respetivo ente estatal.

SEÇÃO IV – Das Regiões

Art. 43.

Para efeitos administrativos, a União poderá articular sua ação em um mesmo complexo geoeconômico e social, visando a seu desenvolvimento e à redução das desigualdades regionais.

§ 1º Lei complementar disporá sobre:

I – as condições para integração de regiões em desenvolvimento;

II – a composição dos organismos regionais que executarão, na forma da lei, os planos regionais, integrantes dos planos nacionais de desenvolvimento econômico e social, aprovados juntamente com estes.

§ 2º Os incentivos regionais compreenderão, além de outros, na forma da lei:

I – igualdade de tarifas, fretes, seguros e outros itens de custos e preços de responsabilidade do poder público;

II – juros favorecidos para financiamento de atividades prioritárias;

III – isenções, reduções ou diferimento temporário de tributos federais devidos por pessoas físicas ou jurídicas;

IV – prioridade para o aproveitamento econômico e social dos rios e das massas de água represadas ou represáveis nas regiões de baixa renda, sujeitas a secas periódicas.

§ 3º Nas áreas a que se refere o § 2º, IV, a União incentivará a recuperação de terras áridas e cooperará com os pequenos e médios proprietários rurais para o estabelecimento, em suas glebas, de fontes de água e de pequena irrigação.

TÍTULO IV – Da Organização dos Poderes

CAPÍTULO I – Do Poder Legislativo

SEÇÃO I – Do Congresso Nacional

Art. 44.

O Poder Legislativo é exercido pelo Congresso Nacional, que se compõe da Câmara dos Deputados e do Senado Federal.

Parágrafo único. Cada legislatura terá a duração de quatro anos.

Art. 45.

A Câmara dos Deputados compõe-se de representantes do povo, eleitos, pelo sistema proporcional, em cada Estado, em cada Território e no Distrito Federal.

§ 1º O número total de Deputados, bem como a representação por Estado e pelo Distrito Federal, será estabelecido por lei complementar, proporcionalmente à população, procedendo-se aos ajustes necessários, no ano anterior às eleições, para que nenhuma daquelas unidades da Federação tenha menos de oito ou mais de setenta Deputados.

§ 2º Cada Território elegerá quatro Deputados.

Art. 46.

O Senado Federal compõe-se de representantes dos Estados e do Distrito Federal, eleitos segundo o princípio majoritário.

§ 1º Cada Estado e o Distrito Federal elegerão três Senadores, com mandato de oito anos.

§ 2º A representação de cada Estado e do Distrito Federal será renovada de quatro em quatro anos, alternadamente, por um e dois terços.

§ 3º Cada Senador será eleito com dois suplentes.

Art. 47.

Salvo disposição constitucional em contrário, as deliberações de cada Casa e de suas comissões serão tomadas por maioria dos votos, presente a maioria absoluta de seus membros.

SEÇÃO II – Das Atribuições do Congresso Nacional

Art. 48.

Cabe ao Congresso Nacional, com a sanção do Presidente da República, não exigida esta para o especificado nos arts. 49, 51 e 52, dispor sobre todas as matérias de competência da União, especialmente sobre:

I – sistema tributário, arrecadação e distribuição de rendas;

II – plano plurianual, diretrizes orçamentárias, orçamento anual, operações de crédito, dívida pública e emissões de curso forçado;

III – fixação e modificação do efetivo das Forças Armadas;

IV – planos e programas nacionais, regionais e setoriais de desenvolvimento;

V – limites do território nacional, espaço aéreo e marítimo e bens do domínio da União;

VI – incorporação, subdivisão ou desmembramento de áreas de Territórios ou Estados, ouvidas as respetivas Assembleias Legislativas;

VII – transferência temporária da sede do Governo Federal;

VIII – concessão de anistia;

IX – organização administrativa, judiciária, do Ministério Público e da Defensoria Pública da União e dos Territórios e organização judiciária, do Ministério Público e da Defensoria Pública do Distrito Federal;

X – criação, transformação e extinção de cargos, empregos e funções públicas, observado o que estabelece o art. 84, VI, b;

XI – criação e extinção de Ministérios e órgãos da administração pública;

XII – telecomunicações e radiodifusão;

XIII – matéria financeira, cambial e monetária, instituições financeiras e suas operações;

XIV – moeda, seus limites de emissão, e montante da dívida mobiliária federal;

XV – fixação do subsídio dos Ministros do Supremo Tribunal Federal, observado o que dispõem os arts. 39, § 4º; 150, II; 153, III; e 153, § 2º, I.

Art. 49.

É da competência exclusiva do Congresso Nacional:

I – resolver definitivamente sobre tratados, acordos ou atos internacionais que acarretem encargos ou compromissos gravosos ao patrimônio nacional;

II – autorizar o Presidente da República a declarar guerra, a celebrar a paz, a permitir que forças estrangeiras transitem pelo território nacional ou nele permaneçam temporariamente, ressalvados os casos previstos em lei complementar;

III – autorizar o Presidente e o Vice-Presidente da República a se ausentarem do País, quando a ausência exceder a quinze dias;

IV – aprovar o estado de defesa e a intervenção federal, autorizar o estado de sítio, ou suspender qualquer uma dessas medidas;

V – sustar os atos normativos do Poder Executivo que exorbitem do poder regulamentar ou dos limites de delegação legislativa;

VI – mudar temporariamente sua sede;

VII – fixar idêntico subsídio para os Deputados Federais e os Senadores, observado o que dispõem os arts. 37, XI, 39, § 4º, 150, II, 153, III, e 153, § 2º, I;

VIII – fixar os subsídios do Presidente e do Vice-Presidente da República e dos Ministros de Estado, observado o que dispõem os arts. 37, XI, 39, § 4º, 150, II, 153, III, e 153, § 2º, I;

IX – julgar anualmente as contas prestadas pelo Presidente da República e apreciar os relatórios sobre a execução dos planos de governo;

X – fiscalizar e controlar, diretamente, ou por qualquer de suas Casas, os atos do Poder Executivo, incluídos os da administração indireta;

XI – zelar pela preservação de sua competência legislativa em face da atribuição normativa dos outros Poderes;

XII – apreciar os atos de concessão e renovação de concessão de emissoras de rádio e televisão;

XIII – escolher dois terços dos membros do Tribunal de Contas da União;

XIV – aprovar iniciativas do Poder Executivo referentes a atividades nucleares;

XV – autorizar referendo e convocar plebiscito;

XVI – autorizar, em terras indígenas, a exploração e o aproveitamento de recursos hídricos e a pesquisa e lavra de riquezas minerais;

XVII – aprovar, previamente, a alienação ou concessão de terras públicas com área superior a dois mil e quinhentos hectares.

Art. 50.

A Câmara dos Deputados e o Senado Federal, ou qualquer de suas comissões, poderão convocar Ministro de Estado ou quaisquer titulares de órgãos diretamente subordinados à Presidência da República para prestarem, pessoalmente, informações sobre assunto previamente determinado, importando em crime de responsabilidade a ausência sem justificação adequada.

§ 1º Os Ministros de Estado poderão comparecer ao Senado Federal, à Câmara dos Deputados ou a qualquer de suas comissões, por sua iniciativa e mediante entendimentos com a Mesa respetiva, para expor assunto de relevância de seu Ministério.

§ 2º As Mesas da Câmara dos Deputados e do Senado Federal poderão encaminhar pedidos escritos de informação a Ministros de Estado ou a qualquer das pessoas referidas no caput deste artigo, importando em crime de responsabilidade a recusa, ou o não-atendimento, no prazo de trinta dias, bem como a prestação de informações falsas.

SEÇÃO III – Da Câmara dos Deputados

Art. 51.

Compete privativamente à Câmara dos Deputados:

I – autorizar, por dois terços de seus membros, a instauração de processo contra o Presidente e o Vice-Presidente da República e os Ministros de Estado;

II – proceder à tomada de contas do Presidente da República, quando não apresentadas ao Congresso Nacional dentro de sessenta dias após a abertura da sessão legislativa;

III – elaborar seu regimento interno;

IV – dispor sobre sua organização, funcionamento, polícia, criação, transformação ou extinção dos cargos, empregos e funções de seus serviços, e a iniciativa de lei para fixação da respetiva remuneração, observados os parâmetros estabelecidos na lei de diretrizes orçamentárias;

V – eleger membros do Conselho da República, nos termos do art. 89, VII.

SEÇÃO IV – Do Senado Federal

Art. 52.

Compete privativamente ao Senado Federal:

I – processar e julgar o Presidente e o Vice-Presidente da República nos crimes de responsabilidade, bem como os Ministros de Estado e os Comandantes da Marinha, do Exército e da Aeronáutica nos crimes da mesma natureza conexos com aqueles;

II – processar e julgar os Ministros do Supremo Tribunal Federal, os membros do Conselho Nacional de Justiça e do Conselho Nacional do Ministério Público, o Procurador-Geral da República e o Advogado-Geral da União nos crimes de responsabilidade;

III – aprovar previamente, por voto secreto, após arguição pública, a escolha de:

a) magistrados, nos casos estabelecidos nesta Constituição;

b) Ministros do Tribunal de Contas da União indicados pelo Presidente da República;

c) Governador de Território;

d) presidente e diretores do Banco Central;

e) Procurador-Geral da República;

f) titulares de outros cargos que a lei determinar;

IV – aprovar previamente, por voto secreto, após arguição em sessão secreta, a escolha dos chefes de missão diplomática de caráter permanente;

V – autorizar operações externas de natureza financeira, de interesse da União, dos Estados, do Distrito Federal, dos Territórios e dos Municípios;

VI – fixar, por proposta do Presidente da República, limites globais para o montante da dívida consolidada da União, dos Estados, do Distrito Federal e dos Municípios;

VII – dispor sobre limites globais e condições para as operações de crédito externo e interno da União, dos Estados, do Distrito Federal e dos Municípios, de suas autarquias e demais entidades controladas pelo poder público federal;

VIII – dispor sobre limites e condições para a concessão de garantia da União em operações de crédito externo e interno;

IX – estabelecer limites globais e condições para o montante da dívida mobiliária dos Estados, do Distrito Federal e dos Municípios;

X – suspender a execução, no todo ou em parte, de lei declarada inconstitucional por decisão definitiva do Supremo Tribunal Federal;

XI – aprovar, por maioria absoluta e por voto secreto, a exoneração, de ofício, do Procurador-Geral da República antes do término de seu mandato;

XII – elaborar seu regimento interno;

XIII – dispor sobre sua organização, funcionamento, polícia, criação, transformação ou extinção dos cargos, empregos e funções de seus serviços, e a iniciativa de lei para fixação da respetiva remuneração, observados os parâmetros estabelecidos na lei de diretrizes orçamentárias;

XIV – eleger membros do Conselho da República, nos termos do art. 89, VII.

XV – avaliar periodicamente a funcionalidade do Sistema Tributário Nacional, em sua estrutura e seus componentes, e o desempenho das administrações tributárias da União, dos Estados e do Distrito Federal e dos Municípios.

Parágrafo único. Nos casos previstos nos incisos I e II, funcionará como Presidente o do Supremo Tribunal Federal, limitando-se a condenação, que somente será proferida por dois terços dos votos do Senado Federal, à perda do cargo, com inabilitação, por oito anos, para o exercício de função pública, sem prejuízo das demais sanções judiciais cabíveis.

SEÇÃO V – Dos Deputados e dos Senadores

Art. 53.

Os Deputados e Senadores são invioláveis, civil e penalmente, por quaisquer de suas opiniões, palavras e votos.

§ 1º Os Deputados e Senadores, desde a expedição do diploma, serão submetidos a julgamento perante o Supremo Tribunal Federal.

§ 2º Desde a expedição do diploma, os membros do Congresso Nacional não poderão ser presos, salvo em flagrante de crime inafiançável. Nesse caso, os autos serão remetidos dentro de vinte e quatro horas à Casa respetiva, para que, pelo voto da maioria de seus membros, resolva sobre a prisão.

§ 3º Recebida a denúncia contra Senador ou Deputado, por crime ocorrido após a diplomação, o Supremo Tribunal Federal dará ciência à Casa respetiva, que, por iniciativa de partido político nela representado e pelo voto da maioria de seus membros, poderá, até a decisão final, sustar o andamento da ação.

§ 4º O pedido de sustação será apreciado pela Casa respetiva no prazo improrrogável de quarenta e cinco dias do seu recebimento pela Mesa Diretora.

§ 5º A sustação do processo suspende a prescrição, enquanto durar o mandato.

§ 6º Os Deputados e Senadores não serão obrigados a testemunhar sobre informações recebidas ou prestadas em razão do exercício do mandato, nem sobre as pessoas que lhes confiaram ou deles receberam informações.

§ 7º A incorporação às Forças Armadas de Deputados e Senadores, embora militares e ainda que em tempo de guerra, dependerá de prévia licença da Casa respetiva.

§ 8º As imunidades de Deputados ou Senadores subsistirão durante o estado de sítio, só podendo ser suspensas mediante o voto de dois terços dos membros da Casa respetiva, nos casos de atos praticados fora do recinto do Congresso Nacional, que sejam incompatíveis com a execução da medida.

Art. 54.

Os Deputados e Senadores não poderão:

I – desde a expedição do diploma:

a) firmar ou manter contrato com pessoa jurídica de Direito Público, autarquia, empresa pública, sociedade de economia mista ou empresa concessionária de serviço público, salvo quando o contrato obedecer a cláusulas uniformes;

b) aceitar ou exercer cargo, função ou emprego remunerado, inclusive os de que sejam demissíveis ad nutum, nas entidades constantes da alínea anterior;

II – desde a posse:

a) ser proprietários, controladores ou diretores de empresa que goze de favor decorrente de contrato com pessoa jurídica de direito público, ou nela exercer função remunerada;

b) ocupar cargo ou função de que sejam demissíveis ad nutum, nas entidades referidas no inciso I, a;

c) patrocinar causa em que seja interessada qualquer das entidades a que se refere o inciso I, a;

d) ser titulares de mais de um cargo ou mandato público eletivo.

Art. 55.

Perderá o mandato o Deputado ou Senador:

I – que infringir qualquer das proibições estabelecidas no artigo anterior;

II – cujo procedimento for declarado incompatível com o decoro parlamentar;

III – que deixar de comparecer, em cada sessão legislativa, à terça parte das sessões ordinárias da Casa a que pertencer, salvo licença ou missão por esta autorizada;

IV – que perder ou tiver suspensos os direitos políticos;

V – quando o decretar a Justiça Eleitoral, nos casos previstos nesta Constituição;

VI – que sofrer condenação criminal em sentença transitada em julgado.

§ 1º É incompatível com o decoro parlamentar, além dos casos definidos no regimento interno, o abuso das prerrogativas asseguradas a membro do Congresso Nacional ou a perceção de vantagens indevidas.

§ 2º Nos casos dos incisos I, II e VI, a perda do mandato será decidida pela Câmara dos Deputados ou pelo Senado Federal, por voto secreto e maioria absoluta, mediante provocação da respetiva Mesa ou de partido político representado no Congresso Nacional, assegurada ampla defesa.

§ 3º Nos casos previstos nos incisos III a V, a perda será declarada pela Mesa da Casa respetiva, de ofício ou mediante provocação de qualquer de seus membros ou de partido político representado no Congresso Nacional, assegurada ampla defesa.

§ 4º A renúncia de parlamentar submetido a processo que vise ou possa levar à perda do mandato, nos termos deste artigo, terá seus efeitos suspensos até as deliberações finais de que tratam os §§ 2º e 3º.

Art. 56.

Não perderá o mandato o Deputado ou Senador:

I – investido no cargo de Ministro de Estado, Governador de Território, Secretário de Estado, do Distrito Federal, de Território, de Prefeitura de capital ou chefe de missão diplomática temporária;

II – licenciado pela respetiva Casa por motivo de doença, ou para tratar, sem remuneração, de interesse particular, desde que, neste caso, o afastamento não ultrapasse cento e vinte dias por sessão legislativa.

§ 1º O suplente será convocado nos casos de vaga, de investidura em funções previstas neste artigo ou de licença superior a cento e vinte dias.

§ 2º Ocorrendo vaga e não havendo suplente, far-se-á eleição para preenchê-la se faltarem mais de quinze meses para o término do mandato.

§ 3º Na hipótese do inciso I, o Deputado ou Senador poderá optar pela remuneração do mandato.

SEÇÃO VI – Das Reuniões

Art. 57.

O Congresso Nacional reunir-se-á, anualmente, na Capital Federal, de 2 de fevereiro a 17 de julho e de 1º de agosto a 22 de dezembro.

§ 1º As reuniões marcadas para essas datas serão transferidas para o primeiro dia útil subsequente, quando recaírem em sábados, domingos ou feriados.

§ 2º A sessão legislativa não será interrompida sem a aprovação do projeto de lei de diretrizes orçamentárias.

§ 3º Além de outros casos previstos nesta Constituição, a Câmara dos Deputados e o Senado Federal reunir-se-ão em sessão conjunta para:

I – inaugurar a sessão legislativa;

II – elaborar o regimento comum e regular a criação de serviços comuns às duas Casas;

III – receber o compromisso do Presidente e do Vice-Presidente da República;

IV – conhecer do veto e sobre ele deliberar.

§ 4º Cada uma das Casas reunir-se-á em sessões preparatórias, a partir de 1º de fevereiro, no primeiro ano da legislatura, para a posse de seus membros e eleição das respetivas Mesas, para mandato de 2 (dois) anos, vedada a recondução para o mesmo cargo na eleição imediatamente subsequente.

§ 5º A Mesa do Congresso Nacional será presidida pelo Presidente do Senado Federal, e os demais cargos serão exercidos, alternadamente, pelos ocupantes de cargos equivalentes na Câmara dos Deputados e no Senado Federal.

§ 6º A convocação extraordinária do Congresso Nacional far-se-á:

I – pelo Presidente do Senado Federal, em caso de decretação de estado de defesa ou de intervenção federal, de pedido de autorização para a decretação de estado de sítio e para o compromisso e a posse do Presidente e do Vice-Presidente da República;

II – pelo Presidente da República, pelos Presidentes da Câmara dos Deputados e do Senado Federal ou a requerimento da maioria dos membros de ambas as Casas, em caso de urgência ou interesse público relevante, em todas as hipóteses deste inciso com a aprovação da maioria absoluta de cada uma das Casas do Congresso Nacional.

§ 7º Na sessão legislativa extraordinária, o Congresso Nacional somente deliberará sobre a matéria para a qual foi convocado, ressalvada a hipótese do § 8º deste artigo, vedado o pagamento de parcela indenizatória, em razão da convocação.

§ 8º Havendo medidas provisórias em vigor na data de convocação extraordinária do Congresso Nacional, serão elas automaticamente incluídas na pauta da convocação.

SEÇÃO VII - Das Comissões

Art. 58.

O Congresso Nacional e suas Casas terão comissões permanentes e temporárias, constituídas na forma e com as atribuições previstas no respetivo regimento ou no ato de que resultar sua criação.

§ 1º Na constituição das Mesas e de cada comissão, é assegurada, tanto quanto possível, a representação proporcional dos partidos ou dos blocos parlamentares que participam da respetiva Casa.

§ 2º Às comissões, em razão da matéria de sua competência, cabe:

I - discutir e votar projeto de lei que dispensar, na forma do regimento, a competência do plenário, salvo se houver recurso de um décimo dos membros da Casa;

II - realizar audiências públicas com entidades da sociedade civil;

III - convocar Ministros de Estado para prestar informações sobre assuntos inerentes a suas atribuições;

IV - receber petições, reclamações, representações ou queixas de qualquer pessoa contra atos ou omissões das autoridades ou entidades públicas;

V - solicitar depoimento de qualquer autoridade ou cidadão;

VI - apreciar programas de obras, planos nacionais, regionais e setoriais de desenvolvimento e sobre eles emitir parecer.

§ 3º As comissões parlamentares de inquérito, que terão poderes de investigação próprios das autoridades judiciais, além de outros previstos nos regimentos das respetivas Casas, serão criadas pela Câmara dos Deputados e pelo Senado Federal, em conjunto ou separadamente, mediante requerimento de um terço de seus membros, para a apuração de fato determinado e por prazo certo, sendo suas conclusões, se for o caso, encaminhadas ao Ministério Público, para que promova a responsabilidade civil ou criminal dos infratores.

§ 4º Durante o recesso, haverá uma comissão representativa do Congresso Nacional, eleita por suas Casas na última sessão ordinária do período legislativo, com atribuições definidas no regimento comum, cuja composição reproduzirá, quanto possível, a proporcionalidade da representação partidária.

SEÇÃO VIII – Do Processo Legislativo

SUBSEÇÃO I – Disposição geral

Art. 59.

O processo legislativo compreende a elaboração de:

I – emendas à Constituição;

II – leis complementares;

III – leis ordinárias;

IV – leis delegadas;

V – medidas provisórias;

VI – decretos legislativos;

VII – resoluções.

Parágrafo único. Lei complementar disporá sobre a elaboração, redação, alteração e consolidação das leis.

SUBSEÇÃO II – Da Emenda à Constituição

Art. 60.

A Constituição poderá ser emendada mediante proposta:

I – de um terço, no mínimo, dos membros da Câmara dos Deputados ou do Senado Federal;

II – do Presidente da República;

III – de mais da metade das Assembleias Legislativas das unidades da Federação, manifestando-se, cada uma delas, pela maioria relativa de seus membros.

§ 1º A Constituição não poderá ser emendada na vigência de intervenção federal, de estado de defesa ou de estado de sítio.

§ 2º A proposta será discutida e votada em cada Casa do Congresso Nacional, em dois turnos, considerando-se aprovada se obtiver, em ambos, três quintos dos votos dos respetivos membros.

§ 3º A emenda à Constituição será promulgada pelas Mesas da Câmara dos Deputados e do Senado Federal, com o respetivo número de ordem.

§ 4º Não será objeto de deliberação a proposta de emenda tendente a abolir:

I – a forma federativa de Estado;

II – o voto direto, secreto, universal e periódico;

III – a separação dos Poderes;

IV – os direitos e garantias individuais.

§ 5º A matéria constante de proposta de emenda rejeitada ou havida por prejudicada não pode ser objeto de nova proposta na mesma sessão legislativa.

SUBSEÇÃO III – Das Leis

Art. 61.

A iniciativa das leis complementares e ordinárias cabe a qualquer membro ou comissão da Câmara dos Deputados, do Senado Federal ou do Congresso Nacional, ao Presidente da República, ao Supremo Tribunal Federal, aos Tribunais Superiores, ao Procurador-Geral da República e aos cidadãos, na forma e nos casos previstos nesta Constituição.

§ 1º São de iniciativa privativa do Presidente da República as leis que:

I – fixem ou modifiquem os efetivos das Forças Armadas;

II – disponham sobre:

a) criação de cargos, funções ou empregos públicos na administração direta e autárquica ou aumento de sua remuneração;

b) organização administrativa e judiciária, matéria tributária e orçamentária, serviços públicos e pessoal da administração dos Territórios;

c) servidores públicos da União e Territórios, seu regime jurídico, provimento de cargos, estabilidade e aposentadoria;

d) organização do Ministério Público e da Defensoria Pública da União, bem como normas gerais para a organização do Ministério Público e da Defensoria Pública dos Estados, do Distrito Federal e dos Territórios;

e) criação e extinção de Ministérios e órgãos da administração pública, observado o disposto no art. 84, VI;

f) militares das Forças Armadas, seu regime jurídico, provimento de cargos, promoções, estabilidade, remuneração, reforma e transferência para a reserva.

§ 2º A iniciativa popular pode ser exercida pela apresentação à Câmara dos Deputados de projeto de lei subscrito por, no mínimo, um por cento do eleitorado nacional, distribuído pelo menos por cinco Estados, com não menos de três décimos por cento dos eleitores de cada um deles.

Art. 62.

Em caso de relevância e urgência, o Presidente da República poderá adotar medidas provisórias, com força de lei, devendo submetê-las de imediato ao Congresso Nacional.

§ 1º É vedada a edição de medidas provisórias sobre matéria:

I – relativa a:

a) nacionalidade, cidadania, direitos políticos, partidos políticos e direito eleitoral;

b) Direito penal, processual penal e processual civil;

c) organização do Poder Judiciário e do Ministério Público, a carreira e a garantia de seus membros;

d) planos plurianuais, diretrizes orçamentárias, orçamento e créditos adicionais e suplementares, ressalvado o previsto no art. 167, § 3º;

II – que vise a detenção ou seqüestro de bens, de poupança popular ou qualquer outro ativo financeiro;

III – reservada a lei complementar;

IV – já disciplinada em projeto de lei aprovado pelo Congresso Nacional e pendente de sanção ou veto do Presidente da República.

§ 2º Medida provisória que implique instituição ou majoração de impostos, exceto os previstos nos arts. 153, I, II, IV, V, e 154, II, só produzirá efeitos no exercício financeiro seguinte se houver sido convertida em lei até o último dia daquele em que foi editada.

§ 3º As medidas provisórias, ressalvado o disposto nos §§ 11 e 12 perderão eficácia, desde a edição, se não forem convertidas em lei no prazo de sessenta dias, prorrogável, nos termos do § 7º, uma vez por igual período, devendo o Congresso Nacional disciplinar, por decreto legislativo, as relações jurídicas delas decorrentes.

§ 4º O prazo a que se refere o § 3º contar-se-á da publicação da medida provisória, suspendendo-se durante os períodos de recesso do Congresso Nacional.

§ 5º A deliberação de cada uma das Casas do Congresso Nacional sobre o mérito das medidas provisórias dependerá de juízo prévio sobre o atendimento de seus pressupostos constitucionais.

§ 6º Se a medida provisória não for apreciada em até quarenta e cinco dias contados de sua publicação, entrará em regime de urgência, subsequentemente, em cada uma das Casas do Congresso Nacional, ficando sobrestadas, até que se ultime a votação, todas as demais deliberações legislativas da Casa em que estiver tramitando.

§ 7º Prorrogar-se-á uma única vez por igual período a vigência de medida provisória que, no prazo de sessenta dias, contado de sua publicação, não tiver a sua votação encerrada nas duas Casas do Congresso Nacional.

§ 8º As medidas provisórias terão sua votação iniciada na Câmara dos Deputados.

§ 9º Caberá à comissão mista de Deputados e Senadores examinar as medidas provisórias e sobre elas emitir parecer, antes de serem apreciadas, em sessão separada, pelo plenário de cada uma das Casas do Congresso Nacional.

§ 10. É vedada a reedição, na mesma sessão legislativa, de medida provisória que tenha sido rejeitada ou que tenha perdido sua eficácia por decurso de prazo.

§ 11. Não editado o decreto legislativo a que se refere o § 3º até sessenta dias após a rejeição ou perda de eficácia de medida provisória, as relações jurídicas constituídas e decorrentes de atos praticados durante sua vigência conservar-se-ão por ela regidas.

§ 12. Aprovado projeto de lei de conversão alterando o texto original da medida provisória, esta manter-se-á integralmente em vigor até que seja sancionado ou vetado o projeto.

Art. 63.

Não será admitido aumento da despesa prevista:

I – nos projetos de iniciativa exclusiva do Presidente da República, ressalvado o disposto no art. 166, §§ 3º e 4º;

II – nos projetos sobre organização dos serviços administrativos da Câmara dos Deputados, do Senado Federal, dos tribunais federais e do Ministério Público.

Art. 64.

A discussão e votação dos projetos de lei de iniciativa do Presidente da República, do Supremo Tribunal Federal e dos Tribunais Superiores terão início na Câmara dos Deputados.

§ 1º O Presidente da República poderá solicitar urgência para apreciação de projetos de sua iniciativa.

§ 2º Se, no caso do § 1º, a Câmara dos Deputados e o Senado Federal não se manifestarem sobre a proposição, cada qual sucessivamente, em até quarenta e cinco dias, sobrestar-se-ão todas as demais deliberações legislativas da respetiva Casa, com exceção das que tenham prazo constitucional determinado, até que se ultime a votação.

§ 3º A apreciação das emendas do Senado Federal pela Câmara dos Deputados far-se-á no prazo de dez dias, observado quanto ao mais o disposto no parágrafo anterior.

§ 4º Os prazos do § 2º não correm nos períodos de recesso do Congresso Nacional, nem se aplicam aos projetos de código.

Art. 65.

O projeto de lei aprovado por uma Casa será revisto pela outra, em um só turno de discussão e votação, e enviado à sanção ou promulgação, se a Casa revisora o aprovar, ou arquivado, se o rejeitar.

Parágrafo único. Sendo o projeto emendado, voltará à Casa iniciadora.

Art. 66.

A Casa na qual tenha sido concluída a votação enviará o projeto de lei ao Presidente da República, que, aquiescendo, o sancionará.

§ 1º Se o Presidente da República considerar o projeto, no todo ou em parte, inconstitucional ou contrário ao interesse público, vetá-lo-á total ou parcialmente, no prazo de quinze dias úteis, contados da data do recebimento, e comunicará, dentro de quarenta e oito horas, ao Presidente do Senado Federal os motivos do veto.

§ 2º O veto parcial somente abrangerá texto integral de artigo, de parágrafo, de inciso ou de alínea.

§ 3º Decorrido o prazo de quinze dias, o silêncio do Presidente da República importará sanção.

§ 4º O veto será apreciado em sessão conjunta, dentro de trinta dias a contar de seu recebimento, só podendo ser rejeitado pelo voto da maioria absoluta dos Deputados e Senadores, em escrutínio secreto.

§ 5º Se o veto não for mantido, será o projeto enviado, para promulgação, ao Presidente da República.

§ 6º Esgotado sem deliberação o prazo estabelecido no § 4º, o veto será colocado na ordem do dia da sessão imediata, sobrestadas as demais proposições, até sua votação final.

§ 7º Se a lei não for promulgada dentro de quarenta e oito horas pelo Presidente da República, nos casos dos §§ 3º e 5º, o Presidente do Senado a promulgará, e, se este não o fizer em igual prazo, caberá ao Vice-Presidente do Senado fazê-lo.

Art. 67.

A matéria constante de projeto de lei rejeitado somente poderá constituir objeto de novo projeto, na mesma sessão legislativa, mediante proposta da maioria absoluta dos membros de qualquer das Casas do Congresso Nacional.

Art. 68.

As leis delegadas serão elaboradas pelo Presidente da República, que deverá solicitar a delegação ao Congresso Nacional.

§ 1º Não serão objeto de delegação os atos de competência exclusiva do Congresso Nacional, os de competência privativa da Câmara dos Deputados ou do Senado Federal, a matéria reservada à lei complementar, nem a legislação sobre:

I – organização do Poder Judiciário e do Ministério Público, a carreira e a garantia de seus membros;

II – nacionalidade, cidadania, direitos individuais, políticos e eleitorais;

III – planos plurianuais, diretrizes orçamentárias e orçamentos.

§ 2º A delegação ao Presidente da República terá a forma de resolução do Congresso Nacional, que especificará seu conteúdo e os termos de seu exercício.

§ 3º Se a resolução determinar a apreciação do projeto pelo Congresso Nacional, este a fará em votação única, vedada qualquer emenda.

Art. 69.
As leis complementares serão aprovadas por maioria absoluta.

SEÇÃO IX – Da Fiscalização Contábil, Financeira e Orçamentária

Art. 70.
A fiscalização contábil, financeira, orçamentária, operacional e patrimonial da União e das entidades da administração direta e indireta, quanto à legalidade, legitimidade, economicidade, aplicação das subvenções e renúncia de receitas, será exercida pelo Congresso Nacional, mediante controle externo, e pelo sistema de controle interno de cada Poder.

Parágrafo único. Prestará contas qualquer pessoa física ou jurídica, pública ou privada, que utilize, arrecade, guarde, gerencie ou administre dinheiros, bens e valores públicos ou pelos quais a União responda, ou que, em nome desta, assuma obrigações de natureza pecuniária.

Art. 71.
O controle externo, a cargo do Congresso Nacional, será exercido com o auxílio do Tribunal de Contas da União, ao qual compete:

I – apreciar as contas prestadas anualmente pelo Presidente da República, mediante parecer prévio, que deverá ser elaborado em sessenta dias a contar de seu recebimento;

II – julgar as contas dos administradores e demais responsáveis por dinheiros, bens e valores públicos da administração direta e indireta, incluídas as fundações e sociedades instituídas e mantidas pelo poder público federal, e as contas daqueles que derem causa a perda, extravio ou outra irregularidade de que resulte prejuízo ao erário público;

III – apreciar, para fins de registro, a legalidade dos atos de admissão de pessoal, a qualquer título, na administração direta e indireta, incluídas as fundações instituídas e mantidas pelo poder público, excetuadas as nomeações para cargo de provimento em comissão, bem como a das concessões de aposentadorias, reformas e pensões, ressalvadas as melhorias posteriores que não alterem o fundamento legal do ato concessório;

IV – realizar, por iniciativa própria, da Câmara dos Deputados, do Senado Federal, de comissão técnica ou de inquérito, inspeções e auditorias de natureza contábil, financeira, orçamentária, operacional e patrimonial, nas unidades administrativas dos Poderes Legislativo, Executivo e Judiciário, e demais entidades referidas no inciso II;

V – fiscalizar as contas nacionais das empresas supranacionais de cujo capital social a União participe, de forma direta ou indireta, nos termos do tratado constitutivo;

VI – fiscalizar a aplicação de quaisquer recursos repassados pela União, mediante convênio, acordo, ajuste ou outros instrumentos congêneres, a Estado, ao Distrito Federal ou a Município;

VII – prestar as informações solicitadas pelo Congresso Nacional, por qualquer de suas Casas, ou por qualquer das respetivas comissões, sobre a fiscalização contábil, financeira, orçamentária, operacional e patrimonial e sobre resultados de auditorias e inspeções realizadas;

VIII – aplicar aos responsáveis, em caso de ilegalidade de despesa ou irregularidade de contas, as sanções previstas em lei, que estabelecerá, entre outras cominações, multa proporcional ao dano causado ao erário;

IX – assinar prazo para que o órgão ou entidade adote as providências necessárias ao exato cumprimento da lei, se verificada ilegalidade;

X – sustar, se não atendido, a execução do ato impugnado, comunicando a decisão à Câmara dos Deputados e ao Senado Federal;

XI – representar ao Poder competente sobre irregularidades ou abusos apurados.

§ 1º No caso de contrato, o ato de sustação será adotado diretamente pelo Congresso Nacional, que solicitará, de imediato, ao Poder Executivo as medidas cabíveis.

§ 2º Se o Congresso Nacional ou o Poder Executivo, no prazo de noventa dias, não efetivar as medidas previstas no parágrafo anterior, o Tribunal decidirá a respeito.

§ 3º As decisões do Tribunal de que resulte imputação de débito ou multa terão eficácia de título executivo.

§ 4º O Tribunal encaminhará ao Congresso Nacional, trimestral e anualmente, relatório de suas atividades.

Art. 72.

A comissão mista permanente a que se refere o art. 166, § 1º, diante de indícios de despesas não autorizadas, ainda que sob a forma de investimentos não programados ou de subsídios não aprovados, poderá solicitar à autoridade governamental responsável que, no prazo de cinco dias, preste os esclarecimentos necessários.

§ 1º Não prestados os esclarecimentos, ou considerados estes insuficientes, a comissão solicitará ao Tribunal pronunciamento conclusivo sobre a matéria, no prazo de trinta dias.

§ 2º Entendendo o Tribunal irregular a despesa, a comissão, se julgar que o gasto possa causar dano irreparável ou grave lesão à economia pública, proporá ao Congresso Nacional sua sustação.

Art. 73.

O Tribunal de Contas da União, integrado por nove Ministros, tem sede no Distrito Federal, quadro próprio de pessoal e jurisdição em todo o território nacional, exercendo, no que couber, as atribuições previstas no art. 96.

§ 1º Os Ministros do Tribunal de Contas da União serão nomeados dentre brasileiros que satisfaçam os seguintes requisitos:

I – mais de trinta e cinco e menos de sessenta e cinco anos de idade;

II – idoneidade moral e reputação ilibada;

III – notórios conhecimentos jurídicos, contábeis, econômicos e financeiros ou de administração pública;

IV – mais de dez anos de exercício de função ou de efetiva atividade profissional que exija os conhecimentos mencionados no inciso anterior.

§ 2º Os Ministros do Tribunal de Contas da União serão escolhidos:

I – um terço pelo Presidente da República, com aprovação do Senado Federal, sendo dois alternadamente dentre auditores e membros do Ministério Público junto ao Tribunal, indicados em lista tríplice pelo Tribunal, segundo os critérios de antiguidade e merecimento;

II – dois terços pelo Congresso Nacional.

§ 3º Os Ministros do Tribunal de Contas da União terão as mesmas garantias, prerrogativas, impedimentos, vencimentos e vantagens dos Ministros do Superior Tribunal de Justiça, aplicando-se-lhes, quanto à aposentadoria e pensão, as normas constantes do art. 40.

§ 4º O auditor, quando em substituição a Ministro, terá as mesmas garantias e impedimentos do titular e, quando no exercício das demais atribuições da judicatura, as de juiz de Tribunal Regional Federal.

Art. 74.

Os Poderes Legislativo, Executivo e Judiciário manterão, de forma integrada, sistema de controle interno com a finalidade de:

I – avaliar o cumprimento das metas previstas no plano plurianual, a execução dos programas de governo e dos orçamentos da União;

II – comprovar a legalidade e avaliar os resultados, quanto à eficácia e eficiência, da gestão orçamentária, financeira e patrimonial nos órgãos e entidades da administração federal, bem como da aplicação de recursos públicos por entidades de Direito Privado;

III – exercer o controle das operações de crédito, avais e garantias, bem como dos direitos e haveres da União;

IV – apoiar o controle externo no exercício de sua missão institucional.

§ 1º Os responsáveis pelo controle interno, ao tomarem conhecimento de qualquer irregularidade ou ilegalidade, dela darão ciência ao Tribunal de Contas da União, sob pena de responsabilidade solidária.

§ 2º Qualquer cidadão, partido político, associação ou sindicato é parte legítima para, na forma da lei, denunciar irregularidades ou ilegalidades perante o Tribunal de Contas da União.

Art. 75.

As normas estabelecidas nesta Seção aplicam-se, no que couber, à organização, composição e fiscalização dos Tribunais de Contas dos Estados e do Distrito Federal, bem como dos Tribunais e Conselhos de Contas dos Municípios.

Parágrafo único. As Constituições estaduais disporão sobre os Tribunais de Contas respetivos, que serão integrados por sete conselheiros.

CAPÍTULO II – Do Poder Executivo

SEÇÃO I – Do Presidente e do Vice-Presidente da República

Art. 76.

O Poder Executivo é exercido pelo Presidente da República, auxiliado pelos Ministros de Estado.

Art. 77.

A eleição do Presidente e do Vice-Presidente da República realizar-se-á, simultaneamente, no primeiro domingo de outubro, em primeiro turno, e no último domingo de outubro, em segundo turno, se houver, do ano anterior ao do término do mandato presidencial vigente.

§ 1º A eleição do Presidente da República importará a do Vice-Presidente com ele registrado.

§ 2º Será considerado eleito Presidente o candidato que, registrado por partido político, obtiver a maioria absoluta de votos, não computados os em branco e os nulos.

§ 3º Se nenhum candidato alcançar maioria absoluta na primeira votação, far-se-á nova eleição em até vinte dias após a proclamação do resultado, concorrendo os dois candidatos mais votados e considerando-se eleito aquele que obtiver a maioria dos votos válidos.

§ 4º Se, antes de realizado o segundo turno, ocorrer morte, desistência ou impedimento legal de candidato, convocar-se-á, dentre os remanescentes, o de maior votação.

§ 5º Se, na hipótese dos parágrafos anteriores, remanescer, em segundo lugar, mais de um candidato com a mesma votação, qualificar-se-á o mais idoso.

Art. 78.

O Presidente e o Vice-Presidente da República tomarão posse em sessão do Congresso Nacional, prestando o compromisso de manter, defender e cumprir a Constituição, observar as leis, promover o bem geral do povo brasileiro, sustentar a união, a integridade e a independência do Brasil.

Parágrafo único. Se, decorridos dez dias da data fixada para a posse, o Presidente ou o Vice-Presidente, salvo motivo de força maior, não tiver assumido o cargo, este será declarado vago.

Art. 79.

Substituirá o Presidente, no caso de impedimento, e suceder-lhe-á, no de vaga, o Vice-Presidente.

Parágrafo único. O Vice-Presidente da República, além de outras atribuições que lhe forem conferidas por lei complementar, auxiliará o Presidente, sempre que por ele convocado para missões especiais.

Art. 80.

Em caso de impedimento do Presidente e do Vice-Presidente, ou vacância dos respetivos cargos, serão sucessivamente chamados ao exercício da Presidência o Presidente da Câmara dos Deputados, o do Senado Federal e o do Supremo Tribunal Federal.

Art. 81.

Vagando os cargos de Presidente e Vice-Presidente da República, far-se-á eleição noventa dias depois de aberta a última vaga.

§ 1º Ocorrendo a vacância nos últimos dois anos do período presidencial, a eleição para ambos os cargos será feita trinta dias depois da última vaga, pelo Congresso Nacional, na forma da lei.

§ 2º Em qualquer dos casos, os eleitos deverão completar o período de seus antecessores.

Art. 82.

O mandato do Presidente da República é de quatro anos e terá início em primeiro de janeiro do ano seguinte ao da sua eleição.

Art. 83.

O Presidente e o Vice-Presidente da República não poderão, sem licença do Congresso Nacional, ausentar-se do País por período superior a quinze dias, sob pena de perda do cargo.

SEÇÃO II – Das Atribuições do Presidente da República

Art. 84.

Compete privativamente ao Presidente da República:

I – nomear e exonerar os Ministros de Estado;

II – exercer, com o auxílio dos Ministros de Estado, a direção superior da administração federal;

III – iniciar o processo legislativo, na forma e nos casos previstos nesta Constituição;

IV – sancionar, promulgar e fazer publicar as leis, bem como expedir decretos e regulamentos para sua fiel execução;

V – vetar projetos de lei, total ou parcialmente;

VI – dispor, mediante decreto, sobre:

a) organização e funcionamento da administração federal, quando não implicar aumento de despesa nem criação ou extinção de órgãos públicos;

b) extinção de funções ou cargos públicos, quando vagos;

VII – manter relações com Estados estrangeiros e acreditar seus representantes diplomáticos;

VIII – celebrar tratados, convenções e atos internacionais, sujeitos a referendo do Congresso Nacional;

IX – decretar o estado de defesa e o estado de sítio;

X – decretar e executar a intervenção federal;

XI – remeter mensagem e plano de governo ao Congresso Nacional por ocasião da abertura da sessão legislativa, expondo a situação do País e solicitando as providências que julgar necessárias;

XII – conceder indulto e comutar penas, com audiência, se necessário, dos órgãos instituídos em lei;

XIII – exercer o comando supremo das Forças Armadas, nomear os Comandantes da Marinha, do Exército e da Aeronáutica, promover seus oficiais-generais e nomeá-los para os cargos que lhes são privativos;

XIV – nomear, após aprovação pelo Senado Federal, os Ministros do Supremo Tribunal Federal e dos Tribunais Superiores, os Governadores de Territórios, o Procurador-Geral da República, o presidente e os diretores do Banco Central e outros servidores, quando determinado em lei;

XV – nomear, observado o disposto no art. 73, os Ministros do Tribunal de Contas da União;

XVI – nomear os magistrados, nos casos previstos nesta Constituição, e o Advogado-Geral da União;

XVII – nomear membros do Conselho da República, nos termos do art. 89, VII;

XVIII – convocar e presidir o Conselho da República e o Conselho de Defesa Nacional;

XIX – declarar guerra, no caso de agressão estrangeira, autorizado pelo Congresso Nacional ou referendado por ele, quando ocorrida no intervalo das sessões legislativas, e, nas mesmas condições, decretar, total ou parcialmente, a mobilização nacional;

XX – celebrar a paz, autorizado ou com o referendo do Congresso Nacional;

XXI – conferir condecorações e distinções honoríficas;

XXII – permitir, nos casos previstos em lei complementar, que forças estrangeiras transitem pelo território nacional ou nele permaneçam temporariamente;

XXIII – enviar ao Congresso Nacional o plano plurianual, o projeto de lei de diretrizes orçamentárias e as propostas de orçamento previstas nesta Constituição;

XXIV – prestar, anualmente, ao Congresso Nacional, dentro de sessenta dias após a abertura da sessão legislativa, as contas referentes ao exercício anterior;

XXV – prover e extinguir os cargos públicos federais, na forma da lei;

XXVI – editar medidas provisórias com força de lei, nos termos do art. 62;

XXVII – exercer outras atribuições previstas nesta Constituição.

Parágrafo único. O Presidente da República poderá delegar as atribuições mencionadas nos incisos VI, XII e XXV, primeira parte, aos Ministros de Estado, ao Procurador-Geral da República ou ao Advogado-Geral da União, que observarão os limites traçados nas respetivas delegações.

SEÇÃO III – Da Responsabilidade do Presidente da República

Art. 85.

São crimes de responsabilidade os atos do Presidente da República que atentem contra a Constituição Federal e, especialmente, contra:

I – a existência da União;

II – o livre exercício do Poder Legislativo, do Poder Judiciário, do Ministério Público e dos Poderes constitucionais das unidades da Federação;

III – o exercício dos direitos políticos, individuais e sociais;

IV – a segurança interna do País;

V – a probidade na administração;

VI – a lei orçamentária;

VII – o cumprimento das leis e das decisões judiciais.

Parágrafo único. Esses crimes serão definidos em lei especial, que estabelecerá as normas de processo e julgamento.

Art. 86.

Admitida a acusação contra o Presidente da República, por dois terços da Câmara dos Deputados, será ele submetido a julgamento perante o Supremo Tribunal Federal, nas infrações penais comuns, ou perante o Senado Federal, nos crimes de responsabilidade.

§ 1º O Presidente ficará suspenso de suas funções:

I – nas infrações penais comuns, se recebida a denúncia ou queixa-crime pelo Supremo Tribunal Federal;

II – nos crimes de responsabilidade, após a instauração do processo pelo Senado Federal.

§ 2º Se, decorrido o prazo de cento e oitenta dias, o julgamento não estiver concluído, cessará o afastamento do Presidente, sem prejuízo do regular prosseguimento do processo.

§ 3º Enquanto não sobrevier sentença condenatória, nas infrações comuns, o Presidente da República não estará sujeito a prisão.

§ 4º O Presidente da República, na vigência de seu mandato, não pode ser responsabilizado por atos estranhos ao exercício de suas funções.

SEÇÃO IV – Dos Ministros de Estado

Art. 87.

Os Ministros de Estado serão escolhidos dentre brasileiros maiores de vinte e um anos e no exercício dos direitos políticos.

Parágrafo único. Compete ao Ministro de Estado, além de outras atribuições estabelecidas nesta Constituição e na lei:

I – exercer a orientação, coordenação e supervisão dos órgãos e entidades da administração federal na área de sua competência e referendar os atos e decretos assinados pelo Presidente da República;

II – expedir instruções para a execução das leis, decretos e regulamentos;

III – apresentar ao Presidente da República relatório anual de sua gestão no Ministério;

IV – praticar os atos pertinentes às atribuições que lhe forem outorgadas ou delegadas pelo Presidente da República.

Art. 88.

A lei disporá sobre a criação e extinção de Ministérios e órgãos da administração pública.

SEÇÃO V – Do Conselho da República e do Conselho de Defesa Nacional

SUBSEÇÃO I – Do Conselho da República

Art. 89.

O Conselho da República é órgão superior de consulta do Presidente da República, e dele participam:

I – o Vice-Presidente da República;

II – o Presidente da Câmara dos Deputados;

III – o Presidente do Senado Federal;

IV – os líderes da maioria e da minoria na Câmara dos Deputados;

V – os líderes da maioria e da minoria no Senado Federal;

VI – o Ministro da Justiça;

VII – seis cidadãos brasileiros natos, com mais de trinta e cinco anos de idade, sendo dois nomeados pelo Presidente da República, dois eleitos pelo Senado Federal e dois eleitos pela Câmara dos Deputados, todos com mandato de três anos, vedada a recondução.

Art. 90.

Compete ao Conselho da República pronunciar-se sobre:

I – intervenção federal, estado de defesa e estado de sítio;

II – as questões relevantes para a estabilidade das instituições democráticas.

§ 1º O Presidente da República poderá convocar Ministro de Estado para participar da reunião do Conselho, quando constar da pauta questão relacionada com o respetivo Ministério.

§ 2º A lei regulará a organização e o funcionamento do Conselho da República.

SUBSEÇÃO II – Do Conselho de Defesa Nacional

Art. 91.

O Conselho de Defesa Nacional é órgão de consulta do Presidente da República nos assuntos relacionados com a soberania nacional e a defesa do Estado democrático, e dele participam como membros natos:

I – o Vice-Presidente da República;

II – o Presidente da Câmara dos Deputados;
III – o Presidente do Senado Federal;
IV – o Ministro da Justiça;
V – o Ministro de Estado da Defesa;
VI – o Ministro das Relações Exteriores;
VII – o Ministro do Planejamento;
VIII – os Comandantes da Marinha, do Exército e da Aeronáutica.

§ 1º Compete ao Conselho de Defesa Nacional:

I – opinar nas hipóteses de declaração de guerra e de celebração da paz, nos termos desta Constituição;

II – opinar sobre a decretação do estado de defesa, do estado de sítio e da intervenção federal;

III – propor os critérios e condições de utilização de áreas indispensáveis à segurança do território nacional e opinar sobre seu efetivo uso, especialmente na faixa de fronteira e nas relacionadas com a preservação e a exploração dos recursos naturais de qualquer tipo;

IV – estudar, propor e acompanhar o desenvolvimento de iniciativas necessárias a garantir a independência nacional e a defesa do Estado democrático.

§ 2º A lei regulará a organização e o funcionamento do Conselho de Defesa Nacional.

CAPÍTULO III – Do Poder Judiciário

SEÇÃO I – Disposições Gerais

Art. 92.

São órgãos do Poder Judiciário:
I – o Supremo Tribunal Federal;
I-A – o Conselho Nacional de Justiça;
II – o Superior Tribunal de Justiça;
III – os Tribunais Regionais Federais e Juízes Federais;
IV – os Tribunais e Juízes do Trabalho;
V – os Tribunais e Juízes Eleitorais;
VI – os Tribunais e Juízes Militares;
VII – os Tribunais e Juízes dos Estados e do Distrito Federal e Territórios.

§ 1º O Supremo Tribunal Federal, o Conselho Nacional de Justiça e os Tribunais Superiores têm sede na Capital Federal.

§ 2º O Supremo Tribunal Federal e os Tribunais Superiores têm jurisdição em todo o território nacional.

Art. 93.

Lei complementar, de iniciativa do Supremo Tribunal Federal, disporá sobre o Estatuto da Magistratura, observados os seguintes princípios:

I – ingresso na carreira, cujo cargo inicial será o de juiz substituto, mediante concurso público de provas e títulos, com a participação da Ordem dos Advogados do Brasil em todas as fases, exigindo-se do bacharel em Direito, no mínimo, três anos de atividade jurídica e obedecendo-se, nas nomeações, à ordem de classificação;

II – promoção de entrância para entrância, alternadamente, por antiguidade e merecimento, atendidas as seguintes normas:

a) é obrigatória a promoção do juiz que figure por três vezes consecutivas ou cinco alternadas em lista de merecimento;

b) a promoção por merecimento pressupõe dois anos de exercício na respetiva entrância e integrar o juiz a primeira quinta parte da lista de antiguidade desta, salvo se não houver com tais requisitos quem aceite o lugar vago;

c) aferição do merecimento conforme o desempenho e pelos critérios objetivos de produtividade e presteza no exercício da jurisdição e pela frequência e aproveitamento em cursos oficiais ou reconhecidos de aperfeiçoamento;

d) na apuração de antiguidade, o tribunal somente poderá recusar o juiz mais antigo pelo voto fundamentado de dois terços de seus membros, conforme procedimento próprio, e assegurada ampla defesa, repetindo-se a votação até fixar-se a indicação;

e) não será promovido o juiz que, injustificadamente, retiver autos em seu poder além do prazo legal, não podendo devolvê-los ao cartório sem o devido despacho ou decisão;

III – o acesso aos tribunais de segundo grau far-se-á por antiguidade e merecimento, alternadamente, apurados na última ou única entrância;

IV – previsão de cursos oficiais de preparação, aperfeiçoamento e promoção de magistrados, constituindo etapa obrigatória do processo de vitaliciamento a participação em curso oficial ou reconhecido por escola nacional de formação e aperfeiçoamento de magistrados;

V – o subsídio dos Ministros dos Tribunais Superiores corresponderá a noventa e cinco por cento do subsídio mensal fixado para os Ministros do Supremo Tribunal Federal e os subsídios dos demais magistrados serão fixados em lei e escalonados, em nível federal e estadual, conforme as respetivas categorias da estrutura judiciária nacional, não podendo a diferença entre uma e outra ser superior a dez por cento ou inferior a cinco por cento, nem exceder a noventa e cinco por cento do subsídio mensal dos Ministros dos Tribunais Superiores, obedecido, em qualquer caso, o disposto nos arts. 37, XI, e 39, § 4º;

VI – a aposentadoria dos magistrados e a pensão de seus dependentes observarão o disposto no art. 40;

VII – o juiz titular residirá na respetiva comarca, salvo autorização do tribunal;

VIII – o ato de remoção, disponibilidade e aposentadoria do magistrado, por interesse público, fundar-se-á em decisão por voto da maioria absoluta do respetivo tribunal ou do Conselho Nacional de Justiça, assegurada ampla defesa;

VIII-A – a remoção a pedido ou a permuta de magistrados de comarca de igual entrância atenderá, no que couber, ao disposto nas alíneas a, b, c e e do inciso II;

IX – todos os julgamentos dos órgãos do Poder Judiciário serão públicos, e fundamentadas todas as decisões, sob pena de nulidade, podendo a lei limitar a presença, em determinados atos, às próprias partes e a seus advogados, ou somente a estes, em casos nos quais a preservação do direito à intimidade do interessado no sigilo não prejudique o interesse público à informação;

X – as decisões administrativas dos tribunais serão motivadas e em sessão pública, sendo as disciplinares tomadas pelo voto da maioria absoluta de seus membros;

XI – nos tribunais com número superior a vinte e cinco julgadores, poderá ser constituído órgão especial, com o mínimo de onze e o máximo de vinte e cinco membros, para o exercício das atribuições administrativas e jurisdicionais delegadas da competência do tribunal pleno, provendo-se metade das vagas por antiguidade e a outra metade por eleição pelo tribunal pleno;

XII – a atividade jurisdicional será ininterrupta, sendo vedado férias coletivas nos juízos e tribunais de segundo grau, funcionando, nos dias em que não houver expediente forense normal, juízes em plantão permanente;

XIII – o número de juízes na unidade jurisdicional será proporcional à efetiva demanda judicial e à respetiva população;

XIV – os servidores receberão delegação para a prática de atos de administração e atos de mero expediente sem caráter decisório;

XV – a distribuição de processos será imediata, em todos os graus de jurisdição.

Art. 94.

Um quinto dos lugares dos Tribunais Regionais Federais, dos tribunais dos Estados, e do Distrito Federal e Territórios será composto de membros do Ministério Público, com mais de dez anos de carreira, e de advogados de notório saber jurídico e de reputação ilibada, com mais de dez anos de efetiva atividade profissional, indicados em lista sêxtupla pelos órgãos de representação das respetivas classes.

Parágrafo único. Recebidas as indicações, o tribunal formará lista tríplice, enviando-a ao Poder Executivo, que, nos vinte dias subsequentes, escolherá um de seus integrantes para nomeação.

Art. 95.

Os juízes gozam das seguintes garantias:

I – vitaliciedade, que, no primeiro grau, só será adquirida após dois anos de exercício, dependendo a perda do cargo, nesse período, de deliberação do tribunal a que o juiz estiver vinculado e, nos demais casos, de sentença judicial transitada em julgado;

II – inamovibilidade, salvo por motivo de interesse público, na forma do art. 93, VIII;

III – irredutibilidade de subsídio, ressalvado o disposto nos arts. 37, X e XI, 39, § 4º, 150, II, 153, III, e 153, § 2º, I.

Parágrafo único. Aos juízes é vedado:

I – exercer, ainda que em disponibilidade, outro cargo ou função, salvo uma de magistério;

II – receber, a qualquer título ou pretexto, custas ou participação em processo;

III – dedicar-se a atividade político-partidária;

IV – receber, a qualquer título ou pretexto, auxílios ou contribuições de pessoas físicas, entidades públicas ou privadas, ressalvadas as exceções previstas em lei;

V – exercer a advocacia no juízo ou tribunal do qual se afastou, antes de decorridos três anos do afastamento do cargo por aposentadoria ou exoneração.

Art. 96.

Compete privativamente:

I – aos tribunais:

a) eleger seus órgãos diretivos e elaborar seus regimentos internos, com observância das normas de processo e das garantias processuais das partes, dispondo sobre a competência e o funcionamento dos respetivos órgãos jurisdicionais e administrativos;

b) organizar suas secretarias e serviços auxiliares e os dos juízos que lhes forem vinculados, velando pelo exercício da atividade correicional respetiva;

c) prover, na forma prevista nesta Constituição, os cargos de juiz de carreira da respetiva jurisdição;

d) propor a criação de novas varas judiciárias;

e) prover, por concurso público de provas, ou de provas e títulos, obedecido o disposto no art. 169, parágrafo único, os cargos necessários à administração da justiça, exceto os de confiança assim definidos em lei;

f) conceder licença, férias e outros afastamentos a seus membros e aos juízes e servidores que lhes forem imediatamente vinculados;

II – ao Supremo Tribunal Federal, aos Tribunais Superiores e aos Tribunais de Justiça propor ao Poder Legislativo respetivo, observado o disposto no art. 169:

a) a alteração do número de membros dos tribunais inferiores;

b) a criação e a extinção de cargos e a remuneração dos seus serviços auxiliares e dos juízos que lhes forem vinculados, bem como a fixação do subsídio de seus membros e dos juízes, inclusive dos tribunais inferiores, onde houver;

c) a criação ou extinção dos tribunais inferiores;

d) a alteração da organização e da divisão judiciárias;

III – aos Tribunais de Justiça julgar os juízes estaduais e do Distrito Federal e Territórios, bem como os membros do Ministério Público, nos crimes comuns e de responsabilidade, ressalvada a competência da Justiça Eleitoral.

Art. 97.

Somente pelo voto da maioria absoluta de seus membros ou dos membros do respetivo órgão especial poderão os tribunais declarar a inconstitucionalidade de lei ou ato normativo do poder público.

Art. 98.

A União, no Distrito Federal e nos Territórios, e os Estados criarão:

I – juizados especiais, providos por juízes togados, ou togados e leigos, competentes para a conciliação, o julgamento e a execução de causas cíveis de menor complexidade e infrações penais de menor potencial ofensivo, mediante os procedimentos oral e sumaríssimo, permitidos, nas hipóteses previstas em lei, a transação e o julgamento de recursos por turmas de juízes de primeiro grau;

II – justiça de paz, remunerada, composta de cidadãos eleitos pelo voto direto, universal e secreto, com mandato de quatro anos e competência para, na forma da lei, celebrar casamentos, verificar, de ofício ou em face de impugnação apresentada, o processo de habilitação e exercer atribuições conciliatórias, sem caráter jurisdicional, além de outras previstas na legislação.

§ 1º Lei federal disporá sobre a criação de juizados especiais no âmbito da Justiça Federal.

§ 2º As custas e emolumentos serão destinados exclusivamente ao custeio dos serviços afetos às atividades específicas da Justiça.

Art. 99.

Ao Poder Judiciário é assegurada autonomia administrativa e financeira.

§ 1º Os tribunais elaborarão suas propostas orçamentárias dentro dos limites estipulados conjuntamente com os demais Poderes na lei de diretrizes orçamentárias.

§ 2º O encaminhamento da proposta, ouvidos os outros tribunais interessados, compete:

I – no âmbito da União, aos Presidentes do Supremo Tribunal Federal e dos Tribunais Superiores, com a aprovação dos respetivos tribunais;

II – no âmbito dos Estados e no do Distrito Federal e Territórios, aos Presidentes dos Tribunais de Justiça, com a aprovação dos respetivos tribunais.

§ 3º Se os órgãos referidos no § 2º não encaminharem as respetivas propostas orçamentárias dentro do prazo estabelecido na lei de diretrizes orçamentárias, o Poder Executivo considerará, para fins de consolidação da proposta orçamentária anual, os valores aprovados na lei orçamentária vigente, ajustados de acordo com os limites estipulados na forma do § 1º deste artigo.

§ 4º Se as propostas orçamentárias de que trata este artigo forem encaminhadas em desacordo com os limites estipulados na forma do § 1º, o Poder Executivo procederá aos ajustes necessários para fins de consolidação da proposta orçamentária anual.

§ 5º Durante a execução orçamentária do exercício, não poderá haver a realização de despesas ou a assunção de obrigações que extrapolem os limites estabelecidos na lei de diretrizes orçamentárias, exceto se previamente autorizadas, mediante a abertura de créditos suplementares ou especiais.

Art. 100.

Os pagamentos devidos pelas Fazendas Públicas Federal, Estaduais, Distrital e Municipais, em virtude de sentença judiciária, far-se-ão exclusivamente na ordem cronológica de apresentação dos precatórios e à conta dos créditos respetivos, proibida a designação de casos ou de pessoas nas dotações orçamentárias e nos créditos adicionais abertos para este fim.

§ 1º Os débitos de natureza alimentícia compreendem aqueles decorrentes de salários, vencimentos, proventos, pensões e suas complementações, benefícios previdenciários e indenizações por morte ou por invalidez, fundadas em responsabilidade civil, em virtude de sentença judicial transitada em julgado, e serão pagos com preferência sobre todos os demais débitos, exceto sobre aqueles referidos no § 2º deste artigo.

§ 2º Os débitos de natureza alimentícia cujos titulares tenham 60 (sessenta) anos de idade ou mais na data de expedição do precatório, ou sejam portadores de doença grave, definidos na forma da lei, serão pagos com preferência sobre todos os demais débitos, até o valor equivalente ao triplo do fixado em lei para os fins do disposto no § 3º deste artigo, admitido o fracionamento para essa finalidade, sendo que o restante será pago na ordem cronológica de apresentação do precatório.

§ 3º O disposto no caput deste artigo relativamente à expedição de precatórios não se aplica aos pagamentos de obrigações definidas em leis como de pequeno valor que as Fazendas referidas devam fazer em virtude de sentença judicial transitada em julgado.

§ 4º Para os fins do disposto no § 3º, poderão ser fixados, por leis próprias, valores distintos às entidades de Direito Público, segundo as diferentes capacidades econômicas, sendo o mínimo igual ao valor do maior benefício do regime geral de previdência social.

§ 5º É obrigatória a inclusão, no orçamento das entidades de Direito Público, de verba necessária ao pagamento de seus débitos, oriundos de sentenças transitadas em julgado, constantes de precatórios judiciários apresentados até 1º de julho, fazendo-se o pagamento até o final do exercício seguinte, quando terão seus valores atualizados monetariamente.

§ 6º As dotações orçamentárias e os créditos abertos serão consignados diretamente ao Poder Judiciário, cabendo ao Presidente do Tribunal que proferir a decisão exequenda determinar o pagamento integral e autorizar, a requerimento do credor e exclusivamente para os casos de preterimento de seu direito de precedência ou de não alocação orçamentária do valor necessário à satisfação do seu débito, o sequestro da quantia respetiva.

§ 7º O Presidente do Tribunal competente que, por ato comissivo ou omissivo, retardar ou tentar frustrar a liquidação regular de precatórios incorrerá em crime de responsabilidade e responderá, também, perante o Conselho Nacional de Justiça.

§ 8º É vedada a expedição de precatórios complementares ou suplementares de valor pago, bem como o fracionamento, repartição ou quebra do valor da execução para fins de enquadramento de parcela do total ao que dispõe o § 3º deste artigo.

§ 9º No momento da expedição dos precatórios, independentemente de regulamentação, deles deverá ser abatido, a título de compensação, valor correspondente aos débitos líquidos e certos, inscritos ou não em dívida ativa e constituídos contra o credor original pela Fazenda Pública devedora, incluídas parcelas vincendas de parcelamentos, ressalvados aqueles cuja execução esteja suspensa em virtude de contestação administrativa ou judicial.

§ 10. Antes da expedição dos precatórios, o Tribunal solicitará à Fazenda Pública devedora, para resposta em até 30 (trinta) dias, sob pena de perda do direito de abatimento, informação sobre os débitos que preencham as condições estabelecidas no § 9º, para os fins nele previstos.

§ 11. É facultada ao credor, conforme estabelecido em lei da entidade federativa devedora, a entrega de créditos em precatórios para compra de imóveis públicos do respetivo ente federado.

§ 12. A partir da promulgação desta Emenda Constitucional, a atualização de valores de requisitórios, após sua expedição, até o efetivo pagamento, independentemente de sua natureza, será feita pelo índice oficial de remuneração básica da caderneta de poupança, e, para fins de compensação da mora, incidirão juros simples no mesmo percentual de juros incidentes sobre a caderneta de poupança, ficando excluída a incidência de juros compensatórios.

§ 13. O credor poderá ceder, total ou parcialmente, seus créditos em precatórios a terceiros, independentemente da concordância do devedor, não se aplicando ao cessionário o disposto nos §§ 2º e 3º.

§ 14. A cessão de precatórios somente produzirá efeitos após comunicação, por meio de petição protocolizada, ao tribunal de origem e à entidade devedora.

§ 15. Sem prejuízo do disposto neste artigo, lei complementar a esta Constituição Federal poderá estabelecer regime especial para pagamento de crédito de precatórios de Estados, Distrito Federal e Municípios, dispondo sobre vinculações à receita corrente líquida e forma e prazo de liquidação.

§ 16. A seu critério exclusivo e na forma de lei, a União poderá assumir débitos, oriundos de precatórios, de Estados, Distrito Federal e Municípios, refinanciando-os diretamente.

SEÇÃO II – Do Supremo Tribunal Federal

Art. 101.

O Supremo Tribunal Federal compõe-se de onze Ministros, escolhidos dentre cidadãos com mais de trinta e cinco e menos de sessenta e cinco anos de idade, de notável saber jurídico e reputação ilibada.

Parágrafo único. Os Ministros do Supremo Tribunal Federal serão nomeados pelo Presidente da República, depois de aprovada a escolha pela maioria absoluta do Senado Federal.

Art. 102.

Compete ao Supremo Tribunal Federal, precipuamente, a guarda da Constituição, cabendo-lhe:

I – processar e julgar, originariamente:

a) a ação direta de inconstitucionalidade de lei ou ato normativo federal ou estadual e a ação declaratória de constitucionalidade de lei ou ato normativo federal;

b) nas infrações penais comuns, o Presidente da República, o Vice-Presidente, os membros do Congresso Nacional, seus próprios Ministros e o Procurador-Geral da República;

c) nas infrações penais comuns e nos crimes de responsabilidade, os Ministros de Estado e os Comandantes da Marinha, do Exército e da Aeronáutica, ressalvado o disposto no art. 52, I, os membros dos Tribunais Superiores, os do Tribunal de Contas da União e os chefes de missão diplomática de caráter permanente;

d) o *habeas corpus*, sendo paciente qualquer das pessoas referidas nas alíneas anteriores; o mandado de segurança e o *habeas data* contra atos do Presidente da República, das Mesas da Câmara dos Deputados e do Senado Federal, do Tribunal de Contas da União, do Procurador-Geral da República e do próprio Supremo Tribunal Federal;

e) o litígio entre Estado estrangeiro ou organismo internacional e a União, o Estado, o Distrito Federal ou o Território;

f) as causas e os conflitos entre a União e os Estados, a União e o Distrito Federal, ou entre uns e outros, inclusive as respetivas entidades da administração indireta;

g) a extradição solicitada por Estado estrangeiro;

h) (Revogada).

i) o *habeas corpus*, quando o coator for Tribunal Superior ou quando o coator ou o paciente for autoridade ou funcionário cujos atos estejam sujeitos diretamente à jurisdição do Supremo Tribunal Federal, ou se trate de crime sujeito à mesma jurisdição em uma única instância;

j) a revisão criminal e a ação rescisória de seus julgados;

l) a reclamação para a preservação de sua competência e garantia da autoridade de suas decisões;

m) a execução de sentença nas causas de sua competência originária, facultada a delegação de atribuições para a prática de atos processuais;

n) a ação em que todos os membros da magistratura sejam direta ou indiretamente interessados, e aquela em que mais da metade dos membros do tribunal de origem estejam impedidos ou sejam direta ou indiretamente interessados;

o) os conflitos de competência entre o Superior Tribunal de Justiça e quaisquer tribunais, entre Tribunais Superiores, ou entre estes e qualquer outro tribunal;

p) o pedido de medida cautelar das ações diretas de inconstitucionalidade;

q) o mandado de injunção, quando a elaboração da norma regulamentadora for atribuição do Presidente da República, do Congresso Nacional, da Câmara dos Deputados, do Senado Federal, da Mesa de uma dessas Casas Legislativas, do Tribunal de Contas da União, de um dos Tribunais Superiores, ou do próprio Supremo Tribunal Federal;

r) as ações contra o Conselho Nacional de Justiça e contra o Conselho Nacional do Ministério Público;

II – julgar, em recurso ordinário:

a) o *habeas corpus*, o mandado de segurança, o *habeas data* e o mandado de injunção decididos em única instância pelos Tribunais Superiores, se denegatória a decisão;

b) o crime político;

III – julgar, mediante recurso extraordinário, as causas decididas em única ou última instância, quando a decisão recorrida:

a) contrariar dispositivo desta Constituição;

b) declarar a inconstitucionalidade de tratado ou lei federal;

c) julgar válida lei ou ato de governo local contestado em face desta Constituição.

d) julgar válida lei local contestada em face de lei federal.

§ 1º A arguição de descumprimento de preceito fundamental, decorrente desta Constituição, será apreciada pelo Supremo Tribunal Federal, na forma da lei.

§ 2º As decisões definitivas de mérito, proferidas pelo Supremo Tribunal Federal, nas ações diretas de inconstitucionalidade e nas ações declaratórias de constitucionalidade produzirão eficácia contra todos e efeito vinculante, relativamente aos demais órgãos do Poder Judiciário e à administração pública direta e indireta, nas esferas federal, estadual e municipal.

§ 3º No recurso extraordinário o recorrente deverá demonstrar a repercussão geral das questões constitucionais discutidas no caso, nos termos da lei, a fim de que o Tribunal examine a admissão do recurso, somente podendo recusá-lo pela manifestação de dois terços de seus membros.

Art. 103.

Podem propor a ação direta de inconstitucionalidade e a ação declaratória de constitucionalidade:

I – o Presidente da República;

II – a Mesa do Senado Federal;

III – a Mesa da Câmara dos Deputados;

IV – a Mesa de Assembleia Legislativa ou da Câmara Legislativa do Distrito Federal;

V – o Governador de Estado ou do Distrito Federal;

VI – o Procurador-Geral da República;

VII – o Conselho Federal da Ordem dos Advogados do Brasil;

VIII – partido político com representação no Congresso Nacional;

IX – confederação sindical ou entidade de classe de âmbito nacional.

§ 1º O Procurador-Geral da República deverá ser previamente ouvido nas ações de inconstitucionalidade e em todos os processos de competência do Supremo Tribunal Federal.

§ 2º Declarada a inconstitucionalidade por omissão de medida para tornar efetiva norma constitucional, será dada ciência ao Poder competente para a adoção das providências necessárias e, em se tratando de órgão administrativo, para fazê-lo em trinta dias.

§ 3º Quando o Supremo Tribunal Federal apreciar a inconstitucionalidade, em tese, de norma legal ou ato normativo, citará, previamente, o Advogado-Geral da União, que defenderá o ato ou texto impugnado.

§ 4º (Revogado).

Art. 103-A.

O Supremo Tribunal Federal poderá, de ofício ou por provocação, mediante decisão de dois terços dos seus membros, após reiteradas decisões sobre matéria constitucional, aprovar súmula que, a partir de sua publicação na imprensa oficial, terá efeito vinculante em relação aos demais órgãos do Poder Judiciário e à administração pública direta e indireta, nas esferas federal, estadual e municipal, bem como proceder à sua revisão ou cancelamento, na forma estabelecida em lei.

§ 1º A súmula terá por objetivo a validade, a interpretação e a eficácia de normas determinadas, acerca das quais haja controvérsia atual entre órgãos judiciários ou entre esses e a administração pública que acarrete grave insegurança jurídica e relevante multiplicação de processos sobre questão idêntica.

§ 2º Sem prejuízo do que vier a ser estabelecido em lei, a aprovação, revisão ou cancelamento de súmula poderá ser provocada por aqueles que podem propor a ação direta de inconstitucionalidade.

§ 3º Do ato administrativo ou decisão judicial que contrariar a súmula aplicável ou que indevidamente a aplicar, caberá reclamação ao Supremo Tribunal Federal que, julgando-a procedente, anulará o ato administrativo ou cassará a decisão judicial reclamada, e determinará que outra seja proferida com ou sem a aplicação da súmula, conforme o caso.

Art. 103-B.

O Conselho Nacional de Justiça compõe-se de 15 (quinze) membros com mandato de 2 (dois) anos, admitida 1 (uma) recondução, sendo:

I – o Presidente do Supremo Tribunal Federal;

II – um Ministro do Superior Tribunal de Justiça, indicado pelo respetivo tribunal;

III – um Ministro do Tribunal Superior do Trabalho, indicado pelo respetivo tribunal;

IV – um desembargador de Tribunal de Justiça, indicado pelo Supremo Tribunal Federal;

V – um juiz estadual, indicado pelo Supremo Tribunal Federal;

VI – um juiz federal de Tribunal Regional Federal, indicado pelo Superior Tribunal de Justiça;

VII – um juiz federal, indicado pelo Superior Tribunal de Justiça;

VIII – um juiz de Tribunal Regional do Trabalho, indicado pelo Tribunal Superior do Trabalho;

IX – um juiz do trabalho, indicado pelo Tribunal Superior do Trabalho;

X – um membro do Ministério Público da União, indicado pelo Procurador-Geral da República;

XI – um membro do Ministério Público estadual, escolhido pelo Procurador-Geral da República dentre os nomes indicados pelo órgão competente de cada instituição estadual;

XII – dois advogados, indicados pelo Conselho Federal da Ordem dos Advogados do Brasil;

XIII – dois cidadãos, de notável saber jurídico e reputação ilibada, indicados um pela Câmara dos Deputados e outro pelo Senado Federal.

§ 1º O Conselho será presidido pelo Presidente do Supremo Tribunal Federal e, nas suas ausências e impedimentos, pelo Vice-Presidente do Supremo Tribunal Federal.

§ 2º Os demais membros do Conselho serão nomeados pelo Presidente da República, depois de aprovada a escolha pela maioria absoluta do Senado Federal.

§ 3º Não efetuadas, no prazo legal, as indicações previstas neste artigo, caberá a escolha ao Supremo Tribunal Federal.

§ 4º Compete ao Conselho o controle da atuação administrativa e financeira do Poder Judiciário e do cumprimento dos deveres funcionais dos juízes, cabendo-lhe, além de outras atribuições que lhe forem conferidas pelo Estatuto da Magistratura:

I – zelar pela autonomia do Poder Judiciário e pelo cumprimento do Estatuto da Magistratura, podendo expedir atos regulamentares, no âmbito de sua competência, ou recomendar providências;

II – zelar pela observância do art. 37 e apreciar, de ofício ou mediante provocação, a legalidade dos atos administrativos praticados por membros ou órgãos do Poder Judiciário, podendo desconstituí-los, revê-los ou fixar prazo para que se adotem as providências necessárias ao exato cumprimento da lei, sem prejuízo da competência do Tribunal de Contas da União;

III – receber e conhecer das reclamações contra membros ou órgãos do Poder Judiciário, inclusive contra seus serviços auxiliares, serventias e órgãos prestadores de serviços notariais e de registro que atuem por delegação do poder público ou oficializados, sem prejuízo da competência disciplinar e correicional dos tribunais, podendo avocar processos disciplinares em curso e determinar a remoção, a disponibilidade ou a aposentadoria com subsídios ou proventos proporcionais ao tempo de serviço e aplicar outras sanções administrativas, assegurada ampla defesa;

IV – representar ao Ministério Público, no caso de crime contra a administração pública ou de abuso de autoridade;

V – rever, de ofício ou mediante provocação, os processos disciplinares de juízes e membros de tribunais julgados há menos de um ano;

VI – elaborar semestralmente relatório estatístico sobre processos e sentenças prolatadas, por unidade da Federação, nos diferentes órgãos do Poder Judiciário;

VII – elaborar relatório anual, propondo as providências que julgar necessárias, sobre a situação do Poder Judiciário no País e as atividades do Conselho, o qual deve integrar mensagem do Presidente do Supremo Tribunal Federal a ser remetida ao Congresso Nacional, por ocasião da abertura da sessão legislativa.

§ 5º O Ministro do Superior Tribunal de Justiça exercerá a função de Ministro-Corregedor e ficará excluído da distribuição de processos no Tribunal, competindo-lhe, além das atribuições que lhe forem conferidas pelo Estatuto da Magistratura, as seguintes:

I – receber as reclamações e denúncias, de qualquer interessado, relativas aos magistrados e aos serviços judiciários;

II – exercer funções executivas do Conselho, de inspeção e de correição geral;

III – requisitar e designar magistrados, delegando-lhes atribuições, e requisitar servidores de juízos ou tribunais, inclusive nos Estados, Distrito Federal e Territórios.

§ 6º Junto ao Conselho oficiarão o Procurador-Geral da República e o Presidente do Conselho Federal da Ordem dos Advogados do Brasil.

§ 7º A União, inclusive no Distrito Federal e nos Territórios, criará ouvidorias de justiça, competentes para receber reclamações e denúncias de qualquer interessado contra membros ou órgãos do Poder Judiciário, ou contra seus serviços auxiliares, representando diretamente ao Conselho Nacional de Justiça.

SEÇÃO III – Do Superior Tribunal de Justiça

Art. 104.

O Superior Tribunal de Justiça compõe-se de, no mínimo, trinta e três Ministros.

Parágrafo único. Os Ministros do Superior Tribunal de Justiça serão nomeados pelo Presidente da República, dentre brasileiros com mais de trinta e cinco e menos de sessenta e cinco anos, de notável saber jurídico e reputação ilibada, depois de aprovada a escolha pela maioria absoluta do Senado Federal, sendo:

I – um terço dentre juízes dos Tribunais Regionais Federais e um terço dentre desembargadores dos Tribunais de Justiça, indicados em lista tríplice elaborada pelo próprio Tribunal;

II – um terço, em partes iguais, dentre advogados e membros do Ministério Público Federal, Estadual, do Distrito Federal e dos Territórios, alternadamente, indicados na forma do art. 94.

Art. 105.

Compete ao Superior Tribunal de Justiça:

I – processar e julgar, originariamente:

a) nos crimes comuns, os Governadores dos Estados e do Distrito Federal, e, nestes e nos de responsabilidade, os desembargadores dos Tribunais de Justiça dos Estados e do Distrito Federal, os membros dos Tribunais de Contas dos Estados e do Distrito Federal, os dos Tribunais Regionais Federais, dos Tribunais Regionais Eleitorais e do Trabalho, os membros dos Conselhos ou Tribunais de Contas dos Municípios e os do Ministério Público da União que oficiem perante tribunais;

b) os mandados de segurança e os *habeas data* contra ato de Ministro de Estado, dos Comandantes da Marinha, do Exército e da Aeronáutica ou do próprio Tribunal;

c) os *habeas corpus*, quando o coator ou paciente for qualquer das pessoas mencionadas na alínea a, ou quando o coator for tribunal sujeito à sua jurisdição, Ministro de Estado ou Comandante da Marinha, do Exército ou da Aeronáutica, ressalvada a competência da Justiça Eleitoral;

d) os conflitos de competência entre quaisquer tribunais, ressalvado o disposto no art. 102, I, o, bem como entre tribunal e juízes a ele não vinculados e entre juízes vinculados a tribunais diversos;

e) as revisões criminais e as ações rescisórias de seus julgados;

f) a reclamação para a preservação de sua competência e garantia da autoridade de suas decisões;

g) os conflitos de atribuições entre autoridades administrativas e judiciárias da União, ou entre autoridades judiciárias de um Estado e administrativas de outro ou do Distrito Federal, ou entre as deste e da União;

h) o mandado de injunção, quando a elaboração da norma regulamentadora for atribuição de órgão, entidade ou autoridade federal, da administração direta ou indireta, excetuados os casos de competência do Supremo Tribunal Federal e dos órgãos da Justiça Militar, da Justiça Eleitoral, da Justiça do Trabalho e da Justiça Federal;

i) a homologação de sentenças estrangeiras e a concessão de *exequatur* às cartas rogatórias;

II – julgar, em recurso ordinário:

a) os *habeas corpus* decididos em única ou última instância pelos Tribunais Regionais Federais ou pelos tribunais dos Estados, do Distrito Federal e Territórios, quando a decisão for denegatória;

b) os mandados de segurança decididos em única instância pelos Tribunais Regionais Federais ou pelos tribunais dos Estados, do Distrito Federal e Territórios, quando denegatória a decisão;

c) as causas em que forem partes Estado estrangeiro ou organismo internacional, de um lado, e, do outro, Município ou pessoa residente ou domiciliada no País;

III – julgar, em recurso especial, as causas decididas, em única ou última instância, pelos Tribunais Regionais Federais ou pelos tribunais dos Estados, do Distrito Federal e Territórios, quando a decisão recorrida:

a) contrariar tratado ou lei federal, ou negar-lhes vigência;

b) julgar válido ato de governo local contestado em face de lei federal;

c) der a lei federal interpretação divergente da que lhe haja atribuído outro tribunal.

Parágrafo único. Funcionarão junto ao Superior Tribunal de Justiça:

I – a Escola Nacional de Formação e Aperfeiçoamento de Magistrados, cabendo-lhe, dentre outras funções, regulamentar os cursos oficiais para o ingresso e promoção na carreira;

II – o Conselho da Justiça Federal, cabendo-lhe exercer, na forma da lei, a supervisão administrativa e orçamentária da Justiça Federal de primeiro e segundo graus, como órgão central do sistema e com poderes correicionais, cujas decisões terão caráter vinculante.

SEÇÃO IV – Dos Tribunais Regionais Federais e dos Juízes Federais

Art. 106.

São órgãos da Justiça Federal:

I – os Tribunais Regionais Federais;

II – os Juízes Federais.

Art. 107.

Os Tribunais Regionais Federais compõem-se de, no mínimo, sete juízes, recrutados, quando possível, na respetiva região e nomeados pelo Presidente da República dentre brasileiros com mais de trinta e menos de sessenta e cinco anos, sendo:

I – um quinto dentre advogados com mais de dez anos de efetiva atividade profissional e membros do Ministério Público Federal com mais de dez anos de carreira;

II – os demais, mediante promoção de juízes federais com mais de cinco anos de exercício, por antiguidade e merecimento, alternadamente.

§ 1º A lei disciplinará a remoção ou a permuta de juízes dos Tribunais Regionais Federais e determinará sua jurisdição e sede.

§ 2º Os Tribunais Regionais Federais instalarão a justiça itinerante, com a realização de audiências e demais funções da atividade jurisdicional, nos limites territoriais da respetiva jurisdição, servindo-se de equipamentos públicos e comunitários.

§ 3º Os Tribunais Regionais Federais poderão funcionar descentralizadamente, constituindo Câmaras regionais, a fim de assegurar o pleno acesso do jurisdicionado à justiça em todas as fases do processo.

Art. 108.

Compete aos Tribunais Regionais Federais:

I – processar e julgar, originariamente:

a) os juízes federais da área de sua jurisdição, incluídos os da Justiça Militar e da Justiça do Trabalho, nos crimes comuns e de responsabilidade, e os membros do Ministério Público da União, ressalvada a competência da Justiça Eleitoral;

b) as revisões criminais e as ações rescisórias de julgados seus ou dos juízes federais da região;

c) os mandados de segurança e os *habeas data* contra ato do próprio Tribunal ou de juiz federal;

d) os *habeas corpus*, quando a autoridade coatora for juiz federal;

e) os conflitos de competência entre juízes federais vinculados ao Tribunal;

II – julgar, em grau de recurso, as causas decididas pelos juízes federais e pelos juízes estaduais no exercício da competência federal da área de sua jurisdição.

Art. 109.

Aos juízes federais compete processar e julgar:

I – as causas em que a União, entidade autárquica ou empresa pública federal forem interessadas na condição de autoras, rés, assistentes ou oponentes, exceto as de falência, as de acidentes de trabalho e as sujeitas à Justiça Eleitoral e à Justiça do Trabalho;

II – as causas entre Estado estrangeiro ou organismo internacional e Município ou pessoa domiciliada ou residente no País;

III – as causas fundadas em tratado ou contrato da União com Estado estrangeiro ou organismo internacional;

IV – os crimes políticos e as infrações penais praticadas em detrimento de bens, serviços ou interesse da União ou de suas entidades autárquicas ou empresas públicas, excluídas as contravenções e ressalvada a competência da Justiça Militar e da Justiça Eleitoral;

V – os crimes previstos em tratado ou convenção internacional, quando, iniciada a execução no País, o resultado tenha ou devesse ter ocorrido no estrangeiro, ou reciprocamente;

V-A – as causas relativas a direitos humanos a que se refere o § 5º deste artigo;

VI – os crimes contra a organização do trabalho e, nos casos determinados por lei, contra o sistema financeiro e a ordem econômico-financeira;

VII – os *habeas corpus*, em matéria criminal de sua competência ou quando o constrangimento provier de autoridade cujos atos não estejam diretamente sujeitos a outra jurisdição;

VIII – os mandados de segurança e os *habeas data* contra ato de autoridade federal, excetuados os casos de competência dos tribunais federais;

IX – os crimes cometidos a bordo de navios ou aeronaves, ressalvada a competência da Justiça Militar;

X – os crimes de ingresso ou permanência irregular de estrangeiro, a execução de carta rogatória, após o exequatur, e de sentença estrangeira, após a homologação, as causas referentes à nacionalidade, inclusive a respetiva opção, e à naturalização;

XI – a disputa sobre direitos indígenas.

§ 1º As causas em que a União for autora serão aforadas na seção judiciária onde tiver domicílio a outra parte.

§ 2º As causas intentadas contra a União poderão ser aforadas na seção judiciária em que for domiciliado o autor, naquela onde houver ocorrido o ato ou fato que deu origem à demanda ou onde esteja situada a coisa, ou, ainda, no Distrito Federal.

§ 3º Serão processadas e julgadas na Justiça estadual, no foro do domicílio dos segurados ou beneficiários, as causas em que forem parte instituição de previdência social e segurado, sempre que a comarca não seja sede de vara do juízo federal, e, se verificada essa condição, a lei poderá permitir que outras causas sejam também processadas e julgadas pela Justiça estadual.

§ 4º Na hipótese do parágrafo anterior, o recurso cabível será sempre para o Tribunal Regional Federal na área de jurisdição do juiz de primeiro grau.

§ 5º Nas hipóteses de grave violação de direitos humanos, o Procurador-Geral da República, com a finalidade de assegurar o cumprimento de obrigações decorrentes de tratados internacionais de direitos humanos dos quais o Brasil seja parte, poderá suscitar, perante o Superior Tribunal de Justiça, em qualquer fase do inquérito ou processo, incidente de deslocamento de competência para a Justiça Federal.

Art. 110.

Cada Estado, bem como o Distrito Federal, constituirá uma seção judiciária, que terá por sede a respetiva capital, e varas localizadas segundo o estabelecido em lei.

Parágrafo único. Nos Territórios Federais, a jurisdição e as atribuições cometidas aos juízes federais caberão aos juízes da Justiça local, na forma da lei.

SEÇÃO V – Dos Tribunais e Juízes do Trabalho

Art. 111.

São órgãos da Justiça do Trabalho:

I – o Tribunal Superior do Trabalho;

II – os Tribunais Regionais do Trabalho;

III – Juízes do Trabalho.

§ 1º (Revogado).

§ 2º (Revogado).

§ 3º (Revogado).

Art. 111-A.

O Tribunal Superior do Trabalho compor-se-á de vinte e sete Ministros, escolhidos dentre brasileiros com mais de trinta e cinco e menos de sessenta e cinco anos, nomeados pelo Presidente da República após aprovação pela maioria absoluta do Senado Federal, sendo:

I – um quinto dentre advogados com mais de dez anos de efetiva atividade profissional e membros do Ministério Público do Trabalho com mais de dez anos de efetivo exercício, observado o disposto no art. 94;

II – os demais dentre juízes dos Tribunais Regionais do Trabalho, oriundos da magistratura da carreira, indicados pelo próprio Tribunal Superior.

§ 1º A lei disporá sobre a competência do Tribunal Superior do Trabalho.

§ 2º Funcionarão junto ao Tribunal Superior do Trabalho:

I – a Escola Nacional de Formação e Aperfeiçoamento de Magistrados do Trabalho, cabendo-lhe, dentre outras funções, regulamentar os cursos oficiais para o ingresso e promoção na carreira;

II – o Conselho Superior da Justiça do Trabalho, cabendo-lhe exercer, na forma da lei, a supervisão administrativa, orçamentária, financeira e patrimonial da Justiça do Trabalho de primeiro e segundo graus, como órgão central do sistema, cujas decisões terão efeito vinculante.

Art. 112.

A lei criará varas da Justiça do Trabalho, podendo, nas comarcas não abrangidas por sua jurisdição, atribuí-la aos juízes de direito, com recurso para o respetivo Tribunal Regional do Trabalho.

Art. 113.

A lei disporá sobre a constituição, investidura, jurisdição, competência, garantias e condições de exercício dos órgãos da Justiça do Trabalho.

Art. 114.

Compete à Justiça do Trabalho processar e julgar:

I – as ações oriundas da relação de trabalho, abrangidos os entes de Direito Público externo e da administração pública direta e indireta da União, dos Estados, do Distrito Federal e dos Municípios;

II – as ações que envolvam exercício do direito de greve;

III – as ações sobre representação sindical, entre sindicatos, entre sindicatos e trabalhadores, e entre sindicatos e empregadores;

IV – os mandados de segurança, *habeas corpus* e *habeas data*, quando o ato questionado envolver matéria sujeita à sua jurisdição;

V – os conflitos de competência entre órgãos com jurisdição trabalhista, ressalvado o disposto no art. 102, I, o;

VI – as ações de indenização por dano moral ou patrimonial, decorrentes da relação de trabalho;

VII – as ações relativas às penalidades administrativas impostas aos empregadores pelos órgãos de fiscalização das relações de trabalho;

VIII – a execução, de ofício, das contribuições sociais previstas no art. 195, I, a, e II, e seus acréscimos legais, decorrentes das sentenças que proferir;

IX – outras controvérsias decorrentes da relação de trabalho, na forma da lei.

§ 1º Frustrada a negociação coletiva, as partes poderão eleger árbitros.

§ 2º Recusando-se qualquer das partes à negociação coletiva ou à arbitragem, é facultado às mesmas, de comum acordo, ajuizar dissídio coletivo de natureza econômica, podendo a Justiça do Trabalho decidir o conflito, respeitadas as disposições mínimas legais de proteção ao trabalho, bem como as convencionadas anteriormente.

§ 3º Em caso de greve em atividade essencial, com possibilidade de lesão do interesse público, o Ministério Público do Trabalho poderá ajuizar dissídio coletivo, competindo à Justiça do Trabalho decidir o conflito.

Art. 115.

Os Tribunais Regionais do Trabalho compõem-se de, no mínimo, sete juízes, recrutados, quando possível, na respetiva região, e nomeados pelo Presidente da República dentre brasileiros com mais de trinta e menos de sessenta e cinco anos, sendo:

I – um quinto dentre advogados com mais de dez anos de efetiva atividade profissional e membros do Ministério Público do Trabalho com mais de dez anos de efetivo exercício, observado o disposto no art. 94;

II – os demais, mediante promoção de juízes do trabalho por antiguidade e merecimento, alternadamente.

§ 1º Os Tribunais Regionais do Trabalho instalarão a justiça itinerante, com a realização de audiências e demais funções de atividade jurisdicional, nos limites territoriais da respetiva jurisdição, servindo-se de equipamentos públicos e comunitários.

§ 2º Os Tribunais Regionais do Trabalho poderão funcionar descentralizadamente, constituindo Câmaras regionais, a fim de assegurar o pleno acesso do jurisdicionado à justiça em todas as fases do processo.

Art. 116.

Nas Varas do Trabalho, a jurisdição será exercida por um juiz singular.

Parágrafo único. (Revogado).

Art. 117.

(Revogado).

SEÇÃO VI – Dos Tribunais e Juízes Eleitorais

Art. 118.

São órgãos da Justiça Eleitoral:

I – o Tribunal Superior Eleitoral;

II – os Tribunais Regionais Eleitorais;

III – os Juízes Eleitorais;

IV – as Juntas Eleitorais.

Art. 119.

O Tribunal Superior Eleitoral compor-se-á, no mínimo, de sete membros, escolhidos:

I – mediante eleição, pelo voto secreto:

a) três juízes dentre os Ministros do Supremo Tribunal Federal;

b) dois juízes dentre os Ministros do Superior Tribunal de Justiça;

II – por nomeação do Presidente da República, dois juízes dentre seis advogados de notável saber jurídico e idoneidade moral, indicados pelo Supremo Tribunal Federal.

Parágrafo único. O Tribunal Superior Eleitoral elegerá seu Presidente e o Vice-Presidente dentre os Ministros do Supremo Tribunal Federal, e o corregedor eleitoral dentre os Ministros do Superior Tribunal de Justiça.

Art. 120.

Haverá um Tribunal Regional Eleitoral na capital de cada Estado e no Distrito Federal.

§ 1º Os Tribunais Regionais Eleitorais compor-se-ão:

I – mediante eleição, pelo voto secreto:

a) de dois juízes dentre os desembargadores do Tribunal de Justiça;

b) de dois juízes, dentre juízes de direito, escolhidos pelo Tribunal de Justiça;

II – de um juiz do Tribunal Regional Federal com sede na capital do Estado ou no Distrito Federal, ou, não havendo, de juiz federal, escolhido, em qualquer caso, pelo Tribunal Regional Federal respetivo;

III – por nomeação, pelo Presidente da República, de dois juízes dentre seis advogados de notável saber jurídico e idoneidade moral, indicados pelo Tribunal de Justiça.

§ 2º O Tribunal Regional Eleitoral elegerá seu Presidente e o Vice-Presidente dentre os desembargadores.

Art. 121.

Lei complementar disporá sobre a organização e competência dos Tribunais, dos juízes de direito e das Juntas Eleitorais.

§ 1º Os membros dos Tribunais, os juízes de direito e os integrantes das Juntas Eleitorais, no exercício de suas funções, e no que lhes for aplicável, gozarão de plenas garantias e serão inamovíveis.

§ 2º Os juízes dos Tribunais Eleitorais, salvo motivo justificado, servirão por dois anos, no mínimo, e nunca por mais de dois biênios consecutivos, sendo os substitutos escolhidos na mesma ocasião e pelo mesmo processo, em número igual para cada categoria.

§ 3º São irrecorríveis as decisões do Tribunal Superior Eleitoral, salvo as que contrariarem esta Constituição e as denegatórias de *habeas corpus* ou mandado de segurança.

§ 4º Das decisões dos Tribunais Regionais Eleitorais somente caberá recurso quando:

I – forem proferidas contra disposição expressa desta Constituição ou de lei;

II – ocorrer divergência na interpretação de lei entre dois ou mais Tribunais Eleitorais;

III – versarem sobre inelegibilidade ou expedição de diplomas nas eleições federais ou estaduais;

IV – anularem diplomas ou decretarem a perda de mandatos eletivos federais ou estaduais;

V – denegarem *habeas corpus*, mandado de segurança, *habeas data* ou mandado de injunção.

SEÇÃO VII - Dos Tribunais e Juízes Militares

Art. 122.

São órgãos da Justiça Militar:

I – o Superior Tribunal Militar;

II – os Tribunais e Juízes Militares instituídos por lei.

Art. 123.

O Superior Tribunal Militar compor-se-á de quinze Ministros vitalícios, nomeados pelo Presidente da República, depois de aprovada a indicação pelo Senado Federal, sendo três dentre oficiais-generais da Marinha, quatro dentre oficiais-generais do Exército, três dentre oficiais-generais da Aeronáutica, todos da ativa e do posto mais elevado da carreira, e cinco dentre civis.

Parágrafo único. Os Ministros civis serão escolhidos pelo Presidente da República dentre brasileiros maiores de trinta e cinco anos, sendo:

I – três dentre advogados de notório saber jurídico e conduta ilibada, com mais de dez anos de efetiva atividade profissional;

II – dois, por escolha paritária, dentre juízes-auditores e membros do Ministério Público da Justiça Militar.

Art. 124.

À Justiça Militar compete processar e julgar os crimes militares definidos em lei.

Parágrafo único. A lei disporá sobre a organização, o funcionamento e a competência da Justiça Militar.

SEÇÃO VIII - Dos Tribunais e Juízes dos Estados

Art. 125.

Os Estados organizarão sua Justiça, observados os princípios estabelecidos nesta Constituição.

§ 1º A competência dos tribunais será definida na Constituição do Estado, sendo a lei de organização judiciária de iniciativa do Tribunal de Justiça.

§ 2º Cabe aos Estados a instituição de representação de inconstitucionalidade de leis ou atos normativos estaduais ou municipais em face da Constituição estadual, vedada a atribuição da legitimação para agir a um único órgão.

§ 3º A lei estadual poderá criar, mediante proposta do Tribunal de Justiça, a Justiça Militar estadual, constituída, em primeiro grau, pelos juízes de direito e pelos Conselhos de Justiça e, em segundo grau, pelo próprio Tribunal de Justiça, ou por Tribunal de Justiça Militar nos Estados em que o efetivo militar seja superior a vinte mil integrantes.

§ 4º Compete à Justiça Militar estadual processar e julgar os militares dos Estados, nos crimes militares definidos em lei e as ações judiciais contra atos disciplinares militares, ressalvada a competência do júri quando a vítima for civil, cabendo ao tribunal competente decidir sobre a perda do posto e da patente dos oficiais e da graduação das praças.

§ 5º Compete aos juízes de direito do juízo militar processar e julgar, singularmente, os crimes militares cometidos contra civis e as ações judiciais contra atos disciplinares militares, cabendo ao Conselho de Justiça, sob a presidência de juiz de direito, processar e julgar os demais crimes militares.

§ 6º O Tribunal de Justiça poderá funcionar descentralizadamente, constituindo Câmaras regionais, a fim de assegurar o pleno acesso do jurisdicionado à justiça em todas as fases do processo.

§ 7º O Tribunal de Justiça instalará a justiça itinerante, com a realização de audiências e demais funções da atividade jurisdicional, nos limites territoriais da respetiva jurisdição, servindo-se de equipamentos públicos e comunitários.

Art. 126.

Para dirimir conflitos fundiários, o Tribunal de Justiça proporá a criação de varas especializadas, com competência exclusiva para questões agrárias.

Parágrafo único. Sempre que necessário à eficiente prestação jurisdicional, o juiz far-se-á presente no local do litígio.

CAPÍTULO IV – Das Funções Essenciais à Justiça

SEÇÃO I – Do Ministério Público

Art. 127.

O Ministério Público é instituição permanente, essencial à função jurisdicional do Estado, incumbindo-lhe a defesa da ordem jurídica, do regime democrático e dos interesses sociais e individuais indisponíveis.

§ 1º São princípios institucionais do Ministério Público a unidade, a indivisibilidade e a independência funcional.

§ **2º** Ao Ministério Público é assegurada autonomia funcional e administrativa, podendo, observado o disposto no art. 169, propor ao Poder Legislativo a criação e extinção de seus cargos e serviços auxiliares, provendo-os por concurso público de provas ou de provas e títulos, a política remuneratória e os planos de carreira; a lei disporá sobre sua organização e funcionamento.

§ **3º** O Ministério Público elaborará sua proposta orçamentária dentro dos limites estabelecidos na lei de diretrizes orçamentárias.

§ **4º** Se o Ministério Público não encaminhar a respetiva proposta orçamentária dentro do prazo estabelecido na lei de diretrizes orçamentárias, o Poder Executivo considerará, para fins de consolidação da proposta orçamentária anual, os valores aprovados na lei orçamentária vigente, ajustados de acordo com os limites estipulados na forma do § 3º.

§ **5º** Se a proposta orçamentária de que trata este artigo for encaminhada em desacordo com os limites estipulados na forma do § 3º, o Poder Executivo procederá aos ajustes necessários para fins de consolidação da proposta orçamentária anual.

§ **6º** Durante a execução orçamentária do exercício, não poderá haver a realização de despesas ou a assunção de obrigações que extrapolem os limites estabelecidos na lei de diretrizes orçamentárias, exceto se previamente autorizadas, mediante a abertura de créditos suplementares ou especiais.

Art. 128.

O Ministério Público abrange:

I – o Ministério Público da União, que compreende:

a) o Ministério Público Federal;

b) o Ministério Público do Trabalho;

c) o Ministério Público Militar;

d) o Ministério Público do Distrito Federal e Territórios;

II – os Ministérios Públicos dos Estados.

§ **1º** O Ministério Público da União tem por chefe o Procurador-Geral da República, nomeado pelo Presidente da República dentre integrantes da carreira, maiores de trinta e cinco anos, após a aprovação de seu nome pela maioria absoluta dos membros do Senado Federal, para mandato de dois anos, permitida a recondução.

§ **2º** A destituição do Procurador-Geral da República, por iniciativa do Presidente da República, deverá ser precedida de autorização da maioria absoluta do Senado Federal.

§ **3º** Os Ministérios Públicos dos Estados e o do Distrito Federal e Territórios formarão lista tríplice dentre integrantes da carreira, na forma da lei respetiva, para escolha de seu Procurador-Geral, que será nomeado pelo Chefe do Poder Executivo, para mandato de dois anos, permitida uma recondução.

§ **4º** Os Procuradores-Gerais nos Estados e no Distrito Federal e Territórios poderão ser destituídos por deliberação da maioria absoluta do Poder Legislativo, na forma da lei complementar respetiva.

§ **5º** Leis complementares da União e dos Estados, cuja iniciativa é facultada aos respetivos Procuradores-Gerais, estabelecerão a organização, as atribuições e o estatuto de cada Ministério Público, observadas, relativamente a seus membros:

I – as seguintes garantias:

a) vitaliciedade, após dois anos de exercício, não podendo perder o cargo senão por sentença judicial transitada em julgado;

b) inamovibilidade, salvo por motivo de interesse público, mediante decisão do órgão colegiado competente do Ministério Público, pelo voto da maioria absoluta de seus membros, assegurada ampla defesa;

c) irredutibilidade de subsídio, fixado na forma do art. 39, § 4º, e ressalvado o disposto nos arts. 37, X e XI, 150, II, 153, III, 153, § 2º, I;

II – as seguintes vedações:

a) receber, a qualquer título e sob qualquer pretexto, honorários, percentagens ou custas processuais;

b) exercer a advocacia;

c) participar de sociedade comercial, na forma da lei;

d) exercer, ainda que em disponibilidade, qualquer outra função pública, salvo uma de magistério;

e) exercer atividade político-partidária;

f) receber, a qualquer título ou pretexto, auxílios ou contribuições de pessoas físicas, entidades públicas ou privadas, ressalvadas as exceções previstas em lei.

§ **6º** Aplica-se aos membros do Ministério Público o disposto no art. 95, parágrafo único, V.

Art. 129.

São funções institucionais do Ministério Público:

I – promover, privativamente, a ação penal pública, na forma da lei;

II – zelar pelo efetivo respeito dos poderes públicos e dos serviços de relevância pública aos direitos assegurados nesta Constituição, promovendo as medidas necessárias a sua garantia;

III – promover o inquérito civil e a ação civil pública, para a proteção do património público e social, do meio ambiente e de outros interesses difusos e coletivos;

IV – promover a ação de inconstitucionalidade ou representação para fins de intervenção da União e dos Estados, nos casos previstos nesta Constituição;

V – defender judicialmente os direitos e interesses das populações indígenas;

VI – expedir notificações nos procedimentos administrativos de sua competência, requisitando informações e documentos para instruí-los, na forma da lei complementar respetiva;

VII – exercer o controle externo da atividade policial, na forma da lei complementar mencionada no artigo anterior;

VIII – requisitar diligências investigatórias e a instauração de inquérito policial, indicados os fundamentos jurídicos de suas manifestações processuais;

IX – exercer outras funções que lhe forem conferidas, desde que compatíveis com sua finalidade, sendo-lhe vedada a representação judicial e a consultoria jurídica de entidades públicas.

§ 1º A legitimação do Ministério Público para as ações civis previstas neste artigo não impede a de terceiros, nas mesmas hipóteses, segundo o disposto nesta Constituição e na lei.

§ 2º As funções do Ministério Público só podem ser exercidas por integrantes da carreira, que deverão residir na comarca da respetiva lotação, salvo autorização do chefe da instituição.

§ 3º O ingresso na carreira do Ministério Público far-se-á mediante concurso público de provas e títulos, assegurada a participação da Ordem dos Advogados do Brasil em sua realização, exigindo-se do bacharel em direito, no mínimo, três anos de atividade jurídica e observando-se, nas nomeações, a ordem de classificação.

§ 4º Aplica-se ao Ministério Público, no que couber, o disposto no art. 93.

§ 5º A distribuição de processos no Ministério Público será imediata.

Art. 130.

Aos membros do Ministério Público junto aos Tribunais de Contas aplicam-se as disposições desta Seção pertinentes a direitos, vedações e forma de investidura.

Art. 130-A.

O Conselho Nacional do Ministério Público compõe-se de quatorze membros nomeados pelo Presidente da República, depois de aprovada a escolha pela maioria absoluta do Senado Federal, para um mandato de dois anos, admitida uma recondução, sendo:

I – o Procurador-Geral da República, que o preside;

II – quatro membros do Ministério Público da União, assegurada a representação de cada uma de suas carreiras;

III – três membros do Ministério Público dos Estados;

IV – dois juízes, indicados um pelo Supremo Tribunal Federal e outro pelo Superior Tribunal de Justiça;

V – dois advogados, indicados pelo Conselho Federal da Ordem dos Advogados do Brasil;

VI – dois cidadãos de notável saber jurídico e reputação ilibada, indicados um pela Câmara dos Deputados e outro pelo Senado Federal.

§ 1º Os membros do Conselho oriundos do Ministério Público serão indicados pelos respetivos Ministérios Públicos, na forma da lei.

§ 2º Compete ao Conselho Nacional do Ministério Público o controle da atuação administrativa e financeira do Ministério Público e do cumprimento dos deveres funcionais de seus membros, cabendo-lhe:

I – zelar pela autonomia funcional e administrativa do Ministério Público, podendo expedir atos regulamentares, no âmbito de sua competência, ou recomendar providências;

II – zelar pela observância do art. 37 e apreciar, de ofício ou mediante provocação, a legalidade dos atos administrativos praticados por membros ou órgãos do Ministério Público da União e dos Estados, podendo desconstituí-los, revê-los ou fixar prazo para que se adotem as providências necessárias ao exato cumprimento da lei, sem prejuízo da competência dos Tribunais de Contas;

III – receber e conhecer das reclamações contra membros ou órgãos do Ministério Público da União ou dos Estados, inclusive contra seus serviços auxiliares, sem prejuízo da competência disciplinar e correicional da instituição, podendo avocar processos disciplinares em curso, determinar a remoção, a disponibilidade ou a aposentadoria com subsídios ou proventos proporcionais ao tempo de serviço e aplicar outras sanções administrativas, assegurada ampla defesa;

IV – rever, de ofício ou mediante provocação, os processos disciplinares de membros do Ministério Público da União ou dos Estados julgados há menos de um ano;

V – elaborar relatório anual, propondo as providências que julgar necessárias sobre a situação do Ministério Público no País e as atividades do Conselho, o qual deve integrar a mensagem prevista no art. 84, XI.

§ 3º O Conselho escolherá, em votação secreta, um Corregedor nacional, dentre os membros do Ministério Público que o integram, vedada a recondução, competindo-lhe, além das atribuições que lhe forem conferidas pela lei, as seguintes:

I – receber reclamações e denúncias, de qualquer interessado, relativas aos membros do Ministério Público e dos seus serviços auxiliares;

II – exercer funções executivas do Conselho, de inspeção e correição geral;

III – requisitar e designar membros do Ministério Público, delegando-lhes atribuições, e requisitar servidores de órgãos do Ministério Público.

§ 4º O Presidente do Conselho Federal da Ordem dos Advogados do Brasil oficiará junto ao Conselho.

§ 5º Leis da União e dos Estados criarão ouvidorias do Ministério Público, competentes para receber reclamações e denúncias de qualquer interessado contra membros ou órgãos do Ministério Público, inclusive contra seus serviços auxiliares, representando diretamente ao Conselho Nacional do Ministério Público.

SEÇÃO II – Da Advocacia Pública

Art. 131.

A Advocacia-Geral da União é a instituição que, diretamente ou através de órgão vinculado, representa a União, judicial e extrajudicialmente, cabendo-lhe, nos termos da lei complementar que dispuser sobre sua organização e funcionamento, as atividades de consultoria e assessoramento jurídico do Poder Executivo.

§ 1º A Advocacia-Geral da União tem por chefe o Advogado-Geral da União, de livre nomeação pelo Presidente da República dentre cidadãos maiores de trinta e cinco anos, de notável saber jurídico e reputação ilibada.

§ 2º O ingresso nas classes iniciais das carreiras da instituição de que trata este artigo far-se-á mediante concurso público de provas e títulos.

§ 3º Na execução da dívida ativa de natureza tributária, a representação da União cabe à Procuradoria-Geral da Fazenda Nacional, observado o disposto em lei.

Art. 132.

Os Procuradores dos Estados e do Distrito Federal, organizados em carreira, na qual o ingresso dependerá de concurso público de provas e títulos, com a participação da Ordem dos Advogados do Brasil em todas as suas fases, exercerão a representação judicial e a consultoria jurídica das respetivas unidades federadas.

Parágrafo único. Aos procuradores referidos neste artigo é assegurada estabilidade após três anos de efetivo exercício, mediante avaliação de desempenho perante os órgãos próprios, após relatório circunstanciado das corregedorias.

SEÇÃO III – Da Advocacia e da Defensoria Pública

Art. 133.

O advogado é indispensável à administração da justiça, sendo inviolável por seus atos e manifestações no exercício da profissão, nos limites da lei.

Art. 134.

A Defensoria Pública é instituição essencial à função jurisdicional do Estado, incumbindo-lhe a orientação jurídica e a defesa, em todos os graus, dos necessitados, na forma do art. 5º, LXXIV.

§ 1º Lei complementar organizará a Defensoria Pública da União e do Distrito Federal e dos Territórios e prescreverá normas gerais para sua organização nos Estados, em cargos de carreira, providos, na classe inicial, mediante concurso público de provas e títulos, assegurada a seus integrantes a garantia da inamovibilidade e vedado o exercício da advocacia fora das atribuições institucionais.

§ 2º Às Defensorias Públicas Estaduais são asseguradas autonomia funcional e administrativa, e a iniciativa de sua proposta orçamentária dentro dos limites estabelecidos na lei de diretrizes orçamentárias e subordinação ao disposto no art. 99, § 2º.

Art. 135.

Os servidores integrantes das carreiras disciplinadas nas Seções II e III deste Capítulo serão remunerados na forma do art. 39, § 4º.

TÍTULO V – Da Defesa do Estado e das Instituições Democráticas

CAPÍTULO I – Do Estado de Defesa e do Estado de Sítio

SEÇÃO I – Do Estado de Defesa

Art. 136.

O Presidente da República pode, ouvidos o Conselho da República e o Conselho de Defesa Nacional, decretar estado de defesa para preservar ou prontamente restabelecer, em locais restritos e determinados, a ordem pública ou a paz social ameaçadas por grave e iminente instabilidade institucional ou atingidas por calamidades de grandes proporções na natureza.

§ 1º O decreto que instituir o estado de defesa determinará o tempo de sua duração, especificará as áreas a serem abrangidas e indicará, nos termos e limites da lei, as medidas coercitivas a vigorarem, dentre as seguintes:

I – restrições aos direitos de:

a) reunião, ainda que exercida no seio das associações;

b) sigilo de correspondência;

c) sigilo de comunicação telegráfica e telefônica;

II – ocupação e uso temporário de bens e serviços públicos, na hipótese de calamidade pública, respondendo a União pelos danos e custos decorrentes.

§ 2º O tempo de duração do estado de defesa não será superior a trinta dias, podendo ser prorrogado uma vez, por igual período, se persistirem as razões que justificaram a sua decretação.

§ 3º Na vigência do estado de defesa:

I – a prisão por crime contra o Estado, determinada pelo executor da medida, será por este comunicada imediatamente ao juiz competente, que a relaxará, se não for legal, facultado ao preso requerer exame de corpo de delito à autoridade policial;

II – a comunicação será acompanhada de declaração, pela autoridade, do estado físico e mental do detido no momento de sua autuação;

III – a prisão ou detenção de qualquer pessoa não poderá ser superior a dez dias, salvo quando autorizada pelo Poder Judiciário;

IV – é vedada a incomunicabilidade do preso.

§ 4º Decretado o estado de defesa ou sua prorrogação, o Presidente da República, dentro de vinte e quatro horas, submeterá o ato com a respetiva justificação ao Congresso Nacional, que decidirá por maioria absoluta.

§ 5º Se o Congresso Nacional estiver em recesso, será convocado, extraordinariamente, no prazo de cinco dias.

§ 6º O Congresso Nacional apreciará o decreto dentro de dez dias contados de seu recebimento, devendo continuar funcionando enquanto vigorar o estado de defesa.

§ 7º Rejeitado o decreto, cessa imediatamente o estado de defesa.

SEÇÃO II – Do Estado de Sítio

Art. 137.

O Presidente da República pode, ouvidos o Conselho da República e o Conselho de Defesa Nacional, solicitar ao Congresso Nacional autorização para decretar o estado de sítio nos casos de:

I – comoção grave de repercussão nacional ou ocorrência de fatos que comprovem a ineficácia de medida tomada durante o estado de defesa;

II – declaração de estado de guerra ou resposta a agressão armada estrangeira.

Parágrafo único. O Presidente da República, ao solicitar autorização para decretar o estado de sítio ou sua prorrogação, relatará os motivos determinantes do pedido, devendo o Congresso Nacional decidir por maioria absoluta.

Art. 138.

O decreto do estado de sítio indicará sua duração, as normas necessárias a sua execução e as garantias constitucionais que ficarão suspensas, e, depois de publicado, o Presidente da República designará o executor das medidas específicas e as áreas abrangidas.

§ 1º O estado de sítio, no caso do art. 137, I, não poderá ser decretado por mais de trinta dias, nem prorrogado, de cada vez, por prazo superior; no do inciso II, poderá ser decretado por todo o tempo que perdurar a guerra ou a agressão armada estrangeira.

§ 2º Solicitada autorização para decretar o estado de sítio durante o recesso parlamentar, o Presidente do Senado Federal, de imediato, convocará extraordinariamente o Congresso Nacional para se reunir dentro de cinco dias, a fim de apreciar o ato.

§ 3º O Congresso Nacional permanecerá em funcionamento até o término das medidas coercitivas.

Art. 139.

Na vigência do estado de sítio decretado com fundamento no art. 137, I, só poderão ser tomadas contra as pessoas as seguintes medidas:

I – obrigação de permanência em localidade determinada;

II – detenção em edifício não destinado a acusados ou condenados por crimes comuns;

III – restrições relativas à inviolabilidade da correspondência, ao sigilo das comunicações, à prestação de informações e à liberdade de imprensa, radiodifusão e televisão, na forma da lei;

IV – suspensão da liberdade de reunião;

V – busca e apreensão em domicílio;

VI – intervenção nas empresas de serviços públicos;

VII – requisição de bens.

Parágrafo único. Não se inclui nas restrições do inciso III a difusão de pronunciamentos de parlamentares efetuados em suas Casas Legislativas, desde que liberada pela respetiva Mesa.

SEÇÃO III – Disposições Gerais

Art. 140.

A Mesa do Congresso Nacional, ouvidos os líderes partidários, designará Comissão composta de cinco de seus membros para acompanhar e fiscalizar a execução das medidas referentes ao estado de defesa e ao estado de sítio.

Art. 141.

Cessado o estado de defesa ou o estado de sítio, cessarão também seus efeitos, sem prejuízo da responsabilidade pelos ilícitos cometidos por seus executores ou agentes.

Parágrafo único. Logo que cesse o estado de defesa ou o estado de sítio, as medidas aplicadas em sua vigência serão relatadas pelo Presidente da República, em mensagem ao Congresso Nacional, com especificação e justificação das providências adotadas, com relação nominal dos atingidos e indicação das restrições aplicadas.

CAPÍTULO II – Das Forças Armadas

Art. 142.

As Forças Armadas, constituídas pela Marinha, pelo Exército e pela Aeronáutica, são instituições nacionais permanentes e regulares, organizadas com base na hierarquia e na disciplina, sob a autoridade suprema do Presidente da República, e destinam-se à defesa da Pátria, à garantia dos poderes constitucionais e, por iniciativa de qualquer destes, da lei e da ordem.

§ 1º Lei complementar estabelecerá as normas gerais a serem adotadas na organização, no preparo e no emprego das Forças Armadas.

§ 2º Não caberá *habeas corpus* em relação a punições disciplinares militares.

§ 3º Os membros das Forças Armadas são denominados militares, aplicando-se-lhes, além das que vierem a ser fixadas em lei, as seguintes disposições:

I – as patentes, com prerrogativas, direitos e deveres a elas inerentes, são conferidas pelo Presidente da República e asseguradas em plenitude aos oficiais da ativa, da reserva ou reformados, sendo-lhes privativos os títulos e postos militares e, juntamente com os demais membros, o uso dos uniformes das Forças Armadas;

II – o militar em atividade que tomar posse em cargo ou emprego público civil permanente será transferido para a reserva, nos termos da lei;

III – o militar da ativa que, de acordo com a lei, tomar posse em cargo, emprego ou função pública civil temporária, não eletiva, ainda que da administração indireta, ficará agregado ao respetivo quadro e somente poderá, enquanto permanecer nessa situação, ser promovido por antiguidade, contando-se-lhe o tempo de serviço apenas para aquela promoção e transferência para a reserva, sendo depois de dois anos de afastamento, contínuos ou não, transferido para a reserva, nos termos da lei;

IV – ao militar são proibidas a sindicalização e a greve;

V – o militar, enquanto em serviço ativo, não pode estar filiado a partidos políticos;

VI – o oficial só perderá o posto e a patente se for julgado indigno do oficialato ou com ele incompatível, por decisão de tribunal militar de caráter permanente, em tempo de paz, ou de tribunal especial, em tempo de guerra;

VII – o oficial condenado na justiça comum ou militar à pena privativa de liberdade superior a dois anos, por sentença transitada em julgado, será submetido ao julgamento previsto no inciso anterior;

VIII – aplica-se aos militares o disposto no art. 7º, incisos VIII, XII, XVII, XVIII, XIX e XXV, e no art. 37, incisos XI, XIII, XIV e XV;

IX – (Revogado).

X – a lei disporá sobre o ingresso nas Forças Armadas, os limites de idade, a estabilidade e outras condições de transferência do militar para a inatividade, os direitos, os deveres, a remuneração, as prerrogativas e outras situações especiais dos militares, consideradas as peculiaridades de suas atividades, inclusive aquelas cumpridas por força de compromissos internacionais e de guerra.

Art. 143.

O serviço militar é obrigatório nos termos da lei.

§ 1º Às Forças Armadas compete, na forma da lei, atribuir serviço alternativo aos que, em tempo de paz, após alistados, alegarem imperativo de consciência, entendendo-se como tal o decorrente de crença religiosa e de convicção filosófica ou política, para se eximirem de atividades de caráter essencialmente militar.

§ 2º As mulheres e os eclesiásticos ficam isentos do serviço militar obrigatório em tempo de paz, sujeitos, porém, a outros encargos que a lei lhes atribuir.

CAPÍTULO III – Da Segurança Pública

Art. 144.

A segurança pública, dever do Estado, direito e responsabilidade de todos, é exercida para a preservação da ordem pública e da incolumidade das pessoas e do patrimônio, através dos seguintes órgãos:

I – polícia federal;

II – polícia rodoviária federal;

III – polícia ferroviária federal;

IV – polícias civis;

V – polícias militares e corpos de bombeiros militares.

§ 1º A polícia federal, instituída por lei como órgão permanente, organizado e mantido pela União e estruturado em carreira, destina-se a:

I – apurar infrações penais contra a ordem política e social ou em detrimento de bens, serviços e interesses da União ou de suas entidades autárquicas e empresas públicas, assim como outras infrações cuja prática tenha repercussão interestadual ou internacional e exija repressão uniforme, segundo se dispuser em lei;

II – prevenir e reprimir o tráfico ilícito de entorpecentes e drogas afins, o contrabando e o descaminho, sem prejuízo da ação fazendária e de outros órgãos públicos nas respetivas áreas de competência;

III – exercer as funções de polícia marítima, aeroportuária e de fronteiras;

IV – exercer, com exclusividade, as funções de polícia judiciária da União.

§ 2º A polícia rodoviária federal, órgão permanente, organizado e mantido pela União e estruturado em carreira, destina-se, na forma da lei, ao patrulhamento ostensivo das rodovias federais.

§ 3º A polícia ferroviária federal, órgão permanente, organizado e mantido pela União e estruturado em carreira, destina-se, na forma da lei, ao patrulhamento ostensivo das ferrovias federais.

§ 4º Às polícias civis, dirigidas por delegados de polícia de carreira, incumbem, ressalvada a competência da União, as funções de polícia judiciária e a apuração de infrações penais, exceto as militares.

§ 5º Às polícias militares cabem a polícia ostensiva e a preservação da ordem pública; aos corpos de bombeiros militares, além das atribuições definidas em lei, incumbe a execução de atividades de defesa civil.

§ 6º As polícias militares e corpos de bombeiros militares, forças auxiliares e reserva do Exército, subordinam-se, juntamente com as polícias civis, aos Governadores dos Estados, do Distrito Federal e dos Territórios.

§ 7º A lei disciplinará a organização e o funcionamento dos órgãos responsáveis pela segurança pública, de maneira a garantir a eficiência de suas atividades.

§ 8º Os Municípios poderão constituir guardas municipais destinadas à proteção de seus bens, serviços e instalações, conforme dispuser a lei.

§ 9º A remuneração dos servidores policiais integrantes dos órgãos relacionados neste artigo será fixada na forma do § 4º do art. 39.

TÍTULO VI – Da Tributação e do Orçamento

CAPÍTULO I – Do Sistema Tributário Nacional

SEÇÃO I – Dos Princípios Gerais

Art. 145.

A União, os Estados, o Distrito Federal e os Municípios poderão instituir os seguintes tributos:

I – impostos;

II – taxas, em razão do exercício do poder de polícia ou pela utilização, efetiva ou potencial, de serviços públicos específicos e divisíveis, prestados ao contribuinte ou postos a sua disposição;

III – contribuição de melhoria, decorrente de obras públicas.

§ 1º Sempre que possível, os impostos terão caráter pessoal e serão graduados segundo a capacidade econômica do contribuinte, facultado à administração tributária, especialmente para conferir efetividade a esses objetivos, identificar, respeitados os direitos individuais e nos termos da lei, o patrimônio, os rendimentos e as atividades econômicas do contribuinte.

§ 2º As taxas não poderão ter base de cálculo própria de impostos.

Art. 146.

Cabe à lei complementar:

I – dispor sobre conflitos de competência, em matéria tributária, entre a União, os Estados, o Distrito Federal e os Municípios;

II – regular as limitações constitucionais ao poder de tributar;

III – estabelecer normas gerais em matéria de legislação tributária, especialmente sobre:

a) definição de tributos e de suas espécies, bem como, em relação aos impostos discriminados nesta Constituição, a dos respetivos fatos geradores, bases de cálculo e contribuintes;

b) obrigação, lançamento, crédito, prescrição e decadência tributários;

c) adequado tratamento tributário ao ato cooperativo praticado pelas sociedades cooperativas.

d) definição de tratamento diferenciado e favorecido para as microempresas e para as empresas de pequeno porte, inclusive regimes especiais ou simplificados no caso do imposto previsto no art. 155, II, das contribuições previstas no art. 195, I e §§ 12 e 13, e da contribuição a que se refere o art. 239.

Parágrafo único. A lei complementar de que trata o inciso III, d, também poderá instituir um regime único de arrecadação dos impostos e contribuições da União, dos Estados, do Distrito Federal e dos Municípios, observado que:

I – será opcional para o contribuinte;

II – poderão ser estabelecidas condições de enquadramento diferenciadas por Estado;

III – o recolhimento será unificado e centralizado e a distribuição da parcela de recursos pertencentes aos respetivos entes federados será imediata, vedada qualquer retenção ou condicionamento;

IV – a arrecadação, a fiscalização e a cobrança poderão ser compartilhadas pelos entes federados, adotado cadastro nacional único de contribuintes.

Art. 146-A.

Lei complementar poderá estabelecer critérios especiais de tributação, com o objetivo de prevenir desequilíbrios da concorrência, sem prejuízo da competência de a União, por lei, estabelecer normas de igual objetivo.

Art. 147.

Competem à Uniao, em Território Federal, os impostos estaduais e, se o Território não for dividido em Municípios, cumulativamente, os impostos municipais; ao Distrito Federal cabem os impostos municipais.

Art. 148.

A União, mediante lei complementar, poderá instituir empréstimos compulsórios:

I – para atender a despesas extraordinárias, decorrentes de calamidade pública, de guerra externa ou sua iminência;

II – no caso de investimento público de caráter urgente e de relevante interesse nacional, observado o disposto no art. 150, III, b.

Parágrafo único. A aplicação dos recursos provenientes de empréstimo compulsório será vinculada à despesa que fundamentou sua instituição.

Art. 149.

Compete exclusivamente à União instituir contribuições sociais, de intervenção no domínio econômico e de interesse das categorias profissionais ou econômicas, como instrumento de sua atuação nas respetivas áreas, observado o disposto nos arts. 146, III, e 150, I e III, e sem prejuízo do previsto no art. 195, § 6º, relativamente às contribuições a que alude o dispositivo.

§ 1º Os Estados, o Distrito Federal e os Municípios instituirão contribuição, cobrada de seus servidores, para o custeio, em benefício destes, do regime previdenciário de que trata o art. 40, cuja alíquota não será inferior à da contribuição dos servidores titulares de cargos efetivos da União.

§ 2º As contribuições sociais e de intervenção no domínio econômico de que trata o caput deste artigo:

I – não incidirão sobre as receitas decorrentes de exportação;

II – incidirão também sobre a importação de produtos estrangeiros ou serviços;

III – poderão ter alíquotas:

a) *ad valorem*, tendo por base o faturamento, a receita bruta ou o valor da operação e, no caso de importação, o valor aduaneiro;

b) específica, tendo por base a unidade de medida adotada.

§ 3º A pessoa natural destinatária das operações de importação poderá ser equiparada a pessoa jurídica, na forma da lei.

§ 4º A lei definirá as hipóteses em que as contribuições incidirão uma única vez.

Art. 149-A.

Os Municípios e o Distrito Federal poderão instituir contribuição, na forma das respetivas leis, para o custeio do serviço de iluminação pública, observado o disposto no art. 150, I e III.

Parágrafo único. É facultada a cobrança da contribuição a que se refere o caput, na fatura de consumo de energia elétrica.

SEÇÃO II - Das Limitações do Poder de Tributar

Art. 150.

Sem prejuízo de outras garantias asseguradas ao contribuinte, é vedado à União, aos Estados, ao Distrito Federal e aos Municípios:

I - exigir ou aumentar tributo sem lei que o estabeleça;

II - instituir tratamento desigual entre contribuintes que se encontrem em situação equivalente, proibida qualquer distinção em razão de ocupação profissional ou função por eles exercida, independentemente da denominação jurídica dos rendimentos, títulos ou direitos;

III - cobrar tributos:

a) em relação a fatos geradores ocorridos antes do início da vigência da lei que os houver instituído ou aumentado;

b) no mesmo exercício financeiro em que haja sido publicada a lei que os instituiu ou aumentou;

c) antes de decorridos noventa dias da data em que haja sido publicada a lei que os instituiu ou aumentou, observado o disposto na alínea b;

IV - utilizar tributo com efeito de confisco;

V - estabelecer limitações ao tráfego de pessoas ou bens por meio de tributos interestaduais ou intermunicipais, ressalvada a cobrança de pedágio pela utilização de vias conservadas pelo poder público;

VI - instituir impostos sobre:

a) patrimônio, renda ou serviços, uns dos outros;

b) templos de qualquer culto;

c) patrimônio, renda ou serviços dos partidos políticos, inclusive suas fundações, das entidades sindicais dos trabalhadores, das instituições de educação e de assistência social, sem fins lucrativos, atendidos os requisitos da lei;

d) livros, jornais, periódicos e o papel destinado a sua impressão.

§ 1º A vedação do inciso III, b, não se aplica aos tributos previstos nos arts. 148, I, 153, I, II, IV e V; e 154, II; e a vedação do inciso III, c, não se aplica aos tributos previstos nos arts. 148, I, 153, I, II, III e V; e 154, II, nem à fixação da base de cálculo dos impostos previstos nos arts. 155, III, e 156, I.

§ 2º A vedação do inciso VI, a, é extensiva às autarquias e às fundações instituídas e mantidas pelo poder público, no que se refere ao patrimônio, à renda e aos serviços vinculados a suas finalidades essenciais ou às delas decorrentes.

§ 3º As vedações do inciso VI, a, e do parágrafo anterior não se aplicam ao patrimônio, à renda e aos serviços relacionados com exploração de atividades econômicas regidas pelas normas aplicáveis a empreendimentos privados, ou em que haja contraprestação ou pagamento de preços ou tarifas pelo usuário, nem exoneram o promitente comprador da obrigação de pagar imposto relativamente ao bem imóvel.

§ 4º As vedações expressas no inciso VI, alíneas b e c, compreendem somente o patrimônio, a renda e os serviços relacionados com as finalidades essenciais das entidades nelas mencionadas.

§ 5º A lei determinará medidas para que os consumidores sejam esclarecidos acerca dos impostos que incidam sobre mercadorias e serviços.

§ 6º Qualquer subsídio ou isenção, redução de base de cálculo, concessão de crédito presumido, anistia ou remissão, relativos a impostos, taxas ou contribuições, só poderá ser concedido mediante lei específica, federal, estadual ou municipal, que regule exclusivamente as matérias acima enumeradas ou o correspondente tributo ou contribuição, sem prejuízo do disposto no art. 155, § 2º, XII, g.

§ 7º A lei poderá atribuir a sujeito passivo de obrigação tributária a condição de responsável pelo pagamento de imposto ou contribuição, cujo fato gerador deva ocorrer posteriormente, assegurada a imediata e preferencial restituição da quantia paga, caso não se realize o fato gerador presumido.

Art. 151.

É vedado à União:

I – instituir tributo que não seja uniforme em todo o território nacional ou que implique distinção ou preferência em relação a Estado, ao Distrito Federal ou a Município, em detrimento de outro, admitida a concessão de incentivos fiscais destinados a promover o equilíbrio do desenvolvimento sócio-econômico entre as diferentes regiões do País;

II – tributar a renda das obrigações da dívida pública dos Estados, do Distrito Federal e dos Municípios, bem como a remuneração e os proventos dos respetivos agentes públicos, em níveis superiores aos que fixar para suas obrigações e para seus agentes;

III – instituir isenções de tributos da competência dos Estados, do Distrito Federal ou dos Municípios.

Art. 152.

É vedado aos Estados, ao Distrito Federal e aos Municípios estabelecer diferença tributária entre bens e serviços, de qualquer natureza, em razão de sua procedência ou destino.

SEÇÃO III - Dos Impostos da União

Art. 153.

Compete à União instituir impostos sobre:

I - importação de produtos estrangeiros;

II - exportação, para o exterior, de produtos nacionais ou nacionalizados;

III - renda e proventos de qualquer natureza;

IV - produtos industrializados;

V - operações de crédito, câmbio e seguro, ou relativas a títulos ou valores mobiliários;

VI - propriedade territorial rural;

VII - grandes fortunas, nos termos de lei complementar.

§ 1º É facultado ao Poder Executivo, atendidas as condições e os limites estabelecidos em lei, alterar as alíquotas dos impostos enumerados nos incisos I, II, IV e V.

§ 2º O imposto previsto no inciso III:

I - será informado pelos critérios da generalidade, da universalidade e da progressividade, na forma da lei;

II - (Revogado).

§ 3º O imposto previsto no inciso IV:

I - será seletivo, em função da essencialidade do produto;

II - será não cumulativo, compensando-se o que for devido em cada operação com o montante cobrado nas anteriores;

III - não incidirá sobre produtos industrializados destinados ao exterior.

IV - terá reduzido seu impacto sobre a aquisição de bens de capital pelo contribuinte do imposto, na forma da lei.

§ 4º O imposto previsto no inciso VI do caput:

I - será progressivo e terá suas alíquotas fixadas de forma a desestimular a manutenção de propriedades improdutivas;

II - não incidirá sobre pequenas glebas rurais, definidas em lei, quando as explore o proprietário que não possua outro imóvel;

III - será fiscalizado e cobrado pelos Municípios que assim optarem, na forma da lei, desde que não implique redução do imposto ou qualquer outra forma de renúncia fiscal.

§ 5º O ouro, quando definido em lei como ativo financeiro ou instrumento cambial, sujeita-se exclusivamente à incidência do imposto de que trata o inciso V do caput deste artigo, devido na operação de origem; a alíquota mínima será de um por cento, assegurada a transferência do montante da arrecadação nos seguintes termos:

I – trinta por cento para o Estado, o Distrito Federal ou o Território, conforme a origem;

II – setenta por cento para o Município de origem.

Art. 154.

A União poderá instituir:

I – mediante lei complementar, impostos não previstos no artigo anterior, desde que sejam não cumulativos e não tenham fato gerador ou base de cálculo próprios dos discriminados nesta Constituição;

II – na iminência ou no caso de guerra externa, impostos extraordinários, compreendidos ou não em sua competência tributária, os quais serão suprimidos, gradativamente, cessadas as causas de sua criação.

SEÇÃO IV – Dos Impostos dos Estados e do Distrito Federal

Art. 155.

Compete aos Estados e ao Distrito Federal instituir impostos sobre:

I – transmissão *causa mortis* e doação, de quaisquer bens ou direitos;

II – operações relativas à circulação de mercadorias e sobre prestações de serviços de transporte interestadual e intermunicipal e de comunicação, ainda que as operações e as prestações se iniciem no exterior;

III – propriedade de veículos automotores.

§ 1º O imposto previsto no inciso I:

I – relativamente a bens imóveis e respetivos direitos, compete ao Estado da situação do bem, ou ao Distrito Federal;

II – relativamente a bens móveis, títulos e créditos, compete ao Estado onde se processar o inventário ou arrolamento, ou tiver domicílio o doador, ou ao Distrito Federal;

III – terá a competência para sua instituição regulada por lei complementar:

a) se o doador tiver domicílio ou residência no exterior;

b) se o de cujus possuía bens, era residente ou domiciliado ou teve o seu inventário processado no exterior;

IV – terá suas alíquotas máximas fixadas pelo Senado Federal.

§ 2º O imposto previsto no inciso II atenderá ao seguinte:

I – será não cumulativo, compensando-se o que for devido em cada operação relativa à circulação de mercadorias ou prestação de serviços com o montante cobrado nas anteriores pelo mesmo ou outro Estado ou pelo Distrito Federal;

II – a isenção ou não-incidência, salvo determinação em contrário da legislação:

a) não implicará crédito para compensação com o montante devido nas operações ou prestações seguintes;

b) acarretará a anulação do crédito relativo às operações anteriores;

III – poderá ser seletivo, em função da essencialidade das mercadorias e dos serviços;

IV – resolução do Senado Federal, de iniciativa do Presidente da República ou de um terço dos Senadores, aprovada pela maioria absoluta de seus membros, estabelecerá as alíquotas aplicáveis às operações e prestações, interestaduais e de exportação;

V – é facultado ao Senado Federal:

a) estabelecer alíquotas mínimas nas operações internas, mediante resolução de iniciativa de um terço e aprovada pela maioria absoluta de seus membros;

b) fixar alíquotas máximas nas mesmas operações para resolver conflito específico que envolva interesse de Estados, mediante resolução de iniciativa da maioria absoluta e aprovada por dois terços de seus membros;

VI – salvo deliberação em contrário dos Estados e do Distrito Federal, nos termos do disposto no inciso XII, g, as alíquotas internas, nas operações relativas à circulação de mercadorias e nas prestações de serviços, não poderão ser inferiores às previstas para as operações interestaduais;

VII – em relação às operações e prestações que destinem bens e serviços a consumidor final localizado em outro Estado, adotar-se-á:

a) a alíquota interestadual, quando o destinatário for contribuinte do imposto;

b) a alíquota interna, quando o destinatário não for contribuinte dele;

VIII – na hipótese da alínea a do inciso anterior, caberá ao Estado da localização do destinatário o imposto correspondente à diferença entre a alíquota interna e a interestadual;

IX – incidirá também:

a) sobre a entrada de bem ou mercadoria importados do exterior por pessoa física ou jurídica, ainda que não seja contribuinte habitual do imposto, qualquer que seja a sua finalidade, assim como sobre o serviço prestado no exterior, cabendo o imposto ao Estado onde estiver situado o domicílio ou o estabelecimento do destinatário da mercadoria, bem ou serviço;

b) sobre o valor total da operação, quando mercadorias forem fornecidas com serviços não compreendidos na competência tributária dos Municípios;

X – não incidirá:

a) sobre operações que destinem mercadorias para o exterior, nem sobre serviços prestados a destinatários no exterior, assegurada a manutenção e o aproveitamento do montante do imposto cobrado nas operações e prestações anteriores;

b) sobre operações que destinem a outros Estados petróleo, inclusive lubrificantes, combustíveis líquidos e gasosos dele derivados, e energia elétrica;

c) sobre o ouro, nas hipóteses definidas no art. 153, § 5º;

d) nas prestações de serviço de comunicação nas modalidades de radiodifusão sonora e de sons e imagens de receção livre e gratuita;

XI – não compreenderá, em sua base de cálculo, o montante do imposto sobre produtos industrializados, quando a operação, realizada entre contribuintes e relativa a produto destinado à industrialização ou à comercialização, configure fato gerador dos dois impostos;

XII – cabe à lei complementar:

a) definir seus contribuintes;

b) dispor sobre substituição tributária;

c) disciplinar o regime de compensação do imposto;

d) fixar, para efeito de sua cobrança e definição do estabelecimento responsável, o local das operações relativas à circulação de mercadorias e das prestações de serviços;

e) excluir da incidência do imposto, nas exportações para o exterior, serviços e outros produtos além dos mencionados no inciso X, a;

f) prever casos de manutenção de crédito, relativamente à remessa para outro Estado e exportação para o exterior, de serviços e de mercadorias;

g) regular a forma como, mediante deliberação dos Estados e do Distrito Federal, isenções, incentivos e benefícios fiscais serão concedidos e revogados.

h) definir os combustíveis e lubrificantes sobre os quais o imposto incidirá uma única vez, qualquer que seja a sua finalidade, hipótese em que não se aplicará o disposto no inciso X, b;

i) fixar a base de cálculo, de modo que o montante do imposto a integre, também na importação do exterior de bem, mercadoria ou serviço.

§ 3º À exceção dos impostos de que tratam o inciso II do caput deste artigo e o art. 153, I e II, nenhum outro imposto poderá incidir sobre operações relativas a energia elétrica, serviços de telecomunicações, derivados de petróleo, combustíveis e minerais do País.

§ 4º Na hipótese do inciso XII, h, observar-se-á o seguinte:

I – nas operações com os lubrificantes e combustíveis derivados de petróleo, o imposto caberá ao Estado onde ocorrer o consumo;

II – nas operações interestaduais, entre contribuintes, com gás natural e seus derivados, e lubrificantes e combustíveis não incluídos no inciso I deste parágrafo, o imposto será repartido entre os Estados de origem e de destino, mantendo-se a mesma proporcionalidade que ocorre nas operações com as demais mercadorias;

III – nas operações interestaduais com gás natural e seus derivados, e lubrificantes e combustíveis não incluídos no inciso I deste parágrafo, destinadas a não contribuinte, o imposto caberá ao Estado de origem;

IV – as alíquotas do imposto serão definidas mediante deliberação dos Estados e Distrito Federal, nos termos do § 2º, XII, g, observando-se o seguinte:

a) serão uniformes em todo o território nacional, podendo ser diferenciadas por produto;

b) poderão ser específicas, por unidade de medida adotada, ou ad valorem, incidindo sobre o valor da operação ou sobre o preço que o produto ou seu similar alcançaria em uma venda em condições de livre concorrência;

c) poderão ser reduzidas e restabelecidas, não se lhes aplicando o disposto no art. 150, III, b.

§ 5º As regras necessárias à aplicação do disposto no § 4º, inclusive as relativas à apuração e à destinação do imposto, serão estabelecidas mediante deliberação dos Estados e do Distrito Federal, nos termos do § 2º, XII, g.

§ 6º O imposto previsto no inciso III:

I – terá alíquotas mínimas fixadas pelo Senado Federal;

II – poderá ter alíquotas diferenciadas em função do tipo e utilização.

SEÇÃO V – Dos Impostos dos Municípios

Art. 156.

Compete aos Municípios instituir impostos sobre:

I – propriedade predial e territorial urbana;

II – transmissão *inter vivos*, a qualquer título, por ato oneroso, de bens imóveis, por natureza ou acessão física, e de direitos reais sobre imóveis, exceto os de garantia, bem como cessão de direitos a sua aquisição;

III – serviços de qualquer natureza, não compreendidos no art. 155, II, definidos em lei complementar.

IV – (Revogado).

§ 1º Sem prejuízo da progressividade no tempo a que se refere o art. 182, § 4º, inciso II, o imposto previsto no inciso I poderá:

I – ser progressivo em razão do valor do imóvel; e

II – ter alíquotas diferentes de acordo com a localização e o uso do imóvel.

§ 2º O imposto previsto no inciso II:

I – não incide sobre a transmissão de bens ou direitos incorporados ao patrimônio de pessoa jurídica em realização de capital, nem sobre a transmissão de bens ou direitos decorrente de fusão, incorporação, cisão ou extinção de pessoa jurídica, salvo se, nesses casos, a atividade preponderante do adquirente for a compra e venda desses bens ou direitos, locação de bens imóveis ou arrendamento mercantil;

II – compete ao Município da situação do bem.

§ 3º Em relação ao imposto previsto no inciso III do caput deste artigo, cabe à lei complementar:

I – fixar as suas alíquotas máximas e mínimas;

II – excluir da sua incidência exportações de serviços para o exterior;

III – regular a forma e as condições como isenções, incentivos e benefícios fiscais serão concedidos e revogados.

§ 4º (Revogado).

SEÇÃO VI – Da Repartição das Receitas Tributárias

Art. 157.

Pertencem aos Estados e ao Distrito Federal:

I – o produto da arrecadação do imposto da União sobre renda e proventos de qualquer natureza, incidente na fonte sobre rendimentos pagos, a qualquer título, por eles, suas autarquias e pelas fundações que instituírem e mantiverem;

II – vinte por cento do produto da arrecadação do imposto que a União instituir no exercício da competência que lhe é atribuída pelo art. 154, I.

Art. 158.

Pertencem aos Municípios:

I – o produto da arrecadação do imposto da União sobre renda e proventos de qualquer natureza, incidente na fonte sobre rendimentos pagos, a qualquer título, por eles, suas autarquias e pelas fundações que instituírem e mantiverem;

II – cinquenta por cento do produto da arrecadação do imposto da União sobre a propriedade territorial rural, relativamente aos imóveis neles situados, cabendo a totalidade na hipótese da opção a que se refere o art. 153, § 4º, III;

III – cinquenta por cento do produto da arrecadação do imposto do Estado sobre a propriedade de veículos automotores licenciados em seus territórios;

IV – vinte e cinco por cento do produto da arrecadação do imposto do Estado sobre operações relativas à circulação de mercadorias e sobre prestações de serviços de transporte interestadual e intermunicipal e de comunicação.

Parágrafo único. As parcelas de receita pertencentes aos Municípios, mencionadas no inciso IV, serão creditadas conforme os seguintes critérios:

I – três quartos, no mínimo, na proporção do valor adicionado nas operações relativas à circulação de mercadorias e nas prestações de serviços, realizadas em seus territórios;

II – até um quarto, de acordo com o que dispuser lei estadual ou, no caso dos Territórios, lei federal.

Art. 159.

A União entregará:

I – do produto da arrecadação dos impostos sobre renda e proventos de qualquer natureza e sobre produtos industrializados quarenta e oito por cento na seguinte forma:

a) vinte e um inteiros e cinco décimos por cento ao Fundo de Participação dos Estados e do Distrito Federal;

b) vinte e dois inteiros e cinco décimos por cento ao Fundo de Participação dos Municípios;

c) três por cento, para aplicação em programas de financiamento ao setor produtivo das Regiões Norte, Nordeste e Centro-Oeste, através de suas instituições financeiras de caráter regional, de acordo com os planos regionais de desenvolvimento, ficando assegurada ao semiárido do Nordeste a metade dos recursos destinados à região, na forma que a lei estabelecer;

d) um por cento ao Fundo de Participação dos Municípios, que será entregue no primeiro decêndio do mês de dezembro de cada ano;

II – do produto da arrecadação do imposto sobre produtos industrializados, dez por cento aos Estados e ao Distrito Federal, proporcionalmente ao valor das respetivas exportações de produtos industrializados.

III – do produto da arrecadação da contribuição de intervenção no domínio econômico prevista no art. 177, § 4º, 29% (vinte e nove por cento) para os Estados e o Distrito Federal, distribuídos na forma da lei, observada a destinação a que se refere o inciso II, c, do referido parágrafo.

§ 1º Para efeito de cálculo da entrega a ser efetuada de acordo com o previsto no inciso I, excluir-se-á a parcela da arrecadação do imposto de renda e proventos de qualquer natureza pertencente aos Estados, ao Distrito Federal e aos Municípios, nos termos do disposto nos arts. 157, I, e 158, I.

§ 2º A nenhuma unidade federada poderá ser destinada parcela superior a vinte por cento do montante a que se refere o inciso II, devendo o eventual excedente ser distribuído entre os demais participantes, mantido, em relação a esses, o critério de partilha nele estabelecido.

§ 3º Os Estados entregarão aos respetivos Municípios vinte e cinco por cento dos recursos que receberem nos termos do inciso II, observados os critérios estabelecidos no art. 158, parágrafo único, I e II.

§ 4º Do montante de recursos de que trata o inciso III que cabe a cada Estado, vinte e cinco por cento serão destinados aos seus Municípios, na forma da lei a que se refere o mencionado inciso.

Art. 160.

É vedada a retenção ou qualquer restrição à entrega e ao emprego dos recursos atribuídos, nesta Seção, aos Estados, ao Distrito Federal e aos Municípios, neles compreendidos adicionais e acréscimos relativos a impostos.

Parágrafo único. A vedação prevista neste artigo não impede a União e os Estados de condicionarem a entrega de recursos:

I – ao pagamento de seus créditos, inclusive de suas autarquias;

II – ao cumprimento do disposto no art. 198, § 2º, incisos II e III.

Art. 161.

Cabe à lei complementar:

I – definir valor adicionado para fins do disposto no art. 158, parágrafo único, I;

II – estabelecer normas sobre a entrega dos recursos de que trata o art. 159, especialmente sobre os critérios de rateio dos fundos previstos em seu inciso I, objetivando promover o equilíbrio sócio-econômico entre Estados e entre Municípios;

III – dispor sobre o acompanhamento, pelos beneficiários, do cálculo das quotas e da liberação das participações previstas nos arts. 157, 158 e 159.

Parágrafo único. O Tribunal de Contas da União efetuará o cálculo das quotas referentes aos fundos de participação a que alude o inciso II.

Art. 162.

A União, os Estados, o Distrito Federal e os Municípios divulgarão, até o último dia do mês subsequente ao da arrecadação, os montantes de cada um dos tributos arrecadados, os recursos recebidos, os valores de origem tributária entregues e a entregar e a expressão numérica dos critérios de rateio.

Parágrafo único. Os dados divulgados pela União serão discriminados por Estado e por Município; os dos Estados, por Município.

CAPÍTULO II – Das Finanças Públicas

SEÇÃO I – Normas Gerais

Art. 163.

Lei complementar disporá sobre:

I – finanças públicas;

II – dívida pública externa e interna, incluída a das autarquias, fundações e demais entidades controladas pelo poder público;

III – concessão de garantias pelas entidades públicas;

IV – emissão e resgate de títulos da dívida pública;

V – fiscalização financeira da administração pública direta e indireta;

VI – operações de câmbio realizadas por órgãos e entidades da União, dos Estados, do Distrito Federal e dos Municípios;

VII – compatibilização das funções das instituições oficiais de crédito da União, resguardadas as características e condições operacionais plenas das voltadas ao desenvolvimento regional.

Art. 164.

A competência da União para emitir moeda será exercida exclusivamente pelo Banco Central.

§ 1º É vedado ao Banco Central conceder, direta ou indiretamente, empréstimos ao Tesouro Nacional e a qualquer órgão ou entidade que não seja instituição financeira.

§ 2º O Banco Central poderá comprar e vender títulos de emissão do Tesouro Nacional, com o objetivo de regular a oferta de moeda ou a taxa de juros.

§ 3º As disponibilidades de caixa da União serão depositadas no Banco Central; as dos Estados, do Distrito Federal, dos Municípios e dos órgãos ou entidades do poder público e das empresas por ele controladas, em instituições financeiras oficiais, ressalvados os casos previstos em lei.

SEÇÃO II – Dos Orçamentos

Art. 165.

Leis de iniciativa do Poder Executivo estabelecerão:

I – o plano plurianual;

II – as diretrizes orçamentárias;

III – os orçamentos anuais.

§ 1º A lei que instituir o plano plurianual estabelecerá, de forma regionalizada, as diretrizes, objetivos e metas da administração pública federal para as despesas de capital e outras delas decorrentes e para as relativas aos programas de duração continuada.

§ 2º A lei de diretrizes orçamentárias compreenderá as metas e prioridades da administração pública federal, incluindo as despesas de capital para o exercício financeiro subsequente, orientará a elaboração da lei orçamentária anual, disporá sobre as alterações na legislação tributária e estabelecerá a política de aplicação das agências financeiras oficiais de fomento.

§ 3º O Poder Executivo publicará, até trinta dias após o encerramento de cada bimestre, relatório resumido da execução orçamentária.

§ 4º Os planos e programas nacionais, regionais e setoriais previstos nesta Constituição serão elaborados em consonância com o plano plurianual e apreciados pelo Congresso Nacional.

§ 5º A lei orçamentária anual compreenderá:

I – o orçamento fiscal referente aos Poderes da União, seus fundos, órgãos e entidades da administração direta e indireta, inclusive fundações instituídas e mantidas pelo poder público;

II – o orçamento de investimento das empresas em que a União, direta ou indiretamente, detenha a maioria do capital social com direito a voto;

III – o orçamento da seguridade social, abrangendo todas as entidades e órgãos a ela vinculados, da administração direta ou indireta, bem como os fundos e fundações instituídos e mantidos pelo poder público.

§ 6º O projeto de lei orçamentária será acompanhado de demonstrativo regionalizado do efeito, sobre as receitas e despesas, decorrente de isenções, anistias, remissões, subsídios e benefícios de natureza financeira, tributária e creditícia.

§ 7º Os orçamentos previstos no § 5º, I e II, deste artigo, compatibilizados com o plano plurianual, terão entre suas funções a de reduzir desigualdades inter-regionais, segundo critério populacional.

§ 8º A lei orçamentária anual não conterá dispositivo estranho à previsão da receita e à fixação da despesa, não se incluindo na proibição a autorização para abertura de créditos suplementares e contratação de operações de crédito, ainda que por antecipação de receita, nos termos da lei.

§ 9º Cabe à lei complementar:

I – dispor sobre o exercício financeiro, a vigência, os prazos, a elaboração e a organização do plano plurianual, da lei de diretrizes orçamentárias e da lei orçamentária anual;

II – estabelecer normas de gestão financeira e patrimonial da administração direta e indireta, bem como condições para a instituição e funcionamento de fundos.

Art. 166.

Os projetos de lei relativos ao plano plurianual, às diretrizes orçamentárias, ao orçamento anual e aos créditos adicionais serão apreciados pelas duas Casas do Congresso Nacional, na forma do regimento comum.

§ 1º Caberá a uma comissão mista permanente de Senadores e Deputados:

I – examinar e emitir parecer sobre os projetos referidos neste artigo e sobre as contas apresentadas anualmente pelo Presidente da República;

II – examinar e emitir parecer sobre os planos e programas nacionais, regionais e setoriais previstos nesta Constituição e exercer o acompanhamento e a fiscalização orçamentária, sem prejuízo da atuação das demais comissões do Congresso Nacional e de suas Casas, criadas de acordo com o art. 58.

§ 2º As emendas serão apresentadas na comissão mista, que sobre elas emitirá parecer, e apreciadas, na forma regimental, pelo plenário das duas Casas do Congresso Nacional.

§ 3º As emendas ao projeto de lei do orçamento anual ou aos projetos que o modifiquem somente podem ser aprovadas caso:

I – sejam compatíveis com o plano plurianual e com a lei de diretrizes orçamentárias;

II – indiquem os recursos necessários, admitidos apenas os provenientes de anulação de despesa, excluídas as que incidam sobre:

a) dotações para pessoal e seus encargos;

b) serviço da dívida;

c) transferências tributárias constitucionais para Estados, Municípios e o Distrito Federal; ou

III – sejam relacionadas:

a) com a correção de erros ou omissões; ou

b) com os dispositivos do texto do projeto de lei.

§ 4º As emendas ao projeto de lei de diretrizes orçamentárias não poderão ser aprovadas quando incompatíveis com o plano plurianual.

§ 5º O Presidente da República poderá enviar mensagem ao Congresso Nacional para propor modificação nos projetos a que se refere este artigo enquanto não iniciada a votação, na comissão mista, da parte cuja alteração é proposta.

§ 6º Os projetos de lei do plano plurianual, das diretrizes orçamentárias e do orçamento anual serão enviados pelo Presidente da República ao Congresso Nacional, nos termos da lei complementar a que se refere o art. 165, § 9º.

§ 7º Aplicam-se aos projetos mencionados neste artigo, no que não contrariar o disposto nesta Seção, as demais normas relativas ao processo legislativo.

§ 8º Os recursos que, em decorrência de veto, emenda ou rejeição do projeto de lei orçamentária anual, ficarem sem despesas correspondentes poderão ser utilizados, conforme o caso, mediante créditos especiais ou suplementares, com prévia e específica autorização legislativa.

Art. 167.

São vedados:

I – o início de programas ou projetos não incluídos na lei orçamentária anual;

II – a realização de despesas ou a assunção de obrigações diretas que excedam os créditos orçamentários ou adicionais;

III – a realização de operações de créditos que excedam o montante das despesas de capital, ressalvadas as autorizadas mediante créditos suplementares ou especiais com finalidade precisa, aprovados pelo Poder Legislativo por maioria absoluta;

IV – a vinculação de receita de impostos a órgão, fundo ou despesa, ressalvadas a repartição do produto da arrecadação dos impostos a que se referem os arts. 158 e 159, a destinação de recursos para as ações e serviços públicos de saúde, para manutenção e desenvolvimento do ensino e para realização de atividades da administração tributária, como determinado, respetivamente, pelos arts. 198, § 2º, 212 e 37, XXII, e a prestação de garantias às operações de crédito por antecipação de receita, previstas no art. 165, § 8º, bem como o disposto no § 4º deste artigo;

V – a abertura de crédito suplementar ou especial sem prévia autorização legislativa e sem indicação dos recursos correspondentes;

VI – a transposição, o remanejamento ou a transferência de recursos de uma categoria de programação para outra ou de um órgão para outro, sem prévia autorização legislativa;

VII – a concessão ou utilização de créditos ilimitados;

VIII – a utilização, sem autorização legislativa específica, de recursos dos orçamentos fiscal e da seguridade social para suprir necessidade ou cobrir déficit de empresas, fundações e fundos, inclusive dos mencionados no art. 165, § 5º;

IX – a instituição de fundos de qualquer natureza, sem prévia autorização legislativa;

X – a transferência voluntária de recursos e a concessão de empréstimos, inclusive por antecipação de receita, pelos Governos Federal e Estaduais e suas instituições financeiras, para pagamento de despesas com pessoal ativo, inativo e pensionista, dos Estados, do Distrito Federal e dos Municípios;

XI – a utilização dos recursos provenientes das contribuições sociais de que trata o art. 195, I, a, e II, para a realização de despesas distintas do pagamento de benefícios do regime geral de previdência social de que trata o art. 201.

§ 1º Nenhum investimento cuja execução ultrapasse um exercício financeiro poderá ser iniciado sem prévia inclusão no plano plurianual, ou sem lei que autorize a inclusão, sob pena de crime de responsabilidade.

§ 2º Os créditos especiais e extraordinários terão vigência no exercício financeiro em que forem autorizados, salvo se o ato de autorização for promulgado nos últimos quatro meses daquele exercício, caso em que, reabertos nos limites de seus saldos, serão incorporados ao orçamento do exercício financeiro subsequente.

§ 3º A abertura de crédito extraordinário somente será admitida para atender a despesas imprevisíveis e urgentes, como as decorrentes de guerra, comoção interna ou calamidade pública, observado o disposto no art. 62.

§ 4º É permitida a vinculação de receitas próprias geradas pelos impostos a que se referem os arts. 155 e 156, e dos recursos de que tratam os arts. 157, 158 e 159, I, a e b, e II, para a prestação de garantia ou contragarantia à União e para pagamento de débitos para com esta.

Art. 168.

Os recursos correspondentes às dotações orçamentárias, compreendidos os créditos suplementares e especiais, destinados aos órgãos dos Poderes Legislativo e Judiciário, do Ministério Público e da Defensoria Pública, ser-lhes-ão entregues até o dia 20 de cada mês, em duodécimos, na forma da lei complementar a que se refere o art. 165, § 9º.

Art. 169.

A despesa com pessoal ativo e inativo da União, dos Estados, do Distrito Federal e dos Municípios não poderá exceder os limites estabelecidos em lei complementar.

§ 1º A concessão de qualquer vantagem ou aumento de remuneração, a criação de cargos, empregos e funções ou alteração de estrutura de carreiras, bem como a admissão ou contratação de pessoal, a qualquer título, pelos órgãos e entidades da administração direta ou indireta, inclusive fundações instituídas e mantidas pelo poder público, só poderão ser feitas:

I – se houver prévia dotação orçamentária suficiente para atender às projeções de despesa de pessoal e aos acréscimos dela decorrentes;

II – se houver autorização específica na lei de diretrizes orçamentárias, ressalvadas as empresas públicas e as sociedades de economia mista.

§ 2º Decorrido o prazo estabelecido na lei complementar referida neste artigo para a adaptação aos parâmetros ali previstos, serão imediatamente suspensos todos os repasses de verbas federais ou estaduais aos Estados, ao Distrito Federal e aos Municípios que não observarem os referidos limites.

§ 3º Para o cumprimento dos limites estabelecidos com base neste artigo, durante o prazo fixado na lei complementar referida no caput , a União, os Estados, o Distrito Federal e os Municípios adotarão as seguintes providências:

I – redução em pelo menos vinte por cento das despesas com cargos em comissão e funções de confiança;

II – exoneração dos servidores não estáveis.

§ 4º Se as medidas adotadas com base no parágrafo anterior não forem suficientes para assegurar o cumprimento da determinação da lei complementar referida neste artigo, o servidor estável poderá perder o cargo, desde que ato normativo motivado de cada um dos Poderes especifique a atividade funcional, o órgão ou unidade administrativa objeto da redução de pessoal.

§ 5º O servidor que perder o cargo na forma do parágrafo anterior fará jus a indenização correspondente a um mês de remuneração por ano de serviço.

§ 6º O cargo objeto da redução prevista nos parágrafos anteriores será considerado extinto, vedada a criação de cargo, emprego ou função com atribuições iguais ou assemelhadas pelo prazo de quatro anos.

§ 7º Lei federal disporá sobre as normas gerais a serem obedecidas na efetivação do disposto no § 4º.

TÍTULO VII – Da Ordem Econômica e Financeira

CAPÍTULO I – Dos Princípios Gerais da Atividade Econômica

Art. 170.

A ordem econômica, fundada na valorização do trabalho humano e na livre iniciativa, tem por fim assegurar a todos existência digna, conforme os ditames da justiça social, observados os seguintes princípios:

I – soberania nacional;

II – propriedade privada;

III – função social da propriedade;

IV – livre concorrência;

V – defesa do consumidor;

VI – defesa do meio ambiente, inclusive mediante tratamento diferenciado conforme o impacto ambiental dos produtos e serviços e de seus processos de elaboração e prestação;

VII – redução das desigualdades regionais e sociais;

VIII – busca do pleno emprego;

IX – tratamento favorecido para as empresas de pequeno porte constituídas sob as leis brasileiras e que tenham sua sede e administração no País.

Parágrafo único. É assegurado a todos o livre exercício de qualquer atividade econômica, independentemente de autorização de órgãos públicos, salvo nos casos previstos em lei.

Art. 171.

(Revogado).

Art. 172.

A lei disciplinará, com base no interesse nacional, os investimentos de capital estrangeiro, incentivará os reinvestimentos e regulará a remessa de lucros.

Art. 173.

Ressalvados os casos previstos nesta Constituição, a exploração direta de atividade econômica pelo Estado só será permitida quando necessária aos imperativos da segurança nacional ou a relevante interesse coletivo, conforme definidos em lei.

§ 1º A lei estabelecerá o estatuto jurídico da empresa pública, da sociedade de economia mista e de suas subsidiárias que explorem atividade econômica de produção ou comercialização de bens ou de prestação de serviços, dispondo sobre:

I – sua função social e formas de fiscalização pelo Estado e pela sociedade;

II – a sujeição ao regime jurídico próprio das empresas privadas, inclusive quanto aos direitos e obrigações civis, comerciais, trabalhistas e tributários;

III – licitação e contratação de obras, serviços, compras e alienações, observados os princípios da administração pública;

IV – a constituição e o funcionamento dos conselhos de administração e fiscal, com a participação de acionistas minoritários;

V – os mandatos, a avaliação de desempenho e a responsabilidade dos administradores.

§ 2º As empresas públicas e as sociedades de economia mista não poderão gozar de privilégios fiscais não extensivos às do setor privado.

§ 3º A lei regulamentará as relações da empresa pública com o Estado e a sociedade.

§ 4º A lei reprimirá o abuso do poder econômico que vise à dominação dos mercados, à eliminação da concorrência e ao aumento arbitrário dos lucros.

§ 5º A lei, sem prejuízo da responsabilidade individual dos dirigentes da pessoa jurídica, estabelecerá a responsabilidade desta, sujeitando-a às punições compatíveis com sua natureza, nos atos praticados contra a ordem econômica e financeira e contra a economia popular.

Art. 174.

Como agente normativo e regulador da atividade econômica, o Estado exercerá, na forma da lei, as funções de fiscalização, incentivo e planejamento, sendo este determinante para o setor público e indicativo para o setor privado.

§ 1º A lei estabelecerá as diretrizes e bases do planejamento do desenvolvimento nacional equilibrado, o qual incorporará e compatibilizará os planos nacionais e regionais de desenvolvimento.

§ 2º A lei apoiará e estimulará o cooperativismo e outras formas de associativismo.

§ 3º O Estado favorecerá a organização da atividade garimpeira em cooperativas, levando em conta a proteção do meio ambiente e a promoção econômico-social dos garimpeiros.

§ 4º As cooperativas a que se refere o parágrafo anterior terão prioridade na autorização ou concessão para pesquisa e lavra dos recursos e jazidas de minerais garimpáveis, nas áreas onde estejam atuando, e naquelas fixadas de acordo com o art. 21, XXV, na forma da lei.

Art. 175.

Incumbe ao poder público, na forma da lei, diretamente ou sob regime de concessão ou permissão, sempre através de licitação, a prestação de serviços públicos.

Parágrafo único. A lei disporá sobre:

I – o regime das empresas concessionárias e permissionárias de serviços públicos, o caráter especial de seu contrato e de sua prorrogação, bem como as condições de caducidade, fiscalização e rescisão da concessão ou permissão;

II – os direitos dos usuários;

III – política tarifária;

IV – a obrigação de manter serviço adequado.

Art. 176.

As jazidas, em lavra ou não, e demais recursos minerais e os potenciais de energia hidráulica constituem propriedade distinta da do solo, para efeito de exploração ou aproveitamento, e pertencem à União, garantida ao concessionário a propriedade do produto da lavra.

§ 1º A pesquisa e a lavra de recursos minerais e o aproveitamento dos potenciais a que se refere o caput deste artigo somente poderão ser efetuados mediante autorização ou concessão da União, no interesse nacional, por brasileiros ou empresa constituída sob as leis brasileiras e que tenha sua sede e administração no País, na forma da lei, que estabelecerá as condições específicas quando essas atividades se desenvolverem em faixa de fronteira ou terras indígenas.

§ 2º É assegurada participação ao proprietário do solo nos resultados da lavra, na forma e no valor que dispuser a lei.

§ 3º A autorização de pesquisa será sempre por prazo determinado, e as autorizações e concessões previstas neste artigo não poderão ser cedidas ou transferidas, total ou parcialmente, sem prévia anuência do Poder concedente.

§ 4º Não dependerá de autorização ou concessão o aproveitamento do potencial de energia renovável de capacidade reduzida.

Art. 177.

Constituem monopólio da União:

I – a pesquisa e a lavra das jazidas de petróleo e gás natural e outros hidrocarbonetos fluidos;

II – a refinação do petróleo nacional ou estrangeiro;

III – a importação e exportação dos produtos e derivados básicos resultantes das atividades previstas nos incisos anteriores;

IV – o transporte marítimo do petróleo bruto de origem nacional ou de derivados básicos de petróleo produzidos no País, bem assim o transporte, por meio de conduto, de petróleo bruto, seus derivados e gás natural de qualquer origem;

V – a pesquisa, a lavra, o enriquecimento, o reprocessamento, a industrialização e o comércio de minérios e minerais nucleares e seus derivados, com exceção dos radioisótopos cuja produção, comercialização e utilização poderão ser autorizadas sob regime de permissão, conforme as alíneas b e c do inciso XXIII do caput do art. 21 desta Constituição Federal.

§ 1º A União poderá contratar com empresas estatais ou privadas a realização das atividades previstas nos incisos I a IV deste artigo, observadas as condições estabelecidas em lei.

§ 2º A lei a que se refere o § 1º disporá sobre:

I – a garantia do fornecimento dos derivados de petróleo em todo o território nacional;

II – as condições de contratação;

III – a estrutura e atribuições do órgão regulador do monopólio da União.

§ 3º A lei disporá sobre o transporte e a utilização de materiais radioativos no território nacional.

§ 4º A lei que instituir contribuição de intervenção no domínio econômico relativa às atividades de importação ou comercialização de petróleo e seus derivados, gás natural e seus derivados e álcool combustível deverá atender aos seguintes requisitos:

I – a alíquota da contribuição poderá ser:

a) diferenciada por produto ou uso;

b) reduzida e restabelecida por ato do Poder Executivo, não se lhe aplicando o disposto no art. 150,III, b;

II – os recursos arrecadados serão destinados:

a) ao pagamento de subsídios a preços ou transporte de álcool combustível, gás natural e seus derivados e derivados de petróleo;

b) ao financiamento de projetos ambientais relacionados com a indústria do petróleo e do gás;

c) ao financiamento de programas de infraestrutura de transportes.

Art. 178.

A lei disporá sobre a ordenação dos transportes aéreo, aquático e terrestre, devendo, quanto à ordenação do transporte internacional, observar os acordos firmados pela União, atendido o princípio da reciprocidade.

Parágrafo único. Na ordenação do transporte aquático, a lei estabelecerá as condições em que o transporte de mercadorias na cabotagem e a navegação interior poderão ser feitos por embarcações estrangeiras.

Art. 179.

A União, os Estados, o Distrito Federal e os Municípios dispensarão às microempresas e às empresas de pequeno porte, assim definidas em lei, tratamento jurídico diferenciado, visando a incentivá-las pela simplificação de suas obrigações administrativas, tributárias, previdenciárias e creditícias, ou pela eliminação ou redução destas por meio de lei.

Art. 180.

A União, os Estados, o Distrito Federal e os Municípios promoverão e incentivarão o turismo como fator de desenvolvimento social e econômico.

Art. 181.

O atendimento de requisição de documento ou informação de natureza comercial, feita por autoridade administrativa ou judiciária estrangeira, a pessoa física ou jurídica residente ou domiciliada no País dependerá de autorização do Poder competente.

CAPÍTULO II – Da Política Urbana

Art. 182.

A política de desenvolvimento urbano, executada pelo poder público municipal, conforme diretrizes gerais fixadas em lei, tem por objetivo ordenar o pleno desenvolvimento das funções sociais da cidade e garantir o bem-estar de seus habitantes.

§ 1º O plano diretor, aprovado pela Câmara Municipal, obrigatório para cidades com mais de vinte mil habitantes, é o instrumento básico da política de desenvolvimento e de expansão urbana.

§ 2º A propriedade urbana cumpre sua função social quando atende às exigências fundamentais de ordenação da cidade expressas no plano diretor.

§ 3º As desapropriações de imóveis urbanos serão feitas com prévia e justa indenização em dinheiro.

§ 4º É facultado ao poder público municipal, mediante lei específica para área incluída no plano diretor, exigir, nos termos da lei federal, do proprietário do solo urbano não edificado, subutilizado ou não utilizado que promova seu adequado aproveitamento, sob pena, sucessivamente, de:

I – parcelamento ou edificação compulsórios;

II – imposto sobre a propriedade predial e territorial urbana progressivo no tempo;

III – desapropriação com pagamento mediante títulos da dívida pública de emissão previamente aprovada pelo Senado Federal, com prazo de resgate de até dez anos, em parcelas anuais, iguais e sucessivas, assegurados o valor real da indenização e os juros legais.

Art. 183.

Aquele que possuir como sua área urbana de até duzentos e cinquenta metros quadrados, por cinco anos, ininterruptamente e sem oposição, utilizando-a para sua moradia ou de sua família, adquirir-lhe-á o domínio, desde que não seja proprietário de outro imóvel urbano ou rural.

§ 1º O título de domínio e a concessão de uso serão conferidos ao homem ou à mulher, ou a ambos, independentemente do estado civil.

§ 2º Esse direito não será reconhecido ao mesmo possuidor mais de uma vez.

§ 3º Os imóveis públicos não serão adquiridos por usucapião.

CAPÍTULO III – Da Política Agrícola e Fundiária e da Reforma Agrária

Art. 184.

Compete à União desapropriar por interesse social, para fins de reforma agrária, o imóvel rural que não esteja cumprindo sua função social, mediante prévia e justa indenização em títulos da dívida agrária, com cláusula de preservação do valor real, resgatáveis no prazo de até vinte anos, a partir do segundo ano de sua emissão, e cuja utilização será definida em lei.

§ 1º As benfeitorias úteis e necessárias serão indenizadas em dinheiro.

§ 2º O decreto que declarar o imóvel como de interesse social, para fins de reforma agrária, autoriza a União a propor a ação de desapropriação.

§ 3º Cabe à lei complementar estabelecer procedimento contraditório especial, de rito sumário, para o processo judicial de desapropriação.

§ 4º O orçamento fixará anualmente o volume total de títulos da dívida agrária, assim como o montante de recursos para atender ao programa de reforma agrária no exercício.

§ 5º São isentas de impostos federais, estaduais e municipais as operações de transferência de imóveis desapropriados para fins de reforma agrária.

Art. 185.

São insuscetíveis de desapropriação para fins de reforma agrária:

I – a pequena e média propriedade rural, assim definida em lei, desde que seu proprietário não possua outra;

II – a propriedade produtiva.

Parágrafo único. A lei garantirá tratamento especial à propriedade produtiva e fixará normas para o cumprimento dos requisitos relativos a sua função social.

Art. 186.

A função social é cumprida quando a propriedade rural atende, simultaneamente, segundo critérios e graus de exigência estabelecidos em lei, aos seguintes requisitos:

I – aproveitamento racional e adequado;

II – utilização adequada dos recursos naturais disponíveis e preservação do meio ambiente;

III – observância das disposições que regulam as relações de trabalho;

IV – exploração que favoreça o bem-estar dos proprietários e dos trabalhadores.

Art. 187.

A política agrícola será planejada e executada na forma da lei, com a participação efetiva do setor de produção, envolvendo produtores e trabalhadores rurais, bem como dos setores de comercialização, de armazenamento e de transportes, levando em conta, especialmente:

I – os instrumentos creditícios e fiscais;

II – os preços compatíveis com os custos de produção e a garantia de comercialização;

III – o incentivo à pesquisa e à tecnologia;

IV – a assistência técnica e extensão rural;

V – o seguro agrícola;

VI – o cooperativismo;
VII – a eletrificação rural e irrigação;
VIII – a habitação para o trabalhador rural.

§ 1º Incluem-se no planejamento agrícola as atividades agroindustriais, agropecuárias, pesqueiras e florestais.

§ 2º Serão compatibilizadas as ações de política agrícola e de reforma agrária.

Art. 188.

A destinação de terras públicas e devolutas será compatibilizada com a política agrícola e com o plano nacional de reforma agrária.

§ 1º A alienação ou a concessão, a qualquer título, de terras públicas com área superior a dois mil e quinhentos hectares a pessoa física ou jurídica, ainda que por interposta pessoa, dependerá de prévia aprovação do Congresso Nacional.

§ 2º Excetuam-se do disposto no parágrafo anterior as alienações ou as concessões de terras públicas para fins de reforma agrária.

Art. 189.

Os beneficiários da distribuição de imóveis rurais pela reforma agrária receberão títulos de domínio ou de concessão de uso, inegociáveis pelo prazo de dez anos.

Parágrafo único. O título de domínio e a concessão de uso serão conferidos ao homem ou à mulher, ou a ambos, independentemente do estado civil, nos termos e condições previstos em lei.

Art. 190.

A lei regulará e limitará a aquisição ou o arrendamento de propriedade rural por pessoa física ou jurídica estrangeira e estabelecerá os casos que dependerão de autorização do Congresso Nacional.

Art. 191.

Aquele que, não sendo proprietário de imóvel rural ou urbano, possua como seu, por cinco anos ininterruptos, sem oposição, área de terra, em zona rural, não superior a cinquenta hectares, tornando-a produtiva por seu trabalho ou de sua família, tendo nela sua moradia, adquirir-lhe-á a propriedade.

Parágrafo único. Os imóveis públicos não serão adquiridos por usucapião.

CAPÍTULO IV – Do Sistema Financeiro Nacional

Art. 192.

O sistema financeiro nacional, estruturado de forma a promover o desenvolvimento equilibrado do País e a servir aos interesses da coletividade, em todas as partes que o compõem, abrangendo as cooperativas de crédito, será regulado por leis complementares que disporão, inclusive, sobre a participação do capital estrangeiro nas instituições que o integram.

I – (Revogado).

II – (Revogado).

III – (Revogado).

a) (Revogado).

b) (Revogado).

IV – (Revogado).

V – (Revogado).

VI – (Revogado).

VII – (Revogado).

VIII – (Revogado).

§ 1º (Revogado).

§ 2º (Revogado).

§ 3º (Revogado).

TÍTULO VIII – Da Ordem Social

CAPÍTULO I – Disposição Geral

Art. 193.

A ordem social tem como base o primado do trabalho, e como objetivo o bem-estar e a justiça sociais.

CAPÍTULO II – Da Seguridade Social

SEÇÃO I – Disposições Gerais

Art. 194.

A seguridade social compreende um conjunto integrado de ações de iniciativa dos poderes públicos e da sociedade, destinadas a assegurar os direitos relativos à saúde, à previdência e à assistência social.

Parágrafo único. Compete ao poder público, nos termos da lei, organizar a seguridade social, com base nos seguintes objetivos:

I – universalidade da cobertura e do atendimento;

II – uniformidade e equivalência dos benefícios e serviços às populações urbanas e rurais;

III – seletividade e distributividade na prestação dos benefícios e serviços;

IV – irredutibilidade do valor dos benefícios;

V – equidade na forma de participação no custeio;

VI – diversidade da base de financiamento;

VII – caráter democrático e descentralizado da administração, mediante gestão quadripartite, com participação dos trabalhadores, dos empregadores, dos aposentados e do Governo nos órgãos colegiados.

Art. 195.

A seguridade social será financiada por toda a sociedade, de forma direta e indireta, nos termos da lei, mediante recursos provenientes dos orçamentos da União, dos Estados, do Distrito Federal e dos Municípios, e das seguintes contribuições sociais:

I – do empregador, da empresa e da entidade a ela equiparada na forma da lei, incidentes sobre:

a) a folha de salários e demais rendimentos do trabalho pagos ou creditados, a qualquer título, à pessoa física que lhe preste serviço, mesmo sem vínculo empregatício;

b) a receita ou o faturamento;

c) o lucro;

II – do trabalhador e dos demais segurados da previdência social, não incidindo contribuição sobre aposentadoria e pensão concedidas pelo regime geral de previdência social de que trata o art. 201;

III – sobre a receita de concursos de prognósticos.

IV – do importador de bens ou serviços do exterior, ou de quem a lei a ele equiparar.

§ 1º As receitas dos Estados, do Distrito Federal e dos Municípios destinadas à seguridade social constarão dos respetivos orçamentos, não integrando o orçamento da União.

§ 2º A proposta de orçamento da seguridade social será elaborada de forma integrada pelos órgãos responsáveis pela saúde, previdência social e assistência social, tendo em vista as metas e prioridades estabelecidas na lei de diretrizes orçamentárias, assegurada a cada área a gestão de seus recursos.

§ 3º A pessoa jurídica em débito com o sistema da seguridade social, como estabelecido em lei, não poderá contratar com o poder público nem dele receber benefícios ou incentivos fiscais ou creditícios.

§ 4º A lei poderá instituir outras fontes destinadas a garantir a manutenção ou expansão da seguridade social, obedecido o disposto no art. 154, I.

§ 5º Nenhum benefício ou serviço da seguridade social poderá ser criado, majorado ou estendido sem a correspondente fonte de custeio total.

§ 6º As contribuições sociais de que trata este artigo só poderão ser exigidas após decorridos noventa dias da data da publicação da lei que as houver instituído ou modificado, não se lhes aplicando o disposto no art. 150, III, b.

§ 7º São isentas de contribuição para a seguridade social as entidades beneficentes de assistência social que atendam às exigências estabelecidas em lei.

§ 8º O produtor, o parceiro, o meeiro e o arrendatário rurais e o pescador artesanal, bem como os respetivos cônjuges, que exerçam suas atividades em regime de economia familiar, sem empregados permanentes, contribuirão para a seguridade social mediante a aplicação de uma alíquota sobre o resultado da comercialização da produção e farão jus aos benefícios nos termos da lei.

§ 9º As contribuições sociais previstas no inciso I do caput deste artigo poderão ter alíquotas ou bases de cálculo diferenciadas, em razão da atividade econômica, da utilização intensiva de mão de obra, do porte da empresa ou da condição estrutural do mercado de trabalho.

§ 10. A lei definirá os critérios de transferência de recursos para o sistema único de saúde e ações de assistência social da União para os Estados, o Distrito Federal e os Municípios, e dos Estados para os Municípios, observada a respetiva contrapartida de recursos.

§ 11. É vedada a concessão de remissão ou anistia das contribuições sociais de que tratam os incisos I, a, e II deste artigo, para débitos em montante superior ao fixado em lei complementar.

§ 12. A lei definirá os setores de atividade econômica para os quais as contribuições incidentes na forma dos incisos I, b; e IV do caput, serão não-cumulativas.

§ 13. Aplica-se o disposto no § 12 inclusive na hipótese de substituição gradual, total ou parcial, da contribuição incidente na forma do inciso I, a, pela incidente sobre a receita ou o faturamento.

SEÇÃO II – Da Saúde

Art. 196.

A saúde é direito de todos e dever do Estado, garantido mediante políticas sociais e econômicas que visem à redução do risco de doença e de outros agravos e ao acesso universal e igualitário às ações e serviços para sua promoção, proteção e recuperação.

Art. 197.

São de relevância pública as ações e serviços de saúde, cabendo ao poder público dispor, nos termos da lei, sobre sua regulamentação, fiscalização e controle, devendo sua execução ser feita diretamente ou através de terceiros e, também, por pessoa física ou jurídica de direito privado.

Art. 198.

As ações e serviços públicos de saúde integram uma rede regionalizada e hierarquizada e constituem um sistema único, organizado de acordo com as seguintes diretrizes:

I – descentralização, com direção única em cada esfera de governo;

II – atendimento integral, com prioridade para as atividades preventivas, sem prejuízo dos serviços assistenciais;

III – participação da comunidade.

§ 1º O sistema único de saúde será financiado, nos termos do art. 195, com recursos do orçamento da seguridade social, da União, dos Estados, do Distrito Federal e dos Municípios, além de outras fontes.

§ 2º A União, os Estados, o Distrito Federal e os Municípios aplicarão, anualmente, em ações e serviços públicos de saúde recursos mínimos derivados da aplicação de percentuais calculados sobre:

I – no caso da União, na forma definida nos termos da lei complementar prevista no § 3º;

II – no caso dos Estados e do Distrito Federal, o produto da arrecadação dos impostos a que se refere o art. 155 e dos recursos de que tratam os arts. 157 e 159, inciso I, alínea a, e inciso II, deduzidas as parcelas que forem transferidas aos respetivos Municípios;

III – no caso dos Municípios e do Distrito Federal, o produto da arrecadação dos impostos a que se refere o art. 156 e dos recursos de que tratam os arts. 158 e 159, inciso I, alínea b e § 3º.

§ 3º Lei complementar, que será reavaliada pelo menos a cada cinco anos, estabelecerá:

I – os percentuais de que trata o § 2º;

II – os critérios de rateio dos recursos da União vinculados à saúde destinados aos Estados, ao Distrito Federal e aos Municípios, e dos Estados destinados a seus respetivos Municípios, objetivando a progressiva redução das disparidades regionais;

III – as normas de fiscalização, avaliação e controle das despesas com saúde nas esferas federal, estadual, distrital e municipal;

IV – as normas de cálculo do montante a ser aplicado pela União.

§ 4º Os gestores locais do sistema único de saúde poderão admitir agentes comunitários de saúde e agentes de combate às endemias por meio de processo seletivo público, de acordo com a natureza e complexidade de suas atribuições e requisitos específicos para sua atuação.

§ 5º Lei federal disporá sobre o regime jurídico, o piso salarial profissional nacional, as diretrizes para os Planos de Carreira e a regulamentação das atividades de agente comunitário de saúde e agente de combate às endemias, competindo à União, nos termos da lei, prestar assistência financeira complementar aos Estados, ao Distrito Federal e aos Municípios, para o cumprimento do referido piso salarial.

§ 6º Além das hipóteses previstas no § 1º do art. 41 e no § 4º do art. 169 da Constituição Federal, o servidor que exerça funções equivalentes às de agente comunitário de saúde ou de agente de combate às endemias poderá perder o cargo em caso de descumprimento dos requisitos específicos, fixados em lei, para o seu exercício.

Art. 199.

A assistência à saúde é livre à iniciativa privada.

§ 1º As instituições privadas poderão participar de forma complementar do sistema único de saúde, segundo diretrizes deste, mediante contrato de Direito Público ou convênio, tendo preferência as entidades filantrópicas e as sem fins lucrativos.

§ 2º É vedada a destinação de recursos públicos para auxílios ou subvenções às instituições privadas com fins lucrativos.

§ 3º É vedada a participação direta ou indireta de empresas ou capitais estrangeiros na assistência à saúde no País, salvo nos casos previstos em lei.

§ 4º A lei disporá sobre as condições e os requisitos que facilitem a remoção de órgãos, tecidos e substâncias humanas para fins de transplante, pesquisa e tratamento, bem como a coleta, processamento e transfusão de sangue e seus derivados, sendo vedado todo tipo de comercialização.

Art. 200.

Ao sistema único de saúde compete, além de outras atribuições, nos termos da lei:

I – controlar e fiscalizar procedimentos, produtos e substâncias de interesse para a saúde e participar da produção de medicamentos, equipamentos, imunobiológicos, hemoderivados e outros insumos;

II – executar as ações de vigilância sanitária e epidemiológica, bem como as de saúde do trabalhador;

III – ordenar a formação de recursos humanos na área de saúde;

IV – participar da formulação da política e da execução das ações de saneamento básico;

V – incrementar em sua área de atuação o desenvolvimento científico e tecnológico;

VI – fiscalizar e inspecionar alimentos, compreendido o controle de seu teor nutricional, bem como bebidas e águas para consumo humano;

VII – participar do controle e fiscalização da produção, transporte, guarda e utilização de substâncias e produtos psicoativos, tóxicos e radioativos;

VIII – colaborar na proteção do meio ambiente, nele compreendido o do trabalho.

SEÇÃO III – Da Previdência Social

Art. 201.

A previdência social será organizada sob a forma de regime geral, de caráter contributivo e de filiação obrigatória, observados critérios que preservem o equilíbrio financeiro e atuarial, e atenderá, nos termos da lei, a:

I – cobertura dos eventos de doença, invalidez, morte e idade avançada;

II – proteção à maternidade, especialmente à gestante;

III – proteção ao trabalhador em situação de desemprego involuntário;

IV – salário-família e auxílio-reclusão para os dependentes dos segurados de baixa renda;

V – pensão por morte do segurado, homem ou mulher, ao cônjuge ou companheiro e dependentes, observado o disposto no § 2º.

§ 1º É vedada a adoção de requisitos e critérios diferenciados para a concessão de aposentadoria aos beneficiários do regime geral de previdência social, ressalvados os casos de atividades exercidas sob condições especiais que prejudiquem a saúde ou a integridade física e quando se tratar de segurados portadores de deficiência, nos termos definidos em lei complementar.

§ 2º Nenhum benefício que substitua o salário de contribuição ou o rendimento do trabalho do segurado terá valor mensal inferior ao salário mínimo.

§ 3º Todos os salários de contribuição considerados para o cálculo de benefício serão devidamente atualizados, na forma da lei.

§ 4º É assegurado o reajustamento dos benefícios para preservar-lhes, em caráter permanente, o valor real, conforme critérios definidos em lei.

§ 5º É vedada a filiação ao regime geral de previdência social, na qualidade de segurado facultativo, de pessoa participante de regime próprio de previdência.

§ 6º A gratificação natalina dos aposentados e pensionistas terá por base o valor dos proventos do mês de dezembro de cada ano.

§ 7º É assegurada aposentadoria no regime geral de previdência social, nos termos da lei, obedecidas as seguintes condições:

I – trinta e cinco anos de contribuição, se homem, e trinta anos de contribuição, se mulher;

II – sessenta e cinco anos de idade, se homem, e sessenta anos de idade, se mulher, reduzido em cinco anos o limite para os trabalhadores rurais de ambos os sexos e para os que exerçam suas atividades em regime de economia familiar, nestes incluídos o produtor rural, o garimpeiro e o pescador artesanal.

§ 8º Os requisitos a que se refere o inciso I do parágrafo anterior serão reduzidos em cinco anos, para o professor que comprove exclusivamente tempo de efetivo exercício das funções de magistério na educação infantil e no ensino fundamental e médio.

§ 9º Para efeito de aposentadoria, é assegurada a contagem recíproca do tempo de contribuição na administração pública e na atividade privada, rural e urbana, hipótese em que os diversos regimes de previdência social se compensarão financeiramente, segundo critérios estabelecidos em lei.

§ 10. Lei disciplinará a cobertura do risco de acidente do trabalho, a ser atendida concorrentemente pelo regime geral de previdência social e pelo setor privado.

§ 11. Os ganhos habituais do empregado, a qualquer título, serão incorporados ao salário para efeito de contribuição previdenciária e consequente repercussão em benefícios, nos casos e na forma da lei.

§ 12. Lei disporá sobre sistema especial de inclusão previdenciária para atender a trabalhadores de baixa renda e àqueles sem renda própria que se dediquem exclusivamente ao trabalho doméstico no âmbito de sua residência, desde que pertencentes a famílias de baixa renda, garantindo-lhes acesso a benefícios de valor igual a um salário-mínimo.

§ 13. O sistema especial de inclusão previdenciária de que trata o § 12 deste artigo terá alíquotas e carências inferiores às vigentes para os demais segurados do regime geral de previdência social.

Art. 202.

O regime de previdência privada, de caráter complementar e organizado de forma autônoma em relação ao regime geral de previdência social, será facultativo, baseado na constituição de reservas que garantam o benefício contratado, e regulado por lei complementar.

§ 1º A lei complementar de que trata este artigo assegurará ao participante de planos de benefícios de entidades de previdência privada o pleno acesso às informações relativas à gestão de seus respetivos planos.

§ 2º As contribuições do empregador, os benefícios e as condições contratuais previstas nos estatutos, regulamentos e planos de benefícios das entidades de previdência privada não integram o contrato de trabalho dos participantes, assim como, à exceção dos benefícios concedidos, não integram a remuneração dos participantes, nos termos da lei.

§ 3º É vedado o aporte de recursos a entidade de previdência privada pela União, Estados, Distrito Federal e Municípios, suas autarquias, fundações, empresas públicas, sociedades de economia mista e outras entidades públicas, salvo na qualidade de patrocinador, situação na qual, em hipótese alguma, sua contribuição normal poderá exceder a do segurado.

§ 4º Lei complementar disciplinará a relação entre a União, Estados, Distrito Federal ou Municípios, inclusive suas autarquias, fundações, sociedades de economia mista e empresas controladas direta ou indiretamente, enquanto patrocinadoras de entidades fechadas de previdência privada, e suas respetivas entidades fechadas de previdência privada.

§ 5º A lei complementar de que trata o parágrafo anterior aplicar-se-á, no que couber, às empresas privadas permissionárias ou concessionárias de prestação de serviços públicos, quando patrocinadoras de entidades fechadas de previdência privada.

§ 6º A lei complementar a que se refere o § 4º deste artigo estabelecerá os requisitos para a designação dos membros das diretorias das entidades fechadas de previdência privada e disciplinará a inserção dos participantes nos colegiados e instâncias de decisão em que seus interesses sejam objeto de discussão e deliberação.

SEÇÃO IV – Da Assistência Social

Art. 203.

A assistência social será prestada a quem dela necessitar, independentemente de contribuição à seguridade social, e tem por objetivos:

I – a proteção à família, à maternidade, à infância, à adolescência e à velhice;

II – o amparo às crianças e adolescentes carentes;

III – a promoção da integração ao mercado de trabalho;

IV – a habilitação e reabilitação das pessoas portadoras de deficiência e a promoção de sua integração à vida comunitária;

V – a garantia de um salário mínimo de benefício mensal à pessoa portadora de deficiência e ao idoso que comprovem não possuir meios de prover à própria manutenção ou de tê-la provida por sua família, conforme dispuser a lei.

Art. 204.

As ações governamentais na área da assistência social serão realizadas com recursos do orçamento da seguridade social, previstos no art. 195, além de outras fontes, e organizadas com base nas seguintes diretrizes:

I – descentralização político-administrativa, cabendo a coordenação e as normas gerais à esfera federal e a coordenação e a execução dos respetivos programas às esferas estadual e municipal, bem como a entidades beneficentes e de assistência social;

II – participação da população, por meio de organizações representativas, na formulação das políticas e no controle das ações em todos os níveis.

Parágrafo único. É facultado aos Estados e ao Distrito Federal vincular a programa de apoio à inclusão e promoção social até cinco décimos por cento de sua receita tributária líquida, vedada a aplicação desses recursos no pagamento de:

I – despesas com pessoal e encargos sociais;

II – serviço da dívida;

III – qualquer outra despesa corrente não vinculada diretamente aos investimentos ou ações apoiados.

CAPÍTULO III – Da Educação, da Cultura e do Desporto

SEÇÃO I – Da Educação

Art. 205.

A educação, direito de todos e dever do Estado e da família, será promovida e incentivada com a colaboração da sociedade, visando ao pleno desenvolvimento da pessoa, seu preparo para o exercício da cidadania e sua qualificação para o trabalho.

Art. 206.

O ensino será ministrado com base nos seguintes princípios:

I – igualdade de condições para o acesso e permanência na escola;

II – liberdade de aprender, ensinar, pesquisar e divulgar o pensamento, a arte e o saber;

III – pluralismo de idéias e de conceções pedagógicas, e coexistência de instituições públicas e privadas de ensino;

IV – gratuidade do ensino público em estabelecimentos oficiais;

V – valorização dos profissionais da educação escolar, garantidos, na forma da lei, planos de carreira, com ingresso exclusivamente por concurso público de provas e títulos, aos das redes públicas;

VI – gestão democrática do ensino público, na forma da lei;

VII – garantia de padrão de qualidade;

VIII – piso salarial profissional nacional para os profissionais da educação escolar pública, nos termos de lei federal.

Parágrafo único. A lei disporá sobre as categorias de trabalhadores considerados profissionais da educação básica e sobre a fixação de prazo para a elaboração ou adequação de seus planos de carreira, no âmbito da União, dos Estados, do Distrito Federal e dos Municípios.

Art. 207.

As universidades gozam de autonomia didático-científica, administrativa e de gestão financeira e patrimonial, e obedecerão ao princípio de indissociabilidade entre ensino, pesquisa e extensão.

§ 1º É facultado às universidades admitir professores, técnicos e cientistas estrangeiros, na forma da lei.

§ 2º O disposto neste artigo aplica-se às instituições de pesquisa científica e tecnológica.

Art. 208.

O dever do Estado com a educação será efetivado mediante a garantia de:

I – educação básica obrigatória e gratuita dos 4 (quatro) aos 17 (dezessete) anos de idade, assegurada inclusive sua oferta gratuita para todos os que a ela não tiveram acesso na idade própria;

II – progressiva universalização do ensino médio gratuito;

III – atendimento educacional especializado aos portadores de deficiência, preferencialmente na rede regular de ensino;

IV – educação infantil, em creche e pré-escola, às crianças até 5 (cinco) anos de idade;

V – acesso aos níveis mais elevados do ensino, da pesquisa e da criação artística, segundo a capacidade de cada um;

VI – oferta de ensino noturno regular, adequado às condições do educando;

VII – atendimento ao educando, em todas as etapas da educação básica, por meio de programas suplementares de material didático-escolar, transporte, alimentação e assistência à saúde.

§ 1º O acesso ao ensino obrigatório e gratuito é direito público subjetivo.

§ 2º O não-oferecimento do ensino obrigatório pelo poder público, ou sua oferta irregular, importa responsabilidade da autoridade competente.

§ 3º Compete ao poder público recensear os educandos no ensino fundamental, fazer-lhes a chamada e zelar, junto aos pais ou responsáveis, pela frequência à escola.

Art. 209.

O ensino é livre à iniciativa privada, atendidas as seguintes condições:

I – cumprimento das normas gerais da educação nacional;

II – autorização e avaliação de qualidade pelo poder público.

Art. 210.

Serão fixados conteúdos mínimos para o ensino fundamental, de maneira a assegurar formação básica comum e respeito aos valores culturais e artísticos, nacionais e regionais.

§ **1º** O ensino religioso, de matrícula facultativa, constituirá disciplina dos horários normais das escolas públicas de ensino fundamental.

§ **2º** O ensino fundamental regular será ministrado em língua portuguesa, assegurada às comunidades indígenas também a utilização de suas línguas maternas e processos próprios de aprendizagem.

Art. 211.

A União, os Estados, o Distrito Federal e os Municípios organizarão em regime de colaboração seus sistemas de ensino.

§ **1º** A União organizará o sistema federal de ensino e o dos Territórios, financiará as instituições de ensino públicas federais e exercerá, em matéria educacional, função redistributiva e supletiva, de forma a garantir equalização de oportunidades educacionais e padrão mínimo de qualidade do ensino mediante assistência técnica e financeira aos Estados, ao Distrito Federal e aos Municípios.

§ **2º** Os Municípios atuarão prioritariamente no ensino fundamental e na educação infantil.

§ **3º** Os Estados e o Distrito Federal atuarão prioritariamente no ensino fundamental e médio.

§ **4º** Na organização de seus sistemas de ensino, a União, os Estados, o Distrito Federal e os Municípios definirão formas de colaboração, de modo a assegurar a universalização do ensino obrigatório.

§ **5º** A educação básica pública atenderá prioritariamente ao ensino regular.

Art. 212.

A União aplicará, anualmente, nunca menos de dezoito, e os Estados, o Distrito Federal e os Municípios vinte e cinco por cento, no mínimo, da receita resultante de impostos, compreendida a proveniente de transferências, na manutenção e desenvolvimento do ensino.

§ **1º** A parcela da arrecadação de impostos transferida pela União aos Estados, ao Distrito Federal e aos Municípios, ou pelos Estados aos respetivos Municípios, não é considerada, para efeito do cálculo previsto neste artigo, receita do governo que a transferir.

§ **2º** Para efeito do cumprimento do disposto no caput deste artigo, serão considerados os sistemas de ensino federal, estadual e municipal e os recursos aplicados na forma do art. 213.

§ 3º A distribuição dos recursos públicos assegurará prioridade ao atendimento das necessidades do ensino obrigatório, no que se refere a universalização, garantia de padrão de qualidade e equidade, nos termos do plano nacional de educação.

§ 4º Os programas suplementares de alimentação e assistência à saúde previstos no art. 208, VII, serão financiados com recursos provenientes de contribuições sociais e outros recursos orçamentários.

§ 5º A educação básica pública terá como fonte adicional de financiamento a contribuição social do salário-educação, recolhida pelas empresas na forma da lei.

§ 6º As cotas estaduais e municipais da arrecadação da contribuição social do salário-educação serão distribuídas proporcionalmente ao número de alunos matriculados na educação básica nas respetivas redes públicas de ensino.

Art. 213.

Os recursos públicos serão destinados às escolas públicas, podendo ser dirigidos a escolas comunitárias, confessionais ou filantrópicas, definidas em lei, que:

I – comprovem finalidade não lucrativa e apliquem seus excedentes financeiros em educação;

II – assegurem a destinação de seu patrimônio a outra escola comunitária, filantrópica ou confessional, ou ao poder público, no caso de encerramento de suas atividades.

§ 1º Os recursos de que trata este artigo poderão ser destinados a bolsas de estudo para o ensino fundamental e médio, na forma da lei, para os que demonstrarem insuficiência de recursos, quando houver falta de vagas e cursos regulares da rede pública na localidade da residência do educando, ficando o poder público obrigado a investir prioritariamente na expansão de sua rede na localidade.

§ 2º As atividades universitárias de pesquisa e extensão poderão receber apoio financeiro do poder público.

Art. 214.

A lei estabelecerá o plano nacional de educação, de duração decenal, com o objetivo de articular o sistema nacional de educação em regime de colaboração e definir diretrizes, objetivos, metas e estratégias de implementação para assegurar a manutenção e desenvolvimento do ensino em seus diversos níveis, etapas e modalidades por meio de ações integradas dos poderes públicos das diferentes esferas federativas que conduzam a:

I – erradicação do analfabetismo;

II – universalização do atendimento escolar;

III – melhoria da qualidade do ensino;
IV – formação para o trabalho;
V – promoção humanística, científica e tecnológica do País;
VI – estabelecimento de meta de aplicação de recursos públicos em educação como proporção do produto interno bruto.

SEÇÃO II – Da Cultura

Art. 215.

O Estado garantirá a todos o pleno exercício dos direitos culturais e acesso às fontes da cultura nacional, e apoiará e incentivará a valorização e a difusão das manifestações culturais.

§ 1º O Estado protegerá as manifestações das culturas populares, indígenas e afro-brasileiras, e das de outros grupos participantes do processo civilizatório nacional.

§ 2º A lei disporá sobre a fixação de datas comemorativas de alta significação para os diferentes segmentos étnicos nacionais.

§ 3º A lei estabelecerá o Plano Nacional de Cultura, de duração plurianual, visando ao desenvolvimento cultural do País e à integração das ações do poder público que conduzem à:
I – defesa e valorização do patrimônio cultural brasileiro;
II – produção, promoção e difusão de bens culturais;
III – formação de pessoal qualificado para a gestão da cultura em suas múltiplas dimensões;
IV – democratização do acesso aos bens de cultura;
V – valorização da diversidade étnica e regional.

Art. 216.

Constituem patrimônio cultural brasileiro os bens de natureza material e imaterial, tomados individualmente ou em conjunto, portadores de referência à identidade, à ação, à memória dos diferentes grupos formadores da sociedade brasileira, nos quais se incluem:
I – as formas de expressão;
II – os modos de criar, fazer e viver;
III – as criações científicas, artísticas e tecnológicas;
IV – as obras, objetos, documentos, edificações e demais espaços destinados às manifestações artístico-culturais;
V – os conjuntos urbanos e sítios de valor histórico, paisagístico, artístico, arqueológico, paleontológico, ecológico e científico.

§ 1º O poder público, com a colaboração da comunidade, promoverá e protegerá o patrimônio cultural brasileiro, por meio de inventários, registros, vigilância, tombamento e desapropriação, e de outras formas de acautelamento e preservação.

§ 2º Cabem à administração pública, na forma da lei, a gestão da documentação governamental e as providências para franquear sua consulta a quantos dela necessitem.

§ 3º A lei estabelecerá incentivos para a produção e o conhecimento de bens e valores culturais.

§ 4º Os danos e ameaças ao patrimônio cultural serão punidos, na forma da lei.

§ 5º Ficam tombados todos os documentos e os sítios detentores de reminiscências históricas dos antigos quilombos.

§ 6º É facultado aos Estados e ao Distrito Federal vincular a fundo estadual de fomento à cultura até cinco décimos por cento de sua receita tributária líquida, para o financiamento de programas e projetos culturais, vedada a aplicação desses recursos no pagamento de:

I – despesas com pessoal e encargos sociais;

II – serviço da dívida;

III – qualquer outra despesa corrente não vinculada diretamente aos investimentos ou ações apoiados.

SEÇÃO III – Do Desporto

Art. 217.

É dever do Estado fomentar práticas desportivas formais e não formais, como direito de cada um, observados:

I – a autonomia das entidades desportivas dirigentes e associações, quanto a sua organização e funcionamento;

II – a destinação de recursos públicos para a promoção prioritária do desporto educacional e, em casos específicos, para a do desporto de alto rendimento;

III – o tratamento diferenciado para o desporto profissional e o não profissional;

IV – a proteção e o incentivo às manifestações desportivas de criação nacional.

§ 1º O Poder Judiciário só admitirá ações relativas à disciplina e às competições desportivas após esgotarem-se as instâncias da justiça desportiva, regulada em lei.

§ 2º A justiça desportiva terá o prazo máximo de sessenta dias, contados da instauração do processo, para proferir decisão final.

§ 3º O poder público incentivará o lazer, como forma de promoção social.

CAPÍTULO IV – Da Ciência e Tecnologia

Art. 218.

O Estado promoverá e incentivará o desenvolvimento científico, a pesquisa e a capacitação tecnológicas.

§ 1º A pesquisa científica básica receberá tratamento prioritário do Estado, tendo em vista o bem público e o progresso das ciências.

§ 2º A pesquisa tecnológica voltar-se-á preponderantemente para a solução dos problemas brasileiros e para o desenvolvimento do sistema produtivo nacional e regional.

§ 3º O Estado apoiará a formação de recursos humanos nas áreas de ciência, pesquisa e tecnologia, e concederá aos que delas se ocupem meios e condições especiais de trabalho.

§ 4º A lei apoiará e estimulará as empresas que invistam em pesquisa, criação de tecnologia adequada ao País, formação e aperfeiçoamento de seus recursos humanos e que pratiquem sistemas de remuneração que assegurem ao empregado, desvinculada do salário, participação nos ganhos econômicos resultantes da produtividade de seu trabalho.

§ 5º É facultado aos Estados e ao Distrito Federal vincular parcela de sua receita orçamentária a entidades públicas de fomento ao ensino e à pesquisa científica e tecnológica.

Art. 219.

O mercado interno integra o patrimônio nacional e será incentivado de modo a viabilizar o desenvolvimento cultural e sócio-econômico, o bem-estar da população e a autonomia tecnológica do País, nos termos de lei federal.

CAPÍTULO V – Da Comunicação Social

Art. 220.

A manifestação do pensamento, a criação, a expressão e a informação, sob qualquer forma, processo ou veículo, não sofrerão qualquer restrição, observado o disposto nesta Constituição.

§ 1º Nenhuma lei conterá dispositivo que possa constituir embaraço à plena liberdade de informação jornalística em qualquer veículo de comunicação social, observado o disposto no art. 5º, IV, V, X, XIII e XIV.

§ 2º É vedada toda e qualquer censura de natureza política, ideológica e artística.

§ 3º Compete à lei federal:

I – regular as diversões e espetáculos públicos, cabendo ao poder público informar sobre a natureza deles, as faixas etárias a que não se recomendem, locais e horários em que sua apresentação se mostre inadequada;

II – estabelecer os meios legais que garantam à pessoa e à família a possibilidade de se defenderem de programas ou programações de rádio e televisão que contrariem o disposto no art. 221, bem como da propaganda de produtos, práticas e serviços que possam ser nocivos à saúde e ao meio ambiente.

§ 4º A propaganda comercial de tabaco, bebidas alcoólicas, agrotóxicos, medicamentos e terapias estará sujeita a restrições legais, nos termos do inciso II do parágrafo anterior, e conterá, sempre que necessário, advertência sobre os malefícios decorrentes de seu uso.

§ 5º Os meios de comunicação social não podem, direta ou indiretamente, ser objeto de monopólio ou oligopólio.

§ 6º A publicação de veículo impresso de comunicação independe de licença de autoridade.

Art. 221.

A produção e a programação das emissoras de rádio e televisão atenderão aos seguintes princípios:

I – preferência a finalidades educativas, artísticas, culturais e informativas;

II – promoção da cultura nacional e regional e estímulo à produção independente que objetive sua divulgação;

III – regionalização da produção cultural, artística e jornalística, conforme percentuais estabelecidos em lei;

IV – respeito aos valores éticos e sociais da pessoa e da família.

Art. 222.

A propriedade de empresa jornalística e de radiodifusão sonora e de sons e imagens é privativa de brasileiros natos ou naturalizados há mais de dez anos, ou de pessoas jurídicas constituídas sob as leis brasileiras e que tenham sede no País.

§ 1º Em qualquer caso, pelo menos setenta por cento do capital total e do capital votante das empresas jornalísticas e de radiodifusão sonora e de sons e imagens deverá pertencer, direta ou indiretamente, a brasileiros natos ou naturalizados há mais de dez anos, que exercerão obrigatoriamente a gestão das atividades e estabelecerão o conteúdo da programação.

§ 2º A responsabilidade editorial e as atividades de seleção e direção da programação veiculada são privativas de brasileiros natos ou naturalizados há mais de dez anos, em qualquer meio de comunicação social.

§ 3º Os meios de comunicação social eletrônica, independentemente da tecnologia utilizada para a prestação do serviço, deverão observar os princípios enunciados no art. 221, na forma de lei específica, que também garantirá a prioridade de profissionais brasileiros na execução de produções nacionais.

§ 4º Lei disciplinará a participação de capital estrangeiro nas empresas de que trata o § 1º.

§ 5º As alterações de controle societário das empresas de que trata o § 1º serão comunicadas ao Congresso Nacional.

Art. 223.

Compete ao Poder Executivo outorgar e renovar concessão, permissão e autorização para o serviço de radiodifusão sonora e de sons e imagens, observado o princípio da complementaridade dos sistemas privado, público e estatal.

§ 1º O Congresso Nacional apreciará o ato no prazo do art. 64, §§ 2º e 4º, a contar do recebimento da mensagem.

§ 2º A não-renovação da concessão ou permissão dependerá de aprovação de, no mínimo, dois quintos do Congresso Nacional, em votação nominal.

§ 3º O ato de outorga ou renovação somente produzirá efeitos legais após deliberação do Congresso Nacional, na forma dos parágrafos anteriores.

§ 4º O cancelamento da concessão ou permissão, antes de vencido o prazo, depende de decisão judicial.

§ 5º O prazo da concessão ou permissão será de dez anos para as emissoras de rádio e de quinze para as de televisão.

Art. 224.

Para os efeitos do disposto neste Capítulo, o Congresso Nacional instituirá, como órgão auxiliar, o Conselho de Comunicação Social, na forma da lei.

CAPÍTULO VI – Do Meio Ambiente

Art. 225.

Todos têm direito ao meio ambiente ecologicamente equilibrado, bem de uso comum do povo e essencial à sadia qualidade de vida, impondo-se ao poder público e à coletividade o dever de defendê-lo e preservá-lo para as presentes e futuras gerações.

§ 1º Para assegurar a efetividade desse direito, incumbe ao poder público:

I – preservar e restaurar os processos ecológicos essenciais e prover o manejo ecológico das espécies e ecossistemas;

II – preservar a diversidade e a integridade do patrimônio genético do País e fiscalizar as entidades dedicadas à pesquisa e manipulação de material genético;

III – definir, em todas as unidades da Federação, espaços territoriais e seus componentes a serem especialmente protegidos, sendo a alteração e a supressão permitidas somente através de lei, vedada qualquer utilização que comprometa a integridade dos atributos que justifiquem sua proteção;

IV – exigir, na forma da lei, para instalação de obra ou atividade potencialmente causadora de significativa degradação do meio ambiente, estudo prévio de impacto ambiental, a que se dará publicidade;

V – controlar a produção, a comercialização e o emprego de técnicas, métodos e substâncias que comportem risco para a vida, a qualidade de vida e o meio ambiente;

VI – promover a educação ambiental em todos os níveis de ensino e a conscientização pública para a preservação do meio ambiente;

VII – proteger a fauna e a flora, vedadas, na forma da lei, as práticas que coloquem em risco sua função ecológica, provoquem a extinção de espécies ou submetam os animais a crueldade.

§ 2º Aquele que explorar recursos minerais fica obrigado a recuperar o meio ambiente degradado, de acordo com solução técnica exigida pelo órgão público competente, na forma da lei.

§ 3º As condutas e atividades consideradas lesivas ao meio ambiente sujeitarão os infratores, pessoas físicas ou jurídicas, a sanções penais e administrativas, independentemente da obrigação de reparar os danos causados.

§ 4º A Floresta Amazônica brasileira, a Mata Atlântica, a Serra do Mar, o Pantanal Mato-Grossense e a Zona Costeira são patrimônio nacional, e sua utilização far-se-á, na forma da lei, dentro de condições que assegurem a preservação do meio ambiente, inclusive quanto ao uso dos recursos naturais.

§ 5º São indisponíveis as terras devolutas ou arrecadadas pelos Estados, por ações discriminatórias, necessárias à proteção dos ecossistemas naturais.

§ 6º As usinas que operem com reator nuclear deverão ter sua localização definida em lei federal, sem o que não poderão ser instaladas.

CAPÍTULO VII – Da Família, da Criança, do Adolescente, do Jovem e do Idoso

Art. 226.

A família, base da sociedade, tem especial proteção do Estado.

§ 1º O casamento é civil e gratuita a celebração.

§ 2º O casamento religioso tem efeito civil, nos termos da lei.

§ 3º Para efeito da proteção do Estado, é reconhecida a união estável entre o homem e a mulher como entidade familiar, devendo a lei facilitar sua conversão em casamento.

§ 4º Entende-se, também, como entidade familiar a comunidade formada por qualquer dos pais e seus descendentes.

§ 5º Os direitos e deveres referentes à sociedade conjugal são exercidos igualmente pelo homem e pela mulher.

§ 6º O casamento civil pode ser dissolvido pelo divórcio.

§ 7º Fundado nos princípios da dignidade da pessoa humana e da paternidade responsável, o planejamento familiar é livre decisão do casal, competindo ao Estado propiciar recursos educacionais e científicos para o exercício desse direito, vedada qualquer forma coercitiva por parte de instituições oficiais ou privadas.

§ 8º O Estado assegurará a assistência à família na pessoa de cada um dos que a integram, criando mecanismos para coibir a violência no âmbito de suas relações.

Art. 227.

É dever da família, da sociedade e do Estado assegurar à criança, ao adolescente e ao jovem, com absoluta prioridade, o direito à vida, à saúde, à alimentação, à educação, ao lazer, à profissionalização, à cultura, à dignidade, ao respeito, à liberdade e à convivência familiar e comunitária, além de colocá-los a salvo de toda forma de negligência, discriminação, exploração, violência, crueldade e opressão.

§ 1º O Estado promoverá programas de assistência integral à saúde da criança, do adolescente e do jovem, admitida a participação de entidades não governamentais, mediante políticas específicas e obedecendo aos seguintes preceitos:

I – aplicação de percentual dos recursos públicos destinados à saúde na assistência materno-infantil;

II – criação de programas de prevenção e atendimento especializado para as pessoas portadoras de deficiência física, sensorial ou mental, bem como de integração social do adolescente e do jovem portador de deficiência, mediante o treinamento para o trabalho e a convivência, e a facilitação do acesso aos bens e serviços coletivos, com a eliminação de obstáculos arquitetônicos e de todas as formas de discriminação.

§ 2º A lei disporá sobre normas de construção dos logradouros e dos edifícios de uso público e de fabricação de veículos de transporte coletivo, a fim de garantir acesso adequado às pessoas portadoras de deficiência.

§ 3º O direito a proteção especial abrangerá os seguintes aspetos:

I – idade mínima de quatorze anos para admissão ao trabalho, observado o disposto no art. 7º, XXXIII;

II – garantia de direitos previdenciários e trabalhistas;

III – garantia de acesso do trabalhador adolescente e jovem à escola;

IV – garantia de pleno e formal conhecimento da atribuição de ato infracional, igualdade na relação processual e defesa técnica por profissional habilitado, segundo dispuser a legislação tutelar específica;

V – obediência aos princípios de brevidade, excecionalidade e respeito à condição peculiar de pessoa em desenvolvimento, quando da aplicação de qualquer medida privativa da liberdade;

VI – estímulo do poder público, através de assistência jurídica, incentivos fiscais e subsídios, nos termos da lei, ao acolhimento, sob a forma de guarda, de criança ou adolescente órfão ou abandonado;

VII – programas de prevenção e atendimento especializado à criança, ao adolescente e ao jovem dependente de entorpecentes e drogas afins.

§ 4º A lei punirá severamente o abuso, a violência e a exploração sexual da criança e do adolescente.

§ 5º A adoção será assistida pelo poder público, na forma da lei, que estabelecerá casos e condições de sua efetivação por parte de estrangeiros.

§ 6º Os filhos, havidos ou não da relação do casamento, ou por adoção, terão os mesmos direitos e qualificações, proibidas quaisquer designações discriminatórias relativas à filiação.

§ 8º A lei estabelecerá:

I – o estatuto da juventude, destinado a regular os direitos dos jovens;

II – o plano nacional de juventude, de duração decenal, visando à articulação das várias esferas do poder público para a execução de políticas públicas.

§ 7º No atendimento dos direitos da criança e do adolescente levar-se-á em consideração o disposto no art. 204.

Art. 228.

São penalmente inimputáveis os menores de dezoito anos, sujeitos às normas da legislação especial.

Art. 229.

Os pais têm o dever de assistir, criar e educar os filhos menores, e os filhos maiores têm o dever de ajudar e amparar os pais na velhice, carência ou enfermidade.

Art. 230.

A família, a sociedade e o Estado têm o dever de amparar as pessoas idosas, assegurando sua participação na comunidade, defendendo sua dignidade e bem-estar e garantindo-lhes o direito à vida.

§ 1º Os programas de amparo aos idosos serão executados preferencialmente em seus lares.

§ 2º Aos maiores de sessenta e cinco anos é garantida a gratuidade dos transportes coletivos urbanos.

CAPÍTULO VIII – Dos Índios

Art. 231.

São reconhecidos aos índios sua organização social, costumes, línguas, crenças e tradições, e os direitos originários sobre as terras que tradicionalmente ocupam, competindo à União demarcá-las, proteger e fazer respeitar todos os seus bens.

§ 1º São terras tradicionalmente ocupadas pelos índios as por eles habitadas em caráter permanente, as utilizadas para suas atividades produtivas, as imprescindíveis à preservação dos recursos ambientais necessários a seu bem-estar e as necessárias a sua reprodução física e cultural, segundo seus usos, costumes e tradições.

§ 2º As terras tradicionalmente ocupadas pelos índios destinam-se a sua posse permanente, cabendo-lhes o usufruto exclusivo das riquezas do solo, dos rios e dos lagos nelas existentes.

§ 3º O aproveitamento dos recursos hídricos, incluídos os potenciais energéticos, a pesquisa e a lavra das riquezas minerais em terras indígenas só podem ser efetivados com autorização do Congresso Nacional, ouvidas as comunidades afetadas, ficando-lhes assegurada participação nos resultados da lavra, na forma da lei.

§ 4º As terras de que trata este artigo são inalienáveis e indisponíveis, e os direitos sobre elas, imprescritíveis.

§ 5º É vedada a remoção dos grupos indígenas de suas terras, salvo, ad referendum do Congresso Nacional, em caso de catástrofe ou epidemia que ponha em risco sua população, ou no interesse da soberania do País, após deliberação do Congresso Nacional, garantido, em qualquer hipótese, o retorno imediato logo que cesse o risco.

§ 6º São nulos e extintos, não produzindo efeitos jurídicos, os atos que tenham por objeto a ocupação, o domínio e a posse das terras a que se refere este artigo, ou a exploração das riquezas naturais do solo, dos rios e dos lagos nelas existentes, ressalvado relevante interesse público da União, segundo o que dispuser lei complementar, não gerando a nulidade e a extinção direito a indenização ou a ações contra a União, salvo, na forma da lei, quanto às benfeitorias derivadas da ocupação de boa-fé.

§ 7º Não se aplica às terras indígenas o disposto no art. 174, §§ 3º e 4º.

Art. 232.

Os índios, suas comunidades e organizações são partes legítimas para ingressar em juízo em defesa de seus direitos e interesses, intervindo o Ministério Público em todos os atos do processo.

TÍTULO IX – Das Disposições Constitucionais Gerais

Art. 233.

(Revogado).

Art. 234.

É vedado à União, direta ou indiretamente, assumir, em decorrência da criação de Estado, encargos referentes a despesas com pessoal inativo e com encargos e amortizações da dívida interna ou externa da administração pública, inclusive da indireta.

Art. 235.

Nos dez primeiros anos da criação de Estado, serão observadas as seguintes normas básicas:

I – a Assembleia Legislativa será composta de dezessete Deputados se a população do Estado for inferior a seiscentos mil habitantes, e de vinte e quatro se igual ou superior a esse número, até um milhão e quinhentos mil;

II – o Governo terá no máximo dez Secretarias;

III – o Tribunal de Contas terá três membros, nomeados, pelo Governador eleito, dentre brasileiros de comprovada idoneidade e notório saber;

IV – o Tribunal de Justiça terá sete desembargadores;

V – os primeiros desembargadores serão nomeados pelo Governador eleito, escolhidos da seguinte forma:

a) cinco dentre os magistrados com mais de trinta e cinco anos de idade, em exercício na área do novo Estado ou do Estado originário;

b) dois dentre promotores, nas mesmas condições, e advogados de comprovada idoneidade e saber jurídico, com dez anos, no mínimo, de exercício profissional, obedecido o procedimento fixado na Constituição;

VI – no caso de Estado proveniente de Território Federal, os cinco primeiros desembargadores poderão ser escolhidos dentre juízes de direito de qualquer parte do País;

VII – em cada comarca, o primeiro juiz de direito, o primeiro promotor de justiça e o primeiro defensor público serão nomeados pelo Governador eleito após concurso público de provas e títulos;

VIII – até a promulgação da Constituição estadual, responderão pela Procuradoria-Geral, pela Advocacia-Geral e pela Defensoria-Geral do Estado advogados de notório saber, com trinta e cinco anos de idade, no mínimo, nomeados pelo Governador eleito e demissíveis ad nutum;

IX – se o novo Estado for resultado de transformação de Território Federal, a transferência de encargos financeiros da União para pagamento dos servidores optantes que pertenciam à administração federal ocorrerá da seguinte forma:

a) no sexto ano de instalação, o Estado assumirá vinte por cento dos encargos financeiros para fazer face ao pagamento dos servidores públicos, ficando ainda o restante sob a responsabilidade da União;

b) no sétimo ano, os encargos do Estado serão acrescidos de trinta por cento e, no oitavo, dos restantes cinquenta por cento;

X – as nomeações que se seguirem às primeiras, para os cargos mencionados neste artigo, serão disciplinadas na Constituição estadual;

XI – as despesas orçamentárias com pessoal não poderão ultrapassar cinquenta por cento da receita do Estado.

Art. 236.

Os serviços notariais e de registro são exercidos em caráter privado, por delegação do poder público.

§ 1º Lei regulará as atividades, disciplinará a responsabilidade civil e criminal dos notários, dos oficiais de registro e de seus prepostos, e definirá a fiscalização de seus atos pelo Poder Judiciário.

§ 2º Lei federal estabelecerá normas gerais para fixação de emolumentos relativos aos atos praticados pelos serviços notariais e de registro.

§ 3º O ingresso na atividade notarial e de registro depende de concurso público de provas e títulos, não se permitindo que qualquer serventia fique vaga, sem abertura de concurso de provimento ou de remoção, por mais de seis meses.

Art. 237.

A fiscalização e o controle sobre o comércio exterior, essenciais à defesa dos interesses fazendários nacionais, serão exercidos pelo Ministério da Fazenda.

Art. 238.

A lei ordenará a venda e revenda de combustíveis de petróleo, álcool carburante e outros combustíveis derivados de matérias-primas renováveis, respeitados os princípios desta Constituição.

Art. 239.

A arrecadação decorrente das contribuições para o Programa de Integração Social, criado pela Lei Complementar nº 7, de 7 de setembro de 1970, e para o Programa de Formação do Patrimônio do Servidor Público, criado pela Lei Complementar nº 8, de 3 de dezembro de 1970, passa, a partir da promulgação desta Constituição, a financiar, nos termos que a lei dispuser, o programa do seguro-desemprego e o abono de que trata o § 3º deste artigo.

§ 1º Dos recursos mencionados no caput deste artigo, pelo menos quarenta por cento serão destinados a financiar programas de desenvolvimento econômico, através do Banco Nacional de Desenvolvimento Econômico e Social, com critérios de remuneração que lhes preservem o valor.

§ 2º Os patrimônios acumulados do Programa de Integração Social e do Programa de Formação do Patrimônio do Servidor Público são preservados, mantendo-se os critérios de saque nas situações previstas nas leis específicas, com exceção da retirada por motivo de casamento, ficando vedada a distribuição da arrecadação de que trata o caput deste artigo, para depósito nas contas individuais dos participantes.

§ 3º Aos empregados que percebam de empregadores que contribuem para o Programa de Integração Social ou para o Programa de Formação do Patrimônio do Servidor Público, até dois salários mínimos de remuneração mensal, é assegurado o pagamento de um salário mínimo anual, computado neste valor o rendimento das contas individuais, no caso daqueles que já participavam dos referidos programas, até a data da promulgação desta Constituição.

§ 4º O financiamento do seguro-desemprego receberá uma contribuição adicional da empresa cujo índice de rotatividade da força de trabalho superar o índice médio da rotatividade do setor, na forma estabelecida por lei.

Art. 240.

Ficam ressalvadas do disposto no art. 195 as atuais contribuições compulsórias dos empregadores sobre a folha de salários, destinadas às entidades privadas de serviço social e de formação profissional vinculadas ao sistema sindical.

Art. 241.

A União, os Estados, o Distrito Federal e os Municípios disciplinarão por meio de lei os consórcios públicos e os convênios de cooperação entre os entes federados, autorizando a gestão associada de serviços públicos, bem como a transferência total ou parcial de encargos, serviços, pessoal e bens essenciais à continuidade dos serviços transferidos.

Art. 242.

O princípio do art. 206, IV, não se aplica às instituições educacionais oficiais criadas por lei estadual ou municipal e existentes na data da promulgação desta Constituição, que não sejam total ou preponderantemente mantidas com recursos públicos.

§ 1º O ensino da História do Brasil levará em conta as contribuições das diferentes culturas e etnias para a formação do povo brasileiro.

§ 2º O Colégio Pedro II, localizado na cidade do Rio de Janeiro, será mantido na órbita federal.

Art. 243.

As glebas de qualquer região do País onde forem localizadas culturas ilegais de plantas psicotrópicas serão imediatamente expropriadas e especificamente destinadas ao assentamento de colonos, para o cultivo de produtos alimentícios e medicamentosos, sem qualquer indenização ao proprietário e sem prejuízo de outras sanções previstas em lei.

Parágrafo único. Todo e qualquer bem de valor econômico apreendido em decorrência do tráfico ilícito de entorpecentes e drogas afins será confiscado e reverterá em benefício de instituições e pessoal especializados no tratamento e recuperação de viciados e no aparelhamento e custeio de atividades de fiscalização, controle, prevenção e repressão do crime de tráfico dessas substâncias.

Art. 244.

A lei disporá sobre a adaptação dos logradouros, dos edifícios de uso público e dos veículos de transporte coletivo atualmente existentes a fim de garantir acesso adequado às pessoas portadoras de deficiência, conforme o disposto no art. 227, § 2º.

Art. 245.

A lei disporá sobre as hipóteses e condições em que o poder público dará assistência aos herdeiros e dependentes carentes de pessoas vitimadas por crime doloso, sem prejuízo da responsabilidade civil do autor do ilícito.

Art. 246.

É vedada a adoção de medida provisória na regulamentação de artigo da Constituição cuja redação tenha sido alterada por meio de emenda promulgada entre 1º de janeiro de 1995 até a promulgação desta emenda, inclusive.

Art. 247.

As leis previstas no inciso III do § 1º do art. 41 e no § 7º do art. 169 estabelecerão critérios e garantias especiais para a perda do cargo pelo servidor público estável que, em decorrência das atribuições de seu cargo efetivo, desenvolva atividades exclusivas de Estado.

Parágrafo único. Na hipótese de insuficiência de desempenho, a perda do cargo somente ocorrerá mediante processo administrativo em que lhe sejam assegurados o contraditório e a ampla defesa.

Art. 248.

Os benefícios pagos, a qualquer título, pelo órgão responsável pelo regime geral de previdência social, ainda que à conta do Tesouro Nacional, e os não sujeitos ao limite máximo de valor fixado para os benefícios concedidos por esse regime observarão os limites fixados no art. 37, XI.

Art. 249.

Com o objetivo de assegurar recursos para o pagamento de proventos de aposentadoria e pensões concedidas aos respetivos servidores e seus dependentes, em adição aos recursos dos respetivos tesouros, a União, os Estados, o Distrito Federal e os Municípios poderão constituir fundos integrados pelos recursos provenientes de contribuições e por bens, direitos e ativos de qualquer natureza, mediante lei que disporá sobre a natureza e a administração desses fundos.

Art. 250.

Com o objetivo de assegurar recursos para o pagamento dos benefícios concedidos pelo regime geral de previdência social, em adição aos recursos de sua arrecadação, a União poderá constituir fundo integrado por bens, direitos e ativos de qualquer natureza, mediante lei que disporá sobre a natureza e administração desse fundo.

Brasília, 5 de outubro de 1988.

ATO DAS DISPOSIÇÕES CONSTITUCIONAIS TRANSITÓRIAS

Art. 1º

O Presidente da República, o Presidente do Supremo Tribunal Federal e os membros do Congresso Nacional prestarão o compromisso de manter, defender e cumprir a Constituição, no ato e na data de sua promulgação.

Art. 2º

No dia 21 de abril de 1993 o eleitorado definirá, através de plebiscito, a forma e o sistema de governo que devem vigorar no País.

§ 1º Será assegurada gratuidade na livre divulgação dessas formas e sistemas, através dos meios de comunicação de massa cessionários de serviço público.

§ 2º O Tribunal Superior Eleitoral, promulgada a Constituição, expedirá as normas regulamentadoras deste artigo.

Art. 3º

A revisão constitucional será realizada após cinco anos, contados da promulgação da Constituição, pelo voto da maioria absoluta dos membros do Congresso Nacional, em sessão unicameral.

Art. 4º

O mandato do atual Presidente da República terminará em 15 de março de 1990.

§ 1º A primeira eleição para Presidente da República após a promulgação da Constituição será realizada no dia 15 de novembro de 1989, não se lhe aplicando o disposto no art. 16 da Constituição.

§ 2º É assegurada a irredutibilidade da atual representação dos Estados e do Distrito Federal na Câmara dos Deputados.

§ 3º Os mandatos dos Governadores e dos Vice-Governadores eleitos em 15 de novembro de 1986 terminarão em 15 de março de 1991.

§ 4º Os mandatos dos atuais Prefeitos, Vice-Prefeitos e Vereadores terminarão no dia 1º de janeiro de 1989, com a posse dos eleitos.

Art. 5º

Não se aplicam às eleições previstas para 15 de novembro de 1988 o disposto no art. 16 e as regras do art. 77 da Constituição.

§ 1º Para as eleições de 15 de novembro de 1988 será exigido domicílio eleitoral na circunscrição pelo menos durante os quatro meses anteriores ao pleito, podendo os candidatos que preencham este requisito, atendidas as demais exigências da lei, ter seu registro efetivado pela Justiça Eleitoral após a promulgação da Constituição.

§ 2º Na ausência de norma legal específica, caberá ao Tribunal Superior Eleitoral editar as normas necessárias à realização das eleições de 1988, respeitada a legislação vigente.

§ 3º Os atuais parlamentares federais e estaduais eleitos Vice-Prefeitos, se convocados a exercer a função de Prefeito, não perderão o mandato parlamentar.

§ 4º O número de Vereadores por Município será fixado, para a representação a ser eleita em 1988, pelo respetivo Tribunal Regional Eleitoral, respeitados os limites estipulados no art. 29, IV, da Constituição.

§ 5º Para as eleições de 15 de novembro de 1988, ressalvados os que já exercem mandato eletivo, são inelegíveis para qualquer cargo, no território de jurisdição do titular, o cônjuge e os parentes por consangüinidade ou afinidade, até o segundo grau, ou por adoção, do Presidente da República, do Governador de Estado, do Governador do Distrito Federal e do Prefeito que tenham exercido mais da metade do mandato.

Art. 6º

Nos seis meses posteriores à promulgação da Constituição, parlamentares federais, reunidos em número não inferior a trinta, poderão requerer ao Tribunal Superior Eleitoral o registro de novo partido político, juntando ao requerimento o manifesto, o estatuto e o programa devidamente assinados pelos requerentes.

§ 1º O registro provisório, que será concedido de plano pelo Tribunal Superior Eleitoral, nos termos deste artigo, defere ao novo partido todos os direitos, deveres e prerrogativas dos atuais, entre eles o de participar, sob legenda própria, das eleições que vierem a ser realizadas nos doze meses seguintes a sua formação.

§ 2º O novo partido perderá automaticamente seu registro provisório se, no prazo de vinte e quatro meses, contados de sua formação, não obtiver registro definitivo no Tribunal Superior Eleitoral, na forma que a lei dispuser.

Art. 7º

O Brasil propugnará pela formação de um tribunal internacional dos direitos humanos.

Art. 8º

É concedida anistia aos que, no período de 18 de setembro de 1946 até a data da promulgação da Constituição, foram atingidos, em decorrência de motivação exclusivamente política, por atos de exceção, institucionais ou complementares, aos que foram abrangidos pelo Decreto Legislativo nº 18, de 15 de dezembro de 1961, e aos atingidos pelo Decreto-Lei nº 864, de 12 de setembro de 1969, asseguradas as promoções, na inatividade, ao cargo, emprego, posto ou graduação a que teriam direito se estivessem em serviço ativo, obedecidos os prazos de permanência em atividade previstos nas leis e regulamentos vigentes, respeitadas as características e peculiaridades das carreiras dos servidores públicos civis e militares e observados os respetivos regimes jurídicos.

§ 1º O disposto neste artigo somente gerará efeitos financeiros a partir da promulgação da Constituição, vedada a remuneração de qualquer espécie em caráter retroativo.

§ 2º Ficam assegurados os benefícios estabelecidos neste artigo aos trabalhadores do setor privado, dirigentes e representantes sindicais que, por motivos exclusivamente políticos, tenham sido punidos, demitidos ou compelidos ao afastamento das atividades remuneradas que exerciam, bem como aos que foram impedidos de exercer atividades profissionais em virtude de pressões ostensivas ou expedientes oficiais sigilosos.

§ 3º Aos cidadãos que foram impedidos de exercer, na vida civil, atividade profissional específica, em decorrência das Portarias Reservadas do Ministério da Aeronáutica nº S-50-GM5, de 19 de junho de 1964, e nº S-285-GM5, será concedida reparação de natureza econômica, na forma que dispuser lei de iniciativa do Congresso Nacional e a entrar em vigor no prazo de doze meses a contar da promulgação da Constituição.

§ 4º Aos que, por força de atos institucionais, tenham exercido gratuitamente mandato eletivo de Vereador serão computados, para efeito de aposentadoria no serviço público e previdência social, os respetivos períodos.

§ 5º A anistia concedida nos termos deste artigo aplica-se aos servidores públicos civis e aos empregados em todos os níveis de governo ou em suas fundações, empresas públicas ou empresas mistas sob controle estatal, exceto nos Ministérios militares, que tenham sido punidos ou demitidos por atividades profissionais interrompidas em virtude de decisão de seus trabalhadores, bem como em decorrência do Decreto-Lei nº 1.632, de 4 de agosto de 1978, ou por motivos exclusivamente políticos, assegurada a readmissão dos que foram atingidos a partir de 1979, observado o disposto no § 1º.

Art. 9º

Os que, por motivos exclusivamente políticos, foram cassados ou tiveram seus direitos políticos suspensos no período de 15 de julho a 31 de dezembro de 1969, por ato do então Presidente da República, poderão requerer ao

Supremo Tribunal Federal o reconhecimento dos direitos e vantagens interrompidos pelos atos punitivos, desde que comprovem terem sido estes eivados de vício grave.

Parágrafo único. O Supremo Tribunal Federal proferirá a decisão no prazo de cento e vinte dias, a contar do pedido do interessado.

Art. 10.

Até que seja promulgada a lei complementar a que se refere o art. 7º, I, da Constituição:

I – fica limitada a proteção nele referida ao aumento, para quatro vezes, da porcentagem prevista no art. 6º, caput e § 1º, da Lei nº 5.107, de 13 de setembro de 1966;

II – fica vedada a dispensa arbitrária ou sem justa causa:

a) do empregado eleito para cargo de direção de comissões internas de prevenção de acidentes, desde o registro de sua candidatura até um ano após o final de seu mandato;

b) da empregada gestante, desde a confirmação da gravidez até cinco meses após o parto.

§ 1º Até que a lei venha a disciplinar o disposto no art. 7º, XIX, da Constituição, o prazo da licença-paternidade a que se refere o inciso é de cinco dias.

§ 2º Até ulterior disposição legal, a cobrança das contribuições para o custeio das atividades dos sindicatos rurais será feita juntamente com a do imposto territorial rural, pelo mesmo órgão arrecadador.

§ 3º Na primeira comprovação do cumprimento das obrigações trabalhistas pelo empregador rural, na forma do art. 233, após a promulgação da Constituição, será certificada perante a Justiça do Trabalho a regularidade do contrato e das atualizações das obrigações trabalhistas de todo o período.

Art. 11.

Cada Assembleia Legislativa, com poderes constituintes, elaborará a Constituição do Estado, no prazo de um ano, contado da promulgação da Constituição Federal, obedecidos os princípios desta.

Parágrafo único. Promulgada a Constituição do Estado, caberá à Câmara Municipal, no prazo de seis meses, votar a lei orgânica respetiva, em dois turnos de discussão e votação, respeitado o disposto na Constituição Federal e na Constituição estadual.

Art. 12.

Será criada, dentro de noventa dias da promulgação da Constituição, comissão de estudos territoriais, com dez membros indicados pelo Congresso Nacional e cinco pelo Poder Executivo, com a finalidade de apresentar estudos sobre o território nacional e anteprojetos relativos a novas unidades territoriais, notadamente na Amazônia Legal e em áreas pendentes de solução.

§ 1º No prazo de um ano, a comissão submeterá ao Congresso Nacional os resultados de seus estudos para, nos termos da Constituição, serem apreciados nos doze meses subsequentes, extinguindo-se logo após.

§ 2º Os Estados e os Municípios deverão, no prazo de três anos, a contar da promulgação da Constituição, promover, mediante acordo ou arbitramento, a demarcação de suas linhas divisórias atualmente litigiosas, podendo para isso fazer alterações e compensações de área que atendam aos acidentes naturais, critérios históricos, conveniências administrativas e comodidade das populações limítrofes.

§ 3º Havendo solicitação dos Estados e Municípios interessados, a União poderá encarregar-se dos trabalhos demarcatórios.

§ 4º Se, decorrido o prazo de três anos, a contar da promulgação da Constituição, os trabalhos demarcatórios não tiverem sido concluídos, caberá à União determinar os limites das áreas litigiosas.

§ 5º Ficam reconhecidos e homologados os atuais limites do Estado do Acre com os Estados do Amazonas e de Rondônia, conforme levantamentos cartográficos e geodésicos realizados pela comissão tripartite integrada por representantes dos Estados e dos serviços técnico-especializados do Instituto Brasileiro de Geografia e Estatística.

Art. 13.

É criado o Estado do Tocantins, pelo desmembramento da área descrita neste artigo, dando-se sua instalação no quadragésimo sexto dia após a eleição prevista no § 3º, mas não antes de 1º de janeiro de 1989.

§ 1º O Estado do Tocantins integra a Região Norte e limita-se com o Estado de Goiás pelas divisas norte dos Municípios de São Miguel do Araguaia, Porangatu, Formoso, Minaçu, Cavalcante, Monte Alegre de Goiás e Campos Belos, conservando a leste, norte e oeste as divisas atuais de Goiás com os Estados da Bahia, Piauí, Maranhão, Pará e Mato Grosso.

§ 2º O Poder Executivo designará uma das cidades do Estado para sua capital provisória até a aprovação da sede definitiva do governo pela Assembleia Constituinte.

§ 3º O Governador, o Vice-Governador, os Senadores, os Deputados Federais e os Deputados Estaduais serão eleitos, em um único turno, até setenta e cinco dias após a promulgação da Constituição, mas não antes de 15 de novembro de 1988, a critério do Tribunal Superior Eleitoral, obedecidas, entre outras, as seguintes normas:

I – o prazo de filiação partidária dos candidatos será encerrado setenta e cinco dias antes da data das eleições;

II – as datas das convenções regionais partidárias destinadas a deliberar sobre coligações e escolha de candidatos, de apresentação de requerimento de registro dos candidatos escolhidos e dos demais procedimentos legais serão fixadas, em calendário especial, pela Justiça Eleitoral;

III – são inelegíveis os ocupantes de cargos estaduais ou municipais que não se tenham deles afastado, em caráter definitivo, setenta e cinco dias antes da data das eleições previstas neste parágrafo;

IV – ficam mantidos os atuais diretórios regionais dos partidos políticos do Estado de Goiás, cabendo às comissões executivas nacionais designar comissões provisórias no Estado do Tocantins, nos termos e para os fins previstos na lei.

§ 4º Os mandatos do Governador, do Vice-Governador, dos Deputados Federais e Estaduais eleitos na forma do parágrafo anterior extinguir-se-ão concomitantemente aos das demais unidades da Federação; o mandato do Senador eleito menos votado extinguir-se-á nessa mesma oportunidade, e os dos outros dois, juntamente com os dos Senadores eleitos em 1986 nos demais Estados.

§ 5º A Assembleia Estadual Constituinte será instalada no quadragésimo sexto dia da eleição de seus integrantes, mas não antes de 1º de janeiro de 1989, sob a presidência do Presidente do Tribunal Regional Eleitoral do Estado de Goiás, e dará posse, na mesma data, ao Governador e ao Vice-Governador eleitos.

§ 6º Aplicam-se à criação e instalação do Estado do Tocantins, no que couber, as normas legais disciplinadoras da divisão do Estado de Mato Grosso, observado o disposto no art. 234 da Constituição.

§ 7º Fica o Estado de Goiás liberado dos débitos e encargos decorrentes de empreendimentos no território do novo Estado, e autorizada a União, a seu critério, a assumir os referidos débitos.

Art. 14.

Os Territórios Federais de Roraima e do Amapá são transformados em Estados Federados, mantidos seus atuais limites geográficos.

§ 1º A instalação dos Estados dar-se-á com a posse dos Governadores eleitos em 1990.

§ 2º Aplicam-se à transformação e instalação dos Estados de Roraima e Amapá as normas e os critérios seguidos na criação do Estado de Rondônia, respeitado o disposto na Constituição e neste Ato.

§ 3º O Presidente da República, até quarenta e cinco dias após a promulgação da Constituição, encaminhará à apreciação do Senado Federal os nomes dos Governadores dos Estados de Roraima e do Amapá que exercerão o Poder Executivo até a instalação dos novos Estados com a posse dos Governadores eleitos.

§ 4º Enquanto não concretizada a transformação em Estados, nos termos deste artigo, os Territórios Federais de Roraima e do Amapá serão beneficiados pela transferência de recursos prevista nos arts. 159, I, a , da Constituição, e 34, § 2º, II, deste Ato.

Art. 15.

Fica extinto o Território Federal de Fernando de Noronha, sendo sua área reincorporada ao Estado de Pernambuco.

Art. 16.

Até que se efetive o disposto no art. 32, § 2º, da Constituição, caberá ao Presidente da República, com a aprovação do Senado Federal, indicar o Governador e o Vice-Governador do Distrito Federal.

§ 1º A competência da Câmara Legislativa do Distrito Federal, até que se instale, será exercida pelo Senado Federal.

§ 2º A fiscalização contábil, financeira, orçamentária, operacional e patrimonial do Distrito Federal, enquanto não for instalada a Câmara Legislativa, será exercida pelo Senado Federal, mediante controle externo, com o auxílio do Tribunal de Contas do Distrito Federal, observado o disposto no art. 72 da Constituição.

§ 3º Incluem-se entre os bens do Distrito Federal aqueles que lhe vierem a ser atribuídos pela União na forma da lei.

Art. 17.

Os vencimentos, a remuneração, as vantagens e os adicionais, bem como os proventos de aposentadoria que estejam sendo percebidos em desacordo com a Constituição serão imediatamente reduzidos aos limites dela decorrentes, não se admitindo, neste caso, invocação de direito adquirido ou perceção de excesso a qualquer título.

§ 1º É assegurado o exercício cumulativo de dois cargos ou empregos privativos de médico que estejam sendo exercidos por médico militar na administração pública direta ou indireta.

§ 2º É assegurado o exercício cumulativo de dois cargos ou empregos privativos de profissionais de saúde que estejam sendo exercidos na administração pública direta ou indireta.

Art. 18.

Ficam extintos os efeitos jurídicos de qualquer ato legislativo ou administrativo, lavrado a partir da instalação da Assembleia Nacional Constituinte, que tenha por objeto a concessão de estabilidade a servidor admitido sem concurso público, da administração direta ou indireta, inclusive das fundações instituídas e mantidas pelo Poder Público.

Art. 19.

Os servidores públicos civis da União, dos Estados, do Distrito Federal e dos Municípios, da administração direta, autárquica e das fundações públicas, em exercício na data da promulgação da Constituição, há pelo menos cinco anos continuados, e que não tenham sido admitidos na forma regulada no art. 37 da Constituição, são considerados estáveis no serviço público.

§ 1º O tempo de serviço dos servidores referidos neste artigo será contado como título quando se submeterem a concurso para fins de efetivação, na forma da lei.

§ 2º O disposto neste artigo não se aplica aos ocupantes de cargos, funções e empregos de confiança ou em comissão, nem aos que a lei declare de livre exoneração, cujo tempo de serviço não será computado para os fins do caput deste artigo, exceto se se tratar de servidor.

§ 3º O disposto neste artigo não se aplica aos professores de nível superior, nos termos da lei.

Art. 20.

Dentro de cento e oitenta dias, proceder-se-á à revisão dos direitos dos servidores públicos inativos e pensionistas e à atualização dos proventos e pensões a eles devidos, a fim de ajustá-los ao disposto na Constituição.

Art. 21.

Os juízes togados de investidura limitada no tempo, admitidos mediante concurso público de provas e títulos e que estejam em exercício na data da promulgação da Constituição, adquirem estabilidade, observado o estágio probatório, e passam a compor quadro em extinção, mantidas as competências, prerrogativas e restrições da legislação a que se achavam submetidos, salvo as inerentes à transitoriedade da investidura.

Parágrafo único. A aposentadoria dos juízes de que trata este artigo regular-se-á pelas normas fixadas para os demais juízes estaduais.

Art. 22.

É assegurado aos defensores públicos investidos na função até a data de instalação da Assembleia Nacional Constituinte o direito de opção pela carreira, com a observância das garantias e vedações previstas no art. 134, parágrafo único, da Constituição.

Art. 23.

Até que se edite a regulamentação do art. 21, XVI, da Constituição, os atuais ocupantes do cargo de censor federal continuarão exercendo funções com este compatíveis, no Departamento de Polícia Federal, observadas as disposições constitucionais.

Parágrafo único. A lei referida disporá sobre o aproveitamento dos censores federais, nos termos deste artigo.

Art. 24.

A União, os Estados, o Distrito Federal e os Municípios editarão leis que estabeleçam critérios para a compatibilização de seus quadros de pessoal ao disposto no art. 39 da Constituição e à reforma administrativa dela decorrente, no prazo de dezoito meses, contados da sua promulgação.

Art. 25.

Ficam revogados, a partir de cento e oitenta dias da promulgação da Constituição, sujeito este prazo a prorrogação por lei, todos os dispositivos legais que atribuam ou deleguem a órgão do Poder Executivo competência assinalada pela Constituição ao Congresso Nacional, especialmente no que tange a:

I – ação normativa;

II – alocação ou transferência de recursos de qualquer espécie.

§ 1º Os decretos-leis em tramitação no Congresso Nacional e por este não apreciados até a promulgação da Constituição terão seus efeitos regulados da seguinte forma:

I – se editados até 2 de setembro de 1988, serão apreciados pelo Congresso Nacional no prazo de até cento e oitenta dias a contar da promulgação da Constituição, não computado o recesso parlamentar;

II – decorrido o prazo definido no inciso anterior, e não havendo apreciação, os decretos-leis ali mencionados serão considerados rejeitados;

III – nas hipóteses definidas nos incisos I e II, terão plena validade os atos praticados na vigência dos respetivos decretos-leis, podendo o Congresso Nacional, se necessário, legislar sobre os efeitos deles remanescentes.

§ 2º Os decretos-leis editados entre 3 de setembro de 1988 e a promulgação da Constituição serão convertidos, nesta data, em medidas provisórias, aplicando-se-lhes as regras estabelecidas no art. 62, parágrafo único.

Art. 26.

No prazo de um ano a contar da promulgação da Constituição, o Congresso Nacional promoverá, através de comissão mista, exame analítico e pericial dos atos e fatos geradores do endividamento externo brasileiro.

§ 1º A comissão terá a força legal de comissão parlamentar de inquérito para os fins de requisição e convocação, e atuará com o auxílio do Tribunal de Contas da União.

§ 2º Apurada irregularidade, o Congresso Nacional proporá ao Poder Executivo a declaração de nulidade do ato e encaminhará o processo ao Ministério Público Federal, que formalizará, no prazo de sessenta dias, a ação cabível.

Art. 27.

O Superior Tribunal de Justiça será instalado sob a presidência do Supremo Tribunal Federal.

§ 1º Até que se instale o Superior Tribunal de Justiça, o Supremo Tribunal Federal exercerá as atribuições e competências definidas na ordem constitucional precedente.

§ 2º A composição inicial do Superior Tribunal de Justiça far-se-á:

I – pelo aproveitamento dos Ministros do Tribunal Federal de Recursos;

II – pela nomeação dos Ministros que sejam necessários para completar o número estabelecido na Constituição.

§ 3º Para os efeitos do disposto na Constituição, os atuais Ministros do Tribunal Federal de Recursos serão considerados pertencentes à classe de que provieram, quando de sua nomeação.

§ 4º Instalado o Tribunal, os Ministros aposentados do Tribunal Federal de Recursos tornar-se-ão, automaticamente, Ministros aposentados do Superior Tribunal de Justiça.

§ 5º Os Ministros a que se refere o § 2º, II, serão indicados em lista tríplice pelo Tribunal Federal de Recursos, observado o disposto no art. 104, parágrafo único, da Constituição.

§ 6º Ficam criados cinco Tribunais Regionais Federais, a serem instalados no prazo de seis meses a contar da promulgação da Constituição, com a jurisdição e sede que lhes fixar o Tribunal Federal de Recursos, tendo em conta o número de processos e sua localização geográfica.

§ 7º Até que se instalem os Tribunais Regionais Federais, o Tribunal Federal de Recursos exercerá a competência a eles atribuída em todo o território nacional, cabendo-lhe promover sua instalação e indicar os candidatos a todos os cargos da composição inicial, mediante lista tríplice, podendo desta constar juízes federais de qualquer região, observado o disposto no § 9º.

§ 8º É vedado, a partir da promulgação da Constituição, o provimento de vagas de Ministros do Tribunal Federal de Recursos.

§ 9º Quando não houver juiz federal que conte o tempo mínimo previsto no art. 107, II, da Constituição, a promoção poderá contemplar juiz com menos de cinco anos no exercício do cargo.

§ 10. Compete à Justiça Federal julgar as ações nela propostas até a data da promulgação da Constituição, e aos Tribunais Regionais Federais, bem como ao Superior Tribunal de Justiça, julgar as ações rescisórias das decisões até então proferidas pela Justiça Federal, inclusive daquelas cuja matéria tenha passado à competência de outro ramo do Judiciário.

Art. 28.

Os juízes federais de que trata o art. 123, § 2º, da Constituição de 1967, com a redação dada pela Emenda Constitucional nº 7, de 1977, ficam investidos na titularidade de varas na seção judiciária para a qual tenham sido nomeados ou designados; na inexistência de vagas, proceder-se-á ao desdobramento das varas existentes.

Parágrafo único. Para efeito de promoção por antiguidade, o tempo de serviço desses juízes será computado a partir do dia de sua posse.

Art. 29.

Enquanto não aprovadas as leis complementares relativas ao Ministério Público e à Advocacia-Geral da União, o Ministério Público Federal, a Procuradoria-Geral da Fazenda Nacional, as Consultorias Jurídicas dos Ministérios, as Procuradorias e Departamentos Jurídicos de autarquias federais com representação própria e os membros das Procuradorias das universidades fundacionais públicas continuarão a exercer suas atividades na área das respetivas atribuições.

§ 1º O Presidente da República, no prazo de cento e vinte dias, encaminhará ao Congresso Nacional projeto de lei complementar dispondo sobre a organização e o funcionamento da Advocacia-Geral da União.

§ 2º Aos atuais Procuradores da República, nos termos da lei complementar, será facultada a opção, de forma irretratável, entre as carreiras do Ministério Público Federal e da Advocacia-Geral da União.

§ 3º Poderá optar pelo regime anterior, no que respeita às garantias e vantagens, o membro do Ministério Público admitido antes da promulgação da Constituição, observando-se, quanto às vedações, a situação jurídica na data desta.

§ 4º Os atuais integrantes do quadro suplementar dos Ministérios Públicos do Trabalho e Militar que tenham adquirido estabilidade nessas funções passam a integrar o quadro da respetiva carreira.

§ 5º Cabe à atual Procuradoria-Geral da Fazenda Nacional, diretamente ou por delegação, que pode ser ao Ministério Público estadual, representar judicialmente a União nas causas de natureza fiscal, na área da respetiva competência, até a promulgação das leis complementares previstas neste artigo.

Art. 30.

A legislação que criar a justiça de paz manterá os atuais juízes de paz até a posse dos novos titulares, assegurando-lhes os direitos e atribuições conferidos a estes, e designará o dia para a eleição prevista no art. 98, II, da Constituição.

Art. 31.

Serão estatizadas as serventias do foro judicial, assim definidas em lei, respeitados os direitos dos atuais titulares.

Art. 32.

O disposto no art. 236 não se aplica aos serviços notariais e de registro que já tenham sido oficializados pelo poder público, respeitando-se o direito de seus servidores.

Art. 33.

Ressalvados os créditos de natureza alimentar, o valor dos precatórios judiciais pendentes de pagamento na data da promulgação da Constituição, incluído o remanescente de juros e correção monetária, poderá ser pago em moeda corrente, com atualização, em prestações anuais, iguais e sucessivas, no prazo máximo de oito anos, a partir de 1º de julho de 1989, por decisão editada pelo Poder Executivo até cento e oitenta dias da promulgação da Constituição.

Parágrafo único. Poderão as entidades devedoras, para o cumprimento do disposto neste artigo, emitir, em cada ano, no exato montante do dispêndio, títulos de dívida pública não computáveis para efeito do limite global de endividamento.

Art. 34.

O sistema tributário nacional entrará em vigor a partir do primeiro dia do quinto mês seguinte ao da promulgação da Constituição, mantido, até então, o da Constituição de 1967, com a redação dada pela Emenda nº 1, de 1969, e pelas posteriores.

§ 1º Entrarão em vigor com a promulgação da Constituição os arts. 148, 149, 150, 154, I, 156, III, e 159, I, c , revogadas as disposições em contrário da Constituição de 1967 e das emendas que a modificaram, especialmente de seu art. 25, III.

§ 2º O Fundo de Participação dos Estados e do Distrito Federal e o Fundo de Participação dos Municípios obedecerão às seguintes determinações:

I – a partir da promulgação da Constituição, os percentuais serão, respetivamente, de dezoito por cento e de vinte por cento, calculados sobre o produto da arrecadação dos impostos referidos no art. 153, III e IV, mantidos os atuais critérios de rateio até a entrada em vigor da lei complementar a que se refere o art. 161, II;

II – o percentual relativo ao Fundo de Participação dos Estados e do Distrito Federal será acrescido de um ponto percentual no exercício financeiro de 1989 e, a partir de 1990, inclusive, à razão de meio ponto por exercício, até 1992, inclusive, atingindo em 1993 o percentual estabelecido no art. 159, I, a;

III – o percentual relativo ao Fundo de Participação dos Municípios, a partir de 1989, inclusive, será elevado à razão de meio ponto percentual por exercício financeiro, até atingir o estabelecido no art. 159, I, b.

§ **3º** Promulgada a Constituição, a União, os Estados, o Distrito Federal e os Municípios poderão editar as leis necessárias à aplicação do sistema tributário nacional nela previsto.

§ **4º** As leis editadas nos termos do parágrafo anterior produzirão efeitos a partir da entrada em vigor do sistema tributário nacional previsto na Constituição.

§ **5º** Vigente o novo sistema tributário nacional, fica assegurada a aplicação da legislação anterior, no que não seja incompatível com ele e com a legislação referida nos §§ 3º e 4º.

§ **6º** Até 31 de dezembro de 1989, o disposto no art. 150, III, b , não se aplica aos impostos de que tratam os arts. 155, I, a e b , e 156, II e III, que podem ser cobrados trinta dias após a publicação da lei que os tenha instituído ou aumentado.

§ **7º** Até que sejam fixadas em lei complementar, as alíquotas máximas do imposto municipal sobre vendas a varejo de combustíveis líquidos e gasosos não excederão a três por cento.

§ **8º** Se, no prazo de sessenta dias contados da promulgação da Constituição, não for editada a lei complementar necessária à instituição do imposto de que trata o art. 155, I, b , os Estados e o Distrito Federal, mediante convênio celebrado nos termos da Lei Complementar nº 24, de 7 de janeiro de 1975, fixarão normas para regular provisoriamente a matéria.

§ **9º** Até que lei complementar disponha sobre a matéria, as empresas distribuidoras de energia elétrica, na condição de contribuintes ou de substitutos tributários, serão as responsáveis, por ocasião da saída do produto de seus estabelecimentos, ainda que destinado a outra unidade da Federação, pelo pagamento do imposto sobre operações relativas à circulação de mercadorias incidente sobre energia elétrica, desde a produção ou importação até a última operação, calculado o imposto sobre o preço então praticado na operação final e assegurado seu recolhimento ao Estado ou ao Distrito Federal, conforme o local onde deva ocorrer essa operação.

§ 10. Enquanto não entrar em vigor a lei prevista no art. 159, I, c , cuja promulgação se fará até 31 de dezembro de 1989, é assegurada a aplicação dos recursos previstos naquele dispositivo da seguinte maneira:

I – seis décimos por cento na Região Norte, através do Banco da Amazônia S.A.;

II – um inteiro e oito décimos por cento na Região Nordeste, através do Banco do Nordeste do Brasil S.A.;

III – seis décimos por cento na Região Centro-Oeste, através do Banco do Brasil S.A.

§ 11. Fica criado, nos termos da lei, o Banco de Desenvolvimento do Centro-Oeste, para dar cumprimento, na referida região, ao que determinam os arts. 159, I, c , e 192, § 2º, da Constituição.

§ 12. A urgência prevista no art. 148, II, não prejudica a cobrança do empréstimo compulsório instituído, em benefício das Centrais Elétricas Brasileiras S.A., pela Lei nº 4.156, de 28 de novembro de 1962, com as alterações posteriores.

Art. 35.

O disposto no art. 165, § 7º, será cumprido de forma progressiva, no prazo de até dez anos, distribuindo-se os recursos entre as regiões macroeconômicas em razão proporcional à população, a partir da situação verificada no biênio 1986-87.

§ 1º Para aplicação dos critérios de que trata este artigo, excluem-se das despesas totais as relativas:

I – aos projetos considerados prioritários no plano plurianual;

II – à segurança e defesa nacional;

III – à manutenção dos órgãos federais no Distrito Federal;

IV – ao Congresso Nacional, ao Tribunal de Contas da União e ao Poder Judiciário;

V – ao serviço da dívida da administração direta e indireta da União, inclusive fundações instituídas e mantidas pelo poder público federal.

§ 2º Até a entrada em vigor da lei complementar a que se refere o art. 165, § 9º, I e II, serão obedecidas as seguintes normas:

I – o projeto do plano plurianual, para vigência até o final do primeiro exercício financeiro do mandato presidencial subsequente, será encaminhado até quatro meses antes do encerramento do primeiro exercício financeiro e devolvido para sanção até o encerramento da sessão legislativa;

II – o projeto de lei de diretrizes orçamentárias será encaminhado até oito meses e meio antes do encerramento do exercício financeiro e devolvido para sanção até o encerramento do primeiro período da sessão legislativa;

III – o projeto de lei orçamentária da União será encaminhado até quatro meses antes do encerramento do exercício financeiro e devolvido para sanção até o encerramento da sessão legislativa.

Art. 36.

Os fundos existentes na data da promulgação da Constituição, excetuados os resultantes de isenções fiscais que passem a integrar patrimônio privado e os que interessem à defesa nacional, extinguir-se-ão se não forem ratificados pelo Congresso Nacional no prazo de dois anos.

Art. 37.

A adaptação ao que estabelece o art. 167, III, deverá processar-se no prazo de cinco anos, reduzindo-se o excesso à base de, pelo menos, um quinto por ano.

Art. 38.

Até a promulgação da lei complementar referida no art. 169, a União, os Estados, o Distrito Federal e os Municípios não poderão despender com pessoal mais do que sessenta e cinco por cento do valor das respetivas receitas correntes.

Parágrafo único. A União, os Estados, o Distrito Federal e os Municípios, quando a respetiva despesa de pessoal exceder o limite previsto neste artigo, deverão retornar àquele limite, reduzindo o percentual excedente à razão de um quinto por ano.

Art. 39.

Para efeito do cumprimento das disposições constitucionais que impliquem variações de despesas e receitas da União, após a promulgação da Constituição, o Poder Executivo deverá elaborar e o Poder Legislativo apreciar projeto de revisão da lei orçamentária referente ao exercício financeiro de 1989.

Parágrafo único. O Congresso Nacional deverá votar no prazo de doze meses a lei complementar prevista no art. 161, II.

Art. 40.

É mantida a Zona Franca de Manaus, com suas características de área livre de comércio, de exportação e importação, e de incentivos fiscais, pelo prazo de vinte e cinco anos, a partir da promulgação da Constituição.

Parágrafo único. Somente por lei federal podem ser modificados os critérios que disciplinaram ou venham a disciplinar a aprovação dos projetos na Zona Franca de Manaus.

Art. 41.

Os Poderes Executivos da União, dos Estados, do Distrito Federal e dos Municípios reavaliarão todos os incentivos fiscais de natureza setorial ora em vigor, propondo aos Poderes Legislativos respetivos as medidas cabíveis.

§ 1º Considerar-se-ão revogados após dois anos, a partir da data da promulgação da Constituição, os incentivos que não forem confirmados por lei.

§ 2º A revogação não prejudicará os direitos que já tiverem sido adquiridos, àquela data, em relação a incentivos concedidos sob condição e com prazo certo.

§ 3º Os incentivos concedidos por convênio entre Estados, celebrados nos termos do art. 23, § 6º, da Constituição de 1967, com a redação da Emenda nº 1, de 17 de outubro de 1969, também deverão ser reavaliados e reconfirmados nos prazos deste artigo.

Art. 42.

Durante 25 (vinte e cinco) anos, a União aplicará, dos recursos destinados à irrigação:

I – vinte por cento na Região Centro-Oeste;

II – cinquenta por cento na Região Nordeste, preferencialmente no Semi-Árido.

Art. 43.

Na data da promulgação da lei que disciplinar a pesquisa e a lavra de recursos e jazidas minerais, ou no prazo de um ano, a contar da promulgação da Constituição, tornar-se-ão sem efeito as autorizações, concessões e demais títulos atributivos de direitos minerários, caso os trabalhos de pesquisa ou de lavra não hajam sido comprovadamente iniciados nos prazos legais ou estejam inativos.

Art. 44.

As atuais empresas brasileiras titulares de autorização de pesquisa, concessão de lavra de recursos minerais e de aproveitamento dos potenciais de energia hidráulica em vigor terão quatro anos, a partir da promulgação da Constituição, para cumprir os requisitos do art. 176, § 1º.

§ 1º Ressalvadas as disposições de interesse nacional previstas no texto constitucional, as empresas brasileiras ficarão dispensadas do cumprimento do disposto no art. 176, § 1º, desde que, no prazo de até quatro anos da data da promulgação da Constituição, tenham o produto de sua lavra e beneficiamento destinado a industrialização no território nacional, em seus próprios estabelecimentos ou em empresa industrial controladora ou controlada.

§ 2º Ficarão também dispensadas do cumprimento do disposto no art. 176, § 1º, as empresas brasileiras titulares de concessão de energia hidráulica para uso em seu processo de industrialização.

§ 3º As empresas brasileiras referidas no § 1º somente poderão ter autorizações de pesquisa e concessões de lavra ou potenciais de energia hidráulica, desde que a energia e o produto da lavra sejam utilizados nos respetivos processos industriais.

Art. 45.

Ficam excluídas do monopólio estabelecido pelo art. 177, II, da Constituição as refinarias em funcionamento no País amparadas pelo art. 43 e nas condições do art. 45 da Lei nº 2.004, de 3 de outubro de 1953.

Parágrafo único. Ficam ressalvados da vedação do art. 177, § 1º, os contratos de risco feitos com a Petróleo Brasileiro S.A., para pesquisa de petróleo, que estejam em vigor na data da promulgação da Constituição.

Art. 46.

São sujeitos à correção monetária desde o vencimento, até seu efetivo pagamento, sem interrupção ou suspensão, os créditos junto a entidades submetidas aos regimes de intervenção ou liquidação extrajudicial, mesmo quando esses regimes sejam convertidos em falência.

Parágrafo único. O disposto neste artigo aplica-se também:

I – às operações realizadas posteriormente à decretação dos regimes referidos no caput deste artigo;

II – às operações de empréstimo, financiamento, refinanciamento, assistência financeira de liquidez, cessão ou sub-rogação de créditos ou cédulas hipotecárias, efetivação de garantia de depósitos do público ou de compra de obrigações passivas, inclusive as realizadas com recursos de fundos que tenham essas destinações;

III – aos créditos anteriores à promulgação da Constituição;

IV – aos créditos das entidades da administração pública anteriores à promulgação da Constituição, não liquidados até 1º de janeiro de 1988.

Art. 47.

Na liquidação dos débitos, inclusive suas renegociações e composições posteriores, ainda que ajuizados, decorrentes de quaisquer empréstimos concedidos por bancos e por instituições financeiras, não existirá correção monetária desde que o empréstimo tenha sido concedido:

I – aos micro e pequenos empresários ou seus estabelecimentos no período de 28 de fevereiro de 1986 a 28 de fevereiro de 1987;

II – aos mini, pequenos e médios produtores rurais no período de 28 de fevereiro de 1986 a 31 de dezembro de 1987, desde que relativos a crédito rural.

§ 1º Consideram-se, para efeito deste artigo, microempresas as pessoas jurídicas e as firmas individuais com receitas anuais de até dez mil obrigações do Tesouro Nacional, e pequenas empresas as pessoas jurídicas e as firmas individuais com receita anual de até vinte e cinco mil obrigações do Tesouro Nacional.

§ 2º A classificação de mini, pequeno e médio produtor rural será feita obedecendo-se às normas de crédito rural vigentes à época do contrato.

§ 3º A isenção da correção monetária a que se refere este artigo só será concedida nos seguintes casos:

I – se a liquidação do débito inicial, acrescido de juros legais e taxas judiciais, vier a ser efetivada no prazo de noventa dias, a contar da data da promulgação da Constituição;

II – se a aplicação dos recursos não contrariar a finalidade do financiamento, cabendo o ônus da prova à instituição credora;

III – se não for demonstrado pela instituição credora que o mutuário dispõe de meios para o pagamento de seu débito, excluído desta demonstração seu estabelecimento, a casa de moradia e os instrumentos de trabalho e produção;

IV – se o financiamento inicial não ultrapassar o limite de cinco mil obrigações do Tesouro Nacional;

V – se o beneficiário não for proprietário de mais de cinco módulos rurais.

§ 4º Os benefícios de que trata este artigo não se estendem aos débitos já quitados e aos devedores que sejam constituintes.

§ 5º No caso de operações com prazos de vencimento posteriores à data-limite de liquidação da dívida, havendo interesse do mutuário, os bancos e as instituições financeiras promoverão, por instrumento próprio, alteração nas condições contratuais originais de forma a ajustá-las ao presente benefício.

§ 6º A concessão do presente benefício por bancos comerciais privados em nenhuma hipótese acarretará ônus para o poder público, ainda que através de refinanciamento e repasse de recursos pelo Banco Central.

§ 7º No caso de repasse a agentes financeiros oficiais ou cooperativas de crédito, o ônus recairá sobre a fonte de recursos originária.

Art. 48.

O Congresso Nacional, dentro de cento e vinte dias da promulgação da Constituição, elaborará código de defesa do consumidor.

Art. 49.

A lei disporá sobre o instituto da enfiteuse em imóveis urbanos, sendo facultada aos foreiros, no caso de sua extinção, a remição dos aforamentos mediante aquisição do domínio direto, na conformidade do que dispuserem os respetivos contratos.

§ 1º Quando não existir cláusula contratual, serão adotados os critérios e bases hoje vigentes na legislação especial dos imóveis da União.

§ 2º Os direitos dos atuais ocupantes inscritos ficam assegurados pela aplicação de outra modalidade de contrato.

§ 3º A enfiteuse continuará sendo aplicada aos terrenos de marinha e seus acrescidos, situados na faixa de segurança, a partir da orla marítima.

§ 4º Remido o foro, o antigo titular do domínio direto deverá, no prazo de noventa dias, sob pena de responsabilidade, confiar à guarda do registro de imóveis competente toda a documentação a ele relativa.

Art. 50.

Lei agrícola a ser promulgada no prazo de um ano disporá, nos termos da Constituição, sobre os objetivos e instrumentos de política agrícola, prioridades, planejamento de safras, comercialização, abastecimento interno, mercado externo e instituição de crédito fundiário.

Art. 51.

Serão revistos pelo Congresso Nacional, através de comissão mista, nos três anos a contar da data da promulgação da Constituição, todas as doações, vendas e concessões de terras públicas com área superior a três mil hectares, realizadas no período de 1º de janeiro de 1962 a 31 de dezembro de 1987.

§ 1º No tocante às vendas, a revisão será feita com base exclusivamente no critério de legalidade da operação.

§ 2º No caso de concessões e doações, a revisão obedecerá aos critérios de legalidade e de conveniência do interesse público.

§ 3º Nas hipóteses previstas nos parágrafos anteriores, comprovada a ilegalidade, ou havendo interesse público, as terras reverterão ao patrimônio da União, dos Estados, do Distrito Federal ou dos Municípios.

Art. 52.

Até que sejam fixadas as condições do art. 192, são vedados:

I – a instalação, no País, de novas agências de instituições financeiras domiciliadas no exterior;

II – o aumento do percentual de participação, no capital de instituições financeiras com sede no País, de pessoas físicas ou jurídicas residentes ou domiciliadas no exterior.

Parágrafo único. A vedação a que se refere este artigo não se aplica às autorizações resultantes de acordos internacionais, de reciprocidade, ou de interesse do Governo brasileiro.

Art. 53.

Ao ex-combatente que tenha efetivamente participado de operações bélicas durante a Segunda Guerra Mundial, nos termos da Lei nº 5.315, de 12 de setembro de 1967, serão assegurados os seguintes direitos:

I – aproveitamento no serviço público, sem a exigência de concurso, com estabilidade;

II – pensão especial correspondente à deixada por segundo-tenente das Forças Armadas, que poderá ser requerida a qualquer tempo, sendo inacumulável com quaisquer rendimentos recebidos dos cofres públicos, exceto os benefícios previdenciários, ressalvado o direito de opção;

III – em caso de morte, pensão à viúva ou companheira ou dependente, de forma proporcional, de valor igual à do inciso anterior;

IV – assistência médica, hospitalar e educacional gratuita, extensiva aos dependentes;

V – aposentadoria com proventos integrais aos vinte e cinco anos de serviço efetivo, em qualquer regime jurídico;

VI – prioridade na aquisição da casa própria, para os que não a possuam ou para suas viúvas ou companheiras.

Parágrafo único. A concessão da pensão especial do inciso II substitui, para todos os efeitos legais, qualquer outra pensão já concedida ao ex-combatente.

Art. 54.

Os seringueiros recrutados nos termos do Decreto-Lei nº 5.813, de 14 de setembro de 1943, e amparados pelo Decreto-Lei nº 9.882, de 16 de setembro de 1946, receberão, quando carentes, pensão mensal vitalícia no valor de dois salários mínimos.

§ 1º O benefício é estendido aos seringueiros que, atendendo a apelo do Governo brasileiro, contribuíram para o esforço de guerra, trabalhando na produção de borracha, na Região Amazônica, durante a Segunda Guerra Mundial.

§ 2º Os benefícios estabelecidos neste artigo são transferíveis aos dependentes reconhecidamente carentes.

§ 3º A concessão do benefício far-se-á conforme lei a ser proposta pelo Poder Executivo dentro de cento e cinquenta dias da promulgação da Constituição.

Art. 55.

Até que seja aprovada a lei de diretrizes orçamentárias, trinta por cento, no mínimo, do orçamento da seguridade social, excluído o seguro-desemprego, serão destinados ao setor de saúde.

Art. 56.

Até que a lei disponha sobre o art. 195, I, a arrecadação decorrente de, no mínimo, cinco dos seis décimos percentuais correspondentes à alíquota da contribuição de que trata o Decreto-Lei nº 1.940, de 25 de maio de 1982, alterada pelo Decreto-Lei nº 2.049, de 1º de agosto de 1983, pelo Decreto nº 91.236, de 8 de maio de 1985, e pela Lei nº 7.611, de 8 de julho de 1987, passa a integrar a receita da seguridade social, ressalvados, exclusivamente no exercício de 1988, os compromissos assumidos com programas e projetos em andamento.

Art. 57.

Os débitos dos Estados e dos Municípios relativos às contribuições previdenciárias até 30 de junho de 1988 serão liquidados, com correção monetária, em cento e vinte parcelas mensais, dispensados os juros e multas sobre eles incidentes, desde que os devedores requeiram o parcelamento e iniciem seu pagamento no prazo de cento e oitenta dias a contar da promulgação da Constituição.

§ 1º O montante a ser pago em cada um dos dois primeiros anos não será inferior a cinco por cento do total do débito consolidado e atualizado, sendo o restante dividido em parcelas mensais de igual valor.

§ 2º A liquidação poderá incluir pagamentos na forma de cessão de bens e prestação de serviços, nos termos da Lei nº 7.578, de 23 de dezembro de 1986.

§ 3º Em garantia do cumprimento do parcelamento, os Estados e os Municípios consignarão, anualmente, nos respetivos orçamentos as dotações necessárias ao pagamento de seus débitos.

§ 4º Descumprida qualquer das condições estabelecidas para concessão do parcelamento, o débito será considerado vencido em sua totalidade, sobre ele incidindo juros de mora; nesta hipótese, parcela dos recursos correspondentes aos fundos de participação, destinada aos Estados e Municípios devedores, será bloqueada e repassada à previdência social para pagamento de seus débitos.

Art. 58.

Os benefícios de prestação continuada, mantidos pela previdência social na data da promulgação da Constituição, terão seus valores revistos, a fim de que seja restabelecido o poder aquisitivo, expresso em número de salários mínimos, que tinham na data de sua concessão, obedecendo-se a esse critério de atualização até a implantação do plano de custeio e benefícios referidos no artigo seguinte.

Parágrafo único. As prestações mensais dos benefícios atualizadas de acordo com este artigo serão devidas e pagas a partir do sétimo mês a contar da promulgação da Constituição.

Art. 59.

Os projetos de lei relativos à organização da seguridade social e aos planos de custeio e de benefício serão apresentados no prazo máximo de seis meses da promulgação da Constituição ao Congresso Nacional, que terá seis meses para apreciá-los.

Parágrafo único. Aprovados pelo Congresso Nacional, os planos serão implantados progressivamente nos dezoito meses seguintes.

Art. 60.

Até o 14º (décimo quarto) ano a partir da promulgação desta Emenda Constitucional, os Estados, o Distrito Federal e os Municípios destinarão parte dos recursos a que se refere o caput do art. 212 da Constituição Federal à manutenção e desenvolvimento da educação básica e à remuneração condigna dos trabalhadores da educação, respeitadas as seguintes disposições:

I – a distribuição dos recursos e de responsabilidades entre o Distrito Federal, os Estados e seus Municípios é assegurada mediante a criação, no âmbito de cada Estado e do Distrito Federal, de um Fundo de Manutenção e Desenvolvimento da Educação Básica e de Valorização dos Profissionais da Educação – FUNDEB, de natureza contábil;

II – os Fundos referidos no inciso I do caput deste artigo serão constituídos por 20% (vinte por cento) dos recursos a que se referem os incisos I, II e III do art. 155; o inciso II do caput do art. 157; os incisos II, III e IV do caput do art. 158; e as alíneas a e b do inciso I e o inciso II do caput do art. 159, todos da Constituição Federal, e distribuídos entre cada Estado e seus Municípios, proporcionalmente ao número de alunos das diversas etapas e modalidades da educação básica presencial, matriculados nas respetivas redes, nos respetivos âmbitos de atuação prioritária estabelecidos nos §§ 2º e 3º do art. 211 da Constituição Federal;

III – observadas as garantias estabelecidas nos incisos I, II, III e IV do caput do art. 208 da Constituição Federal e as metas de universalização da educação básica estabelecidas no Plano Nacional de Educação, a lei disporá sobre:

a) a organização dos Fundos, a distribuição proporcional de seus recursos, as diferenças e as ponderações quanto ao valor anual por aluno entre etapas e modalidades da educação básica e tipos de estabelecimento de ensino;

b) a forma de cálculo do valor anual mínimo por aluno;

c) os percentuais máximos de apropriação dos recursos dos Fundos pelas diversas etapas e modalidades da educação básica, observados os arts. 208 e 214 da Constituição Federal, bem como as metas do Plano Nacional de Educação;

d) a fiscalização e o controle dos Fundos;

e) prazo para fixar, em lei específica, piso salarial profissional nacional para os profissionais do magistério público da educação básica;

IV – os recursos recebidos à conta dos Fundos instituídos nos termos do inciso I do caput deste artigo serão aplicados pelos Estados e Municípios exclusivamente nos respetivos âmbitos de atuação prioritária, conforme estabelecido nos §§ 2º e 3º do art. 211 da Constituição Federal;

V – a União complementará os recursos dos Fundos a que se refere o inciso II do caput deste artigo sempre que, no Distrito Federal e em cada Estado, o valor por aluno não alcançar o mínimo definido nacionalmente, fixado em observância ao disposto no inciso VII do caput deste artigo, vedada a utilização dos recursos a que se refere o § 5º do art. 212 da Constituição Federal;

VI – até 10% (dez por cento) da complementação da União prevista no inciso V do caput deste artigo poderá ser distribuída para os Fundos por meio de programas direcionados para a melhoria da qualidade da educação, na forma da lei a que se refere o inciso III do caput deste artigo;

VII – a complementação da União de que trata o inciso V do caput deste artigo será de, no mínimo:

a) R$ 2.000.000.000,00 (dois bilhões de reais), no primeiro ano de vigência dos Fundos;

b) R$ 3.000.000.000,00 (três bilhões de reais), no segundo ano de vigência dos Fundos;

c) R$ 4.500.000.000,00 (quatro bilhões e quinhentos milhões de reais), no terceiro ano de vigência dos Fundos;

d) 10% (dez por cento) do total dos recursos a que se refere o inciso II do caput deste artigo, a partir do quarto ano de vigência dos Fundos;

VIII – a vinculação de recursos à manutenção e desenvolvimento do ensino estabelecida no art. 212 da Constituição Federal suportará, no máximo, 30% (trinta por cento) da complementação da União, considerando-se para os fins deste inciso os valores previstos no inciso VII do caput deste artigo;

IX – os valores a que se referem as alíneas a, b, e c do inciso VII do caput deste artigo serão atualizados, anualmente, a partir da promulgação desta Emenda Constitucional, de forma a preservar, em caráter permanente, o valor real da complementação da União;

X – aplica-se à complementação da União o disposto no art. 160 da Constituição Federal;

XI – o não-cumprimento do disposto nos incisos V e VII do caput deste artigo importará crime de responsabilidade da autoridade competente;

XII – proporção não inferior a 60% (sessenta por cento) de cada Fundo referido no inciso I do caput deste artigo será destinada ao pagamento dos profissionais do magistério da educação básica em efetivo exercício.

§ 1º A União, os Estados, o Distrito Federal e os Municípios deverão assegurar, no financiamento da educação básica, a melhoria da qualidade de ensino, de forma a garantir padrão mínimo definido nacionalmente.

§ 2º O valor por aluno do ensino fundamental, no Fundo de cada Estado e do Distrito Federal, não poderá ser inferior ao praticado no âmbito do Fundo de Manutenção e Desenvolvimento do Ensino Fundamental e de Valorização do Magistério – FUNDEF, no ano anterior à vigência desta Emenda Constitucional.

§ 3º O valor anual mínimo por aluno do ensino fundamental, no âmbito do Fundo de Manutenção e Desenvolvimento da Educação Básica e de Valorização dos Profissionais da Educação – FUNDEB, não poderá ser inferior ao valor mínimo fixado nacionalmente no ano anterior ao da vigência desta Emenda Constitucional.

§ 4º Para efeito de distribuição de recursos dos Fundos a que se refere o inciso I do caput deste artigo, levar-se-á em conta a totalidade das matrículas no ensino fundamental e considerar-se-á para a educação infantil, para o ensino médio e para a educação de jovens e adultos 1/3 (um terço) das matrículas no primeiro ano, 2/3 (dois terços) no segundo ano e sua totalidade a partir do terceiro ano.

§ 5º A porcentagem dos recursos de constituição dos Fundos, conforme o inciso II do caput deste artigo, será alcançada gradativamente nos primeiros 3 (três) anos de vigência dos Fundos, da seguinte forma:

I – no caso dos impostos e transferências constantes do inciso II do caput do art. 155; do inciso IV do caput do art. 158; e das alíneas a e b do inciso I e do inciso II do caput do art. 159 da Constituição Federal:

a) 16,66% (dezesseis inteiros e sessenta e seis centésimos por cento), no primeiro ano;

b) 18,33% (dezoito inteiros e trinta e três centésimos por cento), no segundo ano;

c) 20% (vinte por cento), a partir do terceiro ano;

II – no caso dos impostos e transferências constantes dos incisos I e III do caput do art. 155; do inciso II do caput do art. 157; e dos incisos II e III do caput do art. 158 da Constituição Federal:

a) 6,66% (seis inteiros e sessenta e seis centésimos por cento), no primeiro ano;

b) 13,33% (treze inteiros e trinta e três centésimos por cento), no segundo ano;

c) 20% (vinte por cento), a partir do terceiro ano.

§ 6º (Revogado).

§ 7º (Revogado).

Art. 61.

As entidades educacionais a que se refere o art. 213, bem como as fundações de ensino e pesquisa cuja criação tenha sido autorizada por lei, que preencham os requisitos dos incisos I e II do referido artigo e que, nos últimos três anos, tenham recebido recursos públicos, poderão continuar a recebê-los, salvo disposição legal em contrário.

Art. 62.

A lei criará o Serviço Nacional de Aprendizagem Rural nos moldes da legislação relativa ao Serviço Nacional de Aprendizagem Industrial e ao Serviço Nacional de Aprendizagem do Comércio, sem prejuízo das atribuições dos órgãos públicos que atuam na área.

Art. 63.

É criada uma comissão composta de nove membros, sendo três do Poder Legislativo, três do Poder Judiciário e três do Poder Executivo, para promover as comemorações do centenário da proclamação da República e da promulgação da primeira Constituição republicana do País, podendo, a seu critério, desdobrar-se em tantas subcomissões quantas forem necessárias.

Parágrafo único. No desenvolvimento de suas atribuições, a comissão promoverá estudos, debates e avaliações sobre a evolução política, social, econômica e cultural do País, podendo articular-se com os governos estaduais e municipais e com instituições públicas e privadas que desejem participar dos eventos.

Art. 64.

A Imprensa Nacional e demais gráficas da União, dos Estados, do Distrito Federal e dos Municípios, da administração direta ou indireta, inclusive fundações instituídas e mantidas pelo poder público, promoverão edição popular do texto integral da Constituição, que será posta à disposição das escolas e dos cartórios, dos sindicatos, dos quartéis, das igrejas e de outras instituições representativas da comunidade, gratuitamente, de modo que cada cidadão brasileiro possa receber do Estado um exemplar da Constituição do Brasil.

Art. 65.

O Poder Legislativo regulamentará, no prazo de doze meses, o art. 220, § 4º.

Art. 66.

São mantidas as concessões de serviços públicos de telecomunicações atualmente em vigor, nos termos da lei.

Art. 67.

A União concluirá a demarcação das terras indígenas no prazo de cinco anos a partir da promulgação da Constituição.

Art. 68.

Aos remanescentes das comunidades dos quilombos que estejam ocupando suas terras é reconhecida a propriedade definitiva, devendo o Estado emitir-lhes os títulos respetivos.

Art. 69.

Será permitido aos Estados manter Consultorias Jurídicas separadas de suas Procuradorias-Gerais ou Advocacias-Gerais, desde que, na data da promulgação da Constituição, tenham órgãos distintos para as respetivas funções.

Art. 70.

Fica mantida a atual competência dos tribunais estaduais até que a mesma seja definida na Constituição do Estado, nos termos do art. 125, § 1º, da Constituição.

Art. 71.

É instituído, nos exercícios financeiros de 1994 e 1995, bem assim nos períodos de 1º de janeiro de 1996 a 30 de junho de 1997 e 1º de julho de 1997 a 31 de dezembro de 1999, o Fundo Social de Emergência, com o objetivo de saneamento financeiro da Fazenda Pública Federal e de estabilização econômica, cujos recursos serão aplicados prioritariamente no custeio das ações dos sistemas de saúde e educação, incluindo a complementação de recursos de que trata o § 3º do art. 60 do Ato das Disposições Constitucionais Transitórias, benefícios previdenciários e auxílios assistenciais de prestação continuada, inclusive liquidação de passivo previdenciário, e despesas orçamentárias associadas a programas de relevante interesse econômico social.

§ 1º Ao Fundo criado por este artigo não se aplica o disposto na parte final do inciso II do § 9° do art. 165 da Constituição.

§ 2º O Fundo criado por este artigo passa a ser denominado Fundo de Estabilização Fiscal a partir do início do exercício financeiro de 1996.

§ 3º O Poder Executivo publicará demonstrativo da execução orçamentária, de periodicidade bimestral, no qual se discriminarão as fontes e usos do Fundo criado por este artigo.

Art. 72.

Integram o Fundo Social de Emergência:

I – o produto da arrecadação do imposto sobre renda e proventos de qualquer natureza incidente na fonte sobre pagamentos efetuados, a qualquer título, pela União, inclusive suas autarquias e fundações;

II – a parcela do produto da arrecadação do imposto sobre renda e proventos de qualquer natureza e do imposto sobre operações de crédito, câmbio e seguro, ou relativas a títulos e valores mobiliários, decorrente das alterações produzidas pela Lei nº 8.894, de 21 de junho de 1994, e pelas Leis nºs 8.849 e 8.848, ambas de 28 de janeiro de 1994, e modificações posteriores;

III – a parcela do produto da arrecadação resultante da elevação da alíquota da contribuição social sobre o lucro dos contribuintes a que se refere o § 1º do art. 22 da Lei nº 8.212, de 24 de julho de 1991, a qual, nos exercícios financeiros de 1994 e 1995, bem assim no período de 1º de janeiro de 1996 a 30 de junho de 1997, passa a ser de trinta por cento, sujeita a alteração por lei ordinária, mantidas as demais normas da Lei nº 7.689, de 15 de dezembro de 1988;

IV – vinte por cento do produto da arrecadação de todos os impostos e contribuições da União, já instituídos ou a serem criados, excetuado o previsto nos incisos I, II e III, observado o disposto nos §§ 3º e 4º;

V – a parcela do produto da arrecadação da contribuição de que trata a Lei Complementar nº 7, de 7 de setembro de 1970, devida pelas pessoas jurídicas a que se refere o inciso III deste artigo, a qual será calculada, nos exercícios financeiros de 1994 a 1995, bem assim nos períodos de 1º de janeiro de 1996 a 30 de junho de 1997 e de 1º de julho de 1997 a 31 de dezembro de 1999, mediante a aplicação da alíquota de setenta e cinco centésimos por cento, sujeita a alteração por lei ordinária posterior, sobre a receita bruta operacional, como definida na legislação do imposto sobre renda e proventos de qualquer natureza;

VI – outras receitas previstas em lei específica.

§ 1º As alíquotas e a base de cálculo previstas nos incisos III e V aplicar-se-ão a partir do primeiro dia do mês seguinte aos noventa dias posteriores à promulgação desta emenda.

§ 2º As parcelas de que tratam os incisos I, II, III e V serão previamente deduzidas da base de cálculo de qualquer vinculação ou participação constitucional ou legal, não se lhes aplicando o disposto nos arts. 159, 212 e 239 da Constituição.

§ 3º A parcela de que trata o inciso IV será previamente deduzida da base de cálculo das vinculações ou participações constitucionais previstas nos arts. 153, § 5º, 157, II, 212 e 239 da Constituição.

§ 4º O disposto no parágrafo anterior não se aplica aos recursos previstos nos arts. 158, II, e 159 da Constituição.

§ 5º A parcela dos recursos provenientes do imposto sobre renda e proventos de qualquer natureza, destinada ao Fundo Social de Emergência, nos termos do incisos II deste artigo, não poderá exceder a cinco inteiros e seis décimos por cento do total do produto da sua arrecadação.

Art. 73.

Na regulação do Fundo Social de Emergência não poderá ser utilizado instrumento previsto no inciso V do art. 59 da Constituição.

Art. 74.

A União poderá instituir contribuição provisória sobre movimentação ou transmissão de valores e de créditos e direitos de natureza financeira.

§ 1º A alíquota da contribuição de que trata este artigo não excederá a vinte e cinco centésimos por cento, facultado ao Poder Executivo reduzi-la ou restabelecê-la, total ou parcialmente, nas condições e limites fixados em lei.

§ 2º À contribuição de que trata este artigo não se aplica o disposto nos arts. 153, § 5º, e 154, I, da Constituição.

§ 3º O produto da arrecadação da contribuição de que trata este artigo será destinado integralmente ao Fundo Nacional de Saúde, para financiamento das ações e serviços de saúde.

§ 4º A contribuição de que trata este artigo terá sua exigibilidade subordinada ao disposto no art. 195, § 6º, da Constituição, e não poderá ser cobrada por prazo superior a dois anos.

Art. 75.

É prorrogada, por trinta e seis meses, a cobrança da contribuição provisória sobre movimentação ou transmissão de valores e de créditos e direitos de natureza financeira de que trata o art. 74, instituída pela Lei nº 9.311, de 24 de outubro de 1996, modificada pela Lei nº 9.539, de 12 de dezembro de 1997, cuja vigência é também prorrogada por idêntico prazo.

§ 1º Observado o disposto no § 6º do art. 195 da Constituição Federal, a alíquota da contribuição será de trinta e oito centésimos por cento, nos primeiros doze meses, e de trinta centésimos, nos meses subsequentes, facultado ao Poder Executivo reduzi-la total ou parcialmente, nos limites aqui definidos.

§ 2º O resultado do aumento da arrecadação, decorrente da alteração da alíquota, nos exercícios financeiros de 1999, 2000 e 2001, será destinado ao custeio da previdência social.

§ 3º É a União autorizada a emitir títulos da dívida pública interna, cujos recursos serão destinados ao custeio da saúde e da previdência social, em montante equivalente ao produto da arrecadação da contribuição, prevista e não realizada em 1999.

Art. 76.

É desvinculado de órgão, fundo ou despesa, até 31 de dezembro de 2011, 20% (vinte por cento) da arrecadação da União de impostos, contribuições sociais e de intervenção no domínio econômico, já instituídos ou que vierem a ser criados até a referida data, seus adicionais e respetivos acréscimos legais.

§ 1º O disposto no caput deste artigo não reduzirá a base de cálculo das transferências a Estados, Distrito Federal e Municípios na forma dos arts. 153, § 5º; 157, I; 158, I e II; e 159, I, a e b; e II, da Constituição, bem como a base de cálculo das destinações a que se refere o art. 159, I, c, da Constituição.

§ 2º Excetua-se da desvinculação de que trata o caput deste artigo a arrecadação da contribuição social do salário – educação a que se refere o art. 212, § 5º, da Constituição.

§ 3º Para efeito do cálculo dos recursos para manutenção e desenvolvimento do ensino de que trata o art. 212 da Constituição, o percentual referido no caput deste artigo será de 12,5 % (doze inteiros e cinco décimos por cento) no exercício de 2009, 5% (cinco por cento) no exercício de 2010, e nulo no exercício de 2011.

Art. 77.

Até o exercício financeiro de 2004, os recursos mínimos aplicados nas ações e serviços públicos de saúde serão equivalentes:

I – no caso da União:

a) no ano 2000, o montante empenhado em ações e serviços públicos de saúde no exercício financeiro de 1999 acrescido de, no mínimo, cinco por cento;

b) do ano 2001 ao ano 2004, o valor apurado no ano anterior, corrigido pela variação nominal do Produto Interno Bruto – PIB;

II – no caso dos Estados e do Distrito Federal, doze por cento do produto da arrecadação dos impostos a que se refere o art. 155 e dos recursos de que tratam os arts. 157 e 159, inciso I, alínea a, e inciso II, deduzidas as parcelas que forem transferidas aos respetivos Municípios; e

III – no caso dos Municípios e do Distrito Federal, quinze por cento do produto da arrecadação dos impostos a que se refere o art. 156 e dos recursos de que tratam os arts. 158 e 159, inciso I, alínea b e § 3º.

§ 1º Os Estados, o Distrito Federal e os Municípios que apliquem percentuais inferiores aos fixados nos incisos II e III deverão elevá-los gradualmente, até o exercício financeiro de 2004, reduzida a diferença à razão de, pelo menos, um quinto por ano, sendo que, a partir de 2000, a aplicação será de pelo menos sete por cento.

§ 2º Dos recursos da União apurados nos termos deste artigo, quinze por cento, no mínimo, serão aplicados nos Municípios, segundo o critério populacional, em ações e serviços básicos de saúde, na forma da lei.

§ 3º Os recursos dos Estados, do Distrito Federal e dos Municípios destinados às ações e serviços públicos de saúde e os transferidos pela União para a mesma finalidade serão aplicados por meio de Fundo de Saúde que será acompanhado e fiscalizado por Conselho de Saúde, sem prejuízo do disposto no art. 74 da Constituição Federal.

§ 4º Na ausência da lei complementar a que se refere o art. 198, § 3º, a partir do exercício financeiro de 2005, aplicar-se-á à União, aos Estados, ao Distrito Federal e aos Municípios o disposto neste artigo.

Art. 78.

Ressalvados os créditos definidos em lei como de pequeno valor, os de natureza alimentícia, os de que trata o art. 33 deste Ato das Disposições Constitucionais Transitórias e suas complementações e os que já tiverem os seus respectivos recursos liberados ou depositados em juízo, os precatórios pendentes na data de promulgação desta Emenda e os que decorram de ações iniciais ajuizadas até 31 de dezembro de 1999 serão liquidados pelo seu valor real, em moeda corrente, acrescido de juros legais, em prestações anuais, iguais e sucessivas, no prazo máximo de dez anos, permitida a cessão dos créditos.

§ 1º É permitida a decomposição de parcelas, a critério do credor.

§ 2º As prestações anuais a que se refere o caput deste artigo terão, se não liquidadas até o final do exercício a que se referem, poder liberatório do pagamento de tributos da entidade devedora.

§ 3º O prazo referido no caput deste artigo fica reduzido para dois anos, nos casos de precatórios judiciais originários de desapropriação de imóvel residencial do credor, desde que comprovadamente único à época da imissão na posse.

§ 4º O Presidente do Tribunal competente deverá, vencido o prazo ou em caso de omissão no orçamento, ou preterição ao direito de precedência, a requerimento do credor, requisitar ou determinar o seqüestro de recursos financeiros da entidade executada, suficientes à satisfação da prestação.

Art. 79.

É instituído, para vigorar até o ano de 2010, no âmbito do Poder Executivo Federal, o Fundo de Combate e Erradicação da Pobreza, a ser regulado por lei complementar com o objetivo de viabilizar a todos os brasileiros acesso a níveis dignos de subsistência, cujos recursos serão aplicados em ações suplementares de nutrição, habitação, educação, saúde, reforço de renda familiar e outros programas de relevante interesse social voltados para melhoria da qualidade de vida.

Parágrafo único. O Fundo previsto neste artigo terá Conselho Consultivo e de Acompanhamento que conte com a participação de representantes da sociedade civil, nos termos da lei.

Art. 80.

Compõem o Fundo de Combate e Erradicação da Pobreza:

I – a parcela do produto da arrecadação correspondente a um adicional de oito centésimos por cento, aplicável de 18 de junho de 2000 a 17 de junho de 2002, na alíquota da contribuição social de que trata o art. 75 do Ato das Disposições Constitucionais Transitórias;

II – a parcela do produto da arrecadação correspondente a um adicional de cinco pontos percentuais na alíquota do Imposto sobre Produtos Industrializados – IPI, ou do imposto que vier a substituí-lo, incidente sobre produtos supérfluos e aplicável até a extinção do Fundo;

III – o produto da arrecadação do imposto de que trata o art. 153, inciso VII, da Constituição;

IV – dotações orçamentárias;

V – doações, de qualquer natureza, de pessoas físicas ou jurídicas do País ou do exterior;

VI – outras receitas, a serem definidas na regulamentação do referido Fundo.

§ 1º Aos recursos integrantes do Fundo de que trata este artigo não se aplica o disposto nos arts. 159 e 167, inciso IV, da Constituição, assim como qualquer desvinculação de recursos orçamentários.

§ 2º A arrecadação decorrente do disposto no inciso I deste artigo, no período compreendido entre 18 de junho de 2000 e o início da vigência da lei complementar a que se refere o art. 79, será integralmente repassada ao Fundo, preservado o seu valor real, em títulos públicos federais, progressivamente resgatáveis após 18 de junho de 2002, na forma da lei.

Art. 81.

É instituído Fundo constituído pelos recursos recebidos pela União em decorrência da desestatização de sociedades de economia mista ou empresas públicas por ela controladas, direta ou indiretamente, quando a operação envolver a alienação do respetivo controle acionário a pessoa ou entidade não integrante da Administração Pública, ou de participação societária remanescente após a alienação, cujos rendimentos, gerados a partir de 18 de junho de 2002, reverterão ao Fundo de Combate e Erradicação de Pobreza.

§ 1º Caso o montante anual previsto nos rendimentos transferidos ao Fundo de Combate e Erradicação da Pobreza, na forma deste artigo, não alcance o valor de quatro bilhões de reais, far-se-á complementação na forma do art. 80, inciso IV, do Ato das Disposições Constitucionais Transitórias.

§ 2º Sem prejuízo do disposto no § 1º, o Poder Executivo poderá destinar ao Fundo a que se refere êste artigo outras receitas decorrentes da alienação de bens da União.

§ 3º A constituição do Fundo a que se refere o caput, a transferência de recursos ao Fundo de Combate e Erradicação da Pobreza e as demais disposições referentes ao § 1º deste artigo serão disciplinadas em lei, não se aplicando o disposto no art. 165, § 9º, inciso II, da Constituição.

Art. 82.

Os Estados, o Distrito Federal e os Municípios devem instituir Fundos de Combate à Pobreza, com os recursos de que trata este artigo e outros que vierem a destinar, devendo os referidos Fundos ser geridos por entidades que contem com a participação da sociedade civil.

§ 1º Para o financiamento dos Fundos Estaduais e Distrital, poderá ser criado adicional de até dois pontos percentuais na alíquota do Imposto sobre Circulação de Mercadorias e Serviços – ICMS, sobre os produtos e serviços supérfluos e nas condições definidas na lei complementar de que trata o art. 155, § 2º, XII, da Constituição, não se aplicando, sobre este percentual, o disposto no art. 158, IV, da Constituição.

§ 2º Para o financiamento dos Fundos Municipais, poderá ser criado adicional de até meio ponto percentual na alíquota do Imposto sobre Serviços ou do imposto que vier a substituí-lo, sobre serviços supérfluos.

Art. 83.

Lei federal definirá os produtos e serviços supérfluos a que se referem os arts. 80, II, e 82, § 2º.

Art. 84.

A contribuição provisória sobre movimentação ou transmissão de valores e de créditos e direitos de natureza financeira, prevista nos arts. 74, 75 e 80, I, deste Ato das Disposições Constitucionais Transitórias, será cobrada até 31 de dezembro de 2004.

§ 1º Fica prorrogada, até a data referida no caput deste artigo, a vigência da Lei nº 9.311, de 24 de outubro de 1996, e suas alterações.

§ 2º Do produto da arrecadação da contribuição social de que trata este artigo será destinada a parcela correspondente à alíquota de:

I – vinte centésimos por cento ao Fundo Nacional de Saúde, para financiamento das ações e serviços de saúde;

II – dez centésimos por cento ao custeio da previdência social;

III – oito centésimos por cento ao Fundo de Combate e Erradicação da Pobreza, de que tratam os arts. 80 e 81 deste Ato das Disposições Constitucionais Transitórias.

§ 3º A alíquota da contribuição de que trata este artigo será de:

I – trinta e oito centésimos por cento, nos exercícios financeiros de 2002 e 2003;

II – (Revogado).

Art. 85.

A contribuição a que se refere o art. 84 deste Ato das Disposições Constitucionais Transitórias não incidirá, a partir do trigésimo dia da data de publicação desta Emenda Constitucional, nos lançamentos:

I – em contas correntes de depósito especialmente abertas e exclusivamente utilizadas para operações de:

a) câmaras e prestadoras de serviços de compensação e de liquidação de que trata o parágrafo único do art. 2º da Lei nº 10.214, de 27 de março de 2001;

b) companhias securitizadoras de que trata a Lei nº 9.514, de 20 de novembro de 1997;

c) sociedades anônimas que tenham por objeto exclusivo a aquisição de créditos oriundos de operações praticadas no mercado financeiro;

II – em contas correntes de depósito, relativos a:

a) operações de compra e venda de ações, realizadas em recintos ou sistemas de negociação de bolsas de valores e no mercado de balcão organizado;

b) contratos referenciados em ações ou índices de ações, em suas diversas modalidades, negociados em bolsas de valores, de mercadorias e de futuros;

III – em contas de investidores estrangeiros, relativos a entradas no País e a remessas para o exterior de recursos financeiros empregados, exclusivamente, em operações e contratos referidos no inciso II deste artigo.

§ 1º O Poder Executivo disciplinará o disposto neste artigo no prazo de trinta dias da data de publicação desta Emenda Constitucional.

§ 2º O disposto no inciso I deste artigo aplica-se somente às operações relacionadas em ato do Poder Executivo, dentre aquelas que constituam o objeto social das referidas entidades.

§ 3º O disposto no inciso II deste artigo aplica-se somente a operações e contratos efetuados por intermédio de instituições financeiras, sociedades corretoras de títulos e valores mobiliários, sociedades distribuidoras de títulos e valores mobiliários e sociedades corretoras de mercadorias.

Art. 86.

Serão pagos conforme disposto no art. 100 da Constituição Federal, não se lhes aplicando a regra de parcelamento estabelecida no caput do art. 78 deste Ato das Disposições Constitucionais Transitórias, os débitos da Fazenda Federal, Estadual, Distrital ou Municipal oriundos de sentenças transitadas em julgado, que preencham, cumulativamente, as seguintes condições:

I – ter sido objeto de emissão de precatórios judiciários;

II – ter sido definidos como de pequeno valor pela lei de que trata o § 3º do art. 100 da Constituição Federal ou pelo art. 87 deste Ato das Disposições Constitucionais Transitórias;

III – estar, total ou parcialmente, pendentes de pagamento na data da publicação desta Emenda Constitucional.

§ 1º Os débitos a que se refere o caput deste artigo, ou os respetivos saldos, serão pagos na ordem cronológica de apresentação dos respetivos precatórios, com precedência sobre os de maior valor.

§ 2º Os débitos a que se refere o caput deste artigo, se ainda não tiverem sido objeto de pagamento parcial, nos termos do art. 78 deste Ato das Disposições Constitucionais Transitórias, poderão ser pagos em duas parcelas anuais, se assim dispuser a lei.

§ 3º Observada a ordem cronológica de sua apresentação, os débitos de natureza alimentícia previstos neste artigo terão precedência para pagamento sobre todos os demais.

Art. 87.

Para efeito do que dispõem o § 3º do art. 100 da Constituição Federal e o art. 78 deste Ato das Disposições Constitucionais Transitórias serão considerados de pequeno valor, até que se dê a publicação oficial das respetivas leis definidoras pelos entes da Federação, observado o disposto no § 4º do art. 100 da Constituição Federal, os débitos ou obrigações consignados em precatório judiciário, que tenham valor igual ou inferior a:

I – quarenta salários-mínimos, perante a Fazenda dos Estados e do Distrito Federal;

II – trinta salários-mínimos, perante a Fazenda dos Municípios.

Parágrafo único. Se o valor da execução ultrapassar o estabelecido neste artigo, o pagamento far-se-á, sempre, por meio de precatório, sendo facultada à parte exeqüente a renúncia ao crédito do valor excedente, para que possa optar pelo pagamento do saldo sem o precatório, da forma prevista no § 3º do art. 100.

Art. 88.

Enquanto lei complementar não disciplinar o disposto nos incisos I e III do § 3º do art. 156 da Constituição Federal, o imposto a que se refere o inciso III do caput do mesmo artigo:

I – terá alíquota mínima de dois por cento, exceto para os serviços a que se referem os itens 32, 33 e 34 da Lista de Serviços anexa ao Decreto-Lei nº 406, de 31 de dezembro de 1968;

II – não será objeto de concessão de isenções, incentivos e benefícios fiscais, que resulte, direta ou indiretamente, na redução da alíquota mínima estabelecida no inciso I.

Art. 89.

Os integrantes da carreira policial militar e os servidores municipais do ex-Território Federal de Rondônia que, comprovadamente, se encontravam no exercício regular de suas funções prestando serviço àquele ex-Território na data em que foi transformado em Estado, bem como os servidores e os policiais militares alcançados pelo disposto no art. 36 da Lei Complementar nº 41, de 22 de dezembro de 1981, e aqueles admitidos regularmente nos quadros do Estado de Rondônia até a data de posse do primeiro Governador eleito, em 15 de março de 1987, constituirão, mediante opção, quadro em extinção da administração federal, assegurados os direitos e as vantagens a eles inerentes, vedado o pagamento, a qualquer título, de diferenças remuneratórias.

§ 1º Os membros da Polícia Militar continuarão prestando serviços ao Estado de Rondônia, na condição de cedidos, submetidos às corporações da Polícia Militar, observadas as atribuições de função compatíveis com o grau hierárquico.

§ 2º Os servidores a que se refere o caput continuarão prestando serviços ao Estado de Rondônia na condição de cedidos, até seu aproveitamento em órgão ou entidade da administração federal direta, autárquica ou fundacional.

Art. 90.

O prazo previsto no caput do art. 84 deste Ato das Disposições Constitucionais Transitórias fica prorrogado até 31 de dezembro de 2007.

§ 1º Fica prorrogada, até a data referida no caput deste artigo, a vigência da Lei nº 9.311, de 24 de outubro de 1996, e suas alterações.

§ 2º Até a data referida no caput deste artigo, a alíquota da contribuição de que trata o art. 84 deste Ato das Disposições Constitucionais Transitórias será de trinta e oito centésimos por cento.

Art. 91.

A União entregará aos Estados e ao Distrito Federal o montante definido em lei complementar, de acordo com critérios, prazos e condições nela determinados, podendo considerar as exportações para o exterior de produtos primários e semielaborados, a relação entre as exportações e as importações, os créditos decorrentes de aquisições destinadas ao ativo permanente e a efetiva manutenção e aproveitamento do crédito do imposto a que se refere o art. 155, § 2º, X, a.

§ 1º Do montante de recursos que cabe a cada Estado, setenta e cinco por cento pertencem ao próprio Estado, e vinte e cinco por cento, aos seus Municípios, distribuídos segundo os critérios a que se refere o art. 158, parágrafo único, da Constituição.

§ 2º A entrega de recursos prevista neste artigo perdurará, conforme definido em lei complementar, até que o imposto a que se refere o art. 155, II, tenha o produto de sua arrecadação destinado predominantemente, em proporção não inferior a oitenta por cento, ao Estado onde ocorrer o consumo das mercadorias, bens ou serviços.

§ 3º Enquanto não for editada a lei complementar de que trata o caput, em substituição ao sistema de entrega de recursos nele previsto, permanecerá vigente o sistema de entrega de recursos previsto no art. 31 e Anexo da Lei Complementar nº 87, de 13 de setembro de 1996, com a redação dada pela Lei Complementar nº 115, de 26 de dezembro de 2002.

§ 4º Os Estados e o Distrito Federal deverão apresentar à União, nos termos das instruções baixadas pelo Ministério da Fazenda, as informações relativas ao imposto de que trata o art. 155, II, declaradas pelos contribuintes que realizarem operações ou prestações com destino ao exterior.

Art. 92.

São acrescidos dez anos ao prazo fixado no art. 40 deste Ato das Disposições Constitucionais Transitórias.

Art. 93.

A vigência do disposto no art. 159, III, e § 4º, iniciará somente após a edição da lei de que trata o referido inciso III.

Art. 94.

Os regimes especiais de tributação para microempresas e empresas de pequeno porte próprios da União, dos Estados, do Distrito Federal e dos Municípios cessarão a partir da entrada em vigor do regime previsto no art. 146, III, d, da Constituição.

Art. 95.

Os nascidos no estrangeiro entre 7 de junho de 1994 e a data da promulgação desta Emenda Constitucional, filhos de pai brasileiro ou mãe brasileira, poderão ser registrados em repartição diplomática ou consular brasileira competente ou em ofício de registro, se vierem a residir na República Federativa do Brasil.

Art. 96.

Ficam convalidados os atos de criação, fusão, incorporação e desmembramento de Municípios, cuja lei tenha sido publicada até 31 de dezembro de 2006, atendidos os requisitos estabelecidos na legislação do respetivo Estado à época de sua criação.

Art. 97.

Até que seja editada a lei complementar de que trata o § 15 do art. 100 da Constituição Federal, os Estados, o Distrito Federal e os Municípios que, na data de publicação desta Emenda Constitucional, estejam em mora na quitação de precatórios vencidos, relativos às suas administrações direta e indireta, inclusive os emitidos durante o período de vigência do regime especial instituído por este artigo, farão esses pagamentos de acordo com as normas a seguir estabelecidas, sendo inaplicável o disposto no art. 100 desta Constituição Federal, exceto em seus §§ 2º, 3º, 9º, 10, 11, 12, 13 e 14, e sem prejuízo dos acordos de juízos conciliatórios já formalizados na data de promulgação desta Emenda Constitucional.

§ 1º Os Estados, o Distrito Federal e os Municípios sujeitos ao regime especial de que trata este artigo optarão, por meio de ato do Poder Executivo:

I – pelo depósito em conta especial do valor referido pelo § 2º deste artigo; ou

II – pela adoção do regime especial pelo prazo de até 15 (quinze) anos, caso em que o percentual a ser depositado na conta especial a que se refere o § 2º deste artigo corresponderá, anualmente, ao saldo total dos precatórios devidos, acrescido do índice oficial de remuneração básica da caderneta de poupança e de juros simples no mesmo percentual de juros incidentes sobre a caderneta de poupança para fins de compensação da mora, excluída a incidência de juros compensatórios, diminuído das amortizações e dividido pelo número de anos restantes no regime especial de pagamento.

§ 2º Para saldar os precatórios, vencidos e a vencer, pelo regime especial, os Estados, o Distrito Federal e os Municípios devedores depositarão mensalmente, em conta especial criada para tal fim, 1/12 (um doze avos) do valor calculado percentualmente sobre as respetivas receitas correntes líquidas, apuradas no segundo mês anterior ao mês de pagamento, sendo que esse percentual, calculado no momento de opção pelo regime e mantido fixo até o final do prazo a que se refere o § 14 deste artigo, será:

I – para os Estados e para o Distrito Federal:

a) de, no mínimo, 1,5% (um inteiro e cinco décimos por cento), para os Estados das regiões Norte, Nordeste e Centro-Oeste, além do Distrito Federal, ou cujo estoque de precatórios pendentes das suas administrações direta e indireta corresponder a até 35% (trinta e cinco por cento) do total da receita corrente líquida;

b) de, no mínimo, 2% (dois por cento), para os Estados das regiões Sul e Sudeste, cujo estoque de precatórios pendentes das suas administrações direta e indireta corresponder a mais de 35% (trinta e cinco por cento) da receita corrente líquida;

II – para Municípios:

a) de, no mínimo, 1% (um por cento), para Municípios das regiões Norte, Nordeste e Centro-Oeste, ou cujo estoque de precatórios pendentes das suas administrações direta e indireta corresponder a até 35% (trinta e cinco por cento) da receita corrente líquida;

b) de, no mínimo, 1,5% (um inteiro e cinco décimos por cento), para Municípios das regiões Sul e Sudeste, cujo estoque de precatórios pendentes das suas administrações direta e indireta corresponder a mais de 35 % (trinta e cinco por cento) da receita corrente líquida.

§ 3º Entende-se como receita corrente líquida, para os fins de que trata este artigo, o somatório das receitas tributárias, patrimoniais, industriais, agropecuárias, de contribuições e de serviços, transferências correntes e outras receitas correntes, incluindo as oriundas do § 1º do art. 20 da Constituição Federal, verificado no período compreendido pelo mês de referência e os 11 (onze) meses anteriores, excluídas as duplicidades, e deduzidas:

I – nos Estados, as parcelas entregues aos Municípios por determinação constitucional;

II – nos Estados, no Distrito Federal e nos Municípios, a contribuição dos servidores para custeio do seu sistema de previdência e assistência social e as receitas provenientes da compensação financeira referida no § 9º do art. 201 da Constituição Federal.

§ 4º As contas especiais de que tratam os §§ 1º e 2º serão administradas pelo Tribunal de Justiça local, para pagamento de precatórios expedidos pelos tribunais.

§ 5º Os recursos depositados nas contas especiais de que tratam os §§ 1º e 2º deste artigo não poderão retornar para Estados, Distrito Federal e Municípios devedores.

§ 6º Pelo menos 50% (cinquenta por cento) dos recursos de que tratam os §§ 1º e 2º deste artigo serão utilizados para pagamento de precatórios em ordem cronológica de apresentação, respeitadas as preferências definidas no § 1º, para os requisitórios do mesmo ano e no § 2º do art. 100, para requisitórios de todos os anos.

§ 7º Nos casos em que não se possa estabelecer a precedência cronológica entre 2 (dois) precatórios, pagar-se-á primeiramente o precatório de menor valor.

§ 8º A aplicação dos recursos restantes dependerá de opção a ser exercida por Estados, Distrito Federal e Municípios devedores, por ato do Poder Executivo, obedecendo à seguinte forma, que poderá ser aplicada isoladamente ou simultaneamente:

I – destinados ao pagamento dos precatórios por meio do leilão;

II – destinados a pagamento a vista de precatórios não quitados na forma do § 6° e do inciso I, em ordem única e crescente de valor por precatório;

III – destinados a pagamento por acordo direto com os credores, na forma estabelecida por lei própria da entidade devedora, que poderá prever criação e forma de funcionamento de câmara de conciliação.

§ 9º Os leilões de que trata o inciso I do § 8º deste artigo:

I – serão realizados por meio de sistema eletrônico administrado por entidade autorizada pela Comissão de Valores Mobiliários ou pelo Banco Central do Brasil;

II – admitirão a habilitação de precatórios, ou parcela de cada precatório indicada pelo seu detentor, em relação aos quais não esteja pendente, no âmbito do Poder Judiciário, recurso ou impugnação de qualquer natureza, permitida por iniciativa do Poder Executivo a compensação com débitos líquidos e certos, inscritos ou não em dívida ativa e constituídos contra devedor originário pela Fazenda Pública devedora até a data da expedição do precatório, ressalvados aqueles cuja exigibilidade esteja suspensa nos termos da legislação, ou que já tenham sido objeto de abatimento nos termos do § 9º do art. 100 da Constituição Federal;

III – ocorrerão por meio de oferta pública a todos os credores habilitados pelo respetivo ente federativo devedor;

IV – considerarão automaticamente habilitado o credor que satisfaça o que consta no inciso II;

V – serão realizados tantas vezes quanto necessário em função do valor disponível;

VI – a competição por parcela do valor total ocorrerá a critério do credor, com deságio sobre o valor desta;

VII – ocorrerão na modalidade deságio, associado ao maior volume ofertado cumulado ou não com o maior percentual de deságio, pelo maior percentual de deságio, podendo ser fixado valor máximo por credor, ou por outro critério a ser definido em edital;

VIII – o mecanismo de formação de preço constará nos editais publicados para cada leilão;

IX – a quitação parcial dos precatórios será homologada pelo respetivo Tribunal que o expediu.

§ 10. No caso de não liberação tempestiva dos recursos de que tratam o inciso II do § 1º e os §§ 2º e 6º deste artigo:

I – haverá o sequestro de quantia nas contas de Estados, Distrito Federal e Municípios devedores, por ordem do Presidente do Tribunal referido no § 4º, até o limite do valor não liberado;

II – constituir-se-á, alternativamente, por ordem do Presidente do Tribunal requerido, em favor dos credores de precatórios, contra Estados, Distrito Federal e Municípios devedores, direito líquido e certo, autoaplicável e independentemente de regulamentação, à compensação automática com débitos líquidos lançados por esta contra aqueles, e, havendo saldo em favor do credor, o valor terá automaticamente poder liberatório do pagamento de tributos de Estados, Distrito Federal e Municípios devedores, até onde se compensarem;

III – o chefe do Poder Executivo responderá na forma da legislação de responsabilidade fiscal e de improbidade administrativa;

IV – enquanto perdurar a omissão, a entidade devedora:

a) não poderá contrair empréstimo externo ou interno;

b) ficará impedida de receber transferências voluntárias;

V – a União reterá os repasses relativos ao Fundo de Participação dos Estados e do Distrito Federal e ao Fundo de Participação dos Municípios, e os depositará nas contas especiais referidas no § 1º, devendo sua utilização obedecer ao que prescreve o § 5º, ambos deste artigo.

§ 11. No caso de precatórios relativos a diversos credores, em litisconsórcio, admite-se o desmembramento do valor, realizado pelo Tribunal de origem do precatório, por credor, e, por este, a habilitação do valor total a que tem direito, não se aplicando, neste caso, a regra do § 3º do art. 100 da Constituição Federal.

§ 12. Se a lei a que se refere o § 4º do art. 100 não estiver publicada em até 180 (cento e oitenta) dias, contados da data de publicação desta Emenda Constitucional, será considerado, para os fins referidos, em relação a Estados, Distrito Federal e Municípios devedores, omissos na regulamentação, o valor de:

I – 40 (quarenta) salários mínimos para Estados e para o Distrito Federal;

II – 30 (trinta) salários mínimos para Municípios.

§ 13. Enquanto Estados, Distrito Federal e Municípios devedores estiverem realizando pagamentos de precatórios pelo regime especial, não poderão sofrer sequestro de valores, exceto no caso de não liberação tempestiva dos recursos de que tratam o inciso II do § 1º e o § 2º deste artigo.

§ 14. O regime especial de pagamento de precatório previsto no inciso I do § 1º vigorará enquanto o valor dos precatórios devidos for superior ao valor dos recursos vinculados, nos termos do § 2º, ambos deste artigo, ou pelo prazo fixo de até 15 (quinze) anos, no caso da opção prevista no inciso II do § 1º.

§ 15. Os precatórios parcelados na forma do art. 33 ou do art. 78 deste Ato das Disposições Constitucionais Transitórias e ainda pendentes de pagamento ingressarão no regime especial com o valor atualizado das parcelas não pagas relativas a cada precatório, bem como o saldo dos acordos judiciais e extrajudiciais.

§ 16. A partir da promulgação desta Emenda Constitucional, a atualização de valores de requisitórios, até o efetivo pagamento, independentemente de sua natureza, será feita pelo índice oficial de remuneração básica da caderneta de poupança, e, para fins de compensação da mora, incidirão juros simples no mesmo percentual de juros incidentes sobre a caderneta de poupança, ficando excluída a incidência de juros compensatórios.

§ 17. O valor que exceder o limite previsto no § 2º do art. 100 da Constituição Federal será pago, durante a vigência do regime especial, na forma prevista nos §§ 6º e 7º ou nos incisos I, II e III do § 8º deste artigo, devendo os valores dispendidos para o atendimento do disposto no § 2º do art. 100 da Constituição Federal serem computados para efeito do § 6º deste artigo.

§ 18. Durante a vigência do regime especial a que se refere este artigo, gozarão também da preferência a que se refere o § 6º os titulares originais de precatórios que tenham completado 60 (sessenta) anos de idade até a data da promulgação desta Emenda Constitucional.

Brasília, 5 de outubro de 1988.

III
Constituição da República Democrática de São Tomé e Príncipe de 1990[1]

PREÂMBULO

Durante cinco séculos o Povo São-Tomense travou contra a dominação colonial um combate difícil e heróico, pela libertação da sua Pátria ocupada, pela conquista da soberania e independência nacional, pela restauração dos seus direitos usurpados e pela reafirmação da sua dignidade humana e personalidade africana.

A 12 de julho de 1975, sob a esclarecida direção do Movimento de Libertação de São Tomé e Príncipe (MLSTP), o Povo São-Tomense alcançou a sua independência nacional e proclamou perante a África e a Humanidade inteira a República Democrática de São Tomé e Príncipe. Essa vitória, a maior da nossa História, só foi possível graças aos sacrifícios e à determinação de valorosos e heróicos filhos de São Tomé e Príncipe que, durante séculos, sempre resistiram à presença colonial, e em 1960 se organizaram em CLSTP e, mais tarde, em 1972, em MLSTP, até atingir o supremo objetivo da libertação nacional.

Com a proclamação da independência nacional, a Assembleia Representativa do Povo São-Tomense confiou ao Bureau Político do MLSTP, através do estipulado no artigo 3º da Lei Fundamental então aprovada, a pesada responsabilidade de, como mais alto órgão político da Nação, assumir a direção da sociedade e do Estado em São Tomé e Príncipe, visando o nobre objetivo de garantir a independência e a unidade nacionais, mediante a construção de um Estado Democrático, segundo o programa máximo do MLSTP.

---

[1] Texto oficial integral, publicado no *Diário da República*, nº 2, de 29 de janeiro de 2003, nos termos da Lei nº 1/2003, que reviu o texto originário, publicado no *Diário da República*, nº 13, de 20 de setembro de 1990.

Quinze anos depois, e após análise aprofundada da experiência de exercício legítimo do poder pelo MLSTP, o Comité Central, na sua sessão de dezembro de 1989, fiel ao dever patriótico de promover o desenvolvimento equilibrado e harmonioso de São Tomé e Príncipe, decidiu ratificar as justas aspirações nacionais, expressas durante a Conferência Nacional, de 5 a 8 de dezembro de 1989, no sentido da abertura do necessário espaço à participação de outras forças politicamente organizadas, com vista ao aprofundamento da democracia, em prol da modernidade em São Tomé e Príncipe.

Inspirada na necessidade histórica de se promover a participação cada vez mais ampla e responsabilizada do cidadão nos vários domínios da vida nacional, a presente revisão ao texto constitucional, para além de consagrar o princípio de que o monopólio do poder não constitui por si só garantia suficiente de progresso, representa a vontade coletiva dos São-Tomenses em darem a sua parcela de contribuição à universalidade dos direitos e liberdades fundamentais do Homem.

Nestes termos, após aprovação pela Assembleia Popular Nacional, no uso das atribuições que lhe são conferidas ao abrigo da alínea i) do artigo 32º, e ratificação por referendo popular, ao abrigo do nº 2 do artigo 70º, todos da Constituição vigente, promulgo a seguinte Constituição:

PARTE I
FUNDAMENTOS E OBJETIVOS

Artigo 1º – República Democrática de São Tomé e Príncipe

A República Democrática de São Tomé e Príncipe é um Estado soberano e independente, empenhado na construção de uma sociedade livre, justa e solidária, na defesa dos direitos do homem e na solidariedade ativa entre todos os homens e todos os povos.

Artigo 2º – Identidade nacional

A República Democrática de São Tomé e Príncipe assegura a identidade nacional são-tomense e integra todo e qualquer são-tomense residente dentro ou fora do seu território.

Artigo 3º – Cidadania são-tomense

1. São cidadãos são-tomenses todos os nascidos em território nacional, os filhos de pai ou mãe são-tomense e aqueles que como tal sejam considerados por lei.

2. Os cidadãos são-tomenses que adquiram a nacionalidade de outro país conservam a sua nacionalidade de origem.

Artigo 4º – Território nacional

1. O território da República Democrática de São Tomé e Príncipe é composto pelas ilhas de São Tomé e do Príncipe, pelos ilhéus das Rolas, das Cabras, Bombom, Boné Jockey, Pedras Tinhosas e demais ilhéus adjacentes, pelo mar territorial compreendido num círculo de doze milhas a partir da linha de base determinada pela lei, pelas águas arquipelágicas situadas no interior da linha de base e o espaço aéreo que se estende sobre o conjunto territorial atrás definido.

2. O Estado são-tomense exerce a sua soberania sobre todo o território nacional, o subsolo do espaço terrestre, o fundo e o subsolo do território aquático formado pelo mar territorial e as águas arquipelágicas, bem como sobre os recursos naturais vivos e não vivos que se encontrem em todos os espaços supramencionados e os existentes nas águas suprajacentes imediatas às costas, fora do mar territorial, na extensão que fixa a lei, em conformidade com o Direito Internacional.

Artigo 5º – Estado unitário

1. A República Democrática de São Tomé e Príncipe é um Estado unitário, sem prejuízo da existência de autarquias locais.

2. A capital da República é a cidade de São Tomé.

Artigo 6º – Estado de Direito Democrático

1. A República Democrática de São Tomé e Príncipe é um Estado de Direito Democrático, baseado nos direitos fundamentais da pessoa humana.

2. O poder político pertence ao povo, que o exerce através de sufrágio universal, igual, direto e secreto, nos termos da Constituição.

Artigo 7º – Justiça e Legalidade

O Estado de Direito Democrático implica a salvaguarda da justiça e da legalidade como valores fundamentais da vida coletiva.

Artigo 8º – Estado laico

A República Democrática de São Tomé e Príncipe é um Estado laico, nela existindo uma separação do Estado e no respeito por todas as instituições religiosas.

Artigo 9º – Estado de economia mista

1. A organização económica de São Tomé e Príncipe assenta no princípio de economia mista, tendo em vista a independência nacional, o desenvolvimento e a justiça social.

2. É garantida, nos termos da lei, a coexistência da propriedade pública, da propriedade cooperativa e da propriedade privada de meios de produção.

Artigo 10º – Objetivos primordiais do Estado

São objetivos primordiais do Estado:

a) Garantir a independência nacional;

b) Promover o respeito e a efetivação dos direitos pessoais, económicos, sociais, culturais e políticos dos cidadãos;

c) Promover e garantir a democratização e o progresso das estruturas económicas, sociais e culturais;

d) Preservar o equilíbrio harmonioso da natureza e do ambiente.

Artigo 11º – Defesa nacional

1. Compete ao Estado assegurar a defesa nacional.

2. A defesa nacional tem como objetivos essenciais garantir a independência nacional, a integridade territorial e o respeito das instituições democráticas.

3. Lei especial regulará a sua forma de organização.

Artigo 12º – Relações internacionais

1. A República Democrática de São Tomé e Príncipe está decidida a contribuir para a salvaguarda da paz universal, para o estabelecimento de relações de igualdade de direitos e respeito mútuo da soberania entre todos os Estados e para o progresso social da Humanidade, na base dos princípios do Direito Internacional e da coexistência pacífica.

2. A República Democrática de São Tomé e Príncipe proclama a sua adesão à Declaração Universal dos Direitos do Homem e aos seus princípios e objetivos da União Africana e da Organização das Nações Unidas.

3. A República Democrática de São Tomé e Príncipe mantém laços especiais de amizade e de cooperação com os países de língua portuguesa e com os países de acolhimento de emigrantes são-tomenses.

4. A República Democrática de São Tomé e Príncipe promove e desenvolve laços privilegiados de amizade e cooperação com os países vizinhos e os da região.

Artigo 13º – Receção do Direito Internacional

1. As normas e os princípios de Direito Internacional geral ou comum fazem parte integrante do Direito são-tomense.

2. As normas constantes de convenções, tratados e acordos internacionais validamente aprovadas e ratificadas pelos respetivos órgãos competentes vigoram na ordem jurídica são-tomense após a sua publicação oficial e enquanto vincularem internacionalmente o Estado são-tomense.

3. As normas constantes de convenções, tratados e acordos internacionais validamente aprovadas e ratificadas pelos respetivos órgãos competentes têm

prevalência, após a sua entrada em vigor na ordem internacional e interna, sobre todos os atos legislativos e normativos internos de valor infraconstitucional.

Artigo 14º – Símbolos nacionais

1. A bandeira nacional é constituída por três barras dispostas horizontalmente, sendo verdes e de igual largura as dos extremos, e a mediana, na qual estão apostas duas estrelas negras de cinco pontas, amarela, e uma vez e meia mais larga que cada uma das outras e por um triângulo encarnado, cuja base se situa do lado esquerdo da bandeira. A altura do triângulo é metade da base.
2. O hino nacional é *Independência Total.*
3. A insígnia é constituída pela figura de um falcão à esquerda e um papagaio à direita, separados por um brasão de forma ovular, cuja abcissa vertical é de dimensão 0,33 vezes superior que a horizontal e no interior do qual se destaca uma palmeira situada ao longo da abcissa vertical.

PARTE II
DIREITOS FUNDAMENTAIS E ORDEM SOCIAL

TÍTULO I – Princípios Gerais

Artigo 15º – Princípio da igualdade

1. Todos os cidadãos são iguais perante a lei, gozam dos mesmos direitos e estão sujeitos aos mesmos deveres, sem distinção de origem social, raça, sexo, tendência política, crença religiosa ou convicção filosófica.
2. A mulher é igual ao homem em direitos e deveres, sendo-lhe assegurada plena participação na vida política, económica, social e cultural.

Artigo 16º – Cidadão no estrangeiro

1. Todo o cidadão são-tomense que resida ou se encontre no estrangeiro goza dos mesmos direitos e está sujeito aos mesmos deveres que os demais cidadãos, salvo no que seja incompatível com a ausência do país.
2. Os cidadãos são-tomenses residentes no estrangeiro gozam do cuidado e da proteção do Estado.

Artigo 17º – Estrangeiros em São Tomé e Príncipe

1. Os estrangeiros e os apátridas que residam ou se encontram em São Tomé e Príncipe gozam dos mesmos direitos e estão sujeitos aos mesmos deveres que o cidadão são-tomense, exceto no que se refere aos direitos políticos, ao exercí-

cio das funções públicas e aos demais direitos e deveres expressamente reservados por lei ao cidadão nacional.

2. O exercício de funções públicas só poderá ser permitido aos estrangeiros desde que tenham caráter predominantemente técnico, salvo acordo ou convenção internacional.

3. A lei pode atribuir aos cidadãos estrangeiros residentes no território nacional, em condições de reciprocidade, capacidade eleitoral ativa e passiva para eleição dos titulares de órgãos das autarquias locais.

Artigo 18º – Âmbito e sentido dos direitos

1. Os direitos consagrados nesta Constituição não excluem quaisquer outros que sejam previstos nas leis ou em regras de Direito Internacional.

2. Os preceitos relativos a direitos fundamentais são interpretados e integrados de harmonia com a Declaração Universal dos Direitos do Homem.

Artigo 19º – Restrição e suspensão

1. O exercício dos direitos fundamentais só pode ser restringido nos casos previstos na Constituição e suspenso na vigência de estado de sítio ou de estado de emergência, declarados nos termos da Constituição e da lei.

2. Nenhuma restrição ou suspensão de direitos pode ser estabelecida para além do estritamente necessário.

Artigo 20º – Acesso aos tribunais

Todo o cidadão tem o direito de recorrer aos tribunais contra os atos que violem os seus direitos reconhecidos pela Constituição e pela lei, não podendo a justiça ser denegada por insuficiência de meios económicos.

Artigo 21º – Deveres e limites aos direitos

Os cidadãos têm deveres para com a sociedade e o Estado, não podendo exercer os seus direitos com violação dos direitos dos outros cidadãos e desrespeito das justas exigências da moral, da ordem pública e da independência nacional definidas na lei.

TÍTULO II – Direitos pessoais

Artigo 22º – Direito à vida

1. A vida humana é inviolável.

2. Em caso algum haverá pena de morte.

Artigo 23º Direito à integridade pessoal

1. A integridade moral e física das pessoas é inviolável.

2. Ninguém pode ser submetido a tortura, nem tratos ou penas cruéis, desumanos ou degradantes.

Artigo 24º – Direito à identidade e à intimidade

A identidade pessoal e a reserva da intimidade da vida privada e familiar são invioláveis.

Artigo 25º Inviolabilidade do domicílio e da correspondência

1. O domicílio e o sigilo da correspondência e dos outros meios de comunicação privada são invioláveis.

2. A entrada no domicílio dos cidadãos contra a sua vontade só pode ser ordenada pela autoridade judicial competente, nos casos e segundo as formas previstas na lei.

Artigo 26º – Família, casamento e filiação

1. Todos têm o direito de constituir família e de contrair casamento em condições de plena dignidade.

2. A lei regula os requisitos e os efeitos do casamento e da sua dissolução, por morte ou divórcio, independentemente da forma de celebração.

3. Os cônjuges têm iguais direitos e deveres quanto à capacidade civil e política e à manutenção e educação dos filhos.

4. Os filhos nascidos fora do casamento não podem, por esse motivo, ser objeto de qualquer discriminação.

5. Os pais têm o direito e o dever de educação e manutenção dos filhos.

Artigo 27º – Liberdade de consciência, de religião e de culto

1. A liberdade de consciência, de religião e de culto é inviolável.

2. Ninguém pode ser perseguido, privado de direito ou isento de obrigações ou deveres cívicos por causa das suas convicções ou prática religiosa.

3. Ninguém pode ser perguntado por qualquer autoridade acerca das suas convicções ou prática religiosa, salvo para escolha de dados estatísticos não individualmente identificáveis, nem ser prejudicado por se recusar a responder.

4. As confissões religiosas são livres no culto, no ensino e na sua organização.

Artigo 28º – Liberdade de criação cultural

É livre a criação intelectual, artística e científica.

Artigo 29º – Liberdade de expressão e informação

1. Todos têm o direito de exprimir e divulgar livremente o seu pensamento pela palavra, pela imagem ou por qualquer outro meio.

2. As infrações cometidas no exercício deste direito ficam submetidas aos princípios gerais de Direito Criminal, sendo a sua apreciação da competência dos tribunais.

Artigo 30º – Liberdade de imprensa

1. Na República Democrática de São Tomé e Príncipe é garantida a liberdade de imprensa, nos termos da lei.

2. O Estado garante um serviço público de imprensa independente dos interesses de grupos económicos e políticos.

Artigo 31º – Direito de aprender e liberdade de ensinar

1. É garantido o direito de aprender e a liberdade de ensinar.

2. O Estado não pode atribuir-se o direito de programar a educação e a cultura segundo quaisquer diretrizes filosóficas, políticas, ideológicas ou religiosas.

Artigo 32º – Liberdade de escolha de profissão

Todos têm o direito de escolher livremente a profissão ou o género de trabalho, salvas as restrições legais impostas pelo interesse coletivo ou inerentes à própria capacidade.

Artigo 33º – Direito de deslocação e de emigração

1. A todos os cidadãos é garantido o direito de se deslocarem e fixarem livremente em qualquer parte do território nacional.

2. A todos é garantido o direito de emigrar ou de sair do território nacional e o direito de regressar.

Artigo 34º – Direito de reunião e de manifestação

1. Os cidadãos têm o direito de se reunir, pacificamente e sem armas, mesmo em lugares abertos ao público.

2. A todos os cidadãos é reconhecido o direito de manifestação, nos termos da lei.

Artigo 35º – Liberdade de associação

1. Os cidadãos têm o direito de, livremente e sem dependência de qualquer autorização, constituir associações, desde que não sejam contrárias à lei penal ou não ponham em causa a Constituição e a independência nacional.

2. As associações prosseguem livremente os seus fins.

3. Ninguém pode ser obrigado a fazer parte de uma associação nem coagido por qualquer meio a permanecer nela.

Artigo 36º – Liberdade física e segurança

1. Todos têm direito à liberdade física e à segurança pessoal.

2. Ninguém pode ser privado da liberdade, a não ser nos casos previstos na lei e sempre por decisão ou com apreciação pelo tribunal competente.

Artigo 37º – Aplicação da lei penal

1. Ninguém pode ser sentenciado criminalmente senão em virtude de lei anterior que declare punível a ação ou a omissão, nem sofrer medida de segurança cujos pressupostos não estejam fixados em lei anterior.

2. Aplicam-se, porém, retroativamente as leis penais de conteúdo mais favorável ao arguido ou ao condenado.

Artigo 38º – Limites das penas e das medidas de segurança

1. Não pode haver penas nem medidas de segurança privativas ou restritivas da liberdade com caráter perpétuo ou duração ilimitada ou indefinida.

2. As penas são insuscetíveis de transmissão.

3. Nenhuma pena envolve como efeito necessário a perda de quaisquer direitos civis, profissionais ou políticos.

Artigo 39º – *Habeas corpus*

1. Em caso de prisão ou detenção ilegal resultante de abuso do poder, o cidadão tem direito a recorrer à providência de *habeas corpus.*

2. A providência de *habeas corpus* é interposta perante o tribunal e o seu processo é fixado pela lei.

Artigo 40º – Garantias de processo criminal

1. O processo criminal assegurará todas as garantias de defesa.

2. Todo o arguido se presume inocente até ao trânsito em julgado da sentença de condenação, devendo ser julgado no mais curto prazo compatível com as garantias de defesa.

3. O arguido tem direito a escolher defensor e a ser por ele assistido em todos os atos do processo, especificando a lei os casos e as fases em que essa assistência é obrigatória.

4. Toda a instrução é da competência de um magistrado, o qual pode, nos termos da lei, delegar noutras entidades a prática dos atos instrutórios que se não prendam diretamente com os direitos fundamentais.

5. O processo criminal tem estrutura acusatória, estando a audiência de julgamento e os atos instrutórios que a lei determinar subordinados ao princípio do contraditório.

6. São nulas todas as provas obtidas mediante tortura, coação, ofensa da integridade física ou moral da pessoa, abusiva intromissão na vida privada, no domicílio, na correspondência ou nas telecomunicações.

7. Nenhuma causa pode ser subtraída ao tribunal cuja competência esteja fixada em lei anterior.

Artigo 41º – Extradição, expulsão e direito de asilo

1. Não são admitidas a extradição e a expulsão dos cidadãos são-tomenses do território nacional.

2. Não é admitida a extradição por motivos políticos, nem por crimes a que corresponda pena de morte segundo o Direito do Estado requisitante.

3. A expulsão dos estrangeiros que tenham obtido autorização de residência só pode ser determinada por autoridade judicial, assegurando a lei formas expeditas de decisão.

4. É concedido asilo aos estrangeiros perseguidos ou gravemente ameaçados de perseguição, em virtude da sua atividade em favor dos direitos democráticos.

TÍTULO III – Direitos sociais e ordem económica, social e cultural

Artigo 42º – Direito ao trabalho

1. Todos têm direito ao trabalho.

2. O dever de trabalhar é inseparável do direito ao trabalho.

3. Incumbe ao Estado assegurar a igualdade de oportunidades na escolha da profissão ou género de trabalho e condições para que não seja vedado ou limitado, em função do sexo, o acesso a quaisquer cargos, trabalho ou categorias profissionais.

4. É garantido o direito ao exercício de profissões liberais nas condições previstas na lei.

Artigo 43º – Direitos dos trabalhadores

Todos os trabalhadores têm direito:

a) A retribuição do trabalho, segundo a quantidade, natureza e qualidade, observando-se o princípio de que para o trabalho igual salário igual, de forma a garantir uma existência condigna;

b) A liberdade sindical como forma de promover a sua unidade, defender os seus legítimos direitos e proteger os seus interesses;

c) A organização do trabalho em condições socialmente dignificantes, de forma a facultar a realização pessoal;

d) A prestação do trabalho em condições de higiene e segurança;

e) A um limite máximo da jornada de trabalho, ao descanso semanal e a férias periódicas pagas;

f) A greve, nos termos a ser regulados por lei, tendo em conta os interesses dos trabalhadores e da economia nacional.

Artigo 44º - Segurança social

1. O Estado garante a todo o cidadão, através do sistema de segurança social, o direito a proteção na doença, invalidez, velhice, viuvez, orfandade e noutros casos previstos na lei.

2. A organização do sistema de segurança social do Estado não prejudica a existência de instituições particulares, com vista à prossecução dos objetivos de segurança social.

Artigo 45º - Cooperativas

1. É garantido o direito de livre constituição de cooperativas.

2. O Estado estimula e apoia a criação e a atividade de cooperativas.

Artigo 46º - Propriedade intelectual

O Estado protege os direitos inerentes à propriedade intelectual, incluindo os direitos de autor.

Artigo 47º - Propriedade privada

1. A todos é garantido o direito à propriedade privada e à sua transmissão em vida ou por morte, nos termos da lei.

2. A requisição e a expropriação por utilidade pública só podem ser efetuadas com base na lei.

Artigo 48º - Empresas privadas

1. O Estado fiscaliza o respeito da lei pelas empresas privadas e protege as pequenas e médias empresas económica e socialmente viáveis.

2. O Estado pode autorizar o investimento estrangeiro, contando que seja útil ao desenvolvimento económico e social do País.

Artigo 49º - Habitação e ambiente

1. Todos têm direito à habitação e a um ambiente de vida humana e o dever de o defender.

2. Incumbe ao Estado programar e executar uma política de habitação inserida em planos de ordenamento do território.

Artigo 50º – Direito à proteção da saúde

1. Todos têm direito à proteção da saúde e o dever de a defender.

2. Incumbe ao Estado promover a saúde pública, que tem por objetivo o bem-estar físico e mental das populações e a sua equilibrada inserção no meio sócio-ecológico em que vivem, de acordo com o sistema nacional de saúde.

3. É permitido o exercício da medicina privada, nas condições fixadas por lei.

Artigo 51º – Família

1. A família, como elemento fundamental da sociedade, tem direito à proteção da sociedade e do Estado.

2. Incumbe, especialmente, ao Estado:

a) Promover a independência social e económica dos agregados familiares;

b) Promover a criação de uma rede nacional de assistência materno-infantil;

c) Cooperar com os pais na educação dos filhos.

Artigo 52º – Infância

As crianças têm direito ao respeito e à proteção da sociedade e do Estado, com vista ao seu desenvolvimento integral.

Artigo 53º – Juventude

Os jovens, sobretudo os jovens trabalhadores, gozam de proteção especial para efetivação dos seus direitos económicos, sociais e culturais.

Artigo 54º – Terceira idade

As pessoas idosas têm direito a condições de convívio familiar e segurança económica adequadas.

Artigo 55º – Educação

1. A educação, como direito reconhecido a todos os cidadãos, visa a formação integral do homem e a sua participação ativa na comunidade.

2. Compete ao Estado promover a eliminação do analfabetismo e a educação permanente, de acordo com um sistema nacional de ensino.

3. O Estado assegura o ensino básico obrigatório e gratuito.

4. O Estado promove gradualmente a igual possibilidade de acesso aos demais graus de ensino.

5. É permitido o ensino através de instituições particulares, nos termos da lei.

Artigo 56º – Cultura e desporto

1. Serão criadas condições para que todos os cidadãos tenham acesso à cultura e sejam incentivados a participar ativamente na sua criação e difusão.
2. O Estado preserva, defende e valoriza o património cultural do povo são-tomense.
3. Incumbe ao Estado encorajar e promover a prática e difusão dos desportos e da cultura física.

TÍTULO IV – Direitos e deveres cívico-políticos

Artigo 57º – Participação na vida pública

Todos os cidadãos têm o direito de tomar parte na vida política e na direção dos assuntos do País, diretamente ou por intermédio de representantes livremente eleitos.

Artigo 58º – Direito de sufrágio

Têm direito de sufrágio todos os cidadãos maiores de dezoito anos, ressalvadas as incapacidades previstas na lei geral.

Artigo 59º – Direito de acesso a cargos públicos

Todos os cidadãos têm o direito de acesso, em condições de igualdade e liberdade, aos cargos públicos.

Artigo 60º – Direito de petição

Todos os cidadãos têm o direito de apresentar, individual ou coletivamente, aos órgãos do poder político ou a quaisquer autoridades petições, representações, reclamações ou queixas para defesa dos seus direitos, da Constituição, das leis ou do interesse geral.

Artigo 61º – Direito de indemnização

Todo o cidadão tem direito a ser indemnizado por danos causados pelas ações ilegais e lesivas dos seus direitos e interesses legítimos, quer dos órgãos estatais, organizações sociais ou quer dos funcionários públicos.

Artigo 62º – Organizações cívicas

O Estado apoia e protege as organizações sociais reconhecidas por lei que, em correspondência com interesses específicos, enquadram e fomentam a participação cívica dos cidadãos.

Artigo 63º – Organizações políticas
1. Todo o cidadão pode constituir ou participar em organizações políticas reconhecidas por lei que enquadram a participação livre e plural dos cidadãos na vida política.
2. Lei especial regulará a formação dos partidos políticos.

Artigo 64º – Deveres com a defesa nacional
1. É honra e dever supremo do cidadão participar na defesa da soberania, independência e integridade territorial do Estado.
2. Todo o cidadão tem o dever de prestar serviço militar, nos termos da lei.
3. A traição à Pátria é crime punível com as sanções mais graves.

Artigo 65º – Impostos
1. Todos os cidadãos têm o dever de contribuir para as despesas públicas, nos termos da lei.
2. Os impostos visam a satisfação das necessidades financeiras do Estado e uma repartição justa dos rendimentos.

PARTE III
ORGANIZAÇÃO DO PODER POLÍTICO

TÍTULO I – Princípios gerais

Artigo 66º – Participação política dos cidadãos
A participação e o envolvimento direto e ativo dos cidadãos na vida política constitui condição fundamental de consolidação da República.

Artigo 67º – Órgãos de poder político
A formação, a composição, a competência e o funcionamento dos órgãos de poder político são definidos na Constituição.

Artigo 68º – Órgãos de soberania
São órgãos de soberania:
a) Presidente da República;
b) Assembleia Nacional;
c) Governo;
d) Tribunais.

Artigo 69º – Princípio da separação e interdependência dos poderes

1. Os órgãos de soberania devem observar os princípios da separação e interdependência estabelecidas na Constituição.

2. Nenhum órgão de soberania, de poder regional ou local pode delegar os seus poderes noutros órgãos, a não ser nos casos e nos termos expressamente previstos na Constituição e na lei.

Artigo 70º – Atos normativos

1. São atos legislativos as leis, os decretos-leis, os decretos, os decretos regionais e os decretos executivos regionais.

2. As leis e os decretos-leis têm igual valor, sem prejuízo da subordinação às correspondentes leis dos decretos-leis publicados no uso da autorização legislativa e dos que desenvolvam as bases gerais dos regimes jurídicos.

3. Os decretos regionais e os decretos executivos regionais versam sobre matérias de interesse específico para a Região Autónoma do Príncipe e não reservadas à Assembleia Nacional ou ao Governo, não podendo dispor contra os princípios fundamentais das leis gerais da República.

4. Os decretos-leis e os decretos versam sobre matéria respeitante à organização e funcionamento do Governo.

5. São leis gerais da República as leis e os decretos-leis cuja razão de ser envolva a sua aplicação sem reservas a todo o território nacional.

6. Nenhuma lei pode criar outras categorias de atos legislativos ou conferir a atos de outra natureza o poder de, com eficácia externa, interpretar, integrar, modificar, suspender ou revogar qualquer dos seus preceitos.

7. Os regulamentos devem indicar expressamente as leis que visam regulamentar ou que definem a competência subjetiva e objetiva para a sua emissão.

Artigo 71º – Referendo

1. Os cidadãos eleitores recenseados no território nacional, à exceção do disposto no numero 3 do artigo 17º, podem ser chamados a pronunciar-se diretamente, a título vinculativo, através de referendo, por decreto do Presidente da República, mediante proposta da Assembleia Nacional ou do Governo, em matérias das respetivas competências, nos casos e nos termos previstos na Constituição e na lei.

2. O referendo só pode ter por objeto questões de relevante interesse nacional que devam ser decididas pela Assembleia Nacional ou pelo Governo através da aprovação de convenção internacional ou de ato legislativo.

3. São excluídas do âmbito do referendo, designadamente, as alterações à Constituição, as matérias previstas no artigo 97º da Constituição e as questões e os atos de conteúdo orçamental, tributário ou financeiro.

4. Cada referendo recairá sobre uma só matéria, devendo as questões ser formuladas em termos de sim ou não, com objetividade, clareza e precisão, num número máximo de perguntas a fixar por lei, a qual determinará igualmente as demais condições da formulação e efetivação de referendos.

5. São excluídas a convocação e a efetivação de referendos entre a data da convocação e a da realização de eleições gerais para os órgãos de soberania, de membros da Assembleia Regional do Príncipe e dos órgãos do poder local.

6. O Presidente da República submete à fiscalização preventiva obrigatória da constitucionalidade e da legalidade as propostas de referendo que lhe tenham sido remetidas pela Assembleia Nacional ou pelo Governo.

7. São aplicáveis, com as necessárias adaptações, as normas relativas às eleições dos titulares dos órgãos efetivos de soberania.

8. As propostas do referendo recusadas pelo Presidente da República ou objeto de resposta negativa do eleitorado não podem ser renovadas na mesma sessão legislativa, salvo nova eleição da Assembleia Nacional, ou até à demissão do Governo.

Artigo 72º – Incompatibilidade

1. As funções de Presidente da República são incompatíveis com qualquer outra função pública ou privada.

2. As funções de Deputado à Assembleia Nacional, membros do Governo e de titular de órgãos de poder local estão sujeitas às incompatibilidades fixadas na lei.

Artigo 73º – Juramento

Ao serem empossados nas suas funções, os titulares dos órgãos do Estado prestam o seguinte juramento:

> «*Juro, por minha honra, cumprir e fazer cumprir a Constituição e as leis, defender a independência nacional, promover o progresso económico, social e cultural do Povo são-tomense e desempenhar com toda a lealdade e dedicação as funções que me são confiadas*».

Artigo 74º – Controlo e responsabilidade

1. Os titulares dos órgãos de poder político têm o dever de manter informados os cidadãos e as suas organizações acerca dos assuntos públicos, ficando sujeitos ao controlo democrático exercido através das formas de participação política estabelecidas na Constituição e na lei.

2. Os titulares de órgãos de poder político respondem política, civil e criminalmente pelas ações e omissões que pratiquem no exercício das suas funções.

Artigo 75º – Deliberações dos órgãos colegiais

As deliberações dos órgãos colegiais do poder político são tomadas de harmonia com os princípios da livre discussão e crítica e da aceitação da vontade da maioria.

Artigo 76º – Publicidade dos atos

1. A lei determina as formas de publicidade das leis e dos demais atos do poder político.
2. A falta de publicidade das leis implica a sua ineficácia jurídica.

TÍTULO II – Presidente da República

Artigo 77º – Funções

O Presidente da República é o Chefe do Estado e o Comandante Supremo das Forças Armadas, representa a República Democrática de São Tomé e Príncipe, garante a independência nacional e a unidade do Estado e assegura o regular funcionamento das instituições.

Artigo 78º – Eleição e posse

1. O Presidente da República é eleito por sufrágio universal, direto e secreto.
2. Só pode ser eleito Presidente da República o cidadão são-tomense de origem, filho de pai ou mãe são-tomense, maior de 35 anos, que não possua outra nacionalidade e que nos três anos imediatamente anteriores à data da candidatura tenha residência permanente no território nacional.
3. O Presidente da República eleito toma posse perante a Assembleia Nacional, no último dia do mandato do Presidente da República cessante ou, no caso de eleição por vagatura, no oitavo dia subsequente ao dia da publicação dos resultados eleitorais.

Artigo 79º – Mandato

1. O Presidente da República é eleito por cinco anos.
2. Em caso de vagatura, a eleição do novo Presidente da República far-se-á nos noventa dias subsequentes e este iniciará novo mandato.
3. Não é admitida a reeleição para um terceiro mandato consecutivo, nem durante o quinquénio imediatamente subsequente ao termo do segundo mandato consecutivo.
4. Se o Presidente da República renunciar ao cargo, não poderá candidatar-se nas eleições imediatas nem nas que se realizem no quinquénio imediatamente subsequente à renúncia.

Artigo 80º – Competência

Compete ao Presidente da República:

a) Defender a Constituição da República;

b) Exercer as funções de Comandante Supremo das Forças Armadas;

c) Marcar, de harmonia com a lei eleitoral, o dia das eleições para Presidente da República, para a Assembleia Nacional e para as assembleias do poder regional e local;

d) Convocar referendo a nível nacional e marcar a data da sua realização;

e) Promulgar as leis, os decretos-leis e decretos;

f) Indultar e comutar penas, ouvido o Governo;

g) Declarar o estado de sítio e de emergência, ouvido o Governo e depois de autorizado pela Assembleia Nacional;

h) Autorizar a participação das Forças Armadas são-tomenses em operações de paz em território estrangeiro ou a presença de Forças Armadas estrangeiras em território nacional, sob proposta do Governo, ouvido o Conselho de Estado e mediante o assentimento da Assembleia Nacional;

i) Requerer ao Tribunal Constitucional a fiscalização preventiva da constitucionalidade ou legalidade dos diplomas legais e dos tratados internacionais;

j) Conceder as condecorações do Estado.

Artigo 81º – Competência quanto a outros órgãos

Compete ao Presidente da República relativamente aos outros órgãos:

a) Presidir ao Conselho de Estado;

b) Presidir ao Conselho Superior de Defesa;

c) Presidir ao Conselho de Ministros, a solicitação do Primeiro-Ministro;

d) Convocar extraordinariamente a Assembleia Nacional sempre que razões imperiosas de interesse público o justifiquem;

e) Dissolver a Assembleia Nacional, observado o disposto no artigo 103º e ouvidos os partidos políticos que nela tenham assento;

f) Dirigir mensagem à Assembleia Nacional;

g) Nomear o Primeiro-Ministro, ouvidos os partidos políticos com assento na Assembleia Nacional e tendo em conta os resultados eleitorais;

h) Nomear e exonerar os membros do Governo, sob proposta do Primeiro-Ministro;

i) Demitir o Governo, nos termos do artigo 117º;

j) Nomear três membros do Conselho de Estado;

k) Nomear um juiz para o Tribunal Constitucional;

l) Nomear e exonerar o Procurador-Geral da República, sob proposta do Governo.

Artigo 82º – Competência nas relações internacionais

Compete ao Presidente da República no domínio das relações internacionais:

a) Representar o Estado nas relações internacionais;

b) Ratificar os tratados internacionais depois de devidamente aprovados;

c) Declarar guerra e fazer a paz, sob proposta do Governo, ouvido o Conselho de Estado e mediante a autorização da Assembleia Nacional;

d) Nomear e exonerar os embaixadores, sob proposta do Governo, e acreditar os representantes diplomáticos estrangeiros;

e) Conduzir, em concertação com o Governo, todo o processo negocial para conclusão de acordos internacionais na área da defesa e segurança.

Artigo 83º – Promulgação e veto

1. Os diplomas aprovados pela Assembleia Nacional e submetidos ao Presidente da República deverão ser por este promulgados no prazo de 15 dias a contar da data da sua receção.

2. Caso não se verifique a promulgação, o diploma será reapreciado pela Assembleia Nacional e se obtiver o voto favorável da maioria qualificada dos Deputados, deverá o Presidente da República promulgá-lo no prazo de oito dias.

3. Serão considerados juridicamente inexistentes os atos normativos do Governo referidos nas alíneas *c*) e *d*) do artigo 111º se no prazo de vinte dias após a sua receção não obtiverem a promulgação ou assinatura do Presidente da República.

Artigo 84º – Formas de decisão

No exercício das suas atribuições e competências, o Presidente da República decide sob a forma do decreto presidencial.

Artigo 85º – Ausência do território nacional

1. O Presidente da República não pode ausentar-se do território nacional sem assentimento da Assembleia Nacional ou da sua Comissão Permanente, se aquela não estiver em funcionamento.

2. O assentimento é dispensado nos casos de viagem sem caráter oficial de duração não superior a cinco dias, devendo, porém, o Presidente dar prévio conhecimento dela à Assembleia Nacional.

3. A inobservância do disposto no número 1 envolve, de pleno direito, a perda do cargo, mediante o respetivo processo, nos termos definidos por lei.

Artigo 86º – Responsabilidade criminal

1. Por crimes praticados no exercício das suas funções, o Presidente da República responde perante o Supremo Tribunal de Justiça.

2. A iniciativa do processo-crime cabe à Assembleia Nacional, mediante proposta de um quinto e deliberação aprovada por maioria de dois terços dos Deputados em efetividade de funções.

3. A condenação implica a destituição do cargo e a impossibilidade de reeleição.

4. Pelos crimes praticados fora do exercício das suas funções, o Presidente da República responde depois de findo o mandato perante os tribunais comuns.

Artigo 87º – Substituição interina

1. Durante o impedimento temporário do Presidente da República, bem como durante a vagatura do cargo até tomar posse do novo Presidente eleito, assumirá as funções o Presidente da Assembleia Nacional ou, no impedimento deste, o seu substituto.

2. Enquanto exercer interinamente as funções de Presidente da República, o mandato de Deputado do Presidente da Assembleia Nacional ou do seu substituto suspende-se automaticamente.

3. O Presidente interino não pode exercer as competências previstas na alíneas *f*) do artigo 80º e *e*) do artigo 81º.

TÍTULO III – Conselho de Estado

Artigo 88º – Definição e composição

1. O Conselho de Estado é o órgão político de consulta do Presidente da República.

2. O Conselho de Estado é presidido pelo Presidente da República e composto pelos seguintes membros:

a) O Presidente da Assembleia Nacional;

b) O Primeiro-Ministro;

c) O Presidente do Tribunal Constitucional;

d) O Procurador-Geral da República;

e) O Presidente da Governo Regional do Príncipe;

f) Os antigos Presidentes da República que não hajam sido destituídos do cargo;

g) Três cidadãos de reconhecida idoneidade e mérito, designados pelo Presidente da República pelo período correspondente à duração do seu mandato;

h) Três cidadãos eleitos pela Assembleia Nacional, de harmonia com o princípio da representação proporcional, pelo período correspondente à duração da legislatura.

Artigo 89º – Posse e mandato

1. Os membros do Conselho de Estado são empossados pelo Presidente da República.

2. Os membros do Conselho de Estado previstos nas alíneas *a*) a *e*) do número 2 do artigo anterior mantêm-se em funções enquanto exercerem os respetivos cargos e os previstos nas alíneas *g*) e *h*) mantêm-se em funções até à posse dos que os substituírem no exercício dos respetivos cargos.

Artigo 90º – Funcionamento e competência

1. As reuniões do Conselho de Estado não são públicas.

2. Compete ao Conselho de Estado:

a) Elaborar o seu regimento;

b) Pronunciar-se sobre a dissolução da Assembleia Nacional;

c) Pronunciar-se sobre a demissão do Governo, quando se torne necessário para assegurar o regular funcionamento das instituições democráticas;

d) Pronunciar-se sobre a declaração de guerra e a feitura da paz;

e) Pronunciar-se sobre os tratados que envolvam restrições da soberania, a participação do País em organizações internacionais de segurança coletiva ou militar;

f) Pronunciar-se sobre a participação das Forças Armadas em operações em território estrangeiro ou a presença de Forças Armadas estrangeiras em território nacional;

g) Pronunciar-se nos demais casos previstos na Constituição e, em geral, aconselhar o Presidente da República no exercício das suas funções, quando este lho solicitar.

3. As deliberações do Conselho de Estado não têm natureza vinculativa.

Artigo 91º – Forma e publicidade das deliberações

1. As deliberações do Conselho de Estado assumem a forma de pareceres.

2. Os pareceres do Conselho de Estado previstos nas alíneas *b*) a *e*) do número 2 do artigo 90º são emitidos na reunião que para o efeito for convocada pelo Presidente da República e tornados público aquando da prática do ato a que se referem.

TÍTULO IV – Assembleia Nacional

Artigo 92º – Funções

A Assembleia Nacional é o mais alto órgão representativo e legislativo do Estado.

Artigo 93º – Composição e eleição

1. A Assembleia Nacional é composta por Deputados eleitos, nos termos da lei.
2. Os Deputados representam todo o povo, e não apenas os círculos eleitorais por que são eleitos.
3. O número de membros da Assembleia Nacional é fixado pela lei.

Artigo 94º – Poderes dos Deputados

Os Deputados têm, designadamente, os seguintes poderes:

a) Discutir todas as questões de interesse nacional;

b) Apresentar projetos de lei, de resolução e de moção;

c) Fazer perguntas ao Governo, oralmente ou por escrito;

d) Propor a constituição de comissões de inquérito.

Artigo 95º – Imunidades

1. Nenhum Deputado pode ser incomodado, perseguido, detido, preso, julgado ou condenado pelos votos e opiniões que emitir no exercício das suas funções.
2. Salvo em caso de flagrante delito e por crime punível com prisão maior ou por consentimento da Assembleia Nacional ou da sua Comissão Permanente, os Deputados não podem ser perseguidos ou presos por crimes praticados fora do exercício das suas funções.

Artigo 96º – Direitos, regalias e deveres

1. Os direitos, regalias e deveres dos Deputados são regulados pela lei.
2. O Deputado que falte gravemente aos deveres pode ser destituído pela Assembleia Nacional, em voto secreto, por maioria de dois terços dos Deputados em efetividade de funções.

Artigo 97º – Competência

Compete à Assembleia Nacional:

a) Proceder à revisão constitucional;

b) Fazer leis e votar moções e resoluções;

c) Conferir ao Governo autorizações legislativas;

d) Ratificar os decretos-leis expedidos pelo Governo no uso de autorizações legislativas;

e) Nomear e exonerar, nos termos da lei, os juízes do Supremo Tribunal de Justiça;

f) Conceder amnistias;

g) Aprovar o Orçamento Geral do Estado;

h) Aprovar os planos de desenvolvimento e a respetiva lei;

i) Tomar as contas do Estado relativas a cada ano económico;

j) Aprovar os tratados que tenham por objetivo matéria de lei prevista no artigo 98º, os tratados que envolvam a participação de São Tomé e Príncipe em organizações internacionais, os tratados de amizade, de paz e de defesa e ainda quaisquer outros que o Governo entenda submeter-lhe;

k) Apreciar e aprovar o programa do Governo e controlar a sua execução;

l) Propor ao Presidente da República a exoneração do Primeiro-Ministro;

m) Autorizar o Presidente da República a declarar o estado de sítio ou de emergência;

n) Dar assentimento ao Presidente da República para autorizar a participação das Forças Armadas em operações em território estrangeiro ou à presença de Forças Armadas estrangeiras em território nacional, sob proposta do Governo;

o) Autorizar o Presidente da República a declarar a guerra e a fazer a paz;

p) Vigiar o cumprimento da Constituição e das leis e apreciar os atos do Governo e da Administração;

q) Apreciar, modificar ou anular os diplomas legislativos ou quaisquer medidas de caráter normativo adotadas pelo órgão do poder político que contrariem a presente Constituição;

r) Exercer as demais atribuições que lhe sejam cometidas pela Constituição e pela lei;

s) Votar moções de confiança e de censura ao Governo.

Artigo 98º – Reserva de competência legislativa

Compete exclusivamente à Assembleia Nacional legislar sobre as seguintes matérias:

a) Cidadania;

b) Direitos pessoais e políticos dos cidadãos;

c) Eleições e demais formas de participação política;

d) Organização judiciária e estatutos dos magistrados;

e) Estado de sítio e estado de emergência;

f) Organização da defesa nacional;

g) Setores de propriedade de meios de produção;

h) Impostos e sistemas fiscais;
i) Expropriação e requisição por utilidade pública;
j) Sistema monetário;
k) Definição dos crimes, penas e medidas de segurança e processo criminal;
l) Organização geral de Administração do Estado, salvo o disposto na alínea *c*) do artigo 111º;
m) Estatuto dos funcionários e responsabilidade civil da Administração;
n) Organização das autarquias locais;
o) Estado e capacidade das pessoas.

Artigo 99º – Processo legislativo e parlamentar

1. A iniciativa legislativa compete aos Deputados e ao Governo.
2. As deliberações da Assembleia Nacional assumem a forma de leis, resoluções e moções.

Artigo 100º – Autorizações legislativas

1. A Assembleia Nacional pode autorizar o Governo a legislar, por decreto-lei, sobre as matérias previstas no artigo 98º.
2. A autorização legislativa deve estabelecer o seu objeto, a sua extensão e a sua duração.
3. O termo da legislatura e a mudança de Governo acarretam a caducidade das autorizações legislativas concedidas.

Artigo 101º – Ratificação dos decretos-leis

Os decretos-leis publicados pelo Governo até um mês antes de cada sessão legislativa, no uso da competência legislativa delegada, são considerados ratificados se, nas primeiras cinco sessões plenárias da Assembleia Nacional posteriores à sua publicação, qualquer Deputado não requerer que sejam submetidos à ratificação.

Artigo 102º – Legislatura

A legislatura tem a duração de quatro anos e inicia-se com a tomada de posse de todos os seus membros.

Artigo 103º – Dissolução

1. A Assembleia Nacional pode ser dissolvida em caso de crise institucional grave que impeça o seu normal funcionamento, quando tal se torne necessário para o regular funcionamento das instituições democráticas, devendo o ato, sob pena de inexistência jurídica, ser precedido de parecer favorável do Conselho de Estado.

2. A Assembleia Nacional não pode ser dissolvida nos doze meses posteriores à sua eleição, no último semestre do mandato do Presidente da República ou durante a vigência do estado de sítio ou do estado de emergência.

3. A inobservância do disposto no número anterior determina a inexistência jurídica do decreto de dissolução.

4. A dissolução da Assembleia Nacional não prejudica a subsistência do mandato dos Deputados, nem da competência da Comissão Permanente, até à primeira reunião da Assembleia Nacional após as subsequentes eleições.

Artigo 104º – Organização interna

1. A Assembleia Nacional elabora e aprova o seu regimento e elege, na primeira reunião de cada legislatura, o seu Presidente e os demais membros da Mesa.

2. A Assembleia Nacional cria comissões permanentes especializadas em razão da matéria e pode constituir comissões eventuais para se ocuparem de assuntos determinados.

Artigo 105º – Sessões

1. A Assembleia Nacional reúne-se em duas sessões ordinárias por ano, sendo uma delas consagrada, nomeadamente, à apreciação do relatório de atividades do Governo e à discussão e votação do Orçamento Geral do Estado para o ano financeiro seguinte.

2. A Assembleia Nacional poderá reunir-se extraordinariamente nos casos previstos no seu Regimento ou a convocação do Presidente da República.

Artigo 106º – Presença de membros do Governo

Os membros do Governo podem tomar parte e usar da palavra nas reuniões plenárias da Assembleia, nos termos do Regimento.

Artigo 107º – Comissão Permanente

1. Fora dos períodos de funcionamento efetivo da Assembleia Nacional, durante o período em que ela se encontra dissolvida e nos restantes casos previstos na Constituição, funciona a Comissão Permanente da Assembleia Nacional.

2. A Comissão Permanente é presidida pelo Presidente da Assembleia Nacional e composta pelos Vice-Presidentes e por Deputados previstos no Regimento.

3. Compete à Comissão Permanente:

a) Acompanhar a atividade do Governo e da Administração;

b) Exercer os poderes da Assembleia relativamente ao mandato dos Deputados;

c) Promover a convocação da Assembleia sempre que tal seja necessário;

d) Preparar a abertura das sessões da Assembleia;

e) Dar assentimento à ausência do Presidente da República do território nacional.

TÍTULO V – Governo

Artigo 108º – Funções

O Governo é o órgão executivo e administrativo do Estado, cabendo-lhe conduzir a política geral do País.

Artigo 109º – Composição

1. O Governo é composto pelo Primeiro-Ministro, pelos Ministros e pelos Secretários de Estado.

2. O Primeiro-Ministro é o Chefe do Governo, competindo-lhe dirigir e coordenar a ação deste e assegurar a execução das leis.

Artigo 110º – Designação

1. O Primeiro-Ministro é nomeado pelo Presidente da República, ouvidos os partidos políticos representados na Assembleia Nacional e tendo em conta os resultados eleitorais.

2. Os Ministros e os Secretários de Estado são nomeados pelo Presidente da República, sob proposta do Primeiro-Ministro.

3. Só pode ser nomeado Primeiro-Ministro o cidadão são-tomense de origem, filho de pai ou mãe são-tomense, que não possua outra nacionalidade.

Artigo 111º – Competência

Compete ao Governo:

a) Definir e executar as atividades políticas, económicas, culturais, científicas, sociais, de defesa, segurança e relações externas inscritas no seu Programa;

b) Preparar os planos de desenvolvimento e o Orçamento Geral do Estado e assegurar a sua execução;

c) Legislar, por decretos-leis, decretos e outros atos normativos, em matéria respeitante à sua própria organização e funcionamento;

d) Fazer decretos-leis em matéria reservada à Assembleia Nacional, mediante autorização desta;

e) Negociar e concluir acordos e convenções internacionais;

f) Exercer iniciativa legislativa perante a Assembleia Nacional;

g) Dirigir a Administração do Estado, coordenando e controlando a atividade dos Ministérios e demais organismos centrais da Administração;

h) Propor a nomeação do Procurador-Geral da República;

i) Nomear os titulares de altos cargos civis e militares do Estado;

j) Propor à Assembleia Nacional a participação das Forças Armadas são-tomenses em operações de paz em território estrangeiro ou a presença de Forças Armadas estrangeiras no território nacional;

k) Propor ao Presidente da República a sujeição a referendo de questões de relevante interesse nacional, nos termos do artigo 71º;

l) Exercer a tutela administrativa sobre a Região Autónoma do Príncipe e sobre as autarquias, nos termos da lei;

m) Nomear e exonerar o Presidente do Governo Regional e os Secretários Regionais;

n) Dissolver as Assembleias Regional e Distritais, observados os princípios definidos na lei.

Artigo 112º – Conselho de Ministros

1. O Conselho de Ministros é constituído pelo Primeiro-Ministro e pelos Ministros.

2. Podem ser convocados para participar nas reuniões de Conselho de Ministros os Secretários de Estado.

3. As competências do Governo previstas nas alíneas *a*), *c*), *d*), *f*), *h*), *i*), *j*), *k*), *m*) e *n*) do artigo anterior são exercidas em Conselho de Ministros.

4. Poderá haver Conselhos de Ministros especializados em razão da matéria.

Artigo 113º – Responsabilidade do Governo

O Governo é responsável perante o Presidente da República e a Assembleia Nacional.

Artigo 114º – Responsabilidade dos membros do Governo

1. O Primeiro-Ministro é responsável perante o Presidente da República e, no âmbito da responsabilidade política do Governo, perante a Assembleia Nacional.

2. Os Ministros e os Secretários de Estado são responsáveis perante o Primeiro-Ministro e, no âmbito da responsabilidade política do Governo, perante a Assembleia Nacional.

Artigo 115º – Responsabilidade criminal dos membros do Governo

1. O membro do Governo acusado definitivamente por crime cometido no exercício das suas funções punível com pena de prisão superior a dois anos é suspenso, para efeitos de prosseguimento dos autos.

2. Em caso de acusação definitiva por crime punível com pena até dois anos, caberá à Assembleia Nacional decidir se o membro do Governo deve ou não ser suspenso, para os mesmos efeitos.

Artigo 116º – Apreciação do Programa do Governo

O Programa do Governo é submetido à apreciação da Assembleia Nacional, através de uma declaração do Primeiro-Ministro, no prazo máximo de trinta dias após a sua nomeação.

Artigo 117º – Demissão do Governo

1. Implicam a demissão do Governo:

a) O início de nova legislatura;

b) A aceitação pelo Presidente da República do pedido de demissão apresentado pelo Primeiro-Ministro;

c) A morte ou impossibilidade física duradoura do Primeiro-Ministro;

d) A rejeição do Programa do Governo;

e) A não aprovação de uma moção de confiança;

f) A aprovação de uma moção de censura por maioria absoluta dos Deputados em efetividade de funções.

2. Para além dos casos referidos no número anterior, o Presidente da República só pode demitir o Governo quando tal se torne necessário para assegurar o regular funcionamento das instituições democráticas, ouvido o Conselho de Estado.

Artigo 118º – Governo de gestão

1. No caso de demissão do Governo, este continua em exercício até à nomeação e posse do Primeiro-Ministro do novo Governo Constitucional.

2. Antes da apreciação do seu Programa pela Assembleia Nacional, ou após a sua demissão, o Governo limitar-se-á à prática de atos estritamente necessários à gestão corrente dos negócios públicos e à administração ordinária.

Artigo 119º – Solidariedade ministerial

Os membros do Governo estão vinculados ao Programa do Governo e às deliberações tomadas em Conselho de Ministros.

TÍTULO VI – Os Tribunais

Artigo 120º – Função jurisdicional

1. Os tribunais são órgãos de soberania com competência para administrar a justiça em nome do povo.

2. Na administração da justiça, incumbe aos tribunais assegurar a defesa dos direitos e interesses legalmente protegidos dos cidadãos, dirimir os conflitos de interesses públicos e privados e reprimir a violação das leis.

3. A lei poderá institucionalizar instrumentos e formas de composição não jurisdicional de conflitos.

Artigo 121º – Independência

Os tribunais são independentes e apenas estão sujeitos às leis.

Artigo 122º – Decisões dos tribunais

1. As decisões dos tribunais são fundamentadas nos casos e nos termos previstos na lei.

2. As decisões dos tribunais são obrigatórias para todas as entidades públicas e privadas e prevalecem sobre as de quaisquer outras autoridades.

Artigo 123º – Audiência dos tribunais

As audiências dos tribunais são públicas, salvo quando o próprio tribunal decidir o contrário, em despacho fundamentado, para salvaguarda da dignidade das pessoas e da moral pública ou para garantir o seu normal funcionamento.

Artigo 124º – Participação popular

A lei prevê e estimula formas adequadas de participação popular na administração de justiça.

Artigo 125º – Garantias dos juízes

1. Os juízes são inamovíveis, não podendo ser transferidos, suspensos, aposentados ou demitidos senão nos casos previstos na lei.

2. Os juízes não podem ser responsabilizados pelas suas decisões, salvo as exceções consignadas na lei.

Artigo 126º – Categorias de tribunais

1. Além do Tribunal Constitucional, existem as seguintes categorias de tribunais:

a) O Supremo Tribunal de Justiça e o Tribunal de Primeira Instância, o Tribunal Regional e os Tribunais Distritais;

b) O Tribunal de Contas.

2. Podem existir tribunais militares e arbitrais.

3. A lei determina os casos e as formas em que os tribunais previstos nos números anteriores se podem constituir, organizar e funcionar.

Artigo 127º – Supremo Tribunal de Justiça

O Supremo Tribunal de Justiça é a instância judicial suprema da República e cabe-lhe velar pela harmonia da jurisprudência.

Artigo 128º – Tribunais criminais

1. É proibida a existência de tribunais exclusivamente destinados aos julgamentos de certas categorias de crimes.
2. Excetuam-se do disposto no número anterior os tribunais militares, aos quais compete o julgamento dos crimes essencialmente militares definidos por lei.

Artigo 129º – Fiscalização da constitucionalidade

1. Nos feitos submetidos a julgamentos não podem os tribunais aplicar normas que infrinjam o disposto na Constituição ou nos princípios nela consagrados.
2. A questão da inconstitucionalidade pode ser levantada oficiosamente pelo tribunal, pelo Ministério Público ou por qualquer das partes.
3. Admitida a questão da inconstitucionalidade, o incidente sobe em separado para o Tribunal Constitucional, que decidirá.
4. As decisões tomadas em matéria de inconstitucionalidade pelo Tribunal Constitucional terão força obrigatória geral e serão publicadas no *Diário da República*.

Artigo 130º – Ministério Público

1. O Ministério Público fiscaliza a legalidade, representa, nos tribunais, o interesse público e social e é o titular da ação penal.
2. O Ministério Público organiza-se como uma estrutura hierarquizada, sob a direção do Procurador-Geral da República.

TÍTULO VII – Tribunal Constitucional

Artigo 131º – Definição

1. O Tribunal Constitucional é o tribunal ao qual compete especificamente administrar a justiça em matérias de natureza jurídico-constitucional.
2. O Tribunal Constitucional reúne-se quando haja matéria para julgar.

Artigo 132º – Composição e estatuto dos juízes

1. O Tribunal Constitucional é composto por cinco juízes, designados pela Assembleia Nacional.

2. Três de entre os juízes designados são obrigatoriamente escolhidos de entre magistrados e os demais, de entre juristas.

3. O mandato dos juízes do Tribunal Constitucional tem a duração de cinco anos.

4. O Presidente do Tribunal Constitucional é eleito pelos respetivos juízes.

5. Os juízes do Tribunal Constitucional gozam das garantias de independência, inamovibilidade, imparcialidade e irresponsabilidade.

6. A lei estabelece as imunidades e as demais regras relativas ao estatuto dos juízes do Tribunal Constitucional.

Artigo 133º – Competência

1. Compete ao Tribunal Constitucional apreciar a inconstitucionalidade e a ilegalidade, nos termos dos artigos 144º e seguintes.

2. Compete também ao Tribunal Constitucional:

a) Verificar a morte e a impossibilidade física permanente do Presidente da República, bem como verificar os impedimentos temporários do exercício das suas funções;

b) Verificar a perda do cargo do Presidente da República, nos casos previstos no número 3 do artigo 85º e no número 3 do artigo 86º;

c) Julgar em última instância a regularidade e a validade dos atos do processo eleitoral, nos termos da lei;

d) Verificar a morte e declarar a incapacidade para o exercício da função presidencial de qualquer candidato a Presidente da República, para efeitos do disposto no número 2 do artigo 78º;

e) Verificar a legalidade da constituição de partidos políticos e suas coligações, bem como apreciar a legalidade das suas denominações, siglas e símbolos, e ordenar a respetiva extinção, nos termos da Constituição e da lei;

f) Verificar previamente a constitucionalidade e a legalidade dos referendos nacionais, regionais e locais, incluindo a apreciação dos requisitos relativos ao respetivo universo eleitoral;

g) Julgar, a requerimento dos Deputados e dos membros das Assembleias Regional e Locais, nos termos da lei, os recursos relativos à perda do mandato e às eleições realizadas na Assembleia Nacional e nas Assembleias Regional e Locais;

h) Julgar as ações de impugnação de eleições e de deliberações de órgãos de partidos políticos que, nos termos da lei, sejam recorríveis.

3. Compete ainda ao Tribunal Constitucional exercer as demais funções que lhe sejam atribuídas pela Constituição e pela lei.

Artigo 134º – Organização e funcionamento

A lei estabelece as regras relativas à sede, organização e funcionamento do Tribunal Constitucional.

TÍTULO VIII – Administração Pública

Artigo 135º – Princípios gerais

1. A Administração Pública visa a prossecução do interesse público, no respeito pelos direitos e interesses legalmente protegidos dos cidadãos e pelas instituições constitucionais.
2. A Administração Pública será estruturada de modo a evitar a burocratização, a aproximar os serviços das populações e a assegurar a participação dos interessados na sua gestão efetiva.
3. A lei estabelece os direitos e garantias dos administrados, designadamente contra atos que lesem os seus direitos e interesses legalmente protegidos.

TÍTULO IX – Órgãos do Poder Regional e Local

Artigo 136º – Funções

1. Os órgãos do poder regional e local constituem a expressão organizada dos interesses específicos das respetivas comunidades pelos quais se reparte o Povo são-tomense.
2. Os órgãos do poder regional e local apoiam-se na iniciativa e na capacidade criadora das populações e atuam em estreita colaboração com as organizações de participação dos cidadãos.
3. Os órgãos do poder regional e local dispõem de finanças e património próprios, de acordo com a lei.

Artigo 137º – Região Autónoma do Príncipe

1. A Ilha do Príncipe e os ilhéus que a circundam constituem uma Região Autónoma, com estatuto político-administrativo próprio, tendo em conta a sua especificidade.
2. São órgãos da Região Autónoma do Príncipe a Assembleia Regional e o Governo Regional.

Artigo 138º – Autarquias locais

1. A organização democrática do Estado compreende a existência de autarquias locais, como órgãos do poder local, de acordo com a lei da divisão político-administrativa do País.

2. As autarquias locais são pessoas coletivas territoriais, dotadas de órgãos representativos, que visam a prossecução de interesses próprios das populações respetivas, sem prejuízo da participação do Estado.

Artigo 139º – Órgãos distritais

A organização das autarquias locais em cada distrito compreende uma Assembleia Distrital eleita e com poderes deliberativos e um órgão executivo colegial, denominado Câmara Distrital.

Artigo 140º – Composição e eleição das Assembleias Distritais

1. O número de membros de cada Assembleia Distrital é fixado pela lei.

2. Os membros das Assembleias Distritais são eleitos por sufrágio universal, direto e secreto dos cidadãos residentes.

Artigo 141º – Mandato

Os membros das Assembleias Distritais são eleitos por três anos e podem ter o seu mandato revogado por iniciativa popular, nos termos da lei.

Artigo 142º – Câmara Distrital

1. A Câmara Distrital, constituída por um presidente e vereadores, é um órgão executivo colegial do distrito, eleita de entre os membros de cada Assembleia Distrital.

2. A Câmara Distrital é responsável politicamente perante a Assembleia Distrital e pode ser destituída a todo o tempo, nos termos da lei.

Artigo 143º – Competência dos órgãos do poder regional e local

1. Compete, de forma genérica, aos órgãos do poder regional e local:

a) Promover a satisfação das necessidades básicas das respetivas comunidades;

b) Executar os planos de desenvolvimento;

c) Impulsionar a atividade de todas as empresas e outras entidades existentes no respetivo âmbito, com vista ao aumento de produtividade e ao progresso económico, social e cultural das populações;

d) Apresentar aos órgãos de poder político do Estado todas as sugestões e iniciativas conducentes ao desenvolvimento harmonioso da região autónoma e dos distritos.

2. As competências específicas e o modo de funcionamento desses órgãos são fixados por lei.

PARTE IV
GARANTIA E REVISÃO DA CONSTITUIÇÃO

TÍTULO I – Garantia da constitucionalidade

Artigo 144º – Inconstitucionalidade por ação

1. São inconstitucionais as normas que infrinjam o disposto na Constituição ou os princípios nela consignados.

2. A inconstitucionalidade orgânica ou formal de tratados internacionais regularmente ratificados não impede a aplicação das suas normas na ordem jurídica são-tomense, desde que tais normas sejam aplicadas na ordem jurídica de outra parte, salvo se tal inconstitucionalidade resultar de violação de uma disposição fundamental.

Artigo 145º – Fiscalização preventiva da constitucionalidade

1. O Presidente da República pode requerer ao Tribunal Constitucional a apreciação preventiva da constitucionalidade de qualquer norma constante de acordo ou tratado internacional que lhe tenha sido submetido para ratificação, de lei ou decreto-lei que lhe tenha sido enviado para a promulgação.

2. A apreciação preventiva da constitucionalidade deve ser requerida no prazo de oito dias a contar da data da receção do diploma.

3. Podem requerer ao Tribunal Constitucional a apreciação preventiva da constitucionalidade de qualquer norma constante de diploma que tenha sido enviado ao Presidente da República para promulgação como lei orgânica, além deste, o Primeiro-Ministro ou um quinto dos Deputados à Assembleia Nacional em efetividade de funções.

4. O Presidente da Assembleia Nacional, na data em que enviar ao Presidente da República diploma que deva ser promulgado como lei orgânica, dará disso conhecimento ao Primeiro-Ministro e aos Grupos Parlamentares da Assembleia Nacional.

5. A apreciação preventiva da constitucionalidade prevista no número 3 deve ser requerida no prazo de oito dias a contar da data prevista no número anterior.

6. Sem prejuízo do disposto no número 1, o Presidente da República não pode promulgar os diplomas a que se refere o número 4 sem que decorram oito dias após a respetiva receção ou antes de o Tribunal Constitucional sobre eles se ter pronunciado, quando a intervenção deste tiver sido requerida.

7. O Tribunal Constitucional deve pronunciar-se no prazo de vinte e cinco dias, o qual, no caso do número 1, pode ser encurtado pelo Presidente da República por motivo de urgência.

Artigo 146º – Efeitos da decisão

1. Se o Tribunal Constitucional se pronunciar pela inconstitucionalidade de norma constante de qualquer diploma ou acordo internacional, deverá o mesmo ser vetado pelo Presidente da República e devolvido ao órgão que o tiver aprovado.

2. No caso previsto no número 1, o diploma não poderá ser promulgado sem que o órgão que o tiver aprovado expurgue a norma julgada inconstitucional ou, quando for o caso disso, o confirme por maioria de dois terços dos Deputados presentes, desde que superior à maioria absoluta dos Deputados em efetividade de funções.

3. Se o diploma vier a ser reformulado, poderá o Presidente da República requerer a apreciação preventiva da inconstitucionalidade de qualquer das suas normas.

4. Se o Tribunal Constitucional se pronunciar pela inconstitucionalidade de norma constante de acordo ou tratado, este só poderá ser ratificado se a Assembleia Nacional vier a aprovar por maioria de dois terços dos Deputados presentes, desde que superior à maioria absoluta dos Deputados em efetividade de funções.

Artigo 147º – Fiscalização abstrata da constitucionalidade e da legalidade

1. O Tribunal Constitucional aprecia e declara, com força obrigatória geral:

a) A inconstitucionalidade de quaisquer normas;

b) A ilegalidade de quaisquer normas constantes de atos legislativos com fundamento em violação da lei com valor reforçado;

c) A ilegalidade de quaisquer normas constantes de diploma regional com fundamento em violação do Estatuto Político-Administrativo da Região Autónoma do Príncipe ou de lei geral da República;

d) A ilegalidade de quaisquer normas constantes de diplomas emanados dos órgãos de soberania com fundamento em violação dos direitos da Região Autónoma do Príncipe consagrados no seu Estatuto.

2. Podem requerer ao Tribunal Constitucional a declaração da inconstitucionalidade ou de ilegalidade, com força obrigatória geral:

a) O Presidente da República;

b) O Presidente da Assembleia Nacional;

c) O Primeiro-Ministro;

d) O Procurador-Geral da República;

e) Um décimo dos Deputados à Assembleia Nacional;

f) A Assembleia Legislativa Regional e o Presidente do Governo Regional do Príncipe.

3. O Tribunal Constitucional aprecia e declara ainda, com força obrigatória geral, a inconstitucionalidade ou a ilegalidade de qualquer norma, desde que tenha sido por ele julgada inconstitucional ou ilegal em três casos concretos.

Artigo 148º – Inconstitucionalidade por omissão

1. A requerimento do Presidente da República ou, com fundamento em violação de direitos da Região Autónoma do Príncipe, do Presidente da Assembleia Legislativa Regional, o Tribunal Constitucional aprecia e verifica o não cumprimento da Constituição por omissão das medidas legislativas necessárias para tornar exequíveis as normas constitucionais.

2. Quando o Tribunal Constitucional verificar a existência da inconstitucionalidade por omissão, dará disso conhecimento ao órgão legislativo competente.

Artigo 149º – Fiscalização concreta da constitucionalidade e da legalidade

1. Cabe recurso para o Tribunal Constitucional das decisões dos tribunais:

a) Que recusem a aplicação de qualquer norma com fundamento na sua inconstitucionalidade;

b) Que apliquem norma cuja inconstitucionalidade haja sido suscitada durante o processo.

2. Cabe igualmente recurso para o Tribunal Constitucional das decisões dos tribunais:

a) Que recusem a aplicação de norma constante de ato legislativo com fundamento na sua ilegalidade por violação de lei com valor reforçado;

b) Que recusem a aplicação de norma constante de diploma regional com fundamento na sua ilegalidade por violação do Estatuto Político-Administrativo da Região Autónoma do Príncipe ou de lei geral da República;

c) Que recusem a aplicação de norma constante de diploma emanado de um órgão de soberania com fundamento na ilegalidade por violação do Estatuto Político-Administrativo da Região Autónoma do Príncipe;

d) Que apliquem norma cuja ilegalidade haja sido suscitada durante o processo com qualquer dos fundamentos referidos nas alíneas *a*), *b*) e *c*).

3. Quando a norma cuja aplicação tiver sido recusada constar de convenção internacional, de ato legislativo ou de decreto regulamentar, os recursos previstos na alínea *a*) do número 1 e na alínea *a*) do número 2 deste artigo são obrigatórios para o Ministério Público.

4. Os recursos previstos nas alíneas *b*) e *d*) do número 2 só podem ser interpostos pela parte que haja suscitado a questão da inconstitucionalidade ou da ilegalidade, devendo a lei regular o regime de admissão desses recursos.

5. Cabe ainda recurso para o Tribunal Constitucional, obrigatório para o Ministério Público, das decisões dos tribunais que apliquem norma anteriormente julgada inconstitucional ou ilegal pelo próprio Tribunal Constitucional.

6. Os recursos para o Tribunal Constitucional são restritos à questão da inconstitucionalidade ou da ilegalidade, conforme os casos.

Artigo 150º – Efeitos da declaração de inconstitucionalidade ou de ilegalidade

1. A declaração de inconstitucionalidade ou de ilegalidade com força obrigatória geral produz efeitos desde a entrada em vigor da norma declarada inconstitucional ou ilegal e determina a repristinação das normas que ela, eventualmente, haja revogado.

2. Tratando-se, porém, de inconstitucionalidade ou de ilegalidade por infração de norma constitucional ou legal posterior, a declaração só produz efeitos desde a entrada em vigor desta última.

3. Ficam ressalvados os casos julgados, salvo decisão do Tribunal Constitucional quando a norma respeitar a matéria penal, disciplinar ou transgressão e for de conteúdo menos favorável ao arguido.

4. Quando a segurança jurídica, razões de equidade ou interesse público de excecional relevo, que deverá ser fundamentado, o exigirem, poderá o Tribunal Constitucional fixar efeitos da inconstitucionalidade ou da ilegalidade com alcance mais restrito do que o previsto nos números 1 e 2.

TÍTULO II – Revisão da Constituição

Artigo 151º – Iniciativa e tempo de revisão

1. A iniciativa da revisão cabe aos Deputados e aos Grupos Parlamentares.

2. A Assembleia Nacional pode rever a Constituição decorridos cinco anos sobre a data da publicação da última lei de revisão.

3. A Assembleia Nacional, independentemente de qualquer prazo temporal, pode assumir os poderes de revisão constitucional por maioria de três quartos dos Deputados em efetividade de funções.

4. Apresentado um projeto de revisão constitucional, quaisquer outros terão que ser apresentados no prazo de trinta dias.

Artigo 152º – Aprovação e promulgação das modificações

1. As alterações da Constituição são aprovadas por maioria de dois terços dos Deputados em efetividade de funções.

2. A Constituição, no seu novo texto, é publicada conjuntamente com a lei de revisão.

3. O Presidente da República não pode recusar a promulgação da lei de revisão.

Artigo 153º – Novo texto da Constituição

1. As alterações à Constituição são inseridas no lugar próprio, mediante as substituições, as supressões e os aditamentos necessários.

2. Depois de sistematizada, a Constituição, no seu novo texto, será publicada conjuntamente com a lei de revisão.

Artigo 154º – Limites materiais da revisão

Não podem ser objeto de revisão constitucional:

a) A independência, a integridade do território nacional e a unidade do Estado;

b) O estatuto laico do Estado;

c) A forma republicana de Governo;

d) Os direitos, liberdades e garantias dos cidadãos;

e) O sufrágio universal, direto, secreto e periódico para a eleição dos titulares dos órgãos de soberania e do poder regional e local;

f) A separação e interdependência dos órgãos de soberania;

g) A autonomia do poder regional e local;

h) A independência dos tribunais;

i) O pluralismo de expressão e de organização política, incluindo partidos políticos e o direito de oposição democrática.

Artigo 155º – Limites circunstanciais da revisão

Durante o estado de sítio ou de emergência não pode ser praticado nenhum ato de revisão constitucional.

PARTE V
DISPOSIÇÕES FINAIS E TRANSITÓRIAS

Artigo 156º – Supremo Tribunal de Justiça – Acumulação de funções de Tribunal Constitucional

1. Enquanto o Tribunal Constitucional não for legalmente instalado, a administração da justiça em matéria de natureza jurídico-constitucional passa a ser feita pelo Supremo Tribunal de Justiça, ao qual compete:

a) Apreciar a inconstitucionalidade e a ilegalidade, nos termos dos artigos 144º a 150º;

b) Exercer as competências previstas no artigo 133º.

2. Os acórdãos do Supremo Tribunal de Justiça, em matéria de natureza jurídico-constitucional, não são passíveis de recurso e são publicados no *Diário da República*, detendo força obrigatória geral, nos processos de fiscalização abstrata e concreta, quando se pronunciem no sentido da inconstitucionalidade.

Artigo 157º – Supremo Tribunal de Justiça – Composição enquanto acumular as funções de Tribunal Constitucional

1. Enquanto exercer as funções de Tribunal Constitucional, o Supremo Tribunal de Justiça é composto por cinco juízes, designados para um mandato de quatro anos, nos termos dos números seguintes, a saber:

a) Três juízes conselheiros do Supremo Tribunal de Justiça;

b) Um juiz nomeado pelo Presidente da República, de entre magistrados ou juristas elegíveis;

c) Um juiz eleito pela Assembleia Nacional, de entre os juristas elegíveis por dois terços dos votos dos Deputados presentes, desde que superior à maioria absoluta de votos dos Deputados em efetividade de funções.

2. Só podem ser designados juízes do Supremo Tribunal de Justiça, nos termos do presente artigo, os cidadãos nacionais de reputado mérito, licenciados em Direito e no pleno gozo dos seus direitos civis e políticos que, à data da designação, tenham exercido, pelo menos durante 5 anos, atividade profissional na magistratura ou em qualquer outra atividade forense e que preencham os demais requisitos estabelecidos por lei.

Artigo 158º – Legislação em vigor à data da independência

A legislação em vigor à data da independência nacional mantém transitoriamente a sua vigência em tudo o que não for contrário à presente Constituição e às restantes leis da República.

Artigo 159º – Data da Constituição

A Constituição da República Democrática de São Tomé e Príncipe tem a data da sua aprovação em reunião conjunta do Bureau Político do MLSTP e a Assembleia Constituinte em 5 de novembro de 1975, publicado no *Diário da República*, nº 39, de 15 de dezembro de 1975.

O Texto Primeiro da Lei Constitucional nº 1/80, publicado no *Diário da República* nº 7, de 7 de fevereiro – Primeira revisão Constitucional.

O Texto Segundo da Lei Constitucional nº 2/82, publicado no *Diário da República* nº 35, de 31 de dezembro de 1982 – Segunda revisão Constitucional.

Lei de Emenda Constitucional nº 1/87, de 31 de dezembro, publicada no 4º Suplemento ao *Diário da República* nº 13, de 31 de dezembro de 1987 – Terceira revisão Constitucional.

Texto terceiro da Lei Constitucional nº 7/90, publicado no *Diário da República* nº 13, de 20 de setembro de 1990 – Quarta revisão Constitucional.

Texto quarto da Lei Constitucional nº 1/2003, publicado no *Diário da República* nº 2, de 29 de janeiro de 2003 – Quinta revisão Constitucional.

Artigo 160º – Entrada em vigor

1. A presente Constituição entra em vigor no trigésimo dia posterior ao da sua publicação no *Diário da República*, à exceção do disposto nos números seguintes.

2. As disposições constantes dos artigos 80º, 81º e 82º entrarão em vigor à data do início do próximo mandato do Presidente da República.

3. Até à data da entrada em vigor dos artigos referidos no número anterior, respeitantes às competências do Presidente da República, os mesmos são substituídos por um único artigo 80º com a seguinte redação:

"**Artigo 80º – Competência**

Compete ao Presidente da República:

a) Defender a Constituição da República;

b) Dirigir a política externa do País e representar o Estado nas relações internacionais;

c) Dirigir a política de defesa e segurança;

d) Marcar, de harmonia com a lei eleitoral, o dia das eleições para Presidente da República, para a Assembleia Nacional e para as Assembleias do Poder Regional e Local;

e) Convocar extraordinariamente a Assembleia Nacional sempre que razões imperiosas de interesse público o justifiquem;

f) Dirigir mensagem à Assembleia Nacional;

g) Nomear, empossar e exonerar o Primeiro-Ministro;

h) Nomear, exonerar e empossar os restantes Membros do Governo, sob proposta do Primeiro-Ministro, e dar-lhes posse;

i) Presidir o Conselho de Ministros sempre que o entenda;

j) Nomear e exonerar o Procurador-Geral da República sob proposta do Governo;

k) Nomear e exonerar os embaixadores;

l) Acreditar os embaixadores estrangeiros;

m) Promulgar as leis, os decretos-leis e os decretos;

n) Indultar e comutar penas;

o) Dissolver a Assembleia Nacional, observado o disposto no artigo 103º e ouvidos os partidos políticos que nela tenham assento;

p) Declarar o estado de sítio e de emergência;

q) Declarar a guerra e fazer a paz;

r) Conceder as condecorações do Estado;

s) Exercer as demais funções que lhe forem atribuídas por lei."

Assembleia Nacional, em São Tomé, aos 6 de dezembro de 2002.

O Presidente da Assembleia Nacional, *Dionísio Tomé Dias*.

Promulgada em 25 de janeiro de 2003.

O Presidente da República, FRADIQUE BANDEIRA MELO DE MENEZES.

IV
Constituição da República de Cabo Verde de 1992[1]

PREÂMBULO

A proclamação da Independência Nacional constituiu-se num dos momentos mais altos da História da Nação Cabo-Verdiana. Fator de identidade e revitalização da nossa condição de povo, sujeito às mesmas vicissitudes do destino, mas comungando da tenaz esperança de criar nestas ilhas as condições de uma existência digna para todos os seus filhos, a Independência permitiu ainda que Cabo Verde passasse a membro de pleno direito da comunidade internacional.

No entanto, a afirmação do Estado independente não coincidiu com a instauração do regime de democracia pluralista, tendo antes a organização do poder político obedecido à filosofia e princípios caracterizadores dos regimes de partido único.

O exercício do poder no quadro desse modelo demonstrou, à escala universal, a necessidade de introduzir profundas alterações na organização da vida política e social dos Estados. Novas ideias assolaram o mundo fazendo ruir estruturas e conceções que pareciam solidamente implantadas, mudando completamente o curso dos acontecimentos políticos internacionais. Em Cabo Verde a abertura política foi anunciada em mil novecentos e noventa, levando à criação das condições institucionais necessárias às primeiras eleições legislativas e presidenciais num quadro de concorrência política.

Foi assim que a 28 de setembro a Assembleia Nacional Popular aprovou a Lei Constitucional nº 2/III/90 que, revogando o artigo 4º da Constituição e insti-

---

[1] Texto oficial integral, publicado no *Boletim Oficial da República de Cabo Verde*, 1ª série, nº 17, de 3 de maio de 2010, contendo a última versão do texto constitucional, publicado originalmente em 25 de setembro de 1992.

tucionalizando o princípio do pluralismo, consubstanciou um novo tipo de regime político.

Concebida como instrumento de viabilização das eleições democráticas e de transição para um novo modelo de organização da vida política e social do país, não deixou contudo de instituir um diferente sistema de governo e uma outra forma de sufrágio, em véspera de eleições para uma nova assembleia legislativa.

Foi nesse quadro que se realizaram as primeiras eleições legislativas em janeiro de 1991, seguidas, em fevereiro, de eleições presidenciais. A expressiva participação das populações nessas eleições demonstrou claramente a opção do país no sentido da mudança do regime político.

No entanto, o contexto histórico preciso em que, pela via da revisão parcial da Constituição, se reconheceu os partidos como principais instrumentos de formação da vontade política para a governação, conduziu a que a democracia pluralista continuasse a conviver com regras e princípios típicos do regime anterior.

Não obstante, a realidade social e política em que vivia, o país encontrava-se num processo de rápidas e profundas transformações, com assunção por parte das populações e forças políticas emergentes de valores que caracterizam um Estado de Direito Democrático, e que, pelo seu conteúdo, configuravam já um modelo material ainda não espelhado no texto da Constituição.

A presente Lei Constitucional pretende, pois, dotar o país de um quadro normativo que valerá, não especialmente pela harmonia imprimida ao texto, mas pelo novo modelo instituído. A opção por uma Constituição de princípios estruturantes de uma democracia pluralista, deixando de fora as opções conjunturais de governação, permitirá a necessária estabilidade a um país de fracos recursos e a alternância política sem sobressaltos.

Assumindo plenamente o princípio da soberania popular, o presente texto da Constituição consagra um Estado de Direito Democrático com um vasto catálogo de direitos, liberdades e garantias dos cidadãos, a conceção da dignidade da pessoa humana como valor absoluto e sobrepondo-se ao próprio Estado, um sistema de governo de equilíbrio de poderes entre os diversos órgãos de soberania, um poder judicial forte e independente, um poder local cujos titulares dos órgãos são eleitos pelas comunidades e perante elas responsabilizados, uma Administração Pública ao serviço dos cidadãos e concebida como instrumento do desenvolvimento e um sistema de garantia de defesa da Constituição característico de um regime de democracia pluralista.

Esta Lei Constitucional vem, assim, formalmente corporizar as profundas mudanças políticas operadas no país e propiciar as condições institucionais para o exercício do poder e da cidadania num clima de liberdade, de paz e de justiça, fundamentos de todo o desenvolvimento económico, social e cultural de Cabo Verde.

PARTE I
PRINCÍPIOS FUNDAMENTAIS

TÍTULO I - Da República

Artigo 1º - (República de Cabo Verde)

1. Cabo Verde é uma República soberana, unitária e democrática, que garante o respeito pela dignidade da pessoa humana e reconhece a inviolabilidade e inalienabilidade dos direitos humanos como fundamento de toda a comunidade humana, da paz e da justiça.

2. A República de Cabo Verde reconhece a igualdade de todos os cidadãos perante a lei, sem distinção de origem social ou situação económica, raça, sexo, religião, convicções políticas ou ideológicas e condição social e assegura o pleno exercício por todos os cidadãos das liberdades fundamentais.

3. A República de Cabo Verde assenta na vontade popular e tem como objetivo fundamental a realização da democracia económica, política, social e cultural e a construção de uma sociedade livre, justa e solidária.

4. A República de Cabo Verde criará progressivamente as condições indispensáveis à remoção de todos os obstáculos que possam impedir o pleno desenvolvimento da pessoa humana e limitar a igualdade dos cidadãos e a efetiva participação destes na organização política, económica, social e cultural do Estado e da sociedade cabo-verdiana.

Artigo 2º - (Estado de Direito Democrático)

1. A República de Cabo Verde organiza-se em Estado de Direito Democrático assente nos princípios da soberania popular, no pluralismo de expressão e de organização política democrática e no respeito pelos direitos e liberdades fundamentais.

2. A República de Cabo Verde reconhece e respeita, na organização do poder político, a natureza unitária do Estado, a forma republicana de governo, a democracia pluralista, a separação e a interdependência dos poderes, a separação entre as Igrejas e o Estado, a independência dos Tribunais, a existência e a autonomia do poder local e a descentralização democrática da Administração Pública.

Artigo 3º - (Soberania e constitucionalidade)

1. A soberania pertence ao povo, que a exerce pelas formas e nos termos previstos na Constituição.

2. O Estado subordina-se à Constituição e funda-se na legalidade democrática, devendo respeitar e fazer respeitar as leis.

3. As leis e os demais atos do Estado, do poder local e dos entes públicos em geral só serão válidos se forem conformes com a Constituição.

Artigo 4º – (Exercício do poder político)

1. O poder político é exercido pelo povo através do referendo, do sufrágio e pelas demais formas constitucionalmente estabelecidas.

2. Para além da designação por sufrágio dos titulares dos órgãos do poder político, estes poderão ser também designados pelos representantes do povo ou pela forma constitucional ou legalmente estabelecida.

Artigo 5º – (Cidadania)

1. São cidadãos cabo-verdianos todos aqueles que, por lei ou por convenção internacional, sejam considerados como tal.

2. O Estado poderá concluir tratados de dupla nacionalidade.

3. Os cabo-verdianos poderão adquirir a nacionalidade de outro país sem perder a sua nacionalidade de origem.

4. A lei regula a aquisição, a perda e a reaquisição da nacionalidade, bem como o seu registo e prova.

Artigo 6º – (Território)

1. O território da República de Cabo Verde é composto:

a) Pelas ilhas de Santo Antão, São Vicente, Santa Luzia, São Nicolau, Sal, Boa Vista, Maio, Santiago, Fogo e Brava, e pelos ilhéus e ilhotas que historicamente sempre fizeram parte do arquipélago de Cabo Verde;

b) Pelas águas interiores, as águas arquipelágicas e o mar territorial definidos na lei, assim como os respetivos leitos e subsolos;

c) Pelo espaço aéreo suprajacente aos espaços geográficos referidos nas alíneas anteriores.

2. Na sua zona contígua, na sua zona económica exclusiva e na plataforma continental, definidas na lei, o Estado de Cabo Verde tem direitos de soberania em matéria de conservação, exploração e aproveitamento dos recursos naturais, vivos ou não vivos, e exerce jurisdição nos termos do Direito interno e das normas do Direito Internacional.

3. Nenhuma parte do território nacional ou dos direitos de soberania que o Estado sobre ele exerce pode ser alienada pelo Estado.

Artigo 7º – (Tarefas do Estado)

São tarefas fundamentais do Estado:

a) Defender a independência, garantir a unidade, preservar, valorizar e promover a identidade da nação cabo-verdiana, favorecendo a criação das condições sociais, culturais, económicas e políticas necessárias;

b) Garantir o respeito pelos direitos humanos e assegurar o pleno exercício dos direitos e liberdades fundamentais a todos os cidadãos;

c) Garantir o respeito pela forma republicana do governo e pelos princípios do Estado de Direito Democrático;

d) Garantir a democracia política e a participação democrática dos cidadãos na organização do poder político e nos demais aspetos da vida política e social nacional;

e) Promover o bem estar e a qualidade de vida do povo cabo-verdiano, designadamente dos mais carenciados, e remover progressivamente os obstáculos de natureza económica, social, cultural e política que impedem a real igualdade de oportunidades entre os cidadãos, especialmente os fatores de discriminação da mulher na família e na sociedade;

f) Incentivar a solidariedade social, a organização autónoma da sociedade civil, o mérito, a iniciativa e a criatividade individual;

g) Apoiar a comunidade cabo-verdiana espalhada pelo mundo e promover no seu seio a preservação e o desenvolvimento da cultura cabo-verdiana;

h) Fomentar e promover a educação, a investigação científica e tecnológica, o conhecimento e a utilização de novas tecnologias, bem como o desenvolvimento cultural da sociedade caboverdiana;

i) Preservar, valorizar e promover a língua materna e a cultura cabo-verdianas;

j) Criar, progressivamente, as condições necessárias para a transformação e modernização das estruturas económicas e sociais por forma a tornar efetivos os direitos económicos, sociais e culturais dos cidadãos;

k) Proteger a paisagem, a natureza, os recursos naturais e o meio ambiente, bem como o património histórico-cultural e artístico nacional;

l) Garantir aos estrangeiros que habitem permanente ou transitoriamente em Cabo Verde, ou que estejam em trânsito pelo território nacional, um tratamento compatível com as normas internacionais relativas aos direitos humanos e o exercício dos direitos que não estejam constitucional ou legalmente reservados aos cidadãos cabo-verdianos.

Artigo 8º – (Símbolos nacionais)

1. A Bandeira, o Hino e as Armas Nacionais são símbolos da República de Cabo Verde e da soberania nacional.

2. A Bandeira Nacional é constituída por cinco retângulos dispostos no sentido do comprimento e sobrepostos.

a) Os retângulos superior e inferior são de cor azul, ocupando o superior uma superfície igual a metade da bandeira e o inferior um quarto;

b) Separando os dois retângulos azuis, existem três faixas, cada uma com a superfície igual a um duodécimo da área da Bandeira;

c) As faixas adjacentes aos retângulos azuis são de cor branca e a que fica entre estas é de cor vermelha;

d) Sobre os cinco retângulos, dez estrelas amarelas de cinco pontas, com o vértice superior na posição dos noventa graus, definem um círculo cujo centro se situa na interseção da mediana do segundo quarto vertical a contar da esquerda com a mediana do segundo quarto horizontal a contar do bordo inferior. A estrela mais próxima deste bordo está inscrita numa circunferência invisível cujo centro fica sobre a mediana da faixa azul inferior.

3. O Hino Nacional é o Cântico da Liberdade cujas letra e música se publicam em anexo à presente Constituição de que fazem parte integrante.

4. As Armas da República de Cabo Verde refletem uma composição radial que apresenta, do centro para a periferia, os seguintes elementos:

a) Um triângulo equilátero de cor azul sobre o qual se inscreve um facho de cor branca;

b) Uma circunferência limitando um espaço no qual se inscreve, a partir do ângulo esquerdo e até o direito do triângulo, as palavras «REPÚBLICA DE CABO VERDE»;

c) Três segmentos de reta de cor azul paralelos à base do triângulo, limitados pela primeira circunferência;

d) Uma segunda circunferência;

e) Um prumo de cor amarela, alinhado com o vértice do triângulo equilátero, sobreposto às duas circunferências na sua parte superior;

f) Três elos de cor amarela ocupando a base da composição, seguidos de duas palmas de cor verde e dez estrelas de cinco pontas de cor amarela dispostas simetricamente em dois grupos de cinco.

Artigo 9º – (Línguas oficiais)

1. É língua oficial o Português.

2. O Estado promove as condições para a oficialização da língua materna cabo-verdiana, em paridade com a língua portuguesa.

3. Todos os cidadãos nacionais têm o dever de conhecer as línguas oficiais e o direito de usá-las.

Artigo 10º – (Capital da República)

1. A Capital da República de Cabo Verde é a cidade da Praia, na ilha de Santiago.

2. A Capital da República goza de estatuto administrativo especial, nos termos da lei.

TÍTULO II – Relações Internacionais e Direito Internacional

Artigo 11º – (Relações internacionais)

1. O Estado de Cabo Verde rege-se, nas relações internacionais, pelos princípios da independência nacional, do respeito pelo Direito Internacional e pelos direitos humanos, da igualdade entre os Estados, da não ingerência nos assuntos internos dos outros Estados, da reciprocidade de vantagens, da cooperação com todos os outros povos e da coexistência pacífica.

2. O Estado de Cabo Verde defende o direito dos povos à autodeterminação e independência, apoia a luta dos povos contra qualquer forma de dominação ou opressão política ou militar e participa no combate internacional contra o terrorismo e a criminalidade organizada transnacional.

3. O Estado de Cabo Verde preconiza a abolição de todas as formas de dominação, opressão e agressão, o desarmamento e a solução pacífica dos conflitos, bem como a criação de uma ordem internacional justa e capaz de assegurar a paz e a amizade entre os povos.

4. O Estado de Cabo Verde recusa a instalação de bases militares estrangeiras no seu território.

5. O Estado de Cabo Verde presta às Organizações Internacionais nomeadamente à Organização das Nações Unidas e à União Africana, a colaboração necessária para a resolução pacífica dos conflitos e para assegurar a paz e a justiça internacionais, bem como o respeito pelos direitos humanos pelas liberdades fundamentais e apoia todos os esforços da comunidade internacional tendentes a garantir o respeito pelos princípios consagrados na Carta das Nações Unidas.

6. O Estado de Cabo Verde mantém laços especiais de amizade e de cooperação com os países de língua oficial portuguesa e com os países de acolhimento de emigrantes cabo-verdianos.

7. O Estado de Cabo Verde empenha-se no reforço da identidade, da unidade e da integração africanas e no fortalecimento das ações de cooperação a favor do desenvolvimento, da democracia, do progresso e bem-estar dos povos, do respeito pelos direitos humanos, da paz e da justiça.

8. O Estado de Cabo Verde pode, tendo em vista a realização de uma justiça internacional que promova o respeito pelos direitos da pessoa humana e dos povos, aceitar a jurisdição do Tribunal Penal Internacional, nas condições de complementaridade e demais termos estabelecidos no Estatuto de Roma.

Artigo 12º – (Receção dos tratados e acordos na ordem jurídica interna)

1. O Direito Internacional geral ou comum faz parte integrante da ordem jurídica cabo-verdiana.

2. Os tratados e acordos internacionais, validamente aprovados ou ratificados, vigoram na ordem jurídica cabo-verdiana após a sua publicação oficial e entrada em vigor na ordem jurídica internacional e enquanto vincularem internacionalmente o Estado de Cabo Verde.

3. Os atos jurídicos emanados dos órgãos competentes das organizações supranacionais de que Cabo Verde seja parte vigoram diretamente na ordem jurídica interna, desde que tal esteja estabelecido nas respetivas convenções constitutivas.

4. As normas e os princípios do Direito Internacional geral ou comum e do Direito Internacional convencional validamente aprovados ou ratificados têm prevalência, após a sua entrada em vigor na ordem jurídica internacional e interna, sobre todos os atos legislativos e normativos internos de valor infraconstitucional.

Artigo 13º – (Adesão e desvinculação de tratados ou acordos internacionais)

1. A adesão do Estado de Cabo Verde a qualquer tratado ou acordo internacional deve ser previamente aprovada pelo órgão constitucionalmente competente para o efeito.

2. A cessação de vigência dos tratados ou acordos internacionais por acordo, denúncia ou recesso, renúncia ou qualquer outra causa permitida internacionalmente, com exceção da caducidade, seguirá o processo previsto para a sua aprovação.

Artigo 14º – (Acordos em forma simplificada)

Os Acordos em forma simplificada, que não carecem de ratificação, são aprovados pelo Governo, mas unicamente versarão matérias compreendidas na competência administrativa deste órgão.

PARTE II
DIREITOS E DEVERES FUNDAMENTAIS

TÍTULO I – Princípios gerais

Artigo 15º – (Reconhecimento da inviolabilidade dos direitos, liberdades e garantias)

1. O Estado reconhece como invioláveis os direitos e liberdades consignados na Constituição e garante a sua proteção.

2. Todas as autoridades públicas têm o dever de respeitar e de garantir o livre exercício dos direitos e das liberdades e o cumprimento dos deveres constitucionais ou legais.

Artigo 16º – (Responsabilidade das entidades públicas)

1. O Estado e as demais entidades públicas são civilmente responsáveis por ações ou omissões dos seus agentes praticadas no exercício de funções públicas ou por causa delas, e que, por qualquer forma, violem os direitos, liberdades e garantias com prejuízo para o titular destes ou de terceiros.

2. Os agentes do Estado e das demais entidades públicas são, nos termos da lei, criminal e disciplinarmente responsáveis por ações ou omissões de que resulte violação dos direitos, liberdades e garantias.

Artigo 17º – (Âmbito e sentido dos direitos, liberdades e garantias)

1. As leis ou convenções internacionais poderão consagrar direitos, liberdades e garantias não previstos na Constituição.

2. A extensão e o conteúdo essencial das normas constitucionais relativas aos direitos, liberdades e garantias não podem ser restringidos pela via da interpretação.

3. As normas constitucionais e legais relativas aos direitos fundamentais devem ser interpretadas e integradas de harmonia com a Declaração Universal dos Direitos do Homem.

4. Só nos casos expressamente previstos na Constituição poderá a lei restringir os direitos, liberdades e garantias.

5. As leis restritivas dos direitos, liberdades e garantias serão obrigatoriamente de caráter geral e abstrato, não terão efeitos retroativos, não poderão diminuir a extensão e o conteúdo essencial das normas constitucionais e deverão limitar-se ao necessário para a salvaguarda de outros direitos constitucionalmente protegidos.

Artigo 18º – (Força jurídica)

As normas constitucionais relativas aos direitos, liberdades e garantias vinculam todas as entidades públicas e privadas e são diretamente aplicáveis.

Artigo 19º – (Direito de resistência)

É reconhecido a todos os cidadãos o direito de não obedecer a qualquer ordem que ofenda os seus direitos, liberdades e garantias e de repelir pela força qualquer agressão ilícita, quando não seja possível recorrer à autoridade pública.

Artigo 20º – (Tutela dos direitos, liberdades e garantias)

1. A todos os indivíduos é reconhecido o direito de requerer ao Tribunal Constitucional, através de recurso de amparo, a tutela dos seus direitos, liber-

dades e garantias fundamentais, constitucionalmente reconhecidos, nos termos da lei e com observância do disposto nas alíneas seguintes:

a) O recurso de amparo só pode ser interposto contra atos ou omissões dos poderes públicos lesivos dos direitos, liberdades e garantias fundamentais, depois de esgotadas todas as vias de recurso ordinário;

b) O recurso de amparo pode ser requerido em simples petição, tem caráter urgente e o seu processamento deve ser baseado no princípio da sumariedade.

2. A todos é reconhecido o direito de exigir, nos termos da lei, indemnização pelos prejuízos causados pela violação dos seus direitos, liberdades e garantias.

Artigo 21º – (Provedor de Justiça)

1. Todos podem apresentar queixas, por ações ou omissões dos poderes públicos, ao Provedor de Justiça que as apreciará sem poder decisório, dirigindo aos órgãos competentes as recomendações necessárias para prevenir e reparar ilegalidades ou injustiças.

2. A atividade do Provedor de Justiça é independente dos meios graciosos e contenciosos previstos na Constituição e nas leis.

3. O Provedor de Justiça é um órgão independente, eleito pela Assembleia Nacional, pelo tempo que a lei determinar.

4. O Provedor de Justiça tem direito à cooperação de todos os cidadãos e de todos os órgãos e agentes do Estado e demais pessoas coletivas públicas ou privadas, bem como o direito de tornar públicas as suas recomendações pela comunicação social.

5. A lei regula a competência do Provedor de Justiça e a organização do respetivo serviço.

Artigo 22º – (Acesso à justiça)

1. A todos é garantido o direito de acesso à justiça e de obter, em prazo razoável e mediante processo equitativo, a tutela dos seus direitos ou interesses legalmente protegidos.

2. A todos é conferido, pessoalmente ou através de associações de defesa dos interesses em causa, o direito de promover a prevenção, a cessação ou a perseguição judicial das infrações contra a saúde, o ambiente, a qualidade de vida e o património cultural.

3. Todos têm direito de defesa, bem como à informação jurídica, ao patrocínio judiciário e a fazer-se acompanhar por advogado perante qualquer autoridade, nos termos da lei.

4. A justiça não pode ser denegada por insuficiência de meios económicos ou indevida dilação da decisão.

5. A lei define e assegura a adequada proteção do segredo de justiça.

6. Para defesa dos direitos, liberdades e garantias individuais, a lei estabelece procedimentos judiciais céleres e prioritários que assegurem a tutela efetiva e em tempo útil contra ameaças ou violações desses mesmos direitos, liberdades e garantias.

Artigo 23º – (Princípio da universalidade)

1. Todos os cidadãos gozam dos direitos, das liberdades e das garantias e estão sujeitos aos deveres estabelecidos na Constituição.

2. Os cidadãos cabo-verdianos que residam ou se encontrem no estrangeiro gozam dos direitos, liberdades e garantias e estão sujeitos aos deveres constitucionalmente consagrados que não sejam incompatíveis com a sua ausência do território nacional.

3. A lei poderá estabelecer restrições ao exercício de direitos políticos e ao acesso a certas funções ou cargos públicos por parte de cidadãos cabo-verdianos que o não sejam de origem.

Artigo 24º – (Princípio da igualdade)

Todos os cidadãos têm igual dignidade social e são iguais perante a lei, ninguém podendo ser privilegiado, beneficiado ou prejudicado, privado de qualquer direito ou isento de qualquer dever em razão de raça, sexo, ascendência, língua, origem, religião, condições sociais e económicas ou convicções políticas ou ideológicas.

Artigo 25º – (Estrangeiros e apátridas)

1. Com exceção dos direitos políticos e dos direitos e deveres reservados constitucional ou legalmente aos cidadãos nacionais, os estrangeiros e apátridas que residam ou se encontrem no território nacional gozam dos mesmos direitos, liberdades e garantias e estão sujeitos aos mesmos deveres que os cidadãos cabo-verdianos.

2. Os estrangeiros e apátridas podem exercer funções públicas de caráter predominantemente técnico, nos termos da lei.

3. Poderão ser atribuídos aos cidadãos dos países de língua ofi cial portuguesa direitos não conferidos aos estrangeiros e apátridas, exceto o acesso à titularidade dos órgãos de soberania, o serviço nas Forças Armadas e a carreira diplomática.

4. Aos estrangeiros e apátridas residentes no território nacional poderá ser atribuída, por lei, capacidade eleitoral ativa e passiva para eleições dos titulares dos órgãos das autarquias locais.

Artigo 26º – (Regime dos direitos, liberdades e garantias)

Os princípios enunciados neste título são aplicáveis aos direitos, liberdades e garantias individuais e direitos fundamentais de natureza análoga estabelecidos na Constituição ou consagrados por lei ou convenção internacional.

Artigo 27º – (Suspensão dos direitos, liberdades e garantias)

Os direitos, liberdades e garantias só poderão ser suspensos em caso de declaração do estado de sítio ou de emergência, nos termos previstos na Constituição.

TÍTULO II – Direitos, liberdades e garantias

CAPÍTULO I – Dos direitos, liberdades e garantias individuais

Artigo 28º – (Direito à vida e à integridade física e moral)

1. A vida humana e a integridade física e moral das pessoas são invioláveis.
2. Ninguém pode ser submetido a tortura, penas ou tratamentos cruéis, degradantes ou desumanos, e em caso algum haverá pena de morte.

Artigo 29º – (Direito à liberdade)

1. É inviolável o direito à liberdade.
2. São garantidas as liberdades pessoal, de pensamento, de expressão e de informação, de associação, de religião, de culto, de criação intelectual, artística e cultural, de manifestação e as demais consagradas na Constituição, no Direito Internacional geral ou convencional, recebido na ordem jurídica interna, e nas leis.
3. Ninguém pode ser obrigado a declarar a sua ideologia, religião ou culto, filiação política ou sindical.

Artigo 30º – (Direito à liberdade e segurança pessoal)

1. Todos têm direito à liberdade e segurança pessoal.
2. Ninguém pode ser total ou parcialmente privado da liberdade, a não ser em consequência de sentença judicial condenatória pela prática de atos puníveis por lei com pena de prisão ou de aplicação judicial de medida de segurança prevista na lei.
3. Excetua-se do princípio estabelecido no número anterior, a privação de liberdade, pelo tempo e nas condições determinadas na lei, num dos casos seguintes:

a) Detenção em flagrante delito;

b) Detenção ou prisão preventiva por fortes indícios da prática de crime doloso a que corresponda pena de prisão, cujo limite máximo seja superior a três anos, quando outras medidas cautelares processuais se mostrem insuficientes ou inadequadas;

c) Detenção por incumprimento das condições impostas ao arguido em regime de liberdade provisória;

d) Detenção para assegurar a obediência a decisão judicial ou a comparência perante autoridade judiciária competente para a prática ou cumprimento de ato ou decisão judicial;

e) Sujeição de menor a medidas tutelares socioeducativas decretadas por decisão judicial;

f) Prisão, detenção ou outra medida coativa sujeita a controlo judicial, de pessoa que tenha penetrado ou permaneça irregularmente no território nacional ou contra quem esteja em curso processo de extradição ou de expulsão;

g) Prisão disciplinar imposta a militares, com garantia de recurso para o tribunal competente, nos termos da lei, depois de esgotadas as vias hierárquicas;

h) Detenção de suspeitos, para efeitos de identificação, nos casos e pelo tempo mínimo estritamente necessários, fixados na lei;

i) Internamento de portador de anomalia psíquica em estabelecimento adequado, quando pelo seu comportamento se mostrar perigoso e for decretado ou confirmado por autoridade judicial competente.

4. Toda pessoa detida ou presa deve ser imediatamente informada, de forma clara e compreensível, das razões da sua detenção ou prisão e dos seus direitos constitucionais e legais, e autorizada a contactar advogado, diretamente ou por intermédio da sua família ou de pessoa da sua confiança.

5. A pessoa detida ou presa tem o direito à identificação dos responsáveis pela sua detenção ou prisão e pelo seu interrogatório.

6. A detenção ou prisão de qualquer pessoa e o local preciso onde se encontra são comunicados imediatamente à família do detido ou preso ou a pessoa por ele indicada, com a descrição sumária das razões que a motivaram.

Artigo 31º – (Prisão preventiva)

1. Qualquer pessoa detida deve ser apresentada, no prazo máximo de quarenta e oito horas, ao juiz competente, o qual é obrigado a:

a) Explicar-lhe claramente os factos que motivaram a sua detenção ou prisão;

b) Informá-la de forma clara e compreensível dos seus direitos e deveres, enquanto detida ou presa;

c) Interrogá-la e ouvi-la sobre os factos alegados para justificar a sua detenção ou prisão, na presença de defensor por ela livremente escolhido, dando-lhe oportunidade de se defender;

d) Proferir decisão fundamentada, validando ou não a detenção ou prisão.

2. A detenção ou prisão preventiva não se mantêm sempre que se mostre adequada ou suficiente aos fins da lei a sua substituição por medida cautelar processual mais favorável estabelecida na lei.

3. A decisão judicial que ordene ou mantenha a prisão preventiva, bem como o local onde esta vai ser cumprida, devem ser imediatamente comunicados a pessoa de família do detido ou preso, ou a pessoa de confiança, por ele indicada.

4. A prisão preventiva está sujeita aos prazos estabelecidos na lei, não podendo, em caso algum, ser superior a trinta e seis meses, contados a partir da data da detenção ou captura, nos termos da lei.

Artigo 32º – (Aplicação da lei penal)

1. A responsabilidade penal é intransmissível.

2. É proibida a aplicação retroativa da lei penal, exceto se a lei posterior for de conteúdo mais favorável ao arguido.

3. É proibida a aplicação de medidas de segurança cujos pressupostos não estejam fixados em lei anterior.

4. Não podem ser aplicadas penas ou medidas de segurança que não estejam expressamente cominadas em lei anterior.

5. Ninguém pode ser julgado mais de uma vez pela prática do mesmo crime, nem ser punido com pena que não esteja expressamente prevista na lei ou com pena mais grave do que a estabelecida na lei no momento da prática da conduta delituosa.

6. As medidas de segurança privativas da liberdade fundadas em grave anomalia psíquica de que resulte perigosidade podem ser sucessivamente prorrogadas por decisão judicial, enquanto se mantiver esse estado e desde que não seja medicamente possível ou aconselhável a adoção de outras medidas não restritivas da liberdade.

7. O disposto no número 2 não impede a punição, nos limites da lei interna, por ação ou omissão que, no momento da sua prática, seja considerada criminosa segundo os princípios e normas do Direito Internacional geral ou comum.

Artigo 33º – (Proibição da prisão perpétua ou de duração ilimitada)

Em caso algum haverá pena privativa da liberdade ou medida de segurança com caráter perpétuo ou de duração ilimitada ou indefi nida.

Artigo 34º – (Efeitos das penas e medidas de segurança)

Nenhuma pena ou medida de segurança tem, como efeito necessário, a perda dos direitos civis, políticos ou profissionais, nem priva o condenado dos seus direitos fundamentais, salvas as limitações inerentes ao sentido da condenação e às exigências específicas da respetiva execução.

Artigo 35º – (Princípios do processo penal)

1. Todo o arguido presume-se inocente até ao trânsito em julgado de sentença condenatória, devendo ser julgado no mais curto prazo compatível com as garantias de defesa.
2. A pessoa detida ou constituída arguida não pode ser obrigada a prestar declarações sobre os factos que lhe sejam imputados.
3. O arguido tem o direito de escolher livremente o seu defensor para o assistir em todos os atos do processo.
4. O defensor deve ser advogado, podendo o arguido, na falta daquele, ser assistido por qualquer outra pessoa da sua livre escolha, salvo nos casos em que, por lei, o patrocínio deva ser exercido por advogado.
5. Aos arguidos que por razões de ordem económica não possam constituir advogado será assegurada, através de institutos próprios, adequada assistência judiciária.
6. O processo penal tem estrutura basicamente acusatória, ficando os atos instrutórios que a lei determinar, a acusação, a audiência de julgamento e o recurso submetidos ao princípio do contraditório.
7. Os direitos de audiência e de defesa em processo criminal ou em qualquer processo sancionatório, incluindo o direito de acesso às provas da acusação, as garantias contra atos ou omissões processuais que afetem os seus direitos, liberdades e garantias, bem como o direito de recurso, são invioláveis e serão assegurados a todo o arguido.
8. São nulas todas as provas obtidas por meio de tortura, coação, ofensa à integridade física ou moral, abusiva intromissão na correspondência, nas telecomunicações, no domicílio ou na vida privada ou por outros meios ilícitos.
9. As audiências em processo criminal são públicas, salvo quando a defesa da intimidade pessoal, familiar ou social determinar a exclusão ou a restrição da publicidade.
10. Nenhuma causa pode ser subtraída ao tribunal cuja competência esteja fi xada em lei anterior.

Artigo 36º – (*Habeas corpus*)

1. Qualquer pessoa detida ou presa ilegalmente pode requerer *habeas corpus* ao tribunal competente.
2. Qualquer cidadão no gozo dos seus direitos políticos pode requerer *habeas corpus* a favor de pessoa detida ou presa ilegalmente.
3. O tribunal deve decidir sobre o pedido de *habeas corpus* no prazo máximo de cinco dias.
4. A lei regula o processo de *habeas corpus*, conferindo-lhe celeridade e máxima prioridade.

Artigo 37º – (Expulsão)

1. Nenhum cidadão cabo-verdiano pode ser expulso do país.

2. O estrangeiro ou o apátrida que haja sido autorizado a residir no país ou haja solicitado asilo só pode ser expulso por decisão judicial, nos termos da lei.

Artigo 38º – (Extradição)

1. Em caso algum é admitida a extradição quando requerida:

a) Por motivos políticos, étnicos ou religiosos ou por delito de opinião;

b) Por crime a que corresponda no Estado requerente pena de morte;

c) Sempre que, fundadamente, se admita que o extraditando possa vir a ser sujeito a tortura, tratamento desumano, degradante ou cruel.

2. Também não é admitida a extradição de cidadãos cabo-verdianos por crimes a que corresponda, segundo o Direito do Estado requerente, pena ou medida de segurança privativa ou restritiva da liberdade com caráter perpétuo ou de duração indefinida, salvo quando o mesmo Estado ofereça garantias de que tal pena ou medida de segurança não serão executadas.

3. Não é ainda admitida a extradição de cidadãos cabo-verdianos do território nacional, salvo quando se verifiquem, cumulativamente, as seguintes circunstâncias:

a) O Estado requerente admita a extradição de seus nacionais para o Estado de Cabo Verde e consagre garantias de um processo justo e equitativo;

b) Nos casos de terrorismo e de criminalidade internacional organizada;

c) Tenha o extraditando adquirido ou readquirido a nacionalidade cabo-verdiana após o cometimento do facto tipificado na lei penal como crime, que tenha dado causa ao pedido de extradição.

4. Caso a extradição seja recusada, o extraditando responde perante os tribunais cabo-verdianos pelos crimes cometidos no estrangeiro, podendo ser convalidados os atos praticados no processo transmitido, como se tivessem sido praticados pelas ou perante autoridades cabo-verdianas, desde que tenham sido asseguradas garantias de defesa similares às previstas na ordem jurídica cabo-verdiana.

5. O disposto neste artigo não impede o exercício da jurisdição do Tribunal Penal Internacional, nas condições de complementaridade e demais termos estabelecidos no Estatuto de Roma.

6. A extradição só pode ser decretada por decisão judicial, nos termos da lei.

Artigo 39º – (Direito de asilo)

1. Os estrangeiros ou apátridas perseguidos por motivos políticos ou seriamente ameaçados de perseguição em virtude da sua atividade em prol da liber-

tação nacional, da democracia, ou do respeito pelos direitos do homem, têm direito de asilo no território nacional.

2. A lei define o estatuto do refugiado político.

Artigo 40º – (Direito à nacionalidade)

Nenhum cabo-verdiano de origem poderá ser privado da nacionalidade ou das prerrogativas da cidadania.

Artigo 41º – (Direito à identidade, à personalidade, ao bom nome, à imagem e à intimidade)

1. A todos são garantidos os direitos à identidade pessoal, ao desenvolvimento da personalidade e à capacidade civil, a qual só pode ser limitada por decisão judicial e nos casos e termos estabelecidos na lei.

2. Todo o cidadão tem direito ao bom nome, à honra e reputação, à imagem e à reserva da intimidade da sua vida pessoal e familiar.

Artigo 42º – (Direito de escolha de profissão e de acesso à Função Pública)

1. Todo o cidadão tem o direito de escolher livremente o seu ofício, trabalho ou profissão ou fazer a sua formação profissional, salvas as restrições legais impostas pelo interesse público ou inerentes à sua própria capacidade ou qualificação profissional.

2. Todos os cidadãos têm direito de acesso à função pública, em condições de igualdade, nos termos estabelecidos na lei.

3. Ninguém pode ser obrigado a um trabalho determinado, salvo para cumprimento de um serviço público geral e igual para todos ou em virtude de decisão judicial, nos termos da lei.

Artigo 43º – (Inviolabilidade do domicílio)

1. O domicílio é inviolável.

2. Ninguém pode entrar no domicílio de qualquer pessoa ou nele fazer busca, revista, ou apreensão contra a sua vontade, salvo quando munido de mandado judicial emitido nos termos da lei ou, ainda, em caso de flagrante delito, de desastre ou para prestar socorro.

3. A lei tipifica os casos em que pode ser ordenada por autoridade judicial competente a entrada, busca e apreensão de bens, documentos ou outros objetos em domicílio.

4. Não é permitida a entrada no domicílio de uma pessoa durante a noite, salvo:

a) Com o seu consentimento;

b) Para prestar socorro ou em casos de desastre ou outros que configurem estado de necessidade nos termos da lei;

c) Em flagrante delito, ou com mandado judicial que expressamente a autorize, em casos de criminalidade especialmente violenta ou organizada, designadamente, de terrorismo, tráfi co de pessoas, de armas e de estupefacientes.

5. O despacho judicial que ordenar as buscas domiciliárias noturnas deverá explicitar com clareza os factos e as circunstâncias que especialmente as motivam.

6. As buscas domiciliárias noturnas determinadas nos termos da alínea *c*) do número 4 deverão ser presididas por um magistrado do Ministério Público, salvo quando a lei processual penal imponha a presença de magistrado judicial.

Artigo 44º – (Inviolabilidade de correspondência e de telecomunicações)

É garantido o segredo da correspondência e das telecomunicações, salvo nos casos em que por decisão judicial proferida nos termos da lei do processo criminal for permitida a ingerência das autoridades públicas na correspondência ou nas telecomunicações.

Artigo 45º – (Utilização de meios informáticos e proteção de dados pessoais)

1. Todos os cidadãos têm o direito de acesso aos dados informatizados que lhes digam respeito, podendo exigir a sua retificação e atualização, bem como o direito de conhecer a finalidade a que se destinam, nos termos da lei.

2. É proibida a utilização dos meios informáticos para registo e tratamento de dados individualmente identificáveis relativos às convicções políticas, filosóficas ou ideológicas, à fé religiosa, à filiação partidária ou sindical ou à vida privada salvo:

a) Mediante consentimento expresso do titular;

b) Mediante autorização prevista por lei, com garantias de não discriminação;

c) Quando se destinem a processamento de dados estatísticos não individualmente identificáveis.

3. A lei regula a proteção de dados pessoais constantes dos registos informáticos, as condições de acesso aos bancos de dados, de constituição e de utilização por autoridades públicas e entidades privadas de tais bancos ou de suportes informáticos dos mesmos.

4. Não é permitido o acesso a arquivos, ficheiros, registos informáticos ou bases de dados para conhecimento de dados pessoais relativos a terceiros, nem a transferência de dados pessoais de um para outro ficheiro informático pertencente a distintos serviços ou instituições, salvo nos casos estabelecidos na lei ou por decisão judicial.

5. Em nenhum caso pode ser atribuído um número nacional único aos cidadãos.

6. A todos é garantido acesso às redes informáticas de uso público, definindo a lei o regime aplicável aos fluxos de dados transfronteiras e as formas

de proteção de dados pessoais e de outros cuja salvaguarda se justifique por razões de interesse nacional, bem como o regime de limitação do acesso, para defesa dos valores jurídicos tutelados pelo disposto no número 4 do artigo 48º.

7. Os dados pessoais constantes de ficheiros manuais gozam de proteção idêntica à prevista nos números anteriores, nos termos da lei.

Artigo 46º - (*Habeas data*)

1. A todo o cidadão é concedido *habeas data* para assegurar o conhecimento de informações constantes de ficheiros, arquivos ou registo informático que lhe digam respeito, bem como para ser informado do fim a que se destinam e para exigir a retificação ou atualização dos dados.

2. A lei regula o processo de *habeas data*.

Artigo 47º - (Casamento e filiação)

1. Todos têm direito de contrair casamento, sob forma civil ou religiosa.

2. A lei regula os requisitos e os efeitos civis do casamento e da sua dissolução, independentemente da forma de celebração.

3. Os cônjuges têm iguais direitos e deveres civis e políticos.

4. Os filhos só podem ser separados dos pais, por decisão judicial e sempre nos casos previstos na lei, se estes não cumprirem os seus deveres fundamentais para com eles.

5. Não é permitida a discriminação dos filhos nascidos fora do casamento, nem a utilização de qualquer designação discriminatória relativa à filiação.

6. É permitida a adoção, devendo a lei regular as suas formas e condições.

Artigo 48º - (Liberdades de expressão e de informação)

1. Todos têm a liberdade de exprimir e de divulgar as suas ideias pela palavra, pela imagem ou por qualquer outro meio, ninguém podendo ser inquietado pelas suas opiniões políticas, filosófi cas, religiosas ou outras.

2. Todos têm a liberdade de informar e de serem informados, procurando, recebendo e divulgando informações e ideias, sob qualquer forma, sem limitações, discriminações ou impedimentos.

3. É proibida a limitação do exercício dessas liberdades por qualquer tipo ou forma de censura.

4. As liberdades de expressão e de informação têm como limites o direito à honra e consideração das pessoas, o direito ao bom-nome, à imagem e à intimidade da vida pessoal e familiar.

5. As liberdades de expressão e de informação são ainda limitadas:

a) Pelo dever da proteção da infância e da juventude;

b) Pela proibição da apologia da violência, da pedofilia, do racismo, da xenofobia e de qualquer forma de discriminação, nomeadamente da mulher;

c) Pela interdição da difusão de apelos à prática dos atos referidos na alínea anterior.

6. As infrações cometidas no exercício da liberdade de expressão e informação farão o infrator incorrer em responsabilidade civil, disciplinar e criminal, nos termos da lei.

7. É assegurado a todas as pessoas singulares ou coletivas, em condições de igualdade e eficácia, o direito de resposta e de retificação, bem como o direito de indemnização pelos danos sofridos em virtude de infrações cometidas no exercício da liberdade de expressão e informação.

Artigo 49º – (Liberdade de consciência, de religião e de culto)

1. É inviolável a liberdade de consciência, de religião e de culto, todos tendo o direito de, individual ou coletivamente, professar ou não uma religião, ter uma convicção religiosa da sua escolha, participar em atos de culto e livremente exprimir a sua fé e divulgar a sua doutrina ou convicção, contanto que não lese os direitos dos outros e o bem comum.

2. Ninguém pode ser discriminado, perseguido, prejudicado, privado de direitos, beneficiado ou isento de deveres por causa da sua fé, convicções ou prática religiosas.

3. As igrejas e outras comunidades religiosas estão separadas do Estado e são independentes e livres na sua organização e exercício das suas atividades próprias, sendo consideradas parceiras na promoção do desenvolvimento social e espiritual do povo cabo-verdiano.

4. É garantida a liberdade de ensino religioso.

5. É garantida a liberdade de assistência religiosa nos estabelecimentos hospitalares, assistenciais, prisionais, bem como no seio das forças armadas, nos termos da lei.

6. É reconhecido às igrejas o direito à utilização de meios de comunicação social para a realização das suas atividades e fins, nos termos da lei.

7. É assegurada proteção aos locais de culto, bem como aos símbolos, distintivos e ritos religiosos, sendo proibida a sua imitação ou ridicularização.

8. É garantido o direito à objeção de consciência, nos termos da lei.

Artigo 50º – (Liberdade de aprender, de educar e de ensinar)

1. Todos têm a liberdade de aprender, de educar e de ensinar.

2. A liberdade de aprender, de educar e de ensinar compreende:

a) O direito de frequentar estabelecimentos de ensino e de educação e de neles ensinar sem qualquer discriminação, nos termos da lei;

b) O direito de escolher o ramo de ensino e a formação;

c) A proibição de o Estado programar a educação e o ensino segundo quaisquer diretrizes filosóficas, estéticas, políticas, ideológicas ou religiosas;

d) A proibição de ensino público confessional;

e) O reconhecimento às comunidades, às organizações da sociedade civil e demais entidades privadas e aos cidadãos, da liberdade de criar escolas e estabelecimentos de educação e de estabelecer outras formas de ensino ou educação privadas, em todos os níveis, nos termos da lei.

Artigo 51º – (Liberdade de deslocação e de emigração)

1. Todo o cidadão tem o direito de sair e de entrar livremente no território nacional, bem como o de emigrar.
2. Só por decisão judicial podem ser impostas restrições aos direitos acima enunciados, sempre com caráter temporário.

Artigo 52º – (Liberdade de associação)

1. É livre, não carecendo de qualquer autorização administrativa, a constituição de associações.
2. As associações prosseguem os seus fins livremente e sem interferência das autoridades.
3. A dissolução das associações ou a suspensão das suas atividades só podem ser determinadas por decisão judicial e nos termos da lei.
4. São proibidas as associações armadas ou de tipo militar ou paramilitar, e as que se destinam a promover a violência, o racismo, a xenofobia ou a ditadura ou que prossigam fins contrários à lei penal.
5. Ninguém pode ser obrigado a associar-se ou a permanecer associado.

Artigo 53º – (Liberdade de reunião e de manifestação)

1. Os cidadãos têm o direito de se reunir, pacificamente e sem armas, mesmo em lugares abertos ao público, sem necessidade de qualquer autorização.
2. A todos os cidadãos é reconhecido o direito de manifestação.
3. A reunião, quando ocorra em lugares abertos ao público, e a manifestação devem ser comunicadas previamente às autoridades competentes, nos termos da lei.

Artigo 54º – (Liberdade de criação intelectual, artística e cultural)

1. É livre a criação intelectual, cultural e científica, bem como a divulgação de obras literárias, artísticas e científicas.
2. A lei garante a proteção dos direitos de autor.

CAPÍTULO II – Direitos, liberdades e garantias de participação política e de exercício de cidadania

Artigo 55º – (Participação na vida pública)

1. Todos os cidadãos têm o direito de participar na vida política diretamente e através de representantes livremente eleitos.

2. São eleitores os cidadãos maiores, nos termos da lei.

3. O direito de voto não pode ser limitado senão em virtude das incapacidades estabelecidas na lei.

4. O Estado incentiva a participação equilibrada de cidadãos de ambos os sexos na vida política.

Artigo 56º – (Participação na direção dos assuntos públicos)

1. Todos os cidadãos têm o direito de aceder, em condições de igualdade e liberdade, às funções públicas e aos cargos eletivos, nos termos estabelecidos por lei.

2. Ninguém pode ser prejudicado na sua colocação, carreira, emprego ou atividade pública ou privada, nem nos benefícios sociais a que tenha direito, por desempenhar cargos públicos ou exercer os seus direitos políticos.

3. A lei garante a isenção e a independência do exercício dos cargos públicos só podendo, no acesso aos cargos eletivos, estabelecer as inelegibilidades necessárias para garantir a liberdade de escolha dos eleitores e a isenção e independência do seu exercício.

Artigo 57º – (Participação na organização do poder político – partidos políticos)

1. Todos os cidadãos têm o direito de constituir partidos políticos e de neles participar, concorrendo democraticamente para a formação da vontade popular e a organização do poder político, nos termos da Constituição e da lei.

2. É livre, não carecendo de autorização, a criação de partidos políticos, bem como a sua fusão e coligação, nos termos da Constituição e da lei.

3. Os partidos políticos não podem adotar denominações que, direta ou indiretamente, se identifiquem com qualquer parcela do território nacional ou com igreja, religião ou confissão religiosa ou que possam evocar nome de pessoa ou de instituição.

4. Os partidos políticos não podem, ainda, adotar emblemas, símbolos e siglas que sejam iguais ou confundíveis com os símbolos nacionais ou municipais.

5. É proibida a constituição de partidos que:

a) Tenham âmbito regional ou local ou se proponham objetivos programáticos do mesmo âmbito;

b) Se proponham utilizar meios subversivos ou violentos na prossecução dos seus fi ns;

c) Tenham força armada ou natureza para-militar.

6. Os partidos políticos devem respeitar a independência, a unidade nacional, a integridade territorial do país, o regime democrático, o pluripartidarismo, os direitos, as liberdades e as garantias fundamentais da pessoa humana.

7. Os partidos políticos regem-se por princípios de organização e expressão democráticas, devendo a aprovação dos respetivos programas e estatutos e a eleição periódica dos titulares dos órgãos nacionais de direção serem feitas diretamente pelos seus filiados ou por uma assembleia representativa deles.

8. Os partidos políticos só podem ser compulsivamente extintos por decisão judicial fundamentada em violação grave do disposto na Constituição ou na lei.

9. A lei regula a constituição, a organização, a fusão, a coligação e a extinção dos partidos políticos e define, designadamente, o regime do seu financiamento e prestação de contas, bem como os benefícios e facilidades a conceder-lhes pelo Estado e demais poderes públicos.

Artigo 58º – (Direito de antena, de resposta e de réplica políticas)

1. Os partidos políticos têm direito a tempo de antena no serviço público de rádio e de televisão, de acordo com a sua representatividade e segundo critérios objetivos definidos por lei .

2. Os partidos políticos representados na Assembleia Nacional e que não façam parte do Governo têm, nos termos da lei, direito de resposta ou de réplica política às declarações políticas do Governo, de duração e relevo, para o conjunto de partidos, iguais aos dos tempos de antena e das declarações do Governo.

3. O direito de antena pode também ser concedido, por lei, a parceiros sociais e às confissões religiosas, legalmente reconhecidos.

4. Nos períodos eleitorais os concorrentes têm, nos termos da lei, direito a tempos de antena regulares e equitativos em todas as estações de radiodifusão e televisão, qualquer que seja o âmbito destas ou a sua titularidade.

5. A lei regula os direitos de antena, de resposta e de réplica políticas estabelecidos neste artigo.

Artigo 59º – (Direito de petição e de ação popular)

1. Todos os cidadãos, individual ou coletivamente, têm o direito de apresentar, por escrito, aos órgãos de soberania ou do poder local e a quaisquer autoridades, petições, queixas, reclamações ou representações para defesa dos seus direitos, da Constituição, das leis ou do interesse geral e bem assim o

direito de serem informados em prazo razoável sobre os resultados da respetiva apreciação.

2. As petições apresentadas à Assembleia Nacional são submetidas ao Plenário nas condições previstas na lei.

3. É garantido, nos termos da lei, o direito de ação popular, designadamente para defesa do cumprimento do estatuto dos titulares de cargos públicos e para defesa do património do Estado e de demais entidades públicas.

Artigo 60º – (Liberdade de imprensa)

1. É garantida a liberdade de imprensa.

2. À liberdade de imprensa é aplicável o disposto no artigo 48º.

3. É assegurada a liberdade e a independência dos meios de comunicação social relativamente ao poder político e económico e a sua não sujeição a censura de qualquer espécie.

4. Nos meios de comunicação social do setor público é assegurada a expressão e o confronto de ideias das diversas correntes de opinião.

5. O Estado garante a isenção dos meios de comunicação do setor público, bem como a independência dos seus jornalistas perante o Governo, a Administração e os demais poderes públicos.

6. A criação ou fundação de jornais e outras publicações não carece de autorização administrativa, nem pode ser condicionada a prévia prestação de caução ou de qualquer outra garantia.

7. A criação ou fundação de estações de radiodifusão ou de televisão depende de licença a conferir mediante concurso público, nos termos da lei.

8. Aos jornalistas é garantido, nos termos da lei, o acesso às fontes de informação e assegurada a proteção da independência e sigilo profissionais, não podendo nenhum jornalista ser obrigado a revelar as suas fontes de informação.

9. O Estado assegura a existência e o funcionamento de um serviço público de radiodifusão e de televisão.

10. É obrigatória a divulgação da titularidade e dos meios de financiamento dos órgãos de comunicação social, nos termos da lei.

11. A apreensão de jornais ou de outras publicações só é permitida nos casos de infração à lei de imprensa ou quando neles não se indique os responsáveis pela publicação.

12. Cabe a uma autoridade administrativa independente assegurar a regulação da comunicação social e garantir, designadamente:

a) O direito à informação e à liberdade de imprensa;

b) A independência dos meios de comunicação social perante o poder político e o poder económico;

c) O pluralismo de expressão e o confronto de correntes de opinião;
d) O respeito pelos direitos, liberdades e garantias fundamentais;
e) O estatuto dos jornalistas;
f) O exercício dos direitos de antena, de resposta e de réplica políticas.

13. Os membros da autoridade administrativa independente são eleitos pela Assembleia Nacional.

14. A lei regula a organização, a composição, a competência e o funcionamento da autoridade administrativa independente da comunicação social.

CAPÍTULO III – Direitos, liberdades e garantias dos trabalhadores

Artigo 61º – (Direito ao trabalho)

1. Todos os cidadãos têm direito ao trabalho, incumbindo aos poderes públicos promover as condições para o seu exercício efetivo.

2. O dever de trabalhar é inseparável do direito ao trabalho.

Artigo 62º – (Direito à retribuição)

1. Os trabalhadores têm direito a justa retribuição segundo a quantidade, natureza e qualidade do trabalho prestado.

2. Por igual trabalho, o homem e a mulher percebem igual retribuição.

3. O Estado cria as condições para o estabelecimento de um salário mínimo nacional.

Artigo 63º – (Outros direitos)

1. Os trabalhadores têm, ainda, direito a:
a) Condições de dignidade, higiene, saúde e segurança no trabalho;
b) Um limite máximo da jornada de trabalho;
c) Descanso semanal;
d) Segurança social;
e) Repouso e lazer.

2. É proibido e nulo o despedimento por motivos políticos ou ideológicos.

3. O despedimento sem justa causa é ilegal, constituindo-se a entidade empregadora no dever de justa indemnização ao trabalhador despedido, nos termos da lei.

4. A lei estabelece especial proteção ao trabalho de menores, de portadores de deficiência e de mulheres durante a gravidez e pós-parto.

5. A lei garante à mulher condições de trabalho que facilitem o exercício da sua função maternal e familiar.

Artigo 64º – (Liberdade de associação profissional e sindical)

1. A todos os trabalhadores é reconhecida a liberdade de criação de associações sindicais ou de associações profissionais para defesa dos seus interesses e direitos coletivos ou individuais.

2. A criação de associações sindicais ou de associações profissionais não carece de autorização administrativa.

3. É garantido às associações sindicais e às associações profissionais plena autonomia organizacional, funcional e de regulamentação interna.

4. As associações sindicais e as associações profissionais deverão reger-se pelos princípios de organização e de gestão democráticas, baseados na ativa participação dos seus membros em todas as suas atividades e de eleição periódica e por escrutínio secreto dos seus órgãos.

5. As associações sindicais e as associações profissionais são independentes do patronato, do Estado, partidos políticos, Igreja ou confissões religiosas.

6. A lei regulará a criação, união, federação e extinção das associações sindicais e das associações profissionais e garantirá a sua independência e autonomia relativamente ao Estado, patronato, partidos e associações políticas, Igreja ou confissões religiosas.

7. A lei assegurará a adequada proteção aos representantes eleitos dos trabalhadores contra quaisquer limitações ao exercício das suas funções, perseguições ou ameaças no local onde trabalham.

Artigo 65º – (Liberdade de inscrição em sindicatos)

Ninguém é obrigado a inscrever-se em sindicato ou em associação profissional, a permanecer sindicalizado ou associado profissionalmente, nem a pagar quotizações para sindicato ou associação profissional em que não se encontre inscrito.

Artigo 66º – (Direitos dos sindicatos e associações profi ssionais)

1. Para defesa dos direitos e interesses dos trabalhadores, é reconhecido aos sindicatos o direito de, nos termos da lei, participar:

a) Nos organismos de concertação social;

b) Na definição da política de instituições de segurança social e de outras instituições que visem a proteção e a defesa dos interesses dos trabalhadores;

c) Na elaboração da legislação laboral.

2. Aos sindicatos compete celebrar os contratos coletivos de trabalho, nos termos da lei.

Artigo 67º – (Direito à greve e proibição do *lock-out*)

1. É garantido o direito à greve, cabendo aos trabalhadores decidir sobre a oportunidade de o exercer e sobre os interesses que com ele visam defender.

2. A lei regula o exercício do direito à greve e define as condições de prestação, durante a greve, de serviços necessários à segurança e manutenção de equipamentos e instalações, bem como de serviços mínimos indispensáveis para acorrer à satisfação de necessidades sociais impreteríveis.

3. É proibido o *lock-out*.

TÍTULO III – Direitos e deveres económicos, sociais e culturais

Artigo 68º – (Iniciativa privada)

A iniciativa privada exerce-se livremente no quadro definido pela Constituição e pela lei.

Artigo 69º – (Direito à propriedade privada)

1. É garantido a todos o direito à propriedade privada e à sua transmissão em vida ou por morte, nos termos da Constituição e da lei.

2. É garantido o direito à herança.

3. A requisição ou expropriação por utilidade pública só podem ser efetuadas com base na lei e sempre mediante o pagamento da justa indemnização.

Artigo 70º – (Direito à segurança social)

1. Todos têm direito à segurança social para sua proteção no desemprego, doença, invalidez, velhice, orfandade, viuvez e em todas as situações de falta ou diminuição de meios de subsistência ou de capacidade para o trabalho.

2. Incumbe ao Estado criar as condições para o acesso universal dos cidadãos à segurança social, designadamente:

a) Garantir a existência e o funcionamento eficiente de um sistema nacional de segurança social, com a participação dos contribuintes e das associações representativas dos beneficiários;

b) Apoiar, incentivar, regular e fiscalizar os sistemas privados de segurança social.

3. O Estado incentiva, regula e fiscaliza, nos termos da lei, a atividade das instituições particulares de solidariedade social e de outras de reconhecido interesse público, com vista à prossecução dos objetivos de solidariedade social consignados na Constituição.

Artigo 71º – (Direito à saúde)

1. Todos têm direito à saúde e o dever de a defender e promover, independentemente da sua condição económica.

2. O direito à saúde é realizado através de uma rede adequada de serviços de saúde e pela criação das condições económicas, sociais, culturais e ambientais que promovam e facilitem a melhoria da qualidade de vida das populações.

3. Para garantir o direito à saúde, incumbe ao Estado criar as condições para o acesso universal dos cidadãos aos cuidados de saúde, designadamente:

a) Assegurar a existência e o funcionamento de um sistema nacional de saúde;

b) Incentivar a participação da comunidade nos diversos níveis dos serviços de saúde;

c) Assegurar a existência de cuidados de saúde pública;

d) Incentivar e apoiar a iniciativa privada na prestação de cuidados de saúde preventiva, curativa e de reabilitação;

e) Promover a socialização dos custos dos cuidados médicos e medicamentosos;

f) Regular e fiscalizar a atividade e a qualidade da prestação dos cuidados de saúde;

g) Disciplinar e controlar a produção, a comercialização e o uso de produtos farmacológicos, e outros meios de tratamento e de diagnóstico.

Artigo 72º – (Direito à habitação)

1. Todos os cidadãos têm direito a habitação condigna.

2. Para garantir o direito à habitação, incumbe, designadamente, aos poderes públicos:

a) Promover a criação de condições económicas, jurídicas institucionais e infraestruturais adequadas, inseridas no quadro de uma política de ordenamento do território e do urbanismo;

b) Fomentar e incentivar a iniciativa privada na produção de habitação e garantir a participação dos interessados na elaboração dos instrumentos de planeamento urbanístico.

Artigo 73º – (Direito ao ambiente)

1. Todos têm direito a um ambiente sadio e ecologicamente equilibrado e o dever de o defender e valorizar.

2. Para garantir o direito ao ambiente, incumbe aos poderes públicos:

a) Elaborar e executar políticas adequadas de ordenamento do território, de defesa e preservação do ambiente e de promoção do aproveitamento racional de todos os recursos naturais, salvaguardando a sua capacidade de renovação e a estabilidade ecológica;

b) Promover a educação ambiental, o respeito pelos valores do ambiente, a luta contra a desertificação e os efeitos da seca.

Artigo 74º – (Direitos das crianças)

1. Todas as crianças têm direito à proteção da família, da sociedade e dos poderes públicos, com vista ao seu desenvolvimento integral.

2. As crianças têm direito a especial proteção em caso de doença, orfandade, abandono e privação de um ambiente familiar equilibrado.

3. As crianças têm ainda direito a especial proteção contra:

a) Qualquer forma de discriminação e de opressão;

b) O exercício abusivo da autoridade na família e nas demais instituições a que estejam confiadas;

c) A exploração de trabalho infantil;

d) O abuso e a exploração sexual.

4. É proibido o trabalho infantil.

5. A lei define os casos e condições em que pode ser autorizado o trabalho de menores.

6. A lei pune especialmente, como crimes graves, o abuso e exploração sexuais e o tráfico de crianças.

7. A lei pune, igualmente, como crimes graves as sevícias e os demais atos suscetíveis de afetar gravemente a integridade física e ou psicológica das crianças.

Artigo 75º – (Direitos dos jovens)

1. Os jovens têm direito a estímulo, apoio e proteção especiais da família, da sociedade e dos poderes públicos.

2. O estímulo, o apoio e a proteção especiais aos jovens têm por objetivos prioritários o desenvolvimento da sua personalidade e das suas capacidades físicas e intelectuais, do gosto pela criação livre e do sentido do serviço à comunidade, bem como a sua plena e efetiva integração em todos os planos da vida ativa.

3. Para garantir os direitos dos jovens, a sociedade e os poderes públicos fomentam e apoiam as organizações juvenis para a prossecução de fins culturais, artísticos, recreativos, desportivos e educacionais.

4. Também para garantir os direitos dos jovens, os poderes públicos, em cooperação com as associações representativas dos pais e encarregados de educação, as instituições privadas e organizações juvenis, elaboram e executam políticas de juventude tendo, designadamente, em vista:

a) A educação, a formação profissional e o desenvolvimento físico, intelectual e cultural dos jovens;

b) O acesso dos jovens ao primeiro emprego e à habitação;

c) O aproveitamento útil dos tempos livres dos jovens;

d) Assegurar a prevenção, o apoio e a recuperação dos jovens em relação à tóxico-dependência, ao alcoolismo, ao tabagismo e às doenças sexualmente transmissíveis e a outras situações de risco para os objetivos referidos no número 2.

Artigo 76º – (Direitos dos portadores de deficiência)

1. Os portadores de deficiência têm direito a especial proteção da família, da sociedade e dos poderes públicos.

2. Para efeitos do número anterior, incumbe aos poderes públicos, designadamente:

a) Promover a prevenção da deficiência, o tratamento, a reabilitação e a reintegração dos portadores de deficiência, bem como as condições económicas, sociais e culturais que facilitem a sua participação na vida ativa;

b) Sensibilizar a sociedade quanto aos deveres de respeito e de solidariedade para com os portadores de deficiência, fomentando e apoiando as respetivas organizações de solidariedade;

c) Garantir aos portadores de deficiência prioridade no atendimento nos serviços públicos e a eliminação de barreiras arquitetónicas e outras no acesso a instalações públicas e a equipamentos sociais;

d) Organizar, fomentar e apoiar a integração dos portadores de deficiência no ensino e na formação técnico-profissional.

Artigo 77º – (Direitos dos idosos)

1. Os idosos têm direito a especial proteção da família, da sociedade e dos poderes públicos.

2. Para garantir a proteção especial dos idosos e prevenir a sua exclusão social, incumbe aos poderes públicos, designadamente:

a) Promover as condições económicas, sociais e culturais que facilitem aos idosos a participação condigna na vida familiar e social;

b) Sensibilizar a sociedade e a família quanto aos deveres de respeito e de solidariedade para com os idosos, fomentando e apoiando as respetivas organizações de solidariedade;

c) Garantir aos idosos prioridade no atendimento nos serviços públicos e a eliminação de barreiras arquitetónicas e outras no acesso a instalações públicas e a equipamentos sociais.

Artigo 78º – (Direito à educação)

1. Todos têm direito à educação.

2. A educação, realizada através da escola, da família e de outros agentes, deve:

a) Ser integral e contribuir para a promoção humana, moral, social, cultural e económica dos cidadãos;

b) Preparar e qualificar os cidadãos para o exercício da atividade profissional, para a participação cívica e democrática na vida ativa e para o exercício pleno da cidadania;

c) Promover o desenvolvimento do espírito científico, a criação e a investigação científicas, bem como a inovação tecnológica;

d) Contribuir para a igualdade de oportunidade no acesso a bens materiais, sociais e culturais;

e) Estimular o desenvolvimento da personalidade, da autonomia, do espírito de empreendimento e da criatividade, bem como da sensibilidade artística e do interesse pelo conhecimento e pelo saber;

f) Promover os valores da democracia, o espírito de tolerância, de solidariedade, de responsabilidade e de participação.

3. Para garantir o direito à educação, incumbe ao Estado, designadamente:

a) Garantir o direito à igualdade de oportunidades de acesso e de êxito escolar;

b) Promover, incentivar e organizar a educação pré-escolar;

c) Garantir o ensino básico obrigatório, universal e gratuito, cuja duração será fixada por lei;

d) Promover a eliminação do analfabetismo e a educação permanente;

e) Promover a educação superior, tendo em conta as necessidades em quadros qualificados e a elevação do nível educativo, cultural e científico do país;

f) Criar condições para o acesso de todos, segundo as suas capacidades, aos diversos graus de ensino, à investigação científica e à educação e criação artísticas;

g) Organizar a ação social escolar;

h) Promover a socialização dos custos da educação;

i) Fiscalizar o ensino público e privado e velar pela sua qualidade, nos termos da lei;

j) Organizar e definir os princípios de um sistema nacional de educação, integrando instituições públicas e privadas;

k) Regular, por lei, a participação dos docentes, discentes, da família e da sociedade civil na definição e execução da política de educação e na gestão democrática da escola;

l) Fomentar a investigação científica fundamental e a investigação aplicada, preferencialmente nos domínios que interessam ao desenvolvimento humano sustentado e sustentável do país.

4. Aos poderes públicos cabe, ainda:

a) Organizar e garantir a existência e o regular funcionamento de uma rede de estabelecimentos públicos de ensino que cubra as necessidades de toda a população;

b) Promover a interligação da escola, da comunidade, e das atividades económicas, sociais e culturais;

c) Incentivar e apoiar, nos termos da lei, as instituições privadas de educação, que prossigam fins de interesse geral;

d) Promover a educação cívica e o exercício da cidadania;

e) Promover o conhecimento da história e da cultura cabo-verdianas e universais.

Artigo 79º – (Direito à cultura)

1. Todos têm direito à fruição e criação cultural, bem como o dever de preservar, defender e valorizar o património cultural.

2. Para garantir o direito à cultura, os poderes públicos promovem, incentivam e asseguram o acesso de todos os cidadãos à fruição e criação cultural, em colaboração com outros agentes culturais.

3. Para garantir o direito à cultura, incumbe especialmente ao Estado:

a) Corrigir as assimetrias e promover a igualdade de oportunidades entre as diversas parcelas do país no acesso efetivo aos bens de cultura;

b) Apoiar iniciativas que estimulem a criação individual e coletiva e a circulação de obras e bens culturais de qualidade;

c) Promover a salvaguarda e a valorização do património cultural, histórico e arquitetónico;

d) Assegurar a defesa e a promoção da cultura cabo-verdiana no mundo;

e) Promover a participação dos emigrantes na vida cultural do país e a difusão e valorização da cultura nacional no seio das comunidades cabo-verdianas emigradas;

f) Promover a defesa, a valorização e o desenvolvimento da língua materna caboverdiana e incentivar o seu uso na comunicação escrita;

g) Incentivar e apoiar as organizações de promoção cultural e as indústrias ligadas à cultura.

Artigo 80º – (Direito à cultura física e ao desporto)

1. A todos é reconhecido o direito à cultura física e ao desporto.

2. Para garantir o direito à cultura física e ao desporto, aos poderes públicos em colaboração com as associações, coletividades desportivas, escolas e demais agentes desportivos incumbe designadamente:

a) Estimular a formação de associações e coletividades desportivas;

b) Promover a infraestruturação desportiva do país;

c) Estimular, orientar e apoiar a prática e a difusão da cultura física e do desporto;

d) Prevenir a violência no desporto.

Artigo 81º – (Direitos dos consumidores)

1. Os consumidores têm direito à qualidade dos bens e serviços consumidos, à adequada informação, à proteção da saúde, da segurança e dos seus interesses

económicos, bem como à reparação dos danos sofridos pela violação de tais direitos.

2. Os poderes públicos fomentam e apoiam as associações de consumidores, devendo a lei proteger os consumidores e garantir a defesa dos seus interesses.

Artigo 82º – (Direitos da família)

1. A família é o elemento fundamental e a célula base de toda a sociedade.
2. A paternidade e maternidade são valores sociais eminentes.
3. Todos têm o direito de constituir família.
4. Os pais têm o direito e o dever de orientar e educar os filhos em conformidade com as suas opções fundamentais, tendo em vista o desenvolvimento integral da personalidade das crianças e adolescentes e respeitando os direitos a estes legalmente reconhecidos.
5. Os filhos menores têm o dever de obedecer aos pais e de acatar a sua autoridade exercida nos termos do número 4.
6. Os pais devem prestar assistência aos filhos menores ou incapacitados.
7. Os filhos maiores devem prestar assistência moral e material aos pais que se encontrem em situação de vulnerabilidade, designadamente por motivo de idade, doença ou carência económica.
8. A sociedade e os poderes públicos protegem a família e promovem a criação de condições que assegurem a estabilidade dos agregados familiares e permitam o cumprimento da sua função social e da sua missão de guardiã de valores morais reconhecidos pela comunidade, bem como a realização pessoal dos seus membros.
9. A lei pune a violência doméstica e protege os direitos de todos os membros da família

TÍTULO IV – Deveres fundamentais

Artigo 83º – (Deveres gerais)

1. Todo o indivíduo tem deveres para com a família, a sociedade e o Estado e, ainda, para com outras instituições legalmente reconhecidas.
2. Todo o indivíduo tem o dever de respeitar os direitos e liberdades de outrem, a moral e o bem comum.

Artigo 84º – (Deveres para com o seu semelhante)

Todo o indivíduo tem o dever de respeitar e considerar os seus semelhantes, sem discriminação de espécie alguma, e de manter com eles relações que permitam promover, salvaguardar e reforçar o respeito e a tolerância recíprocas.

Artigo 85º – (Deveres para com a Nação e a comunidade)

Todo o cidadão tem o dever de:

a) Respeitar a Constituição e as leis;

b) Ser fiel à Pátria e participar na sua defesa;

c) Honrar e respeitar os símbolos nacionais;

d) Promover a consolidação da unidade e coesão nacionais;

e) Servir as comunidades e coletividades em que se integra e o país, pondo ao seu serviço as suas capacidades físicas, morais e intelectuais;

f) Desenvolver uma cultura de trabalho e trabalhar, na medida das suas possibilidades e capacidades;

g) Pagar as contribuições e impostos estabelecidos nos termos da lei;

h) Contribuir ativamente para a preservação e a promoção do civismo, da cultura, da moral, da tolerância, da solidariedade, do culto da legalidade e do espírito democrático de diálogo e concertação;

i) Defender e promover a saúde, o ambiente e o património cultural.

Artigo 86º – (Deveres para com as autoridades)

Todas as pessoas têm o dever de cumprir as obrigações estabelecidas por lei e de acatar as ordens, instruções ou indicações das autoridades legítimas, emitidas, com respeito pelos seus direitos, liberdades e garantias, nos termos da Constituição e da lei.

TÍTULO V – Da família

Artigo 87º – (Proteção da sociedade e do Estado)

1. A família é o elemento fundamental e a base de toda a sociedade.

2. A família deverá ser protegida pela sociedade e pelo Estado de modo a permitir a criação das condições para o cumprimento da sua função social e para a realização pessoal dos seus membros.

3. Todos têm o direito de constituir família.

4. O Estado e as instituições sociais devem criar as condições que assegurem a unidade e a estabilidade da família.

Artigo 88º – (Tarefas do Estado)

1. Para a proteção da família, incumbe ao Estado, designadamente:

a) Assistir a família na sua missão de guardiã dos valores morais reconhecidos pela comunidade;

b) Promover a independência social e económica dos agregados familiares;

c) Cooperar com os pais na educação dos filhos;

d) Definir e executar, ouvidas as associações representativas das famílias, uma política de família com caráter global e integrado.

2. O Estado tem ainda o dever de velar pela eliminação das condições que importam a discriminação da mulher e de assegurar a proteção dos seus direitos, bem como dos direitos da criança.

Artigo 89º - (Paternidade e maternidade)

1. Os pais e as mães devem prestar assistência aos filhos nascidos dentro e fora do casamento, nomeadamente quanto à sua alimentação, guarda e educação.

2. Os pais e as mães têm direito à proteção da sociedade e do Estado na realização da sua insubstituível ação em relação aos filhos.

3. A paternidade e a maternidade constituem valores sociais eminentes.

Artigo 90º - (Infância)

1. Todas as crianças têm direito a especial proteção da família, da sociedade e do Estado, que lhes deverá garantir as condições necessárias ao desenvolvimento integral das suas capacidades físicas e intelectuais e cuidados especiais em caso de doença, abandono ou de carência afetiva.

2. A família, a sociedade e o Estado deverão garantir a proteção da criança contra qualquer forma de discriminação e de opressão, bem como contra o exercício abusivo da autoridade na família, em instituições públicas ou privadas a que estejam confiadas e, ainda, contra a exploração do trabalho infantil.

3. É proibido o trabalho de crianças em idade de escolaridade obrigatória.

PARTE III
ORGANIZAÇÃO ECONÓMICA E FINANCEIRA

Artigo 91º - (Princípios gerais da organização económica)

1. A exploração das riquezas e recursos económicos do país, qualquer que seja a sua titularidade e as formas de que se revista, está subordinada ao interesse geral.

2. O Estado e os demais poderes públicos garantem as condições de realização da democracia económica, assegurando, designadamente:

a) A fruição por todos os cidadãos dos benefícios resultantes do esforço coletivo de desenvolvimento, traduzida, nomeadamente na melhoria quantitativa e qualitativa do seu nível e condição de vida.

b) A igualdade de condições de estabelecimento e de atividade entre os agentes económicos e a sã concorrência;

c) A regulação e fiscalização do mercado e da atividade económica;

d) A qualidade, a regularidade e a acessibilidade dos bens de consumo humano e das prestações de serviço público essencial;

e) A qualidade e o equilíbrio ambientais;

f) O ordenamento territorial e o planeamento urbanístico equilibrados;

g) O ambiente favorável ao livre e generalizado acesso ao conhecimento, à informação e à propriedade;

h) O desenvolvimento equilibrado de todas as ilhas e o aproveitamento adequado das suas vantagens específicas.

3. As atividades económicas devem ser realizadas tendo em vista a preservação do ecossistema, a durabilidade do desenvolvimento e o equilíbrio das relações entre o homem e o meio envolvente.

4. O Estado apoia os agentes económicos nacionais na sua relação com o resto do mundo e, de modo especial, os agentes e atividades que contribuam positivamente para a inserção dinâmica de Cabo Verde no sistema económico mundial.

5. O Estado incentiva e apoia, nos termos da lei, o investimento externo que contribua para o desenvolvimento económico e social do país.

6. É garantida, nos termos da lei, a coexistência dos setores público e privado na economia, podendo também existir propriedade comunitária autogerida.

7. São do domínio público:

a) As águas interiores, as águas arquipelágicas, o mar territorial, seus leitos e subsolos, bem como os direitos de jurisdição sobre a plataforma continental e a zona económica exclusiva, e ainda todos os recursos vivos e não vivos existentes nesses espaços;

b) Os espaços aéreos sobrejacentes às áreas de soberania nacional acima do limite reconhecido ao proprietário;

c) Os jazigos e jazidas minerais, as águas subterrâneas, bem como as cavidades naturais, existentes no subsolo;

d) As estradas e caminhos públicos, bem como as praias;

e) Outros bens determinados por lei.

8. É, ainda, do domínio público do Estado, a orla marítima, definida nos termos da lei, que deve merecer atenção e proteção especiais.

9. A lei regula o regime jurídico dos bens do domínio público do Estado, das autarquias locais e comunitário, na base dos princípios da inalienabilidade, da imprescritibilidade, da impenhorabilidade e da desafetação.

Artigo 92º – (Banco de Cabo Verde)

O Banco de Cabo Verde é o banco central, detém o exclusivo da emissão de moeda, colabora na definição das políticas monetária e cambial do Governo e executa-as de forma autónoma, exercendo as suas funções nos termos da lei e das normas e compromissos internacionais a que o Estado de Cabo Verde se vincule.

Artigo 93º – (Sistema fiscal)

1. O sistema fiscal é estruturado com vista a satisfazer as necessidades financeiras do Estado e demais entidades públicas, realizar os objetivos da política económica e social do Estado e garantir uma justa repartição dos rendimentos e da riqueza.

2. Os impostos são criados por lei, que determinará a incidência, a taxa, os benefícios fiscais e as garantias dos contribuintes.

3. Ninguém pode ser obrigado a pagar impostos que não tenham sido criados nos termos da Constituição ou cuja liquidação e cobrança se não façam nos termos da lei.

4. Aprovado o Orçamento do Estado para o ano económico-fiscal, não pode, nesse mesmo ano, ser alargada a base de incidência nem agravada a taxa de qualquer imposto.

5. Pode haver impostos municipais.

6. A lei fi scal não tem efeito retroativo, salvo se tiver conteúdo mais favorável para o contribuinte.

Artigo 94º – (Orçamento do Estado)

1. O orçamento do Estado é unitário e especifica as receitas e as despesas do setor público administrativo, discriminando-as segundo a respetiva classificação orgânica e funcional e nele se integra o orçamento da segurança social.

2. O Orçamento do Estado pode ser estruturado por programas, anuais ou plurianuais, devendo, neste último caso, inscrever-se no Orçamento de cada ano os encargos que a ele se refiram.

3. É proibida a existência de fundos secretos.

4. Para a realização de atividades de caráter confidencial de interesse do Estado, podem, excecionalmente, existir verbas confidenciais cuja gestão é sujeita a um regime especial de controlo e de prestação de contas nos termos da lei.

5. O ano económico-fiscal é fixado pela lei de bases do Orçamento de Estado e pode não coincidir com o ano civil.

6. A proposta de Orçamento do Estado é apresentada pelo Governo e votada pela Assembleia Nacional nos prazos fixados por lei, antes do início do ano fiscal a que respeite.

7. A execução do Orçamento do Estado é fiscalizada pelo Tribunal de Contas e pela Assembleia Nacional, que aprecia e vota a Conta do Estado, ouvido aquele Tribunal.

8. A lei de bases do Orçamento do Estado define as regras da sua elaboração, apresentação, votação, execução e fiscalização, bem como o processo a seguir quando não seja possível cumprir os prazos de apresentação e votação do Orçamento.

PARTE IV
DO EXERCÍCIO DO PODER POLÍTICO

TÍTULO I – Das formas de exercício do poder político

CAPÍTULO I – Princípios gerais e comuns

Artigo 95º – (Recenseamento eleitoral)

1. Só pode exercer o direito de sufrágio ou ser eleito para qualquer cargo político, o cidadão eleitor que se encontre validamente recenseado na data das eleições ou da apresentação da candidatura.

2. O recenseamento eleitoral será oficioso, obrigatório, permanente e único para todas as eleições por sufrágio direto, universal e secreto e deve corresponder em cada momento ao universo eleitoral.

3. A lei regula o recenseamento eleitoral.

Artigo 96º – (Comissão Nacional de Eleições)

A Comissão Nacional de Eleições é o órgão superior da administração eleitoral cuja organização, composição, competência e funcionamento são regulados por lei.

Artigo 97º – (Julgamento do processo eleitoral)

Cabe exclusivamente aos Tribunais o julgamento da regularidade e da validade do processo eleitoral.

Artigo 98º – (Estabilidade da lei eleitoral)

1. A lei eleitoral não pode ser alterada ou revogada:

a) Nos dez meses que antecedem o último domingo do período dentro do qual pode ser marcada a eleição a que respeite;

b) No período subsequente à eleição a que respeite até ao apuramento dos respetivos resultados.

2. As novas eleições marcadas por virtude da dissolução de órgãos colegiais baseados no sufrágio direto realizam-se pela lei eleitoral vigente ao tempo da dissolução, sob pena de inexistência jurídica.

Artigo 99º – (Campanha eleitoral)

1. As candidaturas às eleições têm o direito de, livremente, promover e realizar a campanha eleitoral, incluindo nesta a propaganda eleitoral, em qualquer ponto do território nacional.

2. O período da campanha eleitoral é estabelecido por lei.

3. Os cidadãos têm o direito de participar ativamente nas campanhas eleitorais.

4. A expressão de ideias ou de princípios políticos, económicos e sociais não pode ser limitada no decurso das campanhas eleitorais, sem prejuízo de eventual responsabilidade civil ou criminal.

5. A lei eleitoral regula as campanhas eleitorais com base nos princípios da liberdade de propaganda, da igualdade de oportunidade e de tratamento de todas as candidaturas, da neutralidade e imparcialidade de todas as entidades públicas perante as candidaturas e da fiscalização das contas eleitorais.

Artigo 100º – (Fiscalização das operações eleitorais)

As operações de votação e de apuramento dos votos são fiscalizadas pelas candidaturas, através de delegados por elas nomeados para cada eleição.

Artigo 101º – (Segredo e unicidade do voto)

1. O voto é secreto e ninguém deve ser obrigado a revelar o sentido do seu voto.

2. Cada eleitor só pode votar uma única vez.

Artigo 102º – (Círculos eleitorais)

1. Para efeitos de eleição do Presidente da República, o território nacional constitui um só círculo eleitoral, a que corresponde um único colégio eleitoral.

2. Para efeitos de eleição dos Deputados à Assembleia Nacional, o território nacional divide-se em círculos eleitorais, a definir por lei, correspondendo a cada um deles um colégio eleitoral.

3. Fora do território nacional os círculos eleitorais são os defi nidos por lei, mas terão sempre a sua sede na cidade da Praia.

CAPÍTULO II – Do referendo

Artigo 103º – (Princípios gerais e comuns)

1. É reconhecido aos cidadãos eleitores recenseados no território nacional o direito de se pronunciarem, através de referendo, sobre questões de relevante interesse nacional ou local.

2. É proibida a convocação e a realização de referendo entre a data da convocação e a de realização de eleições para os órgãos de soberania ou do poder

local, durante a vigência e até ao trigésimo dia seguinte à cessação do estado de sítio ou de emergência, e, neste último caso, só na parte do território declarada em estado de emergência.

3. Cada referendo só pode ter por objeto uma única questão, não podendo, em qualquer caso, serem submetidas a consulta popular as seguintes questões:

a) Separação e a interdependência dos órgãos de soberania e as competências destes;

b) Independência dos tribunais e as decisões destes;

c) Separação entre as confissões religiosas e o Estado;

d) Designação dos titulares efetivos dos órgãos de soberania e do poder local por sufrágio universal, direto, secreto e periódico;

e) Pluralismo de expressão, existência de partidos e associações políticas e direitos da oposição;

f) Direitos, liberdades e garantias constitucionalmente estabelecidos;

g) Atos de conteúdo orçamental, tributário ou financeiro nacional ou local;

h) Autonomia das autarquias locais, bem como a organização e a competência dos seus órgãos.

4. As propostas de referendo estão sujeitas à fiscalização preventiva da constitucionalidade e da legalidade.

5. O resultado do referendo impõe-se a todos os órgãos do poder político e às entidades públicas e privadas. O referendo local tem sempre eficácia deliberativa.

6. Cada pergunta a submeter aos eleitores deve ser formulada com objetividade, precisão e clareza, por forma a não sugerir, direta ou indiretamente, a resposta.

7. A lei regula o referendo nacional e local.

CAPÍTULO III – Do sufrágio

SECÇÃO I – Princípios gerais

Artigo 104º – (Exercício do poder político por sufrágio)

No exercício do poder político, o povo designa por sufrágio universal, direto, secreto e periódico os titulares dos órgãos eletivos do poder político.

Artigo 105º – (Conversão de votos)

A conversão de votos em mandatos, em cada colégio eleitoral plurinominal, far-se-á de acordo com o princípio da representação proporcional, salvo nos casos previstos na legislação eleitoral.

Artigo 106º – (Apresentação de candidaturas)

1. Salvo o disposto para a eleição do Presidente da República, as candidaturas são apresentadas pelos partidos políticos registados, isoladamente ou em coligação, e, no caso das eleições autárquicas, também por grupos de cidadãos independentes.

2. Os partidos políticos, as suas coligações ou os grupos de cidadãos independentes não podem apresentar em cada círculo eleitoral mais do que uma lista de candidatos para o mesmo ato eleitoral.

3. Ninguém pode ser candidato por mais de um círculo eleitoral ou fi gurar em mais de uma lista, sob pena de inelegibilidade.

Artigo 107º – (Imunidade dos candidatos)

1. Nenhum candidato pode ser detido ou sujeito à prisão preventiva, salvo em caso de flagrante delito por crime punível com pena de prisão, cujo limite máximo seja superior a três anos e, fora de flagrante delito, por crime punível com pena cujo limite máximo seja superior a oito anos de prisão.

2. Movido procedimento criminal contra qualquer candidato ou indiciado este por despacho de pronúncia ou equivalente, o processo só poderá prosseguir os seus termos após a proclamação dos resultados das eleições.

Artigo 108º – (Marcação de datas de eleições)

1. A data da realização do sufrágio para a designação dos titulares eletivos dos órgãos do poder político será marcada nos termos da Constituição e da lei, devendo o dia das eleições ser o mesmo em todos os círculos eleitorais, salvo nos casos previstos na lei.

2. Na marcação de datas das eleições são ainda observados os seguintes princípios:

a) Na falta de disposição especial da Constituição ou da lei, as eleições ordinárias de titulares de órgãos eletivos do poder político são marcadas para uma data do período compreendido entre trinta dias antes e trinta dias depois da data em que, legalmente, se completam os respetivos mandatos;

b) No ato de dissolução de órgãos colegiais baseados no sufrágio direto, é obrigatoriamente marcada a data para novas eleições, que devem realizar-se nos noventa dias seguintes.

SECÇÃO II – Da Eleição do Presidente da República

Artigo 109º – (Modo de eleição)

O Presidente da República é eleito por sufrágio universal, direto e secreto, pelos cidadãos eleitores recenseados no território nacional e no estrangeiro, nos termos da lei.

Artigo 110º – (Elegibilidade)

Só pode ser eleito Presidente da República o cidadão eleitor cabo-verdiano de origem, que não possua outra nacionalidade, maior de trinta e cinco anos à data da candidatura e que, nos três anos imediatamente anteriores àquela data, tenha tido residência permanente no território nacional.

Artigo 111º – (Candidaturas)

As candidaturas para Presidente da República são propostas por um mínimo de mil e um máximo de quatro mil cidadãos eleitores e devem ser apresentadas no Tribunal Constitucional até ao sexagésimo dia anterior à data das eleições.

Artigo 112º – (Data da eleição)

1. A data da eleição do Presidente da República é fixada nos termos da lei eleitoral.

2. Salvo nos casos de vacatura do cargo, a eleição não poderá realizar-se nos cento e oitenta dias anteriores ou posteriores à data das eleições para a Assembleia Nacional.

3. Para dar cumprimento ao disposto na segunda parte do número antecedente, observar-se-á o seguinte:

a) Se a eleição para a Assembleia Nacional estiver prevista para data anterior à do Presidente da República, o mandato deste será prorrogado pelo tempo necessário;

b) Se a eleição para Presidente da República estiver prevista para uma data anterior à das eleições para a Assembleia Nacional, será prorrogada a Legislatura pelo tempo necessário.

Artigo 113º – (Regime de eleição)

1. Considera-se eleito Presidente da República o candidato que obtiver a maioria absoluta dos votos validamente expressos, não se contando os votos em branco.

2. Se a soma dos votos dos eleitores recenseados no estrangeiro ultrapassar um quinto dos votos apurados no território nacional, é convertida em número igual a esse limite e o conjunto de votos obtidos por cada candidato igualmente convertido na respetiva proporção.

Artigo 114º – (Segundo sufrágio)

1. Se nenhum candidato obtiver a maioria absoluta de votos nos termos do artigo 113º, procede-se a segundo sufrágio, ao qual só podem concorrer os dois candidatos mais votados no primeiro escrutínio.

2. A lei eleitoral regula os casos de desistência, morte ou incapacidade para o exercício das funções presidenciais de qualquer dos concorrentes ao segundo sufrágio.

SECÇÃO III – Da Eleição dos Deputados à Assembleia Nacional

Artigo 115º – (Sufrágio por listas)

1. Os Deputados são eleitos por listas em cada colégio eleitoral.

2. O número de candidatos efetivos em cada lista proposta à eleição deverá ser igual ao número dos mandatos atribuídos ao respetivo colégio eleitoral.

3. O número de candidatos suplentes deverá ser, no máximo, igual ao número dos mandatos atribuídos ao respetivo colégio eleitoral não podendo nunca ser inferior a três.

4. O número de Deputados por cada colégio eleitoral é proporcional ao número de eleitores inscritos, não podendo, porém, ser inferior a um mínimo estabelecido por lei e sem prejuízo do disposto no número 2 do artigo 141º.

Artigo 116º – (Distribuição dos mandatos dentro das listas)

Em cada lista os candidatos consideram-se ordenados segundo a ordem de precedência indicada na respetiva declaração de candidatura e os mandatos serão atribuídos pela referida ordem de precedência.

Artigo 117º – (Condições de elegibilidade)

São elegíveis os cidadãos cabo-verdianos eleitores ressalvadas as inelegibilidades previstas na lei.

Artigo 118º – (Direito de oposição)

1. É reconhecido aos partidos políticos que não façam parte do Governo o direito de oposição democrática, nos termos da Constituição e da lei.

2. Os partidos políticos representados na Assembleia Nacional e que não façam parte do Governo têm, designadamente:

a) O direito de ser informados, regular e diretamente pelo Governo, sobre o andamento dos principais assuntos de interesse público;

b) O direito de antena, de resposta e de réplica políticas.

3. Os partidos políticos representados em quaisquer outras assembleias designadas por eleição direta gozam, relativamente aos correspondentes executivos de que não façam parte:

a) Do direito de ser informados regular e diretamente sobre o andamento dos principais assuntos de interesse público;

b) Do direito de resposta e de réplica políticas.

PARTE V
DA ORGANIZAÇÃO DO PODER POLÍTICO

TÍTULO I – Princípios gerais e comuns

Artigo 119º – (Órgãos de soberania)

1. São órgãos de soberania o Presidente da República, a Assembleia Nacional, o Governo e os Tribunais.

2. Os órgãos de soberania, nas suas relações recíprocas e no exercício de funções, respeitam a separação e a interdependência de poderes, nos termos da Constituição.

3. Os partidos políticos participam, de acordo com a sua representatividade eleitoral, na Assembleia Nacional.

4. A formação, a composição, a competência e o funcionamento dos órgãos de soberania são definidos nos termos da Constituição.

Artigo 120º – (Publicidade das reuniões)

1. São públicas as reuniões plenárias da Assembleia Nacional, dos órgãos deliberativos das autarquias locais e dos demais órgãos do poder político que funcionem em assembleia, exceto nos casos expressamente previstos na lei.

2. As atas das reuniões públicas dos órgãos referidos no número 1 podem ser livremente consultadas por qualquer pessoa, nos termos regulamentares.

Artigo 121º – (Quórum e deliberação)

1. Os órgãos colegiais podem funcionar com a presença de pelo menos um terço dos seus membros mas só deliberam com a presença da maioria dos seus membros.

2. As deliberações dos órgãos colegiais são tomadas à pluralidade de votos, exceto nos casos em que a Constituição, a lei ou os respetivos regimentos disponham de forma diferente.

3. Para efeitos de apuramento da maioria exigida nas deliberações, não são contados os votos nulos ou em branco nem as abstenções.

Artigo 122º – (Princípio da renovação)

Nenhum cargo político ou de designação por parte de órgãos políticos pode ser exercido a título vitalício, estabelecendo a Constituição ou a lei a duração dos respetivos mandatos.

Artigo 123º – (Responsabilidade dos titulares de cargos políticos)

1. Os titulares de cargos políticos respondem política, civil e criminalmente pelos atos e omissões que praticarem no exercício das suas funções e por causa delas, nos termos da lei.

2. Os crimes cometidos pelos titulares de cargos políticos no exercício das suas funções e por causa delas, denominam-se crimes de responsabilidade, cabendo à lei estabelecer as sanções aplicáveis e os efeitos destas, que poderão incluir a perda do cargo ou do mandato e a impossibilidade temporária de exercer cargos políticos.

3. Ficam, ainda, impossibilitados de exercer cargos políticos pelo período que a lei estabelecer os titulares sancionados com a perda de cargo ou mandato pela prática de grave ilegalidade.

Artigo 124º – (Direitos, regalias e imunidades)

1. Os titulares dos órgãos do poder político gozam dos direitos, liberdades, regalias e imunidades e estão sujeitos aos deveres estabelecidos na Constituição e na lei.

2. A Constituição e a lei defi nem as responsabilidades e as incompatibilidades dos titulares dos órgãos do poder político.

TÍTULO II – Do Presidente da República

CAPÍTULO I – Definição, mandato e posse

Artigo 125º – (Definição)

1. O Presidente da República é o garante da unidade da Nação e do Estado, da integridade do território, da independência nacional e vigia e garante o cumprimento da Constituição e dos tratados internacionais.

2. O Presidente da República representa interna e externamente a República de Cabo Verde e, por inerência das suas funções, é o Comandante Supremo das Forças Armadas.

Artigo 126º – (Mandato)

1. O Presidente da República é eleito por um período de cinco anos, que se inicia com a tomada de posse e termina com a posse do novo Presidente eleito.

2. Em caso de vacatura do cargo, o Presidente eleito inicia um novo mandato.

Artigo 127º – (Posse e juramento)

1. O Presidente da República toma posse perante a Assembleia Nacional, no último dia do mandato do seu antecessor ou, no caso de eleição por vacatura do cargo, no quinto dia seguinte ao da publicação dos resultados eleitorais.

2. No ato de posse o Presidente da República eleito prestará o seguinte juramento:

> *«Juro por minha honra desempenhar fielmente o cargo de Presidente da República de Cabo Verde em que fico investido, defender, cumprir e fazer cumprir a Constituição, observar as leis e garantir a integridade do território e a independência nacional».*

Artigo 128º – (Renúncia ao mandato)

1. O Presidente da República pode renunciar ao mandato em mensagem dirigida ao País através da Assembleia Nacional, reunida em Plenário.

2. A renúncia torna-se efetiva com o conhecimento da mensagem pela Assembleia Nacional, sem prejuízo de sua posterior publicação no jornal oficial da República.

CAPÍTULO II – Estatuto

Artigo 129º – (Incompatibilidades)

O Presidente da República não pode, salvo nos casos expressamente previstos na Constituição, exercer qualquer outro cargo político ou outra função pública e, em nenhum caso, desempenhar quaisquer funções privadas.

Artigo 130º – (Ausência do território nacional)

1. O Presidente da República não pode ausentar-se do território nacional sem prévia comunicação à Assembleia Nacional ou, caso esta não esteja em funcionamento, à sua Comissão Permanente.

2. O Presidente da República não pode ausentar-se do país por mais de quinze dias sem autorização da Assembleia Nacional ou, caso esta não esteja em funcionamento, da sua Comissão Permanente.

3. A autorização prevista no número 2 só pode ser recusada com fundamento em imperiosa necessidade da presença do Presidente da República no território nacional.

4. A ausência do território nacional em desconformidade com o disposto no presente artigo implica a perda do mandato do Presidente da República, salvo justificação atendível.

Artigo 131º – (Substituição interina)

1. Em caso de impedimento temporário, de ausência no estrangeiro, bem como no caso de vacatura do cargo, e até à tomada de posse do novo Presidente eleito, o Presidente da República será interinamente substituído pelo Presidente da Assembleia Nacional ou, no impedimento deste, pelo Primeiro-Vice-Presidente.

2. Enquanto exercer interinamente as funções de Presidente da República, o mandato de deputado do Presidente da Assembleia Nacional ou do Primeiro-Vice-Presidente fica automaticamente suspenso.

Artigo 132º – (Responsabilidade criminal)

1. Pelos crimes cometidos no exercício das suas funções, o Presidente da República responde perante o Supremo Tribunal de Justiça.

2. Cabe à Assembleia Nacional requerer ao Procurador-Geral da República o exercício da ação penal contra o Presidente da República, por proposta de vinte e cinco Deputados aprovada por maioria de dois terços dos Deputados em efetividade de funções.

3. O Presidente da República fica suspenso das suas funções a partir da data do trânsito em julgado do despacho de pronúncia ou equivalente e a sua condenação implica imediata perda do mandato e destituição do cargo e a impossibilidade de ser reeleito.

4. Pelos crimes praticados fora do exercício das suas funções, o Presidente da República responde perante os Tribunais comuns, depois de findar o seu mandato.

Artigo 133º – (Prisão preventiva)

O Presidente da República em nenhum caso pode ser sujeito a prisão preventiva.

Artigo 134º – (Não recandidatura)

1. O Presidente da República não poderá candidatar-se para um terceiro mandato nos cinco anos imediatamente subsequentes ao termo do segundo mandado consecutivo.

2. Se o Presidente da República renunciar ao cargo não poderá, a partir da data da renúncia, candidatar-se para um novo mandato nos dez anos seguintes àquela data.

3. Se o Presidente da República abandonar as funções ou ausentar-se do território nacional com inobservância do disposto nos números 1 e 2 do artigo 130º, não poderá recandidatar-se para o cargo, nem poderá exercer qualquer outro cargo político nos órgãos de soberania ou das autarquias.

CAPÍTULO III – Competência

Artigo 135º – (Competência do Presidente da República)

1. Compete ao Presidente da República:

a) Exercer as funções de Comandante Supremo das Forças Armadas;

b) Presidir ao Conselho da República;

c) Presidir ao Conselho Superior de Defesa Nacional;

d) Presidir ao Conselho Superior das Ordens Honoríficas;

e) Dissolver a Assembleia Nacional, observado o disposto no número 2 do artigo 143º e ouvidos os partidos políticos que nela tenham assento;

f) Dirigir mensagens à Assembleia Nacional e ao País;

g) Marcar o dia das eleições do Presidente da República e dos Deputados da Assembleia Nacional, ouvido o Conselho da República e nos termos da lei eleitoral;

h) Convocar referendo a nível nacional e marcar a data da sua realização;

i) Nomear o Primeiro-Ministro, ouvidas as forças políticas com assento na Assembleia Nacional e tendo em conta os resultados das eleições;

j) Nomear cinco membros do Conselho da República;

k) Nomear o Presidente do Supremo Tribunal de Justiça de entre os juízes que o integram, sob proposta dos seus pares;

l) Nomear um juiz para o Conselho Superior da Magistratura Judicial;

m) Nomear o Presidente do Conselho Superior da Magistratura Judicial, sob proposta dos membros deste órgão;

n) Indultar e comutar penas, ouvido o Governo;

o) Requerer ao Presidente da Assembleia Nacional, ouvido o Conselho da República, a convocação extraordinária daquele órgão, para apreciar assuntos específicos;

p) Requerer ao Tribunal Constitucional a fiscalização preventiva da constitucionalidade ou da legalidade das propostas de referendo a nível nacional;

q) Requerer ao Tribunal Constitucional a apreciação preventiva da constitucionalidade dos tratados internacionais;

r) Requerer ao Tribunal Constitucional a fiscalização da constitucionalidade das normas jurídicas;

s) Exercer o direito de veto político no prazo de trinta dias contados da data de receção de qualquer diploma para promulgação.

2. Compete, ainda, ao Presidente da República:

a) Presidir ao Conselho de Ministros, a solicitação do Primeiro-Ministro;

b) Promulgar e mandar publicar as leis, os decretos legislativos, os decretos-leis e os decretos regulamentares;

c) Demitir o Governo, nos termos do número 2 do artigo 202º;

d) Nomear e exonerar os membros do Governo, sob proposta do Primeiro-Ministro;

e) Nomear, sob proposta do Governo, o Presidente do Tribunal de Contas;

f) Nomear, sob proposta do Governo, o Procurador-Geral da República;

g) Nomear e exonerar, sob proposta do Governo, o Chefe do Estado Maior das Forças Armadas e o Vice-Chefe do Estado Maior das Forças Armadas, quando exista;

h) Declarar o estado de sítio e de emergência, ouvido o Governo e depois de autorizado pela Assembleia Nacional.

3. O Presidente da República, sempre que requeira a convocação extraordinária da Assembleia Nacional, indicará claramente os assuntos específicos que ela terá de apreciar e o prazo dentro do qual tal convocação deve ser feita, cabendo ao Presidente da Assembleia Nacional proceder à convocação requerida dentro do prazo indicado.

4. No caso referido na alínea *h*) do número 2, não estando reunida a Assembleia Nacional, nem sendo possível a sua imediata reunião, a autorização pode ser dada pela sua Comissão Permanente, mas terá sempre de ser ratificada pelo Plenário na primeira reunião posterior à data da autorização.

Artigo 136º – (Competência do Presidente da República nas relações internacionais)

No domínio das relações internacionais compete ao Presidente da República:

a) Ratificar, depois de validamente aprovados, os tratados e acordos internacionais;

b) Declarar a guerra e fazer a paz, sob proposta do Governo, ouvido o Conselho da República, e mediante autorização da Assembleia Nacional, ou, quando esta não estiver reunida, da sua Comissão Permanente;

c) Nomear e exonerar embaixadores, representantes permanentes e enviados extraordinários, sob proposta do Governo;

d) Receber as cartas credenciais e aceitar a acreditação dos representantes diplomáticos estrangeiros.

Artigo 137º – (Veto)

1. Sempre que o Presidente da República exerça o direito de veto político deve devolver o diploma ao órgão que o aprovou, solicitando-lhe, em mensagem fundamentada, nova apreciação do mesmo.

2. Tratando-se de diploma da Assembleia Nacional, se esta, no prazo de cento e vinte dias contados da data da receção da mensagem do Presidente da República, confirmar a deliberação que o aprovou por maioria absoluta dos Depu-

tados em efetividade de funções, o Presidente da República é obrigado a promulgá-lo no prazo de oito dias.

Artigo 138º – (Promulgação e referenda)

1. São promulgados ou assinados pelo Presidente da República os atos legislativos e normativos referidos na alínea *b)* do número 2 do artigo 135º, sob pena de inexistência jurídica.

2. Os atos do Presidente da República que devam ser praticados sob proposta ou depois de ouvido o Governo são referendados pelo Primeiro-Ministro, sob pena de inexistência jurídica.

Artigo 139º – (Atos do Presidente da República interino)

1. O Presidente da República interino não pode praticar os atos previstos nas alíneas *e)*, *f)*, *h)*, *j)*, *l)*, *m)* e *n)* do número 1 do artigo 135º.

2. O Presidente da República interino só pode praticar os atos previstos nas alíneas *a)* e *i)* do número 1 e *e)*, *f)* e *g)* do número 2 do artigo 135º, bem como na alínea *c)* do artigo 136º, após audição do Conselho da República.

TÍTULO III – Da Assembleia Nacional

CAPÍTULO I – Definição, composição e dissolução

Artigo 140º – (Definição)

A Assembleia Nacional é a assembleia que representa todos os cidadãos cabo-verdianos.

Artigo 141º – (Composição)

1. A Assembleia Nacional tem um mínimo de sessenta e seis e um máximo de setenta e dois Deputados, eleitos nos termos da Constituição e da lei.

2. Ao conjunto dos círculos eleitorais fora do território nacional corresponderão seis Deputados distribuídos entre eles, nos termos da lei.

Artigo 142º – (Data da eleição)

A data da eleição dos Deputados à Assembleia Nacional é fixada nos termos da lei eleitoral.

Artigo 143º – (Dissolução)

1. A Assembleia Nacional será dissolvida sempre que na mesma legislatura:

a) Rejeitar duas moções de confiança ao Governo;

b) Aprovar quatro moções de censura ao Governo.

2. A Assembleia Nacional poderá ainda ser dissolvida em caso de crise institucional grave, consubstanciada no facto de se mostrar praticamente impossível assegurar, de outra forma, o regular funcionamento das instituições democráticas, devendo o ato ser precedido de parecer do Conselho da República.

Artigo 144º – (Proibição de dissolução)

1. A Assembleia Nacional não pode ser dissolvida nos doze meses posteriores à sua eleição, no ano anterior ao termo do mandato do Presidente da República, em caso de estado de sítio ou de emergência, durante a vigência deste e até ao trigésimo dia posterior à sua cessação ou, ainda, depois de apresentada uma moção de confiança ou de censura e até ao décimo dia seguinte ao da votação da moção.
2. É juridicamente inexistente o ato de dissolução praticado com violação do disposto no número anterior.
3. A dissolução não põe termo ao mandato dos Deputados nem prejudica a subsistência, competência e funcionamento da Comissão Permanente até à abertura da sessão constitutiva da nova assembleia eleita.

CAPÍTULO II – Da Organização

Artigo 145º – (Composição da Mesa)

1. A Mesa da Assembleia é composta pelo Presidente, dois Vice-Presidentes e dois a quatro Secretários.
2. O Presidente é eleito de entre candidatos propostos por um mínimo de quinze e um máximo de vinte deputados.
3. Os Vice-Presidentes e os Secretários são eleitos por sufrágio de lista completa e nominativa.
4. Cada um dos dois maiores grupos parlamentares propõe um Vice-Presidente.
5. Cada um dos grupos parlamentares com dez ou mais deputados propõe, pelo menos, um Secretário.
6. Os membros da Mesa da Assembleia Nacional são eleitos por toda a legislatura, nos termos do Regimento da Assembleia Nacional.
7. Os membros da Mesa, enquanto se mantiverem no exercício das suas funções, não poderão fazer parte da direção de grupos parlamentares, nem integrar quaisquer Comissões Especializadas ou Eventuais.

Artigo 146º – (Subsistência da Mesa)

No termo da legislatura ou em caso de dissolução, a Mesa da Assembleia Nacional mantém-se em funções até à abertura da sessão constitutiva da nova Assembleia eleita.

Artigo 147º – (Comissões)

1. A Assembleia Nacional tem uma Comissão Permanente e Comissões Especializadas, podendo ainda constituir Comissões Eventuais e Comissões de Inquérito aos atos do Governo ou da Administração Pública e para outros fins especificamente determinados.

2. As Comissões têm, em especial, o direito de, diretamente, solicitar e obter:

a) Informações completas sobre matérias da sua competência, da parte de qualquer órgão ou serviço do Estado, salvo tratando-se de assuntos cobertos por segredo de Estado ou de justiça;

b) A comparência para audição de membros do Governo, à exceção do Primeiro-Ministro, de qualquer funcionário ou agente da Administração Pública, ou de qualquer pessoa singular ou coletiva ou entidade privada.

3. Às Comissões Especializadas e às Comissões Eventuais pode ainda ser conferida competência para proceder à audição parlamentar de personalidades indigitadas para altos cargos, nos termos da Constituição.

4. A composição das comissões, com exceção da Comissão Permanente, deve corresponder à representação de cada partido na Assembleia Nacional.

5. A composição, a competência e o funcionamento das Comissões são regulados pelo Regimento da Assembleia Nacional.

Artigo 148º – (Comissão Permanente)

1. A Comissão Permanente funciona durante o período em que se encontrar dissolvida a Assembleia Nacional, nos intervalos das sessões legislativas e nos demais casos e termos previstos na Constituição.

2. A Comissão Permanente é presidida pelo Presidente da Assembleia Nacional e integra os Vice-Presidentes e os Secretários da Mesa, bem como um Deputado indicado por cada Grupo Parlamentar.

3. Cada partido político com assento na Assembleia Nacional que não tenha Grupo Parlamentar constituído é representado na Comissão Permanente por um Deputado designado pelo conjunto dos seus Deputados.

4. Os representantes referidos nos números anteriores têm na Comissão Permanente um número de votos igual ao número de deputados que representam.

5. Compete à Comissão Permanente:

a) Exercer os poderes da Assembleia Nacional relativamente aos mandatos dos deputados;

b) Acompanhar as atividades do Governo e da Administração;

c) Dar assentimento à ausência do Presidente da República do território nacional;

d) Autorizar o Presidente da República a declarar o estado de sítio e de emergência, a declarar a guerra e a fazer a paz.

6. No termo da legislatura ou em caso de dissolução da Assembleia Nacional, a Comissão Permanente mantém-se em funções até à abertura da sessão constitutiva da nova Assembleia eleita.

Artigo 149º – (Grupos Parlamentares)

1. Os Grupos Parlamentares são constituídos por um mínimo de cinco deputados.

2. Nenhum Deputado pode pertencer a mais do que um Grupo Parlamentar.

3. A organização, o funcionamento e as competências dos Grupos Parlamentares são reguladas pelo Regimento da Assembleia Nacional.

CAPÍTULO III – Do funcionamento

Artigo 150º – (Legislatura)

1. A legislatura tem a duração de cinco sessões legislativas.

2. A legislatura inicia-se com a primeira reunião da Assembleia Nacional depois das eleições e termina com a primeira reunião da nova Assembleia eleita.

3. No caso de dissolução, a nova Assembleia eleita inicia nova legislatura.

Artigo 151º – (Sessão Legislativa)

1. A sessão legislativa tem a duração de um ano.

2. O período normal de funcionamento da Assembleia Nacional decorre de 1 de outubro a 31 de julho seguinte, sem prejuízo das suspensões que o Plenário delibere por maioria de dois terços dos Deputados presentes.

Artigo 152º – (Reunião por direito próprio)

1. A Assembleia Nacional reúne-se por direito próprio, na data estabelecida para o início da legislatura e na vigência do estado de sítio ou de emergência.

2. Não sendo possível a reunião da Assembleia Nacional na vigência do estado de sítio ou de emergência, ou estando dissolvida à data da declaração do estado de sítio ou de emergência, os seus poderes serão automaticamente assumidos pela Comissão Permanente.

Artigo 153º – (Primeira reunião após eleições)

A Assembleia Nacional reúne-se, para início da legislatura, no vigésimo dia subsequente à publicação dos resultados eleitorais no jornal oficial da República, devendo, nessa reunião:

a) Verificar os mandatos dos candidatos eleitos e empossá-los;

b) Substituir, após empossamento, os Deputados nomeados membros do Governo ou providos em outras funções incompatíveis com o exercício do mandato de Deputado;

c) Eleger, por maioria absoluta dos Deputados em efetividade de funções, o Presidente e os demais membros da Mesa da Assembleia Nacional;

d) Constituir a Comissão Permanente.

Artigo 154º – (Reunião extraordinária)

1. Fora do período normal de funcionamento, a Assembleia Nacional pode reunir-se extraordinariamente, em caso de guerra, estado de sítio ou de emergência, para apreciar o programa do Governo, ou para se ocupar de assunto específico urgente e de relevante interesse nacional.

2. A Assembleia pode ainda ser convocada, extraordinariamente, a requerimento do Presidente da República para tratar de assuntos específicos, nos termos da alínea *o*) do número 1 e do número 3 do artigo 135º.

3. Nas reuniões extraordinárias a Assembleia Nacional só pode ocupar-se dos assuntos específicos objeto da convocação.

Artigo 155º – (Ordem do dia)

1. A ordem do dia de cada sessão legislativa é fixada pelo Presidente da Assembleia Nacional, ouvida a Conferência dos Representantes dos Grupos Parlamentares, de harmonia com a prioridade das matérias definidas no Regimento da Assembleia Nacional e sem prejuízo do recurso para o Plenário da Assembleia.

2. Os grupos parlamentares têm direito à fixação da ordem do dia de um certo número de reuniões, nos termos do Regimento da Assembleia Nacional, ressalvando-se sempre a posição dos partidos minoritários ou não representados no Governo.

3. O Governo e os grupos parlamentares podem requerer prioridade para assuntos de interesse nacional, de resolução urgente.

Artigo 156º – (Participação do Governo)

1. O Primeiro-Ministro deve apresentar-se regularmente perante o plenário da Assembleia Nacional para debate de interesse público, com a periodicidade prevista no Regimento da Assembleia Nacional.

2. O Governo tem o direito de comparecer às reuniões plenárias da Assembleia Nacional, podendo usar da palavra, nos termos regimentais.

3. Poderão ser marcadas reuniões para interpelação do Governo, para formulação de perguntas orais ou escritas ou para pedidos de esclarecimentos, nas quais é obrigatória a presença do membro ou membros do Governo convocados,

podendo, contudo, o Primeiro-Ministro ser substituído por um dos Vice-Primeiros-Ministros ou por um Ministro e os Ministros por Secretários de Estado.

4. Os membros do Governo podem solicitar a sua participação nos trabalhos das Comissões e devem comparecer perante as mesmas, quando tal seja requerido.

CAPÍTULO IV - Formação dos atos

SECÇÃO I - Da iniciativa de Lei e de Referendo

Artigo 157º - (Iniciativa de Lei e de Referendo)

1. As leis podem ser:

a) Da iniciativa dos Deputados ou dos Grupos Parlamentares, sob a forma de projetos de lei;

b) Da iniciativa do Governo, sob a forma de propostas de lei;

c) Da iniciativa direta de grupo de cidadãos eleitores, nas condições e termos regulados por lei.

2. Em sede parlamentar, as propostas de referendo podem ser de iniciativa dos Deputados ou dos Grupos Parlamentares.

3. Não são admissíveis projetos ou propostas de lei e propostas de referendo manifestamente inconstitucionais ou ilegais.

4. Os Deputados, os Grupos Parlamentares e os cidadãos eleitores, referidos na alínea *c*) do número 1, não podem apresentar iniciativa legislativa que envolva, direta ou indiretamente, o aumento de despesas ou a diminuição de receitas previstas no Orçamento do Estado ou que o modifi quem, por qualquer forma, no ano económico em curso.

5. Os projetos ou propostas de lei de conteúdo substancialmente idêntico ou que tenham em vista regular matérias sujeitas ao mesmo circunstancialismo de facto e hajam sido rejeitados, não podem ser renovados na mesma sessão legislativa.

Artigo 158º - (Aprovação e caducidade das propostas de lei e de referendo)

1. Os projetos de lei podem ser aprovados até ao termo da legislatura.

2. As propostas de lei caducam com a demissão do Governo.

3. Os projetos e as propostas de lei e as propostas de referendo caducam com a dissolução da Assembleia Nacional ou com o termo da legislatura.

Artigo 159º - (Iniciativa de resoluções e de moções)

1. A iniciativa de resolução compete aos Deputados e, ainda:

a) À Mesa da Assembleia Nacional, nos casos previstos na lei;

b) Ao Governo para a aprovação de tratados ou acordos internacionais.

2. A resolução que autoriza o Presidente da República a declarar o estado de sítio e de emergência e a ausentar-se do território nacional é adotada mediante pedido fundamentado do Presidente da República à Assembleia Nacional.

3. A iniciativa de moções compete aos Deputados e, ainda, ao Governo relativamente às moções de confiança.

SECÇÃO II – Da discussão e da votação

Artigo 160º – (Discussão e votação)

1. A discussão dos projetos e propostas de lei e de proposta de referendo compreende um debate na generalidade e outro na especialidade.

2. A votação dos projetos e propostas de lei e de propostas de referendo compreende uma votação na generalidade, uma votação na especialidade e uma votação final global.

3. Por deliberação do Plenário da Assembleia Nacional, os projetos e as propostas de lei podem ser votados na especialidade pelas Comissões Especializadas, sem prejuízo do poder de avocação do Plenário da Assembleia Nacional.

4. Os projetos de leis constitucionais e os projetos e propostas de lei sobre as matérias previstas nas alíneas *a*), *b*) *c*), *d*), *e*), *f*), *g*), *h*), *i*), *j*), *k*), *n*), *o*), *p*) e *q*) do artigo 176º são obrigatoriamente votados na especialidade pelo Plenário da Assembleia Nacional.

Artigo 161º – (Maiorias especiais)

1. Os projetos de lei constitucional são aprovados por maioria de dois terços dos deputados em efetividade de funções.

2. Salvo o disposto no número seguinte, os projetos e propostas de lei são aprovados por maioria absoluta dos Deputados presentes.

3. Os projetos e propostas de lei que tenham por objeto as matérias do artigo 176º referidas no número 4 do artigo 160º são aprovados por maioria de dois terços dos Deputados presentes desde que superior à maioria absoluta dos Deputados em efetividade de funções.

Artigo 162º – (Processo de urgência)

A Assembleia Nacional pode, por deliberação do Plenário, a requerimento de pelo menos quinze Deputados, de qualquer Grupo Parlamentar ou Comissão Especializada ou do Governo, declarar a urgência no processamento de qualquer projeto ou proposta de lei ou proposta de resolução ou ainda de qualquer debate.

CAPÍTULO V – Do estatuto dos Deputados

Artigo 163º – (Natureza e âmbito da representação)

Os Deputados são os representantes de todo o povo e não unicamente dos círculos eleitorais por que foram eleitos.

Artigo 164º – (Início e termo do mandato)

1. O mandato dos Deputados inicia-se com o seu empossamento e cessa com o empossamento dos Deputados eleitos na eleição seguinte, sem prejuízo da suspensão ou cessação individual do mandato.
2. O Estatuto do Deputado regula a suspensão, a substituição, a renúncia e a perda do mandato.

Artigo 165º – (Incompatibilidades)

1. Os Deputados nomeados membros do Governo ou providos em outras funções incompatíveis com o exercício da função de Deputado suspendem, automaticamente, o mandato, sendo substituídos nos termos do número 2 do artigo 164º.
2. O disposto no número 1 do presente artigo não prejudica o direito e o dever de o candidato eleito participar na reunião de início de legislatura, até à substituição nos termos da alínea *b)* do artigo 153º.
3. A lei determina as demais incompatibilidades.
4. A lei regula os casos e condições em que os Deputados carecem de autorização da Assembleia Nacional para serem árbitros, peritos, declarantes ou testemunhas.

Artigo 166º – (Exercício da função de Deputado)

1. As entidades públicas e privadas têm o dever de dispensar aos Deputados toda a colaboração necessária e de com eles cooperar no exercício das suas funções.
2. Aos Deputados serão garantidas todas as condições necessárias ao exercício das suas funções, nomeadamente para o estreito contacto com o círculo eleitoral por que foram eleitos e com os cidadãos eleitores.
3. As faltas dos Deputados a atos ou diligências oficiais estranhas às suas funções, por causa de reuniões ou de missões da Assembleia Nacional, são sempre consideradas justificadas e motivo de adiamento dos atos ou diligências.
4. O mandato do Deputado preso em flagrante delito por crime punível com pena de prisão, cujo limite máximo seja superior a três anos, fica automaticamente suspenso, a partir da data em que tal facto for comunicado à Assembleia Nacional.

Artigo 167º – (Direitos e regalias dos Deputados)

Os Deputados gozam ainda dos seguintes direitos e regalias:

a) Livre trânsito em locais públicos de acesso condicionado;

b) Cartão especial de identificação;

c) Adiamento do serviço militar ou cívico;

d) Subsídios prescritos na lei;

e) Outros estabelecidos no Estatuto dos Deputados.

Artigo 168º – (Poderes dos Deputados)

São poderes dos Deputados:

a) Apresentar projetos de revisão da Constituição;

b) Apresentar projetos de lei, propostas de referendo, de resoluções, de moções e de deliberações;

c) Requerer a ratificação de decretos legislativos;

d) Requerer e obter do Governo e dos órgãos da Administração ou de qualquer entidade pública informações e publicações úteis que considere indispensáveis ao exercício das suas funções;

e) Fazer perguntas e interpelações ao Governo, à Administração Pública ou a qualquer entidade pública e obter resposta em prazo razoável;

f) Requerer a constituição de Comissões Eventuais, nos termos do Regimento da Assembleia Nacional;

g) Os demais constantes do Regimento da Assembleia Nacional e do Estatuto dos Deputados.

Artigo 169º – (Deveres dos Deputados)

São deveres dos Deputados:

a) Comparecer às reuniões do Plenário e das Comissões a que pertençam;

b) Desempenhar os cargos e as funções para que sejam designados pela Assembleia Nacional;

c) Participar nas votações e nos trabalhos da Assembleia Nacional;

d) Os demais constantes do Regimento da Assembleia Nacional e do Estatuto dos Deputados.

Artigo 170º – (Imunidades)

1. Pelos votos e opiniões que emitirem no exercício das suas funções, os Deputados e os Grupos Parlamentares não respondem civil, criminal ou disciplinarmente.

2. Nenhum Deputado pode ser detido ou preso preventivamente sem autorização da Assembleia Nacional, salvo em caso de flagrante delito por crime a que corresponda pena de prisão, cujo limite máximo seja superior a três anos.

3. Movido procedimento criminal contra um Deputado e pronunciado este, a Assembleia Nacional, a requerimento do Procurador-Geral da República, decidirá se o respetivo mandato deve ou não ser suspenso para efeitos de prosseguimento do processo, sendo obrigatória a suspensão quando se trate de crime a que corresponda pena de prisão, cujo limite máximo seja superior a oito anos.

4. Os Deputados respondem perante tribunal de segunda instância pelos crimes cometidos no exercício de funções.

Artigo 171º – (Perda e renúncia do mandato)

1. Perdem o mandato os Deputados que:

a) Não tomem assento na Assembleia Nacional durante o número de reuniões ou que excedam o número de faltas estabelecidos no respetivo Regimento;

b) Se recusem, três vezes seguidas ou cinco interpoladas, a desempenhar funções ou cargos para que sejam designados pela Assembleia Nacional, desde que esta não considere justificada a recusa;

c) Sejam judicialmente condenados por crime de responsabilidade;

d) Se inscrevam em partido diverso daquele pelo qual foram apresentados a sufrágio;

e) Venham a ser feridos por alguma das incapacidades ou incompatibilidades previstas na lei.

2. Implica, ainda, a perda de mandato qualquer inelegibilidade existente à data das eleições e conhecida posteriormente.

3. Podem os Deputados renunciar ao mandato mediante comunicação escrita dirigida à Assembleia Nacional.

CAPÍTULO VI – Da competência da Assembleia Nacional

SECÇÃO I – Da competência para a prática de atos organizatórios e funcionais

Artigo 172º – (Competência interna)

Em relação à sua própria organização e funcionamento, compete à Assembleia Nacional, para além do disposto no artigo 153º:

a) Elaborar e aprovar o seu Regimento;

b) Constituir as Comissões Especializadas e as Comissões Eventuais;

c) Exercer as demais competências que lhe forem conferidas pelo seu Regimento.

Artigo 173º – (Competência do Presidente)

Compete ao Presidente da Assembleia Nacional:

a) Representar a Assembleia e presidir à Mesa;

b) Marcar as reuniões Plenárias e fixar a ordem do dia, nos termos regimentais;

c) Exercer as restantes competências consignadas na Constituição e no Regimento da Assembleia Nacional.

Artigo 174º – (Competência das Comissões e dos Grupos Parlamentares)

As Comissões e os Grupos Parlamentares têm as competências estabelecidas na Constituição e no Regimento da Assembleia Nacional.

SECÇÃO II – Competência legislativa e política

Artigo 175º – (Competência política e legislativa genérica)

Compete, especificamente, à Assembleia Nacional:

a) Aprovar as leis constitucionais;

b) Fazer leis sobre todas as matérias, exceto as da competência exclusiva do Governo;

c) Conferir autorizações legislativas ao Governo;

d) Velar pelo cumprimento da Constituição e das leis;

e) Apreciar o programa do Governo;

f) Aprovar o Orçamento do Estado, sob proposta do Governo;

g) Aprovar tratados e acordos internacionais;

h) Tomar as contas do Estado e das demais entidades públicas que a lei determinar;

i) Propor ao Presidente da República a sujeição a referendo nacional de questões de relevante interesse nacional;

j) Autorizar ou ratificar a declaração do estado de sítio e do estado de emergência;

k) Autorizar o Presidente da República a declarar a guerra e a fazer a paz;

l) Conceder amnistias e perdões genéricos;

m) Desempenhar as demais funções que lhe sejam atribuídas pela Constituição e pela lei.

Artigo 176º – (Competência legislativa absolutamente reservada)

Compete exclusivamente à Assembleia Nacional fazer leis sobre as seguintes matérias:

a) Aquisição, perda e reaquisição da nacionalidade;

b) Regime dos referendos nacional e local;

c) Processo de fiscalização da constitucionalidade das leis;

d) Organização, composição, competência e funcionamento dos Tribunais, do Ministério Público, do Conselho Superior da Magistratura Judicial, do Conselho Superior do Ministério Público, da Inspeção Judicial e da Inspeção do Ministério Público;

e) Estatuto dos magistrados judiciais e dos magistrados do Ministério Público, dos membros do Conselho Superior da Magistratura Judicial, dos membros do Conselho Superior do Ministério Público, dos inspetores judiciais e dos inspetores do Ministério Público;

f) Organização da defesa nacional;

g) Regimes do estado de sítio e do estado de emergência;

h) Partidos políticos e estatuto da oposição;

i) Eleições e estatuto dos titulares dos órgãos de soberania e das autarquias locais, bem como dos restantes órgãos constitucionais ou eleitos por sufrágio direto e universal;

j) Criação, modificação e extinção de autarquias locais;

k) Restrições ao exercício de direitos;

l) Regime do sistema de informações da República e do segredo de Estado;

m) Regime de proteção de dados pessoais;

n) Bases dos orçamentos do Estado e das autarquias locais;

o) Regime do indulto e comutação de penas;

p) Definição dos limites das águas territoriais, da zona económica exclusiva e dos leitos e subsolos marinhos;

q) Bases do sistema fiscal e regime das garantias dos contribuintes;

r) Criação, incidência e taxa de impostos;

s) Regime dos símbolos nacionais;

t) Regime de autonomia organizativa, administrativa e financeira dos serviços de apoio do Presidente da República e da Assembleia Nacional;

u) Regime da iniciativa legislativa direta de grupo de cidadãos eleitores.

Artigo 177º – (Competência legislativa relativamente reservada)

1. Compete, exclusivamente, à Assembleia Nacional, salvo autorização legislativa concedida ao Governo, fazer leis sobre as seguintes matérias:

a) Direitos, liberdades e garantias;

b) Estado e capacidade das pessoas, direito de família e das sucessões;

c) Definição de crimes, penas e medidas de segurança e os respetivos pressupostos, bem como o processo criminal;

d) Regime geral de punição das infrações disciplinares, bem como dos atos ilícitos de mera ordenação social e do respetivo processo;

e) Atribuições, competências, bases de organização e funcionamento das autarquias locais, bem como o regime de finanças locais e o regime e formas da criação das polícias municipais;

f) Responsabilidade civil do Estado;

g) Sistema monetário e padrão de pesos e medidas;
h) Regime dos benefícios fiscais;
i) Regime geral das taxas e demais contribuições financeiras a favor das entidades públicas;
j) Direito sindical e direito à greve;
k) Regime geral das Forças Armadas;
l) Regime geral das forças de segurança;
m) Regime geral do arrendamento rural e urbano;
n) Regime das associações públicas;
o) Garantias graciosas e contenciosas dos administrados;
p) Regime geral da requisição e expropriação por utilidade pública;
q) Regime geral da comunicação social e bases da organização do serviço público de rádio e televisão;
r) Definição e regime dos bens do domínio público;
s) Regime geral do serviço militar ou cívico e da objeção de consciência;
t) Regime de privatização de empresas e bens do setor público.

2. Compete, ainda, exclusivamente, à Assembleia Nacional, salvo autorização legislativa concedida ao Governo, fazer leis sobre as seguintes matérias:
a) Bases do regime da Função Pública;
b) Bases do sistema de ensino;
c) Bases do sistema nacional de saúde;
d) Bases do sistema de segurança social;
e) Bases do sistema de planeamento e de ordenamento do território;
f) Bases do sistema de proteção da natureza;
g) Bases do estatuto das empresas públicas;
h) Bases do sistema financeiro.

Artigo 178º – (Competência em matéria financeira)

Compete à Assembleia Nacional, em matéria financeira e sem prejuízo de outras competências previstas no artigo 175º:

a) Receber, submeter a parecer do Tribunal de Contas e apreciar a Conta Geral do Estado e as contas das demais entidades públicas que a lei determinar, as quais serão apresentadas até 31 de dezembro do ano seguinte àquele a que respeitam;

b) Autorizar o Governo, definindo as condições gerais, a contrair e conceder empréstimos e a realizar outras operações de crédito que não sejam de dívida flutuante;

c) Estabelecer o limite máximo dos avales a conceder pelo Governo em cada ano económico-social;

d) Fiscalizar a execução orçamental;

e) Desempenhar as demais funções que lhe sejam cometidas pela Constituição ou pela lei.

Artigo 179º - (Competência em matéria de tratados e de acordos internacionais)

Compete à Assembleia Nacional:

a) Aprovar para ratificação ou adesão os tratados e acordos internacionais de participação de Cabo Verde em organizações internacionais, os tratados e acordos de amizade, de paz, de defesa, de estabelecimento ou retificação de fronteiras e os respeitantes a assuntos militares;

b) Aprovar para ratificação ou adesão outros tratados e acordos internacionais que versem matérias da sua competência reservada e os demais que o Governo entenda submeter à sua apreciação;

c) Aprovar a desvinculação dos tratados e acordos internacionais referidos nas alíneas antecedentes.

Artigo 180º - (Competência de fiscalização política)

Compete à Assembleia Nacional, no exercício das suas funções de fiscalização política e sem prejuízo de outras competências previstas no artigo 175º:

a) Apreciar e fiscalizar os atos do Governo e da Administração Pública;

b) Fazer perguntas e interpelações ao Governo;

c) Votar moções de confiança e moções de censura;

d) Apreciar o discurso sobre o estado da Nação apresentado pelo Primeiro-Ministro no final de cada sessão legislativa;

e) Apreciar e fiscalizar a aplicação da declaração do estado de sítio ou do estado de emergência;

f) Apreciar, para efeitos de ratificação, nos termos da Constituição e da lei, os decretos legislativos e os decretos-leis de desenvolvimento de bases ou regimes gerais correspondentes;

g) Exercer outras competências que lhe sejam conferidas pela Constituição e pela lei.

Artigo 181º - (Competência em relação a outros órgãos)

1. Compete à Assembleia Nacional eleger, por maioria de dois terços dos Deputados presentes, desde que superior à maioria absoluta dos membros em efetividade de funções e após processo de audição parlamentar em Comissão Especializada:

a) Os Juízes do Tribunal Constitucional;

b) Os membros do Conselho Superior da Magistratura Judicial e do Conselho Superior do Ministério Público cuja designação lhe seja cometida pela Constituição;

c) Presidente do Conselho Económico, Social e Ambiental;

d) Os membros da Comissão Nacional de Eleições;

e) Os membros do Conselho Superior da Magistratura Judicial e do Conselho Superior do Ministério Público;

f) Os membros da autoridade administrativa independente reguladora da comunicação social.

2. Compete igualmente à Assembleia Nacional, através da Comissão Especializada competente, proceder, seguida de recomendação, à audição prévia dos membros dos órgãos de administração das autoridades administrativas independentes, designados pelo Governo.

3. Compete ainda à Assembleia Nacional, relativamente a outros órgãos e sem prejuízo das competências previstas no artigo 175º:

a) Testemunhar a tomada de posse e a renúncia do Presidente da República;

b) Autorizar a ausência do Presidente da República do território nacional;

c) Promover ação penal contra o Presidente da República nos termos do artigo 132º;

d) Apreciar os relatórios sobre a situação da Justiça apresentados pelo Conselho Superior da Magistratura Judicial e pelo Conselho Superior do Ministério Público, no início de cada sessão legislativa;

e) Exercer ainda outras competências conferidas pela Constituição e pela lei.

Artigo 182º – (Regime das autorizações legislativas)

1. As leis de autorização legislativa só podem ter por objeto as matérias da competência legislativa relativamente reservada da Assembleia Nacional e devem estabelecer o objeto, a extensão e a duração da autorização, que pode ser prorrogada.

2. As leis de autorização legislativa não podem ser utilizadas mais do que uma vez, sem prejuízo da sua utilização parcelar.

3. As leis de autorização legislativa caducam com o termo da legislatura, com a dissolução da Assembleia Nacional ou com a demissão do Governo e podem ser revogadas pela Assembleia Nacional.

4. O Governo deve publicar o decreto legislativo até ao último dia do prazo indicado na lei de autorização, que começa a correr a partir da data da publicação desta.

5. As autorizações legislativas conferidas ao Governo na lei de aprovação do Orçamento do Estado observam o disposto no presente artigo e, quando inci-

dam sobre matéria fiscal, caducam no termo do ano económico-fiscal a que respeitam.

Artigo 183º – (Ratificação de decreto legislativo e de decreto-lei de desenvolvimento)

1. Nos sessenta dias seguintes à publicação de qualquer decreto legislativo ou decreto-lei de desenvolvimento podem, pelo menos, cinco deputados, ou qualquer Grupo Parlamentar, requerer a sua sujeição à ratificação da Assembleia Nacional, para efeitos de cessação da vigência ou de alteração.

2. A Assembleia Nacional não pode suspender o decreto legislativo ou o decreto-lei de desenvolvimento objeto do requerimento de ratificação.

Artigo 184º – (Reserva de lei)

1. A inclusão de qualquer matéria na reserva absoluta ou relativa de competência da Assembleia Nacional atribui a esta, em exclusivo, toda a regulação legislativa da matéria.

2. Excetuam-se do disposto no número 1:

a) Os casos em que a Constituição reserva à Assembleia Nacional um regime geral, competindo-lhe, em tais casos, definir o regime comum ou normal, sem prejuízo de os regimes especiais poderem ser definidos pelo Governo;

b) Os casos em que a Constituição reserva à Assembleia Nacional as bases de um sistema ou matéria competindo-lhe, em tais casos, definir as opções fundamentais dos regimes jurídicos do sistema ou matéria, que poderão ser desenvolvidas pelo Governo.

TÍTULO IV – Do Governo

CAPÍTULO I – Função, responsabilidade política, composição e organização

SECÇÃO I – Função e responsabilidade

Artigo 185º – (Função)

O Governo é o órgão que define, dirige e executa a política geral interna e externa do país, e é o órgão superior da Administração Pública.

Artigo 186º – (Responsabilidade do Governo)

O Governo é politicamente responsável perante a Assembleia Nacional.

SECÇÃO II – Composição e organização

Artigo 187º – (Composição e orgânica)

1. O Governo é composto pelo Primeiro-Ministro, pelos Ministros e pelos Secretários de Estado.
2. Poderá haver um ou mais Vice-Primeiros-Ministros.
3. O Governo tem como órgão colegial o Conselho de Ministros.
4. A orgânica do Governo, incluindo as atribuições, as competências dos seus membros e os mecanismos de coordenação entre eles, bem como a estrutura, as competências e a coordenação dos respetivos serviços de apoio é definida por decreto-lei, ao abrigo da competência estabelecida no número 1 do artigo 204º.

Artigo 188º – (Conselho de Ministros)

1. O Conselho de Ministros é constituído pelo Primeiro-Ministro, pelos Vice-Primeiros-Ministros, se os houver, e pelos Ministros, sendo presidido e coordenado pelo Primeiro-Ministro.
2. O Primeiro-Ministro pode, sempre que entender ou por deliberação do Conselho de Ministros, convocar os Secretários de Estado para participarem, sem direito de voto, nas reuniões do Conselho de Ministros.
3. Pode haver Conselhos de Ministros Especializados, em razão da matéria, com competência para:

a) Preparar matérias para deliberação do Plenário;

b) Coordenar a execução de deliberações do Plenário;

c) Exercer funções regulamentares, administrativas ou outras que lhe forem delegadas pelo Plenário.

Artigo 189º – (Representação do Governo)

O Governo poderá estabelecer uma representação integrada, com jurisdição sobre cada ilha ou sobre dois ou mais concelhos da mesma ilha ou de ilhas vizinhas, dirigida por um alto representante e encarregada, designadamente, de:

a) Representar a autoridade do Estado;

b) Velar pelo cumprimento das leis, pela preparação e execução eficiente dos programas e projetos da administração central ou por ela comparticipados, pela satisfação das necessidades básicas da população e pela manutenção da ordem e segurança públicas;

c) Superintender nos serviços periféricos do Estado e das demais entidades públicas incluídas no setor público administrativo central;

d) Coordenar o apoio do Governo às autarquias incluídas no âmbito da área territorial da sua jurisdição;

e) Exercer, nos termos da Constituição e da lei, a tutela administrativa sobre as autarquias incluídas no âmbito da área territorial da sua jurisdição.

Artigo 190º - (Suplência)

1. O Primeiro-Ministro é substituído, nos seus impedimentos e ausências, pelo Vice-Primeiro-Ministro ou, na falta deste, pelo Ministro por ele indicado ao Presidente da República.

2. Na falta de indicação ou no caso de vacatura, não havendo Vice-Primeiro-Ministro, compete ao Presidente da República designar um Ministro para substituir o Primeiro-Ministro.

3. O Ministro é substituído, em caso de vacatura, impedimentos ou ausências e, em geral, nos casos de impossibilidade ou incapacidade de exercício efetivo de funções, pelo Ministro designado pelo Primeiro-Ministro.

CAPÍTULO II - Início e termo das funções

Artigo 191º - (Início e cessação das funções do Governo)

O Governo inicia as suas funções com a posse do Primeiro-Ministro e dos Ministros e cessa-as com a sua demissão, ou exoneração, morte, incapacidade física ou psíquica permanente do Primeiro-Ministro.

Artigo 192º - (Início e cessação de funções dos membros do Governo)

1. O Primeiro-Ministro inicia funções com a sua posse e cessa-as com a sua exoneração pelo Presidente da República, a seu pedido ou na sequência da demissão do Governo.

2. O Primeiro-Ministro cessante é exonerado na data da nomeação e posse do novo Primeiro-Ministro.

3. As funções dos Ministros iniciam-se com a sua posse e cessam com a sua exoneração ou com a do Primeiro-Ministro.

4. As funções dos Secretários de Estado iniciam-se com a sua posse e cessam com a sua exoneração ou e com a dos respetivos Ministros.

5. O Primeiro-Ministro que abandonar o exercício das suas funções antes da nomeação e posse do novo titular do cargo não poderá ser nomeado para funções governativas antes de decorridos dez anos contados da data do abandono.

Artigo 193º - (Governo de gestão)

1. No caso de demissão do Governo, este continua em exercício até à nomeação e posse do novo Primeiro-Ministro.

2. Antes da apreciação do seu programa pela Assembleia Nacional, ou após a sua demissão, o Governo limitar-se-á à prática de atos estritamente necessários à gestão corrente dos negócios públicos e à administração ordinária.

CAPÍTULO III – Formação e subsistência do Governo

SECÇÃO I – Formação

Artigo 194º – (Formação)

1. O Primeiro-Ministro é nomeado pelo Presidente da República, ouvidas as forças políticas com assento na Assembleia Nacional e tendo em conta os resultados eleitorais, a existência ou não de força política maioritária e as possibilidades de coligações ou de alianças.
2. Os Ministros e os Secretários de Estado são nomeados pelo Presidente da República sob proposta do Primeiro-Ministro.

Artigo 195º – (Solidariedade dos membros do Governo)

Os membros do Governo estão vinculados ao programa do Governo e às deliberações do Conselho de Ministros, e são solidária e politicamente responsáveis pela sua execução.

Artigo 196º – (Elaboração do Programa do Governo)

1. Nomeado o Governo, este deve elaborar o seu programa do qual constarão os objetivos e as tarefas que se propõe realizar, as medidas a adotar e as principais orientações políticas que pretende seguir em todos os domínios da atividade governamental.
2. O Programa do Governo deve ser aprovado em Conselho de Ministros e submetido à apreciação da Assembleia Nacional.

Artigo 197º – (Apreciação do Programa do Governo pela Assembleia Nacional)

No prazo máximo de quinze dias a contar da data do início da entrada em funções do Governo, o Primeiro-Ministro submeterá o programa do Governo à apreciação da Assembleia Nacional e solicitará obrigatoriamente a esta a aprovação de uma moção de confiança exclusivamente sobre a política geral que pretende realizar.

SECÇÃO II – Responsabilidade política e criminal dos membros do Governo

Artigo 198º – (Responsabilidade política dos membros do Governo)

1. O Primeiro-Ministro é politicamente responsável perante a Assembleia Nacional.
2. Os Vice-Primeiros-Ministros e os Ministros são responsáveis perante o Primeiro-Ministro e, no âmbito da responsabilidade política do Governo, perante a Assembleia Nacional.

3. Os Secretários de Estado são politicamente responsáveis perante o Primeiro-Ministro e os respetivos Ministros.

Artigo 199º – (Responsabilidade criminal dos membros do Governo)

1. Nenhum membro do Governo pode ser detido ou preso preventivamente sem autorização da Assembleia Nacional, salvo em caso de flagrante delito por crime a que corresponda pena de prisão, cujo limite máximo seja superior a três anos.

2. Movido procedimento criminal contra um membro do Governo e pronunciado este definitivamente, a Assembleia Nacional, a requerimento do Procurador-Geral da República, decidirá se o mesmo deve ou não ser suspenso para efeitos de prosseguimento do processo, sendo obrigatória a suspensão quando se trate de crime a que corresponda pena de prisão, cujo limite máximo seja superior a oito anos.

3. Os membros do Governo respondem perante o tribunal de segunda instância pelos crimes cometidos no exercício de funções.

SECÇÃO III – Moção de confiança, de censura e demissão do Governo

Artigo 200º – (Moção de confiança)

1. O Governo, por deliberação do Conselho de Ministros, pode solicitar em qualquer momento, à Assembleia Nacional uma moção de confiança sobre a orientação política que pretende seguir ou sobre qualquer assunto de relevante interesse nacional.

2. Por deliberação do Conselho de Ministros, o Governo pode retirar a moção de confiança até ao início da sua discussão pela Assembleia Nacional.

Artigo 201º – (Moção de censura)

1. A Assembleia Nacional pode, por iniciativa de um quinto dos Deputados ou de qualquer Grupo Parlamentar, votar moções de censura ao Governo sobre a sua política geral ou sobre qualquer assunto de relevante interesse nacional.

2. A moção de censura tem de ser fundamentada.

3. A moção de censura só pode ser apreciada no terceiro dia seguinte ao da sua apresentação, em debate de duração não superior a quatro dias.

4. Se a moção de censura não for aprovada, os seus signatários não poderão apresentar outra durante a mesma sessão legislativa.

Artigo 202º – (Demissão do Governo)

1. Implicam a demissão do Governo:

a) O início de nova legislatura e a dissolução da Assembleia Nacional;

b) A aceitação pelo Presidente da República do pedido de exoneração apresentado pelo Primeiro-Ministro;

c) A morte ou a incapacidade física ou psíquica permanente do Primeiro-Ministro;

d) A não submissão à apreciação da Assembleia Nacional do seu programa ou a não apresentação, juntamente com este, da moção de confiança sobre a política geral que pretende realizar;

e) A não aprovação de uma moção de confiança;

f) A aprovação de duas moções de censura na mesma legislatura.

2. O Presidente da República pode demitir o Governo no caso de aprovação de uma moção de censura, ouvidos os partidos representados na Assembleia Nacional e o Conselho da República.

CAPÍTULO IV – Da competência do Governo

Artigo 203º – (Competência política)

1. Compete ao Governo, no exercício de funções políticas:

a) Definir e executar a política interna e externa do país;

b) Aprovar propostas de lei e de resolução a submeter à Assembleia Nacional;

c) Apresentar moções de confiança;

d) Propor à Assembleia Nacional o Orçamento do Estado;

e) Referendar os atos do Presidente da República nos termos do número 2 do artigo 138º;

f) Apresentar à Assembleia Nacional a Conta Geral do Estado e as contas das demais entidades públicas que a lei determinar, nos termos constitucionais e legais;

g) Apresentar à Assembleia Nacional o estado da Nação;

h) Assegurar a representação do Estado nas relações internacionais;

i) Negociar e ajustar convenções internacionais;

j) Aprovar, por decreto, os tratados e acordos internacionais cuja aprovação não seja da competência da Assembleia Nacional nem a esta tenha sido submetida;

k) Pronunciar-se sobre a execução da declaração do estado de sítio ou do estado de emergência e adotar as providências que se mostrem adequadas à situação, nos termos da Constituição e da lei;

l) Praticar os demais atos que lhe sejam cometidos pela Constituição ou pela lei.

2. Compete ao Governo, no exercício de funções políticas, propor ao Presidente da República:

a) A sujeição a referendo de questões de relevante interesse nacional, nos termos do artigo 103º;

b) A declaração do estado de sítio ou do estado de emergência;

c) A declaração de guerra e a feitura da paz;

d) A nomeação do Presidente e demais juízes do Tribunal de Contas, do Procurador-Geral da República, do Chefe de Estado Maior e o Vice-Chefe de Estado Maior das Forças Armadas, bem como dos Embaixadores, dos representantes permanentes e dos enviados extraordinários.

Artigo 204º - (Competência legislativa)

1. Compete exclusivamente ao Governo, reunido em Conselho de Ministros, no exercício de funções legislativas, fazer e aprovar decretos-leis e outros atos normativos sobre a sua própria organização e funcionamento.

2. Compete ainda ao Governo, no exercício de funções legislativas:

a) Fazer decretos-leis em matérias não reservadas à Assembleia Nacional;

b) Fazer decretos-legislativos em matérias relativamente reservadas à Assembleia Nacional, mediante autorização legislativa desta;

c) Fazer decretos-leis de desenvolvimento das bases e regimes gerais contidos em leis;

d) Fazer decretos de aprovação de tratados e acordos internacionais.

3. Os decretos-legislativos e os decretos-leis referidos nas alíneas *b*) e *c*) do número anterior deverão indicar, respetivamente, a lei da autorização legislativa e a lei de base ao abrigo da qual são aprovados.

Artigo 205º - (Competência administrativa)

Compete ao Governo, no exercício de funções administrativas:

a) Elaborar e executar o Orçamento do Estado;

b) Fazer os regulamentos necessários à boa execução das leis;

c) Dirigir os serviços e a atividade da administração direta do Estado, civil ou militar, e superintender na administração indireta, bem como exercer tutela sobre a administração autónoma;

d) Praticar os atos exigidos pela lei respeitantes aos funcionários públicos e agentes do Estado e de outras pessoas coletivas públicas;

e) Garantir o respeito pela legalidade democrática;

f) Praticar todos os atos e tomar todas as providências necessárias à promoção do desenvolvimento económico-social e à satisfação das necessidades coletivas;

g) Exercer outras competências que lhe sejam atribuídas pela Constituição e pela lei.

Artigo 206º – (Competência do Conselho de Ministros)

Compete ao Conselho de Ministros:

a) Definir as linhas gerais da política governamental interna e externa, bem como as da sua execução e proceder à sua avaliação regular;

b) Deliberar sobre a apresentação de moção de confiança à Assembleia Nacional;

c) Aprovar as propostas de lei e de resolução a apresentar à Assembleia Nacional;

d) Aprovar as propostas de referendo, de declaração de estado de sítio ou de estado de emergência, de declaração de guerra ou de feitura de paz a apresentar ao Presidente da República;

e) Aprovar tratados e acordos internacionais da competência do Governo;

f) Aprovar, no exercício de funções legislativas do Governo, os decretos, os decretos-legislativos e os decretos-leis;

g) Aprovar os decretos-regulamentares, resoluções e moções, nos termos dos artigos 264º a 268º;

h) Aprovar a proposta de Orçamento do Estado e as propostas de sua alteração;

i) Aprovar os atos do Governo que envolvam aumento ou diminuição de receitas e despesas públicas;

j) Aprovar as propostas de nomeação do Presidente e demais juízes do Tribunal de Contas, do Procurador-Geral da República, do Chefe de Estado Maior e Vice-Chefe de Estado Maior das Forças Armadas e dos embaixadores, representantes permanentes ou enviados extraordinários;

k) Nomear os altos representantes previstos no artigo 189º;

l) Deliberar sobre outros assuntos da competência do Governo que lhe sejam cometidos pela Constituição ou por lei ou apresentados pelo Primeiro-Ministro ou por qualquer Ministro.

Artigo 207º – (Competência do Primeiro-Ministro)

Compete ao Primeiro-Ministro:

a) Presidir ao Conselho de Ministros;

b) Dirigir e coordenar a política geral do Governo e o funcionamento deste;

c) Orientar e coordenar a ação de todos os Ministros e dos Secretários de Estados que dele dependam diretamente, sem prejuízo da responsabilidade direta dos mesmos na gestão dos respetivos departamentos governamentais;

d) Dirigir e coordenar as relações do Governo com os demais órgãos de soberania e do poder político;

e) Referendar os atos do Presidente da República nos termos do número 2 do artigo 138º;

f) Informar regular e completamente o Presidente da República sobre os assuntos relativos à política interna e externa do Governo;

g) Representar o Governo em todos os atos oficiais, podendo delegar o exercício dessa função em qualquer outro membro do Governo;

h) Apresentar aos demais órgãos de soberania ou do poder político, em nome do Governo, as propostas por este aprovadas, bem como solicitar àqueles órgãos quaisquer outras diligências requeridas pelo Governo;

i) Praticar os demais atos que lhe sejam cometidos pela Constituição e pela lei ou pelo Conselho de Ministros.

Artigo 208º – (Competência dos Ministros e Secretários de Estado)

1. Compete aos Ministros:

a) Participar, através do Conselho de Ministros, na definição da política interna e externa do Governo;

b) Executar a política geral do Governo e, em especial, a definida para os respetivos Ministérios;

c) Estabelecer as relações entre o Governo e os demais órgãos do Estado no âmbito do respetivo Ministério;

d) Exercer as funções que lhe sejam cometidas pelo Primeiro-Ministro e pelo Conselho de Ministros;

e) Exercer as demais funções que lhe sejam cometidas pela Constituição ou pela lei.

2. Compete aos Secretários de Estado:

a) Executar, sob a orientação dos respetivos Ministros, a política definida para os respetivos Ministérios ou Secretarias de Estado;

b) Praticar os atos que lhe sejam delegados pelos respetivos Ministros;

c) Substituir os respetivos Ministros nas suas ausências ou impedimentos temporários, sem prejuízo do disposto no número 3 do artigo 190º;

d) Coadjuvar os respetivos Ministros na gestão dos serviços dos respetivos Ministérios;

e) Gerir, sob a direção do respetivo Ministro, todos os departamentos compreendidos nas respetivas Secretarias de Estado ou áreas de atuação;

f) Exercer as funções que lhes sejam cometidas pelos respetivos Ministros ou pela lei.

TÍTULO V – Do Poder Judicial

CAPÍTULO I – Princípios gerais

Artigo 209º – (Administração da Justiça)

A administração da Justiça tem por objeto dirimir conflitos de interesses públicos e privados, reprimir a violação da legalidade democrática e assegurar a defesa dos direitos e interesses legalmente protegidos dos cidadãos.

Artigo 210º – (Órgãos de administração da Justiça)

1. A Justiça é administrada, em nome do povo, pelos tribunais e pelos órgãos não jurisdicionais de composição de conflitos, criados nos termos da Constituição e da lei, em conformidade com as normas de competência e de processo legalmente estabelecidas.
2. A Justiça é também administrada por tribunais instituídos através de tratados, convenções ou acordos internacionais de que Cabo Verde seja parte, em conformidade com as respetivas normas de competência e de processo.

Artigo 211º – (Princípios fundamentais da administração da Justiça)

1. No exercício das suas funções, os tribunais são independentes e apenas estão sujeitos à Constituição e à lei.
2. Os tribunais só podem exercer as funções estabelecidas na lei.
3. Os tribunais não podem aplicar normas contrárias à Constituição ou aos princípios nela consignados.
4. As audiências dos tribunais são públicas, salvo decisão em contrário do próprio Tribunal, devidamente fundamentada e proferida nos termos da lei de processo, para salvaguarda da dignidade das pessoas, da intimidade da vida privada e da moral pública, bem como para garantir o seu normal funcionamento.
5. As decisões dos tribunais que não sejam de mero expediente são fundamentadas nos termos da lei.
6. As decisões dos tribunais sobre a liberdade pessoal são sempre suscetíveis de recurso por violação da lei.
7. As decisões dos tribunais são obrigatórias para todas as entidades públicas e privadas e prevalecem sobre as de quaisquer outras autoridades.
8. Todas as entidades públicas e privadas são obrigadas a prestar aos tribunais a colaboração por estes solicitada no exercício de funções.
9. A lei regula os termos da execução das decisões dos tribunais relativamente a qualquer autoridade e determina sanções a aplicar aos responsáveis pela sua inexecução.

Artigo 212º – (Patrocínio judiciário)

A lei regula o patrocínio judiciário como elemento indispensável à administração da Justiça e assegura aos que o prestam as garantias necessárias ao exercício do mandato forense.

Artigo 213º – (Composição não jurisdicional de conflitos)

A lei pode criar mecanismos e órgãos de composição não jurisdicional de conflitos regulando, designadamente, a sua constituição, organização, competência e funcionamento.

CAPÍTULO II – Organização dos tribunais

Artigo 214º – (Categorias de tribunais)

1. Além do Tribunal Constitucional, há os seguintes tribunais:

a) O Supremo Tribunal de Justiça;

b) Os Tribunais Judiciais de Segunda Instância;

c) Os Tribunais Judiciais de Primeira Instância;

d) O Tribunal de Contas;

e) O Tribunal Militar de Instância;

f) Os Tribunais Fiscais e Aduaneiros.

2. Podem ser criados, por lei:

a) Tribunais Administrativos;

b) Tribunais Arbitrais;

c) Organismos de regulação de confl itos em áreas territoriais mais restritas do que as de jurisdição dos Tribunais Judiciais de Primeira Instância.

3. Na primeira instância pode haver tribunais com competência específica e tribunais especializados para o julgamento de matérias determinadas.

4. A lei determina os casos e as formas em que os tribunais previstos nos números anteriores se podem constituir, separada ou conjuntamente, em tribunais de conflitos.

5. Sem prejuízo do disposto na Constituição, não pode haver tribunais com competência exclusiva para o julgamento de determinadas categorias de crimes.

Artigo 215º – (Tribunal Constitucional)

1. O Tribunal Constitucional é o tribunal ao qual compete, especificamente, administrar a Justiça em matérias de natureza jurídico-constitucional, designadamente, no que se refere a:

a) Fiscalização da constitucionalidade e legalidade, nos termos da Constituição;

b) Verificação da morte e declaração de incapacidade, de impedimento ou de perda de cargo do Presidente da República;

c) Jurisdição em matéria de eleições e de organizações político-partidárias, nos termos da lei;

d) Resolução de conflitos de jurisdição, nos termos da lei;

e) Recurso de amparo.

2. O Tribunal Constitucional tem sede na cidade da Praia.

3. O Tribunal Constitucional é composto por um mínimo de três juízes eleitos pela Assembleia Nacional, de entre personalidades de reputado mérito e competência e de reconhecida probidade, com formação superior em Direito.

4. O Presidente do Tribunal Constitucional é eleito pelos seus pares.

5. O mandato dos juízes do Tribunal Constitucional é de nove anos, não sendo renovável.

6. Os juízes do Tribunal Constitucional gozam das garantias e estão sujeitos às incompatibilidades dos demais juízes.

7. A lei regula a organização, a competência e o funcionamento do Tribunal Constitucional, bem como o estatuto dos seus juízes.

Artigo 216º – (Supremo Tribunal de Justiça)

1. O Supremo Tribunal de Justiça é o órgão superior da hierarquia dos Tribunais Judiciais, Administrativos, Fiscais e Aduaneiros e do Tribunal Militar de Instância.

2. O Supremo Tribunal de Justiça tem sede na cidade da Praia e jurisdição sobre todo o território nacional.

3. O acesso ao cargo de juiz do Supremo Tribunal de Justiça faz-se mediante concurso público, aberto a magistrados judiciais.

4. O Presidente do Supremo Tribunal de Justiça é nomeado pelo Presidente da República, de entre os juízes que o compõem, mediante proposta destes, para um mandato de cinco anos, renovável uma única vez.

5. A lei regula a organização, a composição, a competência e o funcionamento do Supremo Tribunal de Justiça.

Artigo 217º – (Tribunais Judiciais de Segunda Instância)

1. Os Tribunais Judiciais de Segunda Instância são tribunais de recurso das decisões proferidas pelos tribunais judiciais de primeira instância, tribunais administrativos, fiscais e aduaneiros e Tribunal Militar de Instância.

2. A lei pode cometer aos Tribunais de Segunda Instância o julgamento de determinadas matérias em primeira instância.

3. A organização, a composição, a competência e o funcionamento dos Tribunais Judiciais de Segunda Instância são regulados por lei.

Artigo 218º - (Tribunais judiciais de primeira instância)

1. Os tribunais judiciais de primeira instância são os tribunais comuns em matéria cível e criminal e conhecem de todas as causas que por lei não sejam atribuídas a outra jurisdição.

2. A lei regula a organização, a composição, a competência e o funcionamento dos tribunais judiciais de primeira instância.

Artigo 219º - (Tribunal de Contas)

1. O Tribunal de Contas é o órgão supremo de fiscalização da legalidade das despesas públicas e de julgamento das contas que a lei mandar submeter-lhe.

2. O mandato dos Juízes do Tribunal de Contas tem a duração de cinco anos, é renovável e só pode cessar antes do fim do mandato por ocorrência de:

a) Morte ou incapacidade física ou psíquica permanente e inabilitante;

b) Renúncia apresentada por escrito;

c) Demissão ou aposentação compulsiva em consequência de processo disciplinar ou criminal;

d) Investidura em cargo ou exercício de atividade incompatíveis com o exercício do mandato, nos termos da Constituição e da lei.

3. A lei regula a organização, a composição, a competência e o funcionamento do Tribunal de Contas.

Artigo 220º - (Tribunal Militar de Instância)

1. Ao Tribunal Militar de Instância compete o julgamento de crimes que, em razão da matéria, sejam definidos por lei como essencialmente militares, com recurso para o Supremo Tribunal de Justiça, nos termos da lei.

2. A lei regula a organização, a composição, a competência e o funcionamento do Tribunal Militar de Instância.

Artigo 221º - (Tribunais Fiscais e Aduaneiros)

1. Aos Tribunais Fiscais e Aduaneiros compete, com recurso para o Supremo Tribunal de Justiça, nos termos da lei:

a) O julgamento de ações e recursos contenciosos emergentes de relações jurídicas fiscais ou aduaneiras;

b) O julgamento de crimes em matéria fiscal e aduaneira, bem como de outras infrações criminais de natureza económica ou financeira atribuídas por lei;

c) O julgamento de recursos em matéria de contraordenações fiscais, aduaneiras, comerciais ou outras económicas ou financeiras.

2. A lei regula a organização, composição, competência e funcionamento dos tribunais fiscais e aduaneiros.

CAPÍTULO III – Estatuto dos juízes

Artigo 222º – (Magistratura Judicial)

1. Os juízes formam um corpo único, autónomo e independente de todos os demais poderes e regem-se por estatuto próprio.

2. O recrutamento e o desenvolvimento na carreira dos juízes fazem-se com prevalência do critério de mérito dos candidatos.

3. Os juízes, no exercício das suas funções, são independentes e só devem obediência à lei e à sua consciência.

4. Os juízes são inamovíveis, não podendo ser suspensos, transferidos, aposentados compulsivamente ou demitidos, salvo nos casos especialmente previstos na lei.

5. Em caso algum os juízes podem ser transferidos para circunscrição judicial diversa daquela em que desempenhem funções, salvo se nisso expressamente consentirem, por escrito, ou a transferência assentar em razões ponderosas de interesse público, de natureza excecional, devidamente percetíveis e explicitadas em comunicação prévia.

6. Os juízes não respondem pelos seus julgamentos e decisões, exceto nos casos especialmente previstos na lei.

7. Os juízes em exercício de funções não podem desempenhar qualquer outra função pública ou privada, salvo as de docência e de investigação científica de natureza jurídica, quando devidamente autorizados pelo Conselho Superior da Magistratura Judicial.

8. Os juízes em exercício não podem estar filiados em qualquer partido político ou em associação política, nem dedicar-se, por qualquer forma, à atividade políticopartidária.

9. A lei pode estabelecer outras incompatibilidades com o exercício da função de juiz.

10. A nomeação, a colocação, a transferência e o desenvolvimento da carreira dos juízes, bem como o exercício da ação disciplinar sobre os mesmos competem ao Conselho Superior da Magistratura Judicial.

Artigo 223º – (Conselho Superior da Magistratura Judicial)

1. O Conselho Superior da Magistratura Judicial é o órgão de gestão e disciplina dos juízes, de administração autónoma dos recursos humanos, financeiros e materiais dos tribunais, bem como dos seus próprios.

2. Compete ao Conselho Superior de Magistratura Judicial, designadamente:

a) A orientação geral e a fiscalização da atividade dos Tribunais Judiciais, Administrativos e Fiscais e Aduaneiros, bem como do Tribunal Militar de Instância e de Organismos de Regulação de Conflitos;

b) A superintendência no funcionamento das secretarias judiciais;

c) A nomeação, a colocação, a transferência, o desenvolvimento na carreira e a disciplina dos recursos humanos e das secretarias judiciais.

3. Compete, ainda, ao Conselho Superior da Magistratura Judicial colaborar com o Governo em matéria de execução da política de justiça.

4. O Conselho Superior da Magistratura Judicial apresenta à Assembleia Nacional, anualmente, o seu relatório sobre a situação da Justiça, nos termos da lei.

5. O Conselho Superior da Magistratura Judicial é composto por nove membros, sendo:

a) Um juiz designado pelo Presidente da República;

b) Quatro cidadãos de reconhecida probidade e mérito, que não sejam magistrados nem advogados, eleitos pela Assembleia Nacional;

c) Quatro magistrados judiciais eleitos pelos seus pares.

6. O Presidente do Conselho Superior da Magistratura Judicial é designado pelo Presidente da República, de entre os juízes que dele fazem parte, mediante proposta dos restantes membros desse órgão, para um mandato de cinco anos, renovável uma única vez.

7. O cargo de Presidente do Conselho Superior da Magistratura Judicial é incompatível com o exercício de qualquer outra função pública ou privada.

8. A todos os membros do Conselho Superior da Magistratura Judicial são aplicáveis as regras sobre garantias dos juízes estabelecidas pela Constituição e pela lei.

9. A lei regula a competência, a organização e o funcionamento do Conselho Superior da Magistratura Judicial, bem como o estatuto dos seus membros.

Artigo 224º - (Inspeção Judicial)

1. A fiscalização da atividade dos tribunais é exercida através de um serviço de inspeção judicial, integrado por um corpo de inspetores, recrutados de entre magistrados judiciais e dirigido por um Inspetor Superior, nomeado pelo Conselho Superior da Magistratura Judicial, ao qual prestará contas.

2. A lei regula a organização, composição, competência e funcionamento do serviço de inspeção judicial.

CAPÍTULO IV - Do Ministério Público

Artigo 225º - (Funções)

1. O Ministério Público defende os direitos dos cidadãos, a legalidade democrática, o interesse público e os demais interesses que a Constituição e a lei determinarem.

2. O Ministério Público representa o Estado, é o titular da ação penal e participa, nos termos da lei, de forma autónoma, na execução da política criminal definida pelos órgãos de soberania.

Artigo 226º – (Organização do Ministério Público)

1. A organização do Ministério Público compreende a Procuradoria-Geral da República e Procuradorias da República.

2. A Procuradoria-Geral da República é o órgão superior da hierarquia do Ministério Público, tem sede na cidade da Praia e jurisdição sobre todo o território nacional.

3. A Procuradoria-Geral da República é presidida pelo Procurador-Geral da República e compreende o Conselho Superior do Ministério Público.

4. O Procurador-Geral da República é nomeado pelo Presidente da República, sob proposta do Governo, para um mandato de cinco anos, renovável e que só pode cessar antes do seu termo normal por ocorrência de:

a) Morte ou incapacidade física ou psíquica permanente e inabilitante;

b) Renúncia apresentada por escrito;

c) Demissão ou aposentação compulsiva em consequência de processo disciplinar ou criminal;

d) Investidura em cargo ou exercício de atividade incompatíveis com o exercício do mandato, nos termos da Constituição ou da lei.

5. O Conselho Superior do Ministério Público é o órgão de gestão e disciplina dos magistrados do Ministério Público, de administração autónoma dos recursos humanos, financeiros e materiais das procuradorias, bem como dos seus próprios, designadamente:

6. Compete ao Conselho Superior do Ministério Público, designadamente:

a) A orientação geral e a fiscalização da atividade do Ministério Público;

b) A superintendência no funcionamento das secretarias do Ministério Público;

c) A nomeação, a colocação, a transferência, o desenvolvimento na carreira e a disciplina dos recursos humanos das secretarias do Ministério Público.

7. Compete, ainda, ao Conselho Superior do Ministério Público colaborar com o Governo em matéria de execução da política da justiça, em particular da política criminal.

8. O Conselho Superior do Ministério Público apresenta à Assembleia Nacional, anualmente, o seu relatório sobre a situação da Justiça, nos termos da lei.

9. O Conselho Superior do Ministério Público é presidido pelo Procurador-Geral da República e compõe-se dos seguintes vogais:

a) Quatro cidadãos nacionais idóneos e de reconhecido mérito, que não sejam magistrados nem advogados e estejam no pleno gozo dos seus direitos civis e políticos, eleitos pela Assembleia Nacional;

b) Um cidadão nacional idóneo e de reconhecido mérito, que não seja magistrado nem advogado e esteja no pleno gozo dos seus direitos civis e políticos, designado pelo Governo;

c) Três magistrados do Ministério Público, eleitos pelos seus pares.

10. A todos os membros do Conselho Superior do Ministério Público são aplicáveis as regras sobre garantias dos magistrados do Ministério Público, estabelecidas pela Constituição e pela lei.

11. A lei regula a competência, a organização e o funcionamento do Conselho Superior do Ministério Público, bem como o estatuto dos seus membros.

Artigo 227º – (Magistratura do Ministério Público)

1. Os representantes do Ministério Público constituem uma magistratura autónoma e com estatuto próprio, nos termos da lei.

2. Os representantes do Ministério Público atuam com respeito pelos princípios da imparcialidade e da legalidade e pelos demais princípios estabelecidos na lei.

3. Os representantes do Ministério Público são magistrados responsáveis, hierarquicamente subordinados.

4. Os representantes do Ministério Público não podem ser suspensos, transferidos, demitidos ou aposentados, salvo nos casos previstos na lei.

5. O recrutamento e o desenvolvimento na carreira dos representantes do Ministério Público fazem-se com prevalência do critério do mérito dos candidatos, nos termos da lei.

6. Os magistrados do Ministério Público em exercício de funções não podem desempenhar qualquer outra função pública ou privada, salvo as de docência e de investigação científica de natureza jurídica, quando devidamente autorizados pelo Conselho Superior do Ministério Público.

7. Os representantes do Ministério Público em exercício não podem estar filiados em qualquer partido político ou em associação política, nem dedicar-se, de qualquer forma, à atividade político-partidária.

8. A lei pode estabelecer outras incompatibilidades com o exercício da função de representante do Ministério Público.

9. A nomeação, a colocação, a transferência e o desenvolvimento na carreira dos magistrados do Ministério Público, bem como o exercício da ação disciplinar sobre os mesmos competem, nos termos da lei, à Procuradoria-Geral da República.

Artigo 228º – (Inspeção do Ministério Público)

1. A fiscalização da atividade dos serviços do Ministério Público é exercida através de um serviço de inspeção, integrado por um corpo de inspetores, recru-

tados de entre magistrados do Ministério Público e dirigido por um Inspetor Superior, nomeado pelo Conselho Superior do Ministério Público, ao qual prestará contas.

2. A lei regula a organização, composição, competência e funcionamento do serviço de inspeção do Ministério Público.

CAPÍTULO V – Dos Advogados

Artigo 229º – (Função e garantias do Advogado)

1. O Advogado no exercício da sua função é um servidor da Justiça e do Direito e um colaborador indispensável da administração da Justiça.

2. No exercício das suas funções e nos limites da lei, são invioláveis os documentos, a correspondência e outros objetos que tenham sido confiados ao advogado pelo seu constituinte, que tenha obtido para a defesa deste ou que respeitem à sua profissão.

3. As buscas, apreensões ou outras diligências semelhantes no escritório ou nos arquivos do Advogado só podem ser ordenadas por decisão judicial e deverão ser efetuadas na presença do juiz que as autorizou, do Advogado e de um representante do organismo representativo dos Advogados nomeado por este para o efeito.

4. O Advogado tem o direito de comunicar pessoal e reservadamente com o seu patrocinado, mesmo quando este se encontre preso ou detido.

5. O exercício da função de advogado sujeita-se a regras deontológicas, implica responsabilidade profissional e submete-se à regulação e disciplina da Ordem dos Advogados de Cabo Verde, nos termos da lei.

TÍTULO VI – Do poder local

Artigo 230º – (Autarquias locais)

1. A organização do Estado compreende a existência de autarquias locais.

2. As autarquias locais são pessoas coletivas públicas territoriais dotadas de órgãos representativos das respetivas populações, que prosseguem os interesses próprios destas.

3. A criação e extinção das autarquias locais, bem como a alteração dos respetivos territórios, são feitas por lei, com prévia consulta aos órgãos das autarquias abrangidas.

4. A lei estabelece a divisão administrativa do território.

Artigo 231º - (Categorias de autarquias locais)

As autarquias locais são os municípios, podendo a lei estabelecer outras categorias autárquicas de grau superior ou inferior ao município.

Artigo 232º - (Solidariedade)

1. O Estado promove a solidariedade entre as autarquias, de acordo com as particularidades de cada uma e tendo em vista a redução das assimetrias regionais e o desenvolvimento nacional.
2. A administração central, com respeito pela autonomia das autarquias, garante a estas, nos termos da lei, apoio técnico, material e em recursos humanos.

Artigo 233º - (Património e finanças das autarquias)

1. As autarquias locais têm finanças e património próprios.
2. A lei define o património das autarquias locais e estabelece o regime das finanças locais, tendo em vista a justa repartição de recursos públicos entre o Estado e as autarquias, bem como os demais princípios referidos neste título.
3. As autarquias locais podem dispor de poderes tributários, nos casos e nos termos previstos na lei.
4. A lei regula a participação dos municípios nas receitas fiscais.

Artigo 234º - (Organização das autarquias)

1. A organização das autarquias locais compreende uma assembleia eleita, com poderes deliberativos e um órgão colegial executivo responsável perante aquela.
2. A assembleia é eleita pelos cidadãos eleitores residentes na circunscrição territorial da autarquia, segundo o sistema de representação proporcional.

Artigo 235º - (Poder regulamentar)

As autarquias locais gozam de poder regulamentar próprio, nos limites da Constituição, das leis e dos regulamentos emanados das autarquias de grau superior ou das autoridades com poder tutelar.

Artigo 236º - (Tutela)

1. A tutela administrativa sobre as autarquias locais consiste na verificação do cumprimento da lei pelos órgãos autárquicos e é exercida nos casos e nos termos da lei.
2. As medidas tutelares restritivas da autonomia local são precedidas de parecer da assembleia deliberativa da autarquia, nos termos da lei.
3. A dissolução de órgãos autárquicos resultantes de eleição direta só pode ter lugar por causa de ações ou omissões graves, estabelecidas pela lei.

Artigo 237º – (Pessoal das autarquias locais)

1. As autarquias locais possuem quadros de pessoal próprio, nos termos da lei.
2. Aos funcionários e agentes das autarquias locais é aplicável o regime dos funcionários e agentes da administração central, com as adaptações necessárias, nos termos da lei.

Artigo 238º – (Atribuições e organização das autarquias locais)

1. As atribuições e organização das autarquias, bem como a competência dos seus órgãos, são reguladas por lei, com respeito pelo princípio da autonomia e da descentralização.
2. Os órgãos das autarquias podem delegar nas organizações comunitárias, tarefas administrativas, que não envolvam o exercício de poderes de autoridade.

Artigo 239º – (Associações de autarquias locais)

As autarquias locais podem constituir associações para a realização de interesses comuns.

TÍTULO VII – Da Administração Pública

Artigo 240º – (Princípios gerais)

1. A Administração Pública prossegue o interesse público, com respeito pela Constituição, pela lei, pelos princípios da justiça, da transparência, da imparcialidade e da boa fé e pelos direitos e interesses legítimos dos cidadãos.
2. A Administração Pública é estruturada de modo a prestar aos cidadãos um serviço eficiente e de qualidade, obedecendo, designadamente, aos princípios da subsidiariedade, da desconcentração, da descentralização, da racionalização, da avaliação e controlo e da participação dos interessados, sem prejuízo da necessária eficácia e unidade de ação da Administração e dos poderes de direção, superintendência e tutela dos órgãos competentes, nos termos da lei.
3. A lei pode criar autoridades administrativas independentes.
4. As associações públicas só podem ser constituídas para a satisfação de necessidades públicas específicas relevantes, não podem exercer funções de natureza sindical e têm organização interna baseada em princípios democráticos.
5. As entidades privadas que exerçam poderes públicos podem ser sujeitas, nos termos da lei, a fiscalização administrativa.

Artigo 241º – (Função Pública)

1. O pessoal da Administração Pública e os demais agentes do Estado e de outras entidades públicas estão exclusivamente ao serviço do interesse público

definido pelos órgãos competentes, devendo, no exercício das suas funções, agir com especial respeito pelos princípios de justiça, isenção e imparcialidade, de respeito pelos direitos dos cidadãos e de igualdade de tratamento de todos os utentes, nos termos da lei.

2. O pessoal da Administração Pública e os demais agentes do Estado e de outras entidades públicas não podem ser beneficiados ou prejudicados em virtude das suas opções político-partidárias ou do exercício dos seus direitos estabelecidos na Constituição ou na lei.

3. O pessoal da Administração Pública e os demais agentes do Estado e de outras entidades públicas não podem ainda beneficiar ou prejudicar outrem, em virtude das suas opções político-partidárias ou do exercício dos seus direitos estabelecidos na Constituição ou na lei.

4. Sem prejuízo das inelegibilidades estabelecidas na lei, o pessoal da Administração Pública, os demais agentes civis do Estado e de outras entidades públicas não carecem de autorização para se candidatarem a qualquer cargo eletivo do Estado ou das autarquias locais suspendendo, no entanto, o exercício de funções a partir da apresentação formal da candidatura, sem perda de direitos.

5. Não é permitida a acumulação de empregos ou cargos públicos, salvo nos casos expressamente admitidos na lei.

6. Na Função Pública, o acesso e o desenvolvimento profi ssional baseiam-se no mérito e na capacidade dos candidatos ou agentes.

7. A lei determina as incompatibilidades entre o exercício de cargos públicos e o de outras atividades, bem como as demais garantias de imparcialidade no exercício de cargos públicos.

Artigo 242º – (Restrições ao exercício de direitos)

Para os diplomatas, magistrados, oficiais de justiça e inspetores públicos em efetividade de serviço ou situação equivalente, a lei pode estabelecer deveres especiais decorrentes das exigências próprias das suas funções, por forma a salvaguardar o interesse público e legítimos interesses do Estado ou de terceiros.

Artigo 243º – (Responsabilidade dos agentes públicos)

1. A lei regula a responsabilidade civil, criminal e disciplinar do pessoal da Administração Pública e demais agentes do Estado e de outras entidades públicas por atos ou omissões praticados no exercício das suas funções, bem como os termos em que o Estado e outras entidades públicas têm direito de regresso contra os seus agentes.

2. A responsabilidade do agente é excluída, quando atue no cumprimento de ordens ou instruções emanadas de superior hierárquico e em matéria de ser-

viço, cessando, no entanto, o dever de obediência sempre que o cumprimento das ordens ou instruções implique a prática de crime.

Artigo 244º – (Polícia)

1. A polícia tem por funções defender a legalidade democrática, prevenir a criminalidade e garantir a segurança interna, a tranquilidade pública e o exercício dos direitos dos cidadãos.

2. As medidas de polícia são as previstas na lei, obedecem aos princípios da legalidade, da necessidade, da adequação e da proporcionalidade e são utilizadas com respeito pelos direitos, liberdades e garantias dos cidadãos.

3. A lei fixa o regime das forças de segurança e a sua organização.

4. Pode haver polícias municipais cujo regime e forma de criação são estabelecidos por lei.

5. Para salvaguarda da imparcialidade, da coesão e da disciplina dos serviços e forças de segurança, podem, por lei, ser impostas aos respetivos agentes restrições ao exercício dos direitos de expressão, reunião, manifestação, associação e petição coletiva e à capacidade eleitoral passiva.

Artigo 245º – (Direitos e garantias do particular face à Administração)

O particular, diretamente ou por intermédio de associações ou organizações de defesa de interesses difusos a que pertença, tem, nos termos da lei, direito a:

a) Ser ouvido nos processos administrativos que lhes digam respeito;

b) Ser informado pela Administração, dentro de prazo razoável, sobre o andamento dos processos em que tenha interesse direto, sempre que o requeira;

c) Ser notificado dos atos administrativos em que tenha interesse legítimo, na forma prevista na lei, incluindo a fundamentação expressa e acessível dos mesmos, quando afetem os seus direitos ou interesses legalmente protegidos;

d) Aceder aos arquivos e registos administrativos, sem prejuízo do disposto na lei em matérias relativas à segurança interna e externa do Estado, à investigação criminal, ao segredo de justiça, ao segredo do Estado e à intimidade das pessoas;

e) Requerer e obter tutela jurisdicional efetiva dos seus direitos e interesses legalmente protegidos, nomeadamente através da impugnação de quaisquer atos administrativos que os lesem, independentemente da forma de que se revistam, de ações de reconhecimento judicial desses direitos e interesses, de pedido de adoção de medidas cautelares adequadas e de imposição judicial à Administração de prática de atos administrativos legalmente devidos;

f) Impugnar as normas administrativas com eficácia externa lesivas dos seus direitos ou interesses legalmente protegidos;

g) Ser indemnizado pelos danos resultantes da violação dos seus direitos e interesses legalmente protegidos, por ação ou omissão de agentes públicos, praticadas no exercício de funções e por causa delas.

TÍTULO VIII – Da defesa nacional

Artigo 246º – (Defesa Nacional)

A defesa nacional é a disposição, integração e ação coordenadas de todas as energias e forças morais e materiais da Nação, face a qualquer forma de ameaça ou agressão, tendo por finalidade garantir, de modo permanente a unidade, a soberania, a integridade territorial e a independência de Cabo Verde, a liberdade e a segurança da sua população bem como o ordenamento constitucional democraticamente estabelecido.

Artigo 247º – (Forças Armadas)

1. As Forças Armadas são uma instituição permanente e regular, compõem-se exclusivamente de cidadãos cabo-verdianos e estão estruturadas com base na hierarquia e na disciplina.
2. As Forças Armadas estão subordinadas e obedecem aos competentes órgãos de soberania, nos termos da Constituição e da lei.
3. As Forças Armadas estão ao serviço da nação e são rigorosamente apartidárias, não podendo os seus membros na efetividade de serviço ou, sendo do quadro permanente, na situação de ativo, filiar-se em qualquer sindicato, partido ou associação política, nem exercer atividades político-partidárias de qualquer natureza.
4. A organização das Forças Armadas é única para todo o território nacional.

Artigo 248º – (Missões das Forças Armadas)

1. Às Forças Armadas incumbe, em exclusivo, a execução da componente militar da defesa nacional, competindo-lhes assegurar a defesa militar da República contra qualquer ameaça ou agressão externas.
2. As Forças Armadas, sem prejuízo do disposto no número 1, desempenham também as missões que lhe forem atribuídas, nos termos da lei e nos seguintes quadros:

a) Execução da declaração do estado de sítio ou de emergência;

b) Vigilância, fiscalização e defesa do espaço aéreo e marítimo nacionais, designadamente no que se refere à utilização das águas arquipelágicas, do mar territorial e da zona económica exclusiva e a operações de busca e salvamento, bem como, em colaboração com as autoridades policiais e outras competentes e sob a responsabilidade destas, à proteção do meio ambiente e do património arqueológico submarino, à prevenção e repressão da poluição marítima, do tráfico de estupefacientes e armas, do contrabando e outras formas de criminalidade organizada;

c) Colaboração em tarefas relacionadas com a satisfação de necessidades básicas e a melhoria das condições de vida das populações;

d) Participação no sistema nacional de proteção civil;

e) Defesa das instituições democráticas e do ordenamento constitucional;

f) Desempenho de outras missões de interesse público.

3. Qualquer intervenção das Forças Armadas só poderá ter lugar à ordem dos comandos militares competentes, cuja atuação se deve pautar pela obediência estrita às decisões e instruções dos órgãos de soberania, nos termos da Constituição e da lei.

Artigo 249º – (Serviço militar)

1. O serviço militar é obrigatório nos termos da lei.

2. Os objetores de consciência ao serviço militar e os cidadãos sujeitos por lei à prestação do serviço militar que forem considerados inaptos para o serviço militar armado prestarão serviço militar não armado ou serviço cívico adequado à sua situação, nos termos da lei.

3. O serviço cívico pode ser estabelecido em substituição ou complemento do serviço militar e tornado obrigatório por lei para os cidadãos não sujeitos a deveres militares.

Artigo 250º – (Restrições ao exercício de direitos)

A lei pode estabelecer restrições ao exercício dos direitos de expressão, reunião, manifestação, associação e petição coletiva e à capacidade eleitoral passiva dos militares em serviço efetivo, na estrita medida das exigências da condição militar.

Artigo 251º – (Garantia dos cidadãos que prestam serviço militar)

Ninguém pode ser prejudicado no seu emprego, colocação, promoção ou benefícios sociais por virtude de cumprimento de serviço militar ou de serviço cívico obrigatório.

Artigo 252º – (Conselho Superior de Defesa Nacional)

1. O Conselho Superior de Defesa Nacional é o órgão específico de consulta em matéria de defesa nacional e Forças Armadas.

2. O Conselho Superior de Defesa Nacional é presidido pelo Presidente da República e tem a composição que a lei determinar, devendo incluir entidades civis e militares.

TÍTULO IX – Dos órgãos auxiliares dos órgãos do Poder Político

CAPÍTULO I – Do Conselho da República

Artigo 253º – (Definição e composição)

1. O Conselho da República é o órgão político de consulta do Presidente da República.

2. O Conselho da República é composto pelos seguintes membros:

a) O Presidente da Assembleia Nacional;

b) O Primeiro-Ministro;

c) O Presidente do Tribunal Constitucional;

d) O Provedor de Justiça;

e) O Presidente do Conselho Económico, Social e Ambiental;

f) Os antigos Presidentes da República que não hajam sido destituídos do cargo;

g) Cinco cidadãos de reconhecida idoneidade e mérito, no pleno gozo dos seus direitos civis e políticos, designados pelo Presidente da República, devendo três deles ser escolhidos, tendo em conta as sensibilidades políticas com expressão parlamentar e um escolhido no seio das comunidades cabo-verdianas no exterior.

3. Os cidadãos referidos na alínea *g*) do número anterior não podem ser titulares de qualquer órgão de soberania ou de órgão eletivo das autarquias locais e o seu mandato cessa com o termo de funções do Presidente da República.

Artigo 254º – (Competência e funcionamento)

1. Compete ao Conselho da República aconselhar o Presidente da República, a solicitação deste e pronunciar-se sobre:

a) A dissolução da Assembleia Nacional;

b) A demissão do Governo;

c) A convocação de referendo a nível nacional;

d) A marcação da data para as eleições do Presidente da República, dos Deputados à Assembleia Nacional e para a realização de referendo a nível nacional;

e) A declaração da guerra e a feitura da paz;

f) A declaração do estado de sítio ou de emergência;

g) Os tratados que envolvam restrições da soberania, a participação do país em organizações internacionais de segurança coletiva ou militar;

h) Outras questões graves da vida nacional;

i) As demais questões previstas na Constituição.

2. O Conselho da República elabora e aprova o seu regimento.

Artigo 255º – (Efeitos da pronúncia do Conselho da República)

As deliberações do Conselho da República não têm natureza vinculativa.

Artigo 256º – (Forma e publicidade das deliberações)

1. As deliberações do Conselho da República assumem a forma de pareceres e só serão publicadas se o ato a que se referem vier a ser praticado.
2. Os pareceres serão obrigatoriamente elaborados na reunião em que for tomada a deliberação a que dizem respeito.
3. A publicação a que se refere o número 1 será feita simultaneamente com a do ato.

CAPÍTULO II – Do Conselho Económico, Social e Ambiental

Artigo 257º – (Definição e composição)

1. O Conselho Económico, Social e Ambiental é o órgão consultivo de concertação em matéria de desenvolvimento económico, social e ambiental, podendo desempenhar outras funções que lhe sejam atribuídas por lei.
2. O Conselho Económico, Social e Ambiental funciona em plenário e por conselhos ou comissões especializadas, incluindo, obrigatoriamente, um Conselho para o Desenvolvimento Regional, um Conselho de Concertação Social e um Conselho das Comunidades.
3. A lei regula a organização, a composição, a competência e o funcionamento do Conselho Económico, Social e Ambiental.

Artigo 258º – (Conselho das Comunidades)

1. O Conselho das Comunidades é um órgão consultivo para os assuntos relativos às comunidades cabo-verdianas no exterior.
2. A organização, a composição, a competência e o funcionamento do Conselho das Comunidades são regulados por lei.

TÍTULO X – Da forma e hierarquia dos atos

CAPÍTULO I – Dos atos do Presidente da República

Artigo 259º – (Decretos presidenciais)

Revestem a forma de decretos presidenciais os atos normativos do Presidente da República, que nos termos da Constituição não devam revestir outra forma.

CAPÍTULO II – Da forma dos atos legislativos e normativos

Artigo 260º – (Atos legislativos da Assembleia Nacional)

1. São atos legislativos da Assembleia Nacional a Lei Constitucional, a lei e o Regimento.

2. Assumem a forma de Lei Constitucional os atos que aprovem ou alterem a Constituição.

3. Assumem a forma de lei os atos previstos nas alíneas *b*), *c*), *f*) e *l*) do artigo 175º, nos artigos 176º e 177º, bem como nas alíneas *b*) e *c*) do artigo 178º.

4. Assume a forma de Regimento o ato regulador da organização e do funcionamento da Assembleia Nacional, o qual não carece de promulgação.

Artigo 261º – (Atos legislativos do Governo)

1. São atos legislativos do Governo o decreto, decreto legislativo e o decreto-lei.

2. Assumem a forma de:

a) Decreto, os atos de aprovação pelo Governo dos tratados e acordos internacionais;

b) Decreto legislativo, os atos do Governo emitidos com base em lei de autorização legislativa;

c) Decreto-lei, os demais atos legislativos do Governo.

3. Os atos legislativos do Governo devem ser assinados pelo Primeiro-Ministro e pelo Ministro competente em razão da matéria.

Artigo 262º – (Tipicidade dos atos legislativos)

Nenhuma lei pode criar outras categorias de atos legislativos, nem atribuir a atos normativos de outra natureza poder para interpretação autêntica ou integração das leis, bem como para modificar, suspender ou revogar qualquer ato legislativo.

Artigo 263º – (Regimento)

Revestem a forma de regimento os atos normativos reguladores da organização e funcionamento dos órgãos colegiais aprovados por estes.

Artigo 264º – (Regulamentos)

1. São regulamentos os atos normativos praticados pelo Governo e demais entidades públicas no exercício de funções administrativas.

2. Revestem a forma de decreto regulamentar os regulamentos do Governo que:

a) Sejam da competência do Conselho de Ministros;

b) Devam, por imposição de lei expressa, ter essa forma.

3. Revestem a forma de portaria ou despacho normativo os regulamentos do Governo que não devam assumir a forma de decreto regulamentar ou que, nos termos da lei, sejam da competência isolada ou conjunta de um ou mais membros do Governo.

4. Os decretos regulamentares são assinados pelo Primeiro-Ministro e pelo membro do Governo competente em razão da matéria.

5. Os regulamentos devem indicar expressamente a lei que têm em vista regulamentar ou que definem a competência objetiva ou subjetiva para a sua produção.

Artigo 265º – (Resoluções da Assembleia Nacional e do Governo)

1. Assumem a forma de resolução os atos da Assembleia Nacional previstos nos artigos 175º alíneas *g*) a *k*), 178º alíneas *a*) e *c*), 179º, 180º alínea *f*), 181º número 1 e 183º da Constituição e todos os demais atos da Assembleia Nacional para os quais a Constituição não determine outra forma.

2. Assumem a forma de resolução os atos do Governo não abrangidos pelo disposto nos artigos 261º e 264º da Constituição e, bem assim, os atos para os quais a lei não determine outra forma.

3. As resoluções da Assembleia Nacional e do Governo não carecem de promulgação.

CAPÍTULO III – Das resoluções e das moções

Artigo 266º – (Outras resoluções)

Assumem também a forma de resolução os atos dos demais órgãos colegiais previstos na Constituição que não devam legalmente revestir outra forma.

Artigo 267º – (Moção)

Assumem a forma de moção os atos da Assembleia Nacional previstos nas alíneas *a*) e *c*) do artigo 180º e *c*) do número 3 do artigo 181º.

CAPÍTULO IV – Hierarquia e publicação

Artigo 268º – (Hierarquia das leis)

As leis, os decretos-legislativos e os decretos-leis têm o mesmo valor, sem prejuízo da subordinação dos decretos-legislativos às correspondentes leis de autorização legislativa e dos decretos-leis de desenvolvimento às leis que regulam as bases ou os regimes gerais correspondentes.

Artigo 269º – (Publicação)

1. São obrigatoriamente publicados no jornal oficial da República de Cabo Verde, sob pena de ineficácia jurídica:

a) Os decretos presidenciais;

b) Os atos legislativos da Assembleia Nacional e do Governo;

c) Os tratados e acordos internacionais e os respetivos avisos de ratificação ou de adesão;

d) As resoluções da Assembleia Nacional e do Governo;

e) As decisões do Tribunal Constitucional, bem como as de outros tribunais a que a lei confira força obrigatória geral;

f) Os regulamentos emanados da administração central direta ou indireta e da administração autónoma, nomeadamente os dos órgãos das autarquias municipais ou de grau superior;

g) Os resultados de eleições de órgãos previstos na Constituição e de referendos a nível nacional;

h) Os regimentos do Conselho da República e do Conselho Económico, Social e Ambiental, bem como os de todos os órgãos colegiais previstos na Constituição;

i) Em geral, qualquer ato de conteúdo genérico dos órgãos de soberania ou das autarquias municipais ou de grau superior.

2. A lei determina as formas de publicidade dos demais atos e as consequências da sua falta.

PARTE VI
DAS GARANTIAS DE DEFESA E DA REVISÃO DA CONSTITUIÇÃO

TÍTULO I – Do estado de sítio e de emergência

Artigo 270º – (Estado de sítio)

O estado de sítio só pode ser declarado, no todo ou em parte do território nacional, no caso de agressão efetiva ou iminente do território nacional por forças estrangeiras ou de grave ameaça ou perturbação da ordem constitucional.

Artigo 271º – (Estado de emergência)

O estado de emergência será declarado, no todo ou em parte do território nacional, em caso de calamidade pública ou de perturbação da ordem constitucional cuja gravidade não justifique a declaração do estado de sítio.

Artigo 272º – (Fundamentação e período de duração)

1. A declaração do estado de sítio ou de emergência deverá ser devidamente fundamentada e nela deverá ser indicado o âmbito territorial, os seus efeitos, os direitos, liberdades e garantias que ficam suspensos e a sua duração, que não poderá ser superior a trinta dias, prorrogáveis por igual período e com os mesmos fundamentos.

2. Em caso de guerra e tendo sido declarado o estado de sítio, a lei poderá fixar para este um prazo superior ao estabelecido no número anterior, devendo, neste caso, o período de duração do estado de sítio ser o estritamente necessário para o pronto restabelecimento da normalidade democrática.

Artigo 273º – (Proibição de dissolução da Assembleia Nacional)

1. Na vigência do estado de sítio ou de emergência não pode ser dissolvida a Assembleia Nacional, que fica automaticamente convocada caso não esteja em sessão.

2. Se a Assembleia Nacional estiver dissolvida ou no caso de ter terminado a legislatura na data da declaração de estado de sítio ou de emergência, as suas competências serão assumidas pela Comissão Permanente.

Artigo 274º – (Subsistência de certos direitos fundamentais)

A declaração do estado de sítio ou de emergência em nenhum caso pode afetar os direitos à vida, à integridade física, à identidade pessoal, à capacidade civil e à cidadania, a não retroatividade da lei penal, o direito de defesa do arguido e a liberdade de consciência e de religião.

Artigo 275º – (Competência dos órgãos de soberania)

A declaração do estado de sítio ou de emergência não pode afetar as regras constitucionais relativas à competência e ao funcionamento dos órgãos de soberania, nem os direitos e imunidades dos respetivos titulares, nem pode alterar os princípios da responsabilidade do Estado e dos seus agentes reconhecidos na Constituição.

Artigo 276º – (Prorrogação dos mandatos eletivos e proibição de realização de eleições)

1. Declarado o estado de sítio, ficam automaticamente prorrogados os mandatos dos titulares eletivos dos órgãos do poder político que devam findar durante sua vigência.

2. Declarado o estado de emergência restrito a uma parte do território nacional, aplica-se o disposto no número anterior aos órgãos eleitos da respetiva área.

3. Durante a vigência do estado de sítio ou de emergência e até ao trigésimo dia posterior à sua cessação, não é permitida a realização de qualquer ato eleitoral.

TÍTULO II – Da fiscalização da constitucionalidade

Artigo 277º – (Inconstitucionalidade por ação)

1. São inconstitucionais as normas e resoluções de conteúdo normativo ou individual e concreto que infrinjam o disposto na Constituição ou os princípios nela consignados.

2. A inconstitucionalidade orgânica ou formal dos tratados ou acordos internacionais que versem matérias da competência reservada da Assembleia Nacional ou da competência legislativa do Governo não impede a aplicação das suas normas na ordem jurídica cabo-verdiana, desde que sejam confirmados pelo Governo e aprovados pela Assembleia Nacional por maioria de dois terços dos deputados presentes, na primeira reunião plenária seguinte à data da publicação da decisão do Tribunal.

3. Sanado o vício e se, em virtude deste, o tratado ou acordo internacional não tiver sido ratificado, o Presidente da República fica autorizado a ratificá-lo.

Artigo 278º – (Fiscalização preventiva da constitucionalidade)

1. A apreciação preventiva da constitucionalidade pode ser requerida ao Tribunal Constitucional:

a) Pelo Presidente da República, relativamente a qualquer norma constante de tratado ou acordo internacional que lhe tenha sido submetido para ratificação, bem como relativamente a qualquer norma constante de ato legislativo que lhe tenha sido enviado para promulgação como lei, decreto legislativo ou decreto-lei;

b) Por, pelo menos quinze Deputados em efetividade de funções ou pelo Primeiro-Ministro, relativamente a qualquer norma constante de ato legislativo enviado ao Presidente da República para promulgação como lei sujeita a aprovação por maioria qualifi cada.

2. Para efeitos do disposto na alínea *b*) do número anterior, o Presidente da Assembleia Nacional, na data em que enviar ao Presidente da República o ato legislativo que deva ser promulgado, dará disso conhecimento ao Primeiro-Ministro e aos Grupos Parlamentares.

3. A apreciação preventiva da constitucionalidade deve ser requerida no prazo de oito dias:

a) A contar, nos casos da alínea *a*) do número 1, da data da receção do diploma na Presidência da República;

b) A contar, nos casos da alínea *b*) do número 1, da data do conhecimento nos termos do número 2.

4. O Presidente da República não pode promulgar os atos legislativos a que se refere a alínea *b*) do número 1, sem que tenham decorrido oito dias após a respetiva receção ou antes de o Tribunal Constitucional sobre eles se ter pronunciado, quando a intervenção deste tiver sido requerida nos termos constitucionais e legais.

5. O Tribunal Constitucional deve pronunciar-se no prazo de vinte dias, o qual, nos casos da alínea *a*) do número 1, pode ser encurtado pelo Presidente da República, por motivo de urgência.

Artigo 279º – (Efeitos da decisão)

1. Se o Tribunal Constitucional se pronunciar pela inconstitucionalidade da norma constante de tratado ou acordo internacional, este não deve ser ratificado pelo Presidente da República, sendo devolvido ao órgão que o tiver aprovado.

2. O tratado ou acordo internacional de que conste a norma declarada inconstitucional pode ser ratificado pelo Presidente da República se a Assembleia Nacional, ouvido o Governo, confirmar a sua aprovação por maioria de dois terços dos Deputados em efetividade de funções.

3. Se o Tribunal Constitucional se pronunciar pela inconstitucionalidade de norma constante de qualquer ato legislativo, deve o diploma ser vetado pelo Presidente da República e devolvido ao órgão que o tiver aprovado.

4. No caso previsto no número 3 o ato legislativo não pode ser promulgado sem que o órgão que o tiver aprovado o expurgue da norma julgada inconstitucional ou, quando for caso disso, o confi rme por maioria de dois terços dos Deputados em efetividade de funções.

Artigo 280º – (Fiscalização abstrata da constitucionalidade)

O Tribunal Constitucional, a pedido do Presidente da República, do Presidente da Assembleia Nacional, de pelo menos quinze Deputados, do Primeiro-Ministro, do Procurador-Geral da República e do Provedor de Justiça, aprecia e declara:

a) A inconstitucionalidade de quaisquer normas ou resoluções de conteúdo material normativo ou individual e concreto;

b) A ilegalidade das normas e resoluções referidas na alínea anterior.

Artigo 281º – (Fiscalização concreta da constitucionalidade)

1. Cabe recurso para o Tribunal Constitucional, das decisões dos Tribunais que:

a) Recusem, com fundamento em inconstitucionalidade, a aplicação de qualquer norma ou resolução de conteúdo material normativo ou individual e concreto;

b) Apliquem normas ou resoluções de conteúdo material normativo ou individual e concreto cuja inconstitucionalidade haja sido suscitada no processo;

c) Apliquem normas ou resoluções de conteúdo material normativo ou individual e concreto que tenham sido anteriormente julgadas inconstitucionais pelo próprio Tribunal Constitucional.

2. Cabe, ainda, recurso para o Tribunal Constitucional das decisões que:

a) Apliquem resoluções de conteúdo material normativo ou individual e concreto que tenham sido julgadas anteriormente ilegais pelo próprio Tribunal Constitucional ou cuja ilegalidade haja sido suscitada no processo;

b) Recusem aplicar, com fundamento em ilegalidade, as resoluções referidas na alínea anterior.

Artigo 282º – (Legitimidade para recorrer)

1. Podem recorrer para o Tribunal Constitucional, o Ministério Público e as pessoas que, de acordo com a lei reguladora do processo de fiscalização da constitucionalidade, tenham legitimidade para interpor recurso.

2. O recurso referido no artigo anterior só pode ser interposto depois de esgotadas as vias de recurso estabelecidos na lei do processo em que foi proferida a decisão e é restrito à questão da inconstitucionalidade ou da ilegalidade, conforme o caso.

3. O recurso das decisões previstas na alínea *c*) do número 1 e da primeira parte da alínea *a*) do nº 2 do artigo antecedente é obrigatório para o Ministério Público.

Artigo 283º – (Forma das decisões do Tribunal Constitucional, em matéria de fiscalização da constitucionalidade ou de ilegalidade)

1. Nos casos previstos no artigo 279º, a pronúncia do Tribunal Constitucional revestirá a forma de parecer.

2. Nos demais casos as decisões do Tribunal Constitucional terão a denominação de acórdão.

3. As decisões do Tribunal Constitucional que tenham por objeto a fiscalização da constitucionalidade ou ilegalidade serão integralmente publicadas no jornal oficial.

Artigo 284º – (Efeitos dos Acórdãos e dos Pareceres)

1. Os Acórdãos do Tribunal Constitucional que tenham por objeto a fiscalização da constitucionalidade ou ilegalidade, qualquer que tenha sido o processo em que hajam sido proferidos, têm força obrigatória geral.
2. Os Pareceres terão os efeitos estabelecidos no artigo 279º.

Artigo 285º – (Efeitos da declaração da inconstitucionalidade)

1. A declaração de inconstitucionalidade ou de ilegalidade com força obrigatória geral produz efeitos desde a entrada em vigor da norma julgada inconstitucional ou ilegal e a repristinação das normas que ela haja revogado.
2. Tratando-se de inconstitucionalidade ou de ilegalidade por infração de norma constitucional ou legal posterior, a declaração só produz efeitos desde a sua entrada em vigor.
3. A declaração de inconstitucionalidade de norma constante de qualquer convenção internacional produz efeitos a partir da data da publicação do acórdão.
4. No caso referido nos números 1 e 2, quando razões de segurança jurídica, equidade ou interesse público de excecional relevo, devidamente fundamentado o exigirem, poderá o Tribunal Constitucional fixar efeitos de alcance mais restrito do que os previstos nos números 2 e 3.
5. Dos efeitos da declaração da inconstitucionalidade ou da ilegalidade com força obrigatória geral ficam ressalvados os casos julgados, salvo decisão em contrário do Tribunal Constitucional, quando a norma respeitar a matéria penal, disciplinar ou ilícito de mera ordenação social e for de conteúdo menos favorável ao arguido.

TÍTULO III – Da revisão da constituição

Artigo 286º – (Competência, tempo e iniciativa de revisão)

1. A Assembleia Nacional pode proceder à revisão ordinária da Constituição decorridos cinco anos sobre a data da publicação da última lei de revisão ordinária.
2. A Assembleia Nacional pode, contudo, a todo o tempo assumir poderes de revisão extraordinária da Constituição por maioria de quatro quintos dos Deputados em efetividade de funções.
3. A iniciativa de revisão da Constituição compete aos Deputados.

Artigo 287º – (Projetos de revisão)

1. Os projetos de revisão da Constituição deverão indicar os artigos a rever e o sentido das alterações a introduzir.

2. Apresentado qualquer projeto de revisão da Constituição, todos os outros terão de ser apresentados no prazo máximo de sessenta dias.

Artigo 288º - (Aprovação das alterações)

1. Cada uma das alterações da Constituição deverá ser aprovada por maioria de dois terços dos Deputados em efetividade de funções.

2. As alterações aprovadas deverão ser reunidas numa única lei de revisão.

Artigo 289º - (Novo texto da Constituição)

1. As alterações da Constituição serão inseridas no lugar próprio, mediante substituições, supressões ou aditamentos necessários.

2. O novo texto da Constituição será publicado conjuntamente com a lei da revisão.

Artigo 290º - (Limites materiais da revisão)

1. Não podem ser objeto de revisão:

a) A independência nacional, a integridade do território nacional e a unidade do Estado;

b) A forma republicana de Governo;

c) O sufrágio universal, direto, secreto e periódico para a eleição dos titulares dos órgãos de soberania e do poder local;

d) A separação e a interdependência dos órgãos de soberania;

e) A autonomia do poder local;

f) A independência dos tribunais;

g) O pluralismo de expressão e de organização política e o direito de oposição.

2. As leis de revisão não podem, ainda, restringir ou limitar os direitos, liberdades e garantias estabelecidos na Constituição.

Artigo 291º - (Promulgação)

O Presidente da República não pode recusar a promulgação das leis de revisão.

Artigo 292º - (Proibição de revisão)

Em tempo de guerra ou na vigência de estado de sítio ou de emergência não pode ser praticado qualquer ato de revisão da Constituição.

PARTE VII
DISPOSIÇÕES FINAIS E TRANSITÓRIAS

Artigo 293º – (Legislação anterior)

O Direito anterior à entrada em vigor da Constituição mantém-se, desde que não seja contrário a ela ou aos princípios nela consignados.

Artigo 294º – (Supremo Tribunal de Justiça – acumulação de funções de Tribunal Constitucional)

1. Enquanto o Tribunal Constitucional não for legalmente instalado, a administração da justiça em matérias de natureza jurídico-constitucional continua a ser feita pelo Supremo Tribunal de Justiça, ao qual compete:

a) Fiscalizar a constitucionalidade e a legalidade nos termos dos artigos 277º e seguintes, exceto nos casos previstos no número 1, alínea *b*) do artigo 278º;

b) Verificar a morte e declarar a incapacidade física ou psíquica permanente do Presidente da República, bem como declarar os impedimentos temporários para o exercício das suas funções;

c) Verificar a perda do cargo do Presidente da República nos casos de condenação por crimes cometidos no exercício de funções e noutros previstos na Constituição;

d) Verificar a morte e declarar a incapacidade para o exercício da função presidencial de qualquer candidato a Presidente da República;

e) Verificar preventivamente a constitucionalidade e legalidade das propostas de referendo nacional e local;

f) Exercer as demais funções que lhe sejam atribuídas pela Constituição e pela lei.

2. Compete, ainda, ao Supremo Tribunal de Justiça enquanto Tribunal Constitucional, especificamente, em matéria de processo eleitoral:

a) Receber e admitir candidaturas para Presidente da República;

b) Julgar em última instância a regularidade e a validade dos atos de processo eleitoral, nos termos da lei;

c) Julgar, a requerimento dos respetivos membros e nos termos da lei, os recursos relativos a perda de mandato e às eleições realizadas na Assembleia Nacional, nas assembleias das autarquias locais e, no geral, em quaisquer órgãos colegiais eletivos previstos na Constituição;

d) Exercer as demais funções atribuídas por lei.

3. Compete também ao Supremo Tribunal de Justiça, enquanto Tribunal Constitucional, especificamente, em matéria de organizações político-partidárias:

a) Verificar a legalidade da constituição de partidos políticos e suas coligações, bem como apreciar a legalidade das suas denominações, siglas e símbolos;

b) Assegurar, conservar e atualizar o registo dos partidos políticos e suas coligações, nos termos da lei;

c) Declarar a ilegalidade de partidos políticos e suas coligações, ordenando a respetiva extinção, nos termos da Constituição e da lei;

d) Julgar as ações de impugnação de eleições e deliberações de órgãos de partidos políticos que, nos termos da lei, sejam recorríveis;

e) Exercer as demais funções atribuídas por lei.

Artigo 295º – (Supremo Tribunal de Justiça – composição enquanto acumular as funções de Tribunal Constitucional)

1. Enquanto exercer as funções de Tribunal Constitucional, o Supremo Tribunal de Justiça é – conforme for estabelecido por resolução da Assembleia Nacional, sob proposta do Governo – composto por cinco ou sete juízes, designados para um mandato de cinco anos, nos termos dos números seguintes.

2. Quando a composição do Supremo Tribunal de Justiça for de cinco juízes:

a) Um é nomeado pelo Presidente da República, de entre magistrados ou juristas elegíveis;

b) Um é eleito pela Assembleia Nacional, de entre magistrados ou juristas elegíveis por dois terços dos votos dos Deputados presentes desde que superior à maioria absoluta de votos dos Deputados em efetividade de funções;

c) Três são designados pelo Conselho Superior de Magistratura Judicial de entre magistrados elegíveis que não sejam, salvo por inerência, membros desse Conselho.

3. Quando a composição do Supremo Tribunal de Justiça for de sete juízes:

a) Um é nomeado pelo Presidente da República, de entre magistrados ou juristas elegíveis;

b) Dois são eleitos pela Assembleia Nacional, de entre magistrados ou juristas elegíveis, por dois terços dos votos dos Deputados presentes desde que superior à maioria absoluta de votos dos Deputados em efetividade de funções;

c) Quatro são designados pelo Conselho Superior de Magistratura Judicial de entre magistrados elegíveis que não sejam, salvo por inerência, membros desse Conselho.

4. Só podem ser designados juízes do Supremo Tribunal de Justiça nos termos do presente artigo, os cidadãos nacionais de reputado mérito, licenciados em Direito e no pleno gozo dos seus direitos civis e políticos que, à data da designação, tenham exercido, pelo menos durante cinco anos, atividade profissional na magistratura ou em qualquer outra atividade forense ou de docência de Direito e que preencham os demais requisitos estabelecidos por lei.

5. Exceto nos casos de termo de mandato, as funções dos juízes do Supremo Tribunal de Justiça designados nos termos do presente artigo só podem cessar por ocorrência de:

a) Morte ou incapacidade física ou psíquica permanente e inabilitante;

b) Renúncia declarada por escrito ao Presidente do Supremo Tribunal de Justiça;

c) Demissão ou aposentação compulsiva em consequência de processo disciplinar ou criminal;

d) Investidura em cargo ou exercício de atividade incompatíveis com o exercício das suas funções, nos termos da Constituição ou da lei.

6. A cessação de funções concretiza-se, respetivamente, na data:

a) Em que ocorrer a morte ou a declaração, pelo Supremo Tribunal de Justiça, da incapacidade permanente e inabilitante;

b) Da apresentação da declaração de renúncia ao Presidente do Supremo Tribunal de Justiça;

c) Do trânsito em julgado da decisão disciplinar ou penal condenatória;

d) Da investidura no cargo ou da declaração, pelo Supremo Tribunal de Justiça, de verificação do exercício de atividade incompatível.

O Presidente da Assembleia Nacional Popular, *Amílcar Spencer Lopes*.

V

Constituição da República da Guiné-Bissau de 1993[1]

PREÂMBULO

O PAIGC, fundado em 19 de setembro de 1956, cumpriu exemplarmente o seu Programa Mínimo que consistiu em libertar os Povos de Guiné e Cabo Verde, conquistando a soberania dos respetivos Estados, ao mesmo tempo que lançava as bases de construção de uma sociedade livre, democrática e de justiça social em cada País.

O Partido conseguiu, após a independência, grangear nos planos interno e internacional simpatia, respeito e admiração pela forma como tem conduzido os destinos da Nação Guineense, nomeadamente através da criação e institucionalização do aparelho estatal.

Com o Movimento Reajustador do 14 de novembro, o Partido reorientou a sua ação, corrigindo os erros que estavam a entravar a edificação de uma sociedade unida, forte e democrática.

Ao adotar a presente Constituição, que se situa fielmente na linha de uma evolução institucional que nunca se afastou dos ideais e opções do nosso Povo, linha reafirmada pelas transformações profundas operadas na nossa sociedade pela legalidade, pelo Direito e pelo gozo das liberdades fundamentais, a Assembleia Nacional Popular da Guiné-Bissau revela o facto de o seu articulado se encontrar imbuído do Humanismo que sempre nos inspirou e que se reflete nos direitos e liberdades aqui garantidos aos cidadãos, como conquistas irreversíveis do nosso Povo.

A Assembleia Nacional Popular felicita o PAIGC pelo papel da vanguarda que sempre desempenhou na condução dos destinos da nação guineense e congratula-se pela decisão corajosa e oportuna que o Partido de Amílcar Cabral tomou ao implementar o desafio da abertura democrática rumo à construção de uma sociedade pluralista, justa e livre.

---

[1] Texto oficial integral, publicado no *Boletim Oficial da República da Guiné-Bissau*, nº 8, de 26 de fevereiro de 1993, 2º suplemento, com as alterações introduzidas pela Lei Constitucional nº 1/95, de 1 de dezembro de 1995, publicada no suplemento ao *Boletim Oficial da República da Guiné-Bissau*, nº 49, de 4 de dezembro de 1995, e pela Lei Constitucional nº 1/96, de 27 de novembro de 1996.

A decisão do PAIGC situa-se na esteira da sua tradição histórica de procurar a cada momento as respostas às profundas aspirações do nosso Povo.

Por isso, agindo como intérprete fiel da vontade do Povo e no exercício das responsabilidades que lhe cabem como órgão máximo da soberania, a Assembleia Nacional Popular aprova e adota, como Lei Fundamental e para vigorar a partir de 16 de maio de 1984, a presente Constituição da República da Guiné-Bissau:

TÍTULO I – Princípios Fundamentais

Artigo 1º

A Guiné-Bissau é uma República soberana, democrática, laica e unitária.

Artigo 2º

1. A soberania nacional da República da Guiné-Bissau reside no Povo.
2. O povo exerce o poder político diretamente ou através dos órgãos do poder eleitos democraticamente.

Artigo 3º

A República da Guiné-Bissau é um Estado de democracia constitucionalmente instituída, fundado na unidade nacional e na efetiva participação popular no desempenho, controlo e direção das atividades públicas e orientado para a construção de uma sociedade livre e justa.

Artigo 4º

1. Na República da Guiné-Bissau é livre a constituição de partidos políticos nos termos da Constituição e da lei.
2. Os partidos políticos concorrem para a organização e expressão da vontade popular e do pluralismo político.
3. Os partidos devem respeitar a independência e unidade nacional, a integridade territorial e a democracia pluralista, devendo na sua organização e funcionamento obedecer às regras democráticas.
4. É proibida a formação de partidos de âmbito regional ou local, de partidos que fomentem o racismo ou o tribalismo e de partidos que se proponham empregar meios violentos na prossecução dos seus fins.
5. A denominação do partido político não poderá identificar-se com qualquer parcela do território nacional, nem evocar nome de pessoa, igreja, religião, confissão ou doutrina religiosa.
6. Os dirigentes máximos dos partidos políticos devem ser cidadãos guineenses originários.

Artigo 5º

1. A República da Guiné-Bissau proclama a sua gratidão eterna ao combatente que, pelo seu sacrifício voluntário, garantiu a libertação da Pátria do jugo estrangeiro, reconquistando a dignidade e o direito do nosso povo à liberdade, ao progresso e à paz.

2. A República da Guiné-Bissau considera como sua honra e dever:

a) Agir no sentido de garantir uma existência condigna aos Combatentes da Liberdade da Pátria e, em particular, àqueles que, pelo facto da sua participação na Luta de Libertação, sofreram uma diminuição física que os torna, total ou parcialmente, incapazes para o trabalho e que são os primeiros credores do reconhecimento nacional;

b) Garantir a educação dos órfãos dos Combatentes da Liberdade da Pátria;

c) Assistir os pais, os filhos e os viúvos dos Combatentes da Liberdade da Pátria.

3. O Combatente da Liberdade da Pátria é o militante que, nos quadros do PAIGC, participou na luta de libertação entre 19 de setembro de 1956 e 24 de setembro de 1973, e o que, tendo-se integrado nas fileiras do Partido, nas frentes de combate, após esta última data e até 24 de abril de 1974, revelou pela sua conduta exemplar, ser digno desse título.

Artigo 6º

1. Na República da Guiné-Bissau existe separação entre o Estado e as instituições religiosas.

2. O Estado respeita e protege as confissões religiosas reconhecidas legalmente. A atividade dessas confissões e o exercício do culto sujeitam-se à lei.

Artigo 7º

No quadro da sua estrutura unitária e da realização do interesse nacional, o Estado da Guiné-Bissau promove a criação e apoia a ação de coletividades territoriais descentralizadas e dotadas de autonomia, nos termos da lei.

Artigo 8º

1. O Estado subordina-se à Constituição e baseia-se na legalidade democrática.

2. A validade das leis e dos demais atos do Estado e do poder local depende da sua conformidade com a Constituição.

Artigo 9º

A República da Guiné-Bissau exerce a sua soberania:

1. Sobre todo o território nacional, que compreende:

a) A superfície emersa compreendida nos limites das fronteiras nacionais;

b) O mar interior e o mar territorial definidos na lei, assim como os respetivos leitos e subsolos;

c) O espaço aéreo suprajacente aos espaços geográficos referidos nas alíneas anteriores.

2. Sobre todos os recursos naturais, vivos e não vivos, que se encontrem no seu território.

Artigo 10º

Na sua zona económica exclusiva, definida por lei, o Estado da Guiné-Bissau exerce competência exclusiva em matéria de conservação e exploração de recursos naturais, vivos e não vivos.

Artigo 11º

1. A organização económica e social da República da Guiné-Bissau assenta nos princípios da economia de mercado, da subordinação do poder económico ao poder político e da coexistência das propriedades pública, cooperativa e privada.

2. A organização económica e social da República da Guiné-Bissau tem como objetivo a promoção contínua do bem-estar do povo e a eliminação de todas as formas de sujeição da pessoa humana a interesses degradantes, em proveito de indivíduos, de grupos ou de classes.

Artigo 12º

1. Na República da Guiné-Bissau são reconhecidas as seguintes formas de propriedade:

a) A propriedade do Estado, património comum de todo o povo;

b) A propriedade cooperativa que, organizada sob a base do livre consentimento, incide sobre a exploração agrícola, a produção de bens de consumo, o artesanato e outras atividades fixadas por lei;

c) A propriedade privada, que incide sobre bens distintos dos do Estado.

2. São propriedade do Estado o solo, o subsolo, as águas, as riquezas minerais, as principais fontes de energia, a riqueza florestal e as infraestruturas sociais.

Artigo 13º

1. O Estado pode dar por concessão às cooperativas e outras pessoas jurídicas, singulares ou coletivas, a exploração da propriedade estatal, desde que sirva o interesse geral e aumente as riquezas sociais.

2. Revogado.

3. O Estado promove o investimento do capital estrangeiro desde que seja útil ao desenvolvimento económico e social do País.

Artigo 14º

O Estado reconhece o direito à herança, nos termos da lei.

Artigo 15º

A saúde pública tem por objetivo promover o bem-estar físico e mental das populações e a sua equilibrada inserção no meio sócio ecológico em que vivem. Ela deve orientar-se para a prevenção e visar a socialização progressiva da medicina e dos setores médico-medicamentosos.

Artigo 16º

1. A educação visa a formação do homem. Ela deverá manter-se estreitamente ligada ao trabalho produtivo, proporcionar a aquisição de qualificações, conhecimentos e valores que permitam ao cidadão inserir-se na comunidade e contribuir para o seu incessante progresso.

2. O Estado considera a liquidação do analfabetismo como uma tarefa fundamental.

Artigo 17º

1. É imperativo fundamental do Estado criar e promover as condições favoráveis à preservação da identidade cultural, como suporte da consciência e dignidade nacionais e fator estimulante do desenvolvimento harmonioso da sociedade. O Estado preserva e defende o património cultural do povo, cuja valorização deve servir o progresso e a salvaguarda da dignidade humana.

2. Serão criadas condições para que todos os cidadãos tenham acesso à cultura e sejam incentivados a participar ativamente na sua criação e difusão.

3. Incumbe ao Estado encorajar a prática e difusão dos desportos e da cultura física.

Artigo 18º

1. A República da Guiné-Bissau estabelece e desenvolve relações com os outros países na base do Direito Internacional, dos princípios da independência nacional, da igualdade entre os Estados, da não ingerência nos assuntos internos e da reciprocidade de vantagens, da coexistência pacífica e do não-alinhamento.

2. A República da Guiné-Bissau defende o direito dos povos à autodeterminação e à independência, apoia a luta dos povos contra o colonialismo, o imperialismo, o racismo e todas as demais formas de opressão e exploração; preconiza a solução pacífica dos conflitos internacionais e participa nos esforços tendentes a assegurar a paz e a justiça nas relações entre os Estados e o estabelecimento da nova ordem económica internacional.

3. Sem prejuízo das conquistas alcançadas através da luta de libertação nacional, a República da Guiné-Bissau participa nos esforços que realizam os Estados africanos, na base regional ou continental, em ordem à concretização do princípio da unidade africana.

Artigo 19º

É dever fundamental do Estado salvaguardar, por todas as formas, as conquistas do povo e, em particular, a ordem democrática constitucionalmente instituída. A defesa da nação deve organizar-se com base na participação ativa e na adesão consciente das populações.

Artigo 20º

1. As Forças Armadas Revolucionárias do Povo (FARP), instrumento de libertação nacional ao serviço do Povo, são a instituição primordial de defesa da nação. Incumbe-lhes defender a independência, a soberania e a integridade territorial, e a colaborar estreitamente com os serviços nacionais específicos na garantia e manutenção da segurança interna e da ordem pública.
2. É dever cívico e de honra dos membros das FARP participar ativamente nas tarefas da reconstrução nacional.
3. As FARP obedecem aos órgãos de soberania competentes, nos termos da Constituição e da lei.
4. As FARP são apartidárias e os seus elementos, no ativo, não podem exercer qualquer atividade política.

Artigo 21º

1. As forças de segurança têm por funções defender a legalidade democrática e garantir a segurança interna, e os direitos dos cidadãos e são apartidárias, não podendo os seus elementos, no ativo, exercer qualquer atividade política.
2. As medidas de polícia são só as previstas na lei, não devendo ser utilizadas para além do estritamente necessário.
3. A prevenção dos crimes, incluindo a dos crimes contra a segurança de Estado, só se pode fazer com observância das regras previstas na lei e com respeito pelos direitos, liberdades e garantias dos cidadãos.

Artigo 22º

1. Os símbolos nacionais da República da Guiné-Bissau são a Bandeira, as Armas e o Hino.
2. A Bandeira Nacional da República da Guiné-Bissau é formada por três faixas retangulares, de cor vermelha, amarela e verde em posição horizontal, respetivamente, do lado superior e do lado inferior direito. A faixa vermelha é marcada com uma estrela negra de cinco pontas.

3. As Armas da República da Guiné-Bissau consistem em duas palmas dispostas em círculo, unidas pela base, onde assenta uma concha amarela, e ligadas por uma fita em que se inscreve o lema «UNIDADE LUTA PROGRESSO».

Na parte central superior insere-se uma estrela negra de cinco pontas.

4. O Hino Nacional é *Esta é a nossa Pátria Amada*.

Artigo 23º

A capital da República da Guiné-Bissau é Bissau.

TÍTULO II – Dos Direitos, Liberdades, Garantias e Deveres Fundamentais

Artigo 24º

Todos os cidadãos são iguais perante a lei, gozam dos mesmos direitos e estão sujeitos aos mesmos deveres, sem distinção de raça, sexo, nível social, intelectual ou cultural, crença religiosa ou convicção filosófica.

Artigo 25º

O homem e a mulher são iguais perante a lei em todos os domínios da vida política, económica, social e cultural.

Artigo 26º

1. O Estado reconhece a constituição da família e assegura a sua proteção.

2. Os filhos são iguais perante a lei, independentemente do estado civil dos progenitores.

3. Os cônjuges têm iguais direitos e deveres quanto à capacidade civil e política e à manutenção e educação dos filhos.

Artigo 27º

1. Todo o cidadão nacional que resida ou se encontre no estrangeiro goza dos mesmos direitos e está sujeito aos mesmos deveres que os demais cidadãos, salvo no que seja incompatível com a sua ausência do País.

2. Os cidadãos residentes no estrangeiro gozam do cuidado e da proteção do Estado.

Artigo 28º

1. Os estrangeiros, na base da reciprocidade, e os apátridas, que residam ou se encontrem na Guiné-Bissau, gozam dos mesmos direitos e estão sujeitos aos mesmos deveres que o cidadão guineense, exceto no que se refere aos direitos

políticos, ao exercício das funções públicas e aos demais direitos e deveres expressamente reservados por lei ao cidadão nacional.

2. O exercício de funções públicas só poderá ser permitido aos estrangeiros desde que tenham caráter predominantemente técnico, salvo acordo ou convenção internacional.

Artigo 29º

1. Os direitos fundamentais consagrados na Constituição não excluem quaisquer outros constantes das demais leis da República e das regras aplicáveis de Direito Internacional.

2. Os preceitos constitucionais e legais relativos aos direitos fundamentais devem ser interpretados de harmonia com a Declaração Universal dos Direitos do Homem.

Artigo 30º

1. Os preceitos constitucionais respeitantes aos direitos, liberdades e garantias são diretamente aplicáveis e vinculam as entidades públicas e privadas.

2. O exercício dos direitos, liberdades e garantias fundamentais só poderá ser suspenso ou limitado em caso de estado de sítio ou de estado de emergência, declarados nos termos da Constituição e da lei.

3. As leis restritivas de direitos, liberdades e garantias têm de revestir caráter geral e abstrato, devem limitar-se ao necessário para salvaguardar outros direitos ou interesses constitucionalmente protegidos e não podem ter efeitos retroativos, nem diminuir o conteúdo essencial dos direitos.

Artigo 31º

1. O estado de sítio ou o estado de emergência só podem ser declarados, no todo ou em parte do território nacional, nos casos de agressão efetiva ou eminente por forças estrangeiras, de grave ameaça ou perturbação da ordem constitucional democrática ou de calamidade pública.

2. A declaração do estado de sítio em caso algum pode afetar os direitos à vida, à integridade pessoal, à identidade pessoal, a capacidade civil e a cidadania, a não retroatividade da lei penal, o direito de defesa dos arguidos e a liberdade de consciência e de religião.

3. A declaração do estado de emergência apenas pode determinar a suspensão parcial dos direitos, liberdades e garantias.

Artigo 32º

Todo o cidadão tem do direito de recorrer aos órgãos jurisdicionais contra os atos que violem os seus direitos reconhecidos pela Constituição e pela lei, não podendo a justiça ser denegada por insuficiência de meios económicos.

Artigo 33º

O Estado e as demais entidades públicas são civilmente responsáveis, em forma solidária com os titulares dos seus órgãos, funcionários ou agentes, por ações ou omissões praticadas no exercício das suas funções e por causa desse exercício, de que resulte violação dos direitos, liberdades e garantias, ou prejuízo para outrem.

Artigo 34º

Todos têm direito à informação e à proteção jurídica, nos termos da lei.

Artigo 35º

Nenhum dos direitos e liberdades garantidos aos cidadãos pode ser exercido contra a independência da Nação, a integridade do território, a unidade nacional, as instituições da República e os princípios e objetivos consagrados na presente Constituição.

Artigo 36º

1. Na República da Guiné-Bissau em caso algum haverá pena de morte.
2. Haverá pena de prisão perpétua para os crimes a definir por lei.

Artigo 37º

1. A integridade moral e física dos cidadãos é inviolável.
2. Ninguém pode ser submetido a tortura, nem a tratos ou penas cruéis, desumanos e degradantes.
3. Em caso algum haverá trabalhos forçados, nem medidas de segurança privativas de liberdade de duração ilimitada ou indefinida.
4. A responsabilidade criminal é pessoal e intransmissível.

Artigo 38º

1. Todo o cidadão goza da inviolabilidade da sua pessoa.
2. Ninguém pode ser total ou parcialmente privado de liberdade, a não ser em consequência de sentença judicial condenatória pela prática de ato punido pela lei com pena de prisão ou de aplicação judicial de medida de segurança.
3. Excetua-se deste princípio a privação de liberdade, pelo tempo e nas condições que a lei determinar.
4. A lei não pode ter efeito retroativo, salvo quando possa beneficiar o arguido.

Artigo 39º

1. Toda a pessoa privada de liberdade deve ser informada imediatamente das razões da sua detenção, e esta comunicada a parente ou pessoa de confiança do detido, por este indicadas.

2. A privação da liberdade contra o disposto na Constituição e na lei constitui o Estado no dever de indemnizar o lesado, nos termos que a lei estabelecer.

3. A prisão ou detenção ilegal resultante de abuso de poder confere ao cidadão o direito de recorrer à providência do *habeas corpus*.

4. A providência do *habeas corpus* é interposta no Supremo Tribunal de Justiça, nos termos da lei.

5. Em caso de dificuldade de recurso ao Supremo Tribunal de Justiça, a providência poderá ser requerida no tribunal regional mais próximo.

Artigo 40º

1. A prisão sem culpa formada será submetida, no prazo máximo de quarenta e oito horas, a decisão judicial de validação ou manutenção, devendo o juiz conhecer das causas da detenção e comunicá-las ao detido, interrogá-lo e dar-lhe oportunidade de defesa.

2. A prisão preventiva não se mantém sempre que possa ser substituída por caução ou por medidas de liberdade provisória previstas na lei.

3. A prisão preventiva, antes e depois da formação da culpa, está sujeita aos prazos estabelecidos na lei.

Artigo 41º

1. Ninguém pode ser sentenciado criminalmente senão em virtude de lei anterior que declare punível a ação ou a omissão, nem sofrer medidas de segurança cujos pressupostos não estejam fixados em lei anterior.

2. Não podem ser aplicadas penas ou medidas de segurança que não estejam expressamente cominadas em lei anterior.

3. Ninguém pode sofrer penas ou medidas de segurança mais graves do que as previstas no momento da correspondente conduta ou de verificação dos respetivos pressupostos.

4. Ninguém pode ser julgado mais do que uma vez pela prática do mesmo crime.

5. Nenhuma pena envolve, como efeito necessário, a perda de quaisquer direitos civis, profissionais ou políticos.

6. Os cidadãos injustamente condenados têm direito, nas condições prescritas na lei, à revisão da sentença e à indemnização pelos danos sofridos.

Artigo 42º

1. O processo criminal assegurará todas as garantias de defesa.

2. Todo o arguido se presume inocente até ao trânsito em julgado da sentença de condenação, devendo ser julgado no mais curto prazo compatível com as garantias de defesa.

3. O arguido tem direito a escolher defensor e a ser por ele assistido em todos os atos do processo, especificando a lei os casos e as fases em que essa assistência é obrigatória.

4. Toda a instrução é da competência de um juiz, o qual pode, nos termos da lei, delegar noutras entidades a prática dos atos de instrução que não se prendam diretamente com os direitos fundamentais.

5. O processo criminal tem estrutura acusatória, estando a audiência de julgamento e os atos de instrução que a lei determina subordinados ao princípio contraditório.

6. São nulas todas as provas obtidas mediante torturas, coação, ofensa da integridade física ou moral da pessoa, abusiva intromissão na vida privada, no domicílio, na correspondência ou nas telecomunicações.

Artigo 43º

1. Em caso algum é admissível a extradição ou a expulsão do país do cidadão nacional.

2. Não é admitida a extradição de cidadãos estrangeiros por motivos políticos.

3. A extradição e a expulsão só podem ser decididas por autoridade judicial.

Artigo 44º

1. A todos são reconhecidos os direitos à identidade pessoal, à capacidade civil, à cidadania, ao bom nome e reputação, à imagem, à palavra e à reserva da intimidade da vida privada e familiar.

2. A privação da cidadania e as restrições à capacidade civil só podem efetuar-se nos casos e termos previstos na lei, não podendo ter como fundamento motivos políticos.

Artigo 45º

1. É reconhecida aos trabalhadores a liberdade sindical como forma de promover a unidade, defender os seus direitos e proteger os seus interesses.

2. No exercício da liberdade sindical é garantido aos trabalhadores, sem qualquer discriminação, designadamente:

a) A liberdade de constituição, de organização e de regulamentação interna das associações;

b) O direito de exercício da atividade sindical nas empresas, nos termos previstos na lei.

3. As associações sindicais são independentes do Estado, do patronato, das confissões religiosas, dos partidos e outras associações políticas.

4. A lei assegura a proteção adequada aos representantes dos trabalhadores contra quaisquer formas de limitações do exercício legítimo das suas funções.

5. As associações sindicais devem reger-se pelos princípios da organização e da gestão democráticas, baseados na eleição periódica e por escrutínio secreto dos órgãos dirigentes, sem sujeição a qualquer autorização ou homologação, e assentes na participação dos trabalhadores em todos os domínios da atividade sindical.

Artigo 46º

1. Aquele que trabalha tem direito à proteção, segurança e higiene no trabalho.

2. O trabalhador só poderá ser despedido nos casos e termos previstos na lei, sendo proibidos os despedimentos por motivos políticos ou ideológicos.

3. O Estado criará gradualmente um sistema capaz de garantir ao trabalhador segurança social na velhice, na doença ou quando lhe ocorra incapacidade de trabalho.

Artigo 47º

1. É reconhecido aos trabalhadores o direito à greve, nos termos da lei, competindo-lhes definir o âmbito de interesses profissionais a defender através da greve, devendo a lei estabelecer as suas limitações nos serviços e atividades essenciais, no interesse das necessidades inadiáveis da sociedade.

2. É proibido o *lock-out*.

Artigo 48º

1. O Estado reconhece o direito do cidadão à inviolabilidade do domicílio, da correspondência e dos outros meios de comunicação privada, excetuando os casos expressamente previstos na lei em matéria do processo criminal.

2. A entrada no domicílio dos cidadãos contra a sua vontade só pode ser ordenada pela autoridade judicial competente nos casos e segundo as formas previstas na lei.

Artigo 49º

1. Todo o cidadão tem o direito e o dever da educação.

2. O Estado promove gradualmente a gratuitidade e a igual possibilidade de acesso de todos os cidadãos aos diversos graus do ensino.

3. É garantido o direito de criação de escolas privadas e cooperativas.

4. O ensino público não será confessional.

Artigo 50º

1. É livre a criação intelectual, artística e científica que não contrarie a promoção do progresso social.

2. Esta liberdade compreende o direito de invenção, produção e divulgação de obras científicas, literárias ou artísticas.

3. A lei protegerá os direitos do autor.

Artigo 51º

1. Todos têm o direito de exprimir e divulgar livremente o seu pensamento por qualquer meio ao seu dispor, bem como o direito de informar, de se informar e de ser informado sem impedimento nem discriminações.

2. O exercício desse direito não pode ser impedido ou limitado por qualquer tipo ou forma de censura.

3. A todas as pessoas, singulares ou coletivas, é assegurado, em condições de igualdade e eficácia, o direito de resposta e de retificação, bem como o direito da indemnização pelos danos sofridos.

Artigo 52º

1. A liberdade de consciência e de religião é inviolável.

2. A todos é reconhecida a liberdade de culto, que em caso algum poderá violar os princípios fundamentais consagrados na Constituição.

3. É garantida a liberdade de ensino de qualquer religião praticada no âmbito da respetiva confissão.

Artigo 53º

A todos os cidadãos é garantido o direito de se deslocarem livremente em qualquer parte do território nacional.

Artigo 54º

1. Os cidadãos têm o direito de se reunir pacificamente em lugares abertos ao público, nos termos da lei.

2. A todos os cidadãos é reconhecido o direito de se manifestar, nos termos da lei.

Artigo 55º

1. Os cidadãos têm o direito de, livremente e sem dependência de qualquer autorização, constituir associações, desde que estas não se destinem a promover a violência e os respetivos fins não sejam contrários à lei.

2. As associações prosseguem livremente os seus fins sem interferência das autoridades públicas e não podem ser dissolvidas pelo Estado ou suspensas as suas atividades, senão nos casos previstos na lei e mediante decisão judicial.

3. Não são consentidas associações armadas nem de tipo militar, militarizadas ou paramilitares, nem organizações que promovam o racismo e o tribalismo.

Artigo 56º

1. É garantida a liberdade de imprensa.

2. As estações de rádio e televisão só podem ser criadas mediante licença a conferir nos termos da lei.

3. O Estado garante um serviço de imprensa, de rádio e televisão, independente dos interesses económicos e políticos, que assegura a expressão e o confronto das diversas correntes de opinião.

4. Para garantir o disposto no número anterior e assegurar o respeito pelo pluralismo ideológico, será criado um Conselho Nacional de Comunicação Social, órgão independente cuja composição e funcionamento serão definidos por lei.

Artigo 57º

Os partidos políticos têm direito a tempos de antena na rádio e na televisão, nos termos da lei.

Artigo 58º

Em conformidade com o desenvolvimento do país, o Estado criará progressivamente as condições necessárias à realização integral dos direitos de natureza económica e social reconhecidos neste título.

TÍTULO III – Organização do poder político

CAPÍTULO I – Dos princípios gerais

Artigo 59º

1. São órgãos de soberania o Presidente da República, a Assembleia Nacional Popular, o Governo e os Tribunais.

2. A organização do poder político baseia-se na separação e interdependência dos órgãos de soberania e na subordinação de todos eles à Constituição.

Artigo 60º

O sistema eleitoral, as condições de elegibilidade, a divisão do território em círculos eleitorais, o número de deputados, bem como o processo e os órgãos de fiscalização dos atos eleitorais serão definidos na lei eleitoral.

Artigo 61º

Os titulares de cargos políticos respondem política, civil e criminalmente pelos atos e omissões que pratiquem no exercício das suas funções.

CAPÍTULO II – Do Presidente da República

Artigo 62º

1. O Presidente da República é o Chefe do Estado, símbolo da unidade, garante da independência nacional e da Constituição e Comandante Supremo das Forças Armadas.

2. O Presidente da República representa a República da Guiné-Bissau.

Artigo 63º

1. O Presidente da República é eleito por sufrágio livre, universal, igual, direto, secreto e periódico dos cidadãos eleitores recenseados.

2. São elegíveis para o cargo de Presidente da República os cidadãos eleitores guineenses de origem, filhos de pais guineenses de origem, maiores de 35 anos de idade, no pleno gozo dos seus direitos civis e políticos.

Artigo 64º

1. O Presidente da República é eleito por maioria absoluta dos votos validamente expressos.

2. Se nenhum dos candidatos obtiver a maioria absoluta, haverá lugar, no prazo de 21 dias, a um novo escrutínio, ao qual só se poderão apresentar os dois concorrentes mais votados.

Artigo 65º

As funções de Presidente da República são incompatíveis com quaisquer outras de natureza pública ou privada.

Artigo 66º

1. O mandato do Presidente da República tem a duração de 5 anos.

2. O Presidente da República não pode candidatar-se a um terceiro mandato consecutivo, nem durante os 5 anos subsequentes ao termo do segundo mandato.

3. Se o Presidente da República renunciar ao cargo não poderá candidatar-se às eleições imediatas, nem às que sejam realizadas no quinquénio imediatamente subsequente à renúncia.

Artigo 67º

O Presidente da República eleito é investido em reunião plenária da Assembleia Nacional Popular, pelo respetivo Presidente, prestando nesse ato o seguinte juramento:

> *Juro, por minha honra, defender a Constituição e as leis, a independência e a unidade nacionais, dedicar a minha inteligência e as minhas energias ao serviço do povo*

da Guiné-Bissau, cumprindo com total fidelidade os deveres da alta função para que fui eleito.

Artigo 68º

São atribuições do Presidente da República:

a) Representar o Estado Guineense;

b) Defender a Constituição da República;

c) Dirigir mensagens à Nação e à Assembleia Nacional Popular;

d) Convocar extraordinariamente a Assembleia Nacional Popular sempre que razões imperiosas de interesse público o justifiquem;

e) Ratificar os tratados internacionais;

f) Fixar a data das eleições do Presidente da República, dos Deputados à Assembleia Nacional Popular e dos titulares dos órgãos de poder local, nos termos da lei;

g) Nomear e exonerar o Primeiro-Ministro, tendo em conta os resultados eleitorais e ouvidas as forças políticas representadas na Assembleia Nacional Popular;

h) Empossar o Primeiro-Ministro;

i) Nomear e exonerar os restantes membros do Governo, sob proposta do Primeiro-Ministro e dar-lhes posse;

j) Criar e extinguir Ministérios e Secretarias de Estado, sob proposta do Primeiro-Ministro;

l) Presidir ao Conselho de Estado;

m) Presidir ao Conselho de Ministros, quando entender;

n) Empossar os juízes do Supremo Tribunal de Justiça;

o) Nomear e exonerar, sob proposta do Governo, o Chefe do Estado Maior General das Forças Armadas;

p) Nomear e exonerar, ouvido o Governo, o Procurador-Geral da República;

q) Nomear e exonerar os embaixadores, ouvido o Governo;

r) Acreditar os embaixadores estrangeiros;

s) Promulgar as leis, os decretos-leis e os decretos;

t) Indultar e comutar penas;

u) Declarar a guerra e fazer a paz, nos termos do artigo 85º, nº 1, alínea *j*), da Constituição;

v) Declarar o estado de sítio e de emergência, nos termos do artigo 85º, nº 1, alínea *i*), da Constituição;

x) Conceder títulos honoríficos e condecorações do Estado;

z) Exercer as demais funções que lhe forem atribuídas pela Constituição e pela lei.

Artigo 69º

Compete ainda ao Presidente da República:

a) Dissolver a Assembleia Nacional Popular, em caso de grave crise política, ouvidos o Presidente da Assembleia Nacional Popular e os partidos políticos nela representados e observados os limites impostos pela Constituição;

b) Demitir o Governo, nos termos do nº 2 do artigo 104º da Constituição;

c) Promulgar ou exercer o direito de veto no prazo de 30 dias contados da receção de qualquer diploma da Assembleia Nacional Popular ou do Governo para promulgação.

2. O veto do Presidente da República sobre as leis da Assembleia Nacional Popular pode ser superado por voto favorável da maioria de dois terços dos deputados em efetividade de funções.

Artigo 70º

No exercício das suas funções, o Presidente da República profere decretos presidenciais.

Artigo 71º

1. Em caso de ausência para o estrangeiro ou impedimento temporário, o Presidente da República será substituído interinamente pelo Presidente da Assembleia Nacional Popular.

2. Em caso de morte ou impedimento definitivo do Presidente da República, assumirá as funções o Presidente da Assembleia Nacional Popular ou, no impedimento deste, o seu substituto até à tomada de posse do novo Presidente eleito.

3. O novo Presidente será eleito no prazo de 60 dias.

4. O Presidente da República interino não pode, em caso algum, exercer as atribuições previstas nas alíneas *g*), *i*), *m*), *n*), *o*), *s*), *v*) e *x*) do artigo 68º, e ainda nas alíneas *a*), *b*) e *c*) do nº 1 do artigo 69º da Constituição.

5. A competência prevista na alínea *f*) do artigo 67º só poderá ser exercida pelo Presidente da República interino para dar cumprimento ao disposto no nº 3 do presente artigo.

Artigo 72º

1. Pelos crimes cometidos no exercício das suas funções, o Presidente da República responde perante o Supremo Tribunal de Justiça.

2. Compete à Assembleia Nacional Popular requerer ao Procurador-Geral da República a promoção da ação penal contra o Presidente da República, sob proposta de um terço e aprovação de dois terços dos deputados em efetividade de funções.

3. A condenação do Presidente da República implica a destituição do cargo e a impossibilidade da sua reeleição.

4. Pelos crimes cometidos fora do exercício das suas funções, o Presidente da República responde perante os tribunais comuns, findo o seu mandato.

CAPÍTULO III – Do Conselho de Estado

Artigo 73º

O Conselho de Estado é o órgão político de consulta do Presidente da República.

Artigo 74º

O Conselho de Estado é presidido pelo Presidente da República e composto pelos seguintes membros:

a) O Presidente da Assembleia Nacional Popular;

b) O Primeiro-Ministro;

c) O Presidente do Supremo Tribunal de Justiça;

d) O representante de cada um dos partidos políticos com assento na Assembleia Nacional Popular;

e) Cinco cidadãos designados pelo Presidente da República pelo período correspondente à duração do seu mandato.

2. Os representantes a que se refere a alínea *d*) do número anterior são escolhidos por cooptação entre os deputados à Assembleia Nacional Popular.

3. Os membros do Conselho de Estado são empossados pelo Presidente da República.

Artigo 75º

Compete ao Conselho de Estado:

a) Pronunciar-se sobre a dissolução da Assembleia Nacional Popular;

b) Pronunciar-se sobre a declaração do estado de sítio e de emergência;

c) Pronunciar-se sobre a declaração da guerra e a instauração da paz;

d) Aconselhar o Presidente da República no exercício das suas funções, quando este lho solicitar.

CAPÍTULO IV – Da Assembleia Nacional Popular

Artigo 76º

A Assembleia Nacional Popular é o supremo órgão legislativo e de fiscalização política representativo de todos os cidadãos guineenses. Ela decide sobre as questões fundamentais da política interna e externa do Estado.

Artigo 77º

Os Deputados à Assembleia Nacional Popular são eleitos por círculos eleitorais definidos na lei por sufrágio universal, livre, igual, direto, secreto e periódico.

Artigo 78º

1. Os membros da Assembleia Nacional Popular designam-se por Deputados.
2. Os Deputados à Assembleia Nacional Popular são representantes de todo o povo e não unicamente dos círculos eleitorais por que foram eleitos.
3. Os Deputados têm o dever de manter um contacto estreito com os seus eleitores e de lhes prestar regularmente contas das suas atividades.

Artigo 79º

Cada legislatura tem a duração de quatro anos e inicia-se com a proclamação dos resultados eleitorais.

Artigo 80º

Os Deputados à Assembleia Nacional Popular prestam juramento nos seguintes termos:

> *Juro que farei tudo o que estiver nas minhas forças para cumprir, com honra e fidelidade total ao Povo, o meu mandato de Deputado, defendendo sempre e intransigentemente os interesses nacionais e os princípios e objetivos da Constituição da República da Guiné-Bissau.*

Artigo 81º

O Deputado tem o direito de fazer interpelação ao Governo, oralmente ou por escrito, devendo ser-lhe dada a resposta na mesma sessão ou no prazo máximo de quinze dias, por escrito, caso haja necessidade de investigações.

Artigo 82º

1. Nenhum Deputado pode ser incomodado, perseguido, detido, preso, julgado ou condenado pelos votos e opiniões que emitir no exercício do seu mandato.
2. Salvo em caso de flagrante delito a que corresponda pena igual ou superior a dois anos de trabalho obrigatório, ou de prévio assentimento da Assembleia Nacional Popular, os Deputados não podem ser detidos ou presos por questão criminal ou disciplinar, em juízo ou fora dele.

Artigo 83º

1. Os direitos e regalias, bem como os poderes e deveres dos Deputados, são regulados por lei.
2. O Deputado que falte gravemente aos seus deveres pode ser destituído pela Assembleia Nacional Popular.

Artigo 84º

1. A Assembleia Nacional Popular elegerá, na primeira sessão de cada legislatura, o seu Presidente e os demais membros da Mesa.

2. A Mesa é composta pelo Presidente, um 1º Vice-Presidente, um 2º Vice-Presidente, um 1º Secretário e um 2º Secretário, eleitos por toda a legislatura.

3. As atribuições e competências da Mesa são reguladas pelo Regimento da Assembleia.

4. O cargo de Deputado à Assembleia Nacional Popular é incompatível com o de membro de Governo.

Artigo 85º

1. Compete à Assembleia Nacional Popular:

a) Proceder à revisão constitucional, nos termos dos artigos 127º e seguintes;

b) Decidir da realização de referendos populares;

c) Fazer leis e votar moções e resoluções;

d) Aprovar o programa do Governo;

e) Requerer ao Procurador-Geral da República o exercício da ação penal contra o Presidente da República, nos termos do artigo 72º da Constituição;

f) Votar moções de confiança e de censura ao Governo;

g) Aprovar o Orçamento Geral de Estado e o Plano Nacional de Desenvolvimento, bem como as respetivas leis;

h) Aprovar os tratados que envolvam a participação da Guiné-Bissau em organizações internacionais, os tratados de amizade, de paz, de defesa, de retificação de fronteiras e ainda quaisquer outros que o Governo entenda submeter-lhe;

i) Pronunciar-se sobre a declaração de estado de sítio e de emergência;

j) Autorizar o Presidente da República a declarar a guerra e a fazer paz;

k) Conferir ao Governo a autorização legislativa;

l) Ratificar os decretos-leis aprovados pelo Governo no uso da competência legislativa delegada;

m) Apreciar as contas do Estado relativas a cada ano económico;

n) Conceder amnistia;

o) Zelar pelo cumprimento da Constituição e das leis e apreciar os atos de Governo e da Administração;

p) Elaborar e aprovar o seu regimento;

q) Exercer as demais atribuições que lhe sejam conferidas pela Constituição e pela lei.

2. Quando o programa do governo não tenha sido aprovado pela Assembleia Nacional Popular, terá lugar, no prazo de 15 dias, um novo debate.

3. A questão de confiança perante a Assembleia Nacional é desencadeada pelo Primeiro-Ministro, precedendo à deliberação do Conselho de Ministros.

4. A iniciativa da moção de censura cabe a, pelo menos, um terço de Deputados em efetividade de funções.

5. A não aprovação de uma moção de confiança ou aprovação de uma moção de censura por maioria absoluta implica a demissão do Governo.

Artigo 86º

É da exclusiva competência da Assembleia Nacional Popular legislar sobre as seguintes matérias:

a) Nacionalidade guineense;

b) Estatuto da terra e a forma da sua utilização;

c) Organização da defesa nacional;

d) *Revogada*;

e) *Revogada*;

f) Organização judiciária e estatuto dos Magistrados;

g) Definição dos crimes, penas e medidas de segurança e processo criminal;

h) Estado de sítio e estado de emergência;

i) Definição dos limites das águas territoriais e da zona económica exclusiva;

j) Direitos, liberdades e garantias;

k) Associações e partidos políticos;

l) Sistema eleitoral.

Artigo 87º

1. É da exclusiva competência da Assembleia Nacional Popular legislar sobre as seguintes matérias, salvo autorização conferida ao Governo:

a) Organização da administração central e local;

b) Estatuto dos funcionários públicos e responsabilidade civil da administração;

c) Expropriação e requisição por utilidade pública;

d) Estado e capacidade das pessoas;

e) Nacionalização dos meios de produção;

f) Delimitação dos setores de propriedade e das atividades económicas.

Artigo 88º

A Assembleia Nacional Popular cria comissões especializadas em razão da matéria e pode constituir comissões eventuais para se ocuparem de assuntos determinados.

Artigo 89º

1. A Assembleia Nacional Popular reúne-se, em sessão ordinária, quatro vezes por ano.

2. A Assembleia Nacional Popular reunir-se-á extraordinariamente por iniciativa do Presidente da República, dos Deputados, do Governo e da sua Comissão Permanente.

Artigo 90º

Os membros do Governo podem tomar assento e usar de palavra nas reuniões plenárias da Assembleia Nacional Popular, nos termos do Regimento.

Artigo 91º

1. A iniciativa legislativa compete aos Deputados e ao Governo.

2. As decisões da Assembleia Nacional Popular assumem a forma de leis, resoluções e moções.

Artigo 92º

1. A Assembleia Nacional Popular pode autorizar o Governo a legislar, por decreto-lei, sobre matérias previstas no artigo 87º. A autorização deve estabelecer o seu objeto, a sua extensão e duração.

2. O termo da legislatura e a mudança de Governo acarretam a caducidade das autorizações legislativas concedidas.

3. Os decretos-leis aprovados pelo Governo no uso da competência legislativa delegada serão remetidos à Assembleia Nacional Popular para ratificação, dispondo esta de um prazo de 30 dias para o efeito, findo o qual o diploma será considerado ratificado.

Artigo 93º

São atribuições do Presidente da Assembleia Nacional Popular:

a) Presidir às sessões da Assembleia Nacional Popular e velar pela aplicação do seu regimento;

b) Convocar as sessões ordinárias da Assembleia Nacional Popular;

c) Superintender e coordenar o trabalho das comissões permanentes e eventuais da Assembleia Nacional Popular;

d) Assinar e ordenar a publicação no *Boletim Oficial* das leis e resoluções da Assembleia Nacional Popular;

e) Dirigir as relações internacionais da Assembleia Nacional Popular;

f) Todas as demais que lhe forem atribuídas pela presente Constituição ou pela Assembleia Nacional Popular.

Artigo 94º

1. A Assembleia Nacional Popular não pode ser dissolvida nos doze meses posteriores à sua eleição, no último semestre do mandato do Presidente da República ou durante a vigência do estado de sítio ou de emergência.

2. A dissolução da Assembleia Nacional Popular não impede a subsistência do mandato dos Deputados até à abertura da legislatura subsequente às novas eleições.

Artigo 95º

1. Entre as sessões legislativas e durante o período em que a Assembleia Nacional Popular se encontrar dissolvida, funcionará uma Comissão Permanente da Assembleia Nacional Popular.

2. A Comissão Permanente é presidida pelo Presidente da Assembleia Nacional Popular e é composta pelo Vice-Presidente e pelos representantes dos partidos com assento na Assembleia Nacional Popular, de acordo com a sua representatividade.

3. Compete à Comissão Permanente:

a) Acompanhar a atividade do Governo e da Administração;

b) Exercer os poderes da Assembleia Nacional Popular relativamente ao mandato dos Deputados;

c) Promover a convocação da Assembleia Nacional Popular sempre que tal se afigure necessário;

d) Preparar a abertura das sessões;

e) Pronunciar-se sobre a declaração do estado de sítio e estado de emergência.

4. A Comissão Permanente responde e presta contas de todas as suas atividades perante a Assembleia Nacional Popular.

CAPÍTULO V – Do Governo

Artigo 96º

1. O Governo é o órgão executivo e administrativo supremo da República da Guiné-Bissau.

2. O Governo conduz a política geral do país de acordo com o seu programa, aprovado pela Assembleia Nacional Popular.

Artigo 97º

1. O Governo é constituído pelo Primeiro-Ministro, pelos Ministros e pelos Secretários de Estado.

2. O Primeiro-Ministro é o Chefe do Governo, competindo-lhe dirigir e coordenar a ação deste e assegurar a execução das leis.

3. Compete ainda ao Primeiro-Ministro, sem prejuízo de outras atribuições que lhe forem conferidas pela Constituição e pela lei, informar o Presidente da

República acerca dos assuntos respeitantes à condução da política interna e externa do País.

Artigo 98º

1. O Primeiro-Ministro é nomeado pelo Presidente da República, tendo em conta os resultados eleitorais e ouvidos os partidos políticos representados na Assembleia Nacional Popular.

2. Os Ministros e Secretários de Estado são nomeados pelo Presidente da República, sob proposta do Primeiro-Ministro.

Artigo 99º

Os Ministros e Secretários de Estado prestam, no ato da sua posse, o seguinte juramento:

> *Juro, por minha honra, dedicar a minha inteligência e as minhas energias ao serviço do Povo, exercendo as funções (de Ministro ou Secretário de Estado) para que fui nomeado do Governo da República da Guiné-Bissau, com total fidelidade à Constituição e às leis.*

Artigo 100º

1. No exercício das suas funções, compete ao Governo:

a) Dirigir a Administração Pública, coordenando e controlando a atividade dos Ministérios e dos demais organismos centrais da administração e os do poder local;

b) Organizar e dirigir a execução das atividades políticas, económicas, culturais, científicas, sociais, de defesa e segurança, de acordo com o seu programa;

c) Preparar o Plano de Desenvolvimento Nacional e o Orçamento Geral de Estado e assegurar a sua execução;

d) Legislar por decretos-leis e decretos sobre matérias respeitantes à sua organização e funcionamento e sobre matérias não reservadas à Assembleia Nacional Popular;

e) Aprovar propostas de lei e submetê-las à Assembleia Nacional Popular;

f) Negociar e concluir acordos e convenções internacionais;

g) Nomear e propor a nomeação dos cargos civis e militares;

h) O mais que lhe for cometido por lei.

2. As competências atribuídas nas alíneas *a*), *b*), *d*) e *e*) do número anterior são exercidas pelo Governo reunido em Conselho de Ministros.

Artigo 101º

1. O Conselho de Ministros é constituído pelo Primeiro-Ministro, que o preside, e pelos Ministros.

2. Podem ser criados Conselhos de Ministros especializados em razão da matéria.

3. Os membros do Governo estão vinculados ao Programa do Governo e às deliberações tomadas em Conselho de Ministros.

4. Os Secretários de Estado podem ser convocados a participar do Conselho de Ministros.

Artigo 102º

O Governo, reunido em Conselho de Ministros, exerce a sua competência legislativa por meio de decretos-leis e decretos.

Artigo 103º

O Governo é politicamente responsável perante o Presidente da República e perante a Assembleia Nacional Popular.

Artigo 104º

1. Acarreta a demissão do Governo:

a) O início de nova legislatura;

b) A não aprovação pela segunda vez consecutiva do programa do Governo;

c) A aceitação pelo Presidente da República do pedido de demissão apresentado pelo Primeiro-Ministro;

d) A aprovação de uma moção de censura ou a não aprovação de uma moção de confiança por maioria absoluta dos Deputados em efetividade de funções;

e) A morte ou a impossibilidade física prolongada do Primeiro-Ministro.

2. O Presidente da República pode demitir o Governo em caso de grave crise política que ponha em causa o normal funcionamento das instituições da República, ouvidos o Conselho de Estado e os partidos políticos representados na Assembleia Nacional Popular.

CAPÍTULO VI – Do Poder Local

Artigo 105º

1. A organização do poder político do Estado compreende a existência de autarquias locais, que gozam de autonomia administrativa e financeira.

2. As autarquias locais são pessoas coletivas territoriais, dotadas de órgãos representativos, que visam a prossecução de interesses próprios das comunidades locais, não se subtraindo à estrutura unitária do Estado.

Artigo 106º

1. As autarquias locais são os municípios, as secções autárquicas e as juntas locais.

2. Nos setores funcionarão os municípios, nas secções administrativas funcionarão as secções autárquicas e nas juntas locais funcionarão as juntas de moradores.

Artigo 107º

1. Para efeitos político-administrativos, o território nacional divide-se em regiões, subdividindo-se estas em setores e secções, podendo a lei estabelecer outras formas de subdivisões nas comunidades cuja especificidade a isso requer.

2. A organização e funcionamento das regiões administrativas serão definidas por lei.

3. Nas grandes áreas urbanas e nas ilhas, a lei poderá estabelecer, de acordo com as suas condições específicas, outras formas de organização territorial autárquica, bem como outras subdivisões administrativas autónomas.

Artigo 108º

1. Os representantes máximos do Governo nas regiões serão designados por governadores de regiões e nos setores por administradores de setor.

2. A nomeação e exoneração dos governadores de região são da competência do Governo, sob proposta do Ministro da tutela.

3. O provimento do cargo de administrador de setor obedecerá aos requisitos constantes da respetiva lei-quadro.

Artigo 109º

As atribuições e a organização das autarquias locais, bem como a competência dos seus órgãos, serão regulados por lei, de harmonia com o princípio da autonomia do poder local.

Artigo 110º

1. As autarquias locais têm património e finanças próprios.

2. O regime das finanças locais, a estabelecer por lei, deverá visar a justa repartição dos recursos públicos pelo Estado e pelas autarquias locais e a necessária correção de desigualdades entre as autarquias.

3. São receitas próprias das autarquias locais as provenientes da gestão do seu património e as cobradas pela utilização dos seus serviços.

Artigo 111º

1. A organização das autarquias locais compreende uma assembleia dotada de poderes deliberativos, eleita por sufrágio universal, direto e secreto dos cidadãos residentes, segundo o sistema de representação proporcional, e um órgão colegial executivo perante ele responsável.

2. Os órgãos das autarquias locais podem efetuar consultas diretas aos cidadãos eleitores recenseados na respetiva área, por voto secreto, sobre matérias de sua competência exclusiva nos casos, termos e com a eficácia que a lei estabelecer.

Artigo 112º

1. Nos limites da Constituição e das leis, as autarquias locais dispõem de poder regulamentar próprio.

2. A tutela administrativa sobre as autarquias locais consiste na verificação do cumprimento das leis por parte dos órgãos autárquicos e é exercida nos casos e segundo as formas previstas na lei.

Artigo 113º

Os órgãos representativos das autarquias locais são:

a) Nos municípios, a assembleia municipal e a câmara municipal;

b) Nas secções autárquicas, a assembleia de secção e a comissão de secção;

c) Nas juntas locais, a assembleia de moradores e a comissão diretiva dos moradores.

Artigo 114º

1. Os administradores de setores terão assento na assembleia municipal, mas sem direito a voto.

2. A câmara municipal é o órgão executivo do município eleito pelos cidadãos eleitores residentes na sua área, tendo por presidente o primeiro candidato da lista mais votada.

Artigo 115º

A lei eleitoral determinará a forma da elegibilidade dos titulares dos órgãos das autarquias locais, sua composição, bem como o funcionamento, a duração e a forma dos seus atos.

Artigo 116º

Compete à Assembleia Nacional Popular, ouvido o Governo, dissolver os órgãos das autarquias locais em caso de prática de atos ou omissões contrárias à lei.

Artigo 117º

A criação ou a extinção das autarquias locais, bem como a alteração da respetiva área, compete à Assembleia Nacional Popular, podendo ser precedida de consultas aos órgãos das autarquias abrangidas.

Artigo 118º

As autarquias locais participam, por direito próprio e nos termos definidos pela lei, nas receitas provenientes dos impostos diretos.

CAPÍTULO VII – Do Poder Judicial

Artigo 119º

Os Tribunais são órgãos de soberania com competência para administrar a justiça em nome do Povo.

Artigo 120º

1. O Supremo Tribunal de Justiça é a instância judicial suprema da República. Os seus juízes são nomeados pelo Conselho Superior de Magistratura.

2. Os Juízes do Supremo Tribunal de Justiça são empossados pelo Presidente da República.

3. Compete ao Supremo Tribunal de Justiça e demais Tribunais instituídos pela lei exercer a função jurisdicional.

4. No exercício da sua função jurisdicional, os Tribunais são independentes e apenas estão sujeitos à lei.

5. O Conselho Superior de Magistratura Judicial é o órgão superior de gestão e disciplina da magistratura judicial.

6. Na sua composição, o Conselho Superior de Magistratura contará, pelo menos, com representantes do Supremo Tribunal de Justiça, dos demais Tribunais e da Assembleia Nacional Popular, nos termos que vierem a ser fixados por lei.

Artigo 121º

1. É proibida a existência de Tribunais exclusivamente destinados ao julgamento de certas categorias de crimes.

2. Excetuam-se do disposto no número anterior:

a) Os Tribunais Militares, aos quais compete o julgamento dos crimes essencialmente militares definidos por lei;

b) Os Tribunais Administrativos, Fiscais e de Contas.

Artigo 122º
Por lei poderão ser criados tribunais populares para conhecimento de litígios de caráter social, quer cíveis, quer penais.

Artigo 123º
1. O juiz exerce a sua função com total fidelidade aos princípios fundamentais e aos objetivos da presente Constituição.
2. No exercício das suas funções, o juiz é independente e só deve obediência à lei e à sua consciência.
3. O juiz não é responsável pelos seus julgamentos e decisões. Só nos casos especialmente previstos na lei pode ser sujeito, em razão do exercício das suas funções, a responsabilidade civil, criminal ou disciplinar.
4. A nomeação, demissão, colocação, promoção e transferência de juízes dos tribunais judiciais e o exercício da ação disciplinar compete ao Conselho Superior de Magistratura, nos termos da lei.

Artigo 124º
A lei regula a organização, competência e funcionamento dos órgãos de administração da justiça.

Artigo 125º
1. O Ministério Público é o órgão do Estado encarregado de, junto dos tribunais, fiscalizar a legalidade, representar o interesse público e social e é o titular da ação penal.
2. O Ministério Público organiza-se como uma estrutura hierarquizada sob a direção do Procurador-Geral da República.
3. O Procurador-Geral da República é nomeado pelo Presidente da República, ouvido o Governo.

TÍTULO IV – Garantia e revisão da Constituição

CAPÍTULO I – Da fiscalização da constitucionalidade das leis

Artigo 126º
1. Nos feitos submetidos a julgamentos não podem os tribunais aplicar normas que infrinjam o disposto na Constituição ou os princípios nela consagrados.
2. A questão da inconstitucionalidade pode ser levantada oficiosamente pelo tribunal, pelo Ministério Público ou por qualquer das partes.
3. Admitida a questão da inconstitucionalidade, o incidente sobe em separado ao Supremo Tribunal de Justiça, que decidirá em plenário.

4. As decisões tomadas em matéria de inconstitucionalidade pelo plenário do Supremo Tribunal de Justiça terão força obrigatória geral e serão publicadas no *Boletim Oficial*.

CAPÍTULO II – Da revisão constitucional

Artigo 127º

1. A presente Constituição pode ser revista, a todo o momento, pela Assembleia Nacional Popular.
2. A iniciativa da revisão constitucional compete aos Deputados.

Artigo 128º

1. Os projetos de revisão indicarão sempre os artigos a rever e o sentido das modificações que nele se pretendem introduzir.
2. Os projetos de revisão serão submetidos à Assembleia Nacional Popular por, pelo menos, um terço dos Deputados em efetividade de funções.

Artigo 129º

As propostas de revisão terão de ser aprovadas por maioria de dois terços dos Deputados que constituem a Assembleia.

Artigo 130º

Nenhum projeto de revisão poderá afetar:

a) A estrutura unitária e a forma republicana do Estado;
b) O estatuto laico do Estado;
c) A integridade do território nacional;
d) Símbolos nacionais, bandeira e hino nacionais;
e) Direitos, liberdades e garantias dos cidadãos;
f) Direitos fundamentais dos trabalhadores;
g) O sufrágio universal, direto, igual, secreto e periódico na designação dos titulares de cargos eletivos dos órgãos de soberania;
h) O pluralismo político e de expressão, partidos políticos e o direito da oposição democrática;
i) A separação e a interdependência dos órgãos de soberania;
j) A independência dos tribunais.

Artigo 131º

Nenhum projeto ou proposta de revisão poderá ser apresentado, debatido ou votado na vigência de estado de sítio ou de estado de emergência.

TÍTULO V – Disposições finais e transitórias

Artigo 132º

Os elementos das forças de defesa e da segurança, no ativo, atualmente Deputados à Assembleia Nacional Popular continuam em exercício até à realização das próximas eleições legislativas.

Artigo 133º

Os órgãos do poder de Estado instituídos pela Constituição da República da Guiné-Bissau de 16 de maio de 1984 mantêm-se em funções até à data da posse dos titulares dos órgãos de soberania que resultarem dos respetivos atos eleitorais.

Aprovado em 16 de maio de 1984.

Promulgado em 16 de maio de 1984.

Publique-se.

O Presidente da Assembleia Nacional Popular, *Carmen Pereira.*

VI
Constituição da República Democrática de Timor-Leste de 2002[1]

PREÂMBULO

A independência de Timor-Leste, proclamada pela Frente Revolucionária do Timor-Leste Independente (FRETILIN) em 28 de novembro de 1975, vê-se internacionalmente reconhecida a 20 de maio de 2002, uma vez concretizada a libertação do povo timorense da colonização e da ocupação ilegal da Pátria Maubere por potências estrangeiras.

A elaboração e adoção da Constituição da República Democrática de Timor-Leste culmina a secular resistência do povo timorense, intensificada com a invasão de 7 de dezembro de 1975.

A luta travada contra o inimigo, inicialmente sob a liderança da FRETILIN, deu lugar a formas mais abrangentes de participação política, com a criação sucessiva do Conselho Nacional de Resistência Maubere (CNRM), em 1987, e do Conselho Nacional de Resistência Timorense (CNRT), em 1998.

A Resistência desdobrou-se em três frentes.

A frente armada foi protagonizada pelas gloriosas Forças Armadas de Libertação Nacional de Timor-Leste (FALINTIL), cuja gesta histórica cabe exaltar.

A ação da frente clandestina, astutamente desencadeada em território hostil, envolveu o sacrifício de milhares de vidas de mulheres e homens, em especial jovens, que lutaram com abnegação em prol da liberdade e independência.

A frente diplomática, conjugadamente desenvolvida em todo o Mundo, permitiu abrir caminho para a libertação definitiva.

---

[1] Texto oficial integral, aprovado pela Assembleia Constituinte, reunida na sessão de 22 de março de 2002.

Na sua vertente cultural e humana, a Igreja Católica em Timor-Leste sempre soube assumir com dignidade o sofrimento de todo o Povo, colocando-se ao seu lado na defesa dos seus mais elementares direitos.

Esta Constituição representa, finalmente, uma sentida homenagem a todos os mártires da Pátria.

Assim, os Deputados da Assembleia Constituinte, legítimos representantes do Povo eleitos a 30 de agosto de 2001:

Alicerçados ainda no ato referendário de 30 de agosto de 1999, que, concretizado sob os auspícios da Organização das Nações Unidas, confirmou a vontade autodeterminada de independência;

Plenamente conscientes da necessidade de se erigir uma cultura democrática e institucional própria de um Estado de Direito onde o respeito pela Constituição, pelas leis e pelas instituições democraticamente eleitas sejam a sua base inquestionável;

Interpretando o profundo sentimento, as aspirações e a fé em Deus do povo de Timor-Leste;

Reafirmam solenemente a sua determinação em combater todas as formas de tirania, opressão, dominação e segregação social, cultural ou religiosa, defender a independência nacional, respeitar e garantir os direitos humanos e os direitos fundamentais do cidadão, assegurar o princípio da separação de poderes na organização do Estado e estabelecer as regras essenciais da democracia pluralista, tendo em vista a construção de um país justo e próspero e o desenvolvimento de uma sociedade solidária e fraterna.

A Assembleia Constituinte, reunida na sessão plenária de 22 de março de 2002, aprova e decreta a seguinte Constituição da República Democrática de Timor-Leste:

PARTE I
PRINCÍPIOS FUNDAMENTAIS

Artigo 1º – (A República)

1. A República Democrática de Timor-Leste é um Estado de Direito Democrático, soberano, independente e unitário, baseado na vontade popular e no respeito pela dignidade da pessoa humana.

2. O dia 28 de Novembro de 1975 é o dia da Proclamação da Independência da República Democrática de Timor-Leste.

Artigo 2º – (Soberania e constitucionalidade)

1. A soberania reside no povo, que a exerce nos termos da Constituição.

2. O Estado subordina-se à Constituição e às leis.

3. As leis e os demais atos do Estado e do poder local só são válidos se forem conformes com a Constituição.

4. O Estado reconhece e valoriza as normas e os usos costumeiros de Timor-Leste que não contrariem a Constituição e a legislação que trate especialmente do Direito costumeiro.

Artigo 3º – (Cidadania)

1. Na República Democrática de Timor-Leste existe cidadania originária e cidadania adquirida.

2. São cidadãos originários de Timor-Leste, desde que tenham nascido em território nacional:

a) Os filhos de pai ou mãe nascidos em Timor-Leste;

b) Os filhos de pais incógnitos, apátridas ou de nacionalidade desconhecida;

c) Os filhos de pai ou mãe estrangeiros que, sendo maiores de dezassete anos, declarem, por si, querer ser timorenses.

3. São cidadãos originários de Timor-Leste, ainda que nascidos em território estrangeiro, os filhos de pai ou mãe timorenses.

4. A aquisição, perda e reaquisição de cidadania, bem como o seu registo e prova, são regulados por lei.

Artigo 4º – (Território)

1. O território da República Democrática de Timor-Leste compreende a superfície terrestre, a zona marítima e o espaço aéreo delimitados pelas fronteiras nacionais, que historicamente integram a parte oriental da ilha de Timor, o enclave de Oe-Cusse Ambeno, a ilha de Ataúro e o ilhéu de Jaco.

2. A lei fixa e define a extensão e o limite das águas territoriais, a zona económica exclusiva e os direitos de Timor-Leste na zona contígua e plataforma continental.

3. O Estado não aliena qualquer parte do território timorense ou dos direitos de soberania que sobre ele exerce, sem prejuízo da retificação de fronteiras.

Artigo 5º – (Descentralização)

1. O Estado respeita, na sua organização territorial, o princípio da descentralização da administração pública.

2. A lei define e fixa as características dos diferentes escalões territoriais, bem como as competências administrativas dos respetivos órgãos.

3. Oe-Cusse Ambeno e Ataúro gozam de tratamento administrativo e económico especial.

Artigo 6º – (Objetivos do Estado)

O Estado tem como objetivos fundamentais:

a) Defender e garantir a soberania do país;

b) Garantir e promover os direitos e liberdades fundamentais dos cidadãos e o respeito pelos princípios do Estado de Direito Democrático;

c) Defender e garantir a democracia política e a participação popular na resolução dos problemas nacionais;

d) Garantir o desenvolvimento da economia e o progresso da ciência e da técnica;

e) Promover a edificação de uma sociedade com base na justiça social, criando o bem-estar material e espiritual dos cidadãos;

f) Proteger o meio ambiente e preservar os recursos naturais;

g) Afirmar e valorizar a personalidade e o património cultural do povo timorense;

h) Promover o estabelecimento e o desenvolvimento de relações de amizade e cooperação entre todos os povos e Estados;

i) Promover o desenvolvimento harmonioso e integrado dos setores e regiões e a justa repartição do produto nacional;

j) Criar, promover e garantir a efetiva igualdade de oportunidades entre a mulher e o homem.

Artigo 7º – (Sufrágio universal e multipartidarismo)

1. O povo exerce o poder político através do sufrágio universal, livre, igual, direto, secreto e periódico e através das demais formas previstas na Constituição.

2. O Estado valoriza o contributo dos partidos políticos para a expressão organizada da vontade popular e para a participação democrática do cidadão na governação do país.

Artigo 8º – (Relações internacionais)

1. A República Democrática de Timor-Leste rege-se nas relações internacionais pelos princípios da independência nacional, do direito dos povos à autodeterminação e independência, da soberania permanente dos povos sobre as suas riquezas e recursos naturais, da proteção dos direitos humanos, do respeito mútuo pela soberania, integridade territorial e igualdade entre Estados e da não ingerência nos assuntos internos dos Estados.

2. A República Democrática de Timor-Leste estabelece relações de amizade e cooperação com todos os outros povos, preconizando a solução pacífica dos conflitos, o desarmamento geral, simultâneo e controlado, o estabelecimento de um sistema de segurança coletiva e a criação de uma nova ordem económica internacional, capaz de assegurar a paz e a justiça nas relações entre os povos.

3. A República Democrática de Timor-Leste mantém laços privilegiados com os países de língua oficial portuguesa.

4. A República Democrática de Timor-Leste mantém laços especiais de amizade e cooperação com os países vizinhos e os da região.

Artigo 9º – (Receção do Direito Internacional)

1. A ordem jurídica timorense adota os princípios de Direito Internacional geral ou comum.
2. As normas constantes de convenções, tratados e acordos internacionais vigoram na ordem jurídica interna mediante aprovação, ratificação ou adesão pelos respetivos órgãos competentes e depois de publicadas no jornal oficial.
3. São inválidas todas as normas das leis contrárias às disposições das convenções, tratados e acordos internacionais recebidos na ordem jurídica interna timorense.

Artigo 10º – (Solidariedade)

1. A República Democrática de Timor-Leste é solidária com a luta dos povos pela libertação nacional.
2. A República Democrática de Timor-Leste concede asilo político, nos termos da lei, aos estrangeiros perseguidos em função da sua luta pela libertação nacional e social, defesa dos direitos humanos, democracia e paz.

Artigo 11º – (Valorização da resistência)

1. A República Democrática de Timor-Leste reconhece e valoriza a resistência secular do Povo Maubere contra a dominação estrangeira e o contributo de todos os que lutaram pela independência nacional.
2. O Estado reconhece e valoriza a participação da Igreja Católica no processo de libertação nacional de Timor-Leste.
3. O Estado assegura proteção especial aos mutilados de guerra, órfãos e outros dependentes daqueles que dedicaram as suas vidas à luta pela independência e soberania nacional e protege todos os que participaram na resistência contra a ocupação estrangeira, nos termos da lei.
4. A lei define os mecanismos para homenagear os heróis nacionais.

Artigo 12º – (O Estado e as confissões religiosas)

1. O Estado reconhece e respeita as diferentes confissões religiosas, as quais são livres na sua organização e no exercício das atividades próprias, com observância da Constituição e da lei.
2. O Estado promove a cooperação com as diferentes confissões religiosas, que contribuem para o bem-estar do povo de Timor-Leste.

Artigo 13º – (Línguas oficiais e línguas nacionais)

1. O tétum e o português são as línguas oficiais da República Democrática de Timor-Leste.

2. O tétum e as outras línguas nacionais são valorizadas e desenvolvidas pelo Estado.

Artigo 14º – (Símbolos nacionais)

1. Os símbolos nacionais da República Democrática de Timor-Leste são a bandeira, o emblema e o hino nacional.

2. O emblema e o hino nacional são aprovados por lei.

Artigo 15º – (Bandeira Nacional)

1. A Bandeira Nacional é retangular e formada por dois triângulos isósceles de bases sobrepostas, sendo um triângulo preto com altura igual a um terço do comprimento que se sobrepõe ao amarelo, cuja altura é igual a metade do comprimento da bandeira. No centro do triângulo de cor preta fica colocada uma estrela branca de cinco pontas, que simboliza a luz que guia. A estrela branca apresenta uma das pontas virada para a extremidade superior esquerda da bandeira. A parte restante da bandeira tem a cor vermelha.

2. As cores representam:

Amarelo – os rastos do colonialismo;
Preto – o obscurantismo que é preciso vencer;
Vermelho – a luta pela libertação nacional;
Branco – a paz.

PARTE II
DIREITOS, DEVERES, LIBERDADES E GARANTIAS FUNDAMENTAIS

TÍTULO I – Princípios Gerais

Artigo 16º – (Universalidade e igualdade)

1. Todos os cidadãos são iguais perante a lei, gozam dos mesmos direitos e estão sujeitos aos mesmos deveres.

2. Ninguém pode ser discriminado com base na cor, raça, estado civil, sexo, origem étnica, língua, posição social ou situação económica, convicções políticas ou ideológicas, religião, instrução ou condição física ou mental.

Artigo 17º – (Igualdade entre mulheres e homens)

A mulher e o homem têm os mesmos direitos e obrigações em todos os domínios da vida familiar, cultural, social, económica e política.

Artigo 18º – (Proteção da criança)

1. A criança tem direito a proteção especial por parte da família, da comunidade e do Estado, particularmente contra todas as formas de abandono, discriminação, violência, opressão, abuso sexual e exploração.

2. A criança goza de todos os direitos que lhe são universalmente reconhecidos, bem como de todos aqueles que estejam consagrados em convenções internacionais regularmente ratificadas ou aprovadas pelo Estado.

3. Todas as crianças, nascidas dentro ou fora do matrimónio, gozam dos mesmos direitos e da mesma proteção social.

Artigo 19º – (Juventude)

1. O Estado promove e encoraja as iniciativas da juventude na consolidação da unidade nacional, na reconstrução, na defesa e no desenvolvimento do país.

2. O Estado promove, na medida das suas possibilidades, a educação, a saúde e a formação profissional dos jovens.

Artigo 20º – (Terceira idade)

1. Todos os cidadãos de terceira idade têm direito a proteção especial por parte do Estado.

2. A política de terceira idade engloba medidas de caráter económico, social e cultural tendentes a proporcionar às pessoas idosas oportunidades de realização pessoal através de uma participação digna e ativa na vida da comunidade.

Artigo 21º – (Cidadão portador de deficiência)

1. O cidadão portador de deficiência goza dos mesmos direitos e está sujeito aos mesmos deveres dos demais cidadãos, com ressalva do exercício ou do cumprimento daqueles para os quais se encontre impossibilitado em razão da deficiência.

2. O Estado, dentro das suas possibilidades, promove a proteção aos cidadãos portadores de deficiência, nos termos da lei.

Artigo 22º – (Timorenses no estrangeiro)

Os cidadãos timorenses que se encontrem ou residam no estrangeiro gozam da proteção do Estado para o exercício dos direitos e estão sujeitos aos deveres que não sejam incompatíveis com a ausência do país.

Artigo 23º – (Interpretação dos direitos fundamentais)

Os direitos fundamentais consagrados na Constituição não excluem quaisquer outros constantes da lei e devem ser interpretados em consonância com a Declaração Universal dos Direitos Humanos.

Artigo 24º – (Leis restritivas)

1. A restrição dos direitos, liberdades e garantias só pode fazer-se por lei, para salvaguardar outros direitos ou interesses constitucionalmente protegidos e nos casos expressamente previstos na Constituição.
2. As leis restritivas dos direitos, liberdades e garantias têm, necessariamente, caráter geral e abstrato, não podem diminuir a extensão e o alcance do conteúdo essencial dos dispositivos constitucionais e não podem ter efeito retroativo.

Artigo 25º – (Estado de exceção)

1. A suspensão do exercício dos direitos, liberdades e garantias fundamentais só pode ter lugar declarado o estado de sítio ou o estado de emergência nos termos previstos na Constituição.
2. O estado de sítio ou o estado de emergência só podem ser declarados em caso de agressão efetiva ou iminente por forças estrangeiras, de grave perturbação ou ameaça de perturbação séria da ordem constitucional democrática ou de calamidade pública.
3. A declaração do estado de sítio ou do estado de emergência é fundamentada, com especificação dos direitos, liberdades e garantias cujo exercício fica suspenso.
4. A suspensão não pode prolongar-se por mais de trinta dias, sem impedimento de eventual renovação fundamentada por iguais períodos de tempo, quando absolutamente necessário.
5. A declaração do estado de sítio em caso algum pode afetar os direitos à vida, integridade física, cidadania e não retroatividade da lei penal, o direito à defesa em processo criminal, a liberdade de consciência e de religião, o direito a não ser sujeito a tortura, escravatura ou servidão, o direito a não ser sujeito a tratamento ou punição cruel, desumano ou degradante e a garantia de não discriminação.
6. As autoridades estão obrigadas a restabelecer a normalidade constitucional no mais curto espaço de tempo.

Artigo 26º – (Acesso aos tribunais)

1. A todos é assegurado o acesso aos tribunais para defesa dos seus direitos e interesses legalmente protegidos.
2. A justiça não pode ser denegada por insuficiência de meios económicos.

Artigo 27º – (Provedor de Direitos Humanos e Justiça)

1. O Provedor de Direitos Humanos e Justiça é um órgão independente que tem por função apreciar e procurar satisfazer as queixas dos cidadãos contra os poderes públicos, podendo verificar a conformidade dos atos com a lei, bem como prevenir e iniciar todo o processo para a reparação das injustiças.

2. Os cidadãos podem apresentar queixas por ações ou omissões dos poderes públicos ao Provedor de Direitos Humanos e Justiça, que as apreciará, sem poder decisório, dirigindo aos órgãos competentes as recomendações necessárias.

3. O Provedor de Direitos Humanos e Justiça é eleito pelo Parlamento Nacional, por maioria absoluta dos Deputados, para um mandato de quatro anos.

4. A atividade do Provedor de Direitos Humanos e Justiça é independente dos meios graciosos e contenciosos previstos na Constituição e nas leis.

5. Os órgãos e os agentes da administração têm o dever de colaboração com o Provedor de Direitos Humanos e Justiça.

Artigo 28º – (Direito de resistência e de legítima defesa)

1. Todos os cidadãos têm o direito de não acatar e de resistir às ordens ilegais ou que ofendam os seus direitos, liberdades e garantias fundamentais.

2. A todos é garantido o direito de legítima defesa, nos termos da lei.

TÍTULO II – Direitos, liberdades e garantias pessoais

Artigo 29º – (Direito à vida)

1. A vida humana é inviolável.

2. O Estado reconhece e garante o direito à vida.

3. Na República Democrática de Timor-Leste não há pena de morte.

Artigo 30º – (Direito à liberdade, segurança e integridade pessoal)

1. Todos têm direito à liberdade, segurança e integridade pessoal.

2. Ninguém pode ser detido ou preso senão nos termos expressamente previstos na lei vigente, devendo sempre a detenção ou a prisão ser submetida à apreciação do juiz competente no prazo legal.

3. Todo o indivíduo privado de liberdade deve ser imediatamente informado, de forma clara e precisa, das razões da sua detenção ou prisão, bem como dos seus direitos, e autorizado a contactar advogado, diretamente ou por intermédio de pessoa de sua família ou de sua confiança.

4. Ninguém pode ser sujeito a tortura e a tratamentos cruéis, desumanos ou degradantes.

Artigo 31º – (Aplicação da lei criminal)

1. Ninguém pode ser submetido a julgamento senão nos termos da lei.
2. Ninguém pode ser julgado e condenado por um ato que não esteja qualificado na lei como crime no momento da sua prática, nem sofrer medida de segurança cujos pressupostos não estejam expressamente fixados em lei anterior.
3. Não podem aplicar-se penas ou medidas de segurança que no momento da prática do crime não estejam expressamente previstas na lei.
4. Ninguém pode ser julgado e condenado mais do que uma vez pelo mesmo crime.
5. A lei penal não se aplica retroactivamente, a menos que a nova lei beneficie o arguido.
6. Qualquer pessoa injustamente condenada tem direito a justa indemnização, nos termos da lei.

Artigo 32º – (Limites das penas e das medidas de segurança)

1. Na República Democrática de Timor-Leste não há prisão perpétua, nem penas ou medidas de segurança de duração ilimitada ou indefinida.
2. Em caso de perigosidade por anomalia psíquica, as medidas de segurança poderão ser sucessivamente prorrogadas por decisão judicial.
3. A responsabilidade penal é insuscetível de transmissão.
4. Os condenados aos quais sejam aplicadas pena ou medida de segurança privativas da liberdade mantêm a titularidade dos direitos fundamentais, salvas as limitações inerentes ao sentido da condenação e às exigências próprias da respetiva execução.

Artigo 33º – (*Habeas corpus*)

1. Toda a pessoa ilegalmente privada da liberdade tem direito a recorrer à providência do *habeas corpus*.
2. O *habeas corpus* é interposto, nos termos da lei, pela própria ou por qualquer outra pessoa no gozo dos seus direitos civis.
3. O pedido de *habeas corpus* é decidido pelo juiz no prazo de oito dias em audiência contraditória.

Artigo 34º – (Garantias de processo criminal)

1. Todo o arguido se presume inocente até à condenação judicial definitiva.
2. O arguido tem o direito de escolher defensor e a ser assistido por ele em todos os atos do processo, determinando a lei os casos em que a sua presença é obrigatória.
3. É assegurado a qualquer indivíduo o direito inviolável de audiência e defesa em processo criminal.

4. São nulas e de nenhum efeito todas as provas obtidas mediante tortura, coação, ofensa à integridade física ou moral e intromissão abusiva na vida privada, no domicílio, na correspondência ou em outras formas de comunicação.

Artigo 35º – (Extradição e expulsão)

1. A extradição só pode ter lugar por decisão judicial.
2. É vedada a extradição por motivos políticos.
3. Não é permitida a extradição por crimes a que corresponda na lei do Estado requisitante pena de morte ou de prisão perpétua, ou sempre que fundadamente se admita que o extraditando possa vir a ser sujeito a tortura ou tratamento desumano, degradante ou cruel.
4. O cidadão timorense não pode ser expulso ou expatriado do território nacional.

Artigo 36º – (Direito à honra e à privacidade)

Todo o indivíduo tem direito à honra, ao bom nome e à reputação, à defesa da sua imagem e à reserva da sua vida privada e familiar.

Artigo 37º – (Inviolabilidade do domicílio e da correspondência)

1. O domicílio, a correspondência e quaisquer meios de comunicação privados são invioláveis, salvos os casos previstos na lei em matéria de processo criminal.
2. A entrada no domicílio de qualquer pessoa contra sua vontade só pode ter lugar por ordem escrita da autoridade judicial competente, nos casos e segundo as formas prescritas na lei.
3. A entrada no domicílio de qualquer pessoa durante a noite, contra a sua vontade, é expressamente proibida, salvo em caso de ameaça grave para a vida ou para a integridade física de alguém que se encontre no interior desse domicílio.

Artigo 38º – (Proteção de dados pessoais)

1. Todos os cidadãos têm o direito de acesso aos dados pessoais informatizados ou constantes de registos mecanográficos e manuais que lhes digam respeito, podendo exigir a sua retificação e atualização, e o direito de conhecer a finalidade a que se destinam.
2. A lei define o conceito de dados pessoais e as condições aplicáveis ao seu tratamento.
3. É expressamente proibido, sem o consentimento do interessado, o tratamento informatizado de dados pessoais relativos à vida privada, às convicções políticas e filosóficas, à fé religiosa, à filiação partidária ou sindical e à origem étnica.

Artigo 39º – (Família, casamento e maternidade)

1. O Estado protege a família como célula base da sociedade e condição para o harmonioso desenvolvimento da pessoa.
2. Todos têm direito a constituir e a viver em família.
3. O casamento assenta no livre consentimento das partes e na plena igualdade de direitos entre os cônjuges, nos termos da lei.
4. A maternidade é dignificada e protegida, assegurando-se a todas as mulheres proteção especial durante a gravidez e após o parto e às mulheres trabalhadoras direito a dispensa de trabalho por período adequado, antes e depois do parto, sem perda de retribuição e de quaisquer outras regalias, nos termos da lei.

Artigo 40º – (Liberdade de expressão e informação)

1. Todas as pessoas têm direito à liberdade de expressão e ao direito de informar e ser informados com isenção.
2. O exercício da liberdade de expressão e de informação não pode ser limitado por qualquer tipo de censura.
3. O exercício dos direitos e liberdades referidos neste artigo é regulado por lei com base nos imperativos do respeito da Constituição e da dignidade da pessoa humana.

Artigo 41º – (Liberdade de imprensa e dos meios de comunicação social)

1. É garantida a liberdade de imprensa e dos demais meios de comunicação social.
2. A liberdade de imprensa compreende, nomeadamente, a liberdade de expressão e criação dos jornalistas, o acesso às fontes de informação, a liberdade editorial, a proteção da independência e do sigilo profissional e o direito de criar jornais, publicações e outros meios de difusão.
3. Não é permitido o monopólio dos meios de comunicação social.
4. O Estado assegura a liberdade e a independência dos órgãos públicos de comunicação social perante o poder político e o poder económico.
5. O Estado assegura a existência de um serviço público de rádio e de televisão que deve ser isento, tendo em vista, entre outros objetivos, a proteção e divulgação da cultura e das tradições da República Democrática de Timor-Leste e a garantia da expressão do pluralismo de opinião.
6. As estações emissoras de radiodifusão e de radiotelevisão só podem funcionar mediante licença, nos termos da lei.

Artigo 42º – (Liberdade de reunião e de manifestação)

1. A todos é garantida a liberdade de reunião pacífica e sem armas, sem necessidade de autorização prévia.
2. A todos é reconhecido o direito de manifestação, nos termos da lei.

Artigo 43º – (Liberdade de associação)

1. A todos é garantida a liberdade de associação, desde que não se destine a promover a violência e seja conforme com a lei.

2. Ninguém pode ser obrigado a fazer parte de uma associação ou a nela permanecer contra sua vontade.

3. São proibidas as associações armadas, militares ou paramilitares e as organizações que defendam ideias ou apelem a comportamentos de caráter racista ou xenófobo ou que promovam o terrorismo.

Artigo 44º – (Liberdade de circulação)

1. Todo o indivíduo tem o direito de se movimentar e fixar residência em qualquer ponto do território nacional.

2. A todo o cidadão é garantido o direito de livremente emigrar, bem como o direito de regressar ao país.

Artigo 45º – (Liberdade de consciência, de religião e de culto)

1. A toda a pessoa é assegurada a liberdade de consciência, de religião e de culto, encontrando-se as confissões religiosas separadas do Estado.

2. Ninguém pode ser perseguido nem discriminado por causa das suas convicções religiosas.

3. É garantida a objeção de consciência, nos termos da lei.

4. É garantida a liberdade do ensino de qualquer religião no âmbito da respetiva confissão religiosa.

Artigo 46º – (Direito de participação política)

1. Todo o cidadão tem o direito de participar, por si ou através de representantes democraticamente eleitos, na vida política e nos assuntos públicos do país.

2. Todo o cidadão tem o direito de constituir e de participar em partidos políticos.

3. A constituição e a organização dos partidos políticos são reguladas por lei.

Artigo 47º – (Direito de sufrágio)

1. Todo o cidadão maior de dezassete anos tem o direito de votar e de ser eleito.

2. O exercício do direito de sufrágio é pessoal e constitui um dever cívico.

Artigo 48º – (Direito de petição)

Todo o cidadão tem o direito de apresentar petições, queixas e reclamações, individual ou coletivamente, perante os órgãos de soberania ou quaisquer autoridades, para defesa dos seus direitos, da Constituição, das leis ou do interesse geral.

Artigo 49º – (Defesa da soberania)

1. Todo o cidadão tem o direito e o dever de contribuir para a defesa da independência, soberania e integridade territorial do país.

2. O serviço militar é prestado nos termos da lei.

TÍTULO III – Direitos e deveres económicos, sociais e culturais

Artigo 50º – (Direito ao trabalho)

1. Todo o cidadão, independentemente do sexo, tem o direito e o dever de trabalhar e de escolher livremente a profissão.

2. O trabalhador tem direito à segurança e higiene no trabalho, à remuneração, ao descanso e às férias.

3. É proibido o despedimento sem justa causa ou por motivos políticos, religiosos e ideológicos.

4. É proibido o trabalho compulsivo, sem prejuízo do disposto na legislação sobre a execução de penas.

5. O Estado promove a criação de cooperativas de produção e apoia as empresas familiares como fontes de emprego.

Artigo 51º – (Direito à greve e proibição do *lock-out*)

1. Os trabalhadores têm direito a recorrer à greve, sendo o seu exercício regulado por lei.

2. A lei define as condições de prestação, durante a greve, de serviços necessários à segurança e manutenção de equipamentos e instalações, bem como de serviços mínimos indispensáveis para acorrer à satisfação de necessidades sociais impreteríveis.

3. É proibido o *lock-out*.

Artigo 52º – (Liberdade sindical)

1. O trabalhador tem direito a organizar-se em sindicatos e associações profissionais para defesa dos seus direitos e interesses.

2. A liberdade sindical desdobra-se, nomeadamente, na liberdade de constituição, liberdade de inscrição e liberdade de organização e regulamentação interna.

3. Os sindicatos e as associações sindicais são independentes do Estado e do patronato.

Artigo 53º – (Direitos dos consumidores)

1. Os consumidores têm direito à qualidade dos bens e serviços consumidos, a uma informação verdadeira e à proteção da saúde, da segurança e dos seus interesses económicos, bem como à reparação de danos.

2. A publicidade é disciplinada por lei, sendo proibidas todas as formas de publicidade oculta, indireta ou enganosa.

Artigo 54º – (Direito à propriedade privada)

1. Todo o indivíduo tem direito à propriedade privada, podendo transmiti-la em vida e por morte, nos termos da lei.

2. A propriedade privada não deve ser usada em prejuízo da sua função social.

3. A requisição e a expropriação por utilidade pública só têm lugar mediante justa indemnização, nos termos da lei.

4. Só os cidadãos nacionais têm direito à propriedade privada da terra.

Artigo 55º – (Obrigações do contribuinte)

Todo o cidadão com comprovado rendimento tem o dever de contribuir para as receitas públicas, nos termos da lei.

Artigo 56º – (Segurança e assistência social)

1. Todos os cidadãos têm direito à segurança e à assistência social, nos termos da lei.

2. O Estado promove, na medida das disponibilidades nacionais, a organização de um sistema de segurança social.

3. O Estado apoia e fiscaliza, nos termos da lei, a atividade e o funcionamento das instituições de solidariedade social e de outras de reconhecido interesse público sem caráter lucrativo.

Artigo 57º – (Saúde)

1. Todos têm direito à saúde e à assistência médica e sanitária e o dever de as defender e promover.

2. O Estado promove a criação de um serviço nacional de saúde universal, geral e, na medida das suas possibilidades, gratuito, nos termos da lei.

3. O serviço nacional de saúde deve ser, tanto quanto possível, de gestão descentralizada e participativa.

Artigo 58º – (Habitação)

Todos têm direito, para si e para a sua família, a uma habitação de dimensão adequada, em condições de higiene e conforto e que preserve a intimidade pessoal e a privacidade familiar.

Artigo 59º – (Educação e cultura)

1. O Estado reconhece e garante ao cidadão o direito à educação e à cultura, competindo-lhe criar um sistema público de ensino básico universal, obrigatório e, na medida das suas possibilidades, gratuito, nos termos da lei.
2. Todos têm direito à igualdade de oportunidades de ensino e formação profissional.
3. O Estado reconhece e fiscaliza o ensino privado e cooperativo.
4. O Estado deve garantir a todos os cidadãos, segundo as suas capacidades, o acesso aos graus mais elevados do ensino, da investigação científica e da criação artística.
5. Todos têm direito à fruição e à criação culturais, bem como o dever de preservar, defender e valorizar o património cultural.

Artigo 60º – (Propriedade intelectual)

O Estado garante e protege a criação, produção e comercialização da obra literária, científica e artística, incluindo a proteção legal dos direitos de autor.

Artigo 61º – (Meio ambiente)

1. Todos têm direito a um ambiente de vida humano, sadio e ecologicamente equilibrado e o dever de o proteger e melhorar em prol das gerações vindouras.
2. O Estado reconhece a necessidade de preservar e valorizar os recursos naturais.
3. O Estado deve promover ações de defesa do meio ambiente e salvaguardar o desenvolvimento sustentável da economia.

PARTE III
ORGANIZAÇÃO DO PODER POLÍTICO

TÍTULO I – Princípios Gerais

Artigo 62º – (Titularidade e exercício do poder político)

O poder político radica no povo e é exercido nos termos da Constituição.

Artigo 63º – (Participação política dos cidadãos)

1. A participação direta e ativa de mulheres e homens na vida política constitui condição e instrumento fundamental do sistema democrático.
2. A lei promove a igualdade no exercício dos direitos cívicos e políticos e a não discriminação em função do sexo no acesso a cargos políticos.

Artigo 64º – (Princípio da renovação)

Ninguém pode exercer a título vitalício ou por períodos indeterminados qualquer cargo político.

Artigo 65º – (Eleições)

1. Os órgãos eleitos de soberania e do poder local são escolhidos através de eleições, mediante sufrágio universal, livre, direto, secreto, pessoal e periódico.

2. O recenseamento eleitoral é obrigatório, oficioso, único e universal, sendo atualizado para cada eleição.

3. As campanhas eleitorais regem-se pelos seguintes princípios:

a) Liberdade de propaganda eleitoral;

b) Igualdade de oportunidades e de tratamento das diversas candidaturas;

c) Imparcialidade das entidades públicas perante as candidaturas;

d) Transparência e fiscalização das contas eleitorais.

4. A conversão dos votos em mandatos obedece ao sistema de representação proporcional.

5. O processo eleitoral é regulado por lei.

6. A supervisão do recenseamento e dos atos eleitorais cabe a um órgão independente, cujas competências, composição, organização e funcionamento são fixados por lei.

Artigo 66º – (Referendo)

1. Os cidadãos recenseados no território nacional podem ser chamados a pronunciar-se em referendo sobre questões de relevante interesse nacional.

2. O referendo é convocado pelo Presidente da República, por proposta de um terço e deliberação aprovada por uma maioria de dois terços dos Deputados ou por proposta fundamentada do Governo.

3. Não podem ser sujeitas a referendo as matérias da competência exclusiva do Parlamento Nacional, do Governo e dos Tribunais definidas constitucionalmente.

4. O referendo só tem efeito vinculativo quando o número de votantes for superior a metade dos eleitores inscritos no recenseamento.

5. O processo de referendo é definido por lei.

Artigo 67º – (Órgãos de soberania)

São órgãos de soberania o Presidente da República, o Parlamento Nacional, o Governo e os Tribunais.

Artigo 68º – (Incompatibilidades)

1. A titularidade dos cargos de Presidente da República, Presidente do Parlamento Nacional, Presidente do Supremo Tribunal de Justiça, Presidente do

Tribunal Superior Administrativo, Fiscal e de Contas, Procurador-Geral da República e membro do Governo é incompatível entre si.

2. A lei define outras incompatibilidades.

Artigo 69º – (Princípio da separação dos poderes)

Os órgãos de soberania, nas suas relações recíprocas e no exercício das suas funções, observam o princípio da separação e interdependência dos poderes estabelecidos na Constituição.

Artigo 70º – (Partidos políticos e direito de oposição)

1. Os partidos políticos participam nos órgãos do poder político de acordo com a sua representatividade democrática, baseada no sufrágio universal e direto.

2. É reconhecido aos partidos políticos o direito à oposição democrática, assim como o direito a serem informados, regular e diretamente, sobre o andamento dos principais assuntos de interesse nacional.

Artigo 71º – (Organização administrativa)

1. O governo central deve estar representado a nível dos diversos escalões administrativos do território.

2. Oe-Cusse Ambeno rege-se por uma política administrativa e um regime económico especiais.

3. Ataúro goza de um estatuto económico apropriado.

4. A organização político-administrativa do território da República Democrática de Timor-Leste é definida por lei.

Artigo 72º – (Poder local)

1. O poder local é constituído por pessoas coletivas de território dotadas de órgãos representativos, com o objetivo de organizar a participação do cidadão na solução dos problemas próprios da sua comunidade e promover o desenvolvimento local, sem prejuízo da participação do Estado.

2. A organização, a competência, o funcionamento e a composição dos órgãos de poder local são definidos por lei.

Artigo 73º – (Publicidade dos atos)

1. São publicados no jornal oficial os atos normativos produzidos pelos órgãos de soberania.

2. A falta de publicidade dos atos previstos no número anterior ou de qualquer ato de conteúdo genérico dos órgãos de soberania e do poder local implica a sua ineficácia jurídica.

3. A lei determina as formas de publicidade dos demais atos e as consequências da sua falta.

TÍTULO II – Presidente da República

CAPÍTULO I – Estatuto, eleição e nomeação

Artigo 74º – (Definição)

1. O Presidente da República é o Chefe do Estado, símbolo e garante da independência nacional, da unidade do Estado e do regular funcionamento das instituições democráticas.

2. O Presidente da República é o Comandante Supremo das Forças Armadas.

Artigo 75º – (Elegibilidade)

1. Podem ser candidatos a Presidente da República os cidadãos timorenses que cumulativamente:

a) Tenham cidadania originária;

b) Possuam idade mínima de 35 anos;

c) Estejam no pleno uso das suas capacidades;

d) Tenham sido propostos por um mínimo de cinco mil cidadãos eleitores.

2. O Presidente da República tem um mandato com a duração de cinco anos e cessa as suas funções com a posse do novo Presidente eleito.

3. O mandato do Presidente da República pode ser renovado uma única vez.

Artigo 76º – (Eleição)

1. O Presidente da República é eleito por sufrágio universal, livre, direto, secreto e pessoal.

2. A eleição do Presidente da República faz-se pelo sistema de maioria dos votos validamente expressos, excluídos os votos em branco.

3. Se nenhum dos candidatos obtiver mais de metade dos votos, proceder-se-á a segunda volta, no trigésimo dia subsequente ao da primeira votação.

4. À segunda volta concorrerão apenas os dois candidatos mais votados que não tenham retirado a candidatura.

Artigo 77º – (Posse e juramento)

1. O Presidente da República é investido pelo Presidente do Parlamento Nacional e toma posse, em cerimónia pública, perante os Deputados e os representantes dos outros órgãos de soberania.

2. A posse efetua-se no último dia do mandato do Presidente da República cessante ou, no caso de eleição por vacatura, no oitavo dia subsequente ao dia da publicação dos resultados eleitorais.

3. No ato de investidura o Presidente da República presta o seguinte juramento:

> "Juro, por Deus, pelo Povo e por minha honra, cumprir com lealdade as funções em que sou investido, cumprir e fazer cumprir a Constituição e as leis e dedicar todas as minhas energias e capacidades à defesa e consolidação da independência e da unidade nacionais".

Artigo 78º – (Incompatibilidades)

O Presidente da República não pode exercer qualquer outro cargo político ou função pública a nível nacional e, em nenhum caso, assumir funções privadas.

Artigo 79º – (Responsabilidade criminal e obrigações constitucionais)

1. O Presidente da República goza de imunidade no exercício das suas funções.

2. O Presidente da República responde perante o Supremo Tribunal de Justiça por crimes praticados no exercício das suas funções e pela violação clara e grave das suas obrigações constitucionais.

3. A iniciativa do processo cabe ao Parlamento Nacional, mediante proposta de um quinto e deliberação aprovada por maioria de dois terços de todos os Deputados.

4. O acórdão é proferido pelo Plenário do Supremo Tribunal de Justiça no prazo máximo de trinta dias.

5. A condenação implica a destituição do cargo e a impossibilidade de reeleição.

6. Por crimes estranhos ao exercício das suas funções, o Presidente da República responde igualmente perante o Supremo Tribunal de Justiça, verificando-se a destituição do cargo apenas em caso de condenação em pena de prisão efetiva.

7. Nos casos previstos no número anterior, a imunidade é igualmente levantada por iniciativa do Parlamento Nacional em conformidade com o disposto no nº 3 do presente artigo.

Artigo 80º – (Ausência)

1. O Presidente da República não pode ausentar-se do território nacional sem prévio consentimento do Parlamento Nacional ou, não estando este reunido, da sua Comissão Permanente.

2. O não cumprimento do disposto no nº 1 do presente artigo determina a perda do cargo, nos termos do disposto no artigo anterior.

3. As viagens privadas com uma duração inferior a quinze dias não carecem de consentimento do Parlamento Nacional, devendo, de todo o modo, o Presidente da República dar prévio conhecimento da sua realização ao Parlamento Nacional.

Artigo 81º – (Renúncia ao mandato)

1. O Presidente da República pode renunciar ao mandato em mensagem dirigida ao Parlamento Nacional.
2. A renúncia torna-se efetiva com o conhecimento da mensagem pelo Parlamento Nacional, sem prejuízo da sua ulterior publicação em jornal oficial.
3. Se o Presidente da República renunciar ao cargo, não poderá candidatar-se nas eleições imediatas nem nas que se realizem no quinquénio imediatamente subsequente à renúncia.

Artigo 82º – (Morte, renúncia ou incapacidade permanente)

1. Em caso de morte, renúncia ou incapacidade permanente do Presidente da República, as suas funções são interinamente assumidas pelo Presidente do Parlamento Nacional, que toma posse perante os Deputados e os representantes dos outros órgãos de soberania e é investido pelo Presidente do Parlamento Nacional em exercício.
2. A incapacidade permanente é declarada pelo Supremo Tribunal de Justiça, ao qual cabe igualmente verificar a morte e a perda do cargo do Presidente da República.
3. A eleição do novo Presidente da República por morte, renúncia ou incapacidade permanente deve ter lugar nos noventa dias subsequentes à sua verificação ou declaração.
4. O Presidente da República é eleito para um novo mandato.
5. Em caso de recusa de tomada de posse, morte ou incapacidade permanente do Presidente eleito, aplicam-se as disposições do presente artigo.

Artigo 83º – (Casos excecionais)

1. Quando a morte, renúncia ou incapacidade permanente ocorrerem na pendência de situações excecionais de guerra ou emergência prolongada ou de insuperável dificuldade de ordem técnica ou material, a definir por lei, que impossibilitem a realização da eleição do Presidente da República por sufrágio universal nos termos do artigo 76º, este será eleito pelo Parlamento Nacional de entre os seus membros, nos 90 dias subsequentes.
2. Nos casos referidos no número anterior, o Presidente da República eleito cumprirá o tempo remanescente do mandato interrompido, podendo candidatar-se nas novas eleições.

Artigo 84º – (Substituição e interinidade)

1. Durante o impedimento temporário do Presidente da República, assumirá funções o Presidente do Parlamento Nacional ou, no impedimento deste, o seu substituto.

2. O mandato de Deputado do Presidente do Parlamento Nacional ou do seu substituto fica automaticamente suspenso durante o tempo em que exerce, por substituição ou interinamente, o cargo de Presidente da República.

3. A função de Deputado do Presidente da República substituto ou interino será temporariamente preenchida, em conformidade com o Regimento do Parlamento Nacional.

CAPÍTULO II – Competência

Artigo 85º – (Competência própria)

Compete exclusivamente ao Presidente da República:

a) Promulgar os diplomas legislativos e mandar publicar as resoluções do Parlamento Nacional que aprovem acordos e ratifiquem tratados e convenções internacionais;

b) Exercer as competências inerentes às funções de Comandante Supremo das Forças Armadas;

c) Exercer o direito de veto relativamente a qualquer diploma legislativo, no prazo de 30 dias a contar da sua receção;

d) Nomear e empossar o Primeiro-Ministro indigitado pelo partido ou aliança dos partidos com maioria parlamentar, ouvidos os partidos políticos representados no Parlamento Nacional;

e) Requerer ao Supremo Tribunal de Justiça a apreciação preventiva e a fiscalização abstrata da constitucionalidade das normas, bem como a verificação da inconstitucionalidade por omissão;

f) Submeter a referendo questões de relevante interesse nacional, nos termos do artigo 66º;

g) Declarar o estado de sítio ou o estado de emergência, mediante autorização do Parlamento Nacional, ouvidos o Conselho de Estado, o Governo e o Conselho Superior de Defesa e Segurança;

h) Declarar a guerra e fazer a paz, mediante proposta do Governo, ouvidos o Conselho de Estado e o Conselho Superior de Defesa e Segurança, sob autorização do Parlamento Nacional;

i) Indultar e comutar penas, ouvido o Governo;

j) Conferir, nos termos da lei, títulos honoríficos, condecorações e distinções.

Artigo 86º – (Competência quanto a outros órgãos)

Compete ao Presidente da República relativamente aos outros órgãos:

a) Presidir ao Conselho Superior de Defesa e Segurança;

b) Presidir ao Conselho de Estado;

c) Marcar, nos termos da lei, o dia das eleições para o Presidente da República e para o Parlamento Nacional;

d) Requerer a convocação extraordinária do Parlamento Nacional, sempre que imperiosas razões de interesse nacional o justifiquem;

e) Dirigir mensagens ao Parlamento Nacional e ao país;

f) Dissolver o Parlamento Nacional, em caso de grave crise institucional que não permita a formação de governo ou a aprovação do Orçamento Geral do Estado por um período superior a sessenta dias, com audição prévia dos partidos políticos que nele tenham assento e ouvido o Conselho de Estado, sob pena de inexistência jurídica do ato de dissolução, tendo em conta o disposto no artigo 100º;

g) Demitir o Governo e exonerar o Primeiro-Ministro, quando o seu programa tenha sido rejeitado pela segunda vez consecutiva pelo Parlamento Nacional;

h) Nomear, empossar e exonerar os membros do Governo, sob proposta do Primeiro-Ministro, nos termos do nº 2 do artigo 106º;

i) Nomear dois membros para o Conselho Superior de Defesa e Segurança;

j) Nomear o Presidente do Supremo Tribunal de Justiça e empossar o Presidente do Tribunal Superior Administrativo, Fiscal e de Contas;

k) Nomear o Procurador-Geral da República para um mandato de quatro anos;

l) Nomear e exonerar os Adjuntos do Procurador-Geral da República, nos termos do nº 6 do artigo 133º;

m) Nomear e exonerar, sob proposta do Governo, o Chefe do Estado-Maior-General das Forças Armadas, o Vice-Chefe do Estado-Maior-General das Forças Armadas e os Chefes de Estado-Maior das Forças Armadas, ouvido, nos últimos casos, o Chefe do Estado-Maior-General das Forças Armadas;

n) Nomear cinco membros do Conselho de Estado;

o) Nomear um membro para o Conselho Superior da Magistratura Judicial e o Conselho Superior do Ministério Público.

Artigo 87º – (Competência nas relações internacionais)

Compete ao Presidente da República, no domínio das relações internacionais:

a) Declarar a guerra, em caso de agressão efetiva ou iminente, e fazer a paz, sob proposta do Governo, ouvido o Conselho Superior de Defesa e Segurança e mediante autorização do Parlamento Nacional ou da sua Comissão Permanente;

b) Nomear e exonerar embaixadores, representantes permanentes e enviados extraordinários, sob proposta do Governo;

c) Receber as cartas credenciais e aceitar a acreditação dos representantes diplomáticos estrangeiros;

d) Conduzir, em concertação com o Governo, todo o processo negocial para a conclusão de acordos internacionais na área da defesa e segurança.

Artigo 88º – (Promulgação e veto)

1. No prazo de trinta dias contados da receção de qualquer diploma do Parlamento Nacional para ser promulgado como lei, o Presidente da República promulga-o ou exerce o direito de veto, solicitando nova apreciação do mesmo em mensagem fundamentada.

2. Se o Parlamento Nacional, no prazo de noventa dias, confirmar o voto por maioria absoluta dos Deputados em efetividade de funções, o Presidente da República deverá promulgar o diploma no prazo de oito dias a contar do dia da sua receção.

3. Será, porém, exigida a maioria de dois terços dos Deputados presentes, desde que superior à maioria absoluta dos Deputados em efetividade de funções, para a confirmação dos diplomas que versem matérias previstas no artigo 95º.

4. No prazo de quarenta dias contados da receção de qualquer diploma do Governo para ser promulgado, o Presidente da República promulga-o ou exerce o direito de veto, comunicando por escrito ao Governo o sentido de veto.

Artigo 89º – (Atos do Presidente da República interino)

O Presidente da República interino não pode praticar os atos previstos nas alíneas *f*), *g*), *h*), *i*), *j*), *k*), *l*), *m*), *n*) e *o*) do artigo 86º.

CAPÍTULO III – Conselho de Estado

Artigo 90º – (Conselho de Estado)

1. O Conselho de Estado é o órgão de consulta política do Presidente da República, que a ele preside.

2. O Conselho de Estado integra:

a) Os ex-Presidentes da República que não tenham sido destituídos;

b) O Presidente do Parlamento Nacional;

c) O Primeiro-Ministro;

d) Cinco cidadãos eleitos pelo Parlamento Nacional de harmonia com o princípio da representação proporcional, pelo período correspondente à duração da legislatura, que não sejam membros de órgãos de soberania;

e) Cinco cidadãos designados pelo Presidente da República, pelo período correspondente à duração do seu mandato, que não sejam membros de órgãos de soberania.

Artigo 91º - (Competência, organização e funcionamento do Conselho de Estado)

1. Compete ao Conselho de Estado:

a) Pronunciar-se sobre a dissolução do Parlamento Nacional;

b) Pronunciar-se acerca da demissão do Governo;

c) Pronunciar-se sobre a declaração de guerra e a feitura da paz;

d) Pronunciar-se nos demais casos previstos na Constituição e, em geral, aconselhar o Presidente da República no exercício das suas funções, quando este lho solicitar;

e) Elaborar o seu Regimento interno.

2. As reuniões do Conselho de Estado não são públicas.

3. A lei define a organização e o funcionamento do Conselho de Estado.

TÍTULO III - Parlamento Nacional

CAPÍTULO I - Estatuto e eleição

Artigo 92º - (Definição)

O Parlamento Nacional é o órgão de soberania da República Democrática de Timor-Leste, representativo de todos os cidadãos timorenses com poderes legislativos, de fiscalização e de decisão política.

Artigo 93º - (Eleição e composição)

1. O Parlamento Nacional é eleito por sufrágio universal, livre, direto, igual, secreto e pessoal.

2. O Parlamento Nacional é constituído por um mínimo de cinquenta e dois e um máximo de sessenta e cinco Deputados.

3. A lei estabelece as regras relativas aos círculos eleitorais, às condições de elegibilidade, às candidaturas e aos procedimentos eleitorais.

4. Os Deputados do Parlamento Nacional têm um mandato de cinco anos.

Artigo 94º - (Imunidades)

1. Os Deputados não respondem civil, criminal ou disciplinarmente pelos votos e opiniões que emitirem no exercício das suas funções.

2. A imunidade parlamentar pode ser levantada de acordo com as disposições do Regimento do Parlamento Nacional.

CAPÍTULO II – Competência

Artigo 95º – (Competência do Parlamento Nacional)

1. Compete ao Parlamento Nacional legislar sobre as questões básicas da política interna e externa do país.

2. Compete exclusivamente ao Parlamento Nacional legislar sobre:

a) As fronteiras da República Democrática de Timor-Leste, nos termos do artigo 4º;

b) Os limites das águas territoriais e da zona económica exclusiva e os direitos de Timor-Leste à zona contígua e plataforma continental;

c) Símbolos nacionais, nos termos do nº 2 do artigo 14º;

d) Cidadania;

e) Direitos, liberdades e garantias;

f) Estado e capacidade das pessoas e Direito da Família e das Sucessões;

g) A divisão territorial;

h) A lei eleitoral e o regime do referendo;

i) Os partidos e associações políticas;

j) Estatuto dos Deputados;

k) Estatuto dos titulares dos órgãos do Estado;

l) As bases do sistema de ensino;

m) As bases do sistema de segurança social e de saúde;

n) A suspensão das garantias constitucionais e a declaração do estado de sítio e do estado de emergência;

o) A política de defesa e segurança;

p) A política fiscal;

q) Regime orçamental.

3. Compete-lhe também:

a) Ratificar a nomeação do Presidente do Supremo Tribunal de Justiça e a eleição do Presidente do Tribunal Superior Administrativo, Fiscal e de Contas;

b) Deliberar sobre o relatório de atividades do Governo;

c) Eleger um membro para o Conselho Superior de Magistratura Judicial e o Conselho Superior do Ministério Público;

d) Deliberar sobre o Plano e o Orçamento do Estado e o respetivo relatório de execução;

e) Fiscalizar a execução orçamental do Estado;

f) Aprovar e denunciar acordos e ratificar tratados e convenções internacionais;

g) Conceder amnistias;

h) Dar assentimento à deslocação do Presidente da República em visita de Estado;

i) Aprovar revisões à Constituição por maioria de dois terços dos Deputados;

j) Autorizar e confirmar a declaração do estado de sítio e estado de emergência;

k) Propor ao Presidente da República a sujeição a referendo de questões de interesse nacional.

4. Compete ainda ao Parlamento Nacional:

a) Eleger o seu Presidente e demais membros da Mesa;

b) Eleger cinco membros para o Conselho do Estado;

c) Elaborar e aprovar o seu Regimento;

d) Constituir a Comissão Permanente e criar as restantes comissões parlamentares.

Artigo 96º – (Autorização legislativa)

1. O Parlamento Nacional pode autorizar o Governo a legislar sobre as seguintes matérias:

a) Definição de crimes, penas, medidas de segurança e respetivos pressupostos;

b) Definição do processo civil e criminal;

c) Organização judiciária e estatuto dos magistrados;

d) Regime geral da função pública, do estatuto dos funcionários e da responsabilidade do Estado;

e) Bases gerais da organização da administração pública;

f) Sistema monetário;

g) Sistema financeiro e bancário;

h) Definição das bases de uma política para a defesa do meio ambiente e o desenvolvimento sustentável;

i) Regime geral de radiodifusão, televisão e demais meios de comunicação de massas;

j) Serviço militar ou cívico;

k) Regime geral da requisição e da expropriação por utilidade pública;

l) Meios e formas de intervenção, expropriação, nacionalização e privatização dos meios de produção e solos por motivo de interesse público, bem como critérios de fixação, naqueles casos, de indemnizações.

2. As leis de autorização legislativa devem definir o objeto, o sentido, a extensão e a duração da autorização, que pode ser prorrogada.

3. As leis de autorização legislativa não podem ser utilizadas mais de uma vez e caducam com a demissão do Governo, com o termo da legislatura ou com a dissolução do Parlamento Nacional.

Artigo 97º – (Iniciativa da lei)

1. A iniciativa da lei pertence:

a) Aos Deputados;

b) Às Bancadas Parlamentares;

c) Ao Governo.

2. Não podem ser apresentados projetos ou propostas de lei ou de alteração que envolvam, no ano económico em curso, aumento das despesas ou diminuição das receitas do Estado previstas no Orçamento ou nos Orçamentos Retificativos.

3. Os projetos e as propostas de lei rejeitados não podem ser renovados na mesma sessão legislativa em que tiverem sido apresentados.

4. Os projetos e propostas de lei que não tiverem sido votados não carecem de ser renovados na sessão legislativa seguinte, salvo termo de legislatura.

5. As propostas de lei caducam com a demissão do Governo.

Artigo 98º – (Apreciação parlamentar de atos legislativos)

1. Os diplomas legislativos do Governo, salvo os aprovados no exercício da sua competência legislativa exclusiva, podem ser submetidos a apreciação do Parlamento Nacional, para efeitos de cessação de vigência ou de alteração, a requerimento de um quinto dos Deputados, nos trinta dias subsequentes à publicação, descontados os períodos de suspensão do funcionamento do Parlamento Nacional.

2. O Parlamento Nacional pode suspender, no todo ou em parte, a vigência do diploma legislativo até à sua apreciação.

3. A suspensão caduca decorridas dez reuniões plenárias sem que o Parlamento Nacional tenha apreciado o diploma.

4. Se for aprovada a cessação da sua vigência, o diploma deixa de vigorar desde o dia em que a resolução for publicada no jornal oficial e não pode voltar a ser publicado no decurso da mesma sessão legislativa.

5. Se, requerida a apreciação, o Parlamento Nacional não se tiver sobre ela pronunciado ou, havendo deliberado introduzir emendas, não tiver votado a respetiva lei até ao termo da sessão legislativa em curso, desde que decorridas quinze reuniões plenárias, considerar-se-á caduco o processo.

CAPÍTULO III – Organização e funcionamento

Artigo 99º – (Legislatura)

1. A legislatura compreende cinco sessões legislativas e cada sessão legislativa tem a duração de um ano.

2. O período normal de funcionamento do Parlamento Nacional é definido pelo Regimento.

3. O Parlamento Nacional reúne-se ordinariamente por convocação do seu Presidente.

4. O Parlamento Nacional reúne extraordinariamente sempre que assim for deliberado pela Comissão Permanente, requerido por um terço dos Deputados ou convocado pelo Presidente da República para tratar de assuntos específicos.

5. No caso de dissolução, o Parlamento Nacional eleito inicia nova legislatura, cuja duração é acrescida do tempo necessário para se completar o período correspondente à sessão legislativa em curso à data da eleição.

Artigo 100º – (Dissolução)

1. O Parlamento Nacional não pode ser dissolvido nos seis meses posteriores à sua eleição, no último semestre do mandato do Presidente da República ou durante a vigência do estado de sítio ou do estado de emergência, sob pena de inexistência jurídica do ato de dissolução.

2. A dissolução do Parlamento Nacional não prejudica a subsistência do mandato dos Deputados até à primeira reunião do Parlamento após as subsequentes eleições.

Artigo 101º – (Participação dos membros do Governo)

1. Os Membros do Governo têm o direito de comparecer às reuniões plenárias do Parlamento Nacional e podem usar da palavra, nos termos do Regimento.

2. Haverá sessões de perguntas ao Governo formuladas pelos Deputados, nos termos regimentais.

3. O Parlamento Nacional ou as suas comissões podem solicitar a participação de membros do Governo nos seus trabalhos.

CAPÍTULO IV – Comissão Permanente

Artigo 102º – (Comissão Permanente)

1. A Comissão Permanente funciona durante o período em que se encontrar dissolvido o Parlamento Nacional, nos intervalos das sessões e nos restantes casos previstos na Constituição.

2. A Comissão Permanente é presidida pelo Presidente do Parlamento Nacional e composta pelos Vice-Presidentes e por Deputados indicados pelos partidos, de acordo com a respetiva representatividade no Parlamento.

3. Compete à Comissão Permanente, nomeadamente:

a) Acompanhar a atividade do Governo e da Administração;

b) Coordenar as atividades das comissões do Parlamento Nacional;

c) Promover a convocação do Parlamento Nacional sempre que tal se mostre necessário;

d) Preparar e organizar as sessões do Parlamento Nacional;

e) Dar assentimento à deslocação do Presidente da República nos termos do artigo 80º;

f) Dirigir as relações entre o Parlamento Nacional e os parlamentos e instituições análogas de outros países;

g) Autorizar a declaração do estado de sítio e do estado de emergência.

TÍTULO IV - Governo

CAPÍTULO I - Definição e estrutura

Artigo 103º - (Definição)

O Governo é o órgão de soberania responsável pela condução e execução da política geral do país e o órgão superior da Administração Pública.

Artigo 104º - (Composição)

1. O Governo é constituído pelo Primeiro-Ministro, pelos Ministros e pelos Secretários de Estado.

2. O Governo pode incluir um ou mais Vice-Primeiro-Ministros e Vice-Ministros.

3. O número, as designações e as atribuições dos ministérios e secretarias de Estado são definidos por diploma legislativo do Governo.

Artigo 105º - (Conselho de Ministros)

1. O Conselho de Ministros é constituído pelo Primeiro-Ministro, pelos Vice-Primeiro-Ministros, se os houver, e pelos Ministros.

2. O Conselho de Ministros é convocado e presidido pelo Primeiro-Ministro.

3. Podem ser convocados para participar nas reuniões do Conselho de Ministros, sem direito a voto, os Vice-Ministros, se os houver, e os Secretários de Estado.

CAPÍTULO II - Formação e responsabilidade

Artigo 106º - (Nomeação)

1. O Primeiro-Ministro é indigitado pelo partido mais votado ou pela aliança de partidos com maioria parlamentar e nomeado pelo Presidente da República, ouvidos os partidos políticos representados no Parlamento Nacional.

2. Os restantes membros do Governo são nomeados pelo Presidente da República, sob proposta do Primeiro-Ministro.

Artigo 107º - (Responsabilidade do Governo)

O Governo responde perante o Presidente da República e o Parlamento Nacional pela condução e execução da política interna e externa, nos termos da Constituição e da lei.

Artigo 108º - (Programa do Governo)

1. Nomeado o Governo, este deve elaborar o seu programa, do qual constarão os objetivos e as tarefas que se propõe realizar, as medidas a adotar e as principais orientações políticas que pretende seguir nos domínios da atividade governamental.

2. O Primeiro-Ministro submete o programa do Governo, aprovado em Conselho de Ministros, à apreciação do Parlamento Nacional, no prazo máximo de trinta dias a contar da data do início de funções do Governo.

Artigo 109º - (Apreciação do programa do Governo)

1. O programa do Governo é submetido à apreciação do Parlamento Nacional e, se este não se encontrar em funcionamento, é obrigatoriamente convocado para o efeito.

2. O debate do programa do Governo não pode exceder cinco dias e até ao seu encerramento qualquer grupo parlamentar pode pedir a sua rejeição ou o Governo solicitar um voto de confiança.

3. A rejeição do programa do Governo exige a maioria absoluta dos Deputados em efetividade de funções.

Artigo 110º - (Solicitação de voto de confiança)

O Governo pode solicitar ao Parlamento Nacional a aprovação de um voto de confiança sobre uma declaração de política geral ou sobre qualquer assunto de relevante interesse nacional.

Artigo 111º – (Moções de censura)

1. O Parlamento Nacional pode votar moções de censura ao Governo sobre a execução do seu programa ou assunto de relevante interesse nacional, por iniciativa de um quarto dos Deputados em efetividade de funções.

2. Se a moção de censura não for aprovada, os seus signatários não podem apresentar outra durante a mesma sessão legislativa.

Artigo 112º – (Demissão do Governo)

1. Implicam a demissão do Governo:

a) O início da nova legislatura;

b) A aceitação pelo Presidente da República do pedido de demissão apresentado pelo Primeiro-Ministro;

c) A morte ou impossibilidade física permanente do Primeiro-Ministro;

d) A rejeição do programa do Governo pela segunda vez consecutiva;

e) A não aprovação de um voto de confiança;

f) A aprovação de uma moção de censura por uma maioria absoluta dos Deputados em efetividade de funções.

2. O Presidente da República só pode demitir o Primeiro-Ministro nos casos previstos no número anterior e quando se mostre necessário para assegurar o normal funcionamento das instituições democráticas, ouvido o Conselho de Estado.

Artigo 113º – (Responsabilidade criminal dos membros do Governo)

1. O membro do Governo acusado definitivamente por um crime punível com pena de prisão superior a dois anos é suspenso das suas funções, para efeitos de prosseguimento dos autos.

2. Em caso de acusação definitiva por crime punível com pena de prisão até dois anos, caberá ao Parlamento Nacional decidir se o membro do Governo deve ou não ser suspenso, para os mesmos efeitos.

Artigo 114º – (Imunidades dos membros do Governo)

Nenhum membro do Governo pode ser detido ou preso sem autorização do Parlamento Nacional, salvo por crime a que corresponda pena de prisão cujo limite máximo seja superior a dois anos e em flagrante delito.

CAPÍTULO III – Competência

Artigo 115º – (Competência do Governo)

1. Compete ao Governo:

a) Definir e executar a política geral do país, obtida a sua aprovação no Parlamento Nacional;

b) Garantir o gozo dos direitos e liberdades fundamentais aos cidadãos;

c) Assegurar a ordem pública e a disciplina social;

d) Preparar o Plano e o Orçamento Geral do Estado e executá-los depois de aprovados pelo Parlamento Nacional;

e) Regulamentar a atividade económica e a dos setores sociais;

f) Preparar e negociar tratados e acordos e celebrar, aprovar, aderir e denunciar acordos internacionais que não sejam da competência do Parlamento Nacional ou do Presidente da República;

g) Definir e executar a política externa do país;

h) Assegurar a representação da República Democrática de Timor-Leste nas relações internacionais;

i) Dirigir os setores sociais e económicos do Estado;

j) Dirigir a política laboral e de segurança social;

k) Garantir a defesa e consolidação do domínio público e do património do Estado;

l) Dirigir e coordenar as atividades dos ministérios e restantes instituições subordinadas ao Conselho de Ministros;

m) Promover o desenvolvimento do setor cooperativo e o apoio à produção familiar;

n) Apoiar o exercício da iniciativa económica privada;

o) Praticar os atos e tomar as providências necessárias ao desenvolvimento económico-social e à satisfação das necessidades da comunidade timorense;

p) Exercer quaisquer outras competências que lhe sejam atribuídas pela Constituição ou pela lei.

2. Compete ainda ao Governo relativamente a outros órgãos:

a) Apresentar propostas de lei e de resolução ao Parlamento Nacional;

b) Propor ao Presidente da República a declaração de guerra ou a feitura da paz;

c) Propor ao Presidente da República a declaração do estado de sítio ou do estado de emergência;

d) Propor ao Presidente da República a sujeição a referendo de questões de relevante interesse nacional;

e) Propor ao Presidente da República a nomeação de embaixadores, representantes permanentes e enviados extraordinários.

3. É da exclusiva competência legislativa do Governo a matéria respeitante à sua própria organização e funcionamento, bem como à da administração direta e indireta do Estado.

Artigo 116º – (Competência do Conselho de Ministros)

Compete ao Conselho de Ministros:

a) Definir as linhas gerais da política governamental, bem como as da sua execução;

b) Deliberar sobre o pedido de voto de confiança ao Parlamento Nacional;

c) Aprovar as propostas de lei e de resolução;

d) Aprovar os diplomas legislativos, bem como os acordos internacionais não submetidos ao Parlamento Nacional;

e) Aprovar os atos do Governo que envolvam aumento ou diminuição das receitas ou despesas públicas;

f) Aprovar os planos.

Artigo 117º – (Competência dos membros do Governo)

1. Compete ao Primeiro-Ministro:

a) Chefiar o Governo;

b) Presidir ao Conselho de Ministros;

c) Dirigir e orientar a política geral do Governo e coordenar a ação de todos os Ministros, sem prejuízo da responsabilidade direta de cada um pelos respetivos departamentos governamentais;

d) Informar o Presidente da República sobre os assuntos relativos à política interna e externa do Governo;

e) Exercer as demais funções atribuídas pela Constituição e pela lei.

2. Compete aos Ministros:

a) Executar a política definida para os seus ministérios;

b) Assegurar as relações entre o Governo e os demais órgãos do Estado, no âmbito do respetivo ministério.

3. Os diplomas legislativos do Governo são assinados pelo Primeiro-Ministro e pelos Ministros competentes em razão da matéria.

TÍTULO V – Tribunais

CAPÍTULO I – Tribunais e Magistratura Judicial

Artigo 118º – (Função jurisdicional)

1. Os tribunais são órgãos de soberania com competência para administrar a justiça em nome do povo.

2. No exercício das suas funções, os tribunais têm direito à coadjuvação das outras autoridades.

3. As decisões dos tribunais são de cumprimento obrigatório e prevalecem sobre todas as decisões de quaisquer autoridades.

Artigo 119º - (Independência)

Os tribunais são independentes e apenas estão sujeitos à Constituição e à lei.

Artigo 120º - (Apreciação de inconstitucionalidade)

Os tribunais não podem aplicar normas contrárias à Constituição ou aos princípios nela consagrados.

Artigo 121º - (Juízes)

1. A função jurisdicional é exclusiva dos juízes, investidos nos termos da lei.
2. No exercício das suas funções, os juízes são independentes e apenas devem obediência à Constituição, à lei e à sua consciência.
3. Os juízes são inamovíveis, não podendo ser suspensos, transferidos, aposentados ou demitidos, senão nos termos da lei.
4. Para a garantia da sua independência os juízes não podem ser responsabilizados pelos seus julgamentos e decisões, salvo nos casos previstos na lei.
5. A lei regula a organização judiciária e o estatuto dos magistrados judiciais.

Artigo 122º - (Exclusividade)

Os juízes em exercício não podem desempenhar qualquer outra função pública ou privada, excetuada a atividade docente ou de investigação científica de natureza jurídica, nos termos da lei.

Artigo 123º - (Categorias de tribunais)

1. Na República Democrática de Timor-Leste existem as seguintes categorias de tribunais:

a) Supremo Tribunal de Justiça e outros tribunais judiciais;

b) Tribunal Superior Administrativo, Fiscal e de Contas e tribunais administrativos de primeira instância;

c) Tribunais militares.

2. São proibidos tribunais de exceção e não haverá tribunais especiais para o julgamento de determinadas categorias de crime.
3. Podem existir tribunais marítimos e arbitrais.
4. A lei determina a constituição, a organização e o funcionamento dos tribunais previstos nos números anteriores.
5. A lei pode institucionalizar instrumentos e formas de composição não jurisdicional de conflitos.

Artigo 124º – (Supremo Tribunal de Justiça)

1. O Supremo Tribunal de Justiça é o mais alto órgão da hierarquia dos tribunais judiciais e o garante da aplicação uniforme da lei, com jurisdição em todo o território nacional.

2. Ao Supremo Tribunal de Justiça compete também administrar justiça em matérias de natureza jurídico-constitucional e eleitoral.

3. O Presidente do Supremo Tribunal de Justiça é nomeado para um mandato de quatro anos pelo Presidente da República, de entre os juízes do Supremo Tribunal de Justiça.

Artigo 125º – (Funcionamento e composição)

1. O Supremo Tribunal de Justiça funciona:

a) Em secções, como tribunal de primeira instância, nos casos previstos na lei;

b) Em plenário, como tribunal de segunda e única instância, nos casos expressamente previstos por lei.

2. O Supremo Tribunal de Justiça é composto por juízes de carreira, por magistrados do Ministério Público ou por juristas de reconhecido mérito, em número a ser estabelecido por lei, sendo:

a) Um eleito pelo Parlamento Nacional;

b) E os demais designados pelo Conselho Superior da Magistratura Judicial.

Artigo 126º – (Competência constitucional e eleitoral)

1. Ao Supremo Tribunal de Justiça compete, no domínio das questões jurídico-constitucionais:

a) Apreciar e declarar a inconstitucionalidade e ilegalidade dos atos legislativos e normativos dos órgãos do Estado;

b) Verificar previamente a constitucionalidade e a legalidade dos diplomas legislativos e dos referendos;

c) Verificar a inconstitucionalidade por omissão;

d) Decidir, em sede de recurso, sobre a desaplicação de normas consideradas inconstitucionais pelos tribunais de instância;

e) Verificar a legalidade da constituição de partidos políticos e suas coligações e ordenar o seu registo ou extinção, nos termos da Constituição e da lei;

f) Exercer todas as outras competências que lhe sejam atribuídas na Constituição ou na lei.

2. No domínio específico das eleições, cabe ao Supremo Tribunal de Justiça:

a) Verificar os requisitos legais exigidos para as candidaturas a Presidente da República;

b) Julgar em última instância a regularidade e validade dos atos do processo eleitoral, nos termos da lei respetiva;

c) Validar e proclamar os resultados do processo eleitoral.

Artigo 127º - (Elegibilidade)

1. Só podem ser membros do Supremo Tribunal de Justiça juízes de carreira, magistrados do Ministério Público ou juristas de reconhecido mérito que sejam cidadãos nacionais.

2. Além dos requisitos referidos no numero anterior, a lei pode definir outros.

Artigo 128º - (Conselho Superior da Magistratura Judicial)

1. O Conselho Superior da Magistratura Judicial é o órgão de gestão e disciplina dos magistrados judiciais, a quem compete a nomeação, colocação, transferência e promoção de juízes.

2. O Conselho Superior da Magistratura Judicial é presidido pelo Juiz Presidente do Supremo Tribunal de Justiça e composto pelos seguintes vogais:

a) Um designado pelo Presidente da República;

b) Um eleito pelo Parlamento Nacional;

c) Um designado pelo Governo;

d) Um eleito pelos magistrados judiciais de entre os seus pares.

3. A lei regula a competência, a organização e o funcionamento do Conselho Superior da Magistratura Judicial.

Artigo 129º - (Tribunal Superior Administrativo, Fiscal e de Contas)

1. O Tribunal Superior Administrativo, Fiscal e de Contas é o órgão superior da hierarquia dos tribunais administrativos, fiscais e de contas, sem prejuízo da competência própria do Supremo Tribunal de Justiça.

2. O Presidente do Tribunal Superior Administrativo, Fiscal e de Contas é eleito para um mandato de quatro anos de entre e pelos respetivos juízes.

3. Compete ao Tribunal Superior Administrativo, Fiscal e de Contas, como instância única, a fiscalização da legalidade das despesas públicas e o julgamento das contas do Estado.

4. Compete ao Tribunal Superior Administrativo, Fiscal e de Contas e aos tribunais administrativos e fiscais de primeira instância:

a) Julgar as ações que tenham por objeto litígios emergentes das relações jurídicas administrativas e fiscais;

b) Julgar os recursos contenciosos interpostos das decisões dos órgãos do Estado e dos seus agentes;

c) Exercer as demais competências atribuídas por lei.

Artigo 130º – (Tribunais Militares)

1. Compete aos tribunais militares julgar em primeira instância os crimes de natureza militar.

2. A competência, a organização, a composição e o funcionamento dos tribunais militares são estabelecidos por lei.

Artigo 131º – (Audiências dos tribunais)

As audiências dos tribunais são públicas, salvo quando o próprio tribunal decidir o contrário, em despacho fundamentado, para salvaguarda da dignidade das pessoas, da moral pública e da segurança nacional ou para garantir o seu normal funcionamento.

CAPÍTULO II – Ministério Público

Artigo 132º – (Funções e estatuto)

1. O Ministério Público representa o Estado, exerce a ação penal, assegura a defesa dos menores, ausentes e incapazes, defende a legalidade democrática e promove o cumprimento da lei.

2. O Ministério Público constitui uma magistratura hierarquicamente organizada, subordinada ao Procurador-Geral da República.

3. No exercício das suas funções, os magistrados do Ministério Público estão sujeitos a critérios de legalidade, objetividade, isenção e obediência às diretivas e ordens previstas na lei.

4. O Ministério Público goza de estatuto próprio, não podendo os seus agentes ser transferidos, suspensos, aposentados ou demitidos senão nos casos previstos na lei.

5. A nomeação, colocação, transferência e promoção dos agentes do Ministério Público e o exercício da ação disciplinar competem à Procuradoria-Geral da República.

Artigo 133º – (Procuradoria-Geral da República)

1. A Procuradoria-Geral da República é o órgão superior do Ministério Público, com a composição e a competência definidas na lei.

2. A Procuradoria-Geral da República é dirigida pelo Procurador-Geral da República, o qual é substituído nas suas ausências e impedimentos nos termos da lei.

3. O Procurador-Geral da República é nomeado para um mandato de quatro anos pelo Presidente da República, nos termos fixados na lei.

4. O Procurador-Geral da República responde perante o Chefe do Estado e presta informação anual ao Parlamento Nacional.

5. O Procurador-Geral da República deve solicitar ao Supremo Tribunal de Justiça a declaração de inconstitucionalidade com força obrigatória geral de norma que haja sido julgada inconstitucional em três casos concretos.

6. Os Adjuntos do Procurador-Geral da República são nomeados, demitidos e exonerados pelo Presidente da República, ouvido o Conselho Superior do Ministério Público.

Artigo 134º – (Conselho Superior do Ministério Público)

1. O Conselho Superior do Ministério Público é parte integrante da Procuradoria-Geral da República.

2. O Conselho Superior do Ministério Público é presidido pelo Procurador-Geral da República e composto pelos seguintes vogais:

a) Um designado pelo Presidente da República;

b) Um eleito pelo Parlamento Nacional;

c) Um designado pelo Governo;

d) Um eleito pelos magistrados do Ministério Público de entre os seus pares.

3. A lei regula a competência, a organização e o funcionamento do Conselho Superior do Ministério Público.

CAPÍTULO III – Advocacia

Artigo 135º – (Advogados)

1. O exercício da assistência jurídica e judiciária é de interesse social, devendo os advogados e defensores nortear-se por este princípio.

2. Os advogados e defensores têm por função principal contribuir para a boa administração da justiça e a salvaguarda dos direitos e legítimos interesses dos cidadãos.

3. O exercício da advocacia é regulado por lei.

Artigo 136º – (Garantias no exercício da advocacia)

1. O Estado deve garantir, nos termos da lei, a inviolabilidade dos documentos respeitantes ao exercício da profissão de advogado, não sendo admissíveis buscas, apreensões, arrolamentos e outras diligências judiciais sem a presença do magistrado judicial competente e, sempre que possível, do advogado em questão.

2. Os advogados têm o direito de comunicar pessoalmente e com garantias de confidencialidade com os seus clientes, especialmente se estes se encontrarem detidos ou presos em estabelecimentos civis ou militares.

TÍTULO VI - Administração Pública

Artigo 137º - (Princípios gerais da Administração Pública)

1. A Administração Pública visa a prossecução do interesse público, no respeito pelos direitos e interesses legítimos dos cidadãos e das instituições constitucionais.

2. A Administração Pública é estruturada de modo a evitar a burocratização, aproximar os serviços das populações e assegurar a participação dos interessados na sua gestão efetiva.

3. A lei estabelece os direitos e garantias dos administrados, designadamente contra atos que lesem os seus direitos e interesses legítimos.

PARTE IV
ORGANIZAÇÃO ECONÓMICA E FINANCEIRA

TÍTULO I - Princípios Gerais

Artigo 138º - (Organização económica)

A organização económica de Timor-Leste assenta na conjugação das formas comunitárias com a liberdade de iniciativa e gestão empresarial e na coexistência do setor público, do setor privado e do setor cooperativo e social de propriedade dos meios de produção.

Artigo 139º - (Recursos naturais)

1. Os recursos do solo, do subsolo, das águas territoriais, da plataforma continental e da zona económica exclusiva, que são vitais para a economia, são propriedade do Estado e devem ser utilizados de uma forma justa e igualitária, de acordo com o interesse nacional.

2. As condições de aproveitamento dos recursos naturais referidas no número anterior devem servir para a constituição de reservas financeiras obrigatórias, nos termos da lei.

3. O aproveitamento dos recursos naturais deve manter o equilíbrio ecológico e evitar a destruição de ecossistemas.

Artigo 140º - (Investimentos)

O Estado deve promover os investimentos nacionais e criar condições para atrair investimentos estrangeiros, tendo em conta os interesses nacionais, nos termos da lei.

Artigo 141º - (Terras)

São regulados por lei a propriedade, o uso e a posse útil das terras, como um dos fatores de produção económica.

TÍTULO II - Sistema financeiro e fiscal

Artigo 142º - (Sistema financeiro)

O sistema financeiro é estruturado por lei de modo a garantir a formação, captação e segurança das poupanças, bem como a aplicação dos meios financeiros necessários ao desenvolvimento económico e social.

Artigo 143º - (Banco central)

1. O Estado deve criar um banco central nacional corresponsável pela definição e execução da política monetária e financeira.
2. A lei define as funções e a relação entre o banco central, o Parlamento Nacional e o Governo, salvaguardando a autonomia de gestão da instituição financeira.
3. O banco central tem a competência exclusiva de emissão da moeda nacional.

Artigo 144º - (Sistema fiscal)

1. O Estado deve criar um sistema fiscal que satisfaça as necessidades financeiras e contribua para a justa repartição da riqueza e dos rendimentos nacionais.
2. Os impostos e as taxas são criados por lei, que fixa a sua incidência, os benefícios fiscais e as garantias dos contribuintes.

Artigo 145º - (Orçamento Geral do Estado)

1. O Orçamento Geral do Estado é elaborado pelo Governo e aprovado pelo Parlamento Nacional.
2. A lei do Orçamento deve prever, com base na eficiência e na eficácia, a discriminação das receitas e a discriminação das despesas, bem como evitar a existência de dotações ou fundos secretos.
3. A execução do Orçamento é fiscalizada pelo Tribunal Superior Administrativo, Fiscal e de Contas e pelo Parlamento Nacional.

PARTE V
DEFESA E SEGURANÇA NACIONAIS

Artigo 146º – (Forças Armadas)

1. As forças armadas de Timor-Leste, FALINTIL-FDTL, compostas exclusivamente de cidadãos nacionais, são responsáveis pela defesa militar da República Democrática de Timor-Leste e a sua organização é única para todo o território nacional.

2. As FALINTIL-FDTL garantem a independência nacional, a integridade territorial e a liberdade e segurança das populações contra qualquer agressão ou ameaça externa, no respeito pela ordem constitucional.

3. As FALINTIL-FDTL são apartidárias e devem obediência, nos termos da Constituição e das leis, aos órgãos de soberania competentes, sendo-lhes vedada qualquer intervenção política.

Artigo 147º – (Polícia e forças de segurança)

1. A polícia defende a legalidade democrática e garante a segurança interna dos cidadãos, sendo rigorosamente apartidária.

2. A prevenção criminal deve fazer-se com respeito pelos direitos humanos.

3. A lei fixa o regime da polícia e demais forças de segurança.

Artigo 148º – (Conselho Superior de Defesa e Segurança)

1. O Conselho Superior de Defesa e Segurança é o órgão consultivo do Presidente da República para assuntos relativos à defesa e soberania.

2. O Conselho Superior de Defesa e Segurança é presidido pelo Presidente da República e deve incluir entidades civis e militares, sendo as civis representadas em maior número.

3. A composição, a organização e o funcionamento do Conselho Superior de Defesa e Segurança são definidos por lei.

PARTE VI
GARANTIA E REVISÃO DA CONSTITUIÇÃO

TÍTULO I – Garantia da Constituição

Artigo 149º – (Fiscalização preventiva da constitucionalidade)

1. O Presidente da República pode requerer ao Supremo Tribunal de Justiça a apreciação preventiva da constitucionalidade de qualquer diploma que lhe tenha sido enviado para promulgação.

2. A apreciação preventiva da constitucionalidade pode ser requerida no prazo de vinte dias a contar da data de receção do diploma, devendo o Supremo Tribunal de Justiça pronunciar-se no prazo de vinte e cinco dias, o qual pode ser reduzido pelo Presidente da República por motivo de urgência.

3. Em caso de pronúncia pela inconstitucionalidade, o Presidente da República remete cópia do acórdão ao Governo ou ao Parlamento Nacional, solicitando a reformulação do diploma em conformidade com a decisão do Supremo Tribunal de Justiça.

4. O veto por inconstitucionalidade do diploma do Parlamento Nacional enviado para promulgação pode ser ultrapassado nos termos do artigo 88º, com as devidas adaptações.

Artigo 150º – (Fiscalização abstrata da constitucionalidade)

Podem requerer a declaração de inconstitucionalidade:

a) O Presidente da República;

b) O Presidente do Parlamento Nacional;

c) O Procurador-Geral da República, com base na desaplicação pelos tribunais em três casos concretos de norma julgada inconstitucional;

d) O Primeiro-Ministro;

e) Um quinto dos Deputados;

f) O Provedor de Direitos Humanos e Justiça.

Artigo 151º – (Inconstitucionalidade por omissão)

O Presidente da República, o Procurador-Geral da República e o Provedor de Direitos Humanos e Justiça podem requerer junto do Supremo Tribunal de Justiça a verificação de inconstitucionalidade por omissão de medidas legislativas necessárias para concretizar as normas constitucionais.

Artigo 152º – (Fiscalização concreta da constitucionalidade)

1. Cabe recurso para o Supremo Tribunal de Justiça das decisões dos tribunais:

a) Que recusem a aplicação de qualquer norma com fundamento na sua inconstitucionalidade;

b) Que apliquem normas cuja inconstitucionalidade tenha sido suscitada durante o processo.

2. O recurso previsto na alínea *b*) do número anterior só pode ser interposto pela parte que tenha suscitado a questão da inconstitucionalidade.

3. A lei regula o regime de admissão dos recursos.

Artigo 153º – (Acórdãos do Supremo Tribunal de Justiça)

Os acórdãos do Supremo Tribunal de Justiça não são passíveis de recurso e são publicados no jornal oficial, detendo força obrigatória geral, nos processos de fiscalização abstrata e concreta, quando se pronunciem no sentido da inconstitucionalidade.

TÍTULO II – Revisão da Constituição

Artigo 154º – (Iniciativa e tempo de revisão)

1. A iniciativa da revisão constitucional cabe aos Deputados e às Bancadas Parlamentares.

2. O Parlamento Nacional pode rever a Constituição decorridos seis anos sobre a data da publicação da última lei de revisão.

3. O prazo de seis anos para a primeira revisão constitucional conta-se a partir da data da entrada em vigor da presente Constituição.

4. O Parlamento Nacional, independentemente de qualquer prazo temporal, pode assumir poderes de revisão constitucional por maioria de quatro quintos dos Deputados em efetividade de funções.

5. As propostas de revisão devem ser depositadas no Parlamento Nacional cento e vinte dias antes do início do debate.

6. Apresentado um projeto de revisão constitucional, nos termos do número anterior, quaisquer outros terão de ser apresentados no prazo de trinta dias.

Artigo 155º – (Aprovação e promulgação)

1. As alterações da Constituição são aprovadas por maioria de dois terços dos Deputados em efetividade de funções.

2. A Constituição, no seu novo texto, é publicada conjuntamente com a lei de revisão.

3. O Presidente da República não pode recusar a promulgação da lei de revisão.

Artigo 156º – (Limites materiais da revisão)

1. As leis de revisão constitucional têm que respeitar:

a) A independência nacional e a unidade do Estado;

b) Os direitos, liberdades e garantias dos cidadãos;

c) A forma republicana de governo;

d) A separação dos poderes;

e) A independência dos tribunais;

f) O multipartidarismo e o direito de oposição democrática;

g) O sufrágio livre, universal, direto, secreto e periódico dos titulares dos órgãos de soberania, bem como o sistema de representação proporcional;

h) O princípio da desconcentração e da descentralização administrativa;

i) A Bandeira Nacional;
j) A data da proclamação da independência nacional.

2. As matérias constantes das alíneas *c*) e *i*) podem ser revistas através de referendo nacional, nos termos da lei.

Artigo 157º – (Limites circunstanciais da revisão)

Durante o estado de sítio ou de emergência não pode ser praticado nenhum ato de revisão constitucional.

PARTE VII
DISPOSIÇÕES FINAIS E TRANSITÓRIAS

Artigo 158º – (Tratados, acordos e alianças)

1. A confirmação, adesão e ratificação das convenções, tratados, acordos ou alianças bilaterais ou multilaterais, anteriores à entrada em vigor da Constituição, são decididas, caso a caso, pelos órgãos competentes respetivos.

2. A República Democrática de Timor-Leste não fica vinculada por nenhum tratado, acordo ou aliança, celebrado anteriormente à entrada em vigor da Constituição, que não seja confirmado ou ratificado ou a que não haja adesão, nos termos do nº 1.

3. A República Democrática de Timor-Leste não reconhece quaisquer atos ou contratos relativos aos recursos naturais referidos no nº 1 do artigo 139º celebrados ou praticados antes da entrada em vigor da Constituição que não sejam confirmados, subsequentemente a esta, pelos órgãos competentes.

Artigo 159º – (Línguas de trabalho)

A língua indonésia e a inglesa são línguas de trabalho em uso na administração pública a par das línguas oficiais, enquanto tal se mostrar necessário.

Artigo 160º – (Crimes graves)

Os atos cometidos entre 25 de Abril de 1974 e 31 de Dezembro de 1999 que possam ser considerados crimes contra a Humanidade, de genocídio ou de guerra são passíveis de procedimento criminal junto dos tribunais nacionais ou internacionais.

Artigo 161º – (Apropriação ilegal de bens)

A apropriação ilegal de bens móveis e imóveis, anterior à entrada em vigor da Constituição, é considerada crime e deve ser resolvida nos termos da Constituição e da lei.

Artigo 162º – (Reconciliação)

1. Compete à Comissão de Acolhimento, Verdade e Reconciliação o desempenho das funções a ela conferidas pelo Regulamento da UNTAET nº 2001/10.

2. As competências, o mandato e os objetivos da Comissão podem, sempre que necessário, ser redefinidos pelo Parlamento Nacional.

Artigo 163º – (Organização judicial transitória)

1. A instância judicial coletiva existente em Timor-Leste, integrada por juízes nacionais e internacionais, com competência para o julgamento dos crimes graves cometidos entre 1 de janeiro e 25 de outubro de 1999 mantém-se em funções pelo tempo estritamente necessário para que sejam concluídos os processos em investigação.

2. A organização judiciária existente em Timor-Leste no momento da entrada em vigor da Constituição mantém-se em funcionamento até à instalação e início em funções do novo sistema judiciário.

Artigo 164º – (Competência transitória do Supremo Tribunal de Justiça)

1. Depois da entrada em funções do Supremo Tribunal de Justiça e enquanto não forem criados os tribunais referidos no artigo 129º, as respetivas competências são exercidas pelo Supremo Tribunal de Justiça e demais tribunais judiciais.

2. Até à instalação e início de funções do Supremo Tribunal de Justiça todos os poderes atribuídos pela Constituição a este tribunal são exercidos pela Instância Judicial Máxima da organização judiciária existente em Timor-Leste.

Artigo 165º – (Direito anterior)

São aplicáveis, enquanto não forem alterados ou revogados, as leis e os regulamentos vigentes em Timor-Leste em tudo o que não se mostrar contrário à Constituição e aos princípios nela consignados.

Artigo 166º – (Hino Nacional)

Enquanto a lei ordinária não aprovar o hino nacional nos termos do nº 2 do artigo 14º, será executada nas cerimónias nacionais a melodia "Pátria, Pátria, Timor-Leste a nossa nação".

Artigo 167º – (Transformação da Assembleia Constituinte)

1. A Assembleia Constituinte transforma-se em Parlamento Nacional com a entrada em vigor da Constituição da República.

2. O Parlamento Nacional tem no seu primeiro mandato, excecionalmente, oitenta e oito Deputados.

3. O Presidente da Assembleia Constituinte mantém-se em funções até que o Parlamento Nacional proceda à eleição do seu Presidente, em conformidade com a Constituição.

Artigo 168º - (II Governo Transitório)

O Governo nomeado ao abrigo do Regulamento da UNTAET nº 2001/28 mantém-se em funções até que o primeiro Governo Constitucional seja nomeado e empossado pelo Presidente da República, em conformidade com a Constituição.

Artigo 169º - (Eleição presidencial de 2002)

O Presidente da República eleito ao abrigo do Regulamento da UNTAET nº 2002/01 assume as competências e cumpre o mandato previsto na Constituição.

Artigo 170º - (Entrada em vigor da Constituição)

A Constituição da República Democrática de Timor-Leste entra em vigor no dia 20 de maio de 2002.

VII
Constituição da República de Moçambique de 2004[1]

PREÂMBULO

A Luta Armada de Libertação Nacional, respondendo aos anseios seculares do nosso Povo, aglutinou todas as camadas patrióticas da sociedade moçambicana num mesmo ideal de liberdade, unidade, justiça e progresso, cujo escopo era libertar a terra e o Homem.

Conquistada a Independência Nacional em 25 de junho de 1975, devolveram-se ao povo moçambicano os direitos e as liberdades fundamentais.

A Constituição de 1990 introduziu o Estado de Direito Democrático, alicerçado na separação e interdependência dos poderes e no pluralismo, lançando os parâmetros estruturais da modernização, contribuindo de forma decisiva para a instauração de um clima democrático que levou o país à realização das primeiras eleições multipartidárias.

A presente Constituição reafirma, desenvolve e aprofunda os princípios fundamentais do Estado moçambicano, consagra o caráter soberano do Estado de Direito Democrático, baseado no pluralismo de expressão, organização partidária e no respeito e garantia dos direitos e liberdades fundamentais dos cidadãos.

A ampla participação dos cidadãos na feitura da Lei Fundamental traduz o consenso resultante da sabedoria de todos no reforço da democracia e da unidade nacional.

[1] Texto oficial integral, publicado no *Boletim da República*, 1ª série, nº 51, de 22 de dezembro de 2004, pp. 543 e ss., texto alterado pela Lei nº 26/2007, de 16 de novembro.

TÍTULO I – Princípios fundamentais

CAPÍTULO I – República

Artigo 1º – (República de Moçambique)

A República de Moçambique é um Estado independente, soberano, democrático e de justiça social.

Artigo 2º – (Soberania e legalidade)

1. A soberania reside no povo.
2. O povo moçambicano exerce a soberania segundo as formas fixadas na Constituição.
3. O Estado subordina-se à Constituição e funda-se na legalidade.
4. As normas constitucionais prevalecem sobre todas as restantes normas do ordenamento jurídico.

Artigo 3º – (Estado de Direito Democrático)

A República de Moçambique é um Estado de Direito, baseado no pluralismo de expressão, na organização política democrática, no respeito e garantia dos direitos e liberdades fundamentais do Homem.

Artigo 4º – (Pluralismo jurídico)

O Estado reconhece os vários sistemas normativos e de resolução de conflitos que coexistem na sociedade moçambicana, na medida em que não contrariem os valores e os princípios fundamentais da Constituição.

Artigo 5º – (Nacionalidade)

1. A nacionalidade moçambicana pode ser originária ou adquirida.
2. Os requisitos de atribuição, aquisição, perda e reaquisição da nacionalidade são determinados pela Constituição e regulados por lei.

Artigo 6º – (Território)

1. O território da República de Moçambique é uno, indivisível e inalienável, abrangendo toda a superfície terrestre, a zona marítima e o espaço aéreo delimitados pelas fronteiras nacionais.
2. A extensão, o limite e o regime das águas territoriais, a zona económica exclusiva, a zona contígua e os direitos aos fundos marinhos de Moçambique são fixados por lei.

Artigo 7º – (Organização territorial)

1. A República de Moçambique organiza-se territorialmente em províncias, distritos, postos administrativos, localidades e povoações.

2. As zonas urbanas estruturam-se em cidades e vilas.

3. A definição das características dos escalões territoriais, assim como a criação de novos escalões e o estabelecimento de competências no âmbito da organização político-administrativa é fixada por lei.

Artigo 8º – (Estado unitário)

A República de Moçambique é um Estado unitário, que respeita na sua organização os princípios da autonomia das autarquias locais.

Artigo 9º – (Línguas nacionais)

O Estado valoriza as línguas nacionais como património cultural e educacional e promove o seu desenvolvimento e utilização crescente como línguas veiculares da nossa identidade.

Artigo 10º – (Língua oficial)

Na República de Moçambique a língua portuguesa é a língua oficial.

Artigo 11º – (Objetivos fundamentais)

O Estado moçambicano tem como objetivos fundamentais:

a) a defesa da independência e da soberania;

b) a consolidação da unidade nacional;

c) a edificação de uma sociedade de justiça social e a criação do bem-estar material, espiritual e de qualidade de vida dos cidadãos;

d) a promoção do desenvolvimento equilibrado, económico, social e regional do país;

e) a defesa e a promoção dos direitos humanos e da igualdade dos cidadãos perante a lei;

f) o reforço da democracia, da liberdade, da estabilidade social e da harmonia social e individual;

g) a promoção de uma sociedade de pluralismo, tolerância e cultura de paz;

h) o desenvolvimento da economia e o progresso da ciência e da técnica;

i) a afirmação da identidade moçambicana, das suas tradições e demais valores sócio-culturais;

j) o estabelecimento e desenvolvimento de relações de amizade e cooperação com outros povos e Estados.

Artigo 12º – (Estado laico)

1. A República de Moçambique é um Estado laico.

2. A laicidade assenta na separação entre o Estado e as confissões religiosas.

3. As confissões religiosas são livres na sua organização e no exercício das suas funções e de culto e devem conformar-se com as leis do Estado.

4. O Estado reconhece e valoriza as atividades das confissões religiosas visando promover um clima de entendimento, tolerância, paz e o reforço da unidade nacional, o bem-estar espiritual e material dos cidadãos e o desenvolvimento económico e social.

Artigo 13º – (Símbolos nacionais)

Os símbolos da República de Moçambique são a bandeira, o emblema e o hino nacionais.

Artigo 14º – (Resistência secular)

A República de Moçambique valoriza a luta heróica e a resistência secular do povo moçambicano contra a dominação estrangeira.

Artigo 15º – (Libertação nacional, defesa da soberania e da democracia)

1. A República de Moçambique reconhece e valoriza os sacrifícios daqueles que consagraram as suas vidas à luta de libertação nacional, à defesa da soberania e da democracia.
2. O Estado assegura proteção especial aos que ficaram deficientes na luta de libertação nacional, assim como aos órfãos e outros dependentes daqueles que morreram nesta causa.
3. A lei determina os termos de efetivação dos direitos fixados no presente artigo.

Artigo 16º – (Deficientes de guerra)

1. O Estado assegura proteção especial aos que ficaram deficientes durante o conflito armado que terminou com assinatura do Acordo Geral de Paz em 1992, bem como aos órfãos e outros dependentes diretos.
2. O Estado protege igualmente os que ficaram deficientes em cumprimento de serviço público ou em ato humanitário.
3. A lei determina os termos de efetivação dos direitos fixados no presente artigo.

CAPÍTULO II – Política externa e Direito Internacional

Artigo 17º – (Relações internacionais)

1. A República de Moçambique estabelece relações de amizade e cooperação com outros Estados na base dos princípios de respeito mútuo pela soberania e integridade territorial, igualdade, não interferência nos assuntos internos e reciprocidade de benefícios.

2. A República de Moçambique aceita, observa e aplica os princípios da Carta da Organização das Nações Unidas e da Carta da União Africana.

Artigo 18º – (Direito Internacional)

1. Os tratados e acordos internacionais, validamente aprovados e ratificados, vigoram na ordem jurídica moçambicana após a sua publicação oficial e enquanto vincularem internacionalmente o Estado de Moçambique.

2. As normas de Direito Internacional têm na ordem jurídica interna o mesmo valor que assumem os atos normativos infraconstitucionais emanados da Assembleia da República e do Governo, consoante a sua respetiva forma de receção.

Artigo 19º – (Solidariedade internacional)

1. A República de Moçambique solidariza-se com a luta dos povos e Estados africanos, pela unidade, liberdade, dignidade e direito ao progresso económico e social.

2. A República de Moçambique busca o reforço das relações com países empenhados na consolidação da independência nacional, da democracia e na recuperação do uso e controlo das riquezas naturais a favor dos respetivos povos.

3. A República de Moçambique associa-se a todos os Estados na luta pela instauração de uma ordem económica justa e equitativa nas relações internacionais.

Artigo 20º – (Apoio à liberdade dos povos e asilo)

1. A República de Moçambique apoia e é solidária com a luta dos povos pela libertação nacional e pela democracia.

2. A República de Moçambique concede asilo aos estrangeiros perseguidos em razão da sua luta pela libertação nacional, pela democracia, pela paz e pela defesa dos direitos humanos.

3. A lei define o estatuto do refugiado político.

Artigo 21º – (Laços especiais de amizade e cooperação)

A República de Moçambique mantém laços especiais de amizade e cooperação com os países da região, com os países de língua oficial portuguesa e com os países de acolhimento de emigrantes moçambicanos.

Artigo 22º – (Política de paz)

1. A República de Moçambique prossegue uma política de paz, só recorrendo à força em caso de legítima defesa.

2. A República de Moçambique defende a primazia da solução negociada dos conflitos.

3. A República de Moçambique defende o princípio do desarmamento geral e universal de todos os Estados.

4. A República de Moçambique preconiza a transformação do Oceano Índico em zona desnuclearizada e de paz.

TÍTULO II – Nacionalidade

CAPÍTULO I – Nacionalidade originária

Artigo 23º – (Princípio da territorialidade e da consanguinidade)

1. São moçambicanos, desde que hajam nascido em Moçambique:

a) os filhos de pai ou mãe que tenham nascido em Moçambique;

b) os filhos de pais apátridas, de nacionalidade desconhecida ou incógnita;

c) os que tinham domicílio em Moçambique à data da independência e não tenham optado, expressa ou tacitamente, por outra nacionalidade.

2. São moçambicanos, ainda que nascidos em território estrangeiro, os filhos de pai ou mãe moçambicanos ao serviço do Estado fora do país.

3. São moçambicanos os filhos de pai ou mãe de nacionalidade moçambicana ainda que nascidos em território estrangeiro, desde que expressamente, sendo maiores de dezoito anos de idade, ou pelos seus representantes legais, se forem menores daquela idade, declararem que pretendem ser moçambicanos.

Artigo 24º – (Princípio da territorialidade)

1. São moçambicanos os cidadãos nascidos em Moçambique após a proclamação da independência.

2. Excetuam-se os filhos de pai e mãe estrangeiros quando qualquer deles se encontre em Moçambique ao serviço do Estado a que pertence.

3. Os cidadãos referidos no número anterior somente têm a nacionalidade moçambicana se declararem por si, sendo maiores de dezoito anos de idade, ou pelos seus representantes legais, sendo menores daquela idade, que querem ser moçambicanos.

4. O prazo para a declaração referida no número anterior é de um ano, a contar da data do nascimento ou daquela em que o interessado completar dezoito anos de idade, conforme a declaração seja feita, respetivamente, pelo representante legal ou pelo próprio.

Artigo 25º – (Por maioridade)

São moçambicanos os indivíduos que preenchendo os pressupostos da nacionalidade originária, não a tenham adquirido por virtude de opção dos seus representantes legais, desde que, sendo maiores de dezoito anos de idade e até um ano depois de atingirem a maioridade, declarem, por si, que pretendem ser moçambicanos.

CAPÍTULO II – Nacionalidade adquirida

Artigo 26º – (Por casamento)

1. Adquire a nacionalidade moçambicana o estrangeiro ou a estrangeira que tenha contraído casamento com moçambicana ou moçambicano há pelo menos cinco anos, salvo nos casos de apátrida, desde que, cumulativamente:

a) declare querer adquirir a nacionalidade moçambicana;

b) preencha os requisitos e ofereça as garantias fixadas por lei.

2. A declaração de nulidade ou a dissolução do casamento não prejudica a nacionalidade adquirida pelo cônjuge.

Artigo 27º – (Por naturalização)

1. Pode ser concedida a nacionalidade moçambicana por naturalização aos estrangeiros que, à data da apresentação do pedido, reúnam cumulativamente as seguintes condições:

a) residam habitual e regularmente há pelo menos dez anos em Moçambique;

b) sejam maiores de dezoito anos;

c) conheçam o português ou uma língua moçambicana;

d) possuam capacidade para reger a sua pessoa e assegurar a sua subsistência;

e) tenham idoneidade cívica;

f) preencham os requisitos e ofereçam as garantias fixadas por lei.

2. Os requisitos constantes das alíneas *a*) e *c*) são dispensados aos estrangeiros que tenham prestado relevantes serviços ao Estado moçambicano, nos termos fixados na lei.

Artigo 28º – (Por filiação)

Através do ato de naturalização, a nacionalidade moçambicana pode ser concedida aos filhos do cidadão de nacionalidade adquirida, solteiros e menores de dezoito anos de idade.

Artigo 29º – (Por adoção)

O adotado plenamente por nacional moçambicano adquire a nacionalidade moçambicana.

Artigo 30º – (Restrições ao exercício de funções)

1. Os cidadãos de nacionalidade adquirida não podem ser Deputados, membros do Governo, titulares de órgãos de soberania e não têm acesso à carreira diplomática ou militar.

2. A lei define as condições do exercício de funções públicas ou de funções privadas de interesse público por cidadãos moçambicanos de nacionalidade adquirida.

CAPÍTULO III – Perda e reaquisição da nacionalidade

Artigo 31º – (Perda)

Perde a nacionalidade moçambicana:

a) o que, sendo nacional de outro Estado, declare por meios competentes não querer ser moçambicano;

b) aquele a quem, sendo menor, tenha sido atribuída a nacionalidade moçambicana por efeito de declaração do seu representante legal, se declarar, pelos meios competentes até um ano depois de atingir a maioridade, que não quer ser moçambicano e se provar que tem outra nacionalidade.

Artigo 32º – (Reaquisição)

1. Pode ser concedida a nacionalidade moçambicana àqueles que, depois de a terem perdido, a requeiram e reúnam cumulativamente as seguintes condições:

a) estabeleçam domicílio em Moçambique;

b) preencham os requisitos e ofereçam as garantias fixadas na lei.

2. A mulher moçambicana que tenha perdido a nacionalidade por virtude de casamento pode readquiri-la mediante requerimento às entidades competentes.

3. A reaquisição da nacionalidade faz regressar à situação jurídica anterior à perda da nacionalidade.

CAPÍTULO IV – Prevalência da nacionalidade e registo

Artigo 33º – (Prevalência da nacionalidade moçambicana)

Não é reconhecida nem produz efeitos na ordem jurídica interna qualquer outra nacionalidade aos indivíduos que, nos termos do ordenamento jurídico da República de Moçambique, sejam moçambicanos.

Artigo 34º – (Registo)

O registo e prova da aquisição, da perda e da reaquisição da nacionalidade são regulados por lei.

TÍTULO III – Direitos, deveres e liberdades fundamentais

CAPÍTULO I – Princípios gerais

Artigo 35º – (Princípio da universalidade e igualdade)

Todos os cidadãos são iguais perante a lei, gozam dos mesmos direitos e estão sujeitos aos mesmos deveres, independentemente da cor, raça, sexo, origem étnica, lugar de nascimento, religião, grau de instrução, posição social, estado civil dos pais, profissão ou opção política.

Artigo 36º – (Princípio da igualdade do género)

O homem e a mulher são iguais perante a lei em todos os domínios da vida política, económica, social e cultural.

Artigo 37º – (Portadores de deficiência)

Os cidadãos portadores de deficiência gozam plenamente dos direitos consignados na Constituição e estão sujeitos aos mesmos deveres com ressalva do exercício ou cumprimento daqueles para os quais, em razão da deficiência, se encontrem incapacitados.

Artigo 38º – (Dever de respeitar a Constituição)

1. Todos os cidadãos têm o dever de respeitar a ordem constitucional.
2. Os atos contrários ao estabelecido na Constituição são sujeitos à sanção nos termos da lei.

Artigo 39º – (Atos contrários à unidade nacional)

Todos os atos visando atentar contra a unidade nacional, prejudicar a harmonia social, criar divisionismo, situações de privilégio ou discriminação com base na cor, raça, sexo, origem étnica, lugar de nascimento, religião, grau de instrução, posição social, condição física ou mental, estado civil dos pais, profissão ou opção política, são punidos nos termos da lei.

Artigo 40º – (Direito à vida)

1. Todo o cidadão tem direito à vida e à integridade física e moral e não pode ser sujeito à tortura ou tratamentos cruéis ou desumanos.
2. Na República de Moçambique não há pena de morte.

Artigo 41º – (Outros direitos pessoais)

Todo o cidadão tem direito à honra, ao bom nome, à reputação, à defesa da sua imagem pública e à reserva da sua vida privada.

Artigo 42º – (Âmbito e sentido dos direitos fundamentais)

Os direitos fundamentais consagrados na Constituição não excluem quaisquer outros constantes das leis.

Artigo 43º – (Interpretação dos direitos fundamentais)

Os preceitos constitucionais relativos aos direitos fundamentais são interpretados e integrados de harmonia com a Declaração Universal dos Direitos do Homem e a Carta Africana dos Direitos do Homem e dos Povos.

Artigo 44º – (Deveres para com os seus semelhantes)

Todo o cidadão tem o dever de respeitar e considerar os seus semelhantes, sem discriminação de qualquer espécie, e de manter com eles relações que permitam promover, salvaguardar e reforçar o respeito, a tolerância recíproca e a solidariedade.

Artigo 45º – (Deveres para com a comunidade)

Todo o cidadão tem o dever de:

a) servir a comunidade nacional, pondo ao seu serviço as suas capacidades físicas e intelectuais;

b) trabalhar na medida das suas possibilidades e capacidades;

c) pagar as contribuições e impostos;

d) zelar, nas suas relações com a comunidade pela preservação dos valores culturais, pelo espírito de tolerância, de diálogo e, de uma maneira geral, contribuir para a promoção e educação cívicas;

e) defender e promover a saúde pública;

f) defender e conservar o ambiente;

g) defender e conservar o bem público e comunitário.

Artigo 46º – (Deveres para com o Estado)

1. Todo o cidadão tem o dever de contribuir para a defesa do país.

2. Todo o cidadão tem, ainda, o dever de cumprir as obrigações previstas na lei e de obedecer às ordens emanadas das autoridades legítimas, emitidas nos termos da Constituição e com respeito pelos seus direitos fundamentais.

Artigo 47º – (Direitos da criança)

1. As crianças têm direito à proteção e aos cuidados necessários ao seu bem-estar.

2. As crianças podem exprimir livremente a sua opinião, nos assuntos que lhes dizem respeito, em função da sua idade e maturidade.

3. Todos os atos relativos às crianças, quer praticados por entidades públicas, quer por instituições privadas, têm principalmente em conta o interesse superior da criança.

CAPÍTULO II – Direitos, deveres e liberdades

Artigo 48º – (Liberdades de expressão e informação)

1. Todos os cidadãos têm direito à liberdade de expressão, à liberdade de imprensa, bem como o direito à informação.

2. O exercício da liberdade de expressão, que compreende nomeadamente, a faculdade de divulgar o próprio pensamento por todos os meios legais, e o exercício do direito à informação não podem ser limitados por censura.

3. A liberdade de imprensa compreende, nomeadamente, a liberdade de expressão e de criação dos jornalistas, o acesso às fontes de informação, a proteção da independência e do sigilo profissional e o direito de criar jornais, publicações e outros meios de difusão.

4. Nos meios de comunicação social do setor público são assegurados a expressão e o confronto de ideias das diversas correntes de opinião.

5. O Estado garante a isenção dos meios de comunicação social do setor público, bem como a independência dos jornalistas perante o Governo, a Administração e os demais poderes políticos.

6. O exercício dos direitos e liberdades referidos neste artigo é regulado por lei com base nos imperativos do respeito pela Constituição e pela dignidade da pessoa humana.

Artigo 49º – (Direitos de antena, de resposta e de réplica política)

1. Os partidos políticos têm o direito a tempos de antena nos serviços públicos de radiodifusão e televisão, de acordo com a sua representatividade e segundo critérios fixados na lei.

2. Os partidos políticos com assento na Assembleia da República, que não façam parte do Governo, nos termos da lei, têm o direito a tempos de antena nos serviços públicos de radiodifusão e televisão, de acordo com a sua representatividade para o exercício do direito de resposta e réplica política às declarações políticas do Governo.

3. O direito de antena é também garantido a organizações sindicais, profissionais e representativas das atividades económicas e sociais, segundo critérios fixados na lei.

4. Nos períodos eleitorais, os concorrentes têm direitos a tempos de antena, regulares e equitativos nas estações da rádio e televisão públicas, de âmbito nacional ou local, nos termos da lei.

Artigo 50º – (Conselho Superior da Comunicação Social)

1. O Conselho Superior da Comunicação Social é um órgão de disciplina e de consulta, que assegura à independência dos meios de comunicação social, no

exercício dos direitos à informação, à liberdade de imprensa, bem como dos direitos de antena e de resposta.

2. O Conselho Superior da Comunicação Social emite parecer prévio à decisão de licenciamento pelo Governo de canais privados de televisão e rádio.

3. O Conselho Superior de Comunicação Social intervém na nomeação e exoneração dos diretores gerais dos órgãos de Comunicação Social do setor público, nos termos da lei.

4. A lei regula a organização, a composição, o funcionamento e as demais competências do Conselho Superior da Comunicação Social.

Artigo 51º – (Direito à liberdade de reunião e de manifestação)

Todos os cidadãos têm direito à liberdade de reunião e manifestação, nos termos da lei.

Artigo 52º – (Liberdade de associação)

1. Os cidadãos gozam da liberdade de associação.

2. As organizações sociais e as associações têm direito de prosseguir os seus fins, criar instituições destinadas a alcançar os seus objetivos específicos e possuir património para a realização das suas atividades, nos termos da lei.

3. São proibidas as associações armadas de tipo militar ou paramilitar e as que promovam a violência, o racismo, a xenofobia ou que prossigam fins contrários à lei.

Artigo 53º – (Liberdade de constituir, participar e aderir a partidos políticos)

1. Todos os cidadãos gozam da liberdade de constituir ou participar em partidos políticos.

2. A adesão a um partido político é voluntária e deriva da liberdade dos cidadãos de se associarem em torno dos mesmos ideais políticos.

Artigo 54º – (Liberdade de consciência, de religião e de culto)

1. Os cidadãos gozam da liberdade de praticar ou de não praticar uma religião.

2. Ninguém pode ser discriminado, perseguido, prejudicado, privado de direitos, beneficiado ou isento de deveres por causa da sua fé, convicção ou prática religiosa.

3. As confissões religiosas gozam do direito de prosseguir livremente os seus fins religiosos, possuir e adquirir bens para a materialização dos seus objetivos.

4. É assegurada a proteção aos locais de culto.

5. É garantido o direito à objeção de consciência nos termos da lei.

Artigo 55º – (Liberdade de residência e de circulação)

1. Todos os cidadãos têm o direito de fixar residência em qualquer parte do território nacional.

2. Todos os cidadãos são livres de circular no interior e para exterior do território nacional, exceto os judicialmente privados desse direito.

CAPÍTULO III – Direitos, liberdades e garantias individuais

Artigo 56º – (Princípios gerais)

1. Os direitos e liberdades individuais são diretamente aplicáveis, vinculam as entidades públicas e privadas, são garantidos pelo Estado e devem ser exercidos no quadro da Constituição e das leis.

2. O exercício dos direitos e liberdades pode ser limitado em razão da salvaguarda de outros direitos ou interesses protegidos pela Constituição.

3. A lei só pode limitar os direitos, liberdades e garantias nos casos expressamente previstos na Constituição.

4. As restrições legais dos direitos e das liberdades devem revestir caráter geral e abstrato e não podem ter efeito retroativo.

Artigo 57º – (Não retroatividade)

Na República de Moçambique as leis só podem ter efeitos retroativos quando beneficiam os cidadãos e outras pessoas jurídicas.

Artigo 58º – (Direito à indemnização e responsabilidade do Estado)

1. A todos é reconhecido o direito de exigir, nos termos da lei, indemnização pelos prejuízos que forem causados pela violação dos seus direitos fundamentais.

2. O Estado é responsável pelos danos causados por atos ilegais dos seus agentes, no exercício das suas funções, sem prejuízo do direito de regresso nos termos da lei.

Artigo 59º – (Direito à liberdade e à segurança)

1. Na República de Moçambique, todos têm direito à segurança, e ninguém pode ser preso e submetido a julgamento senão nos termos da lei.

2. Os arguidos gozam da presunção de inocência até decisão judicial definitiva.

3. Nenhum cidadão pode ser julgado mais do que uma vez pela prática do mesmo crime, nem ser punido com pena não prevista na lei ou com pena mais grave do que a estabelecida na lei no momento da prática da infração criminal.

Artigo 60º – (Aplicação da lei criminal)

1. Ninguém pode ser condenado por ato não qualificado como crime no momento da sua prática.
2. A lei penal só se aplica retroativamente quando disso resultar benefício ao arguido.

Artigo 61º – (Limites das penas e das medidas de segurança)

1. São proibidas penas e medidas de segurança privativas ou restritivas da liberdade com caráter perpétuo ou de duração ilimitada ou indefinida.
2. As penas não são transmissíveis.
3. Nenhuma pena implica a perda de quaisquer direitos civis, profissionais ou políticos, nem priva o condenado dos seus direitos fundamentais, salvo as limitações inerentes ao sentido da condenação e às exigências específicas da respetiva execução.

Artigo 62º – (Acesso aos tribunais)

1. O Estado garante o acesso dos cidadãos aos tribunais e garante aos arguidos o direito de defesa e o direito à assistência jurídica e patrocínio judiciário.
2. O arguido tem o direito de escolher livremente o seu defensor para o assistir em todos os atos do processo, devendo ao arguido que por razões económicas não possa constituir advogado ser assegurada à adequada assistência jurídica e patrocínio judicial.

Artigo 63º – (Mandato judicial e advocacia)

1. O Estado assegura a quem exerce o mandato judicial as imunidades necessárias ao seu exercício e regula o patrocínio forense, como elemento essencial à administração da justiça.
2. No exercício das suas funções e nos limites da lei, são invioláveis os documentos, a correspondência e outros objetos que tenham sido confiados ao advogado pelo seu constituinte, que tenha obtido para defesa deste ou que respeitem à sua profissão.
3. As buscas, apreensões ou outras diligências similares no escritório ou nos arquivos do advogado só podem ser ordenadas por decisão judicial e devem ser efetuadas na presença do juiz que as autorizou, do advogado e de um representante da ordem dos advogados, nomeado por esta para o efeito, quando esteja em causa a prática de facto ilícito punível com prisão superior a dois anos e cujos indícios imputem ao advogado a sua prática.
4. O advogado tem o direito de comunicar pessoal e reservadamente com o seu patrocinado, mesmo quando este se encontre preso ou detido em estabelecimento civil ou militar.
5. A lei regula os demais requisitos relativos ao mandato judicial e a advocacia.

Artigo 64º – (Prisão preventiva)

1. A prisão preventiva só é permitida nos casos previstos na lei, que fixa os respetivos prazos.

2. O cidadão sob prisão preventiva deve ser apresentado no prazo fixado na lei à decisão de autoridade judicial, que é a única competente para decidir sobre a validação e a manutenção da prisão.

3. Toda a pessoa privada da liberdade deve ser informada imediatamente e de forma compreensível das razões da sua prisão ou de detenção e dos seus direitos.

4. A decisão judicial que ordene ou mantenha uma medida de privação da liberdade deve ser logo comunicada a parente ou pessoa da confiança do detido, por estes indicados.

Artigo 65º – (Princípios do processo criminal)

1. O direito à defesa e a julgamento em processo criminal é inviolável e é garantido a todo o arguido.

2. As audiências de julgamento em processo criminal são públicas, salvo quando a salvaguarda da intimidade pessoal, familiar, social ou da moral, ou ponderosas razões de segurança da audiência ou de ordem pública aconselharem a exclusão ou restrição de publicidade.

3. São nulas todas as provas obtidas mediante tortura, coação, ofensa da integridade física ou moral da pessoa, abusiva intromissão na sua vida privada e familiar, no domicílio, na correspondência ou nas telecomunicações.

4. Nenhuma causa pode ser retirada ao tribunal cuja competência se encontra estabelecida em lei anterior, salvo nos casos especialmente previstos na lei.

Artigo 66º – (*Habeas corpus*)

1. Em caso de prisão ou detenção ilegal, o cidadão tem direito a recorrer à providência do *habeas corpus.*

2. A providência de *habeas corpus* é interposta perante o tribunal, que sobre ela decide no prazo máximo de oito dias.

Artigo 67º – (Extradição)

1. A extradição só pode ter lugar por decisão judicial.

2. A extradição por motivos políticos não é autorizada.

3. Não é permitida a extradição por crimes a que corresponda na lei do Estado requisitante pena de morte ou prisão perpétua, ou sempre que fundadamente se admita que o extraditando possa vir a ser sujeito a tortura, tratamento desumano, degradante ou cruel.

4. O cidadão moçambicano não pode ser expulso ou extraditado do território nacional.

Artigo 68º – (Inviolabilidade do domicílio e da correspondência)

1. O domicílio e a correspondência ou outro meio de comunicação privada são invioláveis, salvo nos casos especialmente previstos na lei.
2. A entrada no domicílio dos cidadãos contra a sua vontade só pode ser ordenada pela autoridade judicial competente, nos casos e segundo as formas especialmente previstas na lei.
3. Ninguém deve entrar durante a noite no domicílio de qualquer pessoa sem o seu consentimento.

Artigo 69º – (Direito de impugnação)

O cidadão pode impugnar os atos que violam os seus direitos estabelecidos na Constituição e nas demais leis.

Artigo 70º – (Direito de recorrer aos tribunais)

O cidadão tem o direito de recorrer aos tribunais contra os atos que violem os seus direitos e interesses reconhecidos pela Constituição e pela lei.

Artigo 71º – (Utilização da informática)

1. É proibida a utilização de meios informáticos para registo e tratamento de dados individualmente identificáveis relativos às convicções políticas, filosóficas ou ideológicas, à fé religiosa, à filiação partidária ou sindical e à vida privada.
2. A lei regula a proteção de dados pessoais constantes de registos informáticos, as condições de acesso aos bancos de dados, de constituição e utilização por autoridades públicas e entidades privadas destes bancos de dados ou de suportes informáticos.
3. Não é permitido o acesso a arquivos, ficheiros e registos informáticos ou de bancos de dados para conhecimento de dados pessoais relativos a terceiros, nem a transferência de dados pessoais de um para outro ficheiro informático pertencente a distintos serviços ou instituições, salvo nos casos estabelecidos na lei ou por decisão judicial.
4. Todas as pessoas têm o direito de aceder aos dados coligidos que lhes digam respeito e de obter a respetiva retificação.

Artigo 72º – (Suspensão de exercício de direitos)

1. As liberdades e garantias individuais só podem ser suspensas ou limitadas temporariamente em virtude de declaração do estado de guerra, do estado de sítio ou do estado de emergência nos termos estabelecidos na Constituição.
2. Sempre que se verifique suspensão ou limitação de liberdades ou de garantias, elas têm um caráter geral e abstrato e devem especificar a duração e a base legal em que assenta.

CAPÍTULO IV – Direitos, liberdades e garantias de participação política

Artigo 73º – (Sufrágio universal)

O povo moçambicano exerce o poder político através do sufrágio universal, direto, igual, secreto e periódico para a escolha dos seus representantes, por referendo sobre as grandes questões nacionais e pela permanente participação democrática dos cidadãos na vida da Nação.

Artigo 74º – (Partidos políticos e pluralismo)

1. Os partidos expressam o pluralismo político, concorrem para a formação e manifestação da vontade popular e são instrumento fundamental para a participação democrática dos cidadãos na governação do país.
2. A estrutura interna e o funcionamento dos partidos políticos devem ser democráticos.

Artigo 75º – (Formação de partidos políticos)

1. No profundo respeito pela unidade nacional e pelos valores democráticos, os partidos políticos são vinculados aos princípios consagrados na Constituição e na lei.
2. Na sua formação e na realização dos seus objetivos os partidos políticos devem, nomeadamente:

a) ter âmbito nacional;

b) defender os interesses nacionais;

c) contribuir para a formação da opinião pública, em particular sobre as grandes questões nacionais;

d) reforçar o espírito patriótico dos cidadãos e a consolidação da Nação moçambicana.

3. Os partidos políticos devem contribuir, através da educação política e cívica dos cidadãos, para a paz e estabilidade do país.
4. A formação, a estrutura e o funcionamento dos partidos políticos regem-se por lei.

Artigo 76º – (Denominação)

É proibido o uso pelos partidos políticos de denominações que contenham expressões diretamente relacionadas com quaisquer confissões religiosas ou igrejas ou a utilização de emblemas que se confundem com símbolos nacionais ou religiosos.

Artigo 77º – (Recurso à violência armada)

É vedado aos partidos políticos preconizar ou recorrer à violência armada para alterar a ordem política e social do país.

Artigo 78º – (Organizações sociais)

1. As organizações sociais, como formas de associação com afinidades e interesses próprios, desempenham um papel importante na promoção da democracia e na participação dos cidadãos na vida pública.

2. As organizações sociais contribuem para a realização dos direitos e liberdades dos cidadãos, bem como para a elevação da consciência individual e coletiva no cumprimento dos deveres cívicos.

Artigo 79º – (Direito de petição, queixa e reclamação)

Todos os cidadãos têm direito de apresentar petições, queixas e reclamações perante autoridade competente para exigir o restabelecimento dos seus direitos violados ou em defesa do interesse geral.

Artigo 80º – (Direito de resistência)

O cidadão tem o direito de não acatar ordens ilegais ou que ofendam os seus direitos, liberdades e garantias.

Artigo 81º – (Direito de ação popular)

1. Todos os cidadãos têm, pessoalmente ou através de associações de defesa dos interesses em causa, o direito de ação popular nos termos da lei.

2. O direito de ação popular compreende, nomeadamente:

a) o direito de requerer para o lesado ou lesados as indemnizações a que tenham direito;

b) o direito de promover a prevenção, a cessação ou a perseguição judicial das infrações contra a saúde pública, os direitos dos consumidores, a preservação do ambiente e o património cultural;

c) o direito de defender os bens do Estado e das autarquias locais.

CAPÍTULO V – Direitos e deveres económicos, sociais e culturais

Artigo 82º – (Direito de propriedade)

1. O Estado reconhece e garante o direito de propriedade.

2. A expropriação só pode ter lugar por causa de necessidade, utilidade ou interesse públicos, definidos nos termos da lei e dá lugar a justa indemnização.

Artigo 83º – (Direito à herança)

O Estado reconhece e garante, nos termos da lei, o direito à herança.

Artigo 84º – (Direito ao trabalho)

1. O trabalho constitui direito e dever de cada cidadão.

2. Cada cidadão tem direito à livre escolha da profissão.

3. O trabalho compulsivo é proibido, excetuando-se o trabalho realizado no quadro da legislação penal.

Artigo 85º – (Direito à retribuição e segurança no emprego)

1. Todo o trabalhador tem direito à justa remuneração, descanso, férias e à reforma, nos termos da lei.

2. O trabalhador tem direito à proteção, segurança e higiene no trabalho.

3. O trabalhador só pode ser despedido nos casos e nos termos estabelecidos na lei.

Artigo 86º – (Liberdade de associação profissional e sindical)

1. Os trabalhadores têm a liberdade de se organizarem em associações profissionais ou em sindicatos.

2. As associações sindicais e profissionais devem reger-se pelos princípios da organização e gestão democráticas, basear-se na ativa participação dos seus membros em todas as suas atividades e de eleição periódica e por escrutínio secreto dos seus órgãos.

3. As associações sindicais e profissionais são independentes do patronato, do Estado, dos partidos políticos e das igrejas ou confissões religiosas.

4. A lei regula a criação, união, federação e extinção das associações sindicais e profissionais, bem como as respetivas garantias de independência e autonomia, relativamente ao patronato, ao Estado, aos partidos políticos e às igrejas e confissões religiosas.

Artigo 87º – (Direito à greve e proibição de *lock-out*)

1. Os trabalhadores têm direito à greve, sendo o seu exercício regulado por lei.

2. A lei limita o exercício do direito à greve nos serviços e atividades essenciais, no interesse das necessidades inadiáveis da sociedade e da segurança nacional.

3. É proibido o *lock-out*.

Artigo 88º – (Direito à educação)

1. Na República de Moçambique a educação constitui direito e dever de cada cidadão.

2. O Estado promove a extensão da educação à formação profissional contínua e a igualdade de acesso de todos os cidadãos ao gozo deste direito.

Artigo 89º – (Saúde)

Todos os cidadãos têm o direito à assistência médica e sanitária, nos termos da lei, bem como o dever de promover e defender a saúde pública.

Artigo 90º – (Direito ao ambiente)

1. Todo o cidadão tem o direito de viver num ambiente equilibrado e o dever de o defender.

2. O Estado e as autarquias locais, com a colaboração das associações de defesa do ambiente, adotam políticas de defesa do ambiente e velam pela utilização racional de todos os recursos naturais.

Artigo 91º – (Habitação e urbanização)

1. Todos os cidadãos têm direito à habitação condigna, sendo dever do Estado, de acordo com o desenvolvimento económico nacional, criar as adequadas condições institucionais, normativas e infraestruturais.

2. Incumbe também ao Estado fomentar e apoiar as iniciativas das comunidades locais, autarquias locais e populações, estimulando a construção privada e cooperativa, bem como o acesso à casa própria.

Artigo 92º – (Direito dos consumidores)

1. Os consumidores têm direito à qualidade dos bens e serviços consumidos, à formação e à informação, à proteção da saúde, da segurança dos seus interesses económicos, bem como à reparação de danos.

2. A publicidade é disciplinada por lei, sendo proibidas as formas de publicidade oculta, indireta ou enganosa.

3. As associações de consumidores e as cooperativas têm direito, nos termos da lei, ao apoio do Estado e a serem ouvidas sobre as questões que digam respeito à defesa dos consumidores, sendo-lhes reconhecida legitimidade processual para a defesa dos seus associados.

Artigo 93º – (Cultura física e desporto)

1. Os cidadãos têm direito à educação física e ao desporto.

2. O Estado promove, através das instituições desportivas e escolares, a prática e a difusão da educação física e do desporto.

Artigo 94º – (Liberdade de criação cultural)

1. Todos os cidadãos têm direito à liberdade de criação científica, técnica, literária e artística.

2. O Estado protege os direitos inerentes à propriedade intelectual, incluindo os direitos de autor e promove a prática e a difusão das letras e das artes.

Artigo 95º - (Direito à assistência na incapacidade e na velhice)

1. Todos os cidadãos têm direito à assistência em caso de incapacidade e na velhice.

2. O Estado promove e encoraja a criação de condições para a realização deste direito.

TÍTULO IV - Organização económica, social, financeira e fiscal

CAPÍTULO I - Princípios gerais

Artigo 96º - (Política económica)

1. A política económica do Estado é dirigida à construção das bases fundamentais do desenvolvimento, à melhoria das condições de vida do povo, ao reforço da soberania do Estado e à consolidação da unidade nacional, através da participação dos cidadãos, bem como da utilização eficiente dos recursos humanos e materiais.

2. Sem prejuízo do desenvolvimento equilibrado, o Estado garante a distribuição da riqueza nacional, reconhecendo e valorizando o papel das zonas produtoras.

Artigo 97º - (Princípios fundamentais)

A organização económica e social da República de Moçambique visam a satisfação das necessidades essenciais da população e a promoção do bem-estar social e assenta nos seguintes princípios fundamentais:

a) na valorização do trabalho;

b) nas forças do mercado;

c) na iniciativa dos agentes económicos;

d) na coexistência do setor público, do setor privado e do setor cooperativo e social;

e) na propriedade pública dos recursos naturais e de meios de produção, de acordo com o interesse coletivo;

f) na proteção do setor cooperativo e social;

g) na ação do Estado como regulador e promotor do crescimento e desenvolvimento económico e social.

Artigo 98º - (Propriedade do Estado e domínio público)

1. Os recursos naturais situados no solo e no subsolo, nas águas interiores, no mar territorial, na plataforma continental e na zona económica exclusiva são propriedade do Estado.

2. Constituem domínio público do Estado:

a) a zona marítima;

b) o espaço aéreo;
c) o património arqueológico;
d) as zonas de proteção da natureza;
e) o potencial hidráulico;
f) o potencial energético;
g) as estradas e linhas férreas;
h) as jazidas minerais;
i) os demais bens como tal classificados por lei.

3. A lei regula o regime jurídico dos bens do domínio público, bem como a sua gestão e conservação, diferenciando os que integram o domínio público do Estado, o domínio público das autarquias locais e o domínio público comunitário, com respeito pelos princípios da imprescritibilidade e impenhorabilidade.

Artigo 99º – (Setores de propriedade dos meios de produção)

1. A economia nacional garante a coexistência de três setores de propriedade dos meios de produção.

2. O setor público é constituído pelos meios de produção cuja propriedade e gestão pertence ao Estado ou a outras entidades públicas.

3. O setor privado é constituído pelos meios de produção cuja propriedade ou gestão pertence a pessoas singulares ou coletivas privadas, sem prejuízo do disposto no número seguinte.

4. O setor cooperativo e social compreende especificamente:

a) os meios de produção comunitários, possuídos e geridos por comunidades locais;
b) os meios de produção destinados à exploração coletiva por trabalhadores;
c) os meios de produção possuídos e geridos por pessoas coletivas, sem caráter lucrativo, que tenham como principal objetivo a solidariedade social, designadamente entidades de natureza mutualista.

Artigo 100º – (Impostos)

Os impostos são criados ou alterados por lei, que os fixa segundo critérios de justiça social.

CAPÍTULO II – Organização económica

Artigo 101º – (Coordenação da atividade económica)

1. O Estado promove, coordena e fiscaliza a atividade económica agindo direta ou indiretamente para a solução dos problemas fundamentais do povo e para a redução das desigualdades sociais e regionais.

2. O investimento do Estado deve desempenhar um papel impulsionador na promoção do desenvolvimento equilibrado.

Artigo 102º - (Recursos naturais)

O Estado promove o conhecimento, a inventariação e a valorização dos recursos naturais e determina as condições do seu uso e aproveitamento com salvaguarda dos interesses nacionais.

Artigo 103º - (Agricultura)

1. Na República de Moçambique a agricultura é a base do desenvolvimento nacional.

2. O Estado garante e promove o desenvolvimento rural para a satisfação crescente e multiforme das necessidades do povo e o progresso económico e social do país.

Artigo 104º - (Indústria)

Na República de Moçambique a indústria é o fator impulsionador da economia nacional.

Artigo 105º - (Setor familiar)

1. Na satisfação das necessidades essenciais da população, ao setor familiar cabe um papel fundamental.

2. O Estado incentiva e apoia a produção do setor familiar e encoraja os camponeses, bem como os trabalhadores individuais, a organizarem-se em formas mais avançadas de produção.

Artigo 106º - (Produção de pequena escala)

O Estado reconhece a contribuição da produção de pequena escala para a economia nacional e apoia o seu desenvolvimento como forma de valorizar as capacidades e a criatividade do povo.

Artigo 107º - (Empresariado nacional)

1. O Estado promove e apoia a participação ativa do empresariado nacional no quadro do desenvolvimento e da consolidação da economia do país.

2. O Estado cria os incentivos destinados a proporcionar o crescimento do empresariado nacional em todo o país, em especial nas zonas rurais.

Artigo 108º - (Investimento estrangeiro)

1. O Estado garante o investimento estrangeiro, o qual opera no quadro da sua política económica.

2. Os empreendimentos estrangeiros são autorizados em todo o território nacional e em todos os setores económicos, exceto naqueles que estejam reservados à propriedade ou exploração exclusiva do Estado.

Artigo 109º - (Terra)

1. A terra é propriedade do Estado.
2. A terra não deve ser vendida, ou por qualquer outra forma alienada, nem hipotecada ou penhorada.
3. Como meio universal de criação da riqueza e do bem-estar social, o uso e aproveitamento da terra é direito de todo o povo moçambicano.

Artigo 110º - (Uso e aproveitamento da terra)

1. O Estado determina as condições de uso e aproveitamento da terra.
2. O direito de uso e aproveitamento da terra é conferido às pessoas singulares ou coletivas tendo em conta o seu fim social ou económico.

Artigo 111º - (Direitos adquiridos por herança ou ocupação da terra)

Na titularização do direito de uso e aproveitamento da terra, o Estado reconhece e protege os direitos adquiridos por herança ou ocupação, salvo havendo reserva legal ou se a terra tiver sido legalmente atribuída à outra pessoa ou entidade.

CAPÍTULO III - Organização social

Artigo 112º - (Trabalho)

1. O trabalho é a força motriz do desenvolvimento e é dignificado e protegido.
2. O Estado propugna a justa repartição dos rendimentos do trabalho.
3. O Estado defende que a trabalho igual deve corresponder salário igual.

Artigo 113º - (Educação)

1. A República de Moçambique promove uma estratégia de educação visando a unidade nacional, a erradicação do analfabetismo, o domínio da ciência e da técnica, bem como a formação moral e cívica dos cidadãos.
2. O Estado organiza e desenvolve a educação através de um sistema nacional de educação.
3. O ensino público não é confessional.
4. O ensino ministrado pelas coletividades e outras entidades privadas é exercido nos termos da lei e sujeito ao controlo do Estado.

5. O Estado não pode programar a educação e a cultura segundo quaisquer diretrizes estéticas, políticas, ideológicas ou religiosas.

Artigo 114º - (Ensino superior)

1. O acesso às instituições públicas do ensino superior deve garantir a igualdade e equidade de oportunidades e a democratização do ensino, tendo em conta as necessidades em quadros qualificados e elevação do nível educativo e científico no país.

2. As instituições públicas do ensino superior são pessoas coletivas de Direito Público, têm personalidade jurídica e gozam de autonomia científica, pedagógica, financeira e administrativa, sem prejuízo de adequada avaliação da qualidade do ensino, nos termos da lei.

3. O Estado reconhece e fiscaliza o ensino privado e cooperativo, nos termos da lei.

Artigo 115º - (Cultura)

1. O Estado promove o desenvolvimento da cultura e personalidade nacionais e garante a livre expressão das tradições e valores da sociedade moçambicana.

2. O Estado promove a difusão da cultura moçambicana e desenvolve ações para fazer beneficiar o povo moçambicano das conquistas culturais dos outros povos.

Artigo 116º - (Saúde)

1. A assistência médica e sanitária aos cidadãos é organizada através de um sistema nacional de saúde que beneficie todo o povo moçambicano.

2. Para a realização dos objetivos prosseguidos pelo sistema nacional de saúde, a lei fixa modalidades de exercício da assistência médica e sanitária.

3. O Estado promove a participação dos cidadãos e instituições na elevação do nível da saúde da comunidade.

4. O Estado promove a extensão da assistência médica e sanitária e a igualdade de acesso de todos os cidadãos ao gozo deste direito.

5. Compete ao Estado promover, disciplinar e controlar a produção, a comercialização e o uso de produtos químicos, biológicos, farmacêuticos e outros meios de tratamento e de diagnóstico.

6. A atividade da assistência médica e sanitária ministrada pelas coletividades e entidades privadas é exercida nos termos da lei e sujeita ao controlo do Estado.

Artigo 117º – (Ambiente e qualidade de vida)

1. O Estado promove iniciativas para garantir o equilíbrio ecológico e a conservação e preservação do ambiente visando a melhoria da qualidade de vida dos cidadãos.

2. Com o fim de garantir o direito ao ambiente no quadro de um desenvolvimento sustentável, o Estado adota políticas visando:

a) prevenir e controlar a poluição e a erosão;

b) integrar os objetivos ambientais nas políticas sectoriais;

c) promover a integração dos valores do ambiente nas políticas e programas educacionais;

d) garantir o aproveitamento racional dos recursos naturais com salvaguarda da sua capacidade de renovação, da estabilidade ecológica e dos direitos das gerações vindouras;

e) promover o ordenamento do território com vista a uma correta localização das atividades e a um desenvolvimento sócio-económico equilibrado.

Artigo 118º – (Autoridade tradicional)

1. O Estado reconhece e valoriza a autoridade tradicional legitimada pelas populações e segundo o Direito consuetudinário.

2. O Estado define o relacionamento da autoridade tradicional com as demais instituições e enquadra a sua participação na vida económica, social e cultural do país, nos termos da lei.

Artigo 119º – (Família)

1. A família é o elemento fundamental e a base de toda a sociedade.

2. O Estado reconhece e protege, nos termos da lei, o casamento como instituição que garante a prossecução dos objetivos da família.

3. No quadro do desenvolvimento de relações sociais assentes no respeito pela dignidade da pessoa humana, o Estado consagra o princípio de que o casamento se baseia no livre consentimento.

4. A lei estabelece as formas de valorização do casamento tradicional e religioso, define os requisitos do seu registo e fixa os seus efeitos.

Artigo 120º – (Maternidade e paternidade)

1. A maternidade e a paternidade são dignificadas e protegidas.

2. A família é responsável pelo crescimento harmonioso da criança e educa as novas gerações nos valores morais, éticos e sociais.

3. A família e o Estado asseguram a educação da criança, formando-a nos valores da unidade nacional, no amor à pátria, igualdade entre homens e mulheres, respeito e solidariedade social.

4. Os pais e as mães devem prestar assistência aos filhos nascidos dentro e fora do casamento.

Artigo 121º – (Infância)

1. Todas as crianças têm direito à proteção da família, da sociedade e do Estado, tendo em vista o seu desenvolvimento integral.

2. As crianças, particularmente as órfãs, as portadoras de deficiência e as abandonadas têm proteção da família, da sociedade e do Estado contra qualquer forma de discriminação, de maus tratos e contra o exercício abusivo da autoridade na família e nas demais instituições.

3. A criança não pode ser discriminada, designadamente, em razão do seu nascimento, nem sujeita a maus tratos.

4. É proibido o trabalho de crianças quer em idade de escolaridade obrigatória quer em qualquer outra.

Artigo 122º – (Mulher)

1. O Estado promove, apoia e valoriza o desenvolvimento da mulher e incentiva o seu papel crescente na sociedade, em todas as esferas da atividade política, económica, social e cultural do país.

2. O Estado reconhece e valoriza a participação da mulher na luta de libertação nacional, pela defesa da soberania e pela democracia.

Artigo 123º – (Juventude)

1. A juventude digna, continuadora das tradições patrióticas do povo moçambicano, desempenhou um papel decisivo na luta de libertação nacional e pela democracia e constitui força renovadora da sociedade.

2. A política do Estado visa, nomeadamente, o desenvolvimento harmonioso da personalidade dos jovens, a promoção do gosto pela livre criação, o sentido de prestação de serviços à comunidade e a criação de condições para a sua integração na vida ativa.

3. O Estado promove, apoia e encoraja as iniciativas da juventude na consolidação da unidade nacional, na reconstrução, no desenvolvimento e na defesa do país.

4. O Estado e a sociedade estimulam e apoiam a criação de organizações juvenis para a prossecução de fins culturais, artísticos, recreativos, desportivos e educacionais.

5. O Estado, em cooperação com as associações representativas dos pais e encarregados de educação, as instituições privadas e organizações juvenis, adota uma política nacional de juventude capaz de promover e fomentar a formação profissional dos jovens, o acesso ao primeiro emprego e o seu livre desenvolvimento intelectual e físico.

Artigo 124º – (Terceira idade)

1. Os idosos têm direito à proteção especial da família, da sociedade e do Estado, nomeadamente na criação de condições de habitação, no convívio familiar e comunitário e no atendimento em instituições públicas e privadas, que evitem a sua marginalização.

2. O Estado promove uma política de terceira idade que integra ações de caráter económico, social e cultural, com vista à criação de oportunidades de realização pessoal através do seu envolvimento na vida da comunidade.

Artigo 125º – (Portadores de deficiência)

1. Os portadores de deficiência têm direito a especial proteção da família, da sociedade e do Estado.

2. O Estado promove a criação de condições para a aprendizagem e desenvolvimento da língua de sinais.

3. O Estado promove a criação de condições necessárias para a integração económica e social dos cidadãos portadores de deficiência.

4. O Estado promove, em cooperação com as associações de portadores de deficiência e entidades privadas, uma política que garanta:

a) a reabilitação e integração dos portadores de deficiência;

b) a criação de condições tendentes a evitar o seu isolamento e a marginalização social;

c) a prioridade de atendimento dos cidadãos portadores de deficiência pelos serviços públicos e privados;

d) a facilidade de acesso a locais públicos.

5. O Estado encoraja a criação de associações de portadores de deficiência.

CAPÍTULO IV – Sistema financeiro e fiscal

Artigo 126º – (Sistema financeiro)

O sistema financeiro é organizado de forma a garantir a formação, a captação e a segurança das poupanças, bem como a aplicação dos meios financeiros necessários ao desenvolvimento económico e social do país.

Artigo 127º – (Sistema fiscal)

1. O sistema fiscal é estruturado com vista a satisfazer as necessidades financeiras do Estado e das demais entidades públicas, realizar os objetivos da política económica do Estado e garantir uma justa repartição dos rendimentos e da riqueza.

2. Os impostos são criados ou alterados por lei, que determina a incidência, a taxa, os benefícios fiscais e as garantias dos contribuintes.

3. Ninguém pode ser obrigado a pagar impostos que não tenham sido criados nos termos da Constituição e cuja liquidação e cobrança não se façam nos termos da lei.

4. No mesmo exercício financeiro, não pode ser alargada a base de incidência nem agravadas as taxas de impostos.

5. A lei fiscal não tem efeito retroativo, salvo se for de conteúdo mais favorável ao contribuinte.

Artigo 128º - (Plano Económico e Social)

1. O Plano Económico e Social tem como objetivo orientar o desenvolvimento económico e social no sentido de um crescimento sustentável, reduzir os desequilíbrios regionais e eliminar progressivamente as diferenças económicas e sociais entre a cidade e o campo.

2. O Plano Económico e Social tem a sua expressão financeira no Orçamento do Estado.

3. A proposta do Plano Económico e Social é submetida à Assembleia da República acompanhada de relatórios sobre as grandes opções globais e setoriais, incluindo a respetiva fundamentação.

Artigo 129º - (Elaboração e execução do Plano Económico e Social)

1. O Plano Económico e Social é elaborado pelo Governo, tendo como base o seu programa quinquenal.

2. A proposta do Plano Económico e Social é submetida à Assembleia da República e deve conter a previsão dos agregados macro-económicos e as ações a realizar para a prossecução das linhas de desenvolvimento sectorial e deve ser acompanhada de relatórios de execução que a fundamentam.

3. A elaboração e execução do Plano Económico e Social é descentralizada, provincial e setorialmente.

Artigo 130º - (Orçamento do Estado)

1. O Orçamento do Estado é unitário, especifica as receitas e as despesas, respeitando sempre as regras da anualidade e da publicidade, nos termos da lei.

2. O Orçamento do Estado pode ser estruturado por programas ou projetos plurianuais, devendo neste caso inscrever-se no orçamento os encargos referentes ao ano a que dizem respeito.

3. A proposta de Lei do Orçamento do Estado é elaborada pelo Governo e submetida à Assembleia da República e deve conter informação fundamentadora sobre as previsões de receitas, os limites das despesas, o financiamento do défice e todos os elementos que fundamentam a política orçamental.

4. A lei define as regras de execução do orçamento e os critérios que devem presidir à sua alteração, período de execução, bem como estabelece o processo a seguir sempre que não seja possível cumprir os prazos de apresentação ou votação do mesmo.

Artigo 131º – (Fiscalização)

A execução do Orçamento do Estado é fiscalizada pelo Tribunal Administrativo e pela Assembleia da República, a qual, tendo em conta o parecer daquele Tribunal, aprecia e delibera sobre a Conta Geral do Estado.

Artigo 132º – (Banco Central)

1. O Banco de Moçambique é o Banco Central da República de Moçambique.
2. O funcionamento do Banco de Moçambique rege-se por lei própria e pelas normas internacionais a que a República de Moçambique esteja vinculada e lhe sejam aplicáveis.

TÍTULO V – Organização do Poder Político

CAPÍTULO ÚNICO – Princípios gerais

Artigo 133º – (Órgãos de soberania)

São órgãos de soberania o Presidente da República, a Assembleia da República, o Governo, os tribunais e o Conselho Constitucional.

Artigo 134º – (Separação e interdependência)

Os órgãos de soberania assentam nos princípios de separação e interdependência de poderes consagrados na Constituição e devem obediência à Constituição e às leis.

Artigo 135º – (Princípios gerais do sistema eleitoral)

1. O sufrágio universal, direto, igual, secreto, pessoal e periódico constitui a regra geral de designação dos titulares dos órgãos eletivos de soberania, das províncias e do poder local.
2. O apuramento dos resultados das eleições obedece ao sistema de representação proporcional.
3. A supervisão do recenseamento e dos atos eleitorais cabe à Comissão Nacional de Eleições, órgão independente e imparcial, cuja composição, organização, funcionamento e competências são fixados por lei.
4. O processo eleitoral é regulado por lei.

Artigo 136º – (Referendo)

1. Os cidadãos eleitores recenseados no território nacional e os cidadãos residentes no estrangeiro regularmente recenseados podem ser chamados a pronunciar-se em referendo sobre questões de relevante interesse nacional.

2. O referendo é decidido pelo Presidente da República sob proposta da Assembleia da República, aprovada pela maioria absoluta dos seus membros e por iniciativa de pelo menos um terço dos Deputados.

3. Não podem ser sujeitas a referendo:

a) as alterações à Constituição, salvo quanto às matérias constantes do nº 1 do artigo 292;

b) as matérias referidas no nº 2 do artigo 179.

4. Se as matérias referidas no nº 2 do artigo 179 forem objeto de convenção internacional podem ser submetidas a referendo, salvo se forem relativas à paz e à retificação de fronteiras.

5. Entre a data da convocação e da realização de eleições gerais para os órgãos de soberania não se pode convocar nem efetivar referendos.

6. O referendo só é considerado válido e vinculativo se nele votarem mais de metade dos eleitores inscritos no recenseamento.

7. Além das pertinentes disposições da lei eleitoral, vigente no momento da sua realização, lei própria determina as condições de formulação e de efetivação de referendos.

Artigo 137º – (Incompatibilidade)

1. Os cargos de Presidente da República, Presidente da Assembleia da República, Primeiro-Ministro, Presidente do Tribunal Supremo, Presidente do Conselho Constitucional, Presidente do Tribunal Administrativo, Procurador-Geral da República, Provedor de Justiça, Vice-Presidente do Tribunal Supremo, Vice-Procurador-Geral da República, Deputado, Vice-Ministro, Secretário de Estado, Governador Provincial, Administrador Distrital e Militar no ativo são incompatíveis entre si.

2. A qualidade de membro do Governo é igualmente incompatível com os cargos referidos no número anterior, excetuando-se o de Presidente da República e o de Primeiro-Ministro.

3. A lei define outras incompatibilidades, incluindo entre os cargos públicos e funções privadas.

Artigo 138º – (Órgãos centrais)

São órgãos centrais do Estado os órgãos de soberania, o conjunto dos órgãos governativos e as instituições a quem cabem garantir a prevalência do interesse nacional e a realização da política unitária do Estado.

Artigo 139º – (Atribuições dos órgãos centrais)

1. Aos órgãos centrais compete, de forma geral, as atribuições relativas ao exercício da soberania, a normação das matérias do âmbito da lei e a definição de políticas nacionais.

2. São da exclusiva competência dos órgãos centrais, nomeadamente, a representação do Estado, a definição e organização do território, a defesa nacional, a ordem pública, a fiscalização das fronteiras, a emissão da moeda e as relações diplomáticas.

Artigo 140º – (Dirigentes e agentes dos órgãos centrais)

1. Os órgãos centrais exercem a sua ação diretamente ou por intermédio de dirigentes ou agentes da administração nomeados que supervisam as atividades centrais realizadas em determinada área territorial.

2. A lei determina a forma, organização e competências no âmbito da Administração Pública.

Artigo 141º – (Governos provinciais)

1. O representante do Governo a nível provincial é o Governador Provincial.

2. O Governo Provincial é o órgão encarregado de garantir a execução, ao nível da província, da política governamental e exerce a tutela administrativa sobre as autarquias locais, nos termos da lei.

3. Os membros do Governo Provincial são nomeados pelos ministros das respetivas pastas, ouvido o Governador Provincial.

4. A organização, composição, funcionamento e competência do Governo Provincial são definidos por lei.

Artigo 142º – (Assembleias provinciais)

1. As assembleias provinciais são órgãos de representação democrática, eleitas por sufrágio universal, direto, igual, secreto e periódico e de harmonia com o princípio de representação proporcional, cujo mandato tem a duração de cinco anos.

2. Às assembleias provinciais compete, nomeadamente:

a) fiscalizar e controlar a observância dos princípios e normas estabelecidas na Constituição e nas leis, bem como das decisões do Conselho de Ministros referentes a respetiva província;

b) aprovar o programa do Governo Provincial, fiscalizar e controlar o seu cumprimento.

3. A composição, organização, funcionamento e demais competências são fixadas por lei.

Artigo 143º – (Atos normativos)

1. São atos legislativos as leis e os decretos-leis.

2. Os atos da Assembleia da República revestem a forma de leis, moções e resoluções.

3. Os decretos-leis são atos legislativos, aprovados pelo Conselho de Ministros, mediante autorização da Assembleia da República.

4. Os atos regulamentares do Governo revestem a forma de decreto, quer quando determinados por lei regulamentar, quer no caso de regulamentos autónomos.

5. Os atos do Governador do Banco de Moçambique, no exercício das suas competências, revestem a forma de aviso.

Artigo 144º – (Publicidade)

1. São publicados no *Boletim da República*, sob pena de ineficácia jurídica:

a) as leis, as moções e as resoluções da Assembleia da República;

b) os decretos do Presidente da República;

c) os decretos-leis, os decretos, as resoluções e os demais diplomas emanados do Governo;

d) os assentos do Tribunal Supremo, os acórdãos do Conselho Constitucional, bem como as demais decisões dos outros tribunais a que a lei confira força obrigatória geral;

e) os acórdãos sobre os resultados de eleições e referendos nacionais;

f) as resoluções de ratificação dos tratados e acordos internacionais;

g) os avisos do Governador do Banco de Moçambique.

2. A lei define os termos da publicidade a conferir a outros atos jurídicos públicos.

Artigo 145º – (Representação dos órgãos centrais)

Os órgãos centrais do Estado asseguram a sua representação nos diversos escalões territoriais.

TÍTULO VI – Presidente da República

CAPÍTULO I – Estatuto e eleição

Artigo 146º – (Definição)

1. O Presidente da República é o Chefe do Estado, simboliza a unidade nacional, representa a Nação no plano interno e internacional e zela pelo funcionamento correto dos órgãos do Estado.

2. O Chefe do Estado é o garante da Constituição.

3. O Presidente da República é o Chefe do Governo.

4. O Presidente da República é o Comandante-Chefe das Forças de Defesa e Segurança.

Artigo 147º – (Elegibilidade)

1. O Presidente da República é eleito por sufrágio universal direto, igual, secreto, pessoal e periódico.

2. Podem ser candidatos a Presidente da República os cidadãos moçambicanos que cumulativamente:

a) tenham a nacionalidade originária e não possuam outra nacionalidade;

b) possuam a idade mínima de trinta e cinco anos;

c) estejam no pleno gozo dos direitos civis e políticos;

d) tenham sido propostos por um mínimo de dez mil eleitores.

3. O mandato do Presidente da República é de cinco anos.

4. O Presidente da República só pode ser reeleito uma vez.

5. O Presidente da República que tenha sido eleito duas vezes consecutivas só pode candidatar-se a eleições presidenciais cinco anos após o último mandato.

Artigo 148º – (Eleição)

1. É eleito Presidente da República o candidato que reúna mais de metade dos votos expressos.

2. Em caso de nenhum dos candidatos obter a maioria absoluta há uma segunda volta, na qual participam os dois candidatos mais votados.

Artigo 149º – (Incompatibilidade)

O Presidente da República não pode, salvo nos casos expressamente previstos na Constituição, exercer qualquer outra função pública e, em caso algum, desempenhar quaisquer funções privadas.

Artigo 150º – (Investidura e juramento)

1. O Presidente da República é investido no cargo pelo Presidente do Conselho Constitucional em ato público e perante os Deputados da Assembleia da República e demais representantes dos órgãos de soberania.

2. No momento da investidura, o Presidente da República eleito presta o seguinte juramento:

Juro, por minha honra, respeitar e fazer respeitar a Constituição, desempenhar com fidelidade o cargo de Presidente da República de Moçambique, dedicar todas as minhas energias à defesa, promoção e consolidação da unidade nacional, dos direitos humanos, da democracia e ao bem-estar do povo moçambicano e fazer justiça a todos os cidadãos.

Artigo 151º – (Impedimento e ausência)

1. Em caso de impedimento ou ausência do país, o Presidente da República é substituído pelo Presidente da Assembleia da República ou, no impedimento deste, pelo seu substituto.

2. É vedada a ausência simultânea do país do Chefe do Estado e do seu substituto constitucional.

3. Os impedimentos ou ausências do Presidente da República são de imediato notificados à Assembleia da República, ao Conselho Constitucional e ao Governo.

Artigo 152º – (Substituição interina e incompatibilidades)

1. As funções de Chefe do Estado são ainda assumidas interinamente pelo Presidente da Assembleia da República nas circunstâncias seguintes:

a) morte ou incapacidade permanente comprovadas por junta médica;

b) renúncia, comunicada à Assembleia da República;

c) suspensão ou destituição em consequência de pronúncia ou condenação pelo Tribunal Supremo.

2. As circunstâncias referidas no número anterior implicam a realização de eleições Presidenciais.

3. Em caso de renúncia ao cargo, o Presidente da República não pode candidatar-se para um novo mandato nos dez anos seguintes.

4. Enquanto exercer interinamente as funções de Presidente da República, o mandato de Deputado do Presidente da Assembleia da República suspende-se automaticamente.

Artigo 153º – (Responsabilidade criminal)

1. Por crimes praticados no exercício das suas funções, o Presidente da República responde perante o Tribunal Supremo.

2. Pelos crimes praticados fora do exercício das suas funções, o Presidente da República responde perante os tribunais comuns, no termo do mandato.

3. Cabe à Assembleia da República requerer ao Procurador-Geral da República o exercício da ação penal contra o Presidente da República, por proposta de pelo menos um terço e aprovada por maioria de dois terços dos Deputados da Assembleia da República.

4. O Presidente da República fica suspenso das suas funções a partir da data do trânsito em julgado do despacho de pronúncia ou equivalente e a sua condenação implica a destituição do cargo.

5. O Tribunal Supremo, em plenário, profere acórdão no prazo máximo de sessenta dias.

6. Havendo acórdão condenatório, o Presidente da República não pode voltar a candidatar-se a tal cargo ou ser titular de órgão de soberania ou de autarquia local.

Artigo 154º – (Prisão preventiva)

Em caso algum pode o Presidente da República, em exercício efetivo de funções, ser sujeito à prisão preventiva.

Artigo 155º – (Eleição em caso de vacatura)

1. A eleição do novo Presidente da República, por morte, incapacidade permanente, renúncia ou destituição, deve ter lugar dentro dos noventa dias subsequentes, sendo vedado ao Presidente da República interino candidatar-se ao cargo.

2. Não há eleição para Presidente da República se a vacatura ocorrer nos trezentos e sessenta e cinco dias antes do fim do mandato, devendo permanecer o Presidente da República interino até à realização das eleições.

Artigo 156º – (Incapacidade)

1. A incapacidade permanente do Presidente da República é comprovada por junta médica definida nos termos da lei.

2. A incapacidade permanente do Presidente da República é declarada pelo Conselho Constitucional.

3. Cabe ao Conselho Constitucional verificar a morte e a perda do cargo de Presidente da República.

Artigo 157º – (Regime de interinidade)

1. Durante o período da vacatura do cargo de Presidente da República, a Constituição não pode ser alterada.

2. O Presidente da República interino garante o funcionamento dos órgãos do Estado e demais instituições e não pode exercer as competências referidas nas alíneas *c*), *e*), *f*), *g*), *h*), *i*) e *j*) do artigo 159, nas alíneas *b*) e *c*) do nº 1 e nº 2 do artigo 160, na alínea *e*) do artigo 161 e na alínea *c*) do artigo 162.

Artigo 158º – (Forma dos atos)

Os atos normativos do Presidente da República assumem a forma de decreto presidencial e as demais decisões revestem a forma de despacho e são publicadas no *Boletim da República*.

CAPÍTULO II - Competência

Artigo 159º – (Competências gerais)

Compete ao Chefe do Estado no exercício da sua função:

a) dirigir-se à nação através de mensagens e comunicações;

b) informar anualmente a Assembleia da República sobre a situação geral da nação;

c) decidir, nos termos do artigo 136, a realização de referendo sobre questões de interesse relevantes para a nação;

d) convocar eleições gerais;

e) dissolver a Assembleia da República, nos termos do artigo 188;

f) demitir os restantes membros do Governo quando o seu programa seja rejeitado pela segunda vez pela Assembleia da República;

g) nomear o Presidente do Tribunal Supremo, o Presidente do Conselho Constitucional, o Presidente do Tribunal Administrativo e o Vice-Presidente do Tribunal Supremo;

h) nomear, exonerar e demitir o Procurador-Geral da República e o Vice-Procurador-Geral da República;

i) indultar e comutar penas;

j) atribuir, nos termos da lei títulos honoríficos, condecorações e distinções.

Artigo 160º – (No domínio do Governo)

1. No domínio do Governo, compete ao Presidente da República:

a) convocar e presidir as sessões do Conselho de Ministros;

b) nomear, exonerar e demitir o Primeiro-Ministro;

c) criar ministérios e comissões de natureza interministerial.

2. Compete-lhe, ainda, nomear, exonerar e demitir:

a) os Ministros e Vice-Ministros;

b) os Governadores Provinciais;

c) os Reitores e Vice-Reitores das Universidades Estatais, sob proposta dos respetivos coletivos de direção, nos termos da lei;

d) o Governador e o Vice-Governador do Banco de Moçambique;

e) os Secretários de Estado.

Artigo 161º – (No domínio da defesa e da ordem pública)

No domínio da defesa nacional e da ordem pública, compete ao Presidente da República:

a) declarar a guerra e a sua cessação, o estado de sítio ou de emergência;

b) celebrar tratados;

c) decretar a mobilização geral ou parcial;

d) presidir ao Conselho Nacional de Defesa e Segurança;

e) nomear, exonerar e demitir o Chefe e o Vice-Chefe do Estado-Maior-General, o Comandante-Geral e Vice-Comandante-Geral da Polícia, os Comandantes de Ramo das Forças Armadas de Defesa de Moçambique e outros oficiais das Forças de Defesa e Segurança, nos termos definidos por lei.

Artigo 162º – (No domínio das relações internacionais)

No domínio das relações internacionais, compete ao Presidente da República:

a) orientar a política externa;

b) celebrar tratados internacionais;

c) nomear, exonerar e demitir os Embaixadores e enviados diplomáticos da República de Moçambique;

d) receber as cartas credenciais dos Embaixadores e enviados diplomáticos de outros países.

Artigo 163º – (Promulgação e veto)

1. Compete ao Presidente da República promulgar e mandar publicar as leis no *Boletim da República*.

2. As leis são promulgadas até trinta dias após a sua receção, ou após a notificação do acórdão do Conselho Constitucional que se pronuncia pela não inconstitucionalidade de qualquer norma delas constantes.

3. O Presidente da República pode vetar a lei por mensagem fundamentada, devolvê-la para reexame pela Assembleia da República.

4. Se a lei reexaminada for aprovada por maioria de dois terços, o Presidente da República deve promulgá-la e mandá-la publicar.

CAPÍTULO III – Conselho de Estado

Artigo 164º – (Definição e composição)

1. O Conselho de Estado é o órgão político de consulta do Presidente da República.

2. O Conselho de Estado é presidido pelo Presidente da República e tem a seguinte composição:

a) o Presidente da Assembleia da República;

b) o Primeiro-Ministro;

c) o Presidente do Conselho Constitucional;

d) o Provedor de Justiça;

e) os antigos Presidentes da República não destituídos da função;

f) os antigos Presidentes da Assembleia da República;

g) sete personalidades de reconhecido mérito eleitas pela Assembleia da República pelo período da legislatura, de harmonia com a representatividade parlamentar;

h) quatro personalidades de reconhecido mérito designadas pelo Presidente da República, pelo período do seu mandato;

i) o segundo candidato mais votado ao cargo de Presidente da República.

Artigo 165º – (Posse e estatuto)

1. Os membros do Conselho de Estado tomam posse perante o Presidente da República.

2. Os membros do Conselho de Estado, por inerência, mantêm-se em funções enquanto exercem os respetivos cargos.

3. Os membros do Conselho de Estado gozam de regalias, imunidades e tratamento protocolar a serem fixadas por lei.

Artigo 166º – (Competências)

Compete ao Conselho de Estado, em geral, aconselhar o Presidente da República no exercício das suas funções sempre que este o solicite e ainda pronunciar-se obrigatoriamente sobre a:

a) dissolução da Assembleia da República;

b) declaração de guerra, do estado de sítio ou do estado de emergência;

c) realização de referendo, nos termos da alínea *c*) do artigo 159;

d) convocação de eleições gerais.

Artigo 167º – (Funcionamento)

1. Os pareceres do Conselho de Estado são emitidos na reunião que para o efeito for convocada e presidida pelo Presidente da República, podendo ser tornados públicos aquando da prática do ato a que se referem.

2. As reuniões do Conselho de Estado não são públicas.

3. O Conselho de Estado estabelece o respetivo regimento.

TÍTULO VII – Assembleia da República

CAPÍTULO I – Estatuto e eleição

Artigo 168º – (Definição)

1. A Assembleia da República é a assembleia representativa de todos os cidadãos moçambicanos.

2. O Deputado representa todo o país e não apenas o círculo pelo qual é eleito.

Artigo 169º – (Função)

1. A Assembleia da República é o mais alto órgão legislativo na República de Moçambique.

2. A Assembleia da República determina as normas que regem o funcionamento do Estado e a vida económica e social através de leis e deliberações de caráter genérico.

Artigo 170º – (Eleição e composição)

1. A Assembleia da República é eleita por sufrágio universal, direto, igual, secreto, pessoal e periódico.

2. A Assembleia da República é constituída por duzentos e cinquenta Deputados.

3. Concorrem às eleições os partidos políticos, isoladamente ou em coligação de partidos, e as respetivas listas podem integrar cidadãos não filiados nos partidos.

Artigo 171º – (Mandato do Deputado)

1. O mandato do Deputado coincide com a duração da legislatura, salvo renúncia ou perda do mandato.

2. A suspensão, a substituição, a renúncia e a perda do mandato são reguladas pelo Estatuto do Deputado.

Artigo 172º – (Incompatibilidades)

1. A função de Deputado é incompatível com as de:

a) membro do Governo;
b) magistrado em efetividade de funções;
c) diplomata em efetividade de serviço;
d) militar e polícia no ativo;
e) governador provincial e administrador distrital;
f) titular de órgãos autárquicos.

2. A lei determina as demais incompatibilidades.

Artigo 173º – (Poderes do Deputado)

São poderes do Deputado:

a) exercer o direito de voto;
b) submeter projetos de leis, resoluções e demais deliberações;
c) candidatar-se aos órgãos da Assembleia da República;

d) requerer e obter do Governo ou das instituições públicas dados e informações necessários ao exercício do seu mandato;

e) fazer perguntas e interpelações ao Governo;

f) outros consignados no Regimento da Assembleia da República.

Artigo 174º – (Imunidades)

1. Nenhum Deputado pode ser detido ou preso, salvo em caso de flagrante delito, ou submetido a julgamento sem consentimento da Assembleia da República.

2. Tratando-se de processo penal pendente em que tenha sido constituído arguido, o Deputado é ouvido por um juiz conselheiro.

3. O Deputado goza de foro especial e é julgado pelo Tribunal Supremo, nos termos da lei.

Artigo 175º – (Irresponsabilidade)

1. Os Deputados da Assembleia da República não podem ser processados judicialmente, detidos ou julgados pelas opiniões ou votos emitidos no exercício da sua função de Deputado.

2. Excetuam-se a responsabilidade civil e a responsabilidade criminal por injúria, difamação ou calúnia.

Artigo 176º – (Direitos e regalias do Deputado)

1. O Deputado goza dos seguintes direitos e demais regalias:

a) cartão especial de identificação;

b) livre trânsito em locais públicos de acesso condicionado, no exercício das suas funções ou por causa delas;

c) apoio, cooperação, proteção e facilidades das entidades públicas ou militares da República, para o exercício do seu mandato nos termos da lei;

d) remuneração e subsídios estabelecidos na lei.

2. O Deputado não pode intervir em processos judiciais como perito ou testemunha, salvo quando autorizado pela Assembleia da República ou pela Comissão Permanente.

3. O Deputado goza ainda dos demais direitos e regalias estabelecidos na lei.

Artigo 177º – (Deveres do Deputado)

O Deputado tem os seguintes deveres:

a) observar a Constituição e as leis;

b) observar o Estatuto do Deputado;

c) respeitar a dignidade da Assembleia da República e dos Deputados;

d) comparecer às sessões do Plenário e às da Comissão de que for membro;

e) participar nas votações e nos trabalhos da Assembleia da República.

Artigo 178º – (Renúncia e perda do mandato)

1. O Deputado pode renunciar ao mandato, nos termos da lei.

2. Perde o mandato o Deputado que:

a) for condenado definitivamente por crime doloso em pena de prisão superior a dois anos;

b) se inscreva ou assuma função em partido ou coligação diferentes daquele pelo qual foi eleito;

c) não tome assento na Assembleia da República ou exceda o número de faltas estabelecido no Regimento.

3. Implicam ainda a perda do mandato quaisquer inelegibilidades existentes à data das eleições e conhecidas posteriormente, bem como as incapacidades previstas na lei.

CAPÍTULO II – Competência

Artigo 179º – (Competências)

1. Compete à Assembleia da República legislar sobre as questões básicas da política interna e externa do país.

2. É da exclusiva competência da Assembleia da República:

a) aprovar as leis constitucionais;

b) aprovar a delimitação das fronteiras da República de Moçambique;

c) deliberar sobre a divisão territorial;

d) aprovar a legislação eleitoral e o regime do referendo;

e) aprovar e denunciar os tratados que versem sobre matérias da sua competência;

f) propor a realização de referendo sobre questões de interesse nacional;

g) sancionar a suspensão de garantias constitucionais e a declaração do estado de sítio ou do estado de emergência;

h) ratificar a nomeação do Presidente do Tribunal Supremo, do Presidente do Conselho Constitucional, do Presidente do Tribunal Administrativo e do Vice-Presidente do Tribunal Supremo;

i) eleger o Provedor da Justiça;

j) deliberar sobre o programa do Governo;

k) deliberar sobre os relatórios de atividades do Conselho de Ministros;

l) deliberar sobre as grandes opções do Plano Económico e Social e do Orçamento do Estado e os respetivos relatórios de execução;

m) aprovar o Orçamento do Estado;

n) definir a política de defesa e segurança, ouvido o Conselho Nacional de Defesa e Segurança;

o) definir as bases da política de impostos e o sistema fiscal;

p) autorizar o Governo, definindo as condições gerais, a contrair ou a conceder empréstimos, a realizar outras operações de crédito, por período superior a um exercício económico e a estabelecer o limite máximo dos avales a conceder pelo Estado;

q) definir o estatuto dos titulares dos órgãos de soberania, das províncias e dos órgãos autárquicos;

r) deliberar sobre as bases gerais da organização e funcionamento da Administração Pública;

s) ratificar os decretos-leis;

t) ratificar e denunciar os tratados internacionais;

u) ratificar os tratados de participação de Moçambique nas organizações internacionais de defesa;

v) conceder amnistias e perdão de penas.

3. Com exceção das competências enunciadas no nº 2 do presente artigo, a Assembleia da República pode autorizar o Governo a legislar sobre outras matérias, sob forma de decreto-lei.

4. Compete ainda à Assembleia da República:

a) eleger o Presidente, os Vice-Presidentes e a Comissão Permanente;

b) aprovar o Regimento da Assembleia da República e o Estatuto do Deputado;

c) criar comissões da Assembleia da República e regulamentar o seu funcionamento;

d) criar grupos nacionais parlamentares.

Artigo 180º – (Leis de autorização legislativa)

1. As leis de autorização legislativa devem definir o objeto, o sentido, a extensão e a duração da autorização.

2. As autorizações legislativas não podem ser utilizadas mais de uma vez, sem prejuízo da sua execução parcelada ou da respetiva prorrogação.

3. As autorizações legislativas caducam com o termo da legislatura ou com a dissolução da Assembleia da República.

4. O Governo deve publicar o ato legislativo autorizado até ao último dia do prazo indicado na lei de autorização, que começa a contar-se a partir da data da publicação.

Artigo 181º – (Decretos-leis)

1. Os decretos-leis aprovados pelo Conselho de Ministros no uso de autorização legislativa são considerados ratificados se, na sessão da Assembleia da República imediata, a sua ratificação não for requerida por um mínimo de quinze Deputados.

2. A Assembleia da República pode suspender no todo ou em parte a vigência do decreto-lei até à sua apreciação.

3. A suspensão caduca quando até ao fim da sessão a Assembleia não se pronunciar.

4. A recusa da ratificação implica a revogação.

Artigo 182º – (Forma de atos)

Os atos legislativos da Assembleia da República assumem a forma de lei e as demais deliberações revestem a forma de resolução e são publicados no *Boletim da República*.

Artigo 183º – (Iniciativa de lei)

1. A iniciativa de lei pertence:

a) aos Deputados;

b) às bancadas parlamentares;

c) às comissões da Assembleia da República;

d) ao Presidente da República;

e) ao Governo.

2. Os Deputados e as bancadas parlamentares não podem apresentar projeto de lei que envolva, direta ou indiretamente, o aumento de despesas ou a diminuição das receitas do Estado, ou que modifique, por qualquer modo, o ano económico em curso.

Artigo 184º – (Regime de discussão e votação)

1. A discussão das propostas e projetos de lei e de referendo compreende um debate na generalidade e outro na especialidade.

2. A votação compreende uma votação na generalidade, uma votação na especialidade e uma votação final global.

3. Se a Assembleia assim o deliberar, os textos aprovados na generalidade são votados na especialidade pelas comissões, sem prejuízo do poder de avocação pelo Plenário e do voto final deste para aprovação global.

CAPÍTULO III – Organização e funcionamento

Artigo 185º – (Legislatura)

1. A legislatura tem a duração de cinco anos e inicia-se com a primeira sessão da Assembleia da República, após as eleições e termina com a primeira sessão da nova Assembleia eleita.

2. A primeira sessão da Assembleia da República tem lugar até vinte dias após a validação e proclamação dos resultados eleitorais.

Artigo 186º - (Períodos de funcionamento)

A Assembleia da República reúne-se ordinariamente duas vezes por ano e extraordinariamente sempre que a sua convocação for requerida pelo Presidente da República, pela Comissão Permanente ou por um terço, pelo menos, dos Deputados.

Artigo 187º - (Quorum e deliberação)

1. A Assembleia da República só pode deliberar achando-se presentes mais de metade dos seus membros.
2. As deliberações da Assembleia da República são tomadas por mais de metade dos votos dos Deputados presentes.
3. As matérias referentes ao estatuto da oposição são aprovadas por maioria de dois terços dos Deputados.

Artigo 188º - (Dissolução)

1. A Assembleia da República pode ser dissolvida, pelo Presidente da República, caso rejeite, após debate, o Programa do Governo.
2. O Presidente da República convoca novas eleições legislativas, nos termos da Constituição.

Artigo 189º - (Limites à dissolução)

1. A dissolução da Assembleia da República não pode ocorrer, em caso de estado de sítio ou de emergência, durante a vigência deste e até ao sexagésimo dia posterior à sua cessação.
2. É inexistente juridicamente o ato de dissolução que contrarie o disposto no número anterior.
3. A dissolução da Assembleia da República não põe termo ao mandato dos Deputados nem às competências da sua Comissão Permanente que subsistem até a primeira sessão da nova Assembleia eleita.
4. Operando-se a dissolução, a Assembleia eleita inicia nova legislatura cujo mandato tem a duração do tempo remanescente da legislatura anterior.

Artigo 190º - (Presidente da Assembleia da República)

1. A Assembleia da República elege, de entre os seus membros, o Presidente da Assembleia da República.
2. O Chefe do Estado convoca e preside a sessão que procede a eleição do Presidente da Assembleia da República.
3. O Presidente da Assembleia da República é investido nas suas funções pelo Presidente do Conselho Constitucional.
4. O Presidente da Assembleia da República é responsável perante a Assembleia da República.

Artigo 191º – (Competências do Presidente da Assembleia da República)

Compete ao Presidente da Assembleia da República:

a) convocar e presidir as sessões da Assembleia da República e da Comissão Permanente;

b) velar pelo cumprimento das deliberações da Assembleia da República;

c) assinar as leis da Assembleia da República e submetê-las à promulgação;

d) assinar e mandar publicar as resoluções e moções da Assembleia da República;

e) representar a Assembleia da República no plano interno e internacional;

f) promover o relacionamento institucional entre a Assembleia da República e as Assembleias Provinciais, em conformidade com as normas regimentais;

g) exercer as demais competências consignadas na Constituição e no Regimento;

Artigo 192º – (Vice-Presidentes da Assembleia da República)

1. A Assembleia da República elege, de entre os seus membros, Vice-Presidentes designados pelos partidos com maior representação parlamentar.

2. Na ausência ou impedimento do Presidente da Assembleia da República, as suas funções são exercidas por um dos Vice-Presidentes, nos termos do Regimento da Assembleia da República.

Artigo 193º – (Comissão Permanente)

1. A Comissão Permanente é o órgão da Assembleia da República que coordena as atividades do Plenário, das suas Comissões e dos Grupos Nacionais Parlamentares.

2. A Comissão Permanente da Assembleia da República é composta pelo Presidente, Vice-Presidentes e por outros Deputados eleitos nos termos da lei, sob proposta das bancadas parlamentares, de acordo com a sua representatividade.

3. Os representantes referidos nos números anteriores têm na Comissão Permanente um número de votos igual ao da bancada parlamentar que representam.

4. A Comissão Permanente da Assembleia da República funciona no intervalo das sessões plenárias e nos demais casos previstos na Constituição e na lei.

Artigo 194º – (Permanência)

No termo da legislatura ou em caso de dissolução, a Comissão Permanente da Assembleia da República mantém-se em funções até à sessão constitutiva da nova Assembleia eleita.

Artigo 195º – (Competências)

Compete à Comissão Permanente da Assembleia da República:

a) exercer os poderes da Assembleia da República relativamente ao mandato dos Deputados;

b) velar pela observância da Constituição e das leis, acompanhar a atividade do Governo e da Administração Pública;

c) pronunciar-se previamente sobre a declaração de guerra;

d) autorizar ou confirmar, sujeito a ratificação, a declaração do estado de sítio ou estado de emergência, sempre que a Assembleia da República não esteja reunida;

e) dirigir as relações entre a Assembleia da República e as Assembleias e instituições análogas de outros países;

f) autorizar a deslocação do Presidente da República em visita de Estado;

g) criar comissões de inquérito de caráter urgente, no intervalo das sessões plenárias da Assembleia da República;

h) preparar e organizar as sessões da Assembleia da República;

i) exercer as demais funções conferidas pelo Regimento da Assembleia da República;

j) conduzir os trabalhos das sessões plenárias;

k) declarar as perdas e renúncias de mandatos dos deputados, bem como as suspensões nos termos da Constituição e do Regimento da Assembleia da República;

l) decidir questões de interpretação do Regimento da Assembleia da República no intervalo das sessões plenárias;

m) integrar nos trabalhos de cada sessão as iniciativas dos deputados, bancadas ou do Governo;

n) apoiar o Presidente da Assembleia da República na gestão administrativa e financeira da Assembleia da República.

Artigo 196º – (Bancada parlamentar)

1. Os Deputados eleitos por cada partido podem constituir bancada parlamentar.

2. A constituição e organização da bancada parlamentar são fixadas no Regimento da Assembleia da República.

Artigo 197º – (Poderes da bancada parlamentar)

1. Constituem poderes da bancada parlamentar os seguintes:

2. *a*) apresentar candidato a Presidente da Assembleia da República;

b) propor candidato a Vice-Presidente da Assembleia da República;

c) designar candidatos para a Comissão Permanente da Assembleia da República;

d) designar candidatos para as Comissões da Assembleia da República;
e) exercer iniciativa de lei;
f) requerer, com a presença do Governo, o debate de questões de interesse público atual e urgente;
g) requerer a constituição de comissões parlamentares de inquérito;
h) requerer o debate de assuntos de urgência não agendados;
i) solicitar informações e formular perguntas ao Governo;
2. Cada bancada parlamentar tem o direito de dispor de locais de trabalho na Assembleia da República, bem como de pessoal técnico e administrativo, nos termos da lei.

Artigo 198º – (Programa quinquenal do Governo)
1. A Assembleia da República aprecia o Programa do Governo no início da legislatura.
2. O Governo pode apresentar um programa reformulado que tenha em conta as conclusões do debate.

Artigo 199º – (Participação dos membros do Governo nas sessões)
1. O Primeiro-Ministro e os Ministros têm direito de comparecer às sessões plenárias da Assembleia da República, podendo usar da palavra, nos termos do Regimento.
2. Nas sessões plenárias da Assembleia da República, é obrigatória a presença do membro ou membros do Governo convocados.

TÍTULO VIII – Governo

CAPÍTULO I – Definição e composição

Artigo 200º – (Definição)
O Governo da República de Moçambique é o Conselho de Ministros.

Artigo 201º – (Composição)
1. O Conselho de Ministros é composto pelo Presidente da República que a ele preside, pelo Primeiro-Ministro e pelos Ministros.
2. Podem ser convocados para participar em reuniões do Conselho de Ministros os Vice-Ministros e os Secretários de Estado.

Artigo 202º – (Convocação e presidência)
1. Na sua atuação, o Conselho de Ministros observa as decisões do Presidente da República e as deliberações da Assembleia da República.

2. O Conselho de Ministros é convocado e presidido pelo Primeiro-Ministro, por delegação do Presidente da República.

3. A formulação de políticas governamentais pelo Conselho de Ministros é feita em sessões dirigidas pelo Presidente da República.

CAPÍTULO II – Competência e responsabilidade

Artigo 203º – (Função)

1. O Conselho de Ministros assegura a administração do país, garante a integridade territorial, vela pela ordem pública e pela segurança e estabilidade dos cidadãos, promove o desenvolvimento económico, implementa a ação social do Estado, desenvolve e consolida a legalidade e realiza a política externa do país.

2. A defesa da ordem pública é assegurada por órgãos apropriados que funcionam sob controlo governamental.

Artigo 204º – (Competências)

1. Compete, nomeadamente, ao Conselho de Ministros:

a) garantir o gozo dos direitos e liberdades dos cidadãos;

b) assegurar a ordem pública e a disciplina social;

c) preparar propostas de lei a submeter à Assembleia da República;

d) aprovar decretos-leis mediante autorização legislativa da Assembleia da República;

e) preparar o Plano Económico e Social e o Orçamento do Estado e executá-los após aprovação pela Assembleia da República;

f) promover e regulamentar a atividade económica e dos setores sociais;

g) preparar a celebração de tratados internacionais e celebrar, ratificar, aderir e denunciar acordos internacionais, em matérias da sua competência governativa;

h) dirigir a política laboral e de segurança social;

i) dirigir os setores do Estado, em especial a educação e saúde;

j) dirigir e promover a política de habitação.

2. Compete, ainda, ao Conselho de Ministros:

a) garantir a defesa e consolidação do domínio público do Estado e do património do Estado;

b) dirigir e coordenar as atividades dos ministérios e outros órgãos subordinados ao Conselho de Ministros;

c) analisar a experiência dos órgãos executivos locais e regulamentar a sua organização e funcionamento e tutelar, nos termos da lei, os órgãos das autarquias locais;

d) estimular e apoiar o exercício da atividade empresarial e da iniciativa privada e proteger os interesses do consumidor e do público em geral;

f) promover o desenvolvimento cooperativo e o apoio à produção familiar.

3. É da exclusiva iniciativa legislativa do Governo a matéria respeitante à sua própria organização, composição e funcionamento.

Artigo 205º – (Competências do Primeiro-Ministro)

1. Compete ao Primeiro-Ministro, sem prejuízo de outras atribuições confiadas pelo Presidente da República e por lei, assistir e aconselhar o Presidente da República na direção do Governo.

2. Compete, nomeadamente, ao Primeiro-Ministro:

a) assistir o Presidente da República na elaboração do Programa do Governo;

b) aconselhar o Presidente da República na criação de ministérios e comissões de natureza ministerial e na nomeação de membros do Governo e outros dirigentes governamentais;

c) elaborar e propor o plano de trabalho do Governo ao Presidente da República;

d) garantir a execução das decisões dos órgãos do Estado pelos membros do Governo;

e) presidir às reuniões do Conselho de Ministros destinadas a tratar da implementação das políticas definidas e outras decisões;

f) coordenar e controlar as atividades dos ministérios e outras instituições governamentais;

g) supervisar o funcionamento técnico-administrativo do Conselho de Ministros.

Artigo 206º – (Relacionamento com a Assembleia da República)

1. Nas relações com a Assembleia da República, compete ao Primeiro-Ministro:

a) apresentar à Assembleia da República o Programa do Governo, a proposta do Plano Económico e Social e do Orçamento do Estado;

b) apresentar os relatórios de execução do Governo;

c) expor as posições do Governo perante a Assembleia da República.

2. No exercício destas funções, o Primeiro-Ministro é assistido pelos membros do Conselho de Ministros por ele designados.

Artigo 207º – (Responsabilidade e competências do Conselho de Ministros)

O Conselho de Ministros responde perante o Presidente da República e a Assembleia da República pela realização da política interna e externa e presta-lhes contas das suas atividades nos termos da lei.

Artigo 208º – (Responsabilidade política dos membros do Governo)

Os membros do Conselho de Ministros respondem perante o Presidente da República e o Primeiro-Ministro pela aplicação das decisões do Conselho de Ministros na área da sua competência.

Artigo 209º – (Solidariedade governamental)

Os membros do Governo estão vinculados ao Programa do Governo e às deliberações do Conselho de Ministros.

Artigo 210º – (Forma dos atos)

1. Os atos normativos do Conselho de Ministros revestem a forma de decreto-lei e de decreto.
2. Os decretos-leis e os decretos, referidos no número anterior, devem indicar a lei ao abrigo da qual são aprovados.
3. Os decretos-leis são assinados e mandados publicar pelo Presidente da República e os demais decretos do Governo são assinados e mandados publicar pelo Primeiro-Ministro.
4. Os demais atos do Governo tomam a forma de resolução.

Artigo 211º – (Imunidades)

1. Nenhum membro do Governo pode ser detido ou preso sem autorização do Presidente da República, salvo em caso de flagrante delito e por crime doloso a que corresponda pena de prisão maior.
2. Movido procedimento criminal contra um membro do Governo e acusado este definitivamente, o Presidente da República decide se o membro do Governo deve ou não ser suspenso para efeitos de prosseguimento do processo, sendo obrigatória a decisão de suspensão quando se trate de crime do tipo referido no número anterior.

TÍTULO IX – Tribunais

CAPÍTULO I – Princípios gerais

Artigo 212º – (Função jurisdicional)

1. Os tribunais têm como objetivo garantir e reforçar a legalidade como fator da estabilidade jurídica, garantir o respeito pelas leis, assegurar os direitos e liberdades dos cidadãos, assim como os interesses jurídicos dos diferentes órgãos e entidades com existência legal.
2. Os tribunais penalizam as violações da legalidade e decidem pleitos de acordo com o estabelecido na lei.

3. Podem ser definidos por lei mecanismos institucionais e processuais de articulação entre os tribunais e demais instâncias de composição de interesses e de resolução de conflitos.

Artigo 213º – (Função educacional)

Os tribunais educam os cidadãos e a administração pública no cumprimento voluntário e consciente das leis, estabelecendo uma justa e harmoniosa convivência social.

Artigo 214º – (Inconstitucionalidade)

Nos feitos submetidos a julgamento os tribunais não podem aplicar leis ou princípios que ofendam a Constituição.

Artigo 215º – (Decisões dos tribunais)

As decisões dos tribunais são de cumprimento obrigatório para todos os cidadãos e demais pessoas jurídicas e prevalecem sobre as de outras autoridades.

Artigo 216º – (Participação dos juízes eleitos)

1. Nos julgamentos podem participar juízes eleitos.

2. Os juízes eleitos intervêm apenas nos julgamentos em primeira instância e na decisão da matéria de facto.

3. A intervenção dos juízes eleitos é obrigatória nos casos previstos na lei processual ou quando for determinada pelo juiz da causa, promovida pelo Ministério Público ou requerida pelas partes.

4. A lei estabelece as formas de eleição e de participação dos juízes mencionados no presente artigo e fixa a duração do respetivo período de exercício de funções.

CAPÍTULO II – Estatuto dos juízes

Artigo 217º – (Independência dos juízes)

1. No exercício das suas funções, os juízes são independentes e apenas devem obediência à lei.

2. Os juízes têm igualmente as garantias de imparcialidade e irresponsabilidade.

3. Os juízes são inamovíveis, não podendo ser transferidos, suspensos, aposentados ou demitidos, senão nos casos previstos na lei.

Artigo 218º – (Responsabilidade)

1. Os juízes respondem civil, criminal e disciplinarmente por atos praticados no exercício das suas funções apenas nos casos especialmente previstos na lei.

2. O afastamento de um juiz de carreira da função judicial só pode ocorrer nos termos legalmente estabelecidos.

Artigo 219º - (Incompatibilidades)

Os Magistrados Judiciais, em exercício, não podem desempenhar quaisquer outras funções públicas ou privadas, exceto a atividade de docente ou de investigação jurídica ou outra de divulgação e publicação científica, literária, artística e técnica, mediante prévia autorização do Conselho Superior da Magistratura Judicial.

Artigo 220º - (Conselho Superior da Magistratura Judicial)

O Conselho Superior da Magistratura Judicial é o órgão de gestão e disciplina da magistratura judicial.

Artigo 221º - (Composição)

1. O Conselho Superior da Magistratura Judicial tem a seguinte composição:

a) o Presidente do Tribunal Supremo;

b) o Vice-Presidente do Tribunal Supremo;

c) dois membros designados pelo Presidente da República;

d) cinco membros eleitos pela Assembleia da República, segundo o critério de representação proporcional;

e) sete magistrados judiciais das diversas categorias, todos eleitos pelos seus pares, nos termos do Estatuto dos Magistrados Judiciais.

2. O Conselho Superior da Magistratura Judicial é presidido pelo Presidente do Tribunal Supremo, o qual é substituído nas suas ausências e impedimentos, pelo Vice-Presidente do Tribunal Supremo.

3. O Conselho Superior da Magistratura Judicial inclui funcionários da justiça eleitos pelos seus pares, para discussão e deliberação de matérias relativas ao mérito profissional e ao exercício da função disciplinar sobre os mesmos, em termos a determinar por lei.

4. A lei regula os demais aspetos relativos à competência, organização e funcionamento do Conselho Superior da Magistratura Judicial.

Artigo 222º - (Competências)

Compete ao Conselho Superior da Magistratura Judicial, nomeadamente:

a) nomear, colocar, transferir, promover, exonerar e apreciar o mérito profissional, exercer a ação disciplinar e, em geral, praticar todos os atos de idêntica natureza respeitantes aos magistrados judiciais;

b) apreciar o mérito profissional e exercer a ação disciplinar sobre os funcionários da justiça, sem prejuízo das competências disciplinares atribuídas aos juízes;

c) propor a realização de inspeções extraordinárias, sindicâncias e inquéritos aos tribunais;

d) dar pareceres e fazer recomendações sobre a política judiciária, por sua iniciativa ou a pedido do Presidente da República, da Assembleia da República ou do Governo.

CAPÍTULO III – Organização dos tribunais

SECÇÃO I – Espécies de tribunais

Artigo 223º – (Espécies)

1. Na República de Moçambique existem os seguintes tribunais:

a) o Tribunal Supremo;

b) o Tribunal Administrativo;

c) os tribunais judiciais.

2. Podem existir tribunais administrativos, de trabalho, fiscais, aduaneiros, marítimos, arbitrais e comunitários.

3. A competência, organização e funcionamento dos tribunais referidos nos números anteriores são estabelecidos por lei, que pode prever a existência de um escalão de tribunais entre os tribunais provinciais e o Tribunal Supremo.

4. Os tribunais judiciais são tribunais comuns em matéria civil e criminal e exercem jurisdição em todas as áreas não atribuídas a outras ordens jurisdicionais.

5. Na primeira instância, pode haver tribunais com competência específica e tribunais especializados para o julgamento de matérias determinadas.

6. Sem prejuízo do disposto quanto aos tribunais militares, é proibida a existência de tribunais com competência exclusiva para o julgamento de certas categorias de crimes.

Artigo 224º – (Tribunais militares)

Durante a vigência do estado de guerra são constituídos tribunais militares com competência para o julgamento de crimes de natureza estritamente militar.

SECÇÃO II – Tribunal Supremo

Artigo 225º – (Definição)

1. O Tribunal Supremo é o órgão superior da hierarquia dos tribunais judiciais.

2. O Tribunal Supremo garante a aplicação uniforme da lei na esfera da sua jurisdição e ao serviço dos interesses do povo moçambicano.

Artigo 226º - (Composição)

1. O Tribunal Supremo é composto por juízes conselheiros, em número a ser estabelecido por lei.
2. O Presidente da República nomeia o Presidente e o Vice-Presidente do Tribunal Supremo, ouvido o Conselho Superior da Magistratura Judicial.
3. Os Juízes Conselheiros são nomeados pelo Presidente da República, sob proposta do Conselho Superior da Magistratura Judicial, após concurso público, de avaliação curricular, aberto aos magistrados e a outros cidadãos nacionais, de reputado mérito, todos licenciados em Direito, no pleno gozo dos seus direitos civis e políticos.
4. Os Juízes Conselheiros do Tribunal Supremo devem, à data da sua designação, ter idade igual ou superior a trinta e cinco anos, haver exercido, pelo menos durante dez anos, atividade forense ou de docência em Direito, sendo os demais requisitos fixados por lei.

Artigo 227º - (Funcionamento)

O Tribunal Supremo funciona:

a) em secções, como tribunal de primeira e de segunda instância;

b) em plenário, como tribunal de segunda instância e de instância única, nos casos expressamente previstos na lei.

SECÇÃO III - Tribunal Administrativo

Artigo 228º - (Definição)

1. O Tribunal Administrativo é o órgão superior da hierarquia dos tribunais administrativos, fiscais e aduaneiros.
2. O controlo da legalidade dos atos administrativos e da aplicação das normas regulamentares emitidas pela Administração Pública, bem como a fiscalização da legalidade das despesas públicas e a respetiva efetivação da responsabilidade por infração financeira, cabem ao Tribunal Administrativo.

Artigo 229º - (Composição)

1. O Tribunal Administrativo é composto por Juízes Conselheiros, em número estabelecido por lei.
2. O Presidente da República nomeia o Presidente do Tribunal Administrativo, ouvido o Conselho Superior da Magistratura Judicial Administrativa.

3. Os Juízes Conselheiros do Tribunal Administrativo são nomeados pelo Presidente da República, sob proposta do Conselho Superior da Magistratura Judicial Administrativa.

4. Os Juízes Conselheiros do Tribunal Administrativo devem, à data da sua nomeação, ter idade igual ou superior a trinta e cinco anos e preencher os demais requisitos estabelecidos por lei.

Artigo 230º – (Competências)

1. Compete, nomeadamente, ao Tribunal Administrativo:

a) julgar as ações que tenham por objeto litígios emergentes das relações jurídicas administrativas;

b) julgar os recursos contenciosos interpostos das decisões dos órgãos do Estado, dos respetivos titulares e agentes;

c) conhecer dos recursos interpostos das decisões proferidas pelos tribunais administrativos, fiscais e aduaneiros.

2. Compete ainda ao Tribunal Administrativo:

a) emitir o relatório e o parecer sobre a Conta Geral do Estado;

b) fiscalizar, previamente, a legalidade e a cobertura orçamental dos atos e contratos sujeitos à jurisdição do Tribunal Administrativo;

c) fiscalizar, sucessiva e concomitantemente, os dinheiros públicos;

d) fiscalizar a aplicação dos recursos financeiros obtidos no estrangeiro, nomeadamente através de empréstimos, subsídios, avales e donativos.

Artigo 231º – (Organização e funcionamento)

A lei regula a organização e o funcionamento do Tribunal Administrativo e os demais aspetos relativos à sua competência.

Artigo 232º – (Conselho Superior da Magistratura Judicial Administrativa)

1. O Conselho Superior da Magistratura Judicial Administrativa é o órgão de gestão e disciplina da Magistratura Administrativa, Fiscal e Aduaneira.

2. A lei regula a organização, a composição e o funcionamento do Conselho Superior da Magistratura Judicial Administrativa.

Artigo 233º – (Incompatibilidades)

Os magistrados do Tribunal Administrativo, em exercício, não podem desempenhar quaisquer outras funções públicas ou privadas, exceto a atividade de docente ou de investigação jurídica ou outra de divulgação e publicação científica, literária, artística e técnica, mediante prévia autorização do Conselho Superior da Magistratura Judicial Administrativa.

TÍTULO X - Ministério Público

Artigo 234º - (Definição)

1. O Ministério Público constitui uma magistratura hierarquicamente organizada, subordinada ao Procurador-Geral da República.

2. No exercício das suas funções, os magistrados e agentes do Ministério Público estão sujeitos aos critérios de legalidade, objetividade, isenção e exclusiva sujeição às diretivas e ordens previstas na lei.

3. O Ministério Público goza de estatuto próprio e de autonomia, nos termos da lei.

Artigo 235º - (Natureza)

O Ministério Público compreende a respetiva magistratura, a Procuradoria-Geral da República e os órgãos subordinados.

Artigo 236º - (Funções)

Ao Ministério Público compete representar o Estado junto dos tribunais e defender os interesses que a lei determina, controlar a legalidade, os prazos das detenções, dirigir a instrução preparatória dos processos-crime, exercer a ação penal e assegurar a defesa jurídica dos menores, ausentes e incapazes.

Artigo 237º - (Procuradoria-Geral da República)

1. A Procuradoria-Geral da República é o órgão superior do Ministério Público, com a orgânica, composição e competências definidas na lei.

2. A Procuradoria-Geral da República é dirigida pelo Procurador-Geral, o qual é coadjuvado pelo Vice-Procurador-Geral da República.

Artigo 238º - (Conselho Superior da Magistratura do Ministério Público)

1. A Procuradoria-Geral da República compreende o Conselho Superior da Magistratura do Ministério Público, que inclui na sua composição membros eleitos pela Assembleia da República e membros de entre si eleitos pelos magistrados do Ministério Público.

2. O Conselho Superior da Magistratura do Ministério Público é o órgão de gestão e disciplina do Ministério Público.

3. A lei regula a organização, a composição e o funcionamento do Conselho Superior da Magistratura do Ministério Público.

Artigo 239º - (Procurador-Geral e Vice-Procurador-Geral da República)

1. O Procurador-Geral e o Vice-Procurador-Geral da República são nomeados, por um período de cinco anos, pelo Presidente da República de entre licen-

ciados em Direito, que hajam exercido, pelo menos durante dez anos, atividade profissional na magistratura ou em qualquer outra atividade forense ou de docência em Direito, não podendo o seu mandato cessar senão nos seguintes casos:

a) renúncia;

b) exoneração;

c) demissão;

d) aposentação compulsiva em consequência de processo disciplinar ou criminal;

e) aceitação de lugar ou cargo incompatível com o exercício das suas funções.

2. O Procurador-Geral da República responde perante o Chefe do Estado.

3. O Procurador-Geral da República presta informação anual à Assembleia da República.

Artigo 240º – (Procuradores-Gerais Adjuntos)

1. Os Procuradores-Gerais Adjuntos representam o Ministério Público junto das secções do Tribunal Supremo e do Tribunal Administrativo e constituem o topo da carreira da Magistratura do Ministério Público.

2. Os Procuradores-Gerais Adjuntos são nomeados pelo Presidente da República, sob proposta do Conselho Superior da Magistratura do Ministério Público, após concurso público de avaliação curricular, aberto a cidadãos nacionais de reputado mérito, licenciados em Direito, no pleno gozo dos seus direitos civis e políticos, que tenham, à data do concurso, idade igual ou superior a trinta e cinco anos e que tenham exercido, pelo menos durante dez anos, a atividade forense ou de docência em Direito.

TÍTULO XI – Conselho Constitucional

Artigo 241º – (Definição)

1. O Conselho Constitucional é o órgão de soberania, ao qual compete especialmente administrar a justiça em matérias de natureza jurídico-constitucional.

2. A organização, funcionamento e o processo de verificação e controlo da constitucionalidade, da legalidade dos atos normativos e as demais competências do Conselho Constitucional são fixadas por lei.

Artigo 242º – (Composição)

1. O Conselho Constitucional é composto por sete juízes conselheiros, designados nos seguintes termos:

a) um juiz conselheiro nomeado pelo Presidente da República, que é o Presidente do Conselho Constitucional;

b) cinco juízes conselheiros designados pela Assembleia da República segundo o critério da representação proporcional;

c) um juiz conselheiro designado pelo Conselho Superior da Magistratura Judicial.

2. Os juízes conselheiros do Conselho Constitucional são designados para um mandato de cinco anos, renovável e gozam de garantia de independência, inamovibilidade, imparcialidade e irresponsabilidade.

3. Os juízes conselheiros do Conselho Constitucional, à data da sua designação, devem ter idade igual ou superior a trinta e cinco anos, ter pelo menos dez anos de experiência profissional na magistratura ou em qualquer atividade forense ou de docência em Direito.

Artigo 243º – (Incompatibilidades)

Os juízes conselheiros do Conselho Constitucional, em exercício, não podem desempenhar quaisquer outras funções públicas ou privadas, exceto a atividade de docente ou de investigação jurídica ou outra de divulgação e publicação científica, literária, artística e técnica, mediante prévia autorização do respetivo órgão.

Artigo 244º – (Competências)

1. Compete ao Conselho Constitucional:

a) apreciar e declarar a inconstitucionalidade das leis e a ilegalidade dos atos normativos dos órgãos do Estado;

b) dirimir conflitos de competências entre os órgãos de soberania;

c) verificar previamente a constitucionalidade dos referendos.

2. Cabe ainda ao Conselho Constitucional:

a) verificar os requisitos legais exigidos para as candidaturas a Presidente da República;

b) declarar a incapacidade permanente do Presidente da República;

c) verificar a morte e a perda de mandato do Presidente da República;

d) apreciar, em última instância, os recursos e as reclamações eleitorais, validar e proclamar os resultados eleitorais nos termos da lei;

e) decidir, em última instância, a legalidade da constituição dos partidos políticos e suas coligações, bem como apreciar a legalidade das suas denominações, siglas, símbolos e ordenar a respetiva extinção, nos termos da Constituição e da lei;

f) julgar as ações de impugnação de eleições e de deliberação dos órgãos dos partidos políticos;

g) julgar as ações que tenham por objeto o contencioso relativo ao mandato dos deputados;

h) julgar as ações que tenham por objeto as incompatibilidades previstas na Constituição e na lei.

3. O Conselho Constitucional exerce as demais competências que lhe sejam atribuídas por lei.

Artigo 245º – (Solicitação de apreciação de inconstitucionalidade)

1. O Conselho Constitucional aprecia e declara, com força obrigatória geral, a inconstitucionalidade das leis e a ilegalidade dos demais atos normativos dos órgãos do Estado, em qualquer momento da sua vigência.

2. Podem solicitar ao Conselho Constitucional a declaração de inconstitucionalidade das leis ou de ilegalidade dos atos normativos dos órgãos do Estado:

a) o Presidente da República;

b) o Presidente da Assembleia da República;

c) um terço, pelo menos, dos Deputados da Assembleia da República;

d) o Primeiro-Ministro;

e) o Procurador-Geral da República;

f) o Provedor de Justiça;

g) dois mil cidadãos.

3. A lei regula o regime de admissão das ações de apreciação de inconstitucionalidade.

Artigo 246º – (Verificação preventiva da constitucionalidade)

1. O Presidente da República pode requerer ao Conselho Constitucional a apreciação preventiva da constitucionalidade de qualquer diploma que lhe tenha sido enviado para promulgação.

2. A apreciação preventiva da constitucionalidade deve ser requerida no prazo referido no nº 2 do artigo 163.

3. Requerida à apreciação da constitucionalidade, interrompe-se o prazo de promulgação.

4. Caso o Conselho Constitucional se pronuncie pela inexistência da inconstitucionalidade, o novo prazo de promulgação começa a correr a partir do conhecimento pelo Presidente da República da deliberação do Conselho Constitucional.

5. Se o Conselho Constitucional se pronunciar pela inconstitucionalidade, o Presidente da República veta e devolve o diploma à Assembleia da República.

Artigo 247º – (Recursos)

1. Devem ser remetidos obrigatoriamente para o Conselho Constitucional, os acórdãos e outras decisões com fundamento na inconstitucionalidade, nos seguintes casos:

a) quando se recuse a aplicação de qualquer norma com base na sua inconstitucionalidade;

b) quando o Procurador-Geral da República ou o Ministério Público solicite a apreciação abstrata da constitucionalidade ou da legalidade de qualquer norma, cuja aplicação tenha sido recusada, com a justificação de inconstitucionalidade ou ilegalidade, por decisão judicial insuscetível de recurso.

2. A lei regula o regime de admissão dos recursos previstos nesta disposição.

Artigo 248º – (Irrecorribilidade e obrigatoriedade dos acórdãos)

1. Os acórdãos do Conselho Constitucional são de cumprimento obrigatório para todos os cidadãos, instituições e demais pessoas jurídicas, não são passíveis de recurso e prevalecem sobre outras decisões.

2. Em caso de incumprimento dos acórdãos referidos no presente artigo, o infrator incorre no cometimento de crime de desobediência, se crime mais grave não couber.

3. Os acórdãos do Conselho Constitucional são publicados no *Boletim da República*.

TÍTULO XII – Administração Pública, Polícia, Provedor de Justiça e órgãos locais do Estado

CAPÍTULO I – Administração Pública

Artigo 249º – (Princípios fundamentais)

1. A Administração Pública serve o interesse público e na sua atuação respeita os direitos e liberdades fundamentais dos cidadãos.

2. Os órgãos da Administração Pública obedecem à Constituição e à lei e atuam com respeito pelos princípios da igualdade, da imparcialidade, da ética e da justiça.

Artigo 250º – (Estrutura)

1. A Administração Pública estrutura-se com base no princípio de descentralização e desconcentração, promovendo a modernização e a eficiência dos seus serviços sem prejuízo da unidade de ação e dos poderes de direção do Governo.

2. A Administração Pública promove a simplificação de procedimentos administrativos e a aproximação dos serviços aos cidadãos.

Artigo 251º – (Acesso e estatuto dos funcionários)

1. O acesso à função pública e a progressão nas carreiras profissionais não podem ser prejudicados em razão da cor, raça, sexo, religião, origem étnica ou

social ou opção político-partidária e obedece estritamente aos requisitos de mérito e capacidade dos interessados.

2. A lei regula o estatuto dos funcionários e demais agentes do Estado, as incompatibilidades e as garantias de imparcialidade no exercício dos cargos públicos.

Artigo 252º – (Hierarquia)

1. Os funcionários e demais agentes do Estado, no exercício das suas funções, devem obediência aos seus superiores hierárquicos, nos termos da lei.

2. O dever de obediência cessa sempre que o seu cumprimento implique a prática de crime.

Artigo 253º – (Direitos e garantias dos administrados)

1. Os cidadãos têm o direito de serem informados pelos serviços competentes da Administração Pública sempre que requeiram sobre o andamento dos processos em que estejam diretamente interessados nos termos da lei.

2. Os atos administrativos são notificados aos interessados nos termos e nos prazos da lei e são fundamentados quando afetam direitos ou interesses dos cidadãos legalmente tutelados.

3. É assegurado aos cidadãos interessados o direito ao recurso contencioso fundado em ilegalidade de atos administrativos, desde que prejudiquem os seus direitos.

CAPÍTULO II – Polícia

Artigo 254º – (Definição)

1. A Polícia da República de Moçambique, em colaboração com outras instituições do Estado, tem como função garantir a lei e a ordem, a salvaguarda da segurança de pessoas e bens, a tranquilidade pública, o respeito pelo Estado de Direito Democrático e a observância estrita dos direitos e liberdades fundamentais dos cidadãos.

2. A Polícia é apartidária.

3. No exercício das suas funções, a Polícia obedece a lei e serve com isenção e imparcialidade os cidadãos e as instituições públicas e privadas.

Artigo 255º – (Comando e organização)

1. A Polícia da República de Moçambique é dirigida por um Comandante-Geral.

2. A lei estabelece a organização geral da Polícia, fixa os respetivos ramos, determina a sua função, estrutura e as normas que regem o ingresso.

CAPÍTULO III - Provedor de Justiça

Artigo 256º - (Definição)

O Provedor de Justiça é um órgão que tem como função a garantia dos direitos dos cidadãos, a defesa da legalidade e da justiça na atuação da Administração Pública.

Artigo 257º - (Eleição)

O Provedor de Justiça é eleito pela Assembleia da República, por maioria de dois terços dos Deputados, pelo tempo que a lei determinar.

Artigo 258º - (Independência)

1. O Provedor de Justiça é independente e imparcial no exercício das suas funções, devendo observância apenas à Constituição e às leis.
2. O Provedor de Justiça submete uma informação anual à Assembleia da República sobre a sua atividade.

Artigo 259º - (Competências)

1. O Provedor de Justiça aprecia os casos que lhe são submetidos, sem poder decisório, e produz recomendações aos órgãos competentes para reparar ou prevenir ilegalidades ou injustiças.
2. Se as investigações do Provedor de Justiça levarem à presunção de que a Administração Pública cometeu erros, irregularidades ou violações graves, informa a Assembleia da República, o Procurador-Geral da República e a Autoridade Central ou Local com a recomendação das medidas pertinentes.

Artigo 260º - (Dever de colaboração)

Os órgãos e agentes da Administração Pública têm o dever de prestar a colaboração que lhes for requerida pelo Provedor de Justiça no exercício das suas funções.

Artigo 261º - (Estatuto, procedimentos e organização)

Os demais aspetos relativos ao estatuto, procedimentos e à estrutura organizativa de apoio ao Provedor de Justiça são fixados por lei.

CAPÍTULO IV - Órgãos locais do Estado

Artigo 262º - (Definição)

Os órgãos locais do Estado têm como função a representação do Estado ao nível local para a administração e o desenvolvimento do respetivo território e contribuem para a integração e unidade nacionais.

Artigo 263º – (Princípios organizatórios)

1. A organização e o funcionamento dos órgãos do Estado a nível local obedecem aos princípios de descentralização e desconcentração, sem prejuízo da unidade de ação e dos poderes de direção do Governo.

2. No seu funcionamento, os órgãos locais do Estado, promovendo a utilização dos recursos disponíveis, garantem a participação ativa dos cidadãos e incentivam a iniciativa local na solução dos problemas das comunidades.

3. Na sua atuação, os órgãos locais do Estado respeitam as atribuições, competências e autonomia das autarquias locais.

4. Para a realização das atribuições que lhe são próprias, o Estado garante a sua representação em cada circunscrição autárquica.

5. A lei determina os mecanismos institucionais de articulação com as comunidades locais, podendo nelas delegar certas funções próprias das atribuições do Estado.

Artigo 264º – (Funções)

1. Os órgãos locais do Estado garantem, no respetivo território, sem prejuízo da autonomia das autarquias locais, a realização de tarefas e programas económicos, culturais e sociais de interesse local e nacional, observando o estabelecido na Constituição, nas deliberações da Assembleia da República, do Conselho de Ministros e dos órgãos do Estado do escalão superior.

2. A organização, funcionamento e competências dos órgãos locais do Estado são regulados por lei.

TÍTULO XIII – Defesa Nacional e Conselho Nacional de Defesa e Segurança

CAPÍTULO I – Defesa Nacional

Artigo 265º – (Princípios fundamentais)

A política de defesa e segurança do Estado visa defender a independência nacional, preservar a soberania e integridade do país e garantir o funcionamento normal das instituições e a segurança dos cidadãos contra qualquer agressão armada.

Artigo 266º – (Forças de defesa e serviços de segurança)

1. As forças de defesa e os serviços de segurança subordinam-se à política nacional de defesa e segurança e devem fidelidade à Constituição e à Nação.

2. O juramento dos membros das forças de defesa e dos serviços de segurança do Estado estabelece o dever de respeitar a Constituição, defender as instituições e servir o povo.

3. As forças de defesa e os serviços de segurança do Estado são apartidários e observam a abstenção de tomada de posições ou participação em ações que possam pôr em causa a sua coesão interna e a unidade nacional.

4. As forças de defesa e os serviços de segurança do Estado devem especial obediência ao Presidente da República na sua qualidade de Comandante-Chefe.

Artigo 267º - (Defesa da pátria, serviço militar e serviço cívico)

1. A participação na defesa da independência nacional, soberania e integridade territorial são dever sagrado e honra para todos os cidadãos moçambicanos.

2. O serviço militar é prestado nos termos da lei em unidades das Forças Armadas de Defesa de Moçambique.

3. A lei estabelece um serviço cívico em substituição ou complemento do serviço militar para todos os cidadãos não sujeitos a deveres militares.

4. As isenções do serviço militar são fixadas por lei.

CAPÍTULO II - Conselho Nacional de Defesa e Segurança

Artigo 268º - (Definição e composição)

1. O Conselho Nacional de Defesa e Segurança é o órgão do Estado de consulta específica para os assuntos relativos à soberania nacional, integridade territorial, defesa do poder democraticamente instituído e à segurança.

2. O Conselho Nacional de Defesa e Segurança é presidido pelo Presidente da República e tem a composição que a lei determinar, a qual inclui dois membros designados pelo Presidente da República e cinco pela Assembleia da República.

Artigo 269º - (Competências)

São, nomeadamente, competências do Conselho Nacional de Defesa e Segurança:

a) pronunciar-se previamente sobre a declaração de guerra;

b) pronunciar-se sobre a suspensão das garantias constitucionais e a declaração do estado de sítio e do estado de emergência;

c) dar parecer sobre os critérios e condições de utilização de zonas de proteção total ou parcial destinada à defesa e segurança do território nacional;

d) analisar e acompanhar iniciativas de outros órgãos do Estado que visem garantir a consolidação da independência nacional, o reforço do poder político democrático e a manutenção da lei e da ordem;

e) Pronunciar-se sobre as missões de paz no estrangeiro.

Artigo 270º – (Organização e funcionamento)

A organização e funcionamento do Conselho Nacional de Defesa e Segurança são fixados por lei.

TÍTULO XIV – Poder Local

Artigo 271º – (Objetivos)

1. O Poder Local tem como objetivos organizar a participação dos cidadãos na solução dos problemas próprios da sua comunidade e promover o desenvolvimento local, o aprofundamento e a consolidação da democracia, no quadro da unidade do Estado Moçambicano.
2. O Poder Local apoia-se na iniciativa e na capacidade das populações e atua em estreita colaboração com as organizações de participação dos cidadãos.

Artigo 272º – (Autarquias locais)

1. O Poder Local compreende a existência de autarquias locais.
2. As autarquias locais são pessoas coletivas públicas, dotadas de órgãos representativos próprios, que visam a prossecução dos interesses das populações respetivas, sem prejuízo dos interesses nacionais e da participação do Estado.

Artigo 273º – (Categorias das autarquias locais)

1. As autarquias locais são os municípios e as povoações.
2. Os municípios correspondem à circunscrição territorial das cidades e vilas.
3. As povoações correspondem à circunscrição territorial da sede dos postos administrativos.
4. A lei pode estabelecer outras categorias autárquicas superiores ou inferiores à circunscrição territorial do município ou da povoação.

Artigo 274º – (Criação e extinção das autarquias locais)

A criação e extinção das autarquias locais são reguladas por lei, devendo a alteração da respetiva área ser precedida de consulta aos seus órgãos.

Artigo 275º – (Órgãos deliberativos e executivos)

1. As autarquias locais têm como órgãos uma assembleia, dotada de poderes deliberativos, e um executivo que responde perante ela, nos termos fixados na lei.
2. A Assembleia é eleita por sufrágio universal, direto, igual, secreto, pessoal e periódico dos cidadãos eleitores residentes na circunscrição territorial da autarquia, segundo o sistema de representação proporcional.

3. O órgão executivo da autarquia é dirigido por um presidente eleito por sufrágio universal, direto, igual, secreto, pessoal e periódico dos cidadãos eleitores residentes na respetiva circunscrição territorial.

4. As candidaturas para as eleições dos órgãos das autarquias locais podem ser apresentadas por partidos políticos, isoladamente ou em coligação, ou por grupos de cidadãos eleitores, nos termos da lei.

5. A organização, a composição e o funcionamento dos órgãos executivos são definidos por lei.

Artigo 276º – (Património e finanças locais)

1. As autarquias locais têm finanças e património próprios.

2. A lei define o património das autarquias e estabelece o regime das finanças locais que, dentro dos interesses superiores do Estado, garanta a justa repartição dos recursos públicos e a necessária correção dos desequilíbrios entre elas existentes.

3. A lei define as formas de apoio técnico e humano do Estado às autarquias locais, sem prejuízo da sua autonomia.

Artigo 277º – (Tutela administrativa)

1. As autarquias locais estão sujeitas à tutela administrativa do Estado.

2. A tutela administrativa sobre as autarquias locais consiste na verificação da legalidade dos atos administrativos dos órgãos autárquicos, nos termos da lei.

3. O exercício do poder tutelar pode ser ainda aplicado sobre o mérito dos atos administrativos, apenas nos casos e nos termos expressamente previstos na lei.

4. A dissolução dos órgãos autárquicos, ainda que resultante de eleições diretas, só pode ter lugar em consequência de ações ou omissões legais graves, previstas na lei e nos termos por ela estabelecidos.

Artigo 278º – (Poder regulamentar)

As autarquias locais dispõem de poder regulamentar próprio, no limite da Constituição, das leis e dos regulamentos emanados das autoridades com poder tutelar.

Artigo 279º – (Pessoal das autarquias locais)

1. As autarquias locais possuem quadro de pessoal próprio, nos termos da lei.

2. É aplicável aos funcionários e agentes da administração local o regime dos funcionários e agentes do Estado.

Artigo 280º - (Organização)

A lei garante as formas de organização que as autarquias locais podem adotar para a prossecução de interesses comuns.

Artigo 281º - (Mandato)

A revogação e renúncia do mandato dos membros eleitos dos órgãos autárquicos são reguladas por lei.

TÍTULO XV - Garantias da Constituição

CAPÍTULO I - Dos estados de sítio e de emergência

Artigo 282º - (Estado de sítio ou de emergência)

1. O estado de sítio ou o estado de emergência só podem ser declarados, no todo ou em parte do território, nos casos de agressão efetiva ou eminente, de grave ameaça ou de perturbação da ordem constitucional ou de calamidade pública.
2. A declaração do estado de sítio ou de emergência é fundamentada e especifica as liberdades e garantias cujo exercício é suspenso ou limitado.

Artigo 283º - (Pressupostos da opção de declaração)

A menor gravidade dos pressupostos da declaração determina a opção pelo estado de emergência, devendo, em todo o caso, respeitar-se o princípio da proporcionalidade e limitar-se, nomeadamente, quanto à extensão dos meios utilizados e quanto à duração, ao estritamente necessário ao pronto restabelecimento da normalidade constitucional.

Artigo 284º - (Duração)

O tempo de duração do estado de sítio ou de emergência não pode ultrapassar os trinta dias, sendo prorrogável por iguais períodos até três se persistirem as razões que determinaram a sua declaração.

Artigo 285º - (Processo de declaração)

1. Tendo declarado o estado de sítio ou de emergência, o Presidente da República submete à Assembleia da República, no prazo de vinte e quatro horas, a declaração com a respetiva fundamentação, para efeitos de ratificação.
2. Se a Assembleia da República não estiver em sessão é convocada em reunião extraordinária, devendo reunir-se no prazo máximo de cinco dias.
3. A Assembleia da República delibera sobre a declaração no prazo máximo de quarenta e oito horas, podendo continuar em sessão enquanto vigorar o estado de sítio ou de emergência.

Artigo 286º – (Limites de declaração)

A declaração do estado de sítio ou de emergência em nenhum caso pode limitar ou suspender os direitos à vida, à integridade pessoal, à capacidade civil e à cidadania, a não retroatividade da lei penal, o direito de defesa dos arguidos e a liberdade de religião.

Artigo 287º – (Restrições das liberdades individuais)

Ao abrigo do estado de sítio ou de emergência podem ser tomadas as seguintes medidas restritivas da liberdade das pessoas:

a) obrigação de permanência em local determinado;

b) detenção;

c) detenção em edifício não destinado a acusados ou condenados por crimes comuns;

d) restrições relativas à inviolabilidade da correspondência, ao sigilo das comunicações, à prestação de informações e à liberdade de imprensa, radiodifusão e televisão;

e) busca e apreensão em domicílio;

f) suspensão de liberdade de reunião e manifestação;

g) requisição de bens e serviços.

Artigo 288º – (Detenções)

As detenções que se efetuam ao abrigo do estado de sítio ou de emergência observam os seguintes princípios:

a) deve ser notificado imediatamente um parente ou pessoa de confiança do detido por este indicado, a quem se dá conhecimento do enquadramento legal, no prazo de cinco dias;

b) o nome do detido e o enquadramento legal da detenção são tornados públicos, no prazo de cinco dias;

c) o detido é apresentado a juízo, no prazo máximo de dez dias.

Artigo 289º – (Funcionamento dos órgãos de soberania)

A declaração do estado de sítio ou de emergência não pode afetar a aplicação da Constituição quanto à competência, ao funcionamento dos órgãos de soberania e quanto aos direitos e imunidades dos respetivos titulares ou membros.

Artigo 290º – (Termo)

1. No termo do estado de sítio ou de emergência, o Presidente da República faz uma comunicação à Assembleia da República com uma informação detalhada sobre as medidas tomadas ao seu abrigo e a relação nominal dos cidadãos atingidos.

2. A cessação do estado de sítio ou de emergência faz cessar os seus efeitos, sem prejuízo da responsabilidade por atos ilícitos cometidos pelos seus executores ou agentes.

CAPÍTULO II – Revisão da Constituição

Artigo 291º – (Iniciativa)

1. As propostas de alteração da Constituição são da iniciativa do Presidente da República ou de um terço, pelo menos, dos Deputados da Assembleia da República.

2. As propostas de alteração devem ser depositadas na Assembleia da República até noventa dias antes do início do debate.

Artigo 292º – (Limites materiais)

1. As leis de revisão constitucional têm de respeitar:

a) a independência, a soberania e a unidade do Estado;

b) a forma republicana de Governo;

c) a separação entre as confissões religiosas e o Estado;

d) os direitos, liberdades e garantias fundamentais;

e) o sufrágio universal, direto, secreto, pessoal, igual e periódico na designação dos titulares eletivos dos órgãos de soberania das províncias e do poder local;

f) o pluralismo de expressão e de organização política, incluindo partidos políticos e o direito de oposição democrática;

g) a separação e interdependência dos órgãos de soberania;

h) a fiscalização da constitucionalidade;

i) a independência dos juízes;

j) a autonomia das autarquias locais;

k) os direitos dos trabalhadores e das associações sindicais;

l) as normas que regem a nacionalidade, não podendo ser alteradas para restringir ou retirar direitos de cidadania.

2. As alterações das matérias constantes do número anterior são obrigatoriamente sujeitas a referendo.

Artigo 293º – (Tempo)

A Constituição só pode ser revista cinco anos depois da entrada em vigor da última lei de revisão, salvo deliberação de assunção de poderes extraordinários de revisão, aprovada por maioria de três quartos dos Deputados da Assembleia da República.

Artigo 294º - (Limites circunstanciais)

Na vigência do estado de sítio ou do estado de emergência não pode ser aprovada qualquer alteração da Constituição.

Artigo 295º - (Votação e forma)

1. As alterações da Constituição são aprovadas por maioria de dois terços dos Deputados da Assembleia da República.
2. As alterações da Constituição que forem aprovadas são reunidas numa única lei de revisão.
3. O Presidente da República não pode recusar a promulgação da lei de revisão.

Artigo 296º - (Alterações constitucionais)

1. As alterações da Constituição são inseridas no lugar próprio, mediante as substituições, as supressões e os aditamentos necessários.
2. A Constituição, no seu novo texto, é publicada conjuntamente com a lei de revisão.

TÍTULO XVI - Símbolos, Moeda e Capital da República

Artigo 297º - (Bandeira nacional)

A bandeira nacional tem cinco cores: vermelho, verde, preto, amarelo dourado e branco.

As cores representam:

vermelha – resistência secular ao colonialismo, a luta armada de libertação nacional e a defesa da soberania;

verde – as riquezas do solo;

preta – o continente africano;

amarela dourada – as riquezas do subsolo;

branca – a justeza da luta do povo moçambicano e a paz.

De cima para baixo estão dispostos horizontalmente o verde, o preto e o amarelo dourado alternados por faixas brancas. Do lado esquerdo, o vermelho ocupa o triângulo no centro do qual se encontra uma estrela, tendo sobre ela um livro, ao qual se sobrepõem uma arma e uma enxada cruzadas.

A estrela simboliza o espírito de solidariedade internacional do povo moçambicano.

O livro, a enxada e a arma simbolizam o estudo, a produção e a defesa.

Artigo 298º – (Emblema)

O emblema de República de Moçambique contém como elementos centrais um livro, uma arma e uma enxada, dispostos em cima do mapa de Moçambique e representando respetivamente: a educação, a defesa e vigilância, o campesinato e a produção agrícola.

Por baixo do mapa está representado o oceano.

Ao centro, o Sol nascente, símbolo de nova vida em construção.

A delimitar este conjunto está uma roda dentada, simbolizando os operários e a indústria.

A circundar a roda dentada encontram-se à direita e à esquerda, respetivamente, uma planta de milho e espiga e uma cana de açúcar simbolizando a riqueza agrícola.

No cimo, ao centro, uma estrela simboliza o espírito de solidariedade internacional do povo moçambicano.

Na parte inferior está disposta uma faixa vermelha com a inscrição "República de Moçambique".

Artigo 299º – (Hino nacional)

A letra e a música do hino nacional são estabelecidas por lei, aprovada nos termos do nº 1 do artigo 295.

Artigo 300º – (Moeda)

1. A moeda nacional é o Metical.

2. A alteração da moeda é estabelecida por lei, aprovada nos termos do nº 1 do artigo 295.

Artigo 301º – (Capital)

A capital da República de Moçambique é a Cidade de Maputo.

TÍTULO XVII – Disposições finais e transitórias

Artigo 302º – (Bandeira e emblema)

As alterações da bandeira nacional e do emblema da República de Moçambique são estabelecidas por lei, no prazo de um ano, a contar da entrada em vigor da Constituição e aprovada nos termos do nº 1 do artigo 295.

Artigo 303º – (Conselho Constitucional)

Com entrada em vigor da Constituição, o Conselho Constitucional mantém-se em exercício com a atual composição, assumindo as competências estabelecidas no título décimo primeiro.

Artigo 304º - (Assembleias provinciais)

As eleições das assembleias provinciais, previstas no artigo 142 da Constituição, têm lugar até o ano de 2009.

Artigo 305º - (Direito anterior)

A legislação anterior, no que não for contrária à Constituição, mantém-se em vigor até que seja modificada ou revogada.

Artigo 306º - (Entrada em vigor)

A Constituição entra em vigor no dia imediato ao da validação e proclamação dos resultados eleitorais das Eleições Gerais de 2004.

Aprovada pela Assembleia da República, aos 16 de novembro de 2004.

O Presidente da Assembleia da República, *Eduardo Joaquim Mulémbwè.*

Publique-se.

O Presidente da República, JOAQUIM ALBERTO CHISSANO.

VIII
Constituição da República de Angola de 2010[1]

PREÂMBULO

Nós, o Povo de Angola, através dos nossos lídimos representantes, Deputados da Nação livremente eleitos nas eleições parlamentares de setembro de 2008;

Cientes de que essas eleições se inserem na longa tradição de luta do povo angolano pela conquista da sua cidadania e independência, proclamada no dia 11 de Novembro de 1975, data em que entrou em vigor a primeira Lei Constitucional da história de Angola, corajosamente preservada graças aos sacrifícios coletivos para defender a soberania nacional e a integridade territorial do país;

Tendo recebido, por via da referida escolha popular e por força do disposto no artigo 158º da Lei Constitucional de 1992, o nobre e indeclinável mandato de proceder à elaboração e aprovação da Constituição da República de Angola;

Cônscios da grande importância e magna valia de que se reveste a feitura e adoção da lei primeira e fundamental do Estado e da sociedade angolana;

Destacando que a Constituição da República de Angola se filia e enquadra diretamente na já longa e persistente luta do povo angolano, primeiro, para resistir à ocupação colonizadora, depois para conquistar a independência e a dignidade de um Estado soberano e, mais tarde, para edificar, em Angola, um Estado Democrático de Direito e uma sociedade justa;

---

[1] Texto oficial integral, publicado no *Diário da República de Angola*, 1ª série, nº 23, de 5 de fevereiro de 2010.

Invocando a memória dos nossos antepassados e apelando à sabedoria das lições da nossa história comum, das nossas raízes seculares e das culturas que enriquecem a nossa unidade;

Inspirados pelas melhores lições da tradição africana – substrato fundamental da cultura e da identidade angolanas;

Revestidos de uma cultura de tolerância e profundamente comprometidos com a reconciliação, a igualdade, a justiça e o desenvolvimento;

Decididos a construir uma sociedade fundada na equidade de oportunidades, no compromisso, na fraternidade e na unidade na diversidade;

Determinados a edificar, todos juntos, uma sociedade justa e de progresso que respeita a vida, a igualdade, a diversidade e a dignidade das pessoas;

Relembrando que a atual Constituição representa o culminar do processo de transição constitucional iniciado em 1991, com a aprovação, pela Assembleia do Povo, da Lei nº 12/91, que consagrou a democracia multipartidária, as garantias dos direitos e liberdades fundamentais dos cidadãos e o sistema económico de mercado, mudanças aprofundadas, mais tarde, pela Lei de Revisão Constitucional nº 23/92;

Reafirmando o nosso comprometimento com os valores e princípios fundamentais da Independência, Soberania e Unidade do Estado Democrático de Direito, do pluralismo de expressão e de organização política, da separação e equilíbrio de poderes dos órgãos de soberania, do sistema económico de mercado e do respeito e garantia dos direitos e liberdades fundamentais do ser humano, que constituem as traves mestras que suportam e estruturam a presente Constituição;

Conscientes de que uma Constituição como a presente é, pela partilha dos valores, princípios e normas nela plasmados, um importante fator de unidade nacional e uma forte alavanca para o desenvolvimento do Estado e da sociedade;

Empenhando-nos, solenemente, no cumprimento estrito e no respeito pela presente Constituição e aspirando a que a mesma postura seja a matriz do comportamento dos cidadãos, das forças políticas e de toda a sociedade angolana;

Assim, invocando e rendendo preito à memória de todos os heróis e de cada uma das angolanas e dos angolanos que perderam a vida na defesa da Pátria;

Fiéis aos mais altos anseios do povo angolano de estabilidade, dignidade, liberdade, desenvolvimento e edificação de um país moderno, próspero, inclusivo, democrático e socialmente justo;

Comprometidos com o legado para as futuras gerações e no exercício da nossa soberania;

Aprovamos a presente Constituição como Lei Suprema e Fundamental da República de Angola.

TÍTULO I - Princípios fundamentais

Artigo 1º - (República de Angola)

Angola é uma República soberana e independente, baseada na dignidade da pessoa humana e na vontade do povo angolano, que tem como objetivo fundamental a construção de uma sociedade livre, justa, democrática, solidária, de paz, igualdade e progresso social.

Artigo 2º - (Estado Democrático de Direito)

1. A República de Angola é um Estado Democrático de Direito que tem como fundamentos a soberania popular, o primado da Constituição e da lei, a separação de poderes e interdependência de funções, a unidade nacional, o pluralismo de expressão e de organização política e a democracia representativa e participativa.

2. A República de Angola promove e defende os direitos e liberdades fundamentais do Homem, quer como indivíduo quer como membro de grupos sociais organizados, e assegura o respeito e a garantia da sua efetivação pelos poderes legislativo, executivo e judicial, seus órgãos e instituições, bem como por todas as pessoas singulares e coletivas.

Artigo 3º - (Soberania)

1. A soberania, una e indivisível, pertence ao povo, que a exerce através do sufrágio universal, livre, igual, direto, secreto e periódico, do referendo e das demais formas estabelecidas pela Constituição, nomeadamente para a escolha dos seus representantes.

2. O Estado exerce a sua soberania sobre a totalidade do território angolano, compreendendo este, nos termos da presente Constituição, da lei e do Direito Internacional, a extensão do espaço terrestre, as águas interiores e o mar territorial, bem como o espaço aéreo, o solo e o subsolo, o fundo marinho e os leitos correspondentes.

3. O Estado exerce jurisdição e direitos de soberania em matéria de conservação, exploração e aproveitamento dos recursos naturais, biológicos e não biológicos, na zona contígua, na zona económica exclusiva e na plataforma continental, nos termos da lei e do Direito Internacional.

Artigo 4º - (Exercício do poder político)

1. O poder político é exercido por quem obtenha legitimidade mediante processo eleitoral livre e democraticamente exercido, nos termos da Constituição e da lei.

2. São ilegítimos e criminalmente puníveis a tomada e o exercício do poder político com base em meios violentos ou por outras formas não previstas nem conformes com a Constituição.

Artigo 5º – (Organização do território)

1. O território da República de Angola é o historicamente definido pelos limites geográficos de Angola tais como existentes a 11 de novembro de 1975, data da Independência Nacional.

2. O disposto no número anterior não prejudica as adições que tenham sido ou que venham a ser estabelecidas por tratados internacionais.

3. A República de Angola organiza-se territorialmente, para fins político-administrativos, em Províncias e estas em Municípios, podendo ainda estruturar-se em Comunas e em entes territoriais equivalentes, nos termos da Constituição e da lei.

4. A definição dos limites e das características dos escalões territoriais, a sua criação, modificação ou extinção, no âmbito da organização político-administrativa, bem como a organização territorial para fins especiais, tais como económicos, militares, estatísticos, ecológicos ou similares, são fixadas por lei.

5. A lei fixa a estruturação, a designação e a progressão das unidades urbanas e dos aglomerados populacionais.

6. O território angolano é indivisível, inviolável e inalienável, sendo energicamente combatida qualquer ação de desmembramento ou de separação de suas parcelas, não podendo ser alienada parte alguma do território nacional ou dos direitos de soberania que sobre ele o Estado exerce.

Artigo 6º – (Supremacia da Constituição e legalidade)

1. A Constituição é a lei suprema da República de Angola.

2. O Estado subordina-se à Constituição e funda-se na legalidade, devendo respeitar e fazer respeitar as leis.

3. As leis, os tratados e os demais atos do Estado, dos órgãos do poder local e dos entes públicos em geral só são válidos se forem conformes à Constituição.

Artigo 7º – (Costume)

É reconhecida a validade e a força jurídica do costume que não seja contrário à Constituição nem atente contra a dignidade da pessoa humana.

Artigo 8º – (Estado unitário)

A República de Angola é um Estado unitário que respeita, na sua organização, os princípios da autonomia dos órgãos do poder local e da desconcentração e descentralização administrativas, nos termos da Constituição e da lei.

Artigo 9º – (Nacionalidade)

1. A nacionalidade angolana pode ser originária ou adquirida.

2. É cidadão angolano de origem o filho de pai ou de mãe de nacionalidade angolana, nascido em Angola ou no estrangeiro.

3. Presume-se cidadão angolano de origem o recém-nascido achado em território angolano.

4. Nenhum cidadão angolano de origem pode ser privado da nacionalidade originária.

5. A lei estabelece os requisitos de aquisição, perda e reaquisição da nacionalidade angolana.

Artigo 10º – (Estado laico)

1. A República de Angola é um Estado laico, havendo separação entre o Estado e as igrejas, nos termos da lei.

2. O Estado reconhece e respeita as diferentes confissões religiosas, as quais são livres na sua organização e no exercício das suas atividades, desde que as mesmas se conformem à Constituição e às leis da República de Angola.

3. O Estado protege as igrejas e as confissões religiosas, bem como os seus lugares e objetos de culto, desde que não atentem contra a Constituição e a ordem pública e se conformem com a Constituição e a lei.

Artigo 11º – (Paz e segurança nacional)

1. A República de Angola é uma Nação de vocação para a paz e o progresso, sendo um dever do Estado e um direito e responsabilidade de todos garantir, com respeito pela Constituição e pela lei, bem como pelas convenções internacionais, a paz e a segurança nacional.

2. A paz tem como base o primado do Direito e da lei e visa assegurar as condições necessárias à estabilidade e ao desenvolvimento do País.

3. A segurança nacional é baseada no primado do Direito e da lei, na valorização do sistema integrado de segurança e no fortalecimento da vontade nacional, visando a garantia da salvaguarda do Estado e o asseguramento da estabilidade e do desenvolvimento, contra quaisquer ameaças e riscos.

Artigo 12º – (Relações internacionais)

1. A República de Angola respeita e aplica os princípios da Carta da Organização das Nações Unidas e da Carta da União Africana e estabelece relações de amizade e cooperação com todos os Estados e povos, na base dos seguintes princípios:

a) Respeito pela soberania e independência nacional;

b) Igualdade entre os Estados;

c) Direito dos povos à autodeterminação e à independência;
d) Solução pacífica dos conflitos;
e) Respeito dos direitos humanos;
f) Não ingerência nos assuntos internos dos outros Estados;
g) Reciprocidade de vantagens;
h) Repúdio e combate ao terrorismo, narcotráfico, racismo, corrupção e tráfico de seres e órgãos humanos;
i) Cooperação com todos os povos para a paz, justiça e progresso da Humanidade.

2. A República de Angola defende a abolição de todas as formas de colonialismo, agressão, opressão, domínio e exploração nas relações entre os povos.

3. A República de Angola empenha-se no reforço da identidade africana e no fortalecimento da ação dos Estados africanos em favor da potenciação do património cultural dos povos africanos.

4. O Estado angolano não permite a instalação de bases militares estrangeiras no seu território, sem prejuízo da participação, no quadro das organizações regionais ou internacionais, em forças de manutenção da paz e em sistemas de cooperação militar e de segurança coletiva.

Artigo 13º – (Direito Internacional)

1. O Direito Internacional geral ou comum, recebido nos termos da presente Constituição, faz parte integrante da ordem jurídica angolana.

2. Os tratados e acordos internacionais regularmente aprovados ou ratificados vigoram na ordem jurídica angolana após a sua publicação oficial e entrada em vigor na ordem jurídica internacional e enquanto vincularem internacionalmente o Estado angolano.

Artigo 14º – (Propriedade privada e livre iniciativa)

O Estado respeita e protege a propriedade privada das pessoas singulares ou coletivas e a livre iniciativa económica e empresarial exercida nos termos da Constituição e da lei.

Artigo 15º – (Terra)

1. A terra, que constitui propriedade originária do Estado, pode ser transmitida para pessoas singulares ou coletivas, tendo em vista o seu racional e efetivo aproveitamento, nos termos da Constituição e da lei.

2. São reconhecidos às comunidades locais o acesso e o uso das terras, nos termos da lei.

3. O disposto nos números anteriores não prejudica a possibilidade de expropriação por utilidade pública, mediante justa indemnização, nos termos da lei.

Artigo 16º – (Recursos naturais)

Os recursos naturais, sólidos, líquidos ou gasosos existentes no solo, subsolo, no mar territorial, na zona económica exclusiva e na plataforma continental sob jurisdição de Angola são propriedade do Estado, que determina as condições para a sua concessão, pesquisa e exploração, nos termos da Constituição, da lei e do Direito Internacional.

Artigo 17º – (Partidos Políticos)

1. Os partidos políticos, no quadro da presente Constituição e da lei, concorrem, em torno de um projeto de sociedade e de programa político, para a organização e para a expressão da vontade dos cidadãos, participando na vida política e na expressão do sufrágio universal, por meios democráticos e pacíficos, com respeito pelos princípios da independência nacional, da unidade nacional e da democracia política.

2. A constituição e o funcionamento dos partidos políticos devem, nos termos da lei, respeitar os seguintes princípios fundamentais:

a) Caráter e âmbito nacionais;

b) Livre constituição;

c) Prossecução pública dos fins;

d) Liberdade de filiação e filiação única;

e) Utilização exclusiva de meios pacíficos na prossecução dos seus fins e interdição da criação ou utilização de organização militar, paramilitar ou militarizada;

f) Organização e funcionamento democráticos;

g) Representatividade mínima fixada por lei;

h) Proibição de recebimento de contribuições de valor pecuniário e económico, provenientes de governos ou de instituições governamentais estrangeiros;

i) Prestação de contas do uso de fundos públicos.

3. Os partidos políticos devem, nos seus objetivos, programa e prática, contribuir para:

a) A consolidação da nação angolana e da independência nacional;

b) A salvaguarda da integridade territorial;

c) O reforço da unidade nacional;

d) A defesa da soberania nacional e da democracia;

e) A proteção das liberdades fundamentais e dos direitos da pessoa humana;

f) A defesa da forma republicana de governo e do caráter laico do Estado.

4. Os partidos políticos têm direito a igualdade de tratamento por parte das entidades que exercem o poder público, direito a um tratamento imparcial da imprensa pública e direito de oposição democrática, nos termos da Constituição e da lei.

Artigo 18º – (Símbolos nacionais)

1. São símbolos nacionais da República de Angola a Bandeira Nacional, a Insígnia Nacional e o Hino Nacional.

2. A Bandeira Nacional, a Insígnia Nacional e o Hino Nacional, símbolos da soberania e da independência nacionais, da unidade e da integridade da República de Angola, são os adotados aquando da proclamação da independência nacional, a 11 de novembro de 1975 e tal como constam da Lei Constitucional de 1992 e dos anexos I, II e III da presente Constituição.

3. A lei estabelece as especificações técnicas e as disposições sobre a deferência e o uso da Bandeira Nacional, da Insígnia Nacional e do Hino Nacional.

Artigo 19º – (Línguas)

1. A língua oficial da República de Angola é o português.

2. O Estado valoriza e promove o estudo, o ensino e a utilização das demais línguas de Angola, bem como das principais línguas de comunicação internacional.

Artigo 20º – (Capital da República de Angola)

A capital da República de Angola é Luanda.

Artigo 21º – (Tarefas fundamentais do Estado)

Constituem tarefas fundamentais do Estado angolano:

a) Garantir a independência nacional, a integridade territorial e a soberania nacional;

b) Assegurar os direitos, liberdades e garantias fundamentais;

c) Criar progressivamente as condições necessárias para tornar efetivos os direitos económicos, sociais e culturais dos cidadãos;

d) Promover o bem-estar, a solidariedade social e a elevação da qualidade de vida do povo angolano, designadamente dos grupos populacionais mais desfavorecidos;

e) Promover a erradicação da pobreza;

f) Promover políticas que permitam tornar universais e gratuitos os cuidados primários de saúde;

g) Promover políticas que assegurem o acesso universal ao ensino obrigatório gratuito, nos termos definidos por lei;

h) Promover a igualdade de direitos e de oportunidades entre os angolanos, sem preconceitos de origem, raça, filiação partidária, sexo, cor, idade e quaisquer outras formas de discriminação;

i) Efetuar investimentos estratégicos, massivos e permanentes no capital humano, com destaque para o desenvolvimento integral das crianças e dos jovens, bem como na educação, na saúde, na economia primária e secundária e noutros setores estruturantes para o desenvolvimento autossustentável;

j) Assegurar a paz e a segurança nacional;

k) Promover a igualdade entre o homem e a mulher;

l) Defender a democracia, assegurar e incentivar a participação democrática dos cidadãos e da sociedade civil na resolução dos problemas nacionais;

m) Promover o desenvolvimento harmonioso e sustentado em todo o território nacional, protegendo o ambiente, os recursos naturais e o património histórico, cultural e artístico nacional;

n) Proteger, valorizar e dignificar as línguas angolanas de origem africana, como património cultural, e promover o seu desenvolvimento, como línguas de identidade nacional e de comunicação;

o) Promover a melhoria sustentada dos índices de desenvolvimento humano dos angolanos;

p) Promover a excelência, a qualidade, a inovação, o empreendedorismo, a eficiência e a modernidade no desempenho dos cidadãos, das instituições e das empresas e serviços, nos diversos aspetos da vida e setores de atividade;

q) Outras previstas na Constituição e na lei.

TÍTULO II – Direitos e deveres fundamentais

CAPÍTULO I – Princípios gerais

Artigo 22º – (Princípio da universalidade)

1. Todos gozam dos direitos, das liberdades e das garantias constitucionalmente consagrados e estão sujeitos aos deveres estabelecidos na Constituição e na lei.

2. Os cidadãos angolanos que residam ou se encontrem no estrangeiro gozam dos direitos, liberdades e garantias e da proteção do Estado e estão sujeitos aos deveres consagrados na Constituição e na lei.

3. Todos têm deveres para com a família, a sociedade e o Estado e outras instituições legalmente reconhecidas e, em especial, o dever de:

a) Respeitar os direitos, as liberdades e a propriedade de outrem, a moral, os bons costumes e o bem comum;

b) Respeitar e considerar os seus semelhantes sem discriminação de espécie alguma e manter com eles relações que permitam promover, salvaguardar e reforçar o respeito e a tolerância recíprocos.

Artigo 23º – (Princípio da igualdade)

1. Todos são iguais perante a Constituição e a lei.

2. Ninguém pode ser prejudicado, privilegiado, privado de qualquer direito ou isento de qualquer dever em razão da sua ascendência, sexo, raça, etnia, cor, deficiência, língua, local de nascimento, religião, convicções políticas, ideológicas ou filosóficas, grau de instrução, condição económica ou social ou profissão.

Artigo 24º – (Maioridade)

A maioridade é adquirida aos 18 anos.

Artigo 25º – (Estrangeiros e apátridas)

1. Os estrangeiros e apátridas gozam dos direitos, liberdades e garantias fundamentais, bem como da proteção do Estado.

2. Aos estrangeiros e apátridas são vedados:

a) A titularidade de órgãos de soberania;

b) Os direitos eleitorais, nos termos da lei;

c) A criação ou participação em partidos políticos;

d) Os direitos de participação política, previstos por lei;

e) O acesso à carreira diplomática;

f) O acesso às forças armadas, à polícia nacional e aos órgãos de inteligência e de segurança;

g) O exercício de funções na administração direta do Estado, nos termos da lei;

h) Os demais direitos e deveres reservados exclusivamente aos cidadãos angolanos pela Constituição e pela lei.

3. Aos cidadãos de comunidades regionais ou culturais de que Angola seja parte ou a que adira podem ser atribuídos, mediante convenção internacional e em condições de reciprocidade, direitos não conferidos a estrangeiros, salvo a capacidade eleitoral ativa e passiva para acesso à titularidade dos órgãos de soberania.

Artigo 26º – (Âmbito dos direitos fundamentais)

1. Os direitos fundamentais estabelecidos na presente Constituição não excluem quaisquer outros constantes das leis e regras aplicáveis de Direito Internacional.

2. Os preceitos constitucionais e legais relativos aos direitos fundamentais devem ser interpretados e integrados de harmonia com a Declaração Universal dos Direitos do Homem, a Carta Africana dos Direitos do Homem e dos Povos e os tratados internacionais sobre a matéria, ratificados pela República de Angola.

3. Na apreciação de litígios pelos tribunais angolanos relativos à matéria sobre direitos fundamentais, aplicam-se os instrumentos internacionais referidos no número anterior, ainda que não sejam invocados pelas partes.

Artigo 27º – (Regime dos direitos, liberdades e garantias)

O regime jurídico dos direitos, liberdades e garantias enunciados neste capítulo são aplicáveis aos direitos, liberdades e garantias e aos direitos fundamentais de natureza análoga estabelecidos na Constituição, consagrados por lei ou por convenção internacional.

Artigo 28º – (Força jurídica)

1. Os preceitos constitucionais respeitantes aos direitos, liberdades e garantias fundamentais são diretamente aplicáveis e vinculam todas as entidades públicas e privadas.

2. O Estado deve adotar as iniciativas legislativas e outras medidas adequadas à concretização progressiva e efetiva, de acordo com os recursos disponíveis, dos direitos económicos, sociais e culturais.

Artigo 29º – (Acesso ao Direito e tutela jurisdicional efetiva)

1. A todos é assegurado o acesso ao Direito e aos tribunais para defesa dos seus direitos e interesses legalmente protegidos, não podendo a justiça ser denegada por insuficiência dos meios económicos.

2. Todos têm direito, nos termos da lei, à informação e consulta jurídicas, ao patrocínio judiciário e a fazer-se acompanhar por advogado perante qualquer autoridade.

3. A lei define e assegura a adequada proteção do segredo de justiça.

4. Todos têm direito a que uma causa em que intervenham seja objeto de decisão em prazo razoável e mediante processo equitativo.

5. Para defesa dos direitos, liberdades e garantias pessoais, a lei assegura aos cidadãos procedimentos judiciais caracterizados pela celeridade e prioridade, de modo a obter tutela efetiva e em tempo útil contra ameaças ou violações desses direitos.

CAPÍTULO II – Direitos, liberdades e garantias fundamentais

SECÇÃO I – Direitos e liberdades individuais e coletivas

Artigo 30º – (Direito à vida)

O Estado respeita e protege a vida da pessoa humana, que é inviolável.

Artigo 31º – (Direito à integridade pessoal)

1. A integridade moral, intelectual e física das pessoas é inviolável.

2. O Estado respeita e protege a pessoa e a dignidade humanas.

Artigo 32º – (Direito à identidade, à privacidade e à intimidade)

1. A todos são reconhecidos os direitos à identidade pessoal, à capacidade civil, à nacionalidade, ao bom nome e reputação, à imagem, à palavra e à reserva de intimidade da vida privada e familiar.

2. A lei estabelece as garantias efetivas contra a obtenção e a utilização, abusivas ou contrárias à dignidade humana, de informações relativas às pessoas e às famílias.

Artigo 33º – (Inviolabilidade do domicílio)

1. O domicílio é inviolável.

2. Ninguém pode entrar ou fazer busca ou apreensão no domicílio de qualquer pessoa sem o seu consentimento, salvo nas situações previstas na Constituição e na lei, quando munido de mandado da autoridade competente, emitido nos casos e segundo as formas legalmente previstas, ou em caso de flagrante delito ou situação de emergência, para prestação de auxílio.

3. A lei estabelece os casos em que pode ser ordenada, por autoridade competente, a entrada, busca e apreensão de bens, documentos ou outros objetos em domicílio.

Artigo 34º – (Inviolabilidade da correspondência e das comunicações)

1. É inviolável o sigilo da correspondência e dos demais meios de comunicação privada, nomeadamente das comunicações postais, telegráficas, telefónicas e telemáticas.

2. Apenas por decisão de autoridade judicial competente proferida nos termos da lei, é permitida a ingerência das autoridades públicas na correspondência e nos demais meios de comunicação privada.

Artigo 35º – (Família, casamento e filiação)

1. A família é o núcleo fundamental da organização da sociedade e é objeto de especial proteção do Estado, quer se funde em casamento, quer em união de facto, entre homem e mulher.

2. Todos têm o direito de livremente constituir família nos termos da Constituição e da lei.

3. O homem e a mulher são iguais no seio da família, da sociedade e do Estado, gozando dos mesmos direitos e cabendo-lhes os mesmos deveres.

4. A lei regula os requisitos e os efeitos do casamento e da união de facto, bem como os da sua dissolução.

5. Os filhos são iguais perante a lei, sendo proibida a sua discriminação e a utilização de qualquer designação discriminatória relativa à filiação.

6. A proteção dos direitos da criança, nomeadamente, a sua educação integral e harmoniosa, a proteção da sua saúde, condições de vida e ensino constituem absoluta prioridade da família, do Estado e da sociedade.

7. O Estado, com a colaboração da família e da sociedade, promove o desenvolvimento harmonioso e integral dos jovens e adolescentes, bem como a criação de condições para a efetivação dos seus direitos políticos, económicos, sociais e culturais, e estimula as organizações juvenis para a prossecução de fins económicos, culturais, artísticos, recreativos, desportivos, ambientais, científicos, educacionais, patrióticos e de intercâmbio juvenil internacional.

Artigo 36º - (Direito à liberdade física e à segurança pessoal)

1. Todo o cidadão tem direito à liberdade física e à segurança individual.

2. Ninguém pode ser privado da liberdade, exceto nos casos previstos pela Constituição e pela lei.

3. O direito à liberdade física e à segurança individual envolve ainda:

a) O direito de não ser sujeito a quaisquer formas de violência por entidades públicas ou privadas;

b) O direito de não ser torturado nem tratado ou punido de maneira cruel, desumana ou degradante;

c) O direito de usufruir plenamente da sua integridade física e psíquica;

d) O direito à segurança e controlo sobre o próprio corpo;

e) O direito de não ser submetido a experiências médicas ou científicas sem consentimento prévio, informado e devidamente fundamentado.

Artigo 37º - (Direito de propriedade, requisição e expropriação)

1. A todos é garantido o direito à propriedade privada e à sua transmissão, nos termos da Constituição e da lei.

2. O Estado respeita e protege a propriedade e demais direitos reais das pessoas singulares, coletivas e das comunidades locais, só sendo permitida a requisição civil temporária e a expropriação por utilidade pública, mediante justa e pronta indemnização, nos termos da Constituição e da lei.

3. O pagamento da indemnização a que se refere o número anterior é condição de eficácia da expropriação.

Artigo 38º - (Direito à livre iniciativa económica)

1. A iniciativa económica privada é livre, sendo exercida com respeito pela Constituição e pela lei.

2. A todos é reconhecido o direito à livre iniciativa empresarial e cooperativa, a exercer nos termos da lei.

3. A lei promove, disciplina e protege a atividade económica e os investimentos por parte de pessoas singulares ou coletivas privadas, nacionais e estrangeiras, a fim de garantir a sua contribuição para o desenvolvimento do país, defendendo a emancipação económica e tecnológica dos angolanos e os interesses dos trabalhadores.

Artigo 39º - (Direito ao ambiente)

1. Todos têm o direito de viver num ambiente sadio e não poluído, bem como o dever de o defender e preservar.

2. O Estado adota as medidas necessárias à proteção do ambiente e das espécies da flora e da fauna em todo o território nacional, à manutenção do equilíbrio ecológico, à correta localização das atividades económicas e à exploração e utilização racional de todos os recursos naturais, no quadro de um desenvolvimento sustentável e do respeito pelos direitos das gerações futuras e da preservação das diferentes espécies.

3. A lei pune os atos que ponham em perigo ou lesem a preservação do ambiente.

Artigo 40º - (Liberdade de expressão e de informação)

1. Todos têm o direito de exprimir, divulgar e compartilhar livremente os seus pensamentos, as suas ideias e opiniões, pela palavra, imagem ou qualquer outro meio, bem como o direito e a liberdade de informar, de se informar e de ser informado, sem impedimentos nem discriminações.

2. O exercício dos direitos e liberdades constantes do número anterior não pode ser impedido nem limitado por qualquer tipo ou forma de censura.

3. A liberdade de expressão e a liberdade de informação têm como limites os direitos de todos ao bom nome, à honra e à reputação, à imagem e à reserva da intimidade da vida privada e familiar, a proteção da infância e da juventude, o segredo de Estado, o segredo de justiça, o segredo profissional e demais garantias daqueles direitos, nos termos regulados pela lei.

4. As infrações cometidas no exercício da liberdade de expressão e de informação fazem incorrer o seu autor em responsabilidade disciplinar, civil e criminal, nos termos da lei.

5. A todas as pessoas, singulares ou coletivas, é assegurado, nos termos da lei e em condições de igualdade e eficácia, o direito de resposta e de retificação, bem como o direito a indemnização pelos danos sofridos.

Artigo 41º - (Liberdade de consciência, de religião e de culto)

1. A liberdade de consciência, de crença religiosa e de culto é inviolável.

2. Ninguém pode ser privado dos seus direitos, perseguido ou isento de obrigações por motivo de crença religiosa ou de convicção filosófica ou política.

3. É garantido o direito à objeção de consciência, nos termos da lei.

4. Ninguém pode ser questionado por qualquer autoridade acerca das suas convicções ou práticas religiosas, salvo para recolha de dados estatísticos não individualmente identificáveis.

Artigo 42º - (Propriedade intelectual)

1. É livre a expressão da atividade intelectual, artística, política, científica e de comunicação, independentemente de censura ou licença.

2. Aos autores pertence o direito exclusivo de utilização, publicação ou reprodução de suas obras, transmissível aos herdeiros pelo tempo que a lei fixar.

3. São assegurados, nos termos da lei:

a) A proteção às participações individuais em obras coletivas e à reprodução da imagem e voz humanas, incluindo nas atividades culturais, educacionais, políticas e desportivas;

b) O direito aos criadores, aos intérpretes e às respetivas representações sindicais e associativas de fiscalização do aproveitamento económico das obras que criem ou de que participem.

4. A lei assegura aos autores de inventos industriais, patentes de invenções e processos tecnológicos o privilégio temporário para a sua utilização, bem como a proteção às criações industriais, à propriedade das marcas, aos nomes de empresas e a outros signos distintivos, tendo em vista o interesse social e o desenvolvimento tecnológico e económico do País.

Artigo 43º - (Liberdade de criação cultural e científica)

1. É livre a criação intelectual, artística, científica e tecnológica.

2. A liberdade a que se refere o número anterior compreende o direito à invenção, produção e divulgação da obra científica, literária ou artística, incluindo a proteção legal dos direitos de autor.

Artigo 44º - (Liberdade de imprensa)

1. É garantida a liberdade de imprensa, não podendo esta ser sujeita a qualquer censura prévia, nomeadamente de natureza política, ideológica ou artística.

2. O Estado assegura o pluralismo de expressão e garante a diferença de propriedade e a diversidade editorial dos meios de comunicação.

3. O Estado assegura a existência e o funcionamento independente e qualitativamente competitivo de um serviço público de rádio e de televisão.

4. A lei estabelece as formas de exercício da liberdade de imprensa.

Artigo 45º – (Direito de antena, de resposta e de réplica política)

1. Nos períodos de eleições gerais e autárquicas e de referendo, os concorrentes têm direito a tempos de antena nas estações de radiodifusão e de televisão públicas, de acordo com o âmbito da eleição ou do referendo, nos termos da Constituição e da lei.

2. Os partidos políticos representados na Assembleia Nacional têm direito de resposta e de réplica política às declarações do Executivo, nos termos regulados por lei.

Artigo 46º – (Liberdade de residência, circulação e emigração)

1. Qualquer cidadão que resida legalmente em Angola pode livremente fixar residência, movimentar-se e permanecer em qualquer parte do território nacional, exceto nos casos previstos na Constituição e quando a lei determine restrições, nomeadamente ao acesso e permanência, para a proteção do ambiente ou de interesses nacionais vitais.

2. Todo o cidadão é livre de emigrar e de sair do território nacional e de a ele regressar, sem prejuízo das limitações decorrentes do cumprimento de deveres legais.

Artigo 47º – (Liberdade de reunião e de manifestação)

1. É garantida a todos os cidadãos a liberdade de reunião e de manifestação pacífica e sem armas, sem necessidade de qualquer autorização e nos termos da lei.

2. As reuniões e manifestações em lugares públicos carecem de prévia comunicação à autoridade competente, nos termos e para os efeitos estabelecidos por lei.

Artigo 48º – (Liberdade de associação)

1. Os cidadãos têm o direito de, livremente e sem dependência de qualquer autorização administrativa, constituir associações, desde que estas se organizem com base em princípios democráticos, nos termos da lei.

2. As associações prosseguem livremente os seus fins, sem interferência das autoridades públicas, e não podem ser dissolvidas ou as suas atividades suspensas, senão nos casos previstos por lei

3. Ninguém pode ser obrigado a fazer parte de uma associação nem coagido por qualquer meio a permanecer nela.

4. São proibidas as associações ou quaisquer agrupamentos cujos fins ou atividades sejam contrários à ordem constitucional, incitem e pratiquem a violência, promovam o tribalismo, o racismo, a ditadura, o fascismo e a xenofobia, bem como as associações de tipo militar, paramilitar ou militarizadas.

Artigo 49º – (Liberdade de associação profissional e empresarial)

1. É garantida a todos os profissionais liberais ou independentes e em geral a todos os trabalhadores por conta própria, a liberdade de associação profissional para a defesa dos seus direitos e interesses e para regular a disciplina deontológica de cada profissão.

2. As associações de profissionais liberais ou independentes regem-se pelos princípios da organização e funcionamento democráticos e da independência em relação ao Estado, nos termos da lei.

3. As normas deontológicas das associações profissionais não podem contrariar a ordem constitucional e os direitos fundamentais da pessoa humana nem a lei.

Artigo 50º – (Liberdade sindical)

1. É reconhecida aos trabalhadores a liberdade de criação de associações sindicais para a defesa dos seus interesses individuais e coletivos.

2. É reconhecido às associações sindicais o direito de defender os direitos e os interesses dos trabalhadores e de exercer o direito de concertação social, os quais devem ter em devida conta os direitos fundamentais da pessoa humana e das comunidades e as capacidades reais da economia, nos termos da lei.

3. A lei regula a constituição, filiação, federação, organização e extinção das associações sindicais e garante a sua autonomia e independência do patronato e do Estado.

Artigo 51º – (Direito à greve e proibição do *lock out*)

1. Os trabalhadores têm direito à greve.

2. É proibido o *lock out*, não podendo o empregador provocar a paralisação total ou parcial da empresa, a interdição do acesso aos locais de trabalho pelos trabalhadores ou situações similares, como meio de influenciar a solução de conflitos laborais.

3. A lei regula o exercício do direito à greve e estabelece as suas limitações nos serviços e atividades considerados essenciais e inadiáveis para acorrer à satisfação de necessidades sociais impreteríveis.

Artigo 52º – (Participação na vida pública)

1. Todo o cidadão tem o direito de participar na vida política e na direção dos assuntos públicos, diretamente ou por intermédio de representantes livremente eleitos, e de ser informado sobre os atos do Estado e a gestão dos assuntos públicos, nos termos da Constituição e da lei.

2. Todo o cidadão tem o dever de cumprir e respeitar as leis e de obedecer às ordens das autoridades legítimas, dadas nos termos da Constituição e da lei e no respeito pelos direitos, liberdades e garantias fundamentais.

Artigo 53º – (Acesso a cargos públicos)

1. Todo o cidadão tem o direito de acesso, em condições de igualdade e liberdade, aos cargos públicos, nos termos da Constituição e da lei.

2. Ninguém pode ser prejudicado na sua colocação, no seu emprego, na sua carreira profissional ou nos benefícios sociais a que tenha direito, em virtude do exercício de direitos políticos ou do desempenho de cargos públicos, nos termos da Constituição e da lei.

3. No acesso a cargos eletivos, a lei só pode estabelecer as inelegibilidades necessárias para garantir a liberdade de escolha dos eleitores e a isenção e independência do exercício dos respetivos cargos.

Artigo 54º – (Direito de sufrágio)

1. Todo o cidadão, maior de dezoito anos, tem o direito de votar e ser eleito para qualquer órgão eletivo do Estado e do poder local e de desempenhar os seus cargos ou mandatos, nos termos da Constituição e da lei.

2. A capacidade eleitoral passiva não pode ser limitada senão em virtude das incapacidades e inelegibilidades previstas na Constituição.

3. O exercício de direito de sufrágio é pessoal e intransmissível e constitui um dever de cidadania.

Artigo 55º – (Liberdade de constituição de associações políticas e partidos políticos)

1. É livre a criação de associações políticas e partidos políticos, nos termos da Constituição e da lei.

2. Todo o cidadão tem o direito de participar em associações políticas e partidos políticos, nos termos da Constituição e da lei.

SECÇÃO II – Garantia dos direitos e liberdades fundamentais

Artigo 56º – (Garantia geral do Estado)

1. O Estado reconhece como invioláveis os direitos e liberdades fundamentais consagrados na Constituição e cria as condições políticas, económicas, sociais, culturais, de paz e estabilidade que garantam a sua efetivação e proteção, nos termos da Constituição e da lei.

2. Todas as autoridades públicas têm o dever de respeitar e de garantir o livre exercício dos direitos e das liberdades fundamentais e o cumprimento dos deveres constitucionais e legais.

Artigo 57º – (Restrição de direitos, liberdades e garantias)

1. A lei só pode restringir os direitos, liberdades e garantias nos casos expressamente previstos na Constituição, devendo as restrições limitar-se ao necessário, proporcional e razoável numa sociedade livre e democrática, para salvaguardar outros direitos ou interesses constitucionalmente protegidos.

2. As leis restritivas de direitos, liberdades e garantias têm de revestir caráter geral e abstrato e não podem ter efeito retroativo nem diminuir a extensão nem o alcance do conteúdo essencial dos preceitos constitucionais.

Artigo 58º – (Limitação ou suspensão dos direitos, liberdades e garantias)

1. O exercício dos direitos, liberdades e garantias dos cidadãos apenas pode ser limitado ou suspenso em caso de estado de guerra, de estado de sítio ou de estado de emergência, nos termos da Constituição e da lei.

2. O estado de guerra, o estado de sítio e o estado de emergência só podem ser declarados, no todo ou em parte do território nacional, nos casos de agressão efetiva ou iminente por forças estrangeiras, de grave ameaça ou perturbação da ordem constitucional democrática ou de calamidade pública.

3. A opção pelo estado de guerra, estado de sítio ou estado de emergência, bem como a respetiva declaração e execução, devem sempre limitar-se às ações necessárias e adequadas à manutenção da ordem pública, à proteção do interesse geral, ao respeito do princípio da proporcionalidade e limitar-se, nomeadamente quanto à sua extensão, duração e meios utilizados, ao estritamente necessário ao pronto restabelecimento da normalidade constitucional.

4. A declaração do estado de guerra, do estado de sítio ou do estado de emergência confere às autoridades competência para tomarem as providências necessárias e adequadas ao pronto restabelecimento da normalidade constitucional.

5. Em caso algum a declaração do estado de guerra, do estado de sítio ou do estado de emergência pode afetar:

a) A aplicação das regras constitucionais relativas à competência e ao funcionamento dos órgãos de soberania;

b) Os direitos e imunidades dos membros dos órgãos de soberania;

c) O direito à vida, à integridade pessoal e à identidade pessoal;

d) A capacidade civil e a cidadania;

e) A não retroatividade da lei penal;

f) O direito de defesa dos arguidos;

g) A liberdade de consciência e de religião.

6. Lei especial regula o estado de guerra, o estado de sítio e o estado de emergência.

Artigo 59º – (Proibição da pena de morte)

É proibida a pena de morte.

Artigo 60º – (Proibição de tortura e de tratamentos degradantes)

Ninguém pode ser submetido a tortura, a trabalhos forçados, nem a tratamentos ou penas cruéis, desumanas ou degradantes.

Artigo 61º – (Crimes hediondos e violentos)

São imprescritíveis e insuscetíveis de amnistia e liberdade provisória, mediante a aplicação de medidas de coação processual:

a) O genocídio e os crimes contra a Humanidade previstos na lei;

b) Os crimes como tal previstos na lei.

Artigo 62º – (Irreversibilidade das amnistias)

São considerados válidos e irreversíveis os efeitos jurídicos dos atos de amnistia praticados ao abrigo de lei competente.

Artigo 63º – (Direitos dos detidos e presos)

Toda a pessoa privada da liberdade deve ser informada, no momento da sua prisão ou detenção, das respetivas razões e dos seus direitos, nomeadamente:

a) Ser-lhe exibido o mandado de prisão ou detenção emitido por autoridade competente, nos termos da lei, salvo nos casos de flagrante delito;

b) Ser informada sobre o local para onde será conduzida;

c) Informar à família e ao advogado sobre a sua prisão ou detenção e sobre o local para onde será conduzida;

d) Escolher defensor que acompanhe as diligências policiais e judiciais;

e) Consultar advogado antes de prestar quaisquer declarações;

f) Ficar calada e não prestar declarações ou de o fazer apenas na presença de advogado de sua escolha;

g) Não fazer confissões ou declarações contra si própria;

h) Ser conduzida perante o magistrado competente para a confirmação ou não da prisão e de ser julgada nos prazos legais ou libertada;

i) Comunicar em língua que compreenda ou mediante intérprete.

Artigo 64º – (Privação da liberdade)

1. A privação da liberdade apenas é permitida nos casos e nas condições determinadas por lei.

2. A polícia ou outra entidade apenas podem deter ou prender nos casos previstos na Constituição e na lei, em flagrante delito ou quando munidas de mandado de autoridade competente.

Artigo 65º – (Aplicação da lei criminal)

1. A responsabilidade penal é pessoal e intransmissível.

2. Ninguém pode ser condenado por crime senão em virtude de lei anterior que declare punível a ação ou a omissão, nem sofrer medida de segurança cujos pressupostos não estejam fixados por lei anterior.

3. Não podem ser aplicadas penas ou medidas de segurança que não estejam expressamente cominadas por lei anterior.

4. Ninguém pode sofrer pena ou medida de segurança mais graves do que as previstas no momento da correspondente conduta ou da verificação dos respetivos pressupostos, aplicando-se retroactivamente as leis penais de conteúdo mais favorável ao arguido.

5. Ninguém deve ser julgado mais do que uma vez pelo mesmo facto.

6. Os cidadãos injustamente condenados têm direito, nas condições que a lei prescrever, à revisão da sentença e à indemnização pelos danos sofridos.

Artigo 66º – (Limites das penas e das medidas de segurança)

1. Não pode haver penas nem medidas de segurança privativas ou restritivas da liberdade com caráter perpétuo ou de duração ilimitada ou indefinida.

2. Os condenados a quem sejam aplicadas medidas de seguranças privativas da liberdade mantêm a titularidade dos direitos fundamentais, salvo as limitações inerentes ao sentido da condenação e às exigências próprias da respetiva execução.

Artigo 67º – (Garantias do processo criminal)

1. Ninguém pode ser detido, preso ou submetido a julgamento senão nos termos da lei, sendo garantido a todos os arguidos ou presos o direito de defesa, de recurso e de patrocínio judiciário.

2. Presume-se inocente todo o cidadão até ao trânsito em julgado da sentença de condenação.

3. O arguido tem direito a escolher defensor e a ser por ele assistido em todos os atos do processo, especificando a lei os casos e as fases em que a assistência por advogado é obrigatória.

4. Os arguidos presos têm o direito de receber visitas do seu advogado, de familiares, amigos e assistente religioso e de com eles se corresponder, sem prejuízo do disposto na alínea *e*) do artigo 63º e o disposto no nº 3 do artigo 194º

5. Aos arguidos ou presos que não possam constituir advogado por razões de ordem económica deve ser assegurada, nos termos da lei, a adequada assistência judiciária.

6. Qualquer pessoa condenada tem o direito de interpor recurso ordinário ou extraordinário no tribunal competente da decisão contra si proferida em matéria penal, nos termos da lei.

Artigo 68º – (*Habeas corpus*)

1. Todos têm o direito à providência de *habeas corpus* contra o abuso de poder, em virtude de prisão ou detenção ilegal, a interpor perante o tribunal competente.
2. A providência de *habeas corpus* pode ser requerida pelo próprio ou por qualquer pessoa no gozo dos seus direitos políticos.
3. Lei própria regula o processo de *habeas corpus*.

Artigo 69º – (*Habeas data*)

1. Todos têm o direito de recorrer à providência de *habeas data* para assegurar o conhecimento das informações sobre si constantes de ficheiros, arquivos ou registos informáticos, de ser informados sobre o fim a que se destinam, bem como de exigir a retificação ou atualização dos mesmos, nos termos da lei e salvaguardados o segredo de Estado e o segredo de justiça.
2. É proibido o registo e tratamento de dados relativos às convicções políticas, filosóficas ou ideológicas, à fé religiosa, à filiação partidária ou sindical, à origem étnica e à vida privada dos cidadãos com fins discriminatórios.
3. É igualmente proibido o acesso a dados pessoais de terceiros, bem como à transferência de dados pessoais de um ficheiro para outro pertencente a serviço ou instituição diversa, salvo nos casos estabelecidos por lei ou por decisão judicial.
4. Aplicam-se ao *habeas data*, com as necessárias adaptações, as disposições do artigo anterior.

Artigo 70º – (Extradição e expulsão)

1. Não é permitida a expulsão nem a extradição de cidadãos angolanos do território nacional.
2. Não é permitida a extradição de cidadãos estrangeiros por motivos políticos ou por factos passíveis de condenação à pena de morte e sempre que se admita, com fundamento, que o extraditado possa vir a ser sujeito a tortura, tratamento desumano, cruel ou de que resulte lesão irreversível da integridade física, segundo o Direito do Estado requisitante.
3. Os tribunais angolanos conhecem, nos termos da lei, os factos de que sejam acusados os cidadãos cuja extradição não seja permitida de acordo com o disposto nos números anteriores do presente artigo.
4. Só por decisão judicial pode ser determinada a expulsão do território nacional de cidadãos estrangeiros ou de apátridas autorizados a residir no país ou que tenham pedido asilo, salvo em caso de revogação do ato de autorização, nos termos da lei.
5. A lei regula os requisitos e as condições para a extradição e a expulsão de estrangeiros.

Artigo 71º – (Direito de asilo)

1. É garantido a todo o cidadão estrangeiro ou apátrida o direito de asilo em caso de perseguição por motivos políticos, nomeadamente de grave ameaça ou de perseguição, em consequência da sua atividade em favor da democracia, da independência nacional, da paz entre os povos, da liberdade e dos direitos da pessoa humana, de acordo com as leis em vigor e os instrumentos internacionais.
2. A lei define o estatuto do refugiado político.

Artigo 72º – (Direito a julgamento justo e conforme)

A todo o cidadão é reconhecido o direito a julgamento justo, célere e conforme a lei.

Artigo 73º – (Direito de petição, denúncia, reclamação e queixa)

Todos têm o direito de apresentar, individual ou coletivamente, aos órgãos de soberania ou quaisquer autoridades, petições, denúncias, reclamações ou queixas, para a defesa dos seus direitos, da Constituição, das leis ou do interesse geral, bem como o direito de ser informados em prazo razoável sobre o resultado da respetiva apreciação.

Artigo 74º – (Direito de ação popular)

Qualquer cidadão, individualmente ou através de associações de interesses específicos, tem direito à ação judicial, nos casos e termos estabelecidos por lei, que vise anular atos lesivos à saúde pública, ao património público, histórico e cultural, ao meio ambiente e à qualidade de vida, à defesa do consumidor, à legalidade dos atos da administração e demais interesses coletivos.

Artigo 75º – (Responsabilidade do Estado e de outras pessoas coletivas públicas)

1. O Estado e outras pessoas coletivas públicas são solidária e civilmente responsáveis por ações e omissões praticadas pelos seus órgãos, respetivos titulares, agentes e funcionários, no exercício das funções legislativa, jurisdicional e administrativa, ou por causa delas, de que resulte violação dos direitos, liberdades e garantias ou prejuízo para o titular destes ou para terceiros.
2. Os autores dessas ações ou omissões são criminal e disciplinarmente responsáveis, nos termos da lei.

CAPÍTULO III – Direitos e deveres económicos, sociais e culturais

Artigo 76º – (Direito ao trabalho)

1. O trabalho é um direito e um dever de todos.

2. Todo o trabalhador tem direito à formação profissional, justa remuneração, descanso, férias, proteção, higiene e segurança no trabalho, nos termos da lei.

3. Para assegurar o direito ao trabalho, incumbe ao Estado promover:

a) A implementação de políticas de emprego;

b) A igualdade de oportunidades na escolha da profissão ou género de trabalho e condições para que não seja vedado ou limitado por qualquer tipo de discriminação;

c) A formação académica e o desenvolvimento científico e tecnológico, bem como a valorização profissional dos trabalhadores.

4. O despedimento sem justa causa é ilegal, constituindo-se a entidade empregadora no dever de justa indemnização ao trabalhador despedido, nos termos da lei.

Artigo 77º – (Saúde e proteção social)

1. O Estado promove e garante as medidas necessárias para assegurar a todos o direito à assistência médica e sanitária, bem como o direito à assistência na infância, na maternidade, na invalidez, na deficiência, na velhice e em qualquer situação de incapacidade para o trabalho, nos termos da lei.

2. Para garantir o direito à assistência médica e sanitária, incumbe ao Estado:

a) Desenvolver e assegurar a funcionalidade de um serviço de saúde em todo o território nacional;

b) Regular a produção, distribuição, comércio e o uso dos produtos químicos, biológicos, farmacêuticos e outros meios de tratamento e diagnóstico;

c) Incentivar o desenvolvimento do ensino médico-cirúrgico e da investigação médica e de saúde.

3. A iniciativa particular e cooperativa nos domínios da saúde, previdência e segurança social é fiscalizada pelo Estado e exerce-se nas condições previstas por lei.

Artigo 78º – (Direitos do consumidor)

1. O consumidor tem direito à qualidade dos bens e serviços, à informação e esclarecimento, à garantia dos seus produtos e à proteção na relação de consumo.

2. O consumidor tem direito a ser protegido no fabrico e fornecimento de bens e serviços nocivos à saúde e à vida, devendo ser ressarcido pelos danos que lhe sejam causados.

3. A publicidade de bens e serviços de consumo é disciplinada por lei, sendo proibidas todas as formas de publicidade oculta, indireta ou enganosa.

4. A lei protege o consumidor e garante a defesa dos seus interesses.

Artigo 79º – (Direito ao ensino, cultura e desporto)

1. O Estado promove o acesso de todos à alfabetização, ao ensino, à cultura e ao desporto, estimulando a participação dos diversos agentes particulares na sua efetivação, nos termos da lei.

2. O Estado promove a ciência e a investigação científica e tecnológica.

3. A iniciativa particular e cooperativa nos domínios do ensino, da cultura e do desporto exerce-se nas condições previstas na lei.

Artigo 80º – (Infância)

1. A criança tem direito à atenção especial da família, da sociedade e do Estado, os quais, em estreita colaboração, devem assegurar a sua ampla proteção contra todas as formas de abandono, discriminação, opressão, exploração e exercício abusivo de autoridade, na família e nas demais instituições.

2. As políticas públicas no domínio da família, da educação e da saúde devem salvaguardar o princípio do superior interesse da criança, como forma de garantir o seu pleno desenvolvimento físico, psíquico e cultural.

3. O Estado assegura especial proteção à criança órfã, com deficiência, abandonada ou, por qualquer forma, privada de um ambiente familiar normal.

4. O Estado regula a adoção de crianças, promovendo a sua integração em ambiente familiar sadio e velando pelo seu desenvolvimento integral.

5. É proibido, nos termos da lei, o trabalho de menores em idade escolar.

Artigo 81º – (Juventude)

1. Os jovens gozam de proteção especial para efetivação dos seus direitos económicos, sociais e culturais, nomeadamente:

a) No ensino, na formação profissional e na cultura;

b) No acesso ao primeiro emprego, no trabalho e na segurança social;

c) No acesso à habitação;

d) Na educação física e no desporto;

e) No aproveitamento dos tempos livres.

2. Para a efetivação do disposto no número anterior, lei própria estabelece as bases para o desenvolvimento das políticas para a juventude.

3. A política de juventude deve ter como objetivos prioritários o desenvolvimento da personalidade dos jovens, a criação de condições para a sua efetiva integração na vida ativa, o gosto pela criação livre e o sentido de serviço à comunidade.

4. O Estado, em colaboração com as famílias, as escolas, as empresas, as organizações de moradores, as associações e fundações de fins culturais e as coletividades de cultura e recreio, fomenta e apoia as organizações juvenis na prossecução daqueles objetivos, bem como o intercâmbio internacional da juventude.

Artigo 82º – (Terceira idade)

1. Os cidadãos idosos têm direito à segurança económica e a condições de habitação e convívio familiar e comunitário que respeitem a sua autonomia pessoal e evitem ou superem o isolamento e a marginalização social.

2. A política de terceira idade engloba medidas de caráter económico, social e cultural tendentes a proporcionar às pessoas idosas oportunidades de realização pessoal, através de uma participação ativa na vida da comunidade.

Artigo 83º – (Cidadãos com deficiência)

1. Os cidadãos com deficiência gozam plenamente dos direitos e estão sujeitos aos deveres consagrados na Constituição, sem prejuízo da restrição do exercício ou do cumprimento daqueles para os quais se encontrem incapacitados ou limitados.

2. O Estado adota uma política nacional de prevenção, tratamento, reabilitação e integração dos cidadãos com deficiência, de apoio às suas famílias e de remoção de obstáculos à sua mobilidade.

3. O Estado adota políticas visando a sensibilização da sociedade em relação aos deveres de inclusão, respeito e solidariedade para com os cidadãos com deficiência.

4. O Estado fomenta e apoia o ensino especial e a formação técnico-profissional para os cidadãos com deficiência.

Artigo 84º – (Antigos Combatentes e Veteranos da Pátria)

1. Os combatentes da luta pela independência nacional, os veteranos da Pátria, os que contraíram deficiência no cumprimento do serviço militar ou paramilitar, bem como os filhos menores e os cônjuges sobrevivos de combatentes tombados, gozam de estatuto e proteção especial do Estado e da sociedade, nos termos da Constituição e da lei.

2. Compete ao Estado promover políticas que visem assegurar a integração social, económica e cultural dos cidadãos referidos no ponto anterior, bem como a proteção, valorização e preservação dos feitos históricos por estes protagonizados.

Artigo 85º – (Direito à habitação e à qualidade de vida)

Todo o cidadão tem direito à habitação e à qualidade de vida.

Artigo 86º – (Comunidades no estrangeiro)

O Estado estimula a associação dos angolanos que se encontram no estrangeiro e promove a sua ligação ao País, bem como os laços económicos, sociais, culturais e de patriotismo e solidariedade com as comunidades angolanas aí radicadas ou que revelem alguma relação de origem, consanguinidade, cultura e história com Angola.

Artigo 87º – (Património histórico, cultural e artístico)

1. Os cidadãos e as comunidades têm direito ao respeito, valorização e preservação da sua identidade cultural, linguística e artística.

2. O Estado promove e estimula a conservação e valorização do património histórico, cultural e artístico do povo angolano.

Artigo 88º – (Dever de contribuição)

Todos têm o dever de contribuir para as despesas públicas e da sociedade, em função da sua capacidade económica e dos benefícios que aufiram, através de impostos e taxas, com base num sistema tributário justo e nos termos da lei.

TÍTULO III – Organização económica, financeira e fiscal

CAPÍTULO I – Princípios gerais

Artigo 89º – (Princípios Fundamentais)

1. A organização e a regulação das atividades económicas assentam na garantia geral dos direitos e liberdades económicas em geral, na valorização do trabalho, na dignidade humana e na justiça social, em conformidade com os seguintes princípios fundamentais:

a) Papel do Estado de regulador da economia e coordenador do desenvolvimento económico nacional harmonioso, nos termos da Constituição e da lei;

b) Livre iniciativa económica e empresarial, a exercer nos termos da lei;

c) Economia de mercado, na base dos princípios e valores da sã concorrência, da moralidade e da ética, previstos e assegurados por lei;

d) Respeito e proteção à propriedade e iniciativa privadas;

e) Função social da propriedade;

f) Redução das assimetrias regionais e desigualdades sociais;

g) Concertação social;

h) Defesa do consumidor e do ambiente.

2. As formas e o regime de intervenção do Estado são regulados por lei.

Artigo 90º – (Justiça social)

O Estado promove o desenvolvimento social através de:

a) Adoção de critérios de redistribuição da riqueza que privilegiem os cidadãos e em particular os extratos sociais mais vulneráveis e carenciados da sociedade;

b) Promoção da Justiça social, enquanto incumbência do Estado, através de uma política fiscal que assegure a justiça, a equidade e a solidariedade em todos os domínios da vida nacional;

c) Fomento, apoio e regulação da intervenção do setor privado na realização dos direitos sociais;

d) Remoção dos obstáculos de natureza económica, social e cultural que impeçam a real igualdade de oportunidades entre os cidadãos;

e) A fruição por todos os cidadãos dos benefícios resultantes do esforço coletivo do desenvolvimento, nomeadamente na melhoria quantitativa e qualitativa do seu nível de vida.

Artigo 91º – (Planeamento)

1. O Estado coordena, regula e fomenta o desenvolvimento nacional, com base num sistema de planeamento, nos termos da Constituição e da lei e sem prejuízo do disposto no artigo 14º da presente Constituição.

2. O planeamento tem por objetivo promover o desenvolvimento sustentado e harmonioso do País, assegurando a justa repartição do rendimento nacional, a preservação do ambiente e a qualidade de vida dos cidadãos.

3. A lei define e regula o sistema de planeamento nacional.

Artigo 92º – (Setores económicos)

1. O Estado garante a coexistência dos setores público, privado e cooperativo, assegurando a todos tratamento e proteção, nos termos da lei.

2. O Estado reconhece e protege o direito ao uso e fruição de meios de produção pelas comunidades rurais, nos termos da Constituição, da lei e das normas consuetudinárias.

Artigo 93º – (Reservas públicas)

1. Constitui reserva absoluta do Estado o exercício de atividades de banco central e emissor.

2. A lei determina e regula as atividades económicas de reserva relativa do Estado, bem como as condições de acesso às demais atividades económicas.

Artigo 94º – (Bens do Estado)

Os bens do Estado e demais pessoas coletivas de Direito Público integram o domínio público ou o domínio privado, de acordo com a Constituição e a lei.

Artigo 95º – (Domínio público)

1. São bens do domínio público:

a) As águas interiores, o mar territorial e os fundos marinhos contíguos, bem como os lagos, lagoas e cursos de águas fluviais, incluindo os respetivos leitos;

b) Os recursos biológicos e não biológicos existentes nas águas interiores, no mar territorial, na zona contígua, na zona económica exclusiva e na plataforma continental;

c) O espaço aéreo nacional;

d) Os jazigos minerais, as nascentes de água minero-medicinais, as cavidades naturais subterrâneas e outros recursos naturais existentes no solo e subsolo, com exceção das rochas, terras comuns e outros materiais habitualmente utilizados como matéria-prima na construção civil;

e) As estradas e os caminhos públicos, os portos, os aeroportos e as pontes e linhas férreas públicas;

f) As praias e a zona marítimo-terrestre;

g) As zonas territoriais reservadas à defesa do ambiente, designadamente os parques e reservas naturais de preservação da flora e fauna selvagens, incluindo as infraestruturas;

h) As zonas territoriais reservadas aos portos e aeroportos, como tais classificados por lei;

i) As zonas territoriais reservadas para a defesa militar;

j) Os monumentos e imóveis de interesse nacional, como tais classificados e integrados no domínio público, nos termos da lei;

k) Outros bens determinados por lei ou reconhecidos pelo Direito Internacional.

2. Os bens do domínio público são inalienáveis, imprescritíveis e impenhoráveis.

3. A lei regula o regime jurídico dos bens do domínio público e define os que integram o do Estado e o das pessoas coletivas de Direito Público, o regime e formas de concessão, bem como o regime de desafetação dos referidos bens.

Artigo 96º – (Domínio privado)

Os bens que não estejam expressamente previstos na Constituição e na lei como fazendo parte do domínio público do Estado e demais pessoas coletivas de Direito Público integram o domínio privado do Estado e encontram-se sujeitos ao regime de Direito Privado ou a regime especial, sendo a sua administração regulada por lei.

Artigo 97º – (Irreversibilidade das nacionalizações e dos confiscos)

São considerados válidos e irreversíveis todos efeitos jurídicos dos atos de nacionalização e confisco praticados ao abrigo da lei competente, sem prejuízo do disposto em legislação específica sobre reprivatizações.

Artigo 98º – (Direitos fundiários)

1. A terra é propriedade originária do Estado e integra o seu domínio privado, com vista à concessão e proteção de direitos fundiários a pessoas singulares ou coletivas e a comunidades rurais, nos termos da Constituição e da lei, sem prejuízo do disposto no nº 3 do presente artigo.
2. O Estado reconhece e garante o direito de propriedade privada sobre a terra, constituído nos termos da lei.
3. A concessão pelo Estado de propriedade fundiária privada, bem como a sua transmissão, apenas são permitidas a cidadãos nacionais, nos termos da lei.

CAPÍTULO II – Sistema financeiro e fiscal

Artigo 99º – (Sistema financeiro)

1. O sistema financeiro é organizado de forma a garantir a formação, a captação, a capitalização e a segurança das poupanças, assim como a mobilização e a aplicação dos recursos financeiros necessários ao desenvolvimento económico e social, em conformidade com a Constituição e a lei.
2. A organização, o funcionamento e a fiscalização das instituições financeiras são regulados por lei.

Artigo 100º – (Banco Nacional de Angola)

1. O Banco Nacional de Angola, como banco central e emissor, assegura a preservação do valor da moeda nacional e participa na definição das políticas monetária, financeira e cambial.
2. A lei dispõe sobre a organização, o funcionamento e as atribuições do Banco Nacional de Angola.

Artigo 101º – (Sistema fiscal)

O sistema fiscal visa satisfazer as necessidades financeiras do Estado e outras entidades públicas, assegurar a realização da política económica e social do Estado e proceder a uma justa repartição dos rendimentos e da riqueza nacional.

Artigo 102º – (Impostos)

1. Os impostos só podem ser criados por lei, que determina a sua incidência, a taxa, os benefícios fiscais e as garantias dos contribuintes.
2. As normas fiscais não têm efeito retroativo, salvo as de caráter sancionatório, quando sejam mais favoráveis aos contribuintes.

3. A criação de impostos de que sejam sujeitos ativos os órgãos do poder local, bem como a competência para a sua arrecadação, são determinadas por lei.

Artigo 103º - (Contribuições especiais)

1. A criação, modificação e extinção de contribuições especiais devidas pela prestação de serviços públicos, utilização do domínio público e demais casos previstos na lei devem constar de lei reguladora do seu regime jurídico.

2. As contribuições para a segurança social, as contraprestações devidas por atividades ou serviços prestados por entidades ou organismos públicos, segundo normas de Direito Privado, bem como outras previstas na lei, regem-se por legislação específica.

Artigo 104º - (Orçamento Geral do Estado)

1. O Orçamento Geral do Estado constitui o plano financeiro anual ou plurianual consolidado do Estado e deve refletir os objetivos, as metas e as ações contidos nos instrumentos de planeamento nacional.

2. O Orçamento Geral do Estado é unitário, estima o nível de receitas a obter e fixa os limites de despesas autorizadas, em cada ano fiscal, para todos os serviços, institutos públicos, fundos autónomos e segurança social, bem como para as autarquias locais e deve ser elaborado de modo a que todas as despesas nele previstas estejam financiadas.

3. A lei define as regras da elaboração, apresentação, adoção, execução, fiscalização e controlo do Orçamento Geral do Estado.

4. A execução do Orçamento Geral do Estado obedece ao princípio da transparência e da boa governação e é fiscalizada pela Assembleia Nacional e pelo Tribunal de Contas, em condições definidas por lei.

TÍTULO IV - Organização do Poder do Estado

CAPÍTULO I - Princípios gerais

Artigo 105º - (Órgãos de soberania)

1. São órgãos de soberania o Presidente da República, a Assembleia Nacional e os Tribunais.

2. A formação, a composição, a competência e o funcionamento dos órgãos de soberania são os definidos na Constituição.

3. Os órgãos de soberania devem respeitar a separação e interdependência de funções estabelecidas na Constituição.

Artigo 106º – (Designação do Presidente da República e dos Deputados à Assembleia Nacional)

O Presidente da República e os Deputados à Assembleia Nacional são eleitos por sufrágio universal, direto, secreto e periódico, nos termos da Constituição e da lei.

Artigo 107º – (Administração eleitoral)

1. Os processos eleitorais são organizados por órgãos de administração eleitoral independentes, cuja estrutura, funcionamento, composição e competências são definidos por lei.

2. O registo eleitoral é oficioso, obrigatório e permanente, nos termos da lei.

CAPÍTULO II – Poder Executivo

SECÇÃO I – Presidente da República

Artigo 108º – (Chefia do Estado e Poder Executivo)

1. O Presidente da República é o Chefe de Estado, o titular do Poder Executivo e o Comandante-em-Chefe das Forças Armadas Angolanas.

2. O Presidente da República exerce o poder executivo, auxiliado por um Vice-Presidente, Ministros de Estado e Ministros.

3. Os Ministros de Estado e os Ministros são auxiliados por Secretários de Estado e ou Vice-Ministros, se os houver.

4. O Presidente da República promove e assegura a unidade nacional, a independência e a integridade territorial do País e representa a Nação no plano interno e internacional.

5. O Presidente da República respeita e defende a Constituição, assegura o cumprimento das leis e dos acordos e tratados internacionais, promove e garante o regular funcionamento dos órgãos do Estado.

Artigo 109º – (Eleição)

1. É eleito Presidente da República e Chefe do Executivo o cabeça de lista, pelo círculo nacional, do partido político ou coligação de partidos políticos mais votado no quadro das eleições gerais, realizadas ao abrigo do artigo 143º e seguintes da presente Constituição.

2. O cabeça de lista é identificado, junto dos eleitores, no boletim de voto.

Artigo 110º – (Elegibilidade)

1. São elegíveis ao cargo de Presidente da República os cidadãos angolanos de origem, com idade mínima de trinta e cinco anos, que residam habitualmente

no País há pelo menos dez anos e se encontrem em pleno gozo dos seus direitos civis, políticos e capacidade física e mental.

2. São inelegíveis ao cargo de Presidente da República:

a) Os cidadãos que sejam titulares de alguma nacionalidade adquirida;

b) Os Magistrados Judiciais e do Ministério Público no exercício das suas funções;

c) Os Juízes do Tribunal Constitucional no ativo;

d) Os Juízes do Tribunal de Contas no ativo;

e) O Provedor de Justiça e o Provedor de Justiça-Adjunto;

f) Os membros dos órgãos de administração eleitoral;

g) Os militares e membros das forças militarizadas no ativo;

h) Os antigos Presidentes da República que tenham exercido dois mandatos, que tenham sido destituídos ou que tenham renunciado ou abandonado funções.

Artigo 111º - (Candidaturas)

1. As candidaturas para Presidente da República são propostas pelos partidos políticos ou coligações de partidos políticos.

2. As candidaturas a que se refere o número anterior podem incluir cidadãos não filiados no partido político ou coligação de partidos políticos concorrente.

Artigo 112º - (Data da eleição)

1. As eleições gerais devem ser convocadas até noventa dias antes do termo do mandato do Presidente da República e dos Deputados à Assembleia Nacional em funções.

2. As eleições gerais realizam-se até trinta dias antes do fim do mandato do Presidente da República e dos Deputados à Assembleia Nacional em funções.

SECÇÃO II - Mandato, posse e substituição

Artigo 113º - (Mandato)

1. O mandato do Presidente da República tem a duração de cinco anos, inicia com a sua tomada de posse e termina com a posse do novo Presidente eleito.

2. Cada cidadão pode exercer até dois mandatos como Presidente da República.

Artigo 114º - (Posse)

1. O Presidente da República eleito é empossado pelo Presidente do Tribunal Constitucional.

2. A posse realiza-se até quinze dias após a publicação oficial dos resultados eleitorais definitivos.

3. A eleição para o cargo de Presidente da República é causa justificativa do adiamento da tomada do assento parlamentar.

Artigo 115º – (Juramento)

No ato de posse, o Presidente da República eleito, com a mão direita aposta sobre a Constituição da República de Angola, presta o seguinte juramento:

Eu (nome completo), ao tomar posse no cargo de Presidente da República, juro por minha honra:

Desempenhar com toda a dedicação as funções de que sou investido;

Cumprir e fazer cumprir a Constituição da República de Angola e as leis do País;

Defender a independência, a soberania, a unidade da Nação e a integridade territorial do País;

Defender a paz e a democracia e promover a estabilidade, o bem-estar e o progresso social de todos os angolanos.

Artigo 116º – (Renúncia ao mandato)

O Presidente da República pode renunciar ao mandato em mensagem dirigida à Assembleia Nacional, com conhecimento ao Tribunal Constitucional.

SECÇÃO III – Competência

Artigo 117º – (Reserva da Constituição)

As competências do Presidente da República são as definidas pela presente Constituição.

Artigo 118º – (Mensagem à Nação)

O Presidente da República dirige ao País, na abertura do ano parlamentar, na Assembleia Nacional, uma mensagem sobre o Estado da Nação e as políticas preconizadas para a resolução dos principais assuntos, promoção do bem-estar dos angolanos e desenvolvimento do País.

Artigo 119º – (Competências como Chefe de Estado)

Compete ao Presidente da República, enquanto Chefe de Estado:

a) Convocar as eleições gerais e as eleições autárquicas, nos termos estabelecidos na Constituição e na lei;

b) Dirigir mensagens à Assembleia Nacional;

c) Promover junto do Tribunal Constitucional a fiscalização preventiva e sucessiva da constitucionalidade de atos normativos e tratados internacionais, bem como de omissões inconstitucionais, nos termos previstos na Constituição;

d) Nomear e exonerar os Ministros de Estado, os Ministros, os Secretários de Estado e os Vice-Ministros;

e) Nomear o Juiz Presidente do Tribunal Constitucional e demais Juízes do referido Tribunal;

f) Nomear o Juiz Presidente do Tribunal Supremo, o Juiz Vice-Presidente e os demais Juízes do referido Tribunal, sob proposta do Conselho Superior da Magistratura Judicial;

g) Nomear o Juiz Presidente do Tribunal de Contas, o juiz Vice-Presidente e os demais Juízes do referido Tribunal, nos termos da Constituição;

h) Nomear o Juiz Presidente, o Juiz Vice-Presidente e os demais Juízes do Supremo Tribunal Militar;

i) Nomear e exonerar o Procurador-Geral da República, os Vice-Procuradores-Gerais da República e os Adjuntos do Procurador-Geral da República, bem como os Procuradores Militares junto do Supremo Tribunal Militar, sob proposta do Conselho Superior da Magistratura do Ministério Público;

j) Nomear e exonerar o Governador e os Vice-Governadores do Banco Nacional de Angola;

k) Nomear e exonerar os Governadores e os Vice-Governadores Provinciais;

l) Convocar referendos, nos termos da Constituição e da lei;

m) Declarar o estado de guerra e fazer a paz, ouvida a Assembleia Nacional;

n) Indultar e comutar penas;

o) Declarar o estado de sítio, ouvida a Assembleia Nacional;

p) Declarar o estado de emergência, ouvida a Assembleia Nacional;

q) Conferir condecorações e títulos honoríficos, nos termos da lei;

r) Promulgar e mandar publicar a Constituição, as leis de revisão constitucional e as leis da Assembleia Nacional;

s) Presidir ao Conselho da República;

t) Nomear os membros dos Conselhos Superiores das Magistraturas, nos termos previstos pela Constituição;

u) Designar os membros do Conselho da República e do Conselho de Segurança Nacional;

v) Exercer as demais competências estabelecidas pela Constituição.

Artigo 120º – (Competência como titular do Poder Executivo)

Compete ao Presidente da República, enquanto titular do Poder Executivo:

a) Definir a orientação política do país, nos termos da Constituição;

b) Dirigir a política geral de governação do País e da Administração Pública;

c) Submeter à Assembleia Nacional a proposta de Orçamento Geral do Estado;

d) Dirigir os serviços e a atividade da Administração direta do Estado, civil e militar, superintender a Administração indireta e exercer a tutela sobre a Administração autónoma;

e) Definir a orgânica e estabelecer a composição do Poder Executivo;

f) Estabelecer o número e a designação dos Ministros de Estado, Ministros, Secretários de Estado e Vice-Ministros;

g) Definir a orgânica dos Ministérios e aprovar o regimento do Conselho de Ministros;

h) Solicitar à Assembleia Nacional autorização legislativa, nos termos da presente Constituição;

i) Exercer iniciativa legislativa, mediante propostas de lei apresentadas à Assembleia Nacional;

j) Convocar e presidir às reuniões do Conselho de Ministros e fixar a sua agenda de trabalhos;

k) Dirigir e orientar a ação do Vice-Presidente, dos Ministros de Estado e Ministros e dos Governadores de Província;

l) Elaborar regulamentos necessários à boa execução das leis.

Artigo 121º – (Competência nas relações internacionais)

Compete ao Presidente da República, no domínio das relações internacionais:

a) Definir e dirigir a execução da política externa do Estado;

b) Representar o Estado;

c) Assinar e ratificar, consoante os casos, depois de aprovados, os tratados, convenções, acordos e outros instrumentos internacionais;

d) Nomear e exonerar os embaixadores e designar os enviados extraordinários;

e) Acreditar os representantes diplomáticos estrangeiros.

Artigo 122º – (Competência como Comandante em Chefe)

Compete ao Presidente da República, como Comandante em Chefe das Forças Armadas Angolanas:

a) Exercer as funções de Comandante em Chefe das Forças Armadas Angolanas;

b) Assumir a direção superior das Forças Armadas Angolanas em caso de guerra;

c) Nomear e exonerar o Chefe do Estado-Maior-General das Forças Armadas Angolanas e o Chefe do Estado-Maior-General Adjunto das Forças Armadas, ouvido o Conselho de Segurança Nacional;

d) Nomear e exonerar os demais cargos de comando e chefia das Forças Armadas, ouvido o Conselho de Segurança Nacional;

e) Promover e graduar, bem como despromover e desgraduar os oficiais generais das Forças Armadas Angolanas, ouvido o Conselho de Segurança Nacional;

f) Nomear e exonerar o Comandante-Geral da Polícia Nacional e os 2ºs Comandantes da Polícia Nacional, ouvido o Conselho de Segurança Nacional;

g) Nomear e exonerar os demais cargos de comando e chefia da Polícia Nacional, ouvido o Conselho de Segurança Nacional;

h) Promover e graduar, bem como despromover e desgraduar os oficiais comissários da Polícia Nacional, ouvido o Conselho de Segurança Nacional;

i) Nomear e exonerar os titulares, adjuntos e chefes de direção dos órgãos de inteligência e de segurança do Estado, ouvido o Conselho de Segurança Nacional;

j) Conferir condecorações e títulos honoríficos militares e policiais.

Artigo 123º – (Competência em matéria de segurança nacional)

Compete ao Presidente da República, em matéria de segurança nacional:

a) Definir a política de segurança nacional e dirigir a sua execução;

b) Determinar, orientar e decidir sobre a estratégia de atuação da segurança nacional;

c) Aprovar o planeamento operacional do sistema de segurança nacional e decidir sobre a estratégia de emprego e de utilização das Forças Armadas Angolanas, da Polícia Nacional e demais organismos de proteção interior e dos órgãos de inteligência e de segurança de Estado;

d) Convocar e presidir ao Conselho do Segurança Nacional;

e) Promover a fidelidade das Forças Armadas Angolanas, da Polícia Nacional e dos órgãos de inteligência e de segurança de Estado à Constituição e às instituições democráticas.

Artigo 124º – (Promulgação de leis da Assembleia Nacional)

1. O Presidente da República promulga as leis da Assembleia Nacional nos trinta dias posteriores à sua receção.

2. Antes do decurso deste prazo o Presidente da República pode solicitar, de forma fundamentada, à Assembleia Nacional uma nova apreciação do diploma ou de algumas das suas normas.

3. Se depois desta reapreciação a maioria de dois terços dos Deputados se pronunciar no sentido da aprovação do diploma, o Presidente da República deve promulgar o diploma no prazo de quinze dias a contar da sua receção.

4. Antes do decurso dos prazos previstos nos números anteriores, o Presidente da República pode pedir ao Tribunal Constitucional a apreciação preventiva da constitucionalidade das leis da Assembleia Nacional.

Artigo 125º – (Forma dos atos)

1. No exercício das suas competências, o Presidente da República emite decretos legislativos presidenciais, decretos legislativos presidenciais provisórios, decretos presidenciais e despachos presidenciais, que são publicados no *Diário da República*.

2. Revestem a forma de decreto legislativo presidencial os atos do Presidente da República referidos na alínea *e*) do artigo 120º.

3. Revestem a forma de decreto presidencial os atos do Presidente da República referidos nas alíneas *a*), *d*), *e*), *f*), *g*), *h*), *i*), *j*), *k*), *l*), *m*), *n*), *o*), *p*), *q*), *t*) e *u*) do artigo 119º, nas alíneas *g*) e *l*) do artigo 120º, na alínea *d*) do artigo 121º, nas alíneas *c*), *d*), *e*), *f*), *g*), *h*), *i*) e *j*) do artigo 122º, todos da Constituição.

4. Os atos do Presidente da República decorrentes da sua competência como Comandante em Chefe das Forças Armadas e não previstos nos números anteriores revestem a forma de diretivas, indicações, ordens e despachos do Comandante em Chefe.

5. Revestem a forma de despacho presidencial os atos administrativos do Presidente da República.

Artigo 126º – (Decretos legislativos presidenciais provisórios)

1. O Presidente da República pode editar decretos legislativos presidenciais provisórios sempre que, por razões de urgência e relevância, tal medida se mostrar necessária à defesa do interesse público, devendo submetê-los de imediato à Assembleia Nacional, podendo esta convertê-los em lei, com ou sem alterações, ou rejeitá-los.

2. Os decretos legislativos presidenciais provisórios têm força de lei.

3. Não podem ser aprovados decretos legislativos presidenciais provisórios sobre:

a) As matérias de reserva legislativa absoluta da Assembleia Nacional;

b) O Orçamento Geral do Estado;

4. Não podem igualmente ser aprovados decretos legislativos presidenciais provisórios sobre matérias em relação às quais incidem leis aprovadas pela Assembleia Nacional que aguardam promulgação.

5. Os decretos legislativos presidenciais provisórios são editados por períodos de sessenta dias, findos os quais perdem a sua eficácia, salvo se forem convertidos em lei pela Assembleia Nacional.

6. O prazo a que se refere o número anterior conta-se desde a publicação do decreto legislativo presidencial provisório em *Diário da República*.

7. Os decretos legislativos presidenciais provisórios podem ser prorrogados por igual período de tempo, caso a Assembleia Nacional não tenha concluído a sua apreciação durante os primeiros sessenta dias.

8. Não podem ser reeditados, na mesma sessão legislativa, decretos legislativos presidenciais provisórios que tenham sido rejeitados pela Assembleia Nacional ou que tenham perdido a sua eficácia por decurso de tempo.

SECÇÃO IV – Responsabilidade, auto-demissão e vacatura do Presidente da República

Artigo 127º – (Responsabilidade criminal)

1. O Presidente da República não é responsável pelos atos praticados no exercício das suas funções, salvo em caso de suborno, traição à Pátria e prática de crimes definidos pela presente Constituição como imprescritíveis e insuscetíveis de amnistia.

2. A condenação implica a destituição do cargo e a impossibilidade de candidatura para outro mandato.

3. Pelos crimes estranhos ao exercício das suas funções, o Presidente da República responde perante o Tribunal Supremo, cinco anos depois de terminado o seu mandato.

Artigo 128º – (Autodemissão política do Presidente da República)

1. Verificando-se perturbação grave ou crise insanável na relação institucional com a Assembleia Nacional, o Presidente da República pode auto-demitir-se, mediante mensagem dirigida à Assembleia Nacional, com conhecimento ao Tribunal Constitucional.

2. A auto-demissão do Presidente da República nos termos do número anterior implica a dissolução da Assembleia Nacional e a convocação de eleições gerais antecipadas, as quais devem ter lugar no prazo de noventa dias.

3. O Presidente da República que tenha apresentado auto-demissão nos termos do presente artigo mantém-se em funções, para a prática de atos de mera gestão corrente, até à tomada de posse do Presidente da República eleito nas eleições subsequentes.

4. A auto-demissão não produz os efeitos da renúncia a que se refere o artigo 116º da presente Constituição e dela não se pode fazer recurso para afastamento de processo de destituição nos termos do artigo seguinte.

Artigo 129º – (Destituição do Presidente da República)

1. O Presidente da República pode ser destituído do cargo nas seguintes situações:

a) Por crime de traição à Pátria e espionagem;

b) Por crimes de suborno, peculato e corrupção;

c) Por incapacidade física e mental definitiva para continuar a exercer o cargo;

d) Por ser titular de alguma nacionalidade adquirida;

e) Por crimes hediondos e violentos tal como definidos na presente Constituição.

2. O Presidente da República pode ainda ser destituído por crime de violação da Constituição que atente gravemente contra:

a) O Estado Democrático e de Direito;

b) A segurança do Estado;

c) O regular funcionamento das instituições.

3. Compete ao Tribunal Supremo conhecer e decidir os processos criminais a que se referem as alíneas *a*), *b*) e *e*) do nº 1 do presente artigo instaurados contra o Presidente da República.

4. Compete ao Tribunal Constitucional conhecer e decidir os processos de destituição do Presidente da República a que se referem as alíneas *c*) e *d*) do nº 1, bem como do nº 2 do presente artigo.

5. Os processos de responsabilização criminal e os processos de destituição do Presidente da República a que se referem os números anteriores obedecem ao seguinte:

a) A iniciativa dos processos deve ser devidamente fundamentada e incumbe à Assembleia Nacional;

b) A proposta de iniciativa é apresentada por um terço dos Deputados em efetividade de funções;

c) A deliberação é aprovada por maioria de dois terços dos Deputados em efetividade de funções, devendo, após isso, ser enviada a respetiva comunicação ou petição de procedimento ao Tribunal Supremo ou ao Tribunal Constitucional, conforme o caso.

6. Estes processos têm prioridade absoluta sobre todos os demais e devem ser conhecidos e decididos no prazo máximo de cento e vinte dias contados da receção da devida petição.

Artigo 130º – (Vacatura)

1. Há vacatura do cargo de Presidente da República nas seguintes situações:

a) Renúncia ao mandato, nos termos do artigo 116º;

b) Morte;

c) Destituição;

d) Incapacidade física ou mental permanente;

e) Abandono de funções.

2. A vacatura é verificada e declarada pelo Tribunal Constitucional, nos termos da Constituição e da lei.

Artigo 131º – (Vice-Presidente)

1. O Vice-Presidente é um órgão auxiliar do Presidente da República no exercício da função executiva.

2. É eleito Vice-Presidente da República o candidato número dois da lista, pelo círculo nacional, do partido político ou da coligação de partidos políticos mais votado no quadro das eleições gerais, realizadas ao abrigo do artigo 143º e seguintes da Constituição.

3. O Vice-Presidente substitui o Presidente da República nas suas ausências no exterior do País, quando impossibilitado de exercer as suas funções, e nas situações de impedimento temporário, cabendo-lhe neste caso assumir a gestão corrente da função executiva.

4. Aplicam-se ao Vice-Presidente, com as devidas adaptações, as disposições dos artigos 110º, 111º, 113º, 114º, 115º, 116º, 127º, 129º, 130º e 137º da presente Constituição, sendo a mensagem a que se refere o artigo 116º substituída por uma carta dirigida ao Presidente da República.

Artigo 132º – (Substituição do Presidente da República)

1. Em caso de vacatura do cargo de Presidente da República eleito, as funções são assumidas pelo Vice-Presidente, o qual cumpre o mandato até ao fim, com a plenitude dos poderes.

2. Verificando-se a situação prevista no número anterior ou a vacatura do cargo de Vice-Presidente, o Presidente da República designa uma entidade eleita para o Parlamento pela lista do partido político ou coligação de partidos políticos mais votado, para exercer as funções de Vice-Presidente, ouvido o partido político ou a coligação de partidos políticos que apresentou a candidatura do Presidente da República, nos termos dos artigos 109º e 143º e seguintes da presente Constituição.

3. Em caso de impedimento definitivo simultâneo do Presidente da República e do Vice-Presidente, o Presidente da Assembleia Nacional assume as funções de Presidente da República até à realização de novas eleições gerais, que devem ter lugar no prazo de cento e vinte dias contados a partir da verificação do impedimento.

4. Em caso de impedimento definitivo do Presidente da República eleito, antes da tomada de posse, é substituído pelo Vice-Presidente eleito, devendo um Vice-Presidente substituto ser designado nos termos do nº 2 do presente artigo.

5. Em caso de impedimento definitivo simultâneo do Presidente da República e do Vice-Presidente eleitos, antes da tomada de posse, compete ao partido político ou à coligação de partidos políticos por cuja lista foram eleitos o Presidente e o Vice-Presidente impedidos designar os seus substitutos, de entre membros eleitos, pela mesma lista, para a tomada de posse.

6. Compete ao Tribunal Constitucional verificar os casos de impedimento definitivo previstos na presente Constituição.

Artigo 133º – (Estatuto dos antigos Presidentes da República)

1. Os antigos Presidentes da República gozam das imunidades previstas na Constituição para os membros do Conselho da República.

2. No interesse nacional de dignificação da função presidencial, os antigos Presidentes da República têm os seguintes direitos:

a) Residência oficial;

b) Escolta pessoal;

c) Viatura protocolar;

d) Pessoal de apoio administrativo;

e) Outros previstos por lei.

3. O estatuto previsto no presente artigo não é aplicável aos antigos Presidentes da República que tenham sido destituídos do cargo por responsabilidade criminal, nos termos da presente Constituição.

SECÇÃO V – Órgãos auxiliares do Presidente da República

Artigo 134º – (Conselho de Ministros)

1. O Conselho de Ministros é um órgão auxiliar do Presidente da República na formulação e execução da política geral do País e da Administração Pública.

2. O Conselho de Ministros é presidido pelo Presidente da República e é integrado pelo Vice-Presidente, Ministros de Estado e Ministros.

3. Os Secretários de Estado e os Vice-Ministros podem ser convidados a participar das reuniões do Conselho de Ministros.

4. Compete ao Conselho de Ministros pronunciar-se sobre:

a) A política de governação, bem como a sua execução;

b) Propostas de lei a submeter à aprovação da Assembleia Nacional;

c) Atos legislativos do Presidente da República;

d) Instrumentos de planeamento nacional;

e) Regulamentos do Presidente da República necessários à boa execução das leis;

f) Acordos internacionais cuja aprovação seja da competência do Presidente da República;

g) Adoção de medidas gerais de execução do programa de governação do Presidente da Republica;

h) Demais assuntos que sejam submetidos à apreciação pelo Presidente da República.

5. O Regimento do Conselho de Ministros é aprovado por decreto presidencial.

Artigo 135º – (Conselho da República)

1. O Conselho da República é o órgão colegial de natureza consultiva do Chefe do Estado.

2. O Conselho da República é presidido pelo Presidente da República e composto pelos seguintes membros:

a) O Vice-Presidente da República;

b) O Presidente da Assembleia Nacional;

c) O Presidente do Tribunal Constitucional;

d) O Procurador-Geral da República;

e) Os antigos Presidentes da República que não tenham sido destituídos do cargo;

f) Os Presidentes dos partidos políticos e das coligações de partidos políticos representados na Assembleia Nacional;

g) Dez cidadãos designados pelo Presidente da República pelo período correspondente à duração do seu mandato.

3. Os membros do Conselho da República gozam das imunidades conferidas aos Deputados à Assembleia Nacional, nos termos da presente Constituição.

4. O Regimento do Conselho da República é aprovado por decreto presidencial.

Artigo 136º – (Conselho de Segurança Nacional)

1. O Conselho de Segurança Nacional é o órgão de consulta do Presidente da República para os assuntos relativos à condução da política e estratégia da segurança nacional, bem como à organização, ao funcionamento e à disciplina das Forças Armadas, da Polícia Nacional e demais organismos de garantia da ordem constitucional e dos órgãos de inteligência e de segurança de Estado em particular.

2. O Conselho de Segurança Nacional é presidido pelo Presidente da República e composto pelos seguintes membros:

a) O Vice-Presidente da República;

b) O Presidente da Assembleia Nacional;

c) O Presidente do Tribunal Constitucional;

d) O Presidente do Tribunal Supremo;

e) O Procurador-Geral da República;

f) Ministros de Estado e Ministros indicados pelo Presidente da República;

g) Outras entidades indicadas pelo Presidente da República.

3. A organização e o funcionamento do Conselho de Segurança Nacional são definidos por decreto presidencial.

SECÇÃO VI – Atos, incompatibilidades e responsabilidades dos Ministros de Estado, Ministros, Secretários de Estado e Vice-Ministros

Artigo 137º – (Atos dos Ministros de Estado e Ministros)

No exercício de poderes delegados pelo Presidente de República, os Ministros de Estado e Ministros exaram decretos executivos e despachos, que são publicados em *Diário da República*.

Artigo 138º – (Incompatibilidades)

1. Os cargos de Ministro de Estado, Ministro, Secretário de Estado e de Vice-Ministro são incompatíveis com o mandato de Deputado e com o exercício da atividade de magistrado judicial ou do Ministério Público.

2. Os cargos de Ministro de Estado, Ministro, Secretário de Estado e de Vice-Ministro são ainda incompatíveis com uma das seguintes atividades:

a) Empregos remunerados em qualquer instituição pública ou privada, exceto as de docência ou investigação científica;

b) O exercício de funções de administração, gerência ou de qualquer cargo social em sociedades comerciais e demais instituições que prossigam fins de natureza económica;

c) O exercício de profissões liberais.

Artigo 139º – (Responsabilidade política)

O Vice-Presidente, os Ministros de Estado e os Ministros são responsáveis, política e institucionalmente, perante o Presidente da República.

Artigo 140º – (Responsabilidade criminal)

1. Os Ministros de Estado, Ministros, Secretários de Estado e Vice-Ministros respondem perante o Tribunal Supremo pelos crimes cometidos quer no exercício das suas funções quer fora delas.

2. Os Ministros de Estado, Ministros, Secretários de Estado e Vice-Ministros só podem ser presos depois de culpa formada quando a infração seja punível com pena de prisão superior a dois anos, exceto em flagrante delito, por crime doloso punível com pena de prisão superior a dois anos.

CAPÍTULO III – Poder Legislativo

SECÇÃO I – Definição, estrutura, composição e eleição

Artigo 141º – (Definição)

1. A Assembleia Nacional é o Parlamento da República de Angola.

2. A Assembleia Nacional é um órgão unicamaral, representativo de todos os angolanos, que exprime a vontade soberana do povo e exerce o poder legislativo do Estado.

Artigo 142º – (Composição)

A Assembleia Nacional é composta por Deputados eleitos nos termos da Constituição e da lei.

Artigo 143º – (Sistema eleitoral)

1. Os Deputados são eleitos por sufrágio universal, livre, igual, direto, secreto e periódico pelos cidadãos nacionais maiores de dezoito anos de idade residentes no território nacional, considerando-se igualmente como tal os cidadãos angolanos residentes no estrangeiro por razões de serviço, estudo, doença ou similares.

2. Os Deputados são eleitos segundo o sistema de representação proporcional, para um mandato de cinco anos, nos termos da lei.

Artigo 144º – (Círculos eleitorais)

1. Os Deputados são eleitos por círculos eleitorais, existindo um círculo eleitoral nacional e círculos eleitorais correspondentes a cada uma das províncias.

2. Para a eleição dos Deputados pelos círculos eleitorais é fixado o seguinte critério:

a) Um número de cento e trinta Deputados é eleito a nível nacional, considerando-se o País, para esse efeito, um círculo eleitoral nacional único;

b) Um número de cinco Deputados é eleito em cada província, constituindo, para esse efeito, um círculo eleitoral provincial.

Artigo 145º – (Inelegibilidade)

1. São inelegíveis a Deputados:

a) Os magistrados judiciais e do Ministério Público no exercício de funções;

b) Os militares e os membros das forças militarizadas no ativo;

c) Os membros dos órgãos de administração eleitoral;

d) Os legalmente incapazes;

e) Os que tenham sido condenados com pena de prisão superior a dois anos.

2. Os cidadãos que tenham adquirido a nacionalidade angolana apenas são elegíveis decorridos sete anos desde a data da aquisição.

Artigo 146º – (Candidaturas)

1. As candidaturas são apresentadas pelos partidos políticos, isoladamente ou em coligação, podendo as listas integrar cidadãos não filiados nos respetivos partidos, nos termos da lei.

2. As candidaturas devem ser subscritas por 5 000 a 5 500 eleitores, para o círculo nacional, e por 500 a 550 eleitores, por cada círculo provincial.

SECÇÃO II - Estatuto dos Deputados

Artigo 147º - (Natureza do mandato)

Os Deputados são representantes de todo o povo e não apenas dos círculos eleitorais por que foram eleitos.

Artigo 148º - (Início e termo do mandato)

1. O mandato dos Deputados inicia com a tomada de posse e a realização da primeira reunião constitutiva da Assembleia Nacional após as eleições e cessa com a primeira reunião após as eleições subsequentes, sem prejuízo de suspensão ou de cessação individual.

2. O preenchimento de vagas na Assembleia Nacional, assim como a suspensão, substituição, renúncia e perda do mandato, são regulados pela Constituição e pela lei.

Artigo 149º - (Incompatibilidades)

1. O mandato de Deputado é incompatível com o exercício da função de:

a) Presidente e Vice-Presidente da República;

b) Ministro de Estado, Ministro, Secretário de Estado e Vice-Ministro;

c) Embaixador;

d) Magistrado judicial e do Ministério Público;

e) Provedor de Justiça e Provedor de Justiça-Adjunto;

f) Membro dos Conselhos Superiores da Magistratura Judicial e do Ministério Público;

g) Governador Provincial, Vice-Governador Provincial e demais titulares dos órgãos da administração local do Estado;

h) Titulares dos órgãos das autarquias locais;

i) Membro dos órgãos de direção, administração e fiscalização das empresas públicas, institutos públicos e associações públicas.

2. O mandato de Deputado é igualmente incompatível com:

a) O exercício de funções públicas remuneradas em órgãos da administração direta ou indireta do Estado;

b) O exercício de funções de administração, gerência ou de qualquer cargo social em sociedades comerciais e demais instituições que prossigam fins lucrativos;

c) O exercício de relações jurídico-laborais subordinadas com empresas estrangeiras ou organizações internacionais;

d) O exercício de funções que impeçam uma participação ativa nas atividades da Assembleia Nacional, exceto as funções de dirigente partidário, de docência ou outras como tal reconhecidas pela Assembleia Nacional;

e) A ocorrência de situações de inelegibilidade supervenientes à eleição;

f) O exercício de outras funções que nos termos da lei se considere incompatível com a função de Deputado.

3. O desempenho ou a designação para algumas das funções ou dos cargos previstos no presente artigo é razão justificativa do adiamento da tomada de posse como Deputado.

Artigo 150º – (Imunidades)

1. Os Deputados não respondem civil, criminal nem disciplinarmente pelos votos ou opiniões que emitam em reuniões, comissões ou grupos de trabalho da Assembleia Nacional, no exercício das suas funções.

2. Os Deputados não podem ser detidos ou presos sem autorização a conceder pela Assembleia Nacional ou, fora do período normal de funcionamento desta, pela Comissão Permanente, exceto em flagrante delito por crime doloso punível com pena de prisão superior a dois anos.

3. Após instauração de processo criminal contra um Deputado e uma vez acusado por despacho de pronúncia ou equivalente, salvo em flagrante delito por crime doloso punível com pena de prisão superior a dois anos, o Plenário da Assembleia Nacional deve deliberar sobre a suspensão do Deputado e retirada de imunidades, para efeitos de prosseguimento do processo.

Artigo 151º – (Suspensão do mandato e substituição temporária)

1. O mandato do Deputado deve ser suspenso, nos seguintes casos:

a) Exercício de cargo público incompatível com a função de Deputado, nos termos da Constituição;

b) Doença de duração superior a noventa dias;

c) Ausência do País por um período superior a noventa dias;

d) Despacho de pronúncia transitado em julgado por crime doloso punível com pena de prisão superior a dois anos.

2. Sempre que ocorra a situação de suspensão de mandato, o Deputado deve ser substituído temporariamente, nos termos previstos nos números 2 e 3 do artigo 153º da Constituição.

Artigo 152º – (Renúncia e perda do mandato)

1. O Deputado pode renunciar ao seu mandato mediante declaração escrita.

2. O Deputado perde o mandato sempre que:

a) Fique abrangido por algumas das incapacidades ou inelegibilidades previstas na Constituição e na lei;

b) Exceda o número de faltas previsto por lei;

c) Filie-se em partido diferente daquele por cuja lista foi eleito;

d) Tenha sido sancionado por conduta indecorosa, lesiva dos deveres e da dignidade da função parlamentar, nos termos de procedimento disciplinar instaurado ao abrigo das normas competentes da Assembleia Nacional;

e) Se verifiquem as situações previstas nas alíneas *c*), *d*) e *e*) do nº 1 do artigo 153º da Constituição;

f) Não tome, injustificadamente, assento na Assembleia Nacional, nos termos da lei.

Artigo 153º – (Substituição definitiva)

1. Há lugar à substituição definitiva de Deputados nas seguintes situações:

a) Renúncia do mandato;

b) Perda do mandato nos termos previstos na alínea *b*) do nº 2 do artigo 152º da Constituição;

c) Condenação por crime doloso punível com pena de prisão superior a dois anos;

d) Incapacidade definitiva;

e) Morte.

2. Em caso de substituição de um Deputado, a vaga ocorrida é preenchida, segundo a respetiva ordem de precedência, pelo Deputado seguinte da lista do partido ou da coligação a que pertencia o titular do mandato vago.

3. Se, na lista a que pertencia o titular do mandato, já não existirem candidatos, não se procede ao preenchimento da vaga.

Artigo 154º – (Impedimentos)

Os Deputados em efetividade de funções não podem:

a) Advogar ou ser parte em processos judiciais ou extrajudiciais contra o Estado, salvo para a defesa dos seus direitos e interesses legalmente protegidos;

b) Servir de árbitro, conciliador e mediador ou perito remunerado em processo contra o Estado ou outras pessoas coletivas de Direito Público, salvo se for autorizado pela Assembleia Nacional;

c) Participar em concursos públicos de fornecimento de bens ou serviços, assim como em contratos com o Estado e outras pessoas coletivas de Direito Público, salvo os direitos definidos pela lei;

d) Participar em atos de publicidade comercial.

SECÇÃO III - Organização e funcionamento

Artigo 155º - (Organização interna)

A organização e o funcionamento internos da Assembleia Nacional regem-se pelas disposições da presente Constituição e da lei.

Artigo 156º - (Comissão Permanente)

1. A Comissão Permanente é o órgão da Assembleia Nacional que funciona:

a) Fora do período de funcionamento efetivo;

b) Entre o termo de uma legislatura e o início de nova legislatura;

c) Nos demais casos previstos na Constituição e na lei.

2. A Comissão Permanente é presidida pelo Presidente da Assembleia Nacional e integra as seguintes entidades:

a) Vice-Presidentes da Assembleia Nacional;

b) Secretários de Mesa;

c) Presidentes dos Grupos Parlamentares;

d) Presidentes das Comissões Permanentes de Trabalho;

e) Presidente do Conselho de Administração;

f) Presidente do Grupo das Mulheres Parlamentares;

g) Doze Deputados na proporção dos assentos.

3. Compete à Comissão Permanente:

a) Exercer os poderes da Assembleia Nacional relativamente ao mandato dos Deputados;

b) Preparar a abertura das sessões legislativas;

c) Convocar extraordinariamente a Assembleia Nacional, face à necessidade de se analisar assuntos específicos de caráter urgente;

d) Acompanhar as reuniões das Comissões de Trabalho Especializadas, Eventuais e Parlamentares de Inquérito fora do período de funcionamento efetivo da Assembleia Nacional.

4. A Comissão Permanente mantém-se em funções, no termo da legislatura, até à abertura da reunião constitutiva da nova Assembleia eleita.

Artigo 157º - (Sessões Legislativas)

1. A legislatura compreende cinco Sessões Legislativas ou Anos Parlamentares.

2. Cada sessão legislativa inicia a quinze de outubro e tem a duração de um ano, sendo os intervalos fixados nas leis de organização e funcionamento da Assembleia Nacional.

3. As sessões legislativas incluem as reuniões plenárias ordinárias e extraordinárias que sejam necessárias ao desenvolvimento dos trabalhos.

Artigo 158º – (Quórum de funcionamento)

A Assembleia Nacional pode funcionar em reuniões plenárias com um quinto dos Deputados em efetividade de funções.

Artigo 159º – (Deliberações)

As deliberações da Assembleia Nacional são tomadas por maioria absoluta dos Deputados presentes, desde que superior a mais de metade dos Deputados em efetividade de funções, salvo quando a Constituição e a lei estabeleçam outras regras de deliberação.

SECÇÃO IV – Competência

Artigo 160º – (Competência organizativa)

Compete à Assembleia Nacional, no domínio da sua organização interna:

a) Legislar sobre a sua organização interna;

b) Eleger, por maioria absoluta dos Deputados presentes, o seu Presidente, os Vice-Presidentes e os Secretários de Mesa;

c) Constituir a Comissão Permanente, as Comissões de Trabalho Especializadas, as Comissões Eventuais e as Comissões Parlamentares de Inquérito;

d) Exercer as demais competências conferidas pela lei orgânica e por demais legislação parlamentar.

Artigo 161º – (Competência política e legislativa)

Compete à Assembleia Nacional, no domínio político e legislativo:

a) Aprovar alterações à Constituição, nos termos da presente Constituição;

b) Aprovar as leis sobre todas as matérias, salvo as reservadas pela Constituição ao Presidente da República;

c) Conferir ao Presidente da República autorizações legislativas e apreciar, para efeitos de cessação de vigência ou modificação, os decretos legislativos presidenciais autorizados, nos termos da lei;

d) Apreciar, para efeitos de conversão em lei ou rejeição, os decretos legislativos presidenciais provisórios;

e) Aprovar o Orçamento Geral do Estado;

f) Fixar e alterar a divisão político-administrativa do país, nos termos da Constituição e da lei;

g) Conceder amnistias e perdões genéricos;

h) Pronunciar-se sobre a possibilidade de declaração pelo Presidente da República de estado de sítio ou estado de emergência;

i) Pronunciar-se sobre a possibilidade de declaração pelo Presidente da República de estado de guerra ou de feitura da paz;

j) Propor ao Presidente da República a submissão a referendo de questões de relevante interesse nacional;

k) Aprovar para ratificação e adesão os tratados, convenções, acordos e outros instrumentos internacionais que versem matéria da sua competência legislativa absoluta, bem como os tratados de participação de Angola em organizações internacionais, de retificação de fronteiras, de amizade, de cooperação, de defesa e respeitantes a assuntos militares;

l) Aprovar a desvinculação de tratados, convenções, acordos e outros instrumentos internacionais;

m) Promover o processo de acusação e destituição do Presidente da República, nos termos previstos nos artigos 127º e 129º da presente Constituição;

n) Desempenhar as demais funções que lhe sejam cometidas pela Constituição e pela lei.

Artigo 162º – (Competência de controlo e fiscalização)

Compete à Assembleia Nacional, no domínio do controlo e da fiscalização:

a) Velar pela aplicação da Constituição e pela boa execução das leis;

b) Receber e analisar a Conta Geral do Estado e de outras instituições públicas que a lei obrigar, podendo as mesmas ser acompanhadas do relatório e parecer do Tribunal de Contas, assim como de todos os elementos que se reputem necessários à sua análise, nos termos da lei;

c) Analisar e discutir a aplicação da declaração do estado de guerra, do estado de sítio ou do estado de emergência;

d) Autorizar o Executivo a contrair e a conceder empréstimos, bem como a realizar outras operações de crédito que não sejam de dívida flutuante, definindo as respetivas condições gerais, e fixar o limite máximo dos avales a conceder em cada ano ao Executivo, no quadro da aprovação do Orçamento Geral do Estado;

e) Analisar, para efeitos de recusa de ratificação ou de alteração, os decretos legislativos presidenciais aprovados no exercício de competência legislativa autorizada.

Artigo 163º – (Competência em relação a outros órgãos)

Relativamente a outros órgãos, compete à Assembleia Nacional:

a) Eleger juízes para o Tribunal Constitucional, nos termos da Constituição;

b) Eleger juristas para os Conselhos Superiores da Magistratura Judicial e do Ministério Público;

c) Eleger o Provedor de Justiça e o Provedor de Justiça Adjunto;

d) Eleger membros dos órgãos de administração eleitoral, nos termos da lei.

e) Eleger os membros de outros órgãos cuja designação seja legalmente cometida à Assembleia Nacional.

Artigo 164º – (Reserva absoluta de competência legislativa)

À Assembleia Nacional compete legislar com reserva absoluta sobre as seguintes matérias:

a) Aquisição, perda e reaquisição da nacionalidade;

b) Direitos, liberdades e garantias fundamentais dos cidadãos;

c) Restrições e limitações aos direitos, liberdades e garantias dos cidadãos;

d) Eleições e estatuto dos titulares dos órgãos de soberania, do poder local e dos demais órgãos constitucionais, nos termos da Constituição e da lei;

e) Definição dos crimes, penas e medidas de segurança, bem como das bases do processo criminal;

f) Bases do sistema de organização e funcionamento do poder local e da participação dos cidadãos e das autoridades tradicionais no seu exercício;

g) Regime de referendo;

h) Organização dos tribunais e estatuto dos magistrados judiciais e do Ministério Público;

i) Bases gerais da organização da defesa nacional;

j) Bases gerais da organização, do funcionamento e da disciplina das Forças Armadas Angolanas, das forças de segurança pública e dos serviços de informações;

k) Regimes do estado de guerra, do estado de sítio e do estado de emergência;

l) Associações, fundações e partidos políticos;

m) Regime dos símbolos nacionais;

n) Regime dos feriados e datas de celebração nacional;

o) Estado e capacidade das pessoas;

p) Definição dos limites do mar territorial, da zona contígua, da zona económica exclusiva e da plataforma continental.

Artigo 165º – (Reserva relativa de competência legislativa)

1. À Assembleia Nacional compete legislar com reserva relativa, salvo autorização concedida ao Executivo, sobre as seguintes matérias:

a) Bases do regime e âmbito da função pública, incluindo as garantias dos administrados, o estatuto dos funcionários públicos e a responsabilidade civil da Administração Pública;

b) Bases do estatuto das empresas públicas, dos institutos públicos e das associações públicas;

c) Regime geral do arrendamento rural e urbano;

d) Regime geral das finanças públicas;

e) Bases do sistema financeiro e bancário;

f) Bases do regime geral do sistema nacional do planeamento;

g) Regime geral dos bens e meios de produção não integrados no domínio público;

h) Regime geral dos meios de comunicação social;

i) Bases dos sistemas nacionais de ensino, de saúde e de segurança social;

j) Sistema monetário e padrão de pesos e medidas;

k) Definição dos setores de reserva do Estado no domínio da economia;

l) Bases de concessão de exploração dos recursos naturais e da alienação do património do Estado;

m) Definição e regime dos bens de domínio público;

n) Regime geral da requisição e da expropriação por utilidade pública;

o) Criação de impostos e sistema fiscal, bem como o regime geral das taxas e demais contribuições financeiras a favor das entidades públicas;

p) Bases gerais do ordenamento do território e do urbanismo;

q) Bases do sistema de proteção da natureza, do equilíbrio ambiental e ecológico e do património cultural;

r) Bases gerais do regime de concessão e transmissão da terra;

s) Regime geral do serviço militar;

t) Regime geral da punição das infrações disciplinares e dos atos ilícitos de mera ordenação social, bem como do respetivo processo.

2. A Assembleia Nacional tem ainda reserva de competência relativa para a definição do regime legislativo geral sobre todas as matérias não abrangidas no número anterior, salvo as reservadas pela Constituição ao Presidente da República.

SECÇÃO V – Processo legislativo

Artigo 166º – (Forma dos atos)

1. A Assembleia Nacional emite, no exercício das suas competências, leis de revisão constitucional, leis orgânicas, leis de bases, leis, leis de autorização legislativa e resoluções.

2. Os atos da Assembleia Nacional praticados no exercício das suas competências revestem a forma de:

a) Leis de revisão constitucional, os atos normativos previstos na alínea *a*) do artigo 161º da Constituição;

b) Leis orgânicas, os atos normativos previstos na alínea *a*) do artigo 160º e nas alíneas *d*), *f*), *g*) e *h*) do artigo 164º;

c) Leis de bases, os atos normativos previstos nas alíneas *i*) e *j*) do artigo 164º e nas alíneas *a*), *b*), *e*), *f*), *i*), *l*), *p*), *q*) e *r*) do nº 1 do artigo 165º, todos da Constituição;

d) Leis, os demais atos normativos que versem sobre matérias da competência legislativa da Assembleia Nacional e que não tenham que revestir outra forma, nos termos da Constituição;

e) Leis de autorização legislativa, os atos normativos previstos na alínea *c*) do artigo 161º;

f) Resoluções, os atos previstos nas alíneas *b*) e *c*) do artigo 160º, nas alíneas *g*), *h*), *i*), *j*), *k*), *l*) e *m*) do art. 161º, nas alíneas *b*), *c*) e *d*) do artigo 162º e nas alíneas *a*), *b*), *c*), *d*) e *e*) do artigo 163º e as demais deliberações em matéria de gestão corrente da atividade parlamentar, bem como as que não requeiram outra forma, nos termos da Constituição.

Artigo 167º – (Iniciativa legislativa)

1. A iniciativa legislativa pode ser exercida pelos Deputados, pelos Grupos Parlamentares e pelo Presidente da República.
2. Os órgãos do poder judicial podem apresentar contribuições sobre matérias relacionadas com a organização judicial, o estatuto dos magistrados e o funcionamento dos tribunais.
3. Reveste a forma de projeto de lei a iniciativa legislativa exercida pelos Deputados e pelos Grupos Parlamentares.
4. Reveste a forma de proposta de lei a iniciativa legislativa exercida pelo Presidente da República.
5. Os cidadãos organizados em grupos e organizações representativas podem apresentar à Assembleia Nacional propostas de projetos de iniciativa legislativa, nos termos a definir por lei.
6. Não podem ser apresentados projetos e propostas de leis que envolvam, no ano fiscal em curso, aumento das despesas ou diminuição das receitas do Estado fixadas no Orçamento, salvo as leis de revisão do Orçamento Geral do Estado.

Artigo 168º – (Iniciativa de referendo nacional)

1. A iniciativa de referendo nacional pode ser exercida pelo Presidente da República, por um quinto dos Deputados em efetividade de funções e pelos Grupos Parlamentares.
2. Reveste a forma de proposta de referendo a iniciativa apresentada pelos Deputados e Grupos Parlamentares.
3. É proibida a realização de referendos constitucionais.

Artigo 169º – (Aprovação)

1. Os projetos de leis de revisão constitucional e as propostas de referendo são aprovados por maioria qualificada de dois terços dos Deputados em efetividade de funções.

2. Os projetos de leis orgânicas são aprovados por maioria absoluta dos Deputados em efetividade de funções.

3. Os projetos de leis de bases, de leis e de resoluções são aprovados por maioria absoluta dos votos dos Deputados presentes, desde que superior a mais de metade dos Deputados em efetividade de funções.

Artigo 170º - (Autorizações legislativas)

1. As leis de autorização legislativa devem definir o seu objeto, sentido, extensão e duração.

2. As leis de autorização legislativa não podem ser utilizadas mais do que uma vez, sem prejuízo de poderem ser utilizadas parcelarmente.

3. As autorizações legislativas caducam com:

a) Termo do prazo;

b) Termo da legislatura e do mandato do Presidente da República.

4. As autorizações legislativas concedidas na Lei do Orçamento Geral do Estado observam o disposto no presente artigo e, incidindo sobre matéria fiscal, só caducam no termo do ano fiscal a que respeitam.

Artigo 171º - (Apreciação parlamentar dos atos legislativos do Executivo)

1. Os decretos legislativos presidenciais autorizados podem ser objeto de apreciação parlamentar, mediante requerimento subscrito por pelo menos dez Deputados em efetividade de funções, nos trinta dias subsequentes à sua publicação no *Diário da República*.

2. A apreciação dos decretos legislativos presidenciais autorizados é feita para efeitos de cessação de vigência ou de modificação.

3. Requerida a apreciação de decreto legislativo presidencial autorizado, e no caso de serem apresentadas propostas de alteração, a Assembleia Nacional pode suspender, no todo ou em parte, a sua vigência até à publicação da lei que o vier alterar ou até à rejeição de todas as propostas.

4. A suspensão referida no número anterior caduca decorridos quarenta e cinco dias sem que haja pronunciamento final da Assembleia Nacional.

5. Se a Assembleia Nacional aprovar a cessação de vigência do decreto legislativo presidencial autorizado, o diploma deixa de vigorar desde a publicação da resolução em *Diário da República*, não podendo voltar a ser publicado na mesma sessão legislativa.

6. O processo de apreciação parlamentar dos decretos legislativos presidenciais autorizados goza de prioridade e caduca se, requerida a apreciação, a Assembleia Nacional não se tiver sobre ela pronunciado ou, tendo deliberado introduzir emendas, não tiver votado a respetiva lei até ao termo da sessão legislativa em curso, desde que decorridas cinco sessões plenárias.

Artigo 172º – (Apreciação parlamentar dos decretos legislativos presidenciais provisórios)

1. O Presidente da República deve remeter à Assembleia Nacional os decretos legislativos presidenciais provisórios, no prazo de dez dias contados a partir da sua publicação em *Diário da República*.

2. A apreciação parlamentar faz-se por requerimento de pelo menos dez Deputados se, no prazo referido no número anterior, o decreto legislativo presidencial provisório não tiver sido remetido à Assembleia Nacional.

3. A apreciação dos decretos legislativos presidenciais provisórios destina-se à sua conversão em lei parlamentar ou rejeição pela Assembleia Nacional.

4. Se a Assembleia Nacional rejeitar o decreto legislativo presidencial provisório, o diploma deixa de vigorar desde a publicação da resolução em *Diário da República*, não podendo voltar a ser publicado na mesma sessão legislativa.

5. Aplica-se à apreciação parlamentar dos decretos legislativos presidenciais provisórios o disposto no nº 6 do artigo anterior.

Artigo 173º – (Processo de urgência)

1. A requerimento do Presidente da Republica, de dez Deputados em efetividade de funções, de qualquer Grupo Parlamentar e das Comissões de Trabalho Especializadas, pode ser solicitada à Assembleia Nacional a urgência na discussão de qualquer projeto ou proposta de lei ou de resolução.

2. A Assembleia Nacional pode, a requerimento de dez Deputados ou de qualquer Grupo Parlamentar, declarar a urgência na discussão de qualquer assunto de interesse nacional.

3. Requerida a urgência de agendamento de qualquer assunto, compete ao Presidente da Assembleia Nacional decidir do pedido, sem prejuízo de recurso para o Plenário a fim de deliberar sobre a urgência requerida.

CAPÍTULO IV – Poder Judicial

SECÇÃO I – Princípios gerais

Artigo 174º – (Função jurisdicional)

1. Os tribunais são o órgão de soberania com competência de administrar a justiça em nome do povo.

2. No exercício da função jurisdicional, compete aos tribunais dirimir conflitos de interesses público ou privado, assegurar a defesa dos direitos e interesses legalmente protegidos, bem como os princípios do acusatório e do contraditório e reprimir as violações da legalidade democrática.

3. Todas as entidades públicas e privadas têm o dever de cooperar com os tribunais na execução das suas funções, devendo praticar, nos limites da sua competência, os atos que lhes forem solicitados pelos tribunais.

4. A lei consagra e regula os meios e as formas de composição extrajudicial de conflitos, bem como a sua constituição, organização, competência e funcionamento.

5. Os tribunais não podem denegar a justiça por insuficiência de meios financeiros.

Artigo 175º – (Independência dos tribunais)

No exercício da função jurisdicional, os Tribunais são independentes e imparciais, estando apenas sujeitos à Constituição e à lei.

Artigo 176º – (Sistema jurisdicional)

1. Os Tribunais superiores da República de Angola são o Tribunal Constitucional, o Tribunal Supremo, o Tribunal de Contas e o Supremo Tribunal Militar.

2. O sistema de organização e funcionamento dos Tribunais compreende o seguinte:

a) Uma jurisdição comum encabeçada pelo Tribunal Supremo e integrada igualmente por Tribunais da Relação e outros Tribunais;

b) Uma jurisdição militar encabeçada pelo Supremo Tribunal Militar e integrada igualmente por Tribunais Militares de Região.

3. Pode ser criada uma jurisdição administrativa, fiscal e aduaneira autónoma, encabeçada por um Tribunal superior.

4. Podem igualmente ser criados tribunais marítimos.

5. É proibida a criação de tribunais com competência exclusiva para o julgamento de determinadas infrações.

Artigo 177º – (Decisões dos tribunais)

1. Os tribunais garantem e asseguram a observância da Constituição, das leis e demais disposições normativas vigentes, a proteção dos direitos e interesses legítimos dos cidadãos e das instituições e decidem sobre a legalidade dos atos administrativos.

2. As decisões dos tribunais são de cumprimento obrigatório para todos os cidadãos e demais pessoas jurídicas e prevalecem sobre as de quaisquer outras autoridades.

3. A lei regula os termos da execução das decisões dos tribunais, sanciona os responsáveis pelo seu incumprimento e responsabiliza criminalmente as autoridades públicas e privadas que concorram para a sua obstrução.

Artigo 178º – (Autonomia administrativa e financeira dos tribunais)

Os tribunais gozam de autonomia administrativa e financeira, devendo a lei definir os mecanismos de comparticipação do poder judicial no processo de elaboração do seu orçamento.

Artigo 179º – (Magistrados judiciais)

1. Os juízes são independentes no exercício das suas funções e apenas devem obediência à Constituição e à lei.

2. Os juízes são inamovíveis, não podendo ser transferidos, promovidos, suspensos, reformados ou demitidos senão nos termos da Constituição e da lei.

3. Os juízes não são responsáveis pelas decisões que proferem no exercício das suas funções, salvo as restrições impostas por lei.

4. Os juízes só podem ser presos depois de culpa formada quando a infração seja punível com pena de prisão superior a dois anos, exceto em caso de flagrante delito por crime doloso punível com a mesma pena.

5. Os juízes em exercício de funções não podem exercer qualquer outra função pública ou privada, exceto as de docência e de investigação científica de natureza jurídica.

6. Os juízes em exercício de funções não podem filiar-se em partidos políticos ou associações de natureza política nem exercer atividades político-partidárias.

7. Aos juízes é reconhecido o direito de associação socio-profissional, sendo-lhes vedado o exercício do direito à greve.

8. Os juízes devem ser periodicamente avaliados pelo Conselho Superior da Magistratura Judicial, com base no mérito do seu desempenho profissional, em condições e prazos a determinar por lei.

SECÇÃO II – Tribunais

Artigo 180º – (Tribunal Constitucional)

1. Ao Tribunal Constitucional compete, em geral, administrar a justiça em matérias de natureza jurídico-constitucional, nos termos da Constituição e da lei.

2. Compete ao Tribunal Constitucional:

a) Apreciar a constitucionalidade de quaisquer normas e demais atos do Estado;

b) Apreciar preventivamente a constitucionalidade das leis do Parlamento;

c) Exercer jurisdição sobre outras questões de natureza jurídico-constitucional, eleitoral e político-partidária, nos termos da Constituição e da lei;

d) Apreciar em recurso a constitucionalidade das decisões dos demais Tribunais que recusem a aplicação de qualquer norma com fundamento na sua inconstitucionalidade;

e) Apreciar em recurso a constitucionalidade das decisões dos demais Tribunais que apliquem normas cuja constitucionalidade haja sido suscitada durante o processo.

3. O Tribunal Constitucional é composto por onze Juízes Conselheiros designados de entre juristas e magistrados, do seguinte modo:

a) Quatro juízes indicados pelo Presidente da República, incluindo o Presidente do Tribunal;

b) Quatro juízes eleitos pela Assembleia Nacional por maioria de dois terços dos Deputados em efetividade de funções, incluindo o Vice-Presidente do Tribunal;

c) Dois juízes eleitos pelo Conselho Superior da Magistratura Judicial;

d) Um juiz selecionado por concurso público curricular, nos termos da lei.

4. Os juízes do Tribunal Constitucional são designados para um mandato de sete anos não renovável e gozam das garantias de independência, inamovibilidade, imparcialidade e irresponsabilidade dos juízes dos restantes Tribunais.

Artigo 181º – (Tribunal Supremo)

1. O Tribunal Supremo é a instância judicial superior da jurisdição comum.

2. Os Juízes Conselheiros do Tribunal Supremo são nomeados pelo Presidente da República, sob proposta do Conselho Superior da Magistratura Judicial, após concurso curricular de entre magistrados judiciais, magistrados do Ministério Público e juristas de mérito, nos termos que a lei determinar.

3. O Presidente do Tribunal Supremo e o Vice-Presidente são nomeados pelo Presidente da República, de entre três candidatos selecionados por dois terços dos Juízes Conselheiros em efetividade de funções.

4. O Juiz Presidente do Tribunal Supremo e o Vice-Presidente cumprem a função por um mandato de sete anos, não renovável.

5. A composição, organização, competências e funcionamento do Tribunal Supremo são estabelecidos por lei.

Artigo 182º – (Tribunal de Contas)

1. O Tribunal de Contas é o órgão supremo de fiscalização da legalidade das finanças públicas e de julgamento das contas que a lei sujeitar à sua jurisdição.

2. O Presidente, o Vice-Presidente e os demais Juízes Conselheiros do Tribunal de Contas são nomeados pelo Presidente da República, de entre magistrados e não magistrados, para um mandato único de sete anos.

3. A composição, organização, competências e funcionamento do Tribunal de Contas são estabelecidas por lei.

4. Anualmente é elaborado um relatório de atividade do Tribunal de Contas, que é apresentado à Assembleia Nacional e remetido aos demais órgãos de soberania.

Artigo 183º – (Supremo Tribunal Militar)

1. O Supremo Tribunal Militar é o órgão superior da hierarquia dos tribunais militares.

2. O Juiz Presidente, o Juiz Vice-Presidente e os demais Juízes Conselheiros do Supremo Tribunal Militar são nomeados pelo Presidente da República de entre magistrados militares.

3. A composição, organização, competências e funcionamento do Supremo Tribunal Militar são estabelecidas por lei.

Artigo 184º – (Conselho Superior da Magistratura Judicial)

1. O Conselho Superior da Magistratura Judicial é o órgão superior de gestão e disciplina da magistratura judicial, competindo-lhe, em geral:

a) Apreciar o mérito profissional e exercer a ação disciplinar sobre os juízes;

b) Designar os Juízes do Tribunal Constitucional, nos termos da Constituição e da lei;

c) Ordenar sindicâncias, inspeções e inquéritos aos serviços judiciais e propor as medidas necessárias à sua eficiência e aperfeiçoamento;

d) Propor a nomeação dos Juízes Conselheiros do Tribunal Supremo;

e) Nomear, colocar, transferir e promover os magistrados judiciais, salvo o disposto na Constituição e na lei;

f) Realizar o concurso curricular para o provimento dos juízes do Tribunal de Contas.

2. O Conselho Superior da Magistratura Judicial é presidido pelo Presidente do Tribunal Supremo e composto pelos seguintes vogais:

a) Três juristas designados pelo Presidente da República, sendo pelo menos um deles magistrado judicial;

b) Cinco juristas designados pela Assembleia Nacional;

c) Dez juízes eleitos entre si pelos magistrados judiciais.

3. O mandato dos membros do Conselho Superior da Magistratura Judicial a que se referem as alíneas *a*), *b*) e *c*) do número anterior é de cinco anos, renovável uma vez, nos termos da lei.

4. Os vogais membros do Conselho Superior da Magistratura Judicial gozam das imunidades atribuídas aos juízes do Tribunal Supremo.

SECÇÃO III - Ministério Público

Artigo 185º - (Autonomia institucional)

1. O Ministério Público é o órgão da Procuradoria-Geral da República essencial à função jurisdicional do Estado, sendo dotado de autonomia e estatuto próprio.
2. A autonomia do Ministério Público caracteriza-se pela sua vinculação a critérios de legalidade e objetividade.
3. Os magistrados do Ministério Público são responsáveis e hierarquicamente subordinados, nos termos da lei.

Artigo 186º - (Competência)

Ao Ministério Público compete representar o Estado, defender a legalidade democrática e os interesses que a lei determinar, promover o processo penal e exercer a ação penal, nos termos da lei, nomeadamente:

a) Representar o Estado junto dos Tribunais;
b) Exercer o patrocínio judiciário de incapazes, de menores e de ausentes;
c) Promover o processo penal e exercer a ação penal;
d) Defender os interesses coletivos e difusos;
e) Promover a execução das decisões judiciais;
f) Dirigir a fase preparatória dos processos penais, sem prejuízo da fiscalização das garantias fundamentais dos cidadãos por magistrado judicial, nos termos da lei.

Artigo 187º - (Estatuto)

1. Os requisitos e regras de ingresso e promoção na carreira da magistratura do Ministério Público são feitos com base no concurso de provimento, no mérito profissional e no tempo de efetividade, nos termos da lei.
2. O acesso às funções correspondentes aos tribunais superiores faz-se com prevalência do critério do mérito, mediante concurso curricular aberto aos magistrados judiciais e do Ministério Público e a outros juristas de mérito, nos termos que a lei determinar.
3. Os magistrados do Ministério Público não podem ser transferidos, suspensos, aposentados ou demitidos ou de qualquer forma ser alterada a sua situação, senão nos casos previstos no seu estatuto.
4. Os magistrados do Ministério Público estão sujeitos às mesmas incompatibilidades e impedimentos dos magistrados judiciais de grau correspondente,

usufruindo de estatuto remuneratório adequado à função e à exclusividade do seu exercício.

Artigo 188º – (Imunidades)

Os magistrados do Ministério Público só podem ser presos depois de culpa formada quando a infração seja punível com pena de prisão superior a dois anos, exceto em flagrante delito por crime doloso punível com a mesma pena.

Artigo 189º – (Procuradoria-Geral da República)

1. A Procuradoria-Geral da República é um organismo do Estado com a função de representação do Estado, nomeadamente no exercício da ação penal, de defesa dos direitos de outras pessoas singulares ou coletivas, de defesa da legalidade no exercício da função jurisdicional e de fiscalização da legalidade na fase de instrução preparatória dos processos e no que toca ao cumprimento das penas.

2. A Procuradoria-Geral da República goza de autonomia administrativa e financeira, nos termos da lei.

3. São órgãos essenciais da Procuradoria-Geral da República o Ministério Público, o Conselho Superior da Magistratura do Ministério Público e a Procuradoria Militar.

4. O Procurador-Geral da República e os Vice Procuradores-Gerais são nomeados pelo Presidente da República, sob proposta do Conselho Superior da Magistratura do Ministério Público, para um mandato de cinco anos, renovável uma vez.

5. Os Procuradores-Gerais Adjuntos da República representam, por delegação do Procurador-Geral da República, o Ministério Público junto do Tribunal Supremo, do Tribunal Constitucional, do Tribunal de Contas e junto de outros tribunais superiores.

6. Os Procuradores-Gerais Adjuntos da República são nomeados pelo Presidente da República, sob proposta do Conselho Superior da Magistratura do Ministério Público, com os requisitos definidos por lei.

7. Anualmente é elaborado um relatório de atividade da Procuradoria-Geral da República, que é apresentado à Assembleia Nacional e remetido aos demais órgãos de soberania.

Artigo 190º – (Conselho Superior da Magistratura do Ministério Público)

1. O Conselho Superior da Magistratura do Ministério Público é o órgão superior de gestão e disciplina da Magistratura do Ministério Público, funcionando em Plenário e em Comissão Permanente.

2. Os atos de avaliação, nomeação, colocação, transferência e promoção dos magistrados do Ministério Público, bem como o exercício da ação disciplinar, competem ao Conselho Superior da Magistratura do Ministério Público.

3. O Conselho Superior da Magistratura do Ministério Público é presidido pelo Procurador-Geral da República e integra os seguintes membros:

a) Os Vice-Procuradores-Gerais da República;

b) Membros eleitos pelos Magistrados do Ministério Público entre si e nas respetivas categorias;

c) Membros designados pelo Presidente da República;

d) Membros eleitos pela Assembleia Nacional.

4. O mandato dos membros do Conselho Superior da Magistratura do Ministério Público a que se referem as alíneas *b*), *c*) e *d*) do presente artigo é de cinco anos, renovável uma vez, nos termos da lei.

Artigo 191º – (Procuradoria Militar)

1. A Procuradoria Militar é o órgão da Procuradoria-Geral da República cuja função é o controlo e fiscalização da legalidade no seio das Forças Armadas Angolanas, da Polícia Nacional e dos órgãos de segurança e ordem interna, garantindo o estrito cumprimento das leis.

2. A organização e funcionamento da Procuradoria Militar são regulados por lei.

SECÇÃO IV – Instituições essenciais à Justiça

Artigo 192º – (Provedor de Justiça)

1. O Provedor de Justiça é uma entidade pública independente que tem por objeto a defesa dos direitos, liberdades e garantias dos cidadãos, assegurando, através de meios informais, a justiça e a legalidade da atividade da Administração Pública.

2. O Provedor de Justiça e o Provedor de Justiça-Adjunto são eleitos pela Assembleia Nacional, por deliberação de maioria absoluta dos Deputados em efetividade de funções.

3. O Provedor de Justiça e o Provedor de Justiça-Adjunto tomam posse perante o Presidente da Assembleia Nacional para um mandato de cinco anos, renovável apenas uma vez.

4. Os cidadãos e as pessoas coletivas podem apresentar à Provedoria de Justiça queixas por ações ou omissões dos poderes públicos, que as aprecia sem poder decisório, dirigindo aos órgãos competentes as recomendações necessárias para prevenir e reparar as injustiças.

5. A atividade do Provedor de Justiça é independente dos meios graciosos e contenciosos previstos na Constituição e na lei.

6. Os órgãos e agentes da administração pública, os cidadãos e demais pessoas coletivas públicas têm o dever de cooperar com o Provedor de Justiça na prossecução dos seus fins.

7. Anualmente é elaborado um relatório de atividade contendo as principais queixas recebidas e as recomendações formuladas, que é apresentado à Assembleia Nacional e remetido aos demais órgãos de soberania.

8. A lei estabelece as demais funções e o estatuto do Provedor de Justiça e do Provedor de Justiça-Adjunto, bem como de toda a estrutura de apoio denominada Provedoria de Justiça.

Artigo 193º – (Exercício da advocacia)

1. A advocacia é uma instituição essencial à administração da justiça.

2. O Advogado é um servidor da Justiça e do Direito, competindo-lhe praticar em todo o território nacional atos profissionais de consultoria e representação jurídicas, bem como exercer o patrocínio judiciário, nos termos da lei.

3. Compete à Ordem dos Advogados a regulação do acesso à advocacia, bem como a disciplina do seu exercício e do patrocínio forense, nos termos da lei e do seu estatuto.

Artigo 194º – (Garantias do Advogado)

1. Nos atos e manifestações processuais forenses necessários ao exercício da sua atividade, os Advogados gozam de imunidades, nos limites consagrados na lei.

2. É garantida a inviolabilidade dos documentos respeitantes ao exercício da profissão, nos limites previstos na lei, apenas sendo admissíveis buscas, apreensões, arrolamentos e diligências semelhantes ordenados por decisão judicial e efetuadas na presença do magistrado competente, do Advogado e de representante da Ordem dos Advogados, quando esteja em causa a prática de facto ilícito punível com prisão superior a dois anos e cujos indícios imputem ao Advogado a sua prática.

3. Os Advogados têm o direito de comunicar pessoal e reservadamente com os seus patrocinados, mesmo que estes se encontrem presos ou detidos em estabelecimentos civis ou militares.

Artigo 195º – (Acesso ao Direito e à Justiça)

1. Compete à Ordem dos Advogados a assistência jurídica, o acesso ao Direito e o patrocínio forense em todos os graus de jurisdição.

2. A lei regula a organização das formas de assistência jurídica, acesso ao Direito e patrocínio forense, como elemento essencial à administração da Justiça, devendo o Estado estabelecer os meios financeiros para o efeito.

Artigo 196º – (Defesa Pública)

1. O Estado assegura, às pessoas com insuficiência de meios financeiros, mecanismos de defesa pública com vista à assistência jurídica e ao patrocínio forense oficioso, a todos os níveis.

2. A lei regula a organização e funcionamento da Defesa Pública.

Artigo 197º – (Julgados de paz)

1. É admitida a resolução de conflitos sociais menores por julgados de paz.

2. A lei regula a organização e o funcionamento dos julgados de paz.

TÍTULO V – Administração Pública

CAPÍTULO I – Princípios gerais

Artigo 198º – (Objetivos e princípios fundamentais)

1. A administração pública prossegue, nos termos da Constituição e da lei, o interesse público, devendo, no exercício da sua atividade, reger-se pelos princípios da igualdade, legalidade, justiça, proporcionalidade, imparcialidade, responsabilização, probidade administrativa e respeito pelo património público.

2. A prossecução do interesse público deve respeitar os direitos e interesses legalmente protegidos dos particulares.

Artigo 199º – (Estrutura da Administração Pública)

1. A Administração Pública é estruturada com base nos princípios da simplificação administrativa, da aproximação dos serviços às populações e da desconcentração e descentralização administrativas.

2. A lei estabelece as formas e graus de participação dos particulares, da desconcentração e descentralização administrativas, sem prejuízo dos poderes de direção da ação da Administração, superintendência e de tutela administrativas do Executivo.

3. A lei pode criar instituições e entidades administrativas independentes.

4. A organização, o funcionamento e as funções das instituições administrativas independentes são estabelecidos por lei.

5. As entidades privadas que exerçam poderes públicos estão sujeitas à fiscalização dos poderes públicos, nos termos da Constituição e da lei.

Artigo 200º – (Direitos e garantias dos administrados)

1. Os cidadãos têm direito de ser ouvidos pela Administração Pública nos processos administrativos suscetíveis de afetarem os seus direitos e interesses legalmente protegidos.

2. Os cidadãos têm direito de ser informados pela Administração sobre o andamento dos processos em que sejam diretamente interessados, bem como o de conhecer as decisões que sobre eles forem tomadas.

3. Os particulares interessados devem ser notificados dos atos administrativos, na forma prevista por lei, os quais carecem de fundamentação expressa quando afetem direitos ou interesses legalmente protegidos.

4. É garantido aos particulares o direito de acesso aos arquivos e registos administrativos, sem prejuízo do disposto na lei em matérias relativas à segurança e defesa, ao segredo de Estado, à investigação criminal e à intimidade das pessoas.

Artigo 201º – (Administração local do Estado)

1. A Administração local do Estado é exercida por órgãos desconcentrados da Administração central e visa assegurar, a nível local, a realização das atribuições e dos interesses específicos da administração do Estado na respetiva circunscrição administrativa, sem prejuízo da autonomia do poder local.

2. O Governador Provincial é o representante da administração central na respetiva Província, a quem incumbe, em geral, conduzir a governação da província e assegurar o normal funcionamento da Administração local do Estado.

3. O Governador Provincial é nomeado pelo Presidente da República, perante quem responde politica e institucionalmente.

4. A organização e o funcionamento dos órgãos da Administração local do Estado são regulados por lei.

CAPÍTULO II – Segurança Nacional

Artigo 202º – (Objetivos e fundamentos da segurança nacional)

1. Compete ao Estado, com a participação dos cidadãos, garantir a segurança nacional, observando a Constituição e a lei, bem como os instrumentos internacionais de que Angola seja parte.

2. A segurança nacional tem por objetivo a garantia da salvaguarda da independência e soberania nacionais e da integridade territorial, do Estado Democrático de Direito, da liberdade e da defesa do território contra quaisquer ameaças e riscos, assim como a realização da cooperação para o de-

senvolvimento nacional e a contribuição para a paz e segurança internacionais.

3. A organização e funcionamento do sistema de segurança nacional são regulados por lei.

Artigo 203º – (Direito à segurança nacional e à legítima defesa)

A República de Angola atua pelos meios legítimos adequados para a preservação da sua segurança nacional e reserva-se ao direito de recurso à força legítima para repor a paz ou a ordem pública, em conformidade com a Constituição, a lei e o Direito Internacional.

Artigo 204º – (Estados de necessidade constitucional)

1. No âmbito da preservação da segurança nacional e da manutenção da ordem pública, o Presidente da República pode declarar, em conformidade com as exigências da situação, os estados de necessidade constitucional, nos termos da Constituição e da lei.

2. São estados de necessidade constitucional o estado de guerra, o estado de sítio e o estado de emergência, decorrendo estes desde a sua declaração até à formalização da sua cessação.

3. A lei regula o estado de guerra, o estado de sítio e o estado de emergência.

Artigo 205º – (Restrições ao exercício de direitos)

Aos agentes da segurança nacional no ativo, nomeadamente militares, polícias e agentes, na estrita medida das exigências das suas condições funcionais, a lei pode estabelecer restrições à capacidade eleitoral passiva, bem como ao exercício dos direitos de expressão, reunião, manifestação, associação, greve, petição e outros de natureza análoga.

CAPÍTULO III – Defesa Nacional e Forças Armadas

Artigo 206º – (Defesa nacional)

1. A defesa nacional tem por objetivos a garantia da defesa da soberania e independência nacionais, da integridade territorial e dos poderes constitucionais e, por iniciativa destes, da lei e da ordem pública, o asseguramento da liberdade e segurança da população, contra agressões e outro tipo de ameaças externas e internas, bem como o desenvolvimento de missões de interesse público, nos termos da Constituição e da lei.

2. A organização e funcionamento da defesa nacional são estabelecidos por lei.

Artigo 207º – (Forças Armadas Angolanas)

1. As Forças Armadas Angolanas são a instituição militar nacional permanente, regular e apartidária, incumbida da defesa militar do país, organizadas na base da hierarquia, da disciplina e da obediência aos órgãos de soberania competentes, sob a autoridade suprema do Presidente da República e Comandante-em-Chefe, nos termos da Constituição e da lei, bem como das convenções internacionais de que Angola seja parte.
2. As Forças Armadas Angolanas compõem-se exclusivamente de cidadãos angolanos e a sua organização é única para todo o território nacional.
3. A lei regula a organização, funcionamento, disciplina, preparação e emprego das Forças Armadas Angolanas em tempo de paz, de crise e de conflito.

Artigo 208º – (Defesa da pátria e serviço militar)

1. A defesa da Pátria e dos direitos dos cidadãos é direito e dever fundamental de todos os angolanos.
2. O serviço militar é regulado por lei, que fixa as formas, a natureza e o conteúdo do seu cumprimento.

CAPÍTULO IV – Garantia da Ordem e Polícia Nacional

Artigo 209º – (Garantia da ordem)

1. A garantia da ordem tem por objetivo a defesa da segurança e tranquilidade públicas, o asseguramento e proteção das instituições, dos cidadãos e respetivos bens e dos seus direitos e liberdades fundamentais, contra a criminalidade violenta ou organizada e outro tipo de ameaças e riscos, no estrito respeito pela Constituição, pelas leis e pelas convenções internacionais de que Angola seja parte.
2. A organização e o funcionamento dos órgãos que asseguram a ordem pública são estabelecidas por lei.

Artigo 210º – (Polícia Nacional)

1. A Polícia Nacional é a instituição nacional policial, permanente, regular e apartidária, organizada na base da hierarquia e da disciplina, incumbida da proteção e asseguramento policial do País, no estrito respeito pela Constituição e pelas leis, bem como pelas convenções internacionais de que Angola seja parte.
2. A Polícia Nacional compõe-se exclusivamente de cidadãos angolanos, sendo a sua organização única para todo o território nacional.
3. A lei regula a organização e o funcionamento da Polícia Nacional.

CAPÍTULO V – Preservação da Segurança do Estado

Artigo 211º – (Preservação da segurança do Estado)

1. A preservação da segurança do Estado tem por objetivo a salvaguarda do Estado Democrático de Direito contra a criminalidade violenta ou organizada, bem como outro tipo de ameaças e riscos, no respeito da Constituição e das leis, bem como das convenções internacionais de que Angola seja parte.
2. A preservação da segurança do Estado compreende componentes institucionais de órgãos de inteligência e de segurança do Estado.
3. A organização e o funcionamento da preservação da segurança do Estado são estabelecidos por lei.

Artigo 212º – (Órgãos de Inteligência e de Segurança do Estado)

1. Os órgãos de inteligência e de segurança do Estado são órgãos incumbidos de realizar a produção de informações e análises, bem como a adoção de medidas de inteligência e de segurança do Estado necessárias à preservação do Estado Democrático de Direito e da paz pública.
2. A lei regula a organização, funcionamento e fiscalização dos serviços de inteligência e de segurança.

TÍTULO VI – Poder Local

CAPÍTULO I – Princípios gerais

Artigo 213º – (Órgãos autónomos do Poder Local)

1. A organização democrática do Estado ao nível local estrutura-se com base no princípio da descentralização político-administrativa, que compreende a existência de formas organizativas do poder local, nos termos da presente Constituição.
2. As formas organizativas do poder local compreendem as autarquias locais, as instituições do poder tradicional e outras modalidades específicas de participação dos cidadãos, nos termos da lei.

Artigo 214º – (Princípio da autonomia local)

1. A autonomia local compreende o direito e a capacidade efetiva de as autarquias locais gerirem e regulamentarem, nos termos da Constituição e da lei, sob sua responsabilidade e no interesse das respetivas populações, os assuntos públicos locais.
2. O direito referido no número anterior é exercido pelas autarquias locais, nos termos da lei.

Artigo 215º – (Âmbito da autonomia local)

1. Os recursos financeiros das autarquias locais devem ser proporcionais às atribuições previstas pela Constituição ou por lei, bem como aos programas de desenvolvimento aprovados.

2. A lei estabelece que uma parte dos recursos financeiros das autarquias locais deve ser proveniente de rendimentos e de impostos locais.

Artigo 216º – (Garantias das autarquias locais)

As autarquias locais têm o direito de recorrer judicialmente, a fim de assegurar o livre exercício das suas atribuições e o respeito pelos princípios de autonomia local que estão consagrados na Constituição ou na lei.

CAPÍTULO II – Autarquias Locais

Artigo 217º – (Autarquias Locais)

1. As autarquias locais são pessoas coletivas territoriais correspondentes ao conjunto de residentes em certas circunscrições do território nacional e que asseguram a prossecução de interesses específicos resultantes da vizinhança, mediante órgãos próprios representativos das respetivas populações.

2. A organização e o funcionamento das autarquias locais, bem como a competência dos seus órgãos, são regulados por lei, de harmonia com o princípio da descentralização administrativa.

3. A lei define o património das autarquias locais e estabelece o regime de finanças locais tendo em vista a justa repartição dos recursos públicos pelo Estado e pelas autarquias, a necessária correção de desigualdades entre autarquias e a consagração da arrecadação de receitas e dos limites de realização de despesas.

4. As autarquias locais dispõem de poder regulamentar próprio, nos termos da lei.

Artigo 218º – (Categorias de Autarquias Locais)

1. As autarquias locais organizam-se nos municípios.

2. Tendo em conta as especificidades culturais, históricas e o grau de desenvolvimento, podem ser constituídas autarquias de nível supramunicipal.

3. A lei pode ainda estabelecer, de acordo com as condições específicas, outros escalões inframunicipais da organização territorial da Administração local autónoma.

Artigo 219º – (Atribuições)

As autarquias locais têm, de entre outras e nos termos da lei, atribuições nos domínios da educação, saúde, energias, águas, equipamento rural e urbano, património, cultura e ciência, transportes e comunicações, tempos livres e desportos, habitação, ação social, proteção civil, ambiente e saneamento básico, defesa do consumidor, promoção do desenvolvimento económico e social, ordenamento do território, polícia municipal, cooperação descentralizada e geminação.

Artigo 220º - (Órgãos das Autarquias)

1. A organização das autarquias locais compreende uma assembleia dotada de poderes deliberativos, um órgão executivo colegial e um presidente da autarquia.
2. A assembleia é composta por representantes locais, eleitos por sufrágio universal, igual, livre, direto, secreto e periódico dos cidadãos eleitores na área da respetiva autarquia, segundo o sistema de representação proporcional.
3. O órgão executivo colegial é constituído pelo seu presidente e por secretários por si nomeados, todos responsáveis perante a assembleia da autarquia.
4. O presidente do órgão executivo da autarquia é o cabeça da lista mais votada para a assembleia.
5. As candidaturas para as eleições dos órgãos das autarquias podem ser apresentadas por partidos políticos, isoladamente ou em coligação, ou por grupos de cidadãos eleitores, nos termos da lei.

Artigo 221º - (Tutela administrativa)

1. As autarquias locais estão sujeitas à tutela administrativa do Executivo.
2. A tutela administrativa sobre as autarquias locais consiste na verificação do cumprimento da lei por parte dos órgãos autárquicos e é exercida nos termos da lei.
3. A dissolução de órgãos autárquicos, ainda que resultantes de eleições, só pode ter por causa ações ou omissões ilegais graves.
4. As autarquias locais podem impugnar contenciosamente as ilegalidades cometidas pela entidade tutelar no exercício dos poderes de tutela.

Artigo 222º - (Solidariedade e cooperação)

1. Com o incentivo do Estado, as autarquias locais devem promover a solidariedade entre si, em função das particularidades de cada uma, visando a redução das assimetrias locais e regionais e o desenvolvimento nacional.
2. A lei garante as formas de cooperação e de organização que as autarquias locais podem adotar para a prossecução de interesses comuns, às quais são conferidas atribuições e competências próprias.

CAPÍTULO III – Instituições do Poder Tradicional

Artigo 223º – (Reconhecimento)

1. O Estado reconhece o estatuto, o papel e as funções das instituições do poder tradicional constituídas de acordo com o Direito Consuetudinário e que não contrariam a Constituição.

2. O reconhecimento das instituições do poder tradicional obriga as entidades públicas e privadas a respeitarem, nas suas relações com aquelas instituições, os valores e normas consuetudinários observados no seio das organizações político-comunitárias tradicionais e que não sejam conflituantes com a Constituição nem com a dignidade da pessoa humana.

Artigo 224º – (Autoridades tradicionais)

As autoridades tradicionais são entidades que personificam e exercem o poder no seio da respetiva organização político-comunitária tradicional, de acordo com os valores e normas consuetudinários e no respeito pela Constituição e pela lei.

Artigo 225º – (Atribuições, competência e organização)

As atribuições, competência, organização, regime de controlo, da responsabilidade e do património das instituições do poder tradicional, as relações institucionais destas com os órgãos da administração local do Estado e da administração autárquica, bem como a tipologia das autoridades tradicionais, são regulados por lei.

TÍTULO VII – Garantias da Constituição e Controlo da Constitucionalidade

CAPÍTULO I – Fiscalização da Constitucionalidade

SECÇÃO I – Princípios gerais

Artigo 226º – (Constitucionalidade)

1. A validade das leis e dos demais atos do Estado, da Administração Pública e do Poder Local depende da sua conformidade com a Constituição.

2. São inconstitucionais as leis e os atos que violem os princípios e normas consagrados na presente Constituição.

Artigo 227º – (Objeto da fiscalização)

São passíveis de fiscalização da constitucionalidade todos os atos que consubstanciem violações de princípios e normas constitucionais, nomeadamente:

a) Os atos normativos;

b) Os tratados, convenções e acordos internacionais;
c) A revisão constitucional;
d) O referendo.

SECÇÃO II – Fiscalização abstrata preventiva

Artigo 228º – (Fiscalização preventiva da constitucionalidade)

1. O Presidente da República pode requerer ao Tribunal Constitucional a apreciação preventiva da constitucionalidade de qualquer norma constante de diploma legal que tenha sido submetido para promulgação, tratado internacional que lhe tenha sido submetido para ratificação ou acordo internacional que lhe tenha sido remetido para assinatura.
2. Pode ainda requerer a apreciação preventiva da constitucionalidade de qualquer norma constante de diploma legal que tenha sido submetido à promulgação um décimo dos Deputados à Assembleia Nacional em efetividade de funções.
3. A apreciação preventiva da constitucionalidade deve ser requerida no prazo de vinte dias a contar da data da receção do diploma legal.
4. O Tribunal Constitucional deve pronunciar-se no prazo de quarenta e cinco dias, o qual pode ser encurtado por motivo de urgência, mediante solicitação do Presidente da República ou de um décimo dos Deputados em efetividade de funções.

Artigo 229º – (Efeitos da fiscalização preventiva)

1. Não podem ser promulgados, assinados ou ratificados diplomas cuja apreciação preventiva da constitucionalidade tenha sido requerida ao Tribunal Constitucional, enquanto este não se pronunciar sobre tal pedido.
2. Se o Tribunal Constitucional declarar a inconstitucionalidade de norma constante de qualquer diploma legal, tratado, convenção ou acordo internacional, deve o mesmo ser vetado pelo Presidente da República e devolvido ao órgão que o tiver aprovado.
3. No caso do número anterior, o diploma, tratado, convenção ou acordo internacional não pode ser promulgado, ratificado ou assinado, conforme os casos, sem que o órgão que o tiver aprovado expurgue a norma julgada inconstitucional.
4. Se o diploma legal, tratado, convenção ou acordo internacional vier a ser reformulado, podem o Presidente da República ou os Deputados que tiverem impugnado a constitucionalidade do mesmo requerer a apreciação preventiva da constitucionalidade de qualquer das suas normas.

SECÇÃO III – Fiscalização abstrata sucessiva

Artigo 230º – (Legitimidade)

1. O Tribunal Constitucional aprecia e declara, com força obrigatória geral, a inconstitucionalidade de qualquer norma.

2. Podem requerer ao Tribunal Constitucional a declaração de inconstitucionalidade as seguintes entidades:

a) O Presidente da República;

b) Um décimo dos Deputados à Assembleia Nacional em efetividade de funções;

c) Os Grupos Parlamentares;

d) O Procurador-Geral da República;

e) O Provedor de Justiça;

f) A Ordem dos Advogados de Angola.

Artigo 231º – (Efeitos da fiscalização abstrata)

1. A declaração de inconstitucionalidade com força obrigatória geral produz efeitos desde a entrada em vigor da norma declarada inconstitucional e determina a repristinação da norma que haja revogado.

2. Tratando-se, porém, de inconstitucionalidade por infração de norma constitucional posterior, a declaração só produz efeitos desde a entrada em vigor desta última.

3. Ficam ressalvados os casos julgados, salvo decisão em contrário do Tribunal Constitucional quando a norma respeitar a matéria penal, disciplinar ou de ilícito de mera ordenação social e for de conteúdo menos favorável ao arguido.

4. Quando a segurança jurídica, razões de equidade ou interesse público de excecional relevo, que deve ser fundamentado, o exigirem, pode o Tribunal Constitucional fixar os efeitos da inconstitucionalidade ou da ilegalidade com alcance mais restrito do que o previsto nos nºs 1 e 2 do presente artigo.

Artigo 232º – (Inconstitucionalidade por omissão)

1. Podem requerer ao Tribunal Constitucional a declaração de inconstitucionalidade por omissão o Presidente da República, um quinto dos Deputados em efetividade de funções e o Procurador-Geral da República.

2. Verificada a existência de inconstitucionalidade por omissão, o Tribunal Constitucional dá conhecimento desse facto ao órgão legislativo competente, para a supressão da lacuna.

CAPÍTULO II - Revisão da Constituição

Artigo 233º - (Iniciativa de revisão)

A iniciativa de revisão da Constituição compete ao Presidente da República ou a um terço dos Deputados à Assembleia Nacional em efetividade de funções.

Artigo 234º - (Aprovação e promulgação)

1. As alterações da Constituição são aprovadas por maioria de dois terços dos Deputados em efetividade de funções.

2. O Presidente da República não pode recusar a promulgação da lei de revisão constitucional, sem prejuízo de poder requerer a sua fiscalização preventiva pelo Tribunal Constitucional.

3. As alterações da Constituição que forem aprovadas são reunidas numa única lei de revisão.

4. A Constituição, no seu novo texto, é publicada conjuntamente com a lei de revisão.

Artigo 235º - (Limites temporais)

1. A Assembleia Nacional pode rever a Constituição, decorridos cinco anos da sua entrada em vigor ou da última revisão ordinária.

2. A Assembleia Nacional pode assumir, a todo o tempo, poderes de revisão extraordinária, por deliberação de uma maioria de dois terços dos Deputados em efetividade de funções.

Artigo 236º - (Limites materiais)

As alterações da Constituição têm de respeitar o seguinte:

a) A dignidade da pessoa humana;

b) A independência, integridade territorial e unidade nacional;

c) A forma republicana de governo;

d) A natureza unitária do Estado;

e) O núcleo essencial dos direitos, liberdades e garantias;

f) O Estado de Direito e a democracia pluralista;

g) A laicidade do Estado e o princípio da separação entre o Estado e as igrejas;

h) O sufrágio universal, direto, secreto e periódico para a designação dos titulares eletivos dos órgãos de soberania e das autarquias locais;

i) A independência dos Tribunais;

j) A separação e interdependência dos órgãos de soberania;

k) A autonomia local.

Artigo 237º – (Limites circunstanciais)

Durante a vigência do estado de guerra, do estado de sítio ou do estado de emergência, não pode ser realizada qualquer alteração da Constituição.

TÍTULO VIII – Disposições finais e transitórias

Artigo 238º – (Início de vigência)

A Constituição da República de Angola entra em vigor no dia da sua publicação em *Diário da República*, sem prejuízo do disposto nos artigos seguintes.

Artigo 239º – (Vigência de leis anteriores)

O Direito ordinário anterior à entrada em vigor da Constituição mantém-se, desde que não seja contrário à Constituição.

Artigo 240º – (Assembleia Nacional)

O mandato dos Deputados à Assembleia Nacional em funções à data da entrada em vigor da Constituição da República de Angola mantém-se até à tomada de posse dos Deputados eleitos nos termos da presente Constituição.

Artigo 241º – (Presidente da República)

1. O Presidente da República em funções à data da entrada em vigor da Constituição da República de Angola mantém-se até à tomada de posse do Presidente da República eleito nos termos da presente Constituição.
2. A partir do início de vigência da presente Constituição, o Presidente da República exerce a titularidade do Poder Executivo, nomeadamente o direito de prover os seus auxiliares e exercer as demais funções com base nas regras e princípios da presente Constituição.
3. Até à realização das próximas eleições gerais ao abrigo da presente Constituição, compete ao Presidente da República nomear o Vice-Presidente da República.
4. A organização e o funcionamento da Administração do Estado, bem como os poderes sobre a Administração Indireta do Estado e sobre a Administração Autónoma, devem adequar-se ao disposto na presente Constituição.

Artigo 242º – (Gradualismo)

1. A institucionalização efetiva das autarquias locais obedece ao princípio do gradualismo.
2. Os órgãos competentes do Estado determinam por lei a oportunidade da sua criação, o alargamento gradual das suas atribuições, o doseamento da

tutela de mérito e a transitoriedade entre a administração local do Estado e as autarquias locais.

Artigo 243º – (Nomeação diferida dos Juízes Conselheiros)
A designação dos Juízes dos Tribunais superiores deve ser feita de modo a evitar a sua total renovação simultânea.

Artigo 244º – (Amnistia)
São considerados amnistiados os crimes militares, os crimes contra a segurança de Estado e outros com eles relacionados, bem como os crimes cometidos por militares e agentes de segurança e ordem interna, praticados sob qualquer forma de participação, no âmbito do conflito político-militar terminado em 2002.

Vista e aprovada pela Assembleia Constituinte, aos 21 de janeiro de 2010 e, na sequência do Acórdão do Tribunal Constitucional nº 111/2010, de 30 de janeiro, aos 03 de fevereiro de 2010.

O Presidente da Assembleia Nacional e Constituinte, *Fernando da Piedade Dias dos Santos.*

Promulgada em 05 de fevereiro de 2010.

Publique-se.

O Presidente da República, JOSÉ EDUARDO DOS SANTOS.

IX
Lei Básica da Região Administrativa Especial de Macau de 1993[1]

PREÂMBULO

Macau, que abrange a península de Macau e as ilhas da Taipa e de Coloane, tem sido parte do território da China desde os tempos mais remotos. A partir de meados do século XVI, foi gradualmente ocupado por Portugal. Em 13 de abril de 1987, os Governos da China e de Portugal assinaram a Declaração Conjunta sobre a Questão de Macau, afirmando que o Governo da República Popular da China voltará a assumir o exercício da soberania sobre Macau em 20 de dezembro de 1999, concretizando-se assim a aspiração comum de recuperar Macau, almejada pelo povo chinês desde há longa data.

A fim de salvaguardar a unidade nacional e a integridade territorial, bem como favorecer a estabilidade social e o desenvolvimento económico de Macau, tendo em conta o seu passado e as suas realidades, o Estado decide que, ao voltar a assumir o exercício da soberania sobre Macau, cria-se a Região Administrativa Especial de Macau de acordo com as disposições do artigo 31º da Constituição da República Popular da China e que, de harmonia com o princípio «um país, dois sistemas», não se aplicam em Macau o sistema e as políticas socialistas. As políticas fundamentais que o Estado aplica em relação a Macau são as já expostas pelo Governo Chinês na Declaração Conjunta Sino-Portuguesa.

---

[1] Adotada em 31 de março de 1993, pela Primeira Sessão da Oitava Legislatura da Assembleia Popular Nacional da República Popular da China e promulgada pelo Decreto n.º 3 do Presidente da República Popular da China para entrar em vigor no dia 20 de dezembro de 1999.

De harmonia com a Constituição da República Popular da China, a Assembleia Popular Nacional decreta a Lei Básica da Região Administrativa Especial de Macau da República Popular da China, definindo o sistema a aplicar na Região Administrativa Especial de Macau, com vista a assegurar a aplicação das políticas fundamentais do Estado em relação a Macau.

CAPÍTULO I – Princípios gerais

Artigo 1º

A Região Administrativa Especial de Macau é parte inalienável da República Popular da China.

Artigo 2º

A Assembleia Popular Nacional da República Popular da China autoriza a Região Administrativa Especial de Macau a exercer um alto grau de autonomia e a gozar de poderes executivo, legislativo e judicial independente, incluindo o de julgamento em última instância, de acordo com as disposições desta Lei.

Artigo 3º

O órgão executivo e o órgão legislativo da Região Administrativa Especial de Macau são ambos compostos por residentes permanentes da Região, de harmonia com as disposições aplicáveis desta Lei.

Artigo 4º

A Região Administrativa Especial de Macau assegura, nos termos da lei, os direitos e liberdades dos residentes da Região Administrativa Especial de Macau e de outras pessoas na Região.

Artigo 5º

Na Região Administrativa Especial de Macau, não se aplicam o sistema e as políticas socialistas, mantendo-se inalterados durante cinquenta anos o sistema capitalista e a maneira de viver anteriormente existentes.

Artigo 6º

O direito à propriedade privada é protegido por lei na Região Administrativa Especial de Macau.

Artigo 7º

Os solos e os recursos naturais na Região Administrativa Especial de Macau são propriedade do Estado, salvo os terrenos que sejam reconhecidos, de acordo com a lei, como propriedade privada, antes do estabelecimento da Região Administrativa Especial de Macau. O Governo da Região Administrativa Especial de Macau é responsável pela sua gestão, uso e desenvolvimento, bem como pelo seu arrendamento ou concessão a pessoas singulares ou coletivas para uso ou desenvolvimento. Os rendimentos daí resultantes ficam exclusivamente à disposição do Governo da Região Administrativa Especial de Macau.

Artigo 8º

As leis, os decretos-leis, os regulamentos administrativos e demais atos normativos previamente vigentes em Macau mantêm-se, salvo no que contrariar esta Lei ou no que for sujeito a emendas em conformidade com os procedimentos legais, pelo órgão legislativo ou por outros órgãos competentes da Região Administrativa Especial de Macau.

Artigo 9º

Além da língua chinesa, pode usar-se também a língua portuguesa nos órgãos executivo, legislativo e judiciais da Região Administrativa Especial de Macau, sendo também o português língua oficial.

Artigo 10º

Além da bandeira nacional e do emblema nacional da República Popular da China, a Região Administrativa Especial de Macau pode também exibir e usar a bandeira e o emblema regionais.

A bandeira regional da Região Administrativa Especial de Macau é verde, tendo ao centro o desenho de cinco estrelas, flor de lótus, ponte e água do mar.

O emblema regional da Região Administrativa Especial de Macau tem ao centro o desenho de cinco estrelas, flor de lótus, ponte e água do mar, circundado pela inscrição «Região Administrativa Especial de Macau da República Popular da China» em chinês, e a palavra «Macau», em português.

Artigo 11º

De acordo com o artigo 31º da Constituição da República Popular da China, os sistemas e políticas aplicados na Região Administrativa Especial de Macau, incluindo os sistemas social e económico, o sistema de garantia dos direitos e liberdades fundamentais dos seus residentes, os sistemas executivo, legislativo e judicial, bem como as políticas com eles relacionadas, baseiam-se nas disposições desta Lei.

Nenhuma lei, decreto-lei, regulamento administrativo ou ato normativo da Região Administrativa Especial de Macau pode contrariar esta Lei.

CAPÍTULO II - Relacionamento entre as autoridades centrais e a Região Administrativa Especial de Macau

Artigo 12º

A Região Administrativa Especial de Macau é uma região administrativa local da República Popular da China que goza de um alto grau de autonomia e fica diretamente subordinada ao Governo Popular Central.

Artigo 13º

O Governo Popular Central é responsável pelos assuntos das relações externas relativos à Região Administrativa Especial de Macau.

O Ministério dos Negócios Estrangeiros da República Popular da China estabelece uma representação em Macau para tratar dos assuntos das relações externas.

O Governo Popular Central autoriza a Região Administrativa Especial de Macau a tratar, por si própria e nos termos desta Lei, dos assuntos externos concernentes.

Artigo 14º

O Governo Popular Central é responsável pela defesa da Região Administrativa Especial de Macau.

O Governo da Região Administrativa Especial de Macau é responsável pela manutenção da ordem pública na Região.

Artigo 15º

O Governo Popular Central nomeia e exonera o Chefe do Executivo, os titulares dos principais cargos do Governo, assim como o Procurador da Região Administrativa Especial de Macau, de acordo com as respetivas disposições desta Lei.

Artigo 16º

A Região Administrativa Especial de Macau goza de poder executivo e trata, por si própria, dos assuntos administrativos da Região, de harmonia com as disposições aplicáveis desta Lei.

Artigo 17º

A Região Administrativa Especial de Macau goza de poder legislativo.

As leis produzidas pelo órgão legislativo da Região Administrativa Especial de Macau devem ser comunicadas para registo ao Comité Permanente da Assembleia Popular Nacional. A comunicação para registo não afeta a sua entrada em vigor.

Se, após consulta à Comissão da Lei Básica da Região Administrativa Especial de Macau a ele subordinada, o Comité Permanente da Assembleia Popular Nacional considerar que qualquer lei produzida pelo órgão legislativo da Região não está em conformidade com as disposições desta Lei respeitantes às matérias da competência das Autoridades Centrais ou ao relacionamento entre as Autoridades Centrais e a Região, pode devolver a lei em causa, mas sem a alterar. A lei devolvida pelo Comité Permanente da Assembleia Popular Nacional deixa imediatamente de produzir efeitos. Esta cessação de efeitos não tem eficácia retroativa, salvo nas exceções previstas noutras leis da Região Administrativa Especial de Macau.

Artigo 18º

As leis em vigor na Região Administrativa Especial de Macau são esta Lei e as leis previamente vigentes em Macau, conforme previsto no artigo 8º desta Lei, bem como as leis produzidas pelo órgão legislativo da Região Administrativa Especial de Macau.

As leis nacionais não se aplicam na Região Administrativa Especial de Macau, salvo as indicadas no Anexo III a esta Lei. As leis indicadas no Anexo III são aplicadas localmente mediante publicação ou ato legislativo da Região Administrativa Especial de Macau.

O Comité Permanente da Assembleia Popular Nacional pode aumentar ou reduzir o elenco das leis referidas no Anexo III a esta Lei, depois de consultar a Comissão da Lei Básica dele dependente e o Governo da Região Administrativa Especial de Macau. Estas leis devem limitar-se às respeitantes a assuntos de defesa nacional e de relações externas, bem como a outras matérias não compreendidas no âmbito da autonomia da Região, nos termos desta Lei.

No caso de o Comité Permanente da Assembleia Popular Nacional decidir declarar o estado de guerra ou, por motivo de distúrbios na Região que ponham em perigo a unidade ou segurança nacionais e não possam ser controlados pelo Governo da Região, decidir a entrada da Região no estado de emergência, o Governo Popular Central pode ordenar, por decreto, a aplicação das respetivas leis nacionais na Região.

Artigo 19º

A Região Administrativa Especial de Macau goza de poder judicial independente, incluindo o de julgamento em última instância.

Os tribunais da Região Administrativa Especial de Macau têm jurisdição sobre todas as causas judiciais na Região, salvo as restrições à sua jurisdição que se devam manter, impostas pelo ordenamento jurídico e pelos princípios anteriormente vigentes em Macau.

Os tribunais da Região Administrativa Especial de Macau não têm jurisdição sobre atos do Estado, tais como os relativos à defesa nacional e às relações externas. Os tribunais da Região devem obter do Chefe do Executivo uma certidão sobre questões de facto respeitantes a atos do Estado, tais como os relativos à defesa nacional e às relações externas, sempre que se levantem tais questões no julgamento de causas judiciais. A referida certidão é vinculativa para os tribunais. Antes de emitir tal certidão, o Chefe do Executivo deve obter documento certificativo do Governo Popular Central.

Artigo 20º

A Região Administrativa Especial de Macau pode gozar de outros poderes que lhe sejam atribuídos pela Assembleia Popular Nacional, pelo Comité Permanente da Assembleia Popular Nacional ou pelo Governo Popular Central.

Artigo 21º

Os cidadãos chineses de entre os residentes da Região Administrativa Especial de Macau participam na gestão dos assuntos do Estado, nos termos da lei.

Os cidadãos chineses de entre os residentes da Região Administrativa Especial de Macau elegem localmente os deputados da Região à Assembleia Popular Nacional para participar nos trabalhos do órgão supremo do poder estatal, de acordo com o número de assentos e o método de seleção determinados pela Assembleia Popular Nacional.

Artigo 22º

Nenhuma repartição do Governo Popular Central, província, região autónoma ou cidade diretamente subordinada ao Governo Popular Central pode interferir nos assuntos que a Região Administrativa Especial de Macau administra, por si própria, nos termos desta Lei.

As repartições do Governo Popular Central, as províncias, regiões autónomas ou cidades diretamente subordinadas ao Governo Popular Central, que tenham necessidade de estabelecer representações na Região Administrativa Especial de Macau, devem obter a anuência do Governo da Região e a aprovação do Governo Popular Central.

Todas as representações estabelecidas na Região Administrativa Especial de Macau por repartições do Governo Popular Central, províncias, regiões autónomas ou cidades diretamente subordinadas ao Governo Popular Central, bem como o seu pessoal, devem observar as leis da Região.

Para entrarem na Região Administrativa Especial de Macau, as pessoas das províncias, regiões autónomas e cidades diretamente subordinadas ao Governo Popular Central devem requerer autorização. De entre essas pessoas, o número das que entrem na Região Administrativa Especial de Macau com o intuito de aí se estabelecerem é fixado pelas autoridades competentes do Governo Popular Central, após consulta ao Governo da Região.

A Região Administrativa Especial de Macau pode estabelecer uma representação em Beijing.

Artigo 23º

A Região Administrativa Especial de Macau deve produzir, por si própria, leis que proíbam qualquer ato de traição à Pátria, de secessão, de sedição, de subversão contra o Governo Popular Central e de subtração de segredos do Estado, leis que proíbam organizações ou associações políticas estrangeiras de exercerem atividades políticas na Região Administrativa Especial de Macau, e leis que proíbam organizações ou associações políticas da Região de estabelecerem laços com organizações ou associações políticas estrangeiras.

CAPÍTULO III – Direitos e deveres fundamentais dos residentes

Artigo 24º

Os residentes da Região Administrativa Especial de Macau, abreviadamente denominados como residentes de Macau, abrangem os residentes permanentes e os residentes não permanentes.

São residentes permanentes da Região Administrativa Especial de Macau:

1) Os cidadãos chineses nascidos em Macau antes ou depois do estabelecimento da Região Administrativa Especial de Macau, bem como os seus filhos de nacionalidade chinesa nascidos fora de Macau;

2) Os cidadãos chineses que tenham residido habitualmente em Macau pelo menos sete anos consecutivos, antes ou depois do estabelecimento da Região Administrativa Especial de Macau, e os seus filhos de nacionalidade chinesa nascidos fora de Macau, depois de aqueles se terem tornado residentes permanentes;

3) Os portugueses nascidos em Macau que aí tenham o seu domicílio permanente antes ou depois do estabelecimento da Região Administrativa Especial de Macau;

4) Os portugueses que tenham residido habitualmente em Macau pelo menos sete anos consecutivos, antes ou depois do estabelecimento da Região Administrativa Especial de Macau, e aí tenham o seu domicílio permanente;

5) As demais pessoas que tenham residido habitualmente em Macau pelo menos sete anos consecutivos, antes ou depois do estabelecimento da Região Administrativa Especial de Macau, e aí tenham o seu domicílio permanente;

6) Os filhos dos residentes permanentes referidos na alínea 5), com idade inferior a 18 anos, nascidos em Macau antes ou depois do estabelecimento da Região Administrativa Especial de Macau.

As pessoas acima referidas têm direito à residência na Região Administrativa Especial de Macau e à titularidade do Bilhete de Identidade de Residente Permanente da Região Administrativa Especial de Macau.

Os residentes não permanentes da Região Administrativa Especial de Macau são aqueles que, de acordo com as leis da Região, tenham direito à titularidade do Bilhete de Identidade de Residente de Macau, mas não tenham direito à residência.

Artigo 25º

Os residentes de Macau são iguais perante a lei, sem discriminação em razão de nacionalidade, ascendência, raça, sexo, língua, religião, convicções políticas ou ideológicas, instrução e situação económica ou condição social.

Artigo 26º

Os residentes permanentes da Região Administrativa Especial de Macau têm o direito de eleger e de ser eleitos, nos termos da lei.

Artigo 27º

Os residentes de Macau gozam da liberdade de expressão, de imprensa, de edição, de associação, de reunião, de desfile e de manifestação, bem como do direito e liberdade de organizar e participar em associações sindicais e em greves.

Artigo 28º

A liberdade pessoal dos residentes de Macau é inviolável.

Nenhum residente de Macau pode ser sujeito a captura, detenção e prisão arbitrárias ou ilegais. Os residentes têm direito ao pedido de «habeas corpus», em virtude de detenção ou prisão arbitrárias ou ilegais, a interpor perante o tribunal.

São proibidas revistas ilegais em qualquer residente, bem como a privação ou a restrição ilegais da liberdade pessoal dos residentes.

Nenhum residente pode ser submetido a tortura ou a tratos desumanos.

Artigo 29º

Nenhum residente de Macau pode ser punido criminalmente senão em virtude de lei em vigor que, no momento da correspondente conduta, declare expressamente criminosa e punível a sua ação.

Quando um residente de Macau for acusado da prática de crime, tem o direito de ser julgado no mais curto prazo possível pelo tribunal judicial, devendo presumir-se inocente até ao trânsito em julgado da sentença de condenação pelo tribunal.

Artigo 30º

É inviolável a dignidade humana dos residentes de Macau. São proibidas a injúria, a difamação, bem como a denúncia e acusação falsas, seja qual for a sua forma, contra qualquer residente de Macau.

Aos residentes de Macau são reconhecidos o direito ao bom nome e reputação e o direito à reserva da intimidade da vida privada e familiar.

Artigo 31º

O domicílio e os demais prédios dos residentes de Macau são invioláveis. São proibidas a busca e introdução arbitrárias ou ilegais no domicílio ou nos demais prédios dos residentes.

Artigo 32º

A liberdade e o sigilo dos meios de comunicação dos residentes de Macau são protegidos pela lei. Nenhuma autoridade pública ou indivíduo poderá violar a liberdade e o sigilo dos meios de comunicação dos residentes, sejam quais forem os motivos, exceto nos casos de inspeção dos meios de comunicação pelas autoridades competentes, de acordo com as disposições da lei, e por necessidade de segurança pública ou de investigação em processo criminal.

Artigo 33º

Aos residentes de Macau são reconhecidas a liberdade de se deslocarem e fixarem em qualquer parte da Região Administrativa Especial de Macau e a liberdade de emigrarem para outros países ou regiões. Os residentes de Macau têm liberdade de viajar, sair da Região e regressar a esta, bem como o direito de obter, nos termos da lei, os diversos documentos de viagem. Os titulares de documentos de viagem válidos podem deixar livremente a Região Administrativa Especial de Macau sem autorização especial, salvo em caso de impedimento legal.

Artigo 34º

Os residentes de Macau gozam da liberdade de consciência.

Os residentes de Macau gozam da liberdade de crença religiosa e da liberdade de pregar, de promover atividades religiosas em público e de nelas participar.

Artigo 35º

Os residentes de Macau gozam da liberdade de escolha de profissão e de emprego.

Artigo 36º

Aos residentes de Macau é assegurado o acesso ao Direito, aos tribunais, à assistência por advogado na defesa dos seus legítimos direitos e interesses, bem como à obtenção de reparações por via judicial.

Os residentes de Macau têm o direito de intentar ações judiciais contra atos dos serviços do órgão executivo e do seu pessoal.

Artigo 37º

Os residentes de Macau gozam da liberdade de exercer atividades de educação, investigação académica, criação literária e artística e outras atividades culturais.

Artigo 38º

A liberdade de contrair casamento e o direito de constituir família e de livre procriação dos residentes de Macau são legalmente protegidos.

Os legítimos direitos e interesses das mulheres são protegidos pela Região Administrativa Especial de Macau.

Os menores, os idosos e os deficientes gozam do amparo e proteção da Região Administrativa Especial de Macau.

Artigo 39º

Os residentes de Macau gozam do direito a benefícios sociais nos termos da lei. O bem-estar e a garantia de aposentação dos trabalhadores são legalmente protegidos.

Artigo 40º

As disposições, que sejam aplicáveis a Macau, do Pacto Internacional sobre os Direitos Civis e Políticos, do Pacto Internacional sobre os Direitos Económicos, Sociais e Culturais, bem como das convenções internacionais de trabalho, continuam a vigorar e são aplicadas mediante leis da Região Administrativa Especial de Macau.

Os direitos e as liberdades de que gozam os residentes de Macau, não podem ser restringidos exceto nos casos previstos na lei. Tais restrições não podem contrariar o disposto no parágrafo anterior deste artigo.

Artigo 41º

Os residentes de Macau gozam dos outros direitos e liberdades assegurados pelas leis da Região Administrativa Especial de Macau.

Artigo 42º

Os interesses dos residentes de ascendência portuguesa em Macau são protegidos, nos termos da lei, pela Região Administrativa Especial de Macau. Os seus costumes e tradições culturais devem ser respeitados.

Artigo 43º

As pessoas que não sejam residentes de Macau, mas se encontrem na Região Administrativa Especial de Macau, gozam, em conformidade com a lei, dos direitos e liberdades dos residentes de Macau, previstos neste capítulo.

Artigo 44º

Os residentes de Macau e outras pessoas que se encontrem em Macau têm a obrigação de cumprir as leis vigentes na Região Administrativa Especial de Macau.

CAPÍTULO IV – Estrutura política

SECÇÃO 1 – Chefe do Executivo

Artigo 45º

O Chefe do Executivo da Região Administrativa Especial de Macau é o dirigente máximo da Região Administrativa Especial de Macau e representa a Região.

O Chefe do Executivo da Região Administrativa Especial de Macau é responsável, nos termos desta Lei, perante o Governo Popular Central e a Região Administrativa Especial de Macau.

Artigo 46º

O Chefe do Executivo da Região Administrativa Especial de Macau deve ser cidadão chinês com pelo menos 40 anos de idade, que seja residente permanente da Região e tenha residido habitualmente em Macau pelo menos vinte anos consecutivos.

Artigo 47º

O Chefe do Executivo da Região Administrativa Especial de Macau é nomeado pelo Governo Popular Central, com base nos resultados de eleições ou consultas realizadas localmente.

A metodologia para a escolha do Chefe do Executivo é a prevista no Anexo I «Metodologia para a Escolha do Chefe do Executivo da Região Administrativa Especial de Macau».

Artigo 48º

O mandato do Chefe do Executivo da Região Administrativa Especial de Macau tem a duração de cinco anos, sendo permitida uma recondução.

Artigo 49º

O Chefe do Executivo da Região Administrativa Especial de Macau não pode ter, durante o seu mandato, o direito de residência no estrangeiro, nem exercer atividade lucrativa privada. Ao tomar posse, o Chefe do Executivo deve apresentar declaração do seu património perante o Presidente do Tribunal de Última Instância da Região Administrativa Especial de Macau, sendo essa declaração registada.

Artigo 50º

Compete ao Chefe do Executivo da Região Administrativa Especial de Macau:

1) Dirigir o Governo da Região Administrativa Especial de Macau;

2) Fazer cumprir esta Lei e outras leis aplicáveis à Região Administrativa Especial de Macau, nos termos desta Lei;

3) Assinar os projetos e as propostas de lei aprovados pela Assembleia Legislativa e mandar publicar as leis;

Assinar a proposta de orçamento aprovada pela Assembleia Legislativa e comunicar ao Governo Popular Central, para efeitos de registo, o orçamento e as contas finais;

4) Definir as políticas do Governo e mandar publicar as ordens executivas;

5) Elaborar, mandar publicar e fazer cumprir os regulamentos administrativos;

6) Submeter ao Governo Popular Central, para efeitos de nomeação, a indigitação dos titulares dos seguintes principais cargos: os Secretários, o Comissário contra a Corrupção, o Comissário da Auditoria, o principal responsável pelos serviços de polícia e o principal responsável pelos serviços de alfândega; e submeter ao Governo Popular Central as propostas de exoneração dos titulares dos cargos acima referidos;

7) Nomear parte dos deputados à Assembleia Legislativa;

8) Nomear e exonerar os membros do Conselho Executivo;

9) Nomear e exonerar, com observância dos procedimentos legais, os presidentes e juízes dos tribunais das várias instâncias e os delegados de Procurador;

10) Indigitar, com observância dos procedimentos legais, o candidato ao cargo de Procurador para ser nomeado pelo Governo Popular Central e propor a este a sua exoneração;

11) Nomear e exonerar, com observância dos procedimentos legais, os titulares de cargos da função pública;

12) Fazer cumprir as diretrizes emanadas do Governo Popular Central em relação às matérias previstas nesta Lei;

13) Tratar, em nome do Governo da Região Administrativa Especial de Macau, dos assuntos externos e de outros assuntos, quando autorizado pelas Autorida dcs Centrais;

14) Aprovar a apresentação de moções relativas às receitas e despesas à Assembleia Legislativa;

15) Decidir se os membros do Governo ou outros funcionários responsáveis pelos serviços públicos devem testemunhar e apresentar provas perante a Assembleia Legislativa ou as suas comissões, em função da necessidade de segurança ou de interesse público de relevante importância do Estado e da Região Administrativa Especial de Macau;

16) Conceder, nos termos da lei, medalhas e títulos honoríficos instituídos pela Região Administrativa Especial de Macau;

17) Indultar pessoas condenadas por infrações criminais ou comutar as suas penas, nos termos da lei;

18) Atender petições e queixas.

Artigo 51º

Se o Chefe do Executivo da Região Administrativa Especial de Macau considerar que um projeto de lei aprovado pela Assembleia Legislativa não está de acordo com o interesse geral da Região Administrativa Especial de Macau, pode devolvê-lo à Assembleia Legislativa, no prazo de 90 dias, com uma exposição escrita das razões da recusa da assinatura, para nova apreciação. Se a Assembleia Legislativa confirmar o projeto em causa por uma maioria de dois terços de todos os deputados, o Chefe do Executivo deve assiná-lo e publicá-lo no prazo de 30 dias, ou proceder nos termos do artigo 52º desta Lei.

Artigo 52º

O Chefe do Executivo da Região Administrativa Especial de Macau pode dissolver a Assembleia Legislativa em qualquer das seguintes circunstâncias:

1) Quando o Chefe do Executivo recusar a assinatura de um projeto de lei aprovado duas vezes pela Assembleia Legislativa;

2) Quando a Assembleia Legislativa recusar a aprovação da proposta de orçamento apresentada pelo Governo, ou de uma proposta de lei que, no entender do Chefe do Executivo, atinge o interesse geral da Região Administrativa Especial de Macau, e não for possível obter consenso mesmo após consultas.

Antes de dissolver a Assembleia Legislativa, o Chefe do Executivo deve consultar o Conselho Executivo e, ao dissolvê-la, deve fazer uma comunicação pública sobre as razões da dissolução.

O Chefe do Executivo só pode dissolver a Assembleia Legislativa uma vez em cada mandato.

Artigo 53º

Enquanto a proposta de orçamento apresentada pelo Governo não for aprovada pela Assembleia Legislativa da Região Administrativa Especial de Macau, o Chefe do Executivo poderá aprovar dotações provisórias para despesas de curto prazo, de acordo com os critérios adotados no ano económico anterior.

Artigo 54º

O Chefe do Executivo da Região Administrativa Especial de Macau deve renunciar ao cargo em qualquer das seguintes circunstâncias:

1) Quando ficar incapacitado para desempenhar as suas funções por motivo de doença grave ou por outras razões;

2) Quando, tendo dissolvido a Assembleia Legislativa por recusar duas vezes a assinatura de um projeto de lei por ela aprovado, o Chefe do Executivo insistir na recusa da assinatura do projeto inicial em disputa, no prazo de 30 dias após a sua confirmação, por maioria de dois terços dos deputados à Assembleia Legislativa resultante da nova eleição;

3) Quando, tendo sido dissolvida a Assembleia Legislativa por motivo de esta recusar a aprovação da proposta de orçamento ou de propostas de lei que atinjam o interesse geral da Região Administrativa Especial de Macau, a nova Assembleia Legislativa insistir na recusa da aprovação da proposta inicial em disputa.

Artigo 55º

Quando o Chefe do Executivo da Região Administrativa Especial de Macau estiver impedido de exercer as suas funções por um curto espaço de tempo, são estas funções interinamente exercidas por um dos secretários segundo a ordem de precedência das respetivas secretarias. Esta ordem é prevista por lei.

Em caso de vacatura do cargo de Chefe do Executivo, o novo Chefe do Executivo deve ser escolhido no prazo de 120 dias, nos termos do artigo 47º desta Lei. Durante a vacatura do cargo de Chefe do Executivo, as suas funções são interinamente exercidas nos termos do parágrafo primeiro deste artigo, devendo tal facto ser comunicado ao Governo Popular Central para aprovação. O Chefe do Executivo interino deve observar as disposições do artigo 49º da presente Lei.

Artigo 56º

O Conselho Executivo da Região Administrativa Especial de Macau é o órgão destinado a coadjuvar o Chefe do Executivo na tomada de decisões.

Artigo 57º

Os membros do Conselho Executivo da Região Administrativa Especial de Macau são designados pelo Chefe do Executivo de entre os titulares dos principais cargos do Governo, os deputados à Assembleia Legislativa e as figuras públicas, sendo por ele determinadas a sua nomeação e exoneração. O mandato dos membros do Conselho Executivo não pode exceder o termo do mandato do Chefe do Executivo que os nomeia. No entanto, os anteriores membros do Conselho Executivo mantêm-se temporariamente no exercício de suas funções até à tomada de posse do novo Chefe do Executivo.

Os membros do Conselho Executivo da Região Administrativa Especial de Macau devem ser cidadãos chineses de entre os residentes permanentes da Região.

O número dos membros do Conselho Executivo é de sete a onze. Quando o considerar necessário, o Chefe do Executivo pode convidar pessoas que julgue de interesse, para assistir a reuniões do Conselho Executivo.

Artigo 58º

O Conselho Executivo da Região Administrativa Especial de Macau é presidido pelo Chefe do Executivo e reúne-se pelo menos uma vez por mês. O Chefe do Executivo deve consultar o Conselho Executivo antes de tomar decisões importantes, de apresentar propostas de lei à Assembleia Legislativa, de definir regulamentos administrativos e de dissolver a Assembleia Legislativa, salvo no que diz respeito à nomeação e exoneração do pessoal, às sanções disciplinares ou às medidas adotadas em caso de emergência.

Se o Chefe do Executivo não aceitar o parecer da maioria dos membros do Conselho Executivo, devem ser registadas as razões justificativas específicas da recusa.

Artigo 59º

A Região Administrativa Especial de Macau dispõe de um Comissariado contra a Corrupção que funciona como órgão independente. O Comissário contra a Corrupção responde perante o Chefe do Executivo.

Artigo 60º

A Região Administrativa Especial de Macau dispõe de um Comissariado da Auditoria que funciona como órgão independente. O Comissário da Auditoria responde perante o Chefe do Executivo.

SECÇÃO 2 – Órgão executivo

Artigo 61º

O Governo da Região Administrativa Especial de Macau é o órgão executivo da Região Administrativa Especial de Macau.

Artigo 62º

O dirigente máximo do Governo da Região Administrativa Especial de Macau é o Chefe do Executivo. O Governo da Região Administrativa Especial de Macau dispõe de Secretarias, Direções de Serviços, Departamentos e Divisões.

Artigo 63º

Os titulares dos principais cargos do Governo da Região Administrativa Especial de Macau devem ser cidadãos chineses de entre os residentes permanentes da Região Administrativa Especial de Macau que tenham residido habitualmente em Macau pelo menos 15 anos consecutivos.

Ao tomar posse, os titulares dos principais cargos da Região Administrativa Especial de Macau devem apresentar declaração do seu património perante o Presidente do Tribunal de Última Instância da Região, sendo tal declaração registada.

Artigo 64º

Compete ao Governo da Região Administrativa Especial de Macau:

1) Definir e aplicar políticas;

2) Gerir os diversos assuntos administrativos;

3) Tratar dos assuntos externos, quando autorizado pelo Governo Popular Central, nos termos previstos nesta Lei;

4) Organizar e apresentar o orçamento e as contas finais;

5) Apresentar propostas de lei e de resolução, e elaborar regulamentos administrativos;

6) Designar funcionários para assistirem às sessões da Assembleia Legislativa para ouvir opiniões ou intervir em nome do Governo.

Artigo 65º

O Governo da Região Administrativa Especial de Macau tem de cumprir a lei e responde perante a Assembleia Legislativa da Região nos seguintes termos: fazer cumprir as leis aprovadas pela Assembleia Legislativa que se encontram em vigor, apresentar periodicamente à Assembleia Legislativa relatórios respeitantes à execução das linhas de ação governativa e responder às interpelações dos deputados à Assembleia Legislativa.

Artigo 66º

O órgão executivo da Região Administrativa Especial de Macau pode criar os organismos consultivos que se revelem necessários.

SECÇÃO 3 – Órgão legislativo

Artigo 67º

A Assembleia Legislativa da Região Administrativa Especial de Macau é o órgão legislativo da Região Administrativa Especial de Macau.

Artigo 68º

Os deputados à Assembleia Legislativa da Região Administrativa Especial de Macau devem ser residentes permanentes da Região.

A Assembleia Legislativa é constituída por uma maioria de membros eleitos.

A metodologia para a constituição da Assembleia Legislativa é a definida no Anexo II: «Metodologia para a Constituição da Assembleia Legislativa da Região Administrativa Especial de Macau».

Ao tomar posse, os deputados à Assembleia Legislativa devem apresentar declaração da sua situação económica nos termos da lei.

Artigo 69º

Cada legislatura da Assembleia Legislativa da Região Administrativa Especial de Macau tem a duração de quatro anos, exceto o que está previsto para a primeira legislatura.

Artigo 70º

Em caso de dissolução pelo Chefe do Executivo nos termos desta Lei, a nova Assembleia Legislativa da Região Administrativa Especial de Macau deve constituir-se no prazo de 90 dias, nos termos do artigo 68º desta Lei.

Artigo 71º

Compete à Assembleia Legislativa da Região Administrativa Especial de Macau:

1) Fazer, alterar, suspender ou revogar leis, nos termos desta Lei e de acordo com os procedimentos legais;

2) Examinar e aprovar a proposta de orçamento apresentada pelo Governo, bem como apreciar o relatório sobre a execução do orçamento apresentado pelo Governo;

3) Definir, com base na proposta apresentada pelo Governo, os elementos essenciais do regime tributário, bem como autorizar o Governo a contrair dívidas;

4) Ouvir e debater o relatório sobre as linhas de ação governativa apresentado pelo Chefe do Executivo;

5) Debater questões de interesses públicos;

6) Receber e tratar das queixas apresentadas por residentes de Macau;

7) Poder, mediante deliberação, incumbir o Presidente do Tribunal de Última Instância de formar uma comissão de inquérito independente para proceder a averiguações, se for proposta conjuntamente por um terço dos deputados uma moção, acusando o Chefe do Executivo de grave violação da lei ou de abandono das suas funções, e se este não se demitir. Se a Comissão entender que há provas suficientes para sustentar as acusações acima referidas, a Assembleia Legislativa pode aprovar uma moção de censura, por maioria de dois terços dos deputados, comunicando-a ao Governo Popular Central para decisão;

8) Convocar e solicitar pessoas relacionadas para testemunhar e apresentar provas, sempre que necessário, no exercício dos poderes e funções acima referidos.

Artigo 72º

A Assembleia Legislativa da Região Administrativa Especial de Macau dispõe de um Presidente e de um Vice-Presidente. Estes são eleitos por e de entre os deputados à Assembleia Legislativa.

O Presidente e o Vice-Presidente da Assembleia Legislativa da Região Administrativa Especial de Macau devem ser cidadãos chineses de entre os residentes permanentes da Região Administrativa Especial de Macau que tenham residido habitualmente em Macau pelo menos 15 anos consecutivos.

Artigo 73º

Na ausência do Presidente da Assembleia Legislativa da Região Administrativa Especial de Macau, este é substituído interinamente pelo Vice-Presidente.

Em caso de vacatura do cargo de Presidente ou de Vice-Presidente da Assembleia Legislativa da Região Administrativa Especial de Macau, procede-se a nova eleição.

Artigo 74º

Compete ao Presidente da Assembleia Legislativa da Região Administrativa Especial de Macau:

1) Presidir às reuniões;

2) Determinar a ordem do dia, inserindo nesta, com prioridade, as propostas de lei e de resolução apresentadas pelo Governo, a pedido do Chefe do Executivo;

3) Decidir sobre a data e a duração das reuniões;

4) Convocar reuniões extraordinárias fora do período normal de funcionamento;

5) Convocar reuniões urgentes por sua própria iniciativa ou a pedido do Chefe do Executivo;

6) Exercer outros poderes e funções que lhe sejam atribuídos pelo regimento da Assembleia Legislativa.

Artigo 75º

Os deputados à Assembleia Legislativa da Região Administrativa Especial de Macau apresentam projetos de lei e de resolução nos termos desta Lei e de acordo com os procedimentos legais. Os projetos de lei e de resolução que não envolvam receitas e despesas públicas, a estrutura política ou o funcionamento do Governo podem ser apresentados, individual ou conjuntamente, por deputados à Assembleia Legislativa. A apresentação de projetos de lei e de resolução que envolvam a política do Governo deve obter prévio consentimento escrito do Chefe do Executivo.

Artigo 76º

Os deputados à Assembleia Legislativa da Região Administrativa Especial de Macau têm o direito de fazer interpelações sobre as ações do Governo, de acordo com os procedimentos legais.

Artigo 77º

O quórum para funcionamento da Assembleia Legislativa da Região Administrativa Especial de Macau não pode ser inferior a metade do número total dos deputados. Salvo nas exceções previstas nesta Lei, os projetos de lei e de resolução da Assembleia Legislativa são aprovados com os votos de mais de metade do número total dos deputados.

Cabe à Assembleia Legislativa definir, por si própria, o seu regimento, o qual não pode contrariar esta Lei.

Artigo 78º

As propostas ou projetos de lei aprovados pela Assembleia Legislativa da Região Administrativa Especial de Macau só entram em vigor depois de serem assinados e publicados pelo Chefe do Executivo.

Artigo 79º

Os deputados à Assembleia Legislativa da Região Administrativa Especial de Macau não respondem judicialmente pelas declarações e votos que emitirem nas reuniões da Assembleia Legislativa.

Artigo 80º

Nenhum deputado à Assembleia Legislativa da Região Administrativa Especial de Macau pode ser preso sem autorização da mesma Assembleia, salvo em caso de flagrante delito.

Artigo 81º

Qualquer deputado à Assembleia Legislativa da Região Administrativa Especial de Macau perde o mandato, mediante deliberação desta, quando se encontre numa das seguintes circunstâncias:

1) Incapacidade para o desempenho das suas funções em virtude de doença grave ou outras razões;

2) Incompatibilidade de cargo prevista na lei;

3) Ausência em 5 sessões consecutivas ou em 15 interpoladas, sem anuência do Presidente da Assembleia Legislativa nem motivo justificado;

4) Violação do juramento de deputado à Assembleia Legislativa;

5) Condenação à pena de prisão de 30 ou mais dias, em virtude de facto criminoso praticado dentro ou fora da Região Administrativa Especial de Macau.

SECÇÃO 4 – Órgãos judiciais

Artigo 82º

Compete aos tribunais da Região Administrativa Especial de Macau exercer o poder judicial.

Artigo 83º

Os tribunais da Região Administrativa Especial de Macau exercem independentemente a função judicial, sendo livres de qualquer interferência e estando apenas sujeitos à lei.

Artigo 84º

A Região Administrativa Especial de Macau dispõe de tribunais de primeira instância, de um Tribunal de Segunda Instância e de um Tribunal de Última Instância.

O poder de julgamento em última instância na Região compete ao Tribunal de Última Instância da Região Administrativa Especial de Macau.

A organização, competência e funcionamento dos tribunais da Região Administrativa Especial de Macau são regulados por lei.

Artigo 85º

Nos tribunais de primeira instância da Região Administrativa Especial de Macau podem constituir-se, se necessário, tribunais de competência especializada.

Mantém-se o regime do Tribunal de Instrução Criminal anteriormente existente.

Artigo 86º

A Região Administrativa Especial de Macau dispõe de um Tribunal Administrativo que tem jurisdição sobre as ações administrativas e fiscais. Das decisões do Tribunal Administrativo cabe recurso para o Tribunal de Segunda Instância.

Artigo 87º

Os juízes dos tribunais das diferentes instâncias da Região Administrativa Especial de Macau são nomeados pelo Chefe do Executivo, sob proposta de uma comissão independente constituída por juízes, advogados e personalidades locais de renome. A sua escolha baseia-se em critérios de qualificação profissional, podendo ser convidados magistrados estrangeiros em quem concorram os requisitos necessários.

Os juízes só podem ser exonerados pelo Chefe do Executivo com fundamento em incapacidade para o exercício das suas funções ou por conduta incompatível com o desempenho do cargo, sob proposta de uma instância de julgamento constituída por, pelo menos, três juízes locais nomeados pelo Presidente do Tribunal de Última Instância.

A exoneração dos juízes do Tribunal de Última Instância é decidida pelo Chefe do Executivo, sob proposta de uma comissão de julgamento composta por deputados à Assembleia Legislativa da Região Administrativa Especial de Macau.

As decisões de nomeação e de exoneração dos juízes do Tribunal de Última Instância devem ser comunicadas ao Comité Permanente da Assembleia Popular Nacional para registo.

Artigo 88º

Os Presidentes dos tribunais das diferentes instâncias da Região Administrativa Especial de Macau são nomeados de entre os juízes pelo Chefe do Executivo.

O Presidente do Tribunal de Última Instância deve ser cidadão chinês de entre os residentes permanentes da Região Administrativa Especial de Macau.

As decisões de nomeação e de exoneração do Presidente do Tribunal de Última Instância devem ser comunicadas, para registo, ao Comité Permanente da Assembleia Popular Nacional.

Artigo 89º

Os juízes da Região Administrativa Especial de Macau exercem o poder judicial nos termos da lei, e não estão sujeitos a quaisquer ordens ou instruções, salvo o caso previsto no parágrafo terceiro do artigo 19º desta Lei.

Os juízes não respondem judicialmente pelos atos praticados no exercício das suas funções judiciais.

Os juízes em exercício não podem acumular nenhuma outra função pública ou privada, nem assumir qualquer cargo em associações políticas.

Artigo 90º

O Ministério Público da Região Administrativa Especial de Macau desempenha com independência as funções jurisdicionais atribuídas por lei e é livre de qualquer interferência.

O Procurador da Região Administrativa Especial de Macau deve ser cidadão chinês de entre os residentes permanentes da Região Administrativa Especial de Macau e é nomeado pelo Governo Popular Central, sob indigitação do Chefe do Executivo.

Os delegados do Procurador são nomeados pelo Chefe do Executivo, mediante indigitação do Procurador.

A organização, competência e funcionamento do Ministério Público são regulados por lei.

Artigo 91º

Mantém-se o sistema anteriormente vigente em Macau de nomeação e de exoneração dos funcionários judiciais.

Artigo 92º

Com base no sistema anteriormente vigente em Macau, o Governo da Região Administrativa Especial de Macau pode estabelecer disposições para o exercício da profissão forense, na Região Administrativa Especial de Macau, por advogados locais e advogados vindos do exterior de Macau.

Artigo 93º

A Região Administrativa Especial de Macau pode manter, mediante consultas e nos termos da lei, relações jurídicas com órgãos judiciais de outras partes do País, podendo participar na prestação de assistência mútua.

Artigo 94º

Com o apoio e a autorização do Governo Popular Central, a Região Administrativa Especial de Macau pode desenvolver as diligências adequadas à obtenção de assistência jurídica com outros países, em regime de reciprocidade.

SECÇÃO 5 – Órgãos municipais

Artigo 95º

A Região Administrativa Especial de Macau pode dispor de órgãos municipais sem poder político. Estes são incumbidos pelo Governo de servir a população, designadamente nos domínios da cultura, recreio e salubridade pública, bem como de dar pareceres de caráter consultivo ao Governo da Região Administrativa Especial de Macau, sobre as matérias acima referidas.

Artigo 96º

A competência e a constituição dos órgãos municipais são reguladas por lei.

SECÇÃO 6 – Funcionários e agentes públicos

Artigo 97º

Os funcionários e agentes públicos da Região Administrativa Especial de Macau devem ser residentes permanentes da Região, salvo os funcionários e agentes públicos previstos nos artigos 98º e 99º desta Lei, certos técnicos especializados e funcionários e agentes públicos de categorias inferiores contratados pela Região Administrativa Especial de Macau.

Artigo 98º

À data do estabelecimento da Região Administrativa Especial de Macau, os funcionários e agentes públicos que originalmente exerçam funções em Macau, incluindo os da polícia e os funcionários judiciais, podem manter os seus vínculos funcionais e continuar a trabalhar com vencimento, subsídios e benefícios não inferiores aos anteriores, contando-se, para efeitos de sua antiguidade, o serviço anteriormente prestado.

Aos funcionários e agentes públicos, que mantenham os seus vínculos funcionais e gozem, conforme a lei anteriormente vigente em Macau, do direito às pensões de aposentação e de sobrevivência e que se aposentem depois do estabelecimento da Região Administrativa Especial de Macau, ou aos seus familiares, a Região Administrativa Especial de Macau paga as devidas pensões de aposentação e de sobrevivência em condições não menos favoráveis do que as anteriores, independentemente da sua nacionalidade e do seu local de residência.

Artigo 99º

A Região Administrativa Especial de Macau pode nomear portugueses e outros estrangeiros de entre os funcionários e agentes públicos que tenham anteriormente trabalhado em Macau, ou que sejam portadores do Bilhete de Identidade de Residente Permanente da Região Administrativa Especial de Macau, para desempenhar funções públicas a diferentes níveis, excetuando as previstas nesta Lei.

Os respetivos serviços públicos da Região Administrativa Especial de Macau podem ainda contratar portugueses e outros estrangeiros para servirem como consultores ou em funções técnicas especializadas.

Os indivíduos acima referidos são admitidos apenas a título pessoal e respondem perante a Região Administrativa Especial de Macau.

Artigo 100º

A nomeação e promoção dos funcionários e agentes públicos são feitas com base em critérios de qualificação, experiência e aptidão. O sistema de acesso, disciplina, promoção e normal progressão dos funcionários públicos, anteriormente vigente em Macau, mantém-se basicamente inalterado, podendo, no entanto, ser aperfeiçoado de acordo com a evolução da sociedade de Macau.

SECÇÃO 7 – Juramento de fidelidade

Artigo 101º

O Chefe do Executivo, os titulares dos principais cargos públicos, os membros do Conselho Executivo, os deputados à Assembleia Legislativa, os magistrados judiciais e os magistrados do Ministério Público da Região Administrativa Especial de Macau devem defender a Lei Básica da Região Administrativa Especial de Macau da República Popular da China, desempenhar fielmente as funções em que são investidos, ser honestos e dedicados para com o público, ser fiéis à Região Administrativa Especial de Macau da República Popular da China e prestar juramento nos termos da lei.

Artigo 102º

O Chefe do Executivo, os titulares dos principais cargos públicos, o Presidente da Assembleia Legislativa, o Presidente do Tribunal de Última Instância e o Procurador da Região Administrativa Especial de Macau devem, ao tomar posse, prestar juramento de fidelidade à República Popular da China, além do juramento previsto nos termos do artigo 101º desta Lei.

CAPÍTULO V - Economia

Artigo 103º

A Região Administrativa Especial de Macau protege, em conformidade com a lei, o direito das pessoas singulares e coletivas à aquisição, uso, disposição e sucessão por herança da propriedade e o direito à sua compensação em caso de expropriação legal.

Esta compensação deve corresponder ao valor real da propriedade no momento, deve ser livremente convertível e paga sem demora injustificada.

O direito à propriedade de empresas e os investimentos provenientes de fora da Região são protegidos por lei.

Artigo 104º

A Região Administrativa Especial de Macau mantém finanças independentes.

A Região Administrativa Especial de Macau dispõe, por si própria, de todas as suas receitas financeiras, as quais não são entregues ao Governo Popular Central.

O Governo Popular Central não arrecada quaisquer impostos na Região Administrativa Especial de Macau.

Artigo 105º

Na elaboração do orçamento, a Região Administrativa Especial de Macau segue o princípio de manutenção das despesas dentro dos limites das receitas, procurando alcançar o equilíbrio entre as receitas e as despesas, evitar o deficit e manter o orçamento a par da taxa de crescimento do produto interno bruto da Região.

Artigo 106º

A Região Administrativa Especial de Macau aplica um sistema fiscal independente.

Tomando como referência a política de baixa tributação anteriormente seguida em Macau, a Região Administrativa Especial de Macau produz, por si própria, as leis respeitantes aos tipos e às taxas dos impostos e às reduções e isenções tributárias, bem como a outras matérias tributárias. O regime tributário das empresas concessionárias é regulado por lei especial.

Artigo 107º

Os sistemas monetário e financeiro da Região Administrativa Especial de Macau são definidos por lei.

O Governo da Região Administrativa Especial de Macau define, por si próprio, as políticas monetária e financeira, garante a livre operação do mercado financeiro e das diversas instituições financeiras, bem como regula e fiscaliza as suas atividades em conformidade com a lei.

Artigo 108º

A Pataca de Macau, como moeda com curso legal na Região Administrativa Especial de Macau, continua em circulação.

A autoridade para a emissão da moeda de Macau é atribuída ao Governo da Região Administrativa Especial de Macau. A emissão da moeda de Macau deve ser coberta por um fundo de reserva não inferior a 100 por cento. Os sistemas de emissão de moeda e de fundo de reserva de Macau são definidos por lei.

O Governo da Região Administrativa Especial de Macau pode autorizar bancos designados a desempenharem ou continuarem a desempenhar as funções de seus agentes na emissão da moeda de Macau.

Artigo 109º

Na Região Administrativa Especial de Macau não se aplica a política de controlo cambial. A Pataca de Macau é livremente convertível.

Compete ao Governo da Região Administrativa Especial de Macau administrar e dispor, de acordo com a lei, das reservas em divisas da Região.

O Governo da Região Administrativa Especial de Macau garante o livre fluxo de capitais, incluindo a sua entrada e saída da Região.

Artigo 110º

A Região Administrativa Especial de Macau mantém-se como porto franco e não cobra quaisquer direitos alfandegários, salvo nos casos previstos na lei.

Artigo 111º

A Região Administrativa Especial de Macau segue a política de comércio livre e garante o livre fluxo de produtos, bens incorpóreos e capitais.

Artigo 112º

A Região Administrativa Especial de Macau é um território aduaneiro separado.

A Região Administrativa Especial de Macau pode participar, usando a denominação de «Macau, China», em organizações internacionais e em acordos comerciais internacionais interessados, tais como o Acordo Geral sobre Tarifas e Comércio e os acordos sobre o comércio internacional de têxteis, incluindo os arranjos de comércio preferencial.

As quotas de exportação, as tarifas preferenciais e outros arranjos similares obtidos pela Região Administrativa Especial de Macau e os obtidos anteriormente que permaneçam válidos, são empregues exclusivamente em seu benefício próprio.

Artigo 113º

A Região Administrativa Especial de Macau pode emitir certificados de origem para os seus produtos, de acordo com as regras de origem prevalecentes.

Artigo 114º

A Região Administrativa Especial de Macau protege, de acordo com a lei, a livre operação de empresas industriais e comerciais e define, por si própria, a sua política de fomento industrial e comercial.

A Região Administrativa Especial de Macau promove o melhoramento do ambiente económico, proporciona as garantias legais para promover o desenvolvimento da indústria e do comércio e encoraja o investimento e o progresso tecnológico, bem como a exploração de novas indústrias e a conquista de novos mercados.

Artigo 115º

De harmonia com a sua situação de desenvolvimento económico, a Região Administrativa Especial de Macau define, por si própria, a sua política laboral e aperfeiçoa as suas leis de trabalho.

A Região Administrativa Especial de Macau dispõe de uma organização de concertação de caráter consultivo, constituída por representantes do Governo, das associações patronais e das associações de trabalhadores.

Artigo 116º

A Região Administrativa Especial de Macau mantém e aperfeiçoa o sistema de exploração e gestão dos transportes marítimos anteriormente existentes em Macau, definindo, por si própria, a política respeitante a este tipo de transportes.

Com a autorização do Governo Popular Central, a Região Administrativa Especial de Macau pode efetuar o registo de embarcações e emitir, nos termos da sua legislação, os respetivos certificados sob a denominação de «Macau, China».

Salvo a entrada de navios de guerra estrangeiros, que necessita de autorização especial do Governo Popular Central, qualquer navio pode ter acesso aos portos da Região Administrativa Especial de Macau, de acordo com as leis da Região.

As empresas privadas de transportes marítimos, bem como as empresas relacionadas com os mesmos e os terminais portuários privados da Região Administrativa Especial de Macau podem continuar a operar livremente.

Artigo 117º

O Governo da Região Administrativa Especial de Macau, quando autorizado especificamente pelo Governo Popular Central, pode definir, por si próprio, os vários sistemas de gestão da aviação civil.

Artigo 118º

A Região Administrativa Especial de Macau define, por si própria e de harmonia com o interesse geral local, a política relativa à indústria de turismo e diversões.

Artigo 119º

O Governo da Região Administrativa Especial de Macau protege o meio ambiente, nos termos da lei.

Artigo 120º

A Região Administrativa Especial de Macau reconhece e protege, em conformidade com a lei, os contratos de concessão de terras legalmente celebrados ou aprovados antes do estabelecimento da Região Administrativa Especial de Macau que se prolonguem para além de 19 de dezembro de 1999 e os direitos deles decorrentes.

As concessões de terras feitas ou renovadas após o estabelecimento da Região Administrativa Especial de Macau são tratadas em conformidade com as leis e políticas respeitantes a terras da Região Administrativa Especial de Macau.

CAPÍTULO VI – Cultura e assuntos sociais

Artigo 121º

O Governo da Região Administrativa Especial de Macau define, por si próprio, as políticas de educação, incluindo as relativas ao sistema de educação e à sua administração, às línguas de ensino, à distribuição de verbas, ao sistema de avaliação, ao reconhecimento de habilitações literárias e graduação académica, impulsionando o desenvolvimento da educação.

A Região Administrativa Especial de Macau promove o ensino obrigatório nos termos da lei.

As associações sociais e os particulares podem promover, nos termos da lei, diversas iniciativas no âmbito da educação.

Artigo 122º

Os estabelecimentos de ensino de diversos tipos, anteriormente existentes em Macau, podem continuar a funcionar. As escolas de diversos tipos da Região Administrativa Especial de Macau têm autonomia na sua administração e gozam, nos termos da lei, da liberdade de ensino e da liberdade académica.

Os estabelecimentos de ensino de diversos tipos podem continuar a recrutar pessoal docente fora da Região Administrativa Especial de Macau, bem como obter e usar materiais de ensino provenientes do exterior. Os estudantes gozam da liberdade de escolha dos estabelecimentos de ensino e de prosseguimento dos seus estudos fora da Região Administrativa Especial de Macau.

Artigo 123º

O Governo da Região Administrativa Especial de Macau define, por si próprio, a política respeitante à promoção dos serviços de medicina e saúde e ao desenvolvimento da medicina e farmacologia chinesas e ocidentais. As associações sociais e os particulares podem prestar, nos termos da lei, serviços de medicina e saúde de qualquer tipo.

Artigo 124º

O Governo da Região Administrativa Especial de Macau define, por si próprio, a política relativa às ciências e à tecnologia e protege, nos termos da lei, os resultados da investigação científica e tecnológica, patentes, descobertas e invenções.

O Governo da Região Administrativa Especial de Macau determina, por si próprio, as normas e especificações científicas e tecnológicas aplicáveis a Macau.

Artigo 125º

O Governo da Região Administrativa Especial de Macau define, por si próprio, a política cultural, incluindo as políticas respeitantes à literatura, à arte, à radiodifusão, ao cinema e à televisão, entre outros.

O Governo da Região Administrativa Especial de Macau protege, nos termos da lei, os resultados alcançados pelos autores nas criações literárias, artísticas e outras, bem como os seus legítimos direitos e interesses.

O Governo da Região Administrativa Especial de Macau protege, nos termos da lei, os pontos de interesse turístico, os locais de interesse histórico e demais património cultural e histórico, assim como protege os legítimos direitos e interesses dos proprietários de património cultural.

Artigo 126º

O Governo da Região Administrativa Especial de Macau define, por si próprio, a política respeitante à imprensa e à edição.

Artigo 127º

O Governo da Região Administrativa Especial de Macau define, por si próprio, a política para o desporto. As associações desportivas populares podem manter-se e desenvolver-se nos termos da lei.

Artigo 128º

De acordo com o princípio da liberdade de crença religiosa, o Governo da Região Administrativa Especial de Macau não interfere nos assuntos internos das organizações religiosas, nem na manutenção e no desenvolvimento de relações das organizações religiosas e dos crentes com as organizações religiosas e os crentes de fora da Região de Macau. Não impõe restrições às atividades religiosas que não contrariem as leis da Região Administrativa Especial de Macau.

As organizações religiosas podem fundar, nos termos da lei, seminários e outros estabelecimentos de ensino, hospitais e instituições de assistência social, bem como prestar outros serviços sociais. As escolas mantidas por organizações religiosas podem continuar a ministrar educação religiosa, incluindo a organização de cursos de religião.

As organizações religiosas gozam, nos termos da lei, do direito de adquirir, usar, dispor e herdar património e de aceitar doações. Os seus direitos e interesses patrimoniais anteriores são protegidos nos termos da lei.

Artigo 129º

O Governo da Região Administrativa Especial de Macau determina, por si próprio, o sistema relativo às profissões e define, com base no princípio da imparcialidade e da razoabilidade, os regulamentos respeitantes à avaliação e à atribuição de qualificação profissional nas várias profissões e de qualificação para o seu exercício.

Aqueles que tenham obtido, antes do estabelecimento da Região Administrativa Especial de Macau, qualificações profissionais e as para o exercício de uma profissão, podem manter as suas anteriores qualificações, de acordo com os respetivos regulamentos da Região Administrativa Especial de Macau.

O Governo da Região Administrativa Especial de Macau reconhece, nos termos dos respetivos regulamentos, as profissões e as associações profissionais que tenham sido reconhecidas antes do estabelecimento da Região e pode reconhecer novas profissões e associações profissionais, de acordo com as necessidades de evolução da sociedade e mediante consulta aos setores respetivos.

Artigo 130º

Com base no anterior sistema de benefícios sociais e de acordo com as condições económicas e as necessidades da sociedade, o Governo da Região Administrativa Especial de Macau define, por si próprio, a política de fomento e melhoria dos benefícios sociais.

Artigo 131º

As associações de serviços sociais da Região Administrativa Especial de Macau podem determinar, por si próprias, a sua forma de prestação de serviços, desde que não contrarie a lei.

Artigo 132º

O Governo da Região Administrativa Especial de Macau aperfeiçoa, de modo gradual e de acordo com as necessidades e possibilidades, a política de subsídios anteriormente aplicada em Macau às organizações populares, designadamente nos domínios da educação, ciência, tecnologia, cultura, desporto, recreio, medicina e saúde, assistência social e trabalho social.

Artigo 133º

O relacionamento entre as associações populares de educação, ciência, tecnologia, cultura, imprensa, edição, desporto, recreio, profissão, medicina e saúde, trabalhadores, mulheres, jovens, chineses regressados do estrangeiro, assistência social, trabalho social e de outros setores, bem como as organizações religiosas da Região Administrativa Especial de Macau, por um lado, e as associações e organizações congéneres das outras regiões do País, por outro, é baseado nos princípios de não-subordinação e não-ingerência recíprocas e respeito mútuo.

Artigo 134º

As associações populares de educação, ciência, tecnologia, cultura, imprensa, edição, desporto, recreio, profissão, medicina e saúde, trabalhadores, mulheres, jovens, chineses regressados do estrangeiro, assistência social e trabalho social e de outros setores, bem como as organizações religiosas da Região Administrativa Especial de Macau, podem manter e desenvolver relações com as suas congéneres de outros países e regiões do mundo e com as associações e organizações internacionais afins, podendo, de acordo com as necessidades, usar a denominação de «Macau, China» quando participarem nas respetivas atividades.

CAPÍTULO VII – Assuntos externos

Artigo 135º

Representantes do Governo da Região Administrativa Especial de Macau podem participar, como membros de delegações governamentais da República Popular da China, em negociações diplomáticas conduzidas pelo Governo Popular Central que estejam diretamente relacionadas com a Região Administrativa Especial de Macau.

Artigo 136º

A Região Administrativa Especial de Macau pode, com a denominação de «Macau, China», manter e desenvolver, por si própria, relações, celebrar e executar acordos com os países e regiões ou organizações internacionais interessadas nos domínios apropriados, designadamente nos da economia, comércio, finanças, transportes marítimos, comunicações, turismo, cultura, ciência, tecnologia e desporto.

Artigo 137º

Representantes do Governo da Região Administrativa Especial de Macau podem participar, como membros de delegações governamentais da República Popular da China, nas organizações e conferências internacionais nos domínios apropriados, limitadas aos Estados e relacionadas com a Região Administrativa Especial de Macau, ou fazê-lo na qualidade que seja permitida pelo Governo Popular Central e pelas organizações ou conferências internacionais interessadas acima mencionadas, podendo ainda nelas emitir pareceres com a denominação de «Macau, China».

A Região Administrativa Especial de Macau pode participar, com a denominação de «Macau, China», nas organizações e conferências internacionais não limitadas aos Estados.

Conforme as circunstâncias e segundo as necessidades da Região Administrativa Especial de Macau, o Governo Popular Central adota medidas para que a Região Administrativa Especial de Macau possa continuar a manter, de forma apropriada, o seu estatuto nas organizações internacionais em que é parte a República Popular da China e Macau também participa duma forma ou doutra.

Quanto às organizações internacionais em que a República Popular da China não é parte, mas nas quais Macau participa duma forma ou doutra, o Governo Popular Central facilita, conforme as circunstâncias e segundo as necessidades, a contínua participação da Região Administrativa Especial de Macau, de forma apropriada, nessas organizações.

Artigo 138º

A aplicação à Região Administrativa Especial de Macau dos acordos internacionais em que a República Popular da China é parte, é decidida pelo Governo Popular Central, conforme as circunstâncias e segundo as necessidades da Região Administrativa Especial de Macau e após ouvir o parecer do Governo da Região Administrativa Especial de Macau.

Os acordos internacionais em que a República Popular da China não é parte, mas que são aplicados em Macau, podem continuar a vigorar. O Governo Popular Central autoriza ou apoia, conforme as circunstâncias e segundo as necessidades, o Governo da Região Administrativa Especial de Macau a fazer arranjos apropriados à aplicação na Região Administrativa Especial de Macau de outros acordos internacionais com ela relacionados.

Artigo 139º

O Governo Popular Central autoriza o Governo da Região Administrativa Especial de Macau a emitir, em conformidade com a lei, passaportes da Região Administrativa Especial de Macau da República Popular da China aos cidadãos chineses titulares do Bilhete de Identidade de Residente Permanente da Região Administrativa Especial de Macau e outros documentos de viagem da Região Administrativa Especial de Macau da República Popular da China às outras pessoas que residam legalmente na Região Administrativa Especial de Macau. Os passaportes e documentos de viagem acima mencionados são válidos para todos os países e regiões e registam o direito dos seus titulares ao regresso à Região Administrativa Especial de Macau.

O Governo da Região Administrativa Especial de Macau pode aplicar medidas de controlo de imigração sobre a entrada, estadia e saída de indivíduos de países e regiões estrangeiros.

Artigo 140º

O Governo Popular Central apoia ou autoriza o Governo da Região Administrativa Especial de Macau a negociar e celebrar acordos de abolição de vistos com os Estados e regiões interessados.

Artigo 141º

A Região Administrativa Especial de Macau pode estabelecer, conforme as necessidades, missões económicas e comerciais oficiais ou semioficiais em países estrangeiros, comunicando o seu estabelecimento ao Governo Popular Central para efeitos de registo.

Artigo 142º

Os postos consulares e outras missões oficiais ou semioficiais estrangeiros podem estabelecer-se, mediante a aprovação do Governo Popular Central, na Região Administrativa Especial de Macau.

Podem manter-se em Macau os postos consulares e outras missões oficiais dos países que têm relações diplomáticas com a República Popular da China.

De acordo com as circunstâncias de cada caso, os postos consulares e outras missões oficiais em Macau dos países que não têm relações diplomáticas com a República Popular da China podem manter-se ou ser convertidos em semioficiais.

Os países não reconhecidos pela República Popular da China podem apenas estabelecer instituições não governamentais na Região Administrativa Especial de Macau.

CAPÍTULO VIII – Interpretação e revisão desta lei

Artigo 143º

O poder de interpretação desta Lei pertence ao Comité Permanente da Assembleia Popular Nacional.

O Comité Permanente da Assembleia Popular Nacional autoriza os tribunais da Região Administrativa Especial de Macau a interpretar, por si próprios, no julgamento dos casos, as disposições desta Lei que estejam dentro dos limites da autonomia da Região.

Os tribunais da Região Administrativa Especial de Macau também podem interpretar outras disposições desta Lei no julgamento dos casos. No entanto, se os tribunais da Região necessitarem, no julgamento de casos, da interpretação de disposições desta Lei respeitantes a matérias que sejam da responsabilidade do Governo Popular Central ou do relacionamento entre as Autoridades Centrais e a Região e, se tal interpretação puder afetar o julgamento desses casos, antes de proferir sentença final da qual não é admitido recurso os tribunais da Região devem obter, através do Tribunal de Última Instância da Região, uma interpretação das disposições por parte do Comité Permanente da Assembleia Popular Nacional. Quando o Comité Permanente fizer interpretação dessas disposições, os tribunais da Região devem seguir, na aplicação dessas disposições, a interpretação do Comité Permanente. Todavia, as sentenças proferidas anteriormente não são afetadas.

Antes de interpretar esta Lei, o Comité Permanente da Assembleia Popular Nacional consulta a Comissão da Lei Básica da Região Administrativa Especial de Macau a ele subordinada.

Artigo 144º

O poder de revisão desta Lei pertence à Assembleia Popular Nacional.

O poder de apresentar propostas de revisão desta Lei pertence ao Comité Permanente da Assembleia Popular Nacional, ao Conselho de Estado e à Região Administrativa Especial de Macau. As propostas de revisão por parte da Região Administrativa Especial de Macau são submetidas à Assembleia Popular Nacional pela delegação da Região à Assembleia Popular Nacional depois de obter a concordância de dois terços dos deputados da Região à Assembleia Popular Nacional, de dois terços do número total dos deputados à Assembleia Legislativa da Região Administrativa Especial de Macau e do Chefe do Executivo da Região Administrativa Especial de Macau.

Antes da inscrição duma proposta de revisão desta Lei na ordem do dia da Assembleia Popular Nacional, a Comissão da Lei Básica da Região Administrativa Especial de Macau deve estudá-la e emitir sobre ela o seu parecer.

Nenhuma revisão desta Lei pode contrariar as políticas fundamentais relativas a Macau, definidas pela República Popular da China.

CAPÍTULO IX – Disposições complementares

Artigo 145º

Ao estabelecer-se a Região Administrativa Especial de Macau, as leis anteriormente vigentes em Macau são adotadas como leis da Região, salvo no que seja declarado pelo Comité Permanente da Assembleia Popular Nacional como contrário a esta Lei. Se alguma lei for posteriormente descoberta como contrária a esta Lei, pode ser alterada ou deixa de vigorar, em conformidade com as disposições desta Lei e com os procedimentos legais.

Os documentos, certidões e contratos, válidos ao abrigo das leis anteriormente vigentes em Macau, bem como os direitos e obrigações neles compreendidos, continuam a ser válidos e são reconhecidos e protegidos pela Região Administrativa Especial de Macau, desde que não contrariem esta Lei.

Os contratos firmados pelo Governo anterior de Macau, cujos prazos de validade se prolonguem para além de 19 de dezembro de 1999, continuam válidos, excetuando os publicamente declarados por representação com autoridade conferida pelo Governo Popular Central como discordantes do disposto nos «Arranjos relativos ao Período de Transição» da Declaração Conjunta Sino-Portuguesa, que necessitam duma nova apreciação por parte do Governo da Região Administrativa Especial de Macau.

ÍNDICE GERAL

II – CONSTITUIÇÃO DA REPÚBLICA FEDERATIVA DO BRASIL DE 1988

III – CONSTITUIÇÃO DA REPÚBLICA DEMOCRÁTICA DE SÃO TOMÉ E PRÍNCIPE DE 1990

IV – CONSTITUIÇÃO DA REPÚBLICA DE CABO VERDE DE 1992

V – CONSTITUIÇÃO DA REPÚBLICA DA GUINÉ-BISSAU DE 1993

VI – CONSTITUIÇÃO DA REPÚBLICA DEMOCRÁTICA DE TIMOR-LESTE DE 2002

VII – CONSTITUIÇÃO DA REPÚBLICA DE MOÇAMBIQUE DE 2004

VIII – CONSTITUIÇÃO DA REPÚBLICA DE ANGOLA DE 2010

IX – LEI BÁSICA DA REGIÃO ADMINISTRATIVA ESPECIAL DE MACAU DE 1993